Evelyn McCune
Wu Jao – Die Kaiserin

Aus dem Amerikanischen von Maria Czedik-Eysenberg

EVELYN McCUNE

Wu Jao - Die Kaiserin

ROMAN

EUROPAVERLAG WIEN-MÜNCHEN

Die Deutsche Bibliothek – CIP-Einheitsaufnahme

McCune, Evelyn:
Wu Jao – die Kaiserin : Roman / Evelyn McCune.
Aus dem Amerikan. von Maria Czedik-Eysenberg. –
Wien ; München : Europaverl., 1995
ISBN 3-203-51247-5

Originalausgabe
Empress

Lektorat: Karen Noelle-Fischer

Umschlaggestaltung: Aniger Design

Herstellung: Friedrich Pustet, Regensburg
Printed in Germany
ISBN 3-203-51247-5

Für George McCune

I

Der Karawanenführer Ko stand im Eingang des Wirtschaftshofes und blickte zu den Wolken, die sich am dunklen Horizont zusammenballten. Der große Mann strömte Kraft und Vertrauen aus, doch sein wettergegerbtes, üblicherweise freundliches Gesicht zeigte einen besorgten Ausdruck. »Das kann doch kein Schnee sein, aber es schaut ganz so aus – und kalt genug ist es«, murmelte er nachdenklich.

Er betrachtete die Dienerinnen, die zu ihrem Frühstück eilten. Der scharfe Wind und der eisige Boden ließen sie schrille Schreie ausstoßen. »He, du«, schrie er die Nächstbeste an, die sich den Mantel über den Kopf gezogen hatte und ihn nur widerstrebend lüftete.

»Meint Ihr mich?« empörte sich die Kinderfrau Wang.

»Wen sonst?« Ko war enttäuscht, daß er die ältere Frau erwischt hatte. »Du siehst aus, als würdest du dich hier auskennen … kannst du mir sagen, wo die Herrschaft zu finden ist?«

Die Kinderfrau Wang nickte und wies die Richtung mit dem Kinn. »Dort«, sagte sie.

Kos Blick fiel auf ein heftig diskutierendes Paar, das sich am entferntesten Ende des Hofes Auge in Auge gegenüberstand. »Das sind die Herren?«

»Jawohl«, schniefte sie und eilte weiter.

Er wollte gerade auf die beiden Männer zugehen, als er von einem Jungen, der auf dem Eis ausrutschte, beinahe umgeworfen wurde. Eine zweite kleine Gestalt krachte in den Jungen. »He, ihr zwei, paßt auf, wo ihr hingeht.«

»T'schuldigung«, schnappte der Junge nach Luft.

»Ja, bitte entschuldigt uns, *lauban.* Haben wir Euch verletzt, Herr?« fragte das Mädchen und versuchte atemlos wieder auf die Beine zu kommen. Unerschrocken brach die Kleine in ein Gelächter aus, in den roten Wangen zeigten sich reizende Grübchen, und die schwarzen Augen blitzten.

»Du nennst mich *lauban*!« rief Ko aus und tat beleidigt.

»Nein, nein, Ihr seid sicher nicht alt«, beeilte sich der Junge zu sagen. »Sie wollte nur höflich sein, aber sie ist eben ein Mädchen und macht Fehler, was könnt Ihr da erwarten?« Für sein Alter war er hochgewachsen, schlank und drahtig mit lebhaften, neugierigen Augen. »Seid Ihr der Führer der Karawane?« fragte er voll Ungeduld.

»Wie hast du das erraten?« antwortete Ko und blickte mit belustigtem Interesse in zwei Paar tanzende Augen.

»Nach Eurer Nase. Wie ein Habichtschnabel, nicht wie die chinesischen Nasen«, stellte der Junge fest, »aber was wir sehen wollen, ist Euer berühmtes Kamel.«

Ko hob die Brauen und runzelte die Stirne. »Meine Nase? Ach, ja, meine ansehnliche Nase ... danke für das Kompliment! Aber mit dem Kamel, das wird schwierig, schwierig. Ich muß darüber nachdenken. Wer seid ihr beiden? Mein unschätzbares Kamel zeige ich längst nicht jedem.« Um sie aufzuziehen, setzte er eine todernste Miene auf.

»Wir sind nicht ›irgend jemand‹«, protestierte der Junge. »Ich bin Dee Jenjer aus der Familie Taiyuan Dee, und das ist Wu Jao, auch sie gehört zum Haus. Und auch sie ist wichtig – warum genau, weiß ich nicht. Ihr sollt sie in den Inneren Palast nach Changan bringen. So, wollt Ihr uns jetzt Euer Kamel zeigen?«

Ko starrte das Mädchen an, er war entzückt. Jung, wie sie war, sprühte ihre Schönheit bereits Funken. Jeder ihrer feinen Züge war perfekt auf das aparte zarte Gesicht zugeschnitten, und ihre Gestalt zeigte, wie trotz der gesteppten wattierten Kleidung deutlich war, bereits Reife. Ihre Bewegungen waren elegant und graziös, ihre stolze Haltung ließ sie älter und größer erscheinen, als sie in Wahrheit war.

Ko erinnerte sich plötzlich. »Dee? Du stammst aus einer vornehmen Familie. Wirst du Beamter wie dein Vater werden?«

»So wird es von mir erwartet«, antwortete Jenjer. »Nun solltet Ihr uns aber Euren Namen sagen und wer Ihr seid.«

Geduldig und höflich gab der große Mann Auskunft. »Ich bin Ko, aus der Oase Tunhuang. Wir sind Kamelbesitzer und Karawanenführer, die besten in diesem Geschäft. Das ist der Grund, warum ich hier bin. Alle meine Kamele sind gut, aber Wüstenläufer, mein Leitkamel, ist etwas ganz Besonderes. Wir beide sind gemeinsam aufgewachsen. Ich würde ihm mein Leben anvertrauen ... und habe es auch schon mehrmals getan. Ist das der, den du sehen willst?«

»Ich habe von ihm gehört«, sagte Jenjer feierlich, »und deshalb bitte ich Euch darum.«

Ko überlegte, dann stimmte er, gewichtig nickend, zu. Er ging über den Hof voraus zum Stall und öffnete die schwere Tür. Drinnen hob eine Reihe fressender Kamele mißtrauisch den Kopf.

Ko strich sanft über den Rücken des nächststehenden Kamels. »Das ist Wüstenläufer«, sagte er. Das Kamel war ein erstklassiges Tier, und das sah man ihm an. Über eine Handbreit größer als die anderen Kamele, besaß Wüstenläufer ein vom vielen Bürsten seidig schimmerndes Fell. Nicht einmal seine Hufe wiesen Schmutzspuren auf. Er betrachtete die Kinder und stellte seine Beine gleichsam so, als wollte er sie seine Überlegenheit spüren lassen. In Kos Blick lag Stolz, während die Kinder das Tier ehrfürchtig betrachteten.

»Hier. Auf diesem Kamel wirst du reiten ... da oben«, flüsterte Jenjer.

Jao wandte sich mit scheuem Lächeln dem Tier zu, das sich aber, seine Gäste ignorierend, bereits wieder mit seinem Futter befaßte. »Es wird wunderbar sein«, sagte Jao.

Jenjer blickte erstaunt: »Hast du keine Angst?«

»Sollte ich?« fragte sie.

»Ja«, entgegnete er entschieden. »Du siehst doch selbst, daß Wüstenläufer nichts für Mädchen ist.« Er wandte sich zu Ko.

»Wißt Ihr, warum sie diese *kuniang* hier mit so viel Pomp nach Changan schicken?« wollte er wissen, wobei er Jao als junge Frau bezeichnete und gleichzeitig versuchte, sich seine Eifersucht nicht anmerken zu lassen. Ko musterte zuerst den Jungen und dann Jao. Sie und Jenjer waren gleich groß, wenngleich sie mit ihren dreizehn Jahren um fünf Jahre älter war.

»Sie ist eine bedeutende Person«, erklärte Ko, »denn der Kaiser hat sie für den Palast ausgewählt.«

Mit dieser neuen Erkenntnis betrachtete Jenjer Jao nachdenklich, schüttelte aber den Kopf. »Ich sehe das nicht ein. Warum soll sie auf Wüstenläufer reiten dürfen? Er sieht nicht so harmlos aus, und es ist ein weiter Weg, es könnte sein, daß sie herunterfällt.« Die Worte klangen, als hoffte er es.

Jaos fröhliches Lachen schreckte die Kamele auf. »Ich werde nicht herunterfallen, denn ich werde in einem Korbsattel sitzen. Was für ein seidiges Fell Wüstenläufer hat, und nicht eine einzige Stelle ist vom Sattel abgerieben oder wund.«

»Das gibt es bei meinen Kamelen nicht«, entgegnete Ko stolz. »Kamele wie meine müssen wie Könige behandelt werden. Hegt und pflegt man sie, können sie schwere Lasten tragen, und sie werden auf interessante Expeditionen mitgenommen, weil ihnen das Reisen Spaß macht. Kamele wie die meinen tun, was sie wollen, sonst nichts. So ist das!«

Die Kinder musterten das Kamel mit freundlicher Neugier, doch Wüstenläufer erwiderte die ihm erwiesene Reverenz in keiner Weise. Er schmatzte und scharrte drohend mit den Hufen.

»Siehst du«, Jenjer trat schnell zurück. »Er ist gefährlich, ich habe es dir ja gleich gesagt.«

»Ruhig«, befahl Ko, und Wüstenläufer, der begriff, daß er seinen Gästen nicht auf den Füßen herumtrampeln durfte, bedachte Ko mit einem bösen Blick und wandte sich erneut seinem Futter zu.

»Warum sagtet Ihr, Ihr könnt ihm Euer Leben anvertrauen?« wollte Jao wissen, die klugerweise einige Schritte zurückgetreten war.

»In den unendlichen Wüsten, die wir durchqueren, erheben sich in Sekundenschnelle mörderische Sandstürme, und hätte man dann nicht ein Kamel wie Wüstenläufer, müßte man jämmerlich ersticken. Nur die erfahrensten Kamele merken, wann so ein Sturm naht. Sie fletschen die Zähne und bohren ihre Schnauze in den Sand. Daraufhin bedecken wir uns Nase und Mund. Der Sturm tobt scheinbar eine Ewigkeit, dann ist er plötzlich verschwunden. Ohne die Kamele müßten wir alle sterben.«

Die Kinder waren ganz still, in ihren Blicken lag Neugier.

Ko lachte. »Habt ihr genug gesehen? Wenn ja, dann geht bitte vor mir hinaus.«

Er öffnete die Tür, und die drei begaben sich in den Hof. Dort befand sich niemand mehr außer den Herren des Hauses, die aufblickten, als die Stalltür in den alten Angeln knarrte. Jenjer begann zu lachen.

»Schau dir deine Brüder an! Sie funkeln uns so böse an wie die Kamele. Und ihre Lippen und die Art, wie sie die Kiefer bewegen, na, und wie sie mit dem Kopf wackeln …«

Er ahmte die beiden nach, indem er seinen Hals vorreckte und wieder einzog.

»Hör auf!« kicherte Jao. »Sie werden dich hören …« Ko lachte auf, schluckte sein Lachen aber schnell herunter. »Ich muß euch jetzt verlassen«, sagte er hastig.

»Dann müssen wir auch gehen«, meinte Jao. »*Wanfu*! Tausend Dank für Eure Freundlichkeit.«

Mit tiefer Verbeugung nahm der Karawanenführer Abschied, und Jenjer grüßte dankbar.

Ko wandte sich an Jao: »Ich hoffe, dich in einigen Stunden wiederzusehen, je weniger Stunden, desto besser, denn ich werde für deine Sicherheit verantwortlich sein, bis du den Palast betrittst.«

»Warum sagt Ihr, je weniger Stunden, desto besser? Wann brechen wir nun wirklich auf?« rief Jao dem Mann nach, der ihr bereits den Rücken zuwandte.

Er zögerte: »Schwer zu sagen …«

Jao ließ nicht locker: »Warum ist das schwer zu sagen? Ihr seid der Karawanenführer. Wie könnt Ihr sagen, Ihr wißt es nicht?«

Ko drehte sich wieder um und blickte in wache, fragende Augen. »Wir müssen warten, bis die glückbringende Stunde bestimmt ist, die günstigste Stunde«.

»Welche ist, Eurer Meinung nach, die glückbringende Stunde?« wollte Jao wissen.

»Heute … heute abend … sobald die Männer und die Tiere ihre Nahrung bekommen haben und ausgeruht sind, spätestens in zehn Stunden«, erklärte er ungeduldig.

Jao nahm die Finger zur Hilfe. »Zehn Stunden, die Stunde des Stiers. Warum bringt sie Glück?«

»Hm … der Stier ist kräftig und ausdauernd, und das ist es, was wir auf einer Reise wie dieser brauchen.« Er betrachtete sie neugierig. Sie sah aus wie ein Kind, und doch waren ihre Fragen nicht kindlich. »Weil der Wind gewechselt hat und die Luft schwerer geworden ist. Wir sollten so schnell wie möglich aufbrechen, damit wir bald in das geschützte Fen-Tal gelangen. Sieben Stunden zum Ausruhen, eine für das Essen und zwei für das Beladen. Ja, die Stunde des Stiers ist die glückbringende Stunde.«

Jao nickte: »Der Wahrsager unserer Familie ist mein Freund. Soll ich fragen, ob die Stunde des Stiers uns Glück bringt? Und ihn bitten, das dem Älteren Bruder zu erklären?« Ihr Gesicht blieb ausdruckslos. »Würdest du das?« fragte Ko erfreut.

Jao zeigte ihre Grübchen. »Ich werde jetzt gehen. Und ich werde ihm ein Päckchen des neuen Ingwertees bringen, der ihm so schmeckt, und dann, weil er nämlich keine Zähne hat, noch einen Tiegel Honig.«

Ko brummte anerkennend. »Es wäre günstig, die Herren die glückbringende Stunde wissen zu lassen, aber ... würde diese Kenntnis sie zur Eile treiben?«

Jao warf ihren schweren Zopf über die Schulter. »Wenn Ko versteht, mit Wüstenläufer umzugehen, dann versteht er es wohl auch mit dem Älteren Bruder. Nachdem ich mein Teil dazu beigetragen habe ...« erklärte sie gelassen und ging.

Im Zimmer herrschte Chaos. Madame Yang versuchte, das Sortieren und Packen der Kleider der Zweiten Tochter zu beaufsichtigen, während Holan, die Erste Tochter, unter den Pelzen auf der *kang,* der beheizten Schlafplattform, lag. Madame Yang, eine schlanke Frau, sah für ihre fünfunddreißig Jahre jung und anmutig aus. Während die jüngere Tochter, Jao, das herzförmige Gesicht, den zarten Knochenbau und die anmutigen Bewegungen geerbte hatte, besaß die ältere Tochter den schmalen Kopf und den kräftigen Körperbau der Familie Wu.

Die bevorstehende Reise ihrer Schwester in den Palast machte Holan zu schaffen, und sie konnte nicht aufhören, darüber zu sprechen. »Da ist irgend etwas durcheinandergekommen«, stellte sie fest. »Die kaiserliche Genealogieliste führt alle Adelsfamilien genau nach ihrem Rang auf, und weder die Wu- noch die Yang-Familien stehen obenan. Es ist eine Schande!«

»Nicht obenan?« erwiderte ihre Mutter ärgerlich, »um wieviel weiter oben als die kaiserliche Familie kann man wohl sein?« Als Verwandte der Yang-Kaiser war Madame Yang im kaiserlichen Palast aufgewachsen. Dort hatte sie eine ausgezeichnete Erziehung in höfischer Etikette genossen, doch nach dem Sturz der Sui-Dynastie war sie kurzerhand dem ältlichen General Wu als seine zweite Frau angetraut worden. Der soziale Abstieg und die Schande, nur zwei Töchter geboren zu haben, hatten ihre Stellung so gemindert, daß sich niemand um ihre Meinung scherte und ihre Person kaum beachtet wurde. Dennoch behielt sie ihren Stolz. Mochten ihre Seidenkleider auch bescheiden sein, sie verstand sie mit Würde zu tragen.

»Mutter«, klagte Holan, »die Yang-Familie der Sui-Dynastie ist seit zwanzig Jahren in Ungnade, und jetzt regiert die Li-Familie der Tang-Dynastie. Hütet Eure Sprache!«

»Ja, natürlich«, gab Madame Yang entschuldigend zu. »Ich werde vorsichtig sein. Was sagtest du über die derzeit einflußreichen Familien?«

»Weder die Familie Wu noch die Familie Changsun, die nächsten Verwandten der Kaiserin, stehen in der Liste obenan«, stellte die Erste Tochter fest.

»Das ist doch zu erwarten, meinst du nicht?« Madame Yang fuhr fort, Tücher zu falten und einzelne Stöße zum Einpacken bereitzulegen. »Der Familienzweig deines Vaters geht nur auf die Wenshui-Militärs zurück, und die Changsun sind Mischlinge, Tataren und Chinesen. Aber was spielt das noch für eine Rolle, wenn der jetzige Kaiser selbst so wenig chinesisches Blut besitzt? Es zählt nur, daß er der Kaiser ist.«

»Sogar die kaiserliche Li-Familie rangiert erst an dritter Stelle«, bemerkte Holan verärgert.

»Welches sind jetzt die ersten Familien – jetzt, da die alten Herrscherfamilien keine Bedeutung mehr haben?« fragte Madame Yang in unbeteiligtem Ton.

»Vier ›rein‹ chinesische Familien aus dem Tiefland – wenn auch die älteren Familienmitglieder in Changan leben, wo sie ein angenehmes Leben führen – die Tsui, die Lu, die Cheng und die Lunghsi Li. Und da liefert Ihr herzlos die Zweite Tochter auf Gedeih und Verderb dem Hof der Tang aus, dem Hof, der diese Liste aufgestellt hat und ohne Zweifel auf uns alle herunterschaut.«

Madame Yang wollte gerade den Mund öffnen, um sich gegen diesen Vorwurf zu wehren, da lenkte Holan das Gespräch in eine andere Richtung. »Wie werden denn diese Mädchen dem Kaiser übergeben? Gehen sie einfach vor seinen Augen auf und ab, oder werden sie nackt, in eine duftende Decke gehüllt, hereingetragen?«

Madame Yang preßte die Lippen aufeinander und betrachtete voll Widerwillen ihre schnatternde Tochter.

»Kein Mädchen sollte einem Mann wie ein Paket geliefert werden, nicht einmal ein Tanzmädchen. Man sollte ihr die Möglichkeit der Wahl geben, die Möglichkeit, überredet zu werden ... erobert ... im Triumph entführt.«

»Das ist bei den Nomaden, nicht bei den Chinesen Sitte«, erklärte Madame Yang friedfertig. »Du bist nur eifersüchtig.«

»Ihr wollt nicht auf mich hören!« rief Holan und warf die Pelze zu Boden. Die plötzliche Bewegung schreckte ihren Pudel auf, der wild zu bellen begann, worauf von draußen ein anderes Bellen ertönte, als Jao ins Zimmer stürmte, ihre Hunde und die Kinderfrau Wang im Gefolge, und einen Schwall kalter Luft mitbrachte.

Madame Yang runzelte die Stirn und setzte sich, die Hände schützend über den Ohren, während die Hunde hintereinander herjagten und alle Bündel über den Haufen warfen. Als die Tiere endlich zur Ruhe gebracht waren, sagte sie streng: »Hinaus. Ihr alle verlaßt das Zimmer, außer Jao. Holan, geh zum Älteren Bruder und bring in Erfahrung, wann die Karawane loszieht – morgen, übermorgen ... wann.«

Holan zögerte, erkannte aber, daß die Mutter es trotz der sanften Stimme ernst meinte. Als sich die Tür hinter ihr schloß, wandte sich Madame Yang an die Kinderfrau Wang, die den Befehl nicht zur Kenntnis genommen hatte und neugierig die herumliegenden Sachen inspizierte. »Und du auch ... geh«, wiederholte Madame Yang, als Wang zögerte. Schließlich gehorchte die Kinderfrau, allerdings so langsam wie möglich, und sorgte wiederum für einen kalten Luftzug.

»So«, sagte Madame Yang zu Jao. »Wir müssen uns hinsichtlich deiner Kleider und anderer Dinge entscheiden, und ich wünsche keine Zuhörer, die jedes Wort in die Nachbarschaft tragen. Erstens: Ich habe einigen Schmuck für dich bereitgelegt, ebenso einen Kaninchenfellmantel mit einer Kapuze – im Anfang wird es dir nicht erlaubt sein, kostbarere Pelze zu tragen. Hier ist ein Stoß bestickter Schuhe, die dir einige Zeit reichen werden. Und in dieser Lackdose befindet sich der Schmuck. Ich will sie jetzt nicht öffnen, aber sorge dafür, daß du sie nicht verlierst. Laß sie während der Reise nicht aus den Augen. Eines der Stücke ist die große, in Sillgold gefaßte rosa Perlengarnitur, die mir dein Vater geschenkt hat.«

Jao blieb der Mund offenstehen. »Ab .... aber das ist Eure schönste

Schmucknadel, und Ihr habt Euch nie von ihr getrennt – die Nadel hat Euch Vater doch an Eurem Hochzeitstag geschenkt.«

»Trotzdem trenne ich mich jetzt von ihr«, erklärte Madame Yang fest. »Einige Halsketten aus Lapislazuli und Bernstein sowie eine Kette aus Jade befinden sich auch in dem Kästchen. Hier neben dem Bett sind Tiegel mit Leckerbissen, die du mit den anderen in deinem Haus teilen kannst: Taiyuan-Rosinen und Gefäße mit getrocknetem Ingwer. Und als Ratgeber für gutes Benehmen lege ich dir mein Exemplar von Madame Pings Buch der Hofetikette dazu.«

»Ich kenne es auswendig, das brauche ich nicht mitzunehmen«, warf Jao hastig ein, doch die Mutter brachte sie zum Schweigen.

»Du wirst es von Zeit zu Zeit benötigen, um etwas nachzuschauen. Ich habe Angst um dich, denn du bist impulsiv, ... und deiner Gewohnheit wegen, mit allem herauszuplatzen, was dir gerade in den Sinn kommt. Du kannst dir mit deiner losen Zunge Feinde schaffen, ohne es zu bemerken. Du neigst dazu, Menschen zu mißachten, die dir ... na, sagen wir, uninteressant erscheinen.«

»Langweilig«, ergänzte Jao.

»Wie? Nun ja, es könnte sein. Du scheinst dich nie darum zu kümmern, was andere denken.«

»Tu ich auch wirklich nicht«, gab Jao zu.

»Du tust ... was?« Madame Yang runzelte die Stirn.

»Ich gebe nichts drauf«, gestand Jao bereitwillig.

Madame Yang seufzte. »Das ist es, was ich meine. Du mußt etwas darauf geben ... oder zumindest so tun. Wenn man die Gefühle der Menschen – ihr Selbstwertgefühl – verletzt, wollen sie sich rächen und tun das mit schleichenden, aber tödlichen Methoden. Der Palast ist voll von Leuten in der Art deiner älteren Brüder.«

»Halbbrüder«, warf Jao ein.

»Gut, Halbbrüder«, gab die Mutter zu. »Wie dem auch sei, wir wollen nicht weiter darüber reden. Du weißt genau, was ich meine. Jetzt aber will ich über das Allerwichtigste sprechen – darüber, wie man sich dem Kaiser angenehm machen kann.«

»Ich werde es nicht einmal versuchen«, entgegnete Jao leise.

Madame Yang preßte die Hand auf den Mund, ihr Blick war starr, der Blick in Jaos Augen abweisend.

»Ich werde es nicht einmal versuchen«, wiederholte sie.

»Was soll das heißen?« Madame Yangs Stimme schwankte.

»Seht doch, wie es mir in diesem Haus ergangen ist. Wieder und wieder habe ich versucht, von meinen älteren Brüdern gut behandelt zu werden, und nichts, was ich tue, ist von Erfolg gekrönt. Wenn die Brüder gut gelaunt sind, so haben sie für jeden Zeit, außer für mich. Sind sie schlechter Laune, dann schenken sie mir ihre Aufmerksamkeit, ich werde herumkommandiert und geschlagen. Bin ich mit Euch oder den anderen Frauen zusammen, werde ich gut behandelt, aber bei Männern ist es besser, klein und unbemerkt zu bleiben, vor allem, ihnen so weit wie möglich aus dem Weg zu gehen. Keinerlei Aufmerksamkeit zu erregen, ist sicherer. Besser.«

»Ich habe dich falsch erzogen«, jammerte Madame Yang. »Hier im Norden entspricht es der männlichen Lebensweise, zu tun, was man für richtig hält, weil wir alle schon halbe Türken sind. Doch für den kaiserlichen Hof ist das vermutlich – nein, sicher – vollkommen unzulässig. Wenn du erklärst, du willst nicht versuchen, die Gunst des Kaisers zu gewinnen … dort, wo vierzig Konkubinen, die ranghöher sind als du, jede Anstrengung auf sich nehmen und vor keiner List zurückschrecken, diese Gunst zu erlangen, wenn du ausgerechnet dort nur in einer Ecke stehen willst, dann wirst du auch genau da bleiben, in der Ecke.«

Mutter und Tochter blickten einander bekümmert an, während sie sich die Möglichkeit der Isolierung und der Ächtung vor Augen führten. Beide waren, wenn auch aus verschiedenen Gründen, bei dem Gedanken entsetzt. Doch dann regte sich ein Schimmer von Freude in Jaos Augen, und sie schlang die Arme um den Hals der Mutter.

»Ich werde nicht in der Ecke stehen«, versicherte sie. »Ihr werdet sehen. Ich wollte nur sagen, daß ich nicht leben kann wie Holan. Zu intrigieren, zu schmeicheln, einen Kriegsplan zu schmieden, um die Gunst eines Mannes zu erlangen, und lächeln, lächeln, mit weiblicher List … Wenn der Sohn des Himmels so dumm ist, sich von solchen Schlichen einfangen zu lassen, dann habe ich keine Chance – ich bin eine schlechte Schauspielerin. Daher ist es besser, es gar nicht erst zu versuchen.«

Madame Yang sah etwas erleichtert aus. »Wenn das alles ist, was du meinst, dann hast du vielleicht recht.« Sie schauten einander an, und wieder schlang Jao die Arme um den Hals der Mutter.

»Macht Euch keine Sorgen, geliebte Mutter«, tröstete sie sie liebevoll, dann wies sie auf das Chaos, das die Hunde auf dem Boden angerichtet hatten. Die meisten Sachen erkannte sie nicht und wollte es auch nicht. »Was habt Ihr mit den vielen Sachen vor?«

»Hier sind vier Rotlack-Brauttruhen gleicher Größe. So werden sie auf dem Rücken der Kamele im Gleichgewicht halten. Siehst du sie dort gestapelt? Öffne sie, und wir werden jede Truhe richtig packen. In die erste kommen die zehn Dosen mit süßem Ingwer aus Yangchow. Wenn du ihn regelmäßig ißt, wirst du eine schöne, samtene Haut haben. Diese Dosen mit Feigen kommen von irgendwoher aus dem Westen, auch sie sind gut für die Haut. Ginseng und Kalomel helfen gegen Infektionen und Bauchschmerzen, Nelken, Muskatnuß und Zimt bei Fieber. Schwefel gegen Hauterkrankungen gebe ich nicht dazu, denn davon wirst du im Palast verschont bleiben.«

Zweifelnd betrachtete Jao die Dosen und Flaschen, doch packte sie sie pflichtbewußt ein. Alles zusammen füllte eine Truhe, die sie zumachte und mit einem Messingschloß versperrte, dessen Schlüssel sie sicher in einem Seidenbeutel verstaute. Als sie mit ihrer Arbeit fertig war, hatte Madame Yang alles andere in drei Stöße geordnet. Jao betrachtete die Stapel ohne Begeisterung, altes Zeug von der Schwester, dachte sie. Die Mutter bemerkte ihr mangelndes Interesse.

»In diesen beiden Truhen befinden sich Kleider für die vier Jahreszeiten«, sagte sie. »Bettzeug, Handtücher – diese neuen dicken Baumwolltücher aus Indien – sowie Ballen von Seide und Filz für neue Kleider.«

Jaos Laune hob sich, neue Kleider waren eine erfreuliche Aussicht. Sie packte alles in die Truhe und setzte sich auf den Deckel. »Was ist das?« wollte sie wissen und zeigte auf einen Stoß gefalteter Tücher und Baumfasern aus dem fernen Szechuan.

»Das? Oh, eine Babyausstattung und der letzte Schrei, was Windeleinlagen betrifft.« Jao war verblüfft. »Pack nur alles ein«, forderte Madame Yang sie auf, dann seufzte sie. »Ich nehme nicht an, daß du sie bald benötigen wirst. Der Kaiser hat bereits an die dreißig Kinder, zwei oder drei sind Söhne der Kaiserin und viele andere Söhne von Müttern, deren Rang weit höher ist als deiner. Ich glaube nicht, daß, solltest du das Glück haben, einen Sohn zu bekommen, dieser jemals Kaiser wird. Das ist unmöglich. Vor allem, da diese vielen Frauen, an die hundert oder mehr, um die Gunst des Kaisers buhlen und einander bekämpfen, um den ersten Platz oder eine andere Begünstigung zu erlangen. Und doch ist er erst achtunddreißig Jahre alt. Du mußt – du mußt einfach – versuchen, ihm zu gefallen.«

»Mutter«, klagte Jao, »Ihr habt das alles bereits gesagt.«

Schweigend betrachtete Madame Yang ihre Tochter, in ihrer Niedergeschlagenheit wand sie ihr Halstuch um die Finger. Jao sprang auf und lief auf die Mutter zu, um sie zu trösten, als sich die Tür öffnete und Holan, die Kinderfrau Wang auf den Fersen, das Zimmer betrat. Beide waren begierig, Jaos Ausstattung zu ordnen, und zutiefst enttäuscht, daß alles bereits fertig war.

»Die Sachen sind gepackt und bereit für die Abreise«, erklärte Madame Yang. »Habt ihr in Erfahrung gebracht, wann der Aufbruch sein soll?«

»Der Ältere Bruder hat noch keine Entscheidung getroffen. Er sagte, er werde bald hierherkommen, um Euch seine Anweisungen zu geben«, gab Holan zur Antwort und blickte abwägend auf die verschlossenen Truhen. Auch Wang betrachtete sie. »Ich werde sie umpacken müssen«, erklärte die Kinderfrau. »Jao hat keine Ahnung, wie man so etwas ordentlich macht.«

»Sie sind reisefertig, so wie sie sind«, sagte Madame Yang förmlich, »aber trotzdem danke, meine gute Kinderfrau.« Sie wandte sich zu Holan. »Jao und ich hatten ein gutes Gespräch, und ich freue mich, daß sie weiß, was sie vom Palastleben zu erwarten und wie sie sich zu benehmen hat.«

»Da habe ich meine Zweifel, aber nun ist es zu spät. Ihr hättet niemals zustimmen dürfen, daß man sie in den Palast schickt.«

»Man hat mich nicht gefragt. Die ganze Sache wurde von meinen Stiefsöhnen arrangiert, die nicht die Gewohnheit haben, auch nur die geringste Rücksicht auf meine Wünsche zu nehmen. Aber das ist nun erledigt. Wir müssen jetzt in die Zukunft schauen. Falls der Sohn des Himmels Gefallen an Jao finden sollte – warum lachst du?«

»Weil Jao, wenn sie die Gunst eines Mannes erwerben möchte, höchstens auf die Idee kommt, ihn zum Pferderennen herauszufordern oder ihm die Ohren über Hunde vollzuschwätzen! Nichts auf der Welt ist so schwer wie der Versuch, die Gunst des Herrschers zu erringen. ›Dem

Herrscher zu dienen ist, wie mit dem Tiger zu schlafen‹ heißt das Sprichwort und – ruhig, du Idiot!« schrie sie ihren Pudel an, der wieder zu bellen begonnen hatte. Weiteres Bellen von draußen verstärkte den Lärm, als die Tür aufflog und der Ältere Bruder, begleitet von seinen schmutzigen Hunden, das Zimmer betrat,

»Ich bin selbst gekommen«, verkündete er, »um Euch Eure Anweisungen zu geben. Wir ziehen heute nacht zur Stunde des Stiers los. Dann müßt Ihr alles bereit haben, denn das ist die günstigste Stunde für den Aufbruch. Was soll das?« Scharf blickte er zu Jao, die in die Hände geklatscht hatte, dann betrachtete er mit noch größerer Abneigung ihre Mutter. »Madame Yang, Ihr seid nie pünktlich, aber zögert diesmal die Dinge nicht hinaus. Seht zu, daß Jao fertig ist. Zur Stunde des Stiers! Raus!« schrie er seine Hunde an und ging.

»Zur Stunde des Stiers!« äffte ihn Jao nach und warf sich in Pose. »Raus!« donnerte sie ihren Pudel an, der sich unter dem Bett verkroch. Das brachte die anderen zum Lachen und ließ die Tränen versiegen, die beim Schließen der Tür zu fließen begonnen hatten. Madame Yang trocknete ihre Augen und meinte ergeben: »Dann bleibt also nicht viel Zeit. Laßt uns zur Stunde des Hundes das Abschiedsmahl im Festraum einnehmen und es uns gutgehen lassen, solange wir können. Holan, stell dich neben Jao, ich möchte noch einmal, zum letzten Mal, euch beide nebeneinander sehen.«

»Komm her, Jao, schau, ob du so groß bist wie ich.« Holan lachte und zog Jao zu sich.

»Jao ist größer«, rief die Kinderfrau Wang. »Du siehst wie eine Birne aus und sie wie eine doppeltlange Glyzinienblüte!«

»Was in aller Welt soll das heißen?«

»Sie meint«, unterbrach Madame Yang hastig, »du hast die anmutigen Linien einer Birne, mit einer Brust, die etwas kleiner ist als die Hüften, und deine Figur fließt weich von den Schultern bis zu den Knien.«

»Ich habe zwei Kinder geboren ...«, begann Holan.

»Und Jao nicht. Aus diesem Grund ist es für mich gar nicht einfach gewesen, dafür zu sorgen, daß Jao in den neuen Kleidern anmutig aussieht. Sie ist sowohl zart als auch kräftig – wie eine Glyzinie.«

»Wie eine Wespe«, stellte Holan unfreundlich fest.

Jao kicherte und zog die Schwester näher, während Madame Yang die beiden, wie sie da vor ihr standen, kritisch musterte. »Ihr seid beide reizend«, sagte sie versonnen. »Mit euren lebhaften Gesichtern, den schmalen kleinen Nasen und den großen Augen. Ja, und der seidenweichen Haut. Mir ist rätselhaft, wie ihr mir so gelingen konntet.«

»Unsinn!« unterbrach die Kinderfrau. »Ihr seid schöner als beide. Alle Yang-Frauen waren schön, mit kräftigen, geschmeidigen Körpern! Und ihr drei seid die Schönsten der Provinz, vielleicht des ganzen Reiches. Ich weiß, wovon ich rede«, versicherte Wang, als sie lautes Lachen zur Antwort bekam. Dennoch taten ihre scherzhaften Worte allen dreien gut.

Der Gong im Hof schlug, und Madame Yang seufzte: »Es ist Zeit! Du, Holan, und du, Wang, geht euren Pflichten im Saal und in der Küche nach, damit wir gleich bei Sonnenuntergang, zur Stunde des Hundes, unser Essen einnehmen können. Jao wird noch ein wenig bei mir bleiben.« Mit der Aussicht auf ein Festmahl besonderer Art eilten Holan und Wang freudig hinaus.

Madame Yang seufzte. »Ich möchte dich noch ein paar Minuten allein haben, weil ich dir noch einiges zu sagen habe.« Jao ließ die Ohren ihres Hundes los und sah ihre Mutter argwöhnisch an.

»Erstens, die ersten Monate im Palast höre zu, soviel du kannst, und sprich wenig. Finde eine freundliche ältere Konkubine – wenn es geht, eine hochrangige Fei – und diene ihr. Zögere nicht, sie zu fragen, was du tun sollst, wenn du etwas nicht weißt. Fragen ist besser als sich zum Narren zu machen. Zweitens, sei nicht zu neugierig. Die Leute werden dich für aufdringlich halten, wenn du zu viele Fragen stellst … ja, ja, ich weiß, ich habe gerade gesagt, du sollst fragen, aber überlege dir gut, welche Fragen du gefahrlos stellen kannst. Und letztens, schließe niemals, so wie du es hier tust, Freundschaften mit Untergebenen, wenn du geachtet werden willst. Ich habe Angst um dich. Du darfst niemals, weder bei Tag noch bei Nacht, die Gefahr vergessen.«

»Welche Gefahr?« fragte Jao erwartungsvoll.

»Die Gefahr, Menschen zu beleidigen, natürlich! Du bist noch so ein Kind – erst dreizehn Jahre.«

»Vierzehn«, verbesserte Jao. Die Mutter zuckte die Achseln. »In zehn Tagen, zu Neujahr, wirst du theoretisch ein Jahr älter sein, aber auch so weit weg, daß ich dir nicht helfen kann. Mir bleibt nur, Kuanyin Bodhisattva inständig anzuflehen, daß dir nichts geschehen möge.«

»Maitreya Bodhisattva … Milo«, schlug Jao vor.

»Warum Milo?« fragte Madame Yang belustigt. »Sakya oder Amitabha Buddha sind die großen Buddhas. Und wenn du einen Bodhisattva willst, so ist gewiß die Mitleidige Kuanyin die Richtige.«

»Maitreya ist der Beschützer der kleinen Leute, wenn sie sich in Not befinden, für die Kuanyin zu groß ist, um ihnen Gehör zu schenken.«

»Wie kommst du nur darauf?« rief Madame Yang. »Kuanyin ist die einzige für Frauen. Sie ist selbst eine Frau!«

»Das ist der Grund, warum ich Maitreya haben will, er ist stark und den kleinen Leuten nahe«, erklärte Jao, was sie als durchaus einleuchtend empfand, wenn sie ihre Mutter damit auch verwirrte und verärgerte, da für diese als fromme Buddhistin der Tientai-Lehre Maitreya nur ein Gott niederen Ranges war.

Schweigend betrachtete Madame Yang ihre Tochter, dann wandte sie sich zum Alkoven, wo sich ihr kleiner Schrein befand, in dem der Sakyamuni-Buddha, flankiert von einer Kuanyin und einem Maitreya, zu einem Kunstwerk aus Khotanjade vereinigt waren. Sie nahm den Maitreya und bot ihn förmlich, mit beiden Händen, ihrer Tochter dar, die aufsprang, um die bezaubernde Statuette in Empfang zu nehmen.

»Hiermit überreiche ich dir diesen Maitreya, da Maitreya derjenige ist, dem du deine Verehrung schenkst. Vertraue ihm dein Wohlergehen an, und mögest du von Unheil verschont bleiben.«

Jao neigte nicht zu Frömmigkeit, aber in diesem Moment war sie zutiefst berührt. Tränen traten ihr in die Augen. »Ich nehme das Geschenk an – ich verspreche, diesen Euren Schatz mein Leben lang zu behalten und täglich zu beten. Denn die Erinnerung an Euch und der Maitreya werden mich mahnen, mein Versprechen zu halten, mehr über die großen Geheimnisse zu lernen und ernster zu werden.«

»Du kannst sicher sein, daß auch ich täglich Gebete sprechen werde. Für dich, damit alle Unbill von dir fernbleibt. Ich werde während meiner Gebete Weihrauch anzünden und niemals versäumen, meinen Beitrag an die Mönche und Klöster in Taiyuan zu leisten.«

Madame Yang trocknete sich die Wangen. »Und nun ist es an der Zeit, über die Kunst der Liebe zu sprechen. Denn das ist es, wozu du in den Palast gerufen wirst – den Kaiser im Bett zu erfreuen. Ihn zu befriedigen. Dich diesem Mann aus freiem Willen hinzugeben.«

»Was bedeutet das, wenn Ihr ›aus freiem Willen‹ so seltsam betont?«

»Ich meine damit, daß du niemals, auch nicht für den Bruchteil einer Sekunde, zögern oder zurückschrecken darfst, ganz gleich, was er von dir verlangt – ob es schmerzhaft ist oder unangenehm. Doch mußt du mehr als nur willfährig sein. Du mußt … du mußt …«

»Verführerisch sein?« half Jao aus. »Die Hebamme aus dem Amt des Obereunuchen, die hierherkam, um mich zu untersuchen, ob ich gesund bin und ob meine mondzeitlichen Blutungen bereits eingesetzt haben, hat mir das gleiche gesagt. Ich wußte das auch vorher schon.«

»Wirklich?« rief Madame Yang aus. »Was weißt du denn nun eigentlich? Das, worüber ich spreche, hat nichts mit den Beobachtungen an Tieren zu tun. Ich meine hier nicht den rein körperlichen Akt, sondern das Menschliche, das Persönliche. Du darfst weder grob noch aggressiv sein, auch wenn der Kaiser es vielleicht sein mag. Benimmst du dich schlecht, so kannst du gewiß sein, daß er keinen Gefallen an dir finden wird. Und das könnte, das heißt, das wird für dich bedeuten, daß du unglücklich wirst.«

Jao neigte den Kopf. »Bisher habe ich noch wenig darüber nachgedacht, wie man zu lieben hat«, gab sie trocken zu. »Ich nahm es einfach als gegeben hin. Aber jetzt werde ich daraus eine große Kunst machen, das verspreche ich Euch.«

»Mehr weiß ich nicht zu sagen.« Madame Yang kämpfte erneut mit den Tränen. »Ich habe alles gesagt. Ich habe meine Pflicht getan … mehr, als je ein Mensch für mich getan hat.« Tränen strömten über ihre Wangen, und sie versuchte nicht, sie zurückzuhalten. Jao kniete vor ihrer Mutter und nahm deren Hände in die ihren.

»Ich bin vor den Sohn des Himmels geladen! Wie kann Euch nur der Gedanke kommen, das könne Unglück bedeuten? Warum weint Ihr wie ein kleines Mädchen?«

Madame Yang blickte in das junge, zarte Gesicht, dem ihren so nahe. Ihr schien die Möglichkeit eines glücklichen Lebens unter all den verzogenen Frauen, die im Palast ihr unnatürliches Dasein fristeten, als sehr unwahrscheinlich. Aber um Jaos willen lächelte sie und trocknete ihre Tränen, woraufhin Jao aufsprang und eine fröhliche Pirouette drehte.

»Wenn ich von Rang Fünf auf Rang Vier – oder vielleicht noch höher – aufsteige, werde ich Euch zu mir holen«, rief sie.

Madame Yang nickte und behielt ihr Lächeln, als Jao die Arme um sie schlang.

»Und da ist noch etwas, um das Ihr Euch keine Sorgen machen sollt«, fuhr Jao fort. »Auch wenn sie von Zeit zu Zeit ein Mädchen in Ungnade entlassen, ich verspreche Euch, ich werde es nicht sein!«

Verschlafen krähte der Hahn. In der Küche wurde eine Kerze entzündet und kurz danach eine im Torhaus. Dann begannen sich die Dienstboten und die Stallknechte zu rühren. In den Ställen erhob sich großer Lärm, als die Tiere geweckt, gefüttert und getränkt wurden. Glockengeklingel vermischte sich mit dem Schreien der Männer, die herumrannten, um die Tiere anzuschirren. Es dauerte einige Zeit, bis Ko mit allen Vorbereitungen zufrieden war, dann gab er den Befehl, die Tiere in den ersten Hof zu führen, wo sich das Gepäck stapelte.

Eine Holzkohlenpfanne wurde herausgebracht und darüber ein brodelnder Kessel mit Hirschfleisch gehängt. Fackeln wurden entzündet. Diener bemühten sich, das Gepäck auf dem Rücken der unruhigen Tiere ins Gleichgewicht zu bringen und festzuzurren. In der Dunkelheit überschnitten sich die langen Schatten der herumeilenden Menschen und der Tiere. Schnauben, Knurren und Füßestampfen begleitete die Arbeiten. Als die Tiere beladen waren, versammelten sich die Männer hungrig um das Feuer, um tüchtig zuzugreifen, solange sich noch eine Gelegenheit bot. Jeder der Männer trug einen Sack getrockneter Körner mit sich, um für den Notfall eine Wegzehrung zu haben, aber auch wenn sie daran gewöhnt waren, zogen sie andere Speisen vor.

Die Türen flogen auf, als die beiden jungen Herren, bis zu den Augen in pelzverbrämte Mäntel gehüllt, geschäftig den Hof betraten. Die Dienerschaft verfiel in Schweigen und beeilte sich, ihre Näpfe leer zu essen. Die beiden Wu schauderten in der eisigen Luft und schritten rasch zum Tor, wo ihre Pferde schon von den Knechten bereitgehalten wurden. Ko gab Wüstenläufer einen letzten Klaps und beeilte sich, die Herren zu begrüßen.

»Ist Wu Jao fertig?« fragte Yuanshuang Wu und starrte in die Dunkelheit.

»Sie kommt gerade«, antwortete Ko, der hörte, daß sich weitere Türen öffneten. Die Frauen des Hauses, die Umhänge lose über den

Schultern, brachten das Mädchen Jao heraus, das in ihrer Mitte beinahe verschwand.

»Hierher«, schrie Wu Yuanshuang. »Beeile dich. Schluß mit dem Abschiednehmen, wir müssen uns auf den Weg machen, genug von dem Geheule.«

Ko befand sich bereits am Kopf der Karawane, doch als er die Aufregung am Tor bemerkte, stieg er nochmals ab, rief eine Entschuldigung, löste das Mädchen von den Frauen und hievte es fachmännisch in seinen Sitz. Dann hob er die Peitsche und gab das Zeichen zum Aufbruch. Sein Ruf setzte sich die Reihe entlang fort und löste das Antwortkommando der Treiber aus. Das Scharren der Hufe und das Knirschen des Zaumzeugs klangen durch die Nacht, als die Tiere sich in Marsch setzten. Die Frauen schlugen die Schürzen über den Kopf, ihre schrillen Schreie übertönten die anderen Geräusche.

Madame Yang, die nahe bei Jao stand, blickte zu der zarten kleinen Gestalt hinauf, die sich zu ihr beugte und ihre Hand ergriff. Die beiden verschlangen ihre Finger ineinander, während das Kommando zum Aufbruch erklang. Jao hielt die Hand der Mutter, bis sie auseinandergerissen wurden und Madame Yang sich von ihrer Tochter trennen mußte.

»Wir sehen uns wieder … wieder, Mutter!« überschrie Jao das Toben des Windes, als ihr Reittier über die Schwelle des Tores in die Kälte schritt.

Jao zog ihr Tuch über das Gesicht und machte es sich in ihrem Sitz bequem. Sie schlüpfte in die Pelzhandschuhe, und als sie in den Rhythmus des Tieres einfiel, entdeckte sie plötzlich, daß sie nicht allzu traurig war, ihr Heim zu verlassen, sondern aufgeregt und voll Abenteuerlust. Die Dunkelheit, das Flackern der Laternen, das Kamel unter ihr, die Bewegungen der Tiere vor und hinter ihr, das Schnauben und Rumpeln, das Bewußtsein von Freiheit und Freude … das war Leben. Das war es! Das Gefühl, ganz und gar lebendig, vollkommen glücklich zu sein, überwältigte sie.

Die Reise begann gut. Der Boden war hart, und die Karawane kam mit gutem Tempo voran. Für jedes Kamel wurde der Weg von der Laterne eines Knechtes beleuchtet, und auf der häufig benutzten Straße gab es kaum Furchen, die hinderlich hätten sein können. Trotz der frühen Stunde war das Südtor von Taiyuan geöffnet. Die Karawane zog durch, und das Tor wurde eilig hinter ihr geschlossen. Dann fiel der gesamte Zug in einen regelmäßigen Trott, als sie von den sturmgepeitschten Höhen in das Tal des Fen-Flusses hinabstiegen.

Stunden vergingen, bis die Dämmerung am östlichen Himmel anbrach. Sie zogen weiter durch das Flußtal, dem sie so lange zu folgen hatten, bis der Fluß in die weite Ebene des Gelben Flusses mündete, dort, wo der große Strom einen Bogen nach Osten machte. Von dort ging es durch das Wie-Tal bis Changan. Wenn alles gutging, würde die Reise nicht länger als eine Woche dauern.

Warm eingehüllt führten die Brüder ihre Tiere hinter Ko her, in der angenehmen Gewißheit, die günstigste Stunde gewählt zu haben. Ihre Füße aber wurden von der Kälte taub, und der Wind wurde stärker. Ko prüfte immer wieder die Windrichtung und trieb zur Eile. Ihnen wurde deutlich, daß sie sich bereits in einem schweren Sturm befanden und ihm weiter entgegenzogen, statt sich von ihm zu entfernen.

Schließlich lenkte Wu Yuanching sein Pferd dicht neben Wu Yuanshuang und schrie beunruhigt: »Ich hoffe, der Wind ... läßt bald nach.«

»Du machst dir zu viele Sorgen«, knurrte Yuanshuang durch seine Hüllen. »Dieser Wind ist nicht der Rede wert. Vergiß nicht, wir stehen unter dem Schutz des Stieres. Schlag deine Füße gegen die Flanken des Pferdes, und reibe dir die Hände, damit sie wieder warm werden.«

Der Wind blies immer stärker, und als sie die Talsohle erreichten, wirbelten die ersten Schneeflocken durch die Luft, nahmen ihnen die Sicht und bremsten ihren Schritt. Stunde um Stunde kämpfte sich die Karawane vorwärts, Glöckchen klingelten, und das Geschirr der Tiere knirschte. Es wurde sehr ungemütlich. Die beiden Brüder ließen Jao in der Obhut ihres Knechtes zurück, der sie bei dem tosenden Sturm in ihrem Sitz festhalten mußte, ritten nach vorn, bis sie Ko zwischen sich hatten, und machten ihrem Ärger Luft. Seine Antwort war kühl. »Ich habe es nicht anders erwartet«, suchte er sich durch den Sturm verständlich zu machen. »In einer Stunde machen wir halt und suchen uns einen Unterstand. Dort werden wir bleiben, bis dieser Schneesturm vorüber ist. Wenn kein Wind mehr weht, können wir unseren Weg ohne Schwierigkeiten im Schnee fortsetzen. Euer Gnaden haben darauf bestanden, daß wir zu Neujahr in Changan eintreffen, also müssen wir unsere Möglichkeiten nutzen.«

Endlos und fast unerträglich erschienen Jao ihre Anstrengungen, sich im Sitz zu halten und ihr Gesicht vor der Kälte zu schützen. Schließlich aber hörte sie laute Schreie der Treiber, und die Karawane hielt an. Jao blickte um sich, konnte aber nichts als eine verschwommene grau-weiße Landschaft erkennen. Ihre Augen begannen in der Kälte zu tränen, und rasch bedeckte sie von neuem ihr Gesicht. Sie hörte, wie das Gepäck abgeladen wurde und die Stimme des Knechtes: »*Kuniang*, steigt bitte ab. Ich werde Euch auffangen.« Mit Mühe hob sie ihre Beine und ließ sich zu Boden sinken, doch war sie vor Kälte so starr, daß sie ihr Gleichgewicht nicht halten konnte. Der Knecht stützte sie, während sie so lange stampfte, bis sie ihre Beine wieder spürte.

Alles erschien in gespenstischem Weiß, das Land, der Himmel, die verschwommenen Umrisse der Karawane. Sie konnte nichts sehen, kein Licht, außer den flackernden Laternen der Knechte, keinen Unterschlupf irgendwelcher Art. Dann bemerkte sie, daß die Treiber die Tiere in etwas führten, das ihr wie ein schwarzes Loch in einer Schneewehe erschien. Ihre Brüder verschwanden in diesem Loch, dann kam Ko zu ihr zurück. Als er sie fragte, ob ihre Beine zu taub wären, um zu gehen, schüttelte sie den Kopf und folgte ihm zu dem geheimnisvollen Loch.

Im Inneren verstummte das Heulen des Sturmes schlagartig, und sie erkannte, daß sie sich in einer Höhle voll von Pferden und Kamelen befand. Die Knechte sattelten die Tiere ab und rieben ihr feuchtes Fell. Andere Knechte stapelten das Gepäck entlang der Wände. Ein Kohlenbecken in der Mitte der Höhle und einige Fackeln gaben schwaches Licht, der Rauch zog durch eine unsichtbare Öffnung ab. Jao sah an der hinteren Wand eine niedrige Tür, durch welche ihre Brüder verschwanden. Ko führte auch sie zu dieser Tür, und durch einen Lederbehang stolperte sie in einen zweiten raucherfüllten Raum, der aber von Öllampen erhellt war und in dem sich keine Tiere, sondern nur Menschen befanden, einige schliefen in ihre Filzdecken gehüllt, andere wieder unterhielten sich und teilten geröstetes Korn untereinander. Ein verhutzeltes Weib im losen Kaftan schichtete Zweige für ein Feuer, auf dem sie in einem darüberhängendem Kessel Wasser wärmen wollte. An der hinteren Wand standen vor einer Schlaf-*kang* Körbe mit Zwiebeln, Pastinaken, Rüben und Getreide.

Jaos Brüder zogen die Mäntel aus und versicherten sich eines Platzes auf der warmen *kang*, als die Kinderfrau Wang, rotnasig und halberfroren, hereinkam. Streitlustig blickte sie um sich und fand Jao, die naß und verängstigt in der Mitte des Raumes stand, während ihre Brüder keinerlei Notiz von ihr nahmen. Schnell nahm Wang das Mädchen beim Arm und geleitete es zu einer weiteren kleinen Tür. Mit eingezogenem Kopf schoben die beiden Frauen den schweren Türschutz beiseite und betraten eine dritte Höhle. Diese war klein und anheimelnd, mit farbigen Filzen und Kissen ausgelegt. Der Raum war von einem flackernden Licht erleuchtet und beherbergte nur einige schlafende Frauen. Jaos Zähne schlugen aufeinander, doch als Wang ihr die nassen Kleider auszog und sie in ein Nest aus Pelzdecken steckte, kam ihr Zittern zur Ruhe. Die alte Frau entrollte ihre eigenen Decken und beobachtete, schnaufend vor Erschöpfung, die Schatten an der Decke, bis auch sie der Schlaf übermannte.

Jao öffnete die Augen und blickte um sich. Die Höhle war noch dunkel, doch die Frauen bewegten sich, kämmten sich die Haare und rollten die Schlafmatten zusammen. Eine ältere Frau – an die fünfzig – mit würdigem Ausdruck wurde von ihrer Dienerin in ein Filzgewand gekleidet, das mit taoistischen Symbolen bestickt war. Eine andere Frau, eine Nonne mittleren Alters, saß mit gekreuzten Beinen gegen die Wand gelehnt, ganz in ihre morgendliche Meditation versunken, das Licht der Laterne schien auf ihren kahlen Kopf und das stille Gesicht.

Jao betrachtete die beiden. »Was für eine Gesellschaft! Die eine ist alt, die andere eine Nonne«, sagte sie laut. Sie schaute zur Kinderfrau Wang, die leise vor sich hin schnarchte, dann wieder zu der betenden Nonne und ihrer Schülerin. An der Intonation erkannte sie, daß sich das Gebet dem Ende näherte.

»Guten Morgen«, wandte sich die Nonne zu der taoistischen Matrone. Ihre Aussprache war kultiviert. Sie hatte ihre Meditation beendet und war wieder in die reale Welt zurückgekehrt, auch wenn sie als Buddhistin diese als eine Welt der Illusionen ansah. Die alte Dame antwortete höflich, und die Nonne drehte sich Jao zu und grüßte sie in gleicher Weise.

»Guten Morgen«, gab Jao steif zurück.

Die Nonne lächelte, wandte sich aber wieder der Matrone zu.

»Da wir die nächsten Tage gemeinsam verbringen werden, sollten wir uns wohl vorstellen. Würdet Ihr uns Euren Namen nennen und sagen, woher Ihr kommt?«

Mit freundlichem Nicken leistete die Matrone der Aufforderung Folge. »Mein Name ist Sun, und wir kommen aus Shensi, unweit der Hauptstadt. Ich heiße Hua-erh. Ich bin Vorsteherin einer taoistischen Frauenherberge. Ich kehre jetzt aus Taiyuan nach Changan zurück, wo ich einer hohen Dame, Li Kahua, einer Schwiegertochter der Familie Fang, bei der Geburt ihres ersten Kindes beigestanden habe.«

»Kann es sein, daß Euer Bruder der berühmte Arzt Suntzu Miao ist? Und besteht zwischen den Fang von Taiyuan und dem Minister Fang eine Verwandtschaft?« fragte die Äbtissin.

»Suntzu ist mein Bruder und Herr Fang in Taiyuan der Sohn des Finanzministers«, erklärte die Matrone.

Jao fiel ein: »Ich kenne Kahua, sie ist eine Freundin von mir, und vor ihrer Schwangerschaft waren wir viel zusammen. Dann war sie lange Zeit krank. Vor kurzem war ich zum Monatsfest des Babys eingeladen. Es war ein großes Ereignis, denn die Fang waren sehr glücklich, einen gesunden Jungen zu haben, der erste in seiner Generation, ein Enkel des Ministers Fang ...« Sie hielt inne, doch die beiden Frauen schienen sie nicht gehört zu haben.

»Wie geht es der jungen Frau?« wollte die Äbtissin wissen.

»Sie hatte eine schwere Niederkunft, sehr schwer, eine der schwierigsten, die ich je erlebt habe. Die Wehen dauerten drei Tage, und das Kind kam immer noch nicht. Es war groß, bewegte sich ununterbrochen und lag verkehrt. Das Krankenzimmer war voll von Hebammen und Schamanen und der Lärm so groß, daß ich ihr nicht sachkundig beistehen konnte.«

»Ah«, nickte die Nonne wissend. »Das muß für Euch als Außenseiterin eine unmögliche Situation gewesen sein.«

»Ja. Aber dann kam ein Moment, in dem es für Mutter und Kind um Leben oder Tod ging. Ich verlangte den Ehemann zu sprechen – erklärte ihm, ich könne die Verantwortung nur übernehmen, wenn ich allein bestimmen dürfe. Er sagte mir, ich solle alles in meiner Macht Stehende tun, um beider Leben zu retten. Also wählte ich die geschickteste der Hebammen aus, mir zu helfen, und der Mann schickte alle anderen hinaus. Ich ließ Heizpfannen bringen, um die Kleine warm und in einem Kessel Wasser heiß zu halten. Ich nahm die rituelle Waschung meiner Hände vor und befahl den anderen, es mir gleichzutun. Dann rieb ich mir die Hände mit heißem, frisch gepreßtem Sesamöl ein, um das Kind bewegen zu können. Ich habe mit meinem Bruder zusammen studiert und später meine eigenen Methoden entwickelt.«

»Man muß genau wissen, was zu tun ist, um mit einem verschreckten und erschöpften Mädchen richtig umgehen zu können«, nickte die Äbtissin. »Nur wenige Hebammen besitzen diese Gabe und diese Fertigkeit. Ich gratuliere Euch.«

Die Matrone blickte zufrieden drein. »Ihr wißt also, daß es nicht einfach ist, eine Geburt leicht zu machen. Ich habe viel Zeit darauf verwendet, bis ich meinen Beruf so gut beherrschte. Danke für Eure freundlichen Worte.«

»Was ist aus der jungen Frau geworden?«

»Sie hat sich erholt und ist stolz auf ihren kleinen Jungen, aber immer noch schwach und zart. In den nächsten zwei Jahren darf sie kein Kind bekommen, das erklärte ich auch Herrn Fang.«

»Wie dankbar müssen die beiden Familien sein, die Fang und die Li.« Wärme klang in der Stimme der Nonne. »Ihr habt zwei Leben gerettet, zwei wichtige Leben. Kahua ist die Tochter des Kaisers Taitsung, und das Kind ist sein Enkel. Ihr könnt sicher sein, dafür großzügig belohnt zu werden.«

»Kahua war immer schon zart«, fiel Jao ein. »Weder mit ihr noch mit der Geburt war etwas nicht in Ordnung. Auf ihren Bauch wurden die richtigen Zeichen geschrieben, die Schamanen haben die richtigen Lieder gesungen, und die Geburt trat zur angekündigten Stunde ein, also geschah alles durch deren Bemühungen. Von Wang kenne ich den Hergang genau.«

Die älteren Frauen schwiegen. Dann sagte die Matrone, so als hätte sie Jaos Einwurf nicht gehört: »Die Fang waren sehr dankbar und haben mich angemessen belohnt. Der Kaiser ist nicht zu einem Geschenk verpflichtet. Ich werde ihm Bericht erstatten, weil es sich um seinen Enkel handelt.«

Die Äbtissin hörte genau zu. »So ist es recht. Gut gemacht, Madame Sun«, nickte sie beifällig.

Durch die Wendung, die das Gespräch genommen hatte, fühlte sich Jao gekränkt und zurückgestoßen, Gefühle, die sich in ihrem Gesicht deutlich spiegelten. Keine der beiden Frauen schien davon Notiz zu nehmen. Die ältere der beiden verschränkte die Hände über dem Bauch und machte es sich wieder bequem.

»Genug über diese kaum erwähnenswerte Sache«, erklärte sie. »Welcher Familie entstammt Ihr, Ehrwürdige Mutter?«

Höflich gab die Äbtissin Auskunft. »Ich bin eine Li, Kusine und enge Freundin von Shih, der Schwester des Kaisers.«

»Kusine des Sohnes des Himmels! Ihr seid wahrhaftig von hohem Rang«, rief die Matrone aufgeregt. Jao starrte sie vollends verwirrt an.

»Vor vielen Jahren, als wir Kinder waren und der Fürst von Tang, Shihmins Vater, unter den Sui die Stelle eines Grenzgouverneurs innehatte, spielten Shih und ich mit unseren Brüdern und Vettern Polo und fanden das ganz selbstverständlich. Wir wären nicht im Traum darauf gekommen, daß von allen Kindern des Fürsten es Shihmin bestimmt sein würde, eine neue Dynastie zu gründen«, erzählte die Äbtissin.

Die Matrone und die in der Höhle anwesenden Dienerinnen lauschten ehrfürchtig diesen Worten.

»Ts, ts, ts«, rief die Matrone aus. »Euer Rang ist so hoch, daß für Euch das Tabu, den Namen des Kaisers auszusprechen, nicht gilt?«

»Doch. Ich vergaß darauf. Ich bin so gewohnt, ihn bei seinem vollen Namen zu nennen, nicht nur während unserer Kindheit, sondern auch in den vielen Jahren darauf, daß ich mich leicht verspreche. Seine Schwester und ich nahmen selbst an den Kriegen teil. Wir verkauften unseren Schmuck, um Soldaten anzuheuern, und es gelang uns, alle Dörfer südlich von Changan für die Tang einzunehmen. Damals gab es zwölf Anwärter auf den Thron. Wir ritten mit unseren Truppen wie die Männer und sicherten zumindest die Loyalität dieser einen Region.« Bei diesen Worten schlugen die Frauen in ihrer Aufregung die Hände zusammen, die Nonne lächelte.

»Ihr seid ein weiblicher Krieger gewesen! Was geschah dann, das Euch veranlaßte, Nonne zu werden?« rief Jao in ihrer Verwirrung aus. »Warum in aller Welt … eine Nonne?«

Die Äbtissin zucke die Achseln. »Warum nicht? Oder eine taoistische Leiterin einer Frauenherberge?« Sie wies auf die Matrone, die zustimmend nickte. »Was gibt es Besseres für eine Frau, als selbst über ihr Leben zu bestimmen und die Verantwortung für eine Gemeinschaft zu tragen wie ein Mann? Sich Verdienste durch eigene Leistungen zu erwerben? Aber ich schweife ab. Während des Krieges wurde ich vom Feind, von General Li Mi, gefangengenommen. Ich mußte eine schwere Zeit durchmachen, und wäre ich nicht von Shihmin gerettet worden, ich hätte meinem Leben ein Ende bereitet. Aus Dankbarkeit für meine Befreiung beschloß ich, Nonne zu werden, und heute bin ich Äbtissin des Kanyeh-Klosters in Changan.«

»Ah«, murmelte die alte Dame. »Wir alle haben von Kanyeh-ssu und Hunfu-ssu gehört, den großen Klöstern, die der Sohn des Himmels zu Ehren seiner Mutter und seiner Frau gegründet hat. Auch taoistische Tempel wurden auf seinen Befehl errichtet. Wir Frommen sind glücklich: Wir haben Frieden, ein geeintes Reich und einen großzügigen Sohn des Himmels. Uns ist heute im Vergleich zu der Zeit vor zwanzig Jahren ein glückliches Leben beschieden ...« Sie verstummte, da sie plötzlich merkte, daß sie ins Schwätzen geriet.

Die Nonne schwieg. Endlich entgegnete sie nachdenklich: »Nein, sprecht nur weiter, ich höre gerne Eure Meinung über den Zustand unseres Landes, jetzt, da es sich unter der Regentschaft der Tang befindet. Nach zehnjähriger Herrschaft hat sich der Kaiser nicht nur als großer Kriegsherr, sondern auch als guter Regent in Friedenszeiten erwiesen. Durch die Entlassung der Unfähigen hat er seine Streitkräfte reorganisiert. Er hat seine Regierung erneuert, indem er Hunderte von faulen und unredlichen Beamten aus den Provinzen aus ihren Stellungen verjagt hat – um das Volk von ihnen zu befreien. Kein Wunder, daß das Volk ihn verehrt. Er ist einer der zwei großen Männer unserer Zeit ... und es sollte mich nicht wundern, wenn er als der größte in die Geschichte eingeht.«

Sie brach ab, und die Frauen lächelten und klatschten wieder Beifall. Die Äbtissin war erfreut. »Wäre es nun nicht Zeit für eine Mahlzeit? Könntest du dich um heißes Wasser kümmern?« wandte sie sich an ihre Novizin. Das Mädchen trottete hinaus, wobei sie Wang weckte, die sich aufraffte, ihr Bettzeug zusammenzurollen und das Geschirr auszupacken. Als sie Jaos Messingbecken fand, wandte sich Wang zur Tür und kündigte an: »Ich hole Schnee, um dich zu waschen.«

Die Nonne lächelte Jao zu. »Wie fühlst du dich heute? Ein bißchen Heimweh vielleicht?«

Jao war erstaunt: »Woraus schließt Ihr das?«

»Aus der Art deines Benehmens. Ich weiß, daß du dich auf dem Weg zum Palast befindest. Ich hörte es draußen, als ich versuchte, ein Paar Esel zu kaufen. Meine beiden sind tot.«

»Nein, wie schrecklich!« sagte Jao mit augenblicklichem Mitgefühl. Das Wohlbefinden eines Tieres war für sie allemal noch wichtiger als das eines Menschen. »Was ist geschehen?«

»Der Wind und die Kälte waren für meine armen Tiere zuviel. Sie waren alt und nicht kräftig. Nun werde ich warten müssen, bis mir jemand einen oder zwei Esel überläßt. Sie sagen, dieser Sturm sei der heftigste in den letzten zwanzig Jahren. Wir werden hier mindestens drei Tage festsitzen.«

»Drei Tage!« Jao war entsetzt. »Was können wir tun? Wir werden zu spät in Changan eintreffen, und meine Halbbrüder werden wütend sein.«

In den Augen der Nonne funkelte es belustigt. Sie hatte Lachfalten, sonst aber war ihre Haut glatt und frisch. »Wir können Spiele spielen«, schlug sie vor. »Und ich kann dich unterrichten.«

Jao reagierte mit einem mißtrauischen Blick, und die Nonne lachte. »Ich will dich nicht in Religion unterrichten, vielleicht später einmal, wenn du würdig bist, etwas darüber zu hören. Ich dachte, ich könnte dir ein neues Spiel beibringen. Kennst du denn selber Spiele?«

»Fingerspiele, Himmel-und-Hölle, Seilspringen.«

»Kein Seilspringen, bitte nicht hier drinnen! Wie wäre es mit *pachisi*?«

»Was ist das ... wenn ich fragen darf?« wollte Jao wissen. Sie hatte beschlossen, sich vor einer Li ihres guten Benehmens zu besinnen.

»Das ist ein neues Spiel aus Indien. Ein Freund brachte mir ein Faltbrett ... Aber hier ist deine Kinderfrau mit dem Schnee für deine morgendliche Wäsche, also werden wir später spielen. Es ist ein hübsches Spiel, genau das richtige, um sich die Zeit zu vertreiben.«

»Dann vielen Dank. Ich freue mich darauf«, stotterte Jao, während ihr Gesicht mit Schnee abgerieben wurde. Dann servierte ihr Wang eine Schale mit gemischtem Getreidebrei, wartete, bis Jao fertig war, und reichte ihr dann Salz auf einem Papierstreifen und ein Zweiglein zum Zähneputzen. »Deine Mutter befahl mir, deine Zähne wie Perlen zu erhalten und dein verstrubbeltes Haar zu kämmen und es jeden Tag mit zehn mal zehn Strichen zu bürsten«, verkündete Wang mit lauter Stimme, während sie einen Bambuskamm nahm und ziemlich unsanft begann, Jaos Haar zu entflechten und die dichte schwarze Mähne zu kämmen.

»Seht Ihr«, meinte sie zur Nonne gewandt, »was sie noch für ein Kind ist? Sie ist auf dem Weg in den Palast, wo sie den Rang und den Titel einer Eleganten haben wird. Elegant! Sie hat nicht die geringste Ahnung von Eleganz und will auch nichts lernen!«

Die Äbtissin lächelte, als sie Jaos Stirnrunzeln sah. »Auch für mich gab es einmal eine Zeit, in der ich vom Gedanken, schön sein zu wollen, verblendet war«, sagte sie. Die Frauen in der Höhle blickten sie erstaunt an. »Ich hatte schöne Haare wie du, und ich genoß es, sie modisch zu frisieren.« Die Stille im Raum war so beredt, daß die Nonne auflachte. »Das war so … vor vielen Jahren.«

Sie drehte sich zu ihrer Satteltasche um, die sie als Kissen verwendet hatte, und zog ein Brett und einen Seidenbeutel mit Spielmünzen hervor. »Dich schön zu machen ist für dich von höchster Wichtigkeit, wenn du eine elegante *Tsairen* werden willst«, sagte sie leichthin. »Eine der wichtigsten Aufgaben neben deiner täglichen Meditation. So, und nun wollen wir *pachisi* spielen.«

Jao rückte näher, kreuzte die Beine unter sich und blickte die Äbtissin an, die ein bunt gemustertes Brett zwischen beide gelegt hatte. Als die Äbtissin die Regeln erklärte, hörte Jao sehr genau zu, von ihrer Rastlosigkeit war nichts mehr zu spüren. Während sie spielten, beobachtete die Nonne Jao genau, es interessierte sie, die Fähigkeiten des Mädchens abzuwägen. Sie kannte das Leben, das hinter Jao lag, aber sie kannte auch das Leben, das vor ihr lag, und einige Male seufzte sie leise.

Im Spielen verging die Zeit schnell, und Jao begann, strategische Geschicklichkeit zu entwickeln. Schließlich klappte die ältere Frau das Brett zu. »Genug«, sagte sie. »Morgen spielen wir weiter. Nun wollen wir ein wenig die Glieder strecken.«

Bei diesem Vorschlag machte Jao augenblicklich einen Kopfstand, ging jedoch dann, da kein Raum für Saltos oder Radschlagen war, zu ihren gewohnten Kampfsportübungen über, während die Anwesenden, so schnell sie konnten, Platz machten.

Auch die Äbtissin Li dehnte und streckte sich. »Wir alle müssen uns aufwärmen, besonders an Händen und Füßen, oder die feuchte Kälte dringt uns, trotz der Heizpfanne, bis ins Mark.« Matrone Sun nickte zustimmend. Das Erhalten der eigenen Kraft gehörte zu den wichtigsten Vorschriften taoistischer Praxis. Sie schloß sich den anderen mit ihren eigenen Übungen an.

Als sie sich wieder setzten, nahm die Nonne Jao beiseite: »Und jetzt unterhalten wir uns ein wenig in Ruhe.« Jao hörte zu ihrem Erstaunen einen befehlenden Unterton in ihrer Stimme.

»Worüber sollen wir sprechen?« fragte sie schüchtern.

»Über dich«, antwortete die Nonne, »und was du einmal tun wirst, wenn du erwachsen sein und eine hohe Position im Palast innehaben wirst. Wirst du für die Menschen dieser armen Welt Mitgefühl aufbringen?«

»Ich!« rief Jao aus. »Ich bin für den Palast, nicht für ein Kloster bestimmt.«

»Und du glaubst, Güte sollte einem Kloster vorbehalten bleiben?« fragte die Nonne liebenswürdig.

Jao blickte sie ärgerlich an, sie wollte sich hier keine Belehrungen anhören. »Wenn Ihr es so darstellt, stimme ich Euch natürlich zu oder mehr noch den Lehren meiner Mutter über Kuanyin und die Erlangung von Verdiensten durch gute Taten. Aber ich werde es nicht zu meiner Aufgabe machen! Warum fragt Ihr?«

»Weil du von deinen Vorfahren einen kräftigen Körper geerbt hast.« Stolz hob Jao den Kopf. »Aber dein Geist ist schwach«, fügte die Nonne hinzu, und Jao erstarrte.

»Ich bin nicht ungebildet«, protestierte Jao. »Ich habe sorgfältigen Unterricht bekommen … für ein Mädchen. Ich kann die klassische Literatur lesen, ich beherrsche die Kalligraphie …«

»Ich spreche nicht von deinem Bildungsstand. Dein Kopf kann so von Wissen voll sein, daß wichtigere Dinge verdrängt werden. Oft behindert Bildung ein Bewußtsein dessen, was wirklich vorgeht«, erwiderte die Nonne und beobachtete Jao dabei genau. Das Gesicht des Mädchens war rot vor Ärger. »Ich spreche davon, ob du intuitives Verstehen besitzt, das heißt, ob du zu erkennen vermagst, was unter der Oberfläche der Dinge liegt.«

»Wenn Ihr damit meint, ob ich Dinge verstehe, ohne daß man sie mir sagt, ja, dann bin ich intuitiv. Wenn Ihr die Vier Wahrheiten und die Acht Pfade meint, die kenne ich alle. Wenn Ihr hingegen meint, ich wüßte, warum Ihr mir diese Lektion erteilt, kann ich nur sagen, ich weiß es nicht.«

Bei diesem schroffen Ton in der Rede eines jungen Mädchens blickten die anderen Frauen im Raum erstaunt auf. Sie wußten alle, wer Jao war und wohin sie ging, und sie erwarteten von ihr gute Manieren.

»Jao«, mahnte Wang, und Jao murmelte: »Entschuldigung …«

»Aber ja.« Die Äbtissin lächelte freundlich.

Madame Sun nahm ihr abgegriffenes Buch, das I-Ching-Buch der Tage, zur Hand. »Diese Woche befaßt sich mit den letzten Tagen des Jahres, und das *kua* für heute lautet … Moment … ›Er, der etwas Großes besitzt, soll sich nicht überschätzen, daher das *kua* der Bescheidenheit. Natur füllt, was leer ist, und schöpft aus, was voll ist. Die Losung für den heutigen Tag ist folgende: Ein schwieriges Unternehmen durchzuführen ist leicht, wenn es ohne Zögern vollbracht wird. Es wird noch leichter, vollbringt man es mit der angemessenen Haltung.‹«

Madame Sun klappte das Buch selbstgefällig zu, und die Äbtissin klatschte Beifall. »Sehr passend für die Zwickmühle, in der wir uns befinden, die ist schwierig genug, läßt sich aber mit der richtigen Einstellung leichter ertragen.«

Jao fühlte, wie ihr die Röte in die Wangen stieg. »Diese alten Frauen, wie können sie sich diese Kritik erlauben. Vor allem mir, Wu Jao, gegenüber, die ich gerade in die Innere Stadt geladen bin!« dachte sie.

Stille legte sich über den Raum. Niemand lachte mehr, während sich die Frauen eine nach der anderen zur Ruhe betteten. Sogar die geschwätzige Wang hatte nichts mehr zu sagen. Sie deckte ihre Herrin zu und rollte sich in ihre eigene Schlafmatte. Müdigkeit und schlechte Luft ließen die Frauen bald einschlafen. Die letzte war Jao. Während sie über ihren verletzten Gefühlen brütete, kam ihr plötzlich zu Bewußtsein, wie sehr sie in ihrem Verhalten dem Älteren Bruder glich, und das fand sie komisch. Sie lachte leise, dann schlief auch sie.

2

Am nächsten Morgen ergab sich Jao, deren Augen wieder glänzten, ohne Widerrede Wangs Waschungen, aß ihren Brei und trank das spärliche Wasser, während sie vorsichtig ihre Zimmergenossinnen betrachtete.

»Guten Morgen«, sagte sie höflich zu der Nonne, als sich die Gelegenheit ergab. »Würdet Ihr heute morgen gerne eine Partie *pachisi* spielen?«

»Vielleicht am Nachmittag«, erklärte die Nonne freundlich. »Ich beabsichtige den heutigen Morgen mit Meditationen zu verbringen.«

»Was bedeutet das ... wenn ich fragen darf?« erkundigte sich Jao, bemüht, besseres Benehmen an den Tag zu legen.

»Wenn du zusiehst, wirst du merken, daß ich stiller werde, mich aus der Realität dieses Raumes zurückziehe und meinen Geist durch Gedankenbeherrschung befreie. Das ist eine buddhistische Übung, die mir vertrauter ist als die im Süden praktizierten gesprochenen Gebete und Anrufungen der Gottheiten. Meditation ist eine Andachtsweise des Nordens.«

Jao, die nicht noch mehr darüber hören wollte, nickte ihren Dank und wandte sich dann an Matrone Sun.

»Guten Morgen«, sagte sie. Die alte Dame verneigte sich und las weiter.

Jao rutschte untätig auf ihrem Platz herum und fühlte sich ausgestoßen. Mit Wang, die damit beschäftigt war, einen Riß in der Satteltasche zu flicken, war nicht zu reden. Jao wünschte, sie hätte ihre Hunde zum Spielen oder sie könnte an der frischen Luft reiten. Zwei Stunden schlichen dahin. Als die Nonne die Augen öffnete, einen Schluck Wasser aus ihrer Schale nahm und durch den Raum blickte, erhellten sich Jaos Augen. Die Äbtissin aber wandte sich an die alte Dame, die ruhig an die Wand gelehnt dasaß.

»Schwester Sun«, fragte sie, »habt Ihr gut geschlafen?«

Die alte Dame lächelte. »Ja, wahrhaftig, es waren die Übungen, die mir geholfen haben.« Die Nonne nickte. Als sie ihre Gebetskette aufnahm, begriff Jao, daß sie nicht beabsichtigte, *pachisi* zu spielen.

»Gestern«, sagte Jao, die nicht ignoriert werden wollte, »gestern erwähntet Ihr, es gebe zwei große Männer, die unter uns weilen, den Kaiser, für den Ihr familiäre Loyalität empfindet, und einen anderen. Wer ist das?«

In den Augen der Nonne zeigte sich ein belustigtes Zwinkern. »Ich muß vorsichtig sein, wie ich dir eine Auskunft gebe, denn du hast bereits sehr ausgeprägte Grundsätze darüber, was du hören willst und was nicht.«

Jao war verblüfft. »Ich bitte um Vergebung, wenn ich schwierig zu belehren bin. Ich scheine nicht sehr gut im Austausch von Gedanken zu sein oder in der Konversation, wie Ihr sie führt.«

»Gedanken auf gleicher Ebene auszutauschen ist nicht leicht. Madame Sun und ich sind darin geübt, denn wir sind unabhängige Frauen, die für viele andere die Verantwortung tragen. Wahre Kommunikation gibt es nur unter Ebenbürtigen.«

»Ebenbürtigen?« Jao fühlte sich verunsichert.

»Nach unseren Lehren gibt es vier Wege, über Menschen zu gebieten: Überredung, Gewohnheit, Gesetz, Gewalt. Der beste Weg ist der erste, aber ... das will ich jetzt nicht vertiefen. Doch weil du gefragt hast, laß mich von dem zweiten großen Mann erzählen: Er starb ein Jahr, bevor ich geboren wurde. Dieser Mann war vom Kaiser so verschieden, wie zwei Menschen es nur sein können. Doch beide teilen, mehr als alle anderen, die Ehre, das Reich geeint und so gefestigt zu haben, daß es nicht mehr wie in alten Zeiten zerfallen kann. Der eine siegte mit Waffen, der andere durch seine Überredungskunst – durch die Harmonisierung der so grundverschiedenen Zweige des Buddhismus im Norden und im Süden des Landes und die Vereinigung des Staates unter dem Dach einer Religion. Taitsung und Chihyi wählten die beste und die schlechteste Methode für den Umgang mit Menschen. Der eine erzwang den Frieden mit Gewalt und strengen Gesetzen im Namen von Ordnung und Gerechtigkeit. Der andere suchte Frieden und Gerechtigkeit, indem er sich an die Herzen der Menschen wandte und sie dazu bewegte, ihr Verhalten zu ändern.«

»Das klingt wie das taoistische *kua*, das Madame Sun gestern vorgelesen hat«, erwiderte Jao.

»Nicht ganz. Die taoistischen Gebote dienen dem eigenen Erfolg – sie sind natürlich gut.« Verstohlen warf die Nonne einen Blick auf die kerzengerade sitzende alte Dame, die sich kein Wort entgehen ließ. »Aber Chihyi gelang es, die Aufmerksamkeit von dem, was man für sich selbst tun kann, auf das zu lenken, was man für andere tun kann. Zwischen Handeln und Verstehen liegt etwas, das man als Einstellung bezeichnet: Ist die Einstellung korrekt, sind die Taten richtig, ist die Einstellung schlecht, sind die Taten schädlich, für einen selbst und für andere. Intuition ist der Schlüssel zur richtigen Einstellung …«

»Intuition?« wiederholte die Kinderfrau Wang. »Was ist das? Herz?« Sie schlug sich auf die breite Brust. »Buddha wird auf jemanden wie mich, die ich nur eine Frau bin, hören, wenn ich aus tiefstem Herzen bete. Ich bin nicht gelehrt genug, um die Sutren zu lesen, und ich verstehe nicht, was mit Erlösung, Karma, Nirwana und so weiter gemeint ist, mein Herz aber verstehe ich.«

Die Nonne betrachtete sie nachdenklich. »Du hast deinen Finger genau auf die zentrale Idee unserer Tientai-Lehre gelegt, daß nämlich das Herz dir den Weg zur Erlösung zeigen kann … aber wir werden später darüber reden«, fügte sie hinzu, als Jao deutlich ihre Ungeduld zeigte.

»Könnten wir jetzt *pachisi* spielen?« fragte sie.

Ohne ein weiteres Wort holte die Nonne das Spielbrett hervor.

Der dritte Tag in der Unterkunft verging schneller als die beiden vorangegangenen Tage. Am späten Vormittag wurde den Frauen mitgeteilt, die Karawane könne irgendwann im Laufe der Nacht aufbrechen. Das hob die Laune aller außer der beiden Buddhistinnen, die keine Transportmöglichkeit hatten. Die meisten Frauen waren des überfüllten Quartiers müde und wollten weiterziehen. Jao überließ Wang das Einpacken und begann, um die Zeit totzuschlagen, mit ihren Tai-chi-Übungen.

»Wie ein Junge«, rief Madame Sun bewundernd aus. »Diese geschmeidigen Bewegungen, wie fließend sie ineinander übergehen, welche Harmonie, wie ein Vogel im Wind … dabei voll Kraft … wie sie ausholt!« Sie schlug ihre kleinen Hände zusammen.

Das war nun ganz nach Jaos Geschmack. Sie strahlte. Vielleicht war die taoistische Matrone doch nicht so langweilig. Jao suchte verzweifelt nach einer Liebenswürdigkeit und erinnerte sich des Buches der Tage.

»Wäre Madame Sun bereit, den Gedanken des Tages vorzulesen?« fragte sie.

»Warum nicht?« erwiderte die Matrone erstaunt. »Ich bin glücklich, dieser Aufforderung zu folgen. Laß mich sehen, der dritte Tag vor Neujahr, hier ist es: ›Es gibt ein Maß für alle Dinge. Es ist unwürdig, vorzugeben, ehrlich zu handeln, wenn man sich dabei hinter den Buchstaben des Gesetzes versteckt, um der eigenen Verantwortung zu entgehen.‹«

»Das verstehe ich gut. Meine Brüder ... Gesetze und Vorschriften, aber kein Herz. Unwürdig ist richtig! Das erinnert mich, ich muß meine Brüder fragen, ob mein Gepäck in Sicherheit ist. Wang, geh in den Lagerraum und sieh nach. Es sollten vier Lacktruhen, sechs Kisten, zwei Rollen Bettzeug und ein Ballen Seide dasein. Jetzt, bitte.«

»Ich habe bereits gezählt, alles ist vollständig, nur ... da wurde eine Veränderung vorgenommen.«

»Eine Veränderung? Was soll das heißen?« fragte Jao verblüfft.

»Äh ... Ko sagte mir, die Herren Wu haben alles geöffnet«, gab Wang Auskunft, »und einiges umgeschichtet. Die erste Lederkiste mit den Windeln und ähnlichem ließen sie unberührt ... sie entfernten nur die Lackdose mit dem Gold- und Silberschmuck und dem Maitreya aus Jade. Diese verstaute der Ältere Bruder aus Sicherheitsgründen in seinen eigenen Satteltaschen.«

Jao war entgeistert. » Bist du sicher?« wollte sie wissen.

»Ich gab Ko Geld, damit er selbst das Gepäck bewacht, denn er ist der Verantwortliche, und deine Mutter wollte, daß er sich mit besonderer Sorgfalt um deine Sachen kümmert. Was er gerne tat«, setzte Wang hinzu.

Mit gerunzelter Stirn dachte Jao nach, während die anderen sie neugierig beobachteten. Dann zuckte sie die Achseln. »So hat sich also die Vorsorge meiner Mutter, ihre Geschenke an mich geheimzuhalten, als sinnlos erwiesen. Wie gelang es meinen Ehrenwerten Brüdern, die Schlösser zu öffnen, wo doch ich die Schlüssel habe?«

»Sie haben sie aufgebrochen und mit einem neuen Schloß versehen. Sie haben alle Zeit der Welt dazu gehabt. Hinter einem eigenen Wandschirm durchwühlten sie die gesamte Aussteuer. Ko hat sie dabei beobachtet.«

»Kannst du oder kann Ko vielleicht die Lackdose heimlich aus der Satteltasche der Älteren Brüder herausnehmen«, fragte Jao, »und mir bringen?«

Erschrocken schielte Wang zu den älteren Frauen hinüber, konnte aber in ihren Mienen nichts lesen. »Die Herren! Du darfst ihnen nicht trotzen. Wenn sie dein Gepäck umpacken wollen, so ist das ihr Recht. Du kannst nichts gegen sie unternehmen«, schalt sie.

Jao nahm all ihren Verstand zusammen. Für sie war es lebenswichtig, diese Situation korrekt zu meistern. Nun verstand sie besser als zuvor, warum ihre Mutter ihr so besorgt geraten hatte, alle im Palast, mit denen sie zu tun hatte, mit Geschenken zu bedenken. Diese Geschenke würden ihr den Eintritt in ihre neue Welt erleichtern. Nun sah es so aus, als würden die Wertgegenstände niemals in den Palast gelangen, und plötzlich wurde ihr klar, wie sehr sie ihrer Habseligkeiten bedurfte.

»Wang, du gute Seele, hör mir zu. Hier besteht ein Mißverständnis von seiten der Älteren Brüder. Die Lackdose wurde mir von meinem Vater hinterlassen und sollte mir übergeben werden, wenn ich einmal das Haus verlasse. Meine Mutter übergab sie mir als Aussteuer, die jedes Mädchen haben soll. Ich muß sie wiederbekommen. Sollten aber meine Brüder entscheiden, meine Lacktruhen zu behalten, so laß sie gewähren. Die Kleider waren für meinen Gebrauch im Palast bestimmt, aber ich besitze einiges Geld und kann mir irgendwie andere besorgen. Schau, hier sind meine Schlüssel.«

Jao öffnete ihre Börse und entnahm ihr die Schlüssel, während alle im Raum sie erwartungsvoll beobachteten. Der Besitz der Schlüssel überzeugte die Frauen, daß Jao allein über ihr Gepäck zu bestimmen hatte.

Jao wandte sich an Wang: »Du bist die einzige, die mir zu meinem Recht verhelfen kann. Ich komme nur dann an meines Vaters Erbschaft, wenn ich wieder in den Besitz der Lackdose gelange. Heimlich! Die Älteren Brüder wollten nicht, daß ich erfahre, was sie getan haben, daher werden sie es von sich aus nicht wieder rückgängig machen.«

»Schwierig … und gefährlich … unmöglich«, erwiderte die Kinderfrau sofort. Dann aber sah sie, daß Madame Sun den Kopf schüttelte und die Äbtissin ein Gesicht machte wie eine Donnerwolke. Stille lastete über dem Raum. »Die beiden sind auf Jaos Seite«, dachte Wang verstört.

»Das wird dich einiges kosten«, begann sie in verändertem Ton.

»Finde heraus, wieviel«, unterbrach Jao.

»Zuviel«, gab Wang zurück. »Du wirst nicht mehr genug Geld haben.« Bei diesen Worten blickten die Äbtissin und die Matrone abrupt auf.

»Ich habe einiges Silber in meiner Satteltasche, von dem du nichts weißt. Finde heraus, wieviel Ko verlangt«, befahl Jao scharf.

Wang wollte nicht klein beigeben; sie war nicht bereit, die schreckliche Wahrheit zu glauben. »Die Herren wissen mit Sicherheit besser, was zu tun ist, als ein dreizehnjähriges Mädchen«, murrte sie, merkte aber, daß die Zuhörerinnen auf Jaos Seite zu stehen schienen, wie sie, Wang, im Grunde auch.

»Ich werde mit Ko sprechen«, seufzte sie und verließ den Raum.

Nachdem Wang gegangen war, suchte Jao, beschämt, daß ihre Familienangelegenheiten öffentliches Gesprächsthema gewesen waren, nach etwas, um davon abzulenken. Aus ihrer Satteltasche holte sie ein Päckchen Tee. »Sobald uns Wang heißes Wasser bringen kann, wollen wir uns mit einem Drachentee erfrischen«, sagte sie einladend.

Sofort erhellte sich die Atmosphäre in dem Raum. Jeder wollte das neue Getränk versuchen.

»Dieses neue Teegetränk – es kommt aus Indien, nicht wahr? – erfrischt den ganzen Menschen«, stellte die Äbtissin fest. »Es erwärmt den Körper und weckt den Geist. Wir verwenden es bei unseren religiösen Übungen. Ein Geschenk des Himmels.«

»Ich werde meine Dienerin um heißes Wasser schicken«, schlug Matrone Sun vor. »Wir brauchen nicht auf Wang zu warten.«

Erfreut, daß ihre Taktik funktioniert hatte, nickte Jao ihr Einverständnis. Als die Dienerin der Matrone hinausgegangen war, erschien Wang.

»Ko hat sich einverstanden erklärt … fünf Silberstücke. Jetzt will dich der Ältere Bruder sehen«, richtete Wang aus.

Angstvoll erhob sich Jao. »Weiß er etwas? Über …?« Wang schüttelte den Kopf, und Jao sagte: »Ich gehe sofort – aber weißt du, was er will?«

»Der Herr wünscht, dir Befehle zu erteilen. Sofort.«

»Welche Befehle? Wofür?«

»Frage nicht, gehorche nur«, gab Wang mechanisch zur Antwort.

Jao strich ihre Kleider glatt und band ihr Tuch um. Ängstlich und verunsichert betrat sie die benachbarte Kammer, wo sie ihre Brüder beim Schachspiel fand. »Hier bin ich«, sagte sie und stand erwartungsvoll da.

Nach einiger Zeit sprach der Ältere Bruder, ohne den Blick zu heben: »Wir brechen heute nacht auf. Zur Stunde des Hundes. Sei bereit. Du wirst in einem leichten Schlitten fahren.«

Jao lauschte begierig. »Dann ist in dem Schlitten für eine zweite Person Platz. Darf ich die Ehrwürdige Mutter Li aus der kaiserlichen Familie einladen, mit mir zu reisen? Sie hat ihre Esel verloren und sitzt hier fest.«

»Nein«, erklärte der Ältere Bruder.

»Sie ist die Äbtissin des Kanyeh-Klosters. Sie kann bei mir im Schlitten sitzen, warum sie nicht mitnehmen?«

»Nein«, schrie Yuanshuang.

Doch diesmal zeigte sich der Jüngere Bruder Yuanching empört. »Eine Äbtissin, Mitglied der kaiserlichen Familie? Das bietet die Möglichkeit, eine Gunst zu erlangen«, protestierte er.

»Ich habe nein gesagt. Wir haben es nicht nötig, uns einer Gunst wegen bei einer obskuren Verwandten lieb Kind zu machen, jetzt, da unsere Familie vom Kaiser selbst anerkannt worden ist. Nein.«

Jao blieb stramm stehen. Sie sah den Älteren Bruder aufmerksam an, aber er ignorierte sie. Dem Jüngeren Bruder war deutlich nicht wohl bei der Sache.

»Bin ich entlassen?« fragte sie. Der Ältere Bruder winkte sie ungeduldig fort, und sie ging.

In den inneren Raum zurückgekehrt, fand sie eine angeregt plaudernde Gruppe vor, die neugierig beobachtete, wie das heiße Wasser über die Teeblätter gegossen wurde.

»Ehrwürdige Mutter«, wandte sich Jao an die Nonne, »bitte seid mit Eurem Sattelzeug heute nacht zur Stunde des Hundes bereit. Wir reisen weiter, und Ihr seid eingeladen, mit uns zu kommen und mit mir im Schlitten zu fahren. Eure Novizin kann mit Wang und dem Gepäck reisen.«

Die Äbtissin blickte mit erstaunter Erleichterung auf und legte ihre Handflächen in einer Geste der Dankbarkeit aneinander.

»Welch ein Glück! Wie herrlich! So kann ich mit meinen Schwestern den Gottesdienst zu Neujahr feiern. Es ist eine der Gelegenheiten, die ich sehr schätze, eine wichtige Zeremonie für unser ganzes Kloster. Gestern abend habe ich inständig zu Maitreya gebetet, er möge mir beistehen. Maitreya hilft den Reisenden, und meine Gebete wurden erhört.«

»Maitreya ist der Beste von allen«, antwortete Jao, um schüchtern hinzuzufügen: »Denkt Ihr nicht auch?«

Die Äbtissin nickte zustimmend und legte sich vor der Abfahrt noch zur Ruhe. Das taten auch die anderen Frauen. Einige Kerzen flackerten und verlöschten. Die Kohle im Heizbecken brannte nieder, und bald war in der dritten Höhle nur mehr sanftes Schnarchen zu hören.

Kos lautes Rufen schallte durch den Vorhang. Die Kinderfrau Wang hob den Kopf und antwortete. Dann seufzte sie und erhob sich. »Zeit zum Aufbruch«, rief sie und machte sich daran, die Decken zusammenzulegen. Die Frauen sammelten ihre Habseligkeiten und eine nach der anderen ging, bis an die Augen verhüllt, hinaus durch die dunklen Ställe in die noch dunklere Nacht. In der eisigen Luft stockte ihnen der Atem. Der Boden unter ihren Füßen war weiß von Schnee, und am Himmel über ihnen glitzerten Myriaden von Sternen. Kein Nebel, kein Wind. Glasklar. Die Frauen waren voll freudiger Erwartung.

Ko wartete, um sie in die Schlitten zu verteilen. Er setzte Jao und die Äbtissin in den ersten und händigte, während er das Dach über ihre Köpfe zog, Jao ein Päckchen aus. Sie stieß einen leisen Freudenruf aus und verbarg das Päckchen in der Satteltasche zu ihren Füßen.

»Er hat es geschafft! Er hat es geschafft!« jubelte sie und schmiegte sich tiefer in ihren Sitz, während sie aufmerksam lauschte, ob irgendein Geräusch das Nahen der Brüder ankündigte. Von ferne vernahm sie deren Stimmen, das Schnalzen der Peitschen und Schreie. Dann ruckte der Schlitten an, und sie umschlang sich vor Freude selbst, als sich die Karawane in Bewegung setzte. Die Äbtissin beobachtete sie schweigend. »Dieses schöne, unbekümmerte Kind, das versteht, Menschen zu bezaubern. Ich werde seine Hilfsbereitschaft nicht vergessen«, dachte sie.

Es schien keine Straße zu geben, nur einen Weg über den zugefrorenen Fluß. Die Schlitten schwankten dahin, stießen gegen Kanten und Unebenheiten im Eis und drohten zu kippen. Als der Schlitten mit Wang und der Novizin umfiel, wurde die Karawane durch die Schreie der beiden Frauen gerade so lange aufgehalten, wie die Treiber benötigten, den Schlitten wieder aufzustellen und den beiden unwirsch hineinzuhelfen. Jao hielt den Atem an, als der Ältere Bruder vorbeiritt, um zu sehen, was passiert war, doch als er den Ort des Unfalls erreichte, hatte sich die Karawane bereits wieder in Gang gesetzt, so daß die Anwesenheit der beiden Nonnen verborgen blieb. Lange Zeit schwankten die Schlitten nun ohne Unfall dahin.

»Seid Ihr eingeschlafen?« fragte Jao.

»Nicht wirklich«, murmelte die Nonne schlaftrunken.

»Ich liebe das Reisen! Abenteuer und Neues. Das ist meine erste lange Reise«, gestand Jao.

»Mmm. Dort, wo du hingehst, wird es kaum Reisen geben, das weißt du«, sagte die Äbtissin. »nun ja, dort gibt es bezaubernde Gärten, und in den einzelnen Palästen wirst du von Schönheit umgeben sein, und überall singen die Vögel. Es wird auf seine Weise friedlich sein. Ich hingegen, anstatt, wie es mein Wunsch wäre, in Ruhe hinter Mauern zu leben, muß pausenlos reisen, um alle Nonnen, die unter meiner Aufsicht stehen, zu besuchen, viele von ihnen weit weg im Süden.«

»Im fernen Süden? In den Bergen der Eingeborenen?« Jao war von der nur hingeworfenen Bemerkung der Nonne fasziniert. »Der geheimnisvollste Ort der Welt! Ich habe gehört, daß der Kaiser seine besten Bogenschützen und härtesten Bergsteiger dorthin schickt, um die Miao und die Yao und alle anderen, die die chinesischen Dörfer plündern, zu unterwerfen. Habt Ihr in diesen Bergen Nonnenklöster?«

Die Äbtissin lachte. »Wohl kaum. Selbst in den Grenzorten gibt es keine Schwestern. Die Eingeborenen entführen alle chinesischen Frauen, und man sieht sie niemals wieder. Einer Nonne würde es nicht anders ergehen.«

»Wie der Weiße Affe?« meinte Jao wissend.

»Was ist das?« fragte die Nonne und gab endgültig die Hoffnung auf, schlafen zu können.

»Wißt Ihr das nicht? Jeder hat doch schon von ihm gehört, sogar so hoch im Norden wie Taiyuan. Er lebt in einer abgelegenen Hochfläche, hinter einem Wasserfall versteckt, und verschleppt die Dorfmädchen. Über einen Meter achtzig groß, lange Arme, sehr kräftig, von Kopf bis Fuß weiß behaart.«

»Ach so, dann ist er ein Mann?«

»Ja, ein weißer Mann, und er treibt mit den Dorbewohnern Handel – Salz gegen Pelze und Messer. Er ist ehrlich, aber wenn ihn jemand betrügt, so wird der am nächsten Tag mit einem Pfeil im Rücken aufgefunden. Die Dorfbewohner mögen ihn, selbst wenn sie von Zeit zu Zeit eine Frau an ihn verlieren.«

»Merkwürdiger Affe.«

»Der Affe ist ein eigentlich ein Mensch, wie ich schon sagte. Hört Ihr nicht zu, weil Ihr in Gedanken mit anderen Dingen beschäftigt seid?«

In der Dunkelheit konnte Jao den Gesichtsausdruck der Äbtissin nicht erkennen. Diese lächelte aber. »Ja«, gab sie beschämt zu.

Die Karawane hielt an. Nach einer langen Wartezeit bewegte sie sich weiter, blieb dann aber wieder stehen. »Halt, die Tiere müssen getränkt und gefüttert werden. Alle heraus«, schrie Ko. Er hob die Zeltplane von Jaos Schlitten und führte sie und die Äbtissin in einen Hofraum, wo sie Madame Sun vor einem Feuer vorfanden, über dem ein Topf mit Hirsebrei brodelte. »Kommt, eßt, solange ihr könnt«, lud sie die beiden ein.

Als letzte tauchte Wang auf. Geschäftig entrollte sie die Schlafmatten und aß schmatzend ihren Brei. Jao beobachtete die Tätigkeiten ihrer Dienerin, während sie es sich auf ihrer Matte bequem machte und mit den Augen den an der Wand tanzenden Schatten folgte. »Wang, geh schlafen«, sagte sie müde, als sie plötzlich Tränen auf den Wangen der Kinderfrau sah.

»Was ist?« wollte sie wissen.

Die Kinderfrau hockte sich neben ihre Matte. »Ko hat den Befehl bekommen, die Karawane, sobald wir das Stadttor passiert haben, zu teilen. Du und der Ältere Bruder werden direkt in den Palast fahren, während wir anderen mit dem ganzen Gepäck in sein Haus gebracht werden.«

»Das kann doch nicht sein! Du bist meine persönliche Dienerin und mußt mich begleiten. Du hast meiner Mutter versprochen, mein Leben lang bei mir zu bleiben.«

»Mir wurde ausdrücklich befohlen, zur Familie des Älteren Bruders zu gehen. Er hat sechs oder sieben Kinder und braucht eine gute Kinderfrau. Ich erklärte ihm, was ich versprochen hatte, und er sagte, Madame Yang habe keinerlei Recht, irgendwelche Anordnungen zu treffen. ›In dieser Familie bestimme ich. Du tust, was ich befehle‹, sagte er. Ich weiß nicht, was er mit mir vorhat ... Ich wünschte, ich wäre nie geboren worden!« Wangs Gejammer war so hysterisch, daß Madame Sun und die Äbtissin sich von ihren Bettrollen erhoben, um Wang beruhigen zu helfen.

Jao zog eine kleine Silberbörse aus ihrem Bund und steckte sie in Wangs Mantel. »Da«, sagte sie, »fürs erste mußt du mit dem Älteren Bruder gehen, aber du wirst mir, hoffe ich, weiter ergeben bleiben.«

»Wie kannst du daran zweifeln! Warum fragst du überhaupt? Ich werde dir ergeben bleiben, bis mein Haar weiß ist. Und wenn dies dein Geld ist, nehme ich es nicht an«, stammelte Wang und trocknete mit dem Handrücken ihre Tränen.

»Doch, das wirst du, meine Gute. Wenn du mir ergeben bist, dann wirst du dich nach meinen Wünschen richten und geduldig in das Haus des Älteren Bruders gehen. Sobald ich mich eingelebt und einen höheren Rang erreicht habe, werde ich dich rufen lassen.«

Überwältigt von diesem Stückchen Hoffnung, hörte Wang zu weinen auf. »Ich nehme dein Geld nicht ... ich besitze ein wenig eigenes.«

Jao schob die Börse tiefer in die Tasche der alten Frau. »Meine Mutter würde darauf bestehen, und ich bestehe ebenfalls darauf. Nimm es und verstecke es gut.«

Wang trocknete sich das Gesicht mit ihrer Schärpe. »Ich werde es nachts in meinen Kleidern verstecken, und tagsüber werde ich es mir über den Bauch binden«, erklärte sie. Mit ihrem Schicksal ein wenig ausgesöhnt, rollte sie sich in ihre Matte und schlief noch vor allen anderen ein.

»Gut gemacht«, flüsterte die Äbtissin, und bei diesen Worten fühlte Jao eine Spur von Genugtuung und Stolz, die den Schmerz um den Verlust ihrer Kinderfrau ein wenig milderten. Erschöpft schlief auch sie sofort ein.

Ko verschwendete keine Zeit, seine Karawane für den letzten Reisetag in Bewegung zu setzen. Er half gerade Jao und der Äbtissin in den Schlitten, als die Brüder Wu aus der Dunkelheit auftauchten.

»Wer ist das?« verlangte der Ältere Bruder zu wissen und wies mit der Peitsche auf die Äbtissin.

»Ehrwürdige Mutter, erlaubt, daß ich Euch ein Mitglied meiner Familie vorstelle, Wu Yuanshuang«, beeilte sich Jao zu erklären. »Älterer Bruder, das ist die Ehrwürdige ...«

Der Ältere Bruder fiel ihr ins Wort: »Ich habe dir verboten, sie mitzunehmen.«

»Wir sind jetzt in Changan, und die Ehrwürdige Mutter wird uns bald verlassen. Sie kommt rechtzeitig zu den Neujahrsfeiern ihres Klosters, was für sie sehr wichtig ist.«

Das Gesicht des Älteren Bruders wurde zornesrot. »Wie kannst du es wagen, meinen Befehlen zuwiderzuhandeln? Du, ein Mädchen, Zweite Tochter einer Zweiten Frau! Unwürdiges Frauenzimmer, das du bist! Ich werde dir eine Lehre erteilen, die du niemals vergessen wirst.« Er riß sie von ihrem Sitz hoch und schlug ihr so hart auf beide Wangen, daß sie gegen den Schlitten fiel und zu Boden gestürzt wäre, hätte Ko sie nicht aufgefangen.

»Herr«, drängte Ko, »wir müssen sofort aufbrechen, wenn wir die Stadt erreichen wollen, bevor die Tore geschlossen werden.«

Der Ältere Bruder schien verunsichert, und Jao nahm ihre Chance wahr, in den Schlitten zu schlüpfen, während Ko schnell die Zeltplane darüber festmachte. Dann drängte er die Brüder Wu zu ihren Pferden und gab der Karawane das Zeichen zum Aufbruch.

Im Dunkeln unter der Zeltplane preßte Jao ihre kalten Hände gegen die brennenden Wangen. Erst als sie fühlte, daß die Karawane sich wirklich vorwärtsbewegte, atmete sie mit einem tiefen Seufzer auf. Mit dem Gefühl tiefer Beschämung wandte sie sich zur Äbtissin. »Ich hoffe, ich habe Euch nicht in eine peinliche Lage gebracht, indem ich Euch eigenmächtig diese unbequeme Reise zugemutet habe.«

Als sie das Husten ihres Gastes hörte, legte ihr Jao erschrocken eine Hand auf den Arm. Das Husten ging in eine Art Gurgeln über und endete in einem Lachen. Erleichtert lächelte Jao, um dann fröhlich in das Gelächter einzustimmen. Falls Ko diesen Ausbruch von Heiterkeit hörte, so nahm er jedenfalls keine Notiz davon.

»Gut gemacht, meine Kleine!« rief die Äbtissin aus, als sie endlich wieder zu Atem gelangte. »Ich bin dir wirklich sehr verbunden. Ich säße immer noch in dieser feuchten Höhle, wenn du mich nicht gerettet hättest, und dafür bin ich dir dankbar. Und jetzt werde ich dein Gesicht mit Kaktussaft einreiben, und alle Spuren auf deinen Wangen werden verschwunden sein, wenn du im Palast eintriffst.«

»*Wanfu!*« murmelte Jao, während die Nonne behutsam und methodisch das Heilmittel in ihre Wangen rieb.

Beruhigt schlief Jao ein und erwachte erst, als Ko bei Tageslicht die Zeltplane vom Schlitten zog. »Wir befinden uns auf der letzten Etappe unserer Reise, ihr braucht kein Dach mehr«, sagte Ko schwungvoll. Sie hatten eine kleine Anhöhe erreicht, und da, unter ihnen, lag die große Stadt. Der Fluß Wei, ein Band aus Eis, dem sie entlanggereist waren, schlängelte sich als silbernes Band durch das Tal bis an die Stadtmauern, wo er durch ein Fluttor verschwand. Der in der Morgendämmerung perlmuttfarben schimmernde Himmel warf sein Licht über das Land und enthüllte die Landschaft in ihren winterlichen Grau- und Schwarztönen. Die Sonne, ein glutroter Ball am Horizont, tauchte die in der Ferne liegenden Türme von Changan in leuchtendes Rosa und ließ die Baumwipfel des kaiserliches Parks golden aufleuchten. Die auf den Festungswällen patrouillierenden Soldaten erschienen als wandernde Punkte in der bewegungslosen Landschaft. Und durch die Windstille drangen aus der Ferne, kaum hörbar, die Glocken der Klöster. Aufgeregt hielt Jao den Atem an.

»Wir müssen vorwärts«, rief Ko nach kurzer Rast. Und die Karawane zog weiter der Stadt entgegen. Andere Reisende begannen sie zu überholen. Türken mit Pelzmützen, ledernen Hosen und Filzstiefeln ritten vorbei, ebenso Uighuren von jenseits des Tienshan, dem Gebirge im Westen.

»Die Uighuren erkennt man an ihrer Manichäer-Kopfbedeckung – diesen hohen steifen Hüten«, erklärte die Äbtissin. »Und diese Reitergruppe, die hinter uns kommt, das sind Tokharier aus dem Oasenland.«

»Was für elegante Schnurrbärte!« flüsterte Jao, die Stimme gesenkt, da die Reiter sich bereits in Hörweite befanden. »Und was für edle Pferde, westliche Pferde ...«

»Sie sind vermutlich aus Kucha. Schau, wie sorgfältig ihre Musikinstrumente verpackt sind. Die besten Musiker der Welt, diese Leute aus Kucha.«

Neugierig blickte Jao um sich. »Ihre Kleidung ist anders, ihre Mäntel sind eng, nicht lose wie die unseren, ihre Schwerter ungewöhnlich lang.«

»Vermutlich ziehen sie in den Palast zu den Neujahrsfeierlichkeiten«, überlegte die Äbtissin, als die Gruppe vorbeigaloppierte. »Ich hoffe, wenn das der Fall ist, daß du Gelegenheit haben wirst, sie zu hören – das ist einer der Vorteile des Palastlebens.«

Als sie sich der Stadt näherten, wurde der Verkehr dichter, doch verstand Ko, sie geschickt zu führen und möglichst schnell an der Hinrichtungsstätte mit den abgeschlagenen Köpfen vorbeizukommen. Er verlangsamte den Schritt der Tiere erst, als sie in den unterirdischen Gang zum Nordtor einritten. Im Torgang waren Menschen und Tiere zu einem Knäuel von Wartenden, Bauernwagen und aufgeladenen Tieren zusammengedrängt. Ein Kamel berührte mit dem Maul Jaos Hals, und sie mußte seine feuchten Liebkosungen immer wieder abwehren, während sich die Äbtissin auf der anderen Seite an sie preßte, um den vorstehenden Ästen einer Ladung Feuerholz auszuweichen. Sie befanden sich immer noch in dem unterirdischen Gang, als ein ohrenbetäubender Lärm erschallte.

»Der Westliche Markt macht auf«, stellte die Äbtissin lakonisch fest. »Dreihundert Trommelschläge zur Mittagsstunde, und drinnen öffnen Tausende von Ständen, zum Geschäftemachen bereit.«

Der Schlitten tauchte in das blasse Sonnenlicht, und Jao schaute sich entzückt um. Sie staunte über die langen Reihen offener Buden, über deren Waren farbenfrohe Fähnchen flatterten. »Schaut, die Bauern sind schon bereit … und die Kuchenbäcker … und die Töpfer … und die Seidenverkäufer!« rief sie und reckte den Hals. »Alles, was man sich nur wünschen kann, aus aller Herren Länder!« Die Äbtissin lächelte und nickte. Wieder in ihrer geschäftigen Heimatstadt angekommen, fühlte sie sich neu belebt.

»Diese Stadt«, erklärte sie Jao in ihrer belehrenden Art, »ist die größte der Welt. Eine andere Stadt, zehntausend Meilen von hier, Byzanz, ist die zweitgrößte. Hier haben wir eine Million Einwohner innerhalb der Mauern und eine Million außerhalb. Changan ist schon für viele Dynastien die Hauptstadt gewesen und wurde immer wieder verändert. Jetzt erstreckt sich die Stadt über achtzig von Mauern umgebene Quadratkilometer. Die Palaststadt, dort drüben, hinter diesen hohen Mauern, ist mehr als zweieinhalb Quadratkilometer groß.«

»Wie kann ein Mensch in diesen Häusermassen einen bestimmten Ort finden?« Jaos Stimme war ganz klein geworden. »Zum Beispiel Ko, woher weiß er, wohin er zu gehen hat?«

»Die Stadt ist nach einem Raster angelegt«, gab die Nonne zur Antwort. »Die einzelnen Viertel, Dutzende, sind quadratisch, mit Mauern umgeben und bei Nacht versperrt. Zwölf Stadttore, Ausgehverbot nach Sonnenuntergang und Wachposten. Die Bewohner können ruhig schlafen«, stellte sie befriedigt fest.

In sprachloser Bewunderung verschlang Jao die Bilder, die sich ihr boten, den wogenden Verkehr, die Kakophonie der Geräusche, das Kaleidoskop der Farben der festlichen Menge. Innerhalb der hohen Mauern der Stadtviertel waren niedrigere zu sehen, die private Besitzungen umgaben. Tore öffneten sich zu den Besitzungen und erlaubten Jao einen Blick auf Haus und Garten. Die Häuser der Reichen waren weiß verputzt und wiesen reich mit Fliesen verzierte Tore auf, in den Vierteln der Armen war der Putz von den Wänden gefallen, und die Tore waren nicht überdacht. Fröhliche Menschen versuchten, sich durch die engen Gäßchen ihren Weg zu den Hauptstraßen zu bahnen, die mit segeltuchüberspannten Ständen gesäumt waren. Auf diesen Ständen türmten sich verlockende Angebote für die Feiertage.

Wenn auch die Stadt hauptsächlich aus einstöckigen Häusern bestand, so besaß doch jedes Viertel Monumentalbauten, die hoch über die Mauern ragten: schlanke Pagoden, ziegelgedeckte Tempel und Paläste inmitten größerer Plätze. Ihre strengen Linien stellten einen starken Kontrast zu den bewegten Umrissen der Bäume dar, meist Weiden und Fichten, die höher waren als die allgegenwärtigen Mauern. Über allem spannte sich der wolkenlose blaue Himmel, weit und unendlich. Jao verstummte, vor Bewegung fehlten ihr die Worte.

Ko führte seine Karawane unmittelbar an die Palastmauer, hielt an, trennte den Schlitten von denen der übrigen Reisenden und sandte diese mit Jaos Truhen in eine kleine Gasse eines der westlichen Viertel. Jao winkte traurig, als Wangs tränenüberströmtes Gesicht um die Ecke verschwand. Dann zog Ko mit Jaos Schlitten an der südlichen Palastmauer entlang zum Osttor, wo sie abgeliefert werden sollte.

Sie bahnten sich mühselig ihren Weg durch die Menge vor dem größten Tor des Palastes, dem Chuchiu-Tor mit seinen fünf nach Süden ausgerichteten Doppeltoren. Dorfbewohner aus dem Umland drängten sich auf dem großen Platz oder sammelten sich entlang der breiten Straße, die sich fünf Meilen weit pfeilgerade durch das Häusermeer erstreckte. Verkäufer von Eßwaren und Spielzeug errichteten ihre Buden zu beiden Seiten der Straße, die mit ihrer Breite von hundertfünfzig Metern allen Menschen, Tieren und Waren reichlich Platz bot.

»Was ist das?« wollte Jao wissen und zeigte auf einen großen Turm, der die Palastmauern überragte.

»Das ist der Lingnan-Turm, der zu Ehren der vierundzwanzig Generäle errichtet worden ist, die vor zwanzig Jahren halfen, die Tang-Dynastie an die Macht zu bringen. Einige dieser Generäle dienen immer noch im Palast. Du wirst ihnen ohne Zweifel irgendwann begegnen. Der Turm ist eines der wenigen neuen Gebäude auf dem Palastgelände. Alle anderen wurden aus dem Holz der niedergerissenen Sui-Hallen errichtet. Du wirst sicher in einer der hergerichteten alten Palastbauten wohnen. Der Kaiser ist sparsam und will sein durch die Kriege bereits zur Genüge ausgeblutetes Volk nicht mit noch mehr Steuern belasten. Er lehnt sogar luxuriöse Geschenke aus fremden Ländern ab, wenn er keinen Sinn darin erkennen kann.«

»Mmm«, meinte Jao nicht allzu begeistert. Sie zählte die farbenfrohen Kriegsfahnen, die von der Turmspitze im Wind flatterten. Ob ein Haus nun aus altem oder neuem Holz errichtet war, interessierte sie wenig.

Ko kam nur langsam voran. Jao und die Äbtissin hatten sich jetzt einen Schal um den Kopf geschlungen, denn die Menge ringsum war neugierig. In langen Reihen geführte Kamele und kleine, hoch beladene Esel bedrängten sie. Gedeckte Sänften mit weiblichen Insassen schoben sie beiseite, während deren Läufer schrien: »Platz machen für die hohe Dame!« Offene Wagen fuhren unbekümmert durch die Menge und zwangen die Fußgeher, schnell zur Seite zu springen. Als Ko endlich nach Norden abbog, um der östlichen Mauer zu folgen, kamen sie in eine ruhigere Gegend, fernab vom tobenden Lärm. Große Besitzungen säumten den Weg, eine davon das Pinggang-Viertel, wo die meisten Tore offenstanden und den Blick auf die Gärten freigaben. Nur Wachen und Lieferanten waren zu sehen, da zu dieser Tageszeit die Kurtisanen im Palast noch schliefen.

»Ich werde dich bald verlassen. Mein Kloster ist nicht weit von hier«, sagte die Äbtissin ruhig und sammelte ihre Habseligkeiten zusammen. »Es war eine gute Reise, für uns beide mit Glück gesegnet. Du hast deine Lackdose wieder, und mir wurde eine Mitfahrt nach Changan zuteil. Du betrittst den Palast zu einer glücklichen Zeit, denn alle sind in festlicher Stimmung und mit den Vorbereitungen für die Feiertage beschäftigt. Es sollte dir gelingen, dich fast unbemerkt in das Palastleben zu einzufügen. Das wird dir Zeit geben, dein Gleichgewicht zu finden.«

Jao nickte gedankenvoll. »Werdet Ihr bald einen Besuch im Palast machen? Ich denke, ich hätte mit Eurem Kloster gerne das, was meine Mutter als Laienverbindung bezeichnete. Vielleicht könnt Ihr mich in den buddhistischen Regeln unterweisen.«

»Diese Unterweisungen stehen mir und dir nicht zu, denn wir sind Frauen«, antwortete die Äbtissin kurz. »Eines Tages wird es vielleicht auch für Frauen möglich sein, am buddhistischen Weg der Erlösung teilzuhaben. Die Lotus-Sutra erklärt ausdrücklich, daß Frauen der Erlösung ebenso würdig sind wie Männer. Das ist einer der Gründe, warum ich nach dieser Sutra lebe. Die buddhistische Lehre sollte gleichermaßen für Männer wie für Frauen gelten.«

»Mir hat man beigebracht, daß die Vier Heiligen Weisheiten für alle Menschen gelten«, gab Jao zurück. »Warum sollte die Wahrheit nur für Männer dasein?« Für ihr fröhliches Gemüt befand sie sich in einer sehr nachdenklichen Stimmung.

»Gleiches Recht für alle war in der Vergangenheit nicht Ziel der buddhistischen Lehre. Ziel war die persönliche Erlösung jener wenigen, die den Weg der Erleuchtung bis zum Ende zu gehen vermögen.«

»Na ja. Was das betrifft, ich gehe nicht in ein Kloster, sondern in den Palast, so ist mein Ziel, glücklich zu sein – wo immer ich bin – und alle guten Dinge, die sich mir bieten, zu genießen!« erklärte Jao rundheraus.

Die Nonne nahm dies schweigend zur Kenntnis. Sie selbst glaubte nicht an die Möglichkeit des Glücks in einer unglücklichen Welt. Endlich sprach sie: »Du kannst in relativem Glück leben, wenn du dir die innere Freiheit bewahrst. Wenn du bereit bist, die Welt so hinzunehmen, wie sie ist, und die Tatsache akzeptierst, daß weltliche Werte nur zur Enttäuschung führen können, mag vielleicht alles gutgehen mit dir. Wenn du dieser Realität Rechnung trägst, ist die Hälfte deines Lebenskampfes gewonnen.«

Jao war bewegt, und die Nonne sagte etwas schuldbewußt: »Ich ersticke dich mit meinen Ratschlägen, aber ich ergreife die Möglichkeit dazu, solange ich sie habe. Es werden Zeiten kommen, in denen Unglück über dich hereinbricht, in denen du dich allein und verlassen fühlen wirst. Dann wird es für dich Trost bedeuten, dich daran zu erinnern, daß diese Welt im besten Fall ein Ort des Schmutzes ist, wo das Böse lauert und überall hervorkriecht. Doch trotz der scheinbaren Hoffnungslosigkeit gibt es Hoffnung, denn das Leid ist nicht die ganze Wahrheit. Es gibt noch etwas darüber hinaus, eine andere Dimension, auch wenn der Mensch nicht weiß, was sie ist, weil sie sich unserer Erfahrung entzieht. Wir nennen diese Dimension Nirwana. Leben heißt leiden, ja, und es ist wie ein verzehrendes Feuer. Nirwana bedeutet, daß das Feuer erloschen ist, nicht unbedingt durch den Tod. Aber das alles muß für dich ziemlich deprimierend klingen.«

»Nicht wirklich«, gestand Jao. »Ich höre zu und bin Euch für Euren Versuch, mir zu helfen, dankbar. Aber ich nehme die Dinge nicht allzu ernst, so sagt man zumindest.«

Die Äbtissin lächelte schweigend, und so fuhren die beiden als wortlose Gefährtinnen weiter, die Nonne und die strahlend schöne Dreizehnjährige.

»Hier!« rief die Äbtissin. Ko brachte den Schlitten zum Stehen, stieg ab und half ihr auszusteigen. Als er der Nonne das Gepäck reichte, gab sie ihm ein kleines rotes Päckchen, das er mit breitem Grinsen und entsprechenden Dankesbezeugungen entgegennahm. Dann pfiff er einen der in den Straßen Changans allgegenwärtigen Jungen herbei, um das Gepäck der Äbtissin zur Seitentür des Klosters tragen zu lassen. Jao winkte, als sich die Äbtissin, die Handflächen aneinander gelegt, an der Tür noch einmal zum *anjali*-Abschiedsgruß umdrehte.

Nach kurzer Fahrt blieb Ko vor dem turmartigen Chunming-Tor stehen. Eisenbeschlagen und verbarrikadiert, waren die beiden Türflügel abweisend verschlossen. Eine kleine Seitentür aber stand offen, und Ko klopfte mit dem Peitschenende daran. Sofort erschien ein Pförtner, und Ko erklärte seinen Auftrag. Der Diener warf einen neugierigen Blick auf

Jao und rief einen Wächter, der Yuanshuang und Jao bedeutete einzutreten. Zögernd stieg der Ältere Bruder ab. Der Empfang war ihm zu zwanglos, doch er war in Eile. Mit hochmütigem Gesicht stieg er über die hohe Schwelle, Jao folgte ihm auf den Fersen, die Satteltasche mit der kostbaren Lackdose fest an sich gepreßt. Sie verabschiedete sich herzlich von Ko und drückte ihm ein weiteres Päckchen mit Dankesgeld in die Hand, dann wandte sie sich mit ängstlichem Blick um und betrat das Tor Ohne Wiederkehr.

Die Wus wurden in einen kahlen Hof geführt, in dem sich nur einige Wachen an einem Feuer aufhielten. Sie sahen Jao an und überlegten, ob sie eine Dienerin oder ein Botenmädchen sei. Doch ihre stolze Haltung verwirrte sie. Der Wächter blieb vor einem Innenhof stehen und fragte nach ihrem Empfehlungsschreiben. Yuanshuang zog die große rote Karte hervor, hielt sie dem Mann unter die Nase und forderte, unverzüglich zum Obereunuchen geführt zu werden.

»Wu Yuanshuang, Oberster Kanzleibeamter, Rangstufe Acht-Zwei«, las der Wächter.

»Worauf wartest du?« fragte Yuanshuang ärgerlich. Langsam dämmerte dem Wächter, daß kein Trinkgeld zu erwarten war. Er öffnete achselzuckend das Tor zu einem von Büros gesäumten Hof, in dem es von Menschen und Dienern wimmelte, die über das schlüpfrige Eis eilten. Fast aufreizend langsam drängte er sie in einen Warteraum, in dem einige Sitzgelegenheiten um ein Kohlebecken standen.

»Wartet hier«, sagte er und schlug die Tür hinter sich zu. Der Ältere Bruder ging zum Kohlebecken und wärmte sich die Hände, während Jao neben der Tür stehenblieb.

»Komm her«, befahl der Ältere Bruder. »Ich habe dir einiges zu sagen, das keiner Zuhörer bedarf. Palastwände haben Ohren.«

Jao rührte sich nicht von der Stelle. »Ich höre!«

»Tu, was ich dir sage, komm her«, befahl er ärgerlich, wobei er vergaß, daß, einmal im Palast, Jao ihm nicht mehr unterstand. Sie hingegen war sich ihrer neuen Stellung nur allzu bewußt.

»Mir wurde gesagt, ich habe, wenn ich meinen Dienst bei Hof antrete, häufig strammzustehen«, sagte sie, »also beginne ich hiermit, es zu üben.«

»Dann bleib stehen, du widerwärtiges Kind. So hör mir zu, du darfst niemals vergessen, daß deine erste Pflicht immer deiner Familie zu gelten hat. Du elendes Frauenzimmer bist unsere Vertreterin am Hof. Vergiß das niemals. Du hast dich ordentlich zu benehmen und den Höheren, besonders dem Kaiser zu gehorchen, damit du, wenn sich dir die Gelegenheit bietet, ein gutes Wort bei ihm einlegen kannst. Ich werde dich wissen lassen, was du von ihm zu erbitten hast.«

»Ich dachte, meine erste Pflicht gelte dem Sohn des Himmels, nicht Euch«, widersprach Jao, während sie den Blick auf ihre nassen Stiefel gesenkt hielt.

Der Ältere Bruder betrachtete sie verbittert. »Du sprichst wie eine Buddhistin ... verbeuge dich zuerst vor Buddha und dann erst vor deinen Eltern. Es ist nicht an dir, zu widersprechen, du hast zuerst deiner Familie zu gehorchen. Aber das ist nicht für die Öffentlichkeit bestimmt, du dumme Gans. Natürlich hast du dich so zu verhalten, als gelte deine erste Pflicht dem Kaiser, das gehört einfach zum guten Benehmen. Allerdings fürchte ich, daß du auch in dieser Hinsicht versagen wirst. Ich könnte mir vorstellen, daß du dich nur schlecht benehmen und uns Schande machen wirst.«

»Warum habt Ihr mich dann in den Palast gebracht?« wollte Jao wissen.

»Ich nicht«, sagte er unbedacht. »Das war deine Mutter.«

»Sie sagte, Ihr seid es gewesen.«

»Als man vom Palast aus Interesse an dir zeigte, war es an uns, zu gehorchen, sonst hätten wir Unannehmlichkeiten gehabt, denn wir beide, Yuanching und ich, stehen hier im Dienst. Aber das ist erledigt. Jetzt bist du hier, wo du dich nicht so aufführen kannst wie zu Hause, wo du mit jedem gestritten und dich allem widersetzt hast. Hier wird man dich für ein solches Benehmen bestrafen. Hier wirst du, bevor du noch mit der Wimper zucken kannst, fünfzig Peitschenhiebe auf den Rücken bekommen, wenn du Respektspersonen mit deiner Unverschämtheit beleidigst. Du hast nicht nur zu gehorchen, du hast zu zeigen, daß du gerne gehorchst!«

»Das habe ich bereits gehört, allerdings nicht von Euch. Ihr habt Euch ja keinen Deut um mich gekümmert«, sagte Jao.

»Gut, dann kümmere ich mich jetzt. Ich zitiere aus dem Buch der Poesie: ›Denn Chaos kommt nicht vom Himmel, sondern wird von den

Frauen gemacht. Zu denen, die nicht belehrt und nicht geschult werden können, gehören die Frauen und die Eunuchen.‹ Auch wenn du unbelehrbar bist, kannst du aus Angst vor Strafe gehorchen, denn die Strafe kann hart sein. Man kann dir die Hände abhacken oder dich töten und deine Leiche auf den Abfallhaufen werfen.«

Über seine Heftigkeit erschrocken, aber nicht bereit zu glauben, daß Unschuldigen ein solches Schicksal widerfahren konnte, erblaßte Jao zwar, blieb aber stumm. Der Ältere Bruder verfiel in düsteres Schweigen, das anhielt, bis sich die Tür öffnete und ein junger Mann in schwarzseidener Tunika und amtlicher Kopfbedeckung eintrat, die rote Karte in Händen. Er war groß und gut gebaut mit dem Gebaren eines Offiziers und einem edlen Gesicht. Er verbeugte sich.

»Ich bin Yang Chifan aus dem Verwaltungsbüro des Inneren Palastes, mir unterstehen die Tsairen, die Eleganten. Ich muß Euch sagen, daß es ungelegen ist, die junge Dame heute so spät hierher zu bringen.«

»Wir wurden angewiesen, sie pünktlich zu den Neujahrsfeiern des Kaisers in den Palast zu bringen, und so haben wir unter großen Kosten und Mühen gehorcht«, protestierte Yuanshuang. »Zuerst hieß es, wir müßten sie zur Zeit des Beginns ihrer Mondblutungen bringen und dann …«

»Ja, ja«, unterbrach Chi. »Vergessen wir's – aber wenn Ihr sie heute hier laßt, ist es unmöglich, entsprechend für sie zu sorgen. Alle Diener sind beschäftigt. Natürlich kann sie bleiben, wenn Ihr das in Kauf nehmt. Wo sind ihre Dienerin und ihr Gepäck?«

»Uns wurde gesagt, daß hier im Palast für alles, einschließlich Bedienung, gesorgt wird«, erwiderte Yuanshuang herablassend. Er hatte nicht die Absicht, sich eine so verläßliche Kinderfrau wie Wang oder die Schätze, die Madame Yang in Jaos Truhen gepackt hatte, entgehen zu lassen.

»Was das Gepäck betrifft, habe ich alles in mein Haus bringen lassen, um es später abzuliefern. Nach meinem Ermessen.«

»Ach!« unterbrach Chi. »Das kann doch wohl nicht Euer Ernst sein. Habt Ihr erwartet, Eure Schwester am Tag der Neujahrsfeierlichkeiten ohne Dienerin und in den Kleidern, die sie am Leib hat, hier lassen zu können?«

Dem Älteren Bruder wurde klar, daß er Gefahr lief, sein Gesicht zu verlieren, und so rang er um eine gute Antwort. »Sie kann eine Truhe haben … ich werde sie schicken«, fügte er in hochmütigem Ton hinzu. Für Eunuchen empfand er nichts als Verachtung.

»Es ist besser, Ihr nehmt sie wieder zurück, wenn es Euch recht ist, und bringt sie, wenn Ihr dazu bereit seid.« Chi wandte sich zum Gehen. In dem Älteren Bruder stieg Wut hoch und er stellte sich dem Eunuchen in den Weg. Chi zuckte die Achseln und setzte seinen Weg fort, doch der Ältere Bruder blockierte, wenn auch höflich, so doch unnachgiebig den Ausgang.

»Eure Familie bereitet Unannehmlichkeiten. Ihr sorgt mit Sicherheit dafür, daß das Mädchen hier keinen guten Empfang haben wird«, sagte Chi verärgert. Jao schnappte vor Schreck nach Luft, und der Eunuch sah sie zum ersten Mal an. Und überlegte es sich anders.

»Es wird schwierig für sie sein, hier ohne Dienerin zu leben«, lenkte Chi ein, als er Jaos flehenden Blick sah. »Wenn Ihr zehn Silberstücke für einen Palastsklaven zahlt, werden wir jemanden für sie finden«, schlug er vor, doch Yuanshuang zeigte sich nicht entgegenkommend. Er handelte immer nach einem Schema. War er mit Geld konfrontiert, so hieß dieses Schema, jedes erste Anbot abzulehnen und sich beleidigt zu geben.

»Ihr seid unhöflich und ausfallend. Ich bin Beamter, und Ihr seid nur Eunuch, ein Diener der Frauen, und da wollt Ihr mir Geld herausziehen. Zweifellos für Euch selbst. Unerhört.« Er warf dem Eunuchen einen verstohlenen Blick zu und überlegte sein weiteres Vorgehen.

Chis Gesicht war rot vor Zorn. Seine Kastration war die Folge einer Kriegsverletzung gewesen, und seine Vertrauensstellung im Palast stellte eine Belohnung für seine dem Kaiser im Krieg geleisteten Dienste dar. Der stolze Mann war nicht bereit, mit sich handeln zu lassen.

»Macht, was Ihr wollt«, gab er zur Antwort.

Yuanshuang verstand den Ton, und da ihm klar war, daß seine Angriffsstrategie ins Leere gegangen war, suchte er nach seiner Börse. Langsam und bedächtig zählte er zehn Silberstücke aus. Mühsam beherrscht nahm Chi das Geld entgegen, doch nur, weil er die Verzweiflung in Jaos Augen sah. Dann verbeugte sich der Ältere Bruder ohne ein weiteres Wort und wandte sich zum Gehen.

»Schickt ihre Truhen«, befahl ihm Chi.

Gedemütigt und niedergeschlagen stand Jao mit gesenktem Kopf da, sie umklammerte ihre Tasche und blickte auf den schmelzenden Schnee, der sich in Pfützen um ihre Füße sammelte. Als Chi sie bat, mit ihm zu kommen, setzte sie sich unbeholfen in Bewegung, wobei sie hinkte, da sie vom langen Sitzen einen Krampf im Bein hatte. Der Eunuch führte sie durch Tore und Höfe, in denen Diener geschäftig umherliefen, um die Vorbereitungen für das Fest zu treffen, das eigene und das ihrer Herren. Schweigend folgte ihm Jao durch einen Park und ein Labyrinth von Gängen mit fleckigen Ziegelwänden, bis sie im nördlichen Palastteil ein rot lackiertes Tor erreichten. Chi stieß einen Torflügel auf und rief laut. Augenblicklich erschien eine Aufseherin.

»Hier ist die letzte der Tsairen, führ sie in das Zimmer von Wildente. Wildente soll heute nacht zu Toto ziehen, bis ich einen Platz für sie gefunden habe«, befahl er. »Die Dienerin und die Truhen kommen später. Heute ist Badeabend, sorge dafür, daß diese hier gewaschen und bereit ist, beim Gongschlag zu Sonnenuntergang dem Obereunuchen Kao vorgestellt zu werden. Verstanden?« Er sprach mit erhobener Stimme, als wäre sie taub.

Von der Höhe ihrer nahezu zwei Meter blickte sie auf den fast dreißig Zentimeter kleineren Mann, um dann mit völlig ausdrucksloser Stimme zu sagen: »Ket verstanden.«

Sie winkte Jao hinein. Jao gehorchte, stolperte aber über die hohe Türschwelle. Chi blickte scharf auf seine neue Tsairen und erwartete einen hysterischen Ausbruch über ein so schlechtes Omen beim Betreten ihres neuen Heims.

»Mein Bein ist verkrampft«, stellte Jao nüchtern fest und warf ihm einen scheuen Blick zu.

»Lauft fünfmal um den Hof, und es geht Euch wieder gut.«

Sein Rat beruhte auf seinen Erfahrungen als Soldat, und noch während er antwortete, dachte er plötzlich: »Vielleicht ist sie anders als ihr Bruder. Möglicherweise ist sie gar keine zusätzliche Last.« Dann eilte er von seinen Pflichten getrieben davon, voll Ärger über die Mädchen und deren Nöte, voll Bitterkeit über das Leben in der Stadt der Frauen.

Jao rief hinter ihm her: »Danke, das werde ich machen«, aber er hörte sie nicht mehr. Sie begegnete Kets Blick, und beide lachten. »Ich muß hier nur ein wenig … herumhopsen«, entschuldigte sie sich, während sie hinter der Frau hereilte.

Nur mit der Blutzirkulation in ihrem Bein beschäftigt, achtete sie nicht auf ihren Weg und stieß mit Ket zusammen, als diese vor einer Hintertür haltmachte.

»Entschuldigung«, japste Jao. Sie reichte der Frau kaum bis an die Achseln. Sie blickte in das breite, flache Gesicht und lächelte. »Ich bin Jao«, ergänzte sie und zeigte auf sich.

»Ich Ket«, antwortete die Frau, und ihre schwarzen Augen leuchteten einen Augenblick auf. Sie war eine muskulöse Frau in einer Ledertunika mit ledernen Hosen, die in schweren Filzstiefeln steckten. Das graue Haar war zu einem Zopf geflochten, auf dem Kopf trug sie eine gestickte Kappe. Eine Brust wölbte sich unter der Tunika, während die andere Seite flach war. Sie bemerkte Jaos erstaunten Blick und legte ihre abgearbeitete Hand auf die flache Stelle. »Eine Seite weggeschnitten, sarmatischer Brauch für Schießen mit Pfeil und Bogen. Lange Zeit vorbei, Stammesland weit weg, aber Frauenwachen in vielen Harems, vielen Ländern.«

Fasziniert starrte Jao ihr in das grobgeschnittene Gesicht. »Ist der Wachdienst am Kaiserhof harte Arbeit?« fragte sie interessiert.

»Manchmal«, lautete Kets lakonische Antwort. »Jetzt kommen, wir Zimmer finden.« Sie öffnete ein Tor, das in einen Hinterhof führte, dann betraten sie einen Hof mit einer Reihe von Aborten, Badehäusern und Waschgelegenheiten entlang der Wand. Durch eine Tür im Hintergrund ging es in einen weiteren Hof, an dem die Wohnungen der Diener lagen. Von dort gelangten sie in das Haupthaus. Ket geleitete Jao in eine kleine Halle. Dann hob sie einen Vorhang und führte sie in den *kang*-Raum. Der lange, schmale, warme Raum erhielt sein Licht durch kleine Fenster, die im Winter mit durchscheinendem, aus Korea importiertem Papier bespannt waren, ein Luxus, den sich nur wenige leisten konnten. Die einzige Einrichtung bestand aus der beheizten *kang* an einer langen Wand. Bedeckt mit weichen Matten, war sie lang genug, daß alle Mädchen bequem darauf schlafen konnten. Trotz seines kahlen Eindruckes machten Licht und Wärme den *kang*-Raum zum einladendsten Zimmer im ganzen Tsairen-Quartier.

»Du letzte Tsairen, du schlafen an kaltem Ende«, stellte Ket fest.

Jao ging die ganze Länge der *kang* entlang, legte ihre Tasche auf den ihr zugewiesenen Platz, streifte die Stiefel und den nassen Mantel ab. Die *kang* war auch an dem kalten Ende noch warm, Jao kletterte hinauf, setzte sich mit gekreuzten Beinen nieder und harrte der Dinge, die kommen würden. Die Wärme war wohltuend.

Ket beobachtete sie schweigend. Sie runzelte die Stirn und verschwand, um fast unmittelbar darauf wieder zurückzukehren.

»Bettzeug von toter Tsairen«, erklärte sie und warf Jao ein Bündel zu, die es schnell auffing, ehe es sich ganz entrollen konnte. Es war eine Pelzdecke in gutem Zustand. Jao lächelte und legte sich das weiche Fellzeug um die Schultern, um ihre Freude zu zeigen.

Auf Kets Gesicht erschien ein breites Grinsen. Dann fuhr sie fort, Jao von ihren feuchten Kleidern zu befreien.

»Komm mit Ket« Sie fegte die Kleider, die Jao zehn Tage ununterbrochen getragen hatte, zu einem Bündel zusammen. Dann schob sie Jao in den kalten Hof und, nachdem sie ihn rasch überquert hatten, in das Badehaus, einen kleinen Raum, der vom Dampf des in mehreren eisernen Kesseln kochenden Wassers erfüllt war. Ket packte einen irdenen Krug, schöpfte heißes Wasser in ein Becken und begann ihren Schützling mit einem nassen Schwamm einzuseifen und abzuschrubben, bis das Mädchen nach Luft schnappte und rot wie ein gekochter Hummer glänzte. Dann wusch sie Jaos Haar, wickelte sie in eine Decke und drängte sie eilig zurück in den *kang*-Raum. Es waren keine zehn Minuten vergangen. Jaos Haut glühte, sie fühlte sich rein und warm, aber nackt, da ihre Kleider auf dem Fußboden des Badehauses zurückgeblieben waren. Fragend blickte sie zu Ket, die ihr Gesicht abermals zu einem breiten Grinsen verzog.

»Wir denen zeigen«, grunzte Ket mit großer Befriedigung, als sie die anderen Tsairen und die Mädchen auf dem Weg zum Badehaus hörte. Sie waren damit beschäftigt, eine Rangliste für das Bad aufzustellen.

»Wir denen zeigen«, wiederholte Ket mit ihrer gutturalen Stimme. »Keine Dienerin für Jao, aber Ket macht gut. Jetzt Kleider finden.« Sie verschwand und blieb diesmal länger fort, während sich Jao in das Pelzwerk schmiegte. Es hatte sich noch keines der Mädchen in dem *kang*-Raum gezeigt, als Ket zurückkehrte. Sie warf Jao ein gestepptes Seidenkleid hin.

»Kleider von toter Tsairen?« fragte Jao besorgt. Ket schüttelte den Kopf.

»Nein. Das von Tsairen mit hundert Kleidern, merkt nichts. Du anziehen, ist in Ordnung. Wächter Jao eine Truhe bringen. Hier, aber nur Babysachen und Schuhe.«

»Oh!« rief Jao entsetzt. »Mein Bruder hat die falsche Truhe geschickt! Ich habe überhaupt keine Kleider!«

Ket betrachtete sie schweigend, das grobe Gesicht ausdrucksleer. Dann sagte sie: »Keine Sorge, kommen!« Sie schob den Pelz beiseite und zog Jao von ihrem Sitz.

»Mmm, ich kann doch keine fremden Kleider tragen«, begann Jao, als Ket ihr ein Bein nach dem anderen in weißseidene Unterwäsche schob. »Aus der Garderobe irgendeines Mädchens, ich weiß nicht einmal, von welchem Mädchen«, setzte sie hilflos fort, als die große Frau sie in ein elegantes rotes Seidenkleid steckte. Der lange gefältelte Rock und das dazupassende enge Jäckchen standen Jao gut. Ket flocht Jaos Zopf und trat zurück, um ihr Werk zu bewundern, dann nahm sie Jaos Tasche.

»Ket dir zeigen Zimmer von Wildente. Pelz lassen hier in *kang*-Raum. Jao gut aussehen jetzt, um Obereunuchen zu sehen. Komm!«

Sie schob den Lederbehang beiseite und drängte ihren Schützling in den gedeckten Wandelgang, der über die ganze Länge des Gebäudes führte und alle vier Seiten des quadratischen Hofes entlang. Kahle Bäume, die Stämme mit Stroh umhüllt, streckten ihre Zweige über die Dachfirste, einem Spitzenmuster ähnlich, und ein nun zugefrorener Goldfischteich lag unter einer Schneedecke. Zehn Zimmer öffneten sich zu dem Gang, vier an jeder Seite, vorn ein Empfangsraum gegenüber dem Eingang und hinten der *kang*-Raum.

»Acht Zimmer für neun Tsairen, wo soll ich hin?« fragte Jao, aber Ket schüttelte nur den Kopf. »Warten, sehen, was Herr Chi machen.« Sie verschwand ohne ein weiteres Wort.

Jao schaute sich um. Das Zimmer wirkte, sobald Ket es verlassen hatte, geräumiger, mehr, als gehörte es ihr. Die Einrichtung war karg, eine strohgefüllte Matratze auf einem hölzernen Bettrahmen und einige Stühle. Die Wände waren frisch gekalkt, und ein Fenster über dem Bett ließ Licht in den Raum, so daß er geräumig wirkte. Einladend, dachte Jao, während sie den Inhalt ihrer Satteltasche auf das Bett leerte.

Unter den Sachen fiel die rote Lackdose auf. Glücklich nahm Jao sie in die Hand und öffnete sie. Sie hob die kleine Maitreya-Statuette von ihrem Bett aus einer Lage roter Umschläge, darunter befand sich unversehrt der Schmuck. Als sie einen der roten Umschläge aufmachte, sah sie ein Goldstück.

»Das ist wohl für mich, um Geschenke zu Neujahr zu machen und mir neue Kleider anzuschaffen, wenn mir das, was man mir gibt, nicht gefällt«, rief sie erleichtert aus. »Mutters Idee war gut, besonders für Neujahr, doch ich hoffe, ich werde auch ohne Geschenke Freunde gewinnen.«

3

In der Hoffnung, älter zu erscheinen, steckte Jao gerade ihr Haar auf, als sie sich plötzlich beobachtet fühlte. Sie drehte sich um und sah ein Paar neugierige Augen, die sie von der Tür her betrachteten.

»Ich bin Maulbeere«, sagte ein braunäugiges Mädchen, indem es das Zimmer betrat. »Ich bin eine Tsairen. Du mußt das neueste Mädchen sein ... oder bist du eine Dienerin für Jade?«

»Ich bin keine Dienerin für Jade, wer immer sie auch sein mag. Ich bin auch eine Tsairen ... Wu Jao«, antwortete Jao, glücklich, ihre erste Hausgenossin kennengelernt zu haben.

Maulbeere lächelte. »Ich hörte dich kommen. Woher stammst du?«

»Aus Taiyuan«, gab Jao Auskunft. »Ich bin Tochter Nummer Zwei der Wu Familie.«

»Eine Familie aus dem Norden!« in der Stimme war die Nuance einer Veränderung zu bemerken. »Ich stamme aus dem Süden ... aus dem fernen, fernen Süden ... Aber ... Moment mal! Du bist doch neu, nicht wahr? Erst eine Stunde hier und schon gebadet – ein Wunder!«

»Wie ... wieso?« Jao fühlte sich unbehaglich, trug sie doch Kleider aus unbekanntem Besitz.

»Hier ein Bad zu bekommen, ist ein großes Ereignis«, erklärte Maulbeere, die nichts von Jaos Verblüffung gemerkt hatte. »Und da bist du und hast es schon geschafft. Was mich anbetrifft, ich warte lieber, bevor ich mit den Dreien anecke.«

»Oh«, antwortete Jao höflich und überlegte, wer die Drei wohl sein mochten. »Warum mußt du auf jemanden warten ... wenn du nicht warten willst?«

»Hier warten alle darauf, daß die Drei etwas zuerst machen. Du wirst es früh genug bemerken. Aber du kennst sie noch gar nicht, oder? Die erste ist Jade, sie ist eine Tsui aus einer der ersten Familien des Landes. Dann kommt Phönix, eine Lu, auch von uraltem Adel, und Päonie, eine Lu aus Lolang. Da es sich bei diesen Familien um ›reine‹ Chinesen handelt, blicken sie auf alle andern, sogar auf Mitglieder der kaiserlichen Familien, die ›Mischlinge‹ aus Tataren und Chinesen sind, herunter.«

»Das bin ich auch«, warf Jao ein, die endlich begriffen hatte, worum es in diesem Gespräch ging. Maulbeere schien das zu interessieren. »Wenn du aus Taiyuan bist, dann kommst du aus dem Gebiet der Tang ... ein Pluspunkt für dich. Perle und ich stammen aus dem Süden, ein Minuspunkt für uns! Hier scheinen unsere Familien wenig zu zählen, wenngleich Perle eine Tochter aus dem reichen Stamm der Chen aus Yangchow am Jangtsekiang ist. An ihren Kleidern kannst du sehen, daß sie reich ist, und was mich anbetrifft, meine Heimat ist das weit im Süden des Jangtsekiang liegende Land, wo wir Reis und Seide haben, ich bin eine Hsin aus Hangchow am West-See.«

Maulbeere hielt inne, um zu sehen, ob Jao von den Hsin oder zumindest von Hangchow gehört hatte, doch Jaos Gesichtsausdruck blieb absolut leer. Maulbeere seufzte und warf ihr schweres schwarzes Haar über die Schulter. Sie hockte sich nervös auf die Bettkante. ›Wie ein Sperling‹, dachte Jao, ›mit den fragenden Augen des Sperlings.‹

»Woher solltest du von alldem wissen«, sinnierte Maulbeere. »Ich hoffte eben, ich könnte mit dir über mein Zuhause sprechen ... macht nichts, unterhalten wir eben uns über den Palast und die Tsairen. Über die Drei. Ihre Familien leben in der Hauptstadt und erfüllen ihnen jeden Wunsch, sobald sie ihn aussprechen. Alle großen Landbesitzer leben hier, auch wenn ihre Ländereien irgendwo flußabwärts in den fruchtbaren Ebenen liegen. Mir ist es ein Rätsel, weshalb sie nicht auf ihren Gütern bleiben anstatt hier auf diesem windigen, staubigen Plateau. Warum, um alles in der Welt, lebt jemand hier, wenn es so wunderbare warme, grüne Orte gibt wie Hangchow?«

Sie schauderte und ein verlorener Blick trat in ihre Augen. »Ich finde es hier schrecklich. Ich hasse den Wind, der Tag und Nacht um die Mauern heult und an den Fensterläden rüttelt ... ach ja, worüber habe ich gerade gesprochen? Natürlich! Die Drei, das heißt, ich habe eigentlich schon alles gesagt, nur ... Jade ist herrschsüchtig, Phönix eine Angeberin und Päonie kennt kein anderes Thema als Wolken und Regen.«

»Wolken und Regen?« Jao verstand kein Wort.

Maulbeere kicherte. »Lust und Liebe. Hast du denn von nichts eine Ahnung?«

Jao lag es nicht zu kichern. Wenn sie etwas lustig fand, so blieb sie entweder still oder brach in herzhaftes Gelächter aus. Diesmal schwieg sie. Maulbeeres Ausdruck wirkte etwas verlegen, doch sie lächelte. »Um das Thema zu wechseln … wie alt bist du? Ich bin siebzehn.«

»Ich bin dreizehn. Sind hier alle älter?«

»Du siehst älter aus als dreizehn«, tröstete Maulbeere. »Mit deinem aufgesteckten Haar, so wie du es jetzt trägst, siehst du alt aus, mindestens so alt wie ich. Und in diesem roten Kleid wirkst du viel, viel älter, als du bist! Die fünf Alten haben viel mehr Jahre am Buckel als wir: Phönix und Päonie sind ungefähr neunzehn, Wolke einundzwanzig, Jade zwanzig. Ihr Neuen seid jung: Toto vierzehn, Wildente fünfzehn, Perle sechzehn. Perle ist schüchtern und tut, was die Drei ihr zu tun befehlen. Das bedeutet vier auf der einen und vier auf der anderen Seite. Welche Seite wirst du wählen?«

Jaos Herz sank. Da war es, wovor ihre Mutter sie gewarnt hatte: »Vergiß nie, daß es für dich im Palast das wichtigste ist, dich aus Cliquen herauszuhalten.« Madame Yang war am Hof der Sui aufgewachsen und wußte nur zu gut, wie sich das Hofleben abspielte. »Eifersüchteleien und Rivalitäten, alte und neue, wechseln unaufhörlich. Sei freundlich, aber nicht zu freundlich, denn du weißt niemals, wann deine ›Freundin‹ in Ungnade fällt und du mit ihr.« Damals hatte Jao kaum hingehört. Sie hatte nichts Schreckliches darin gesehen, gemeinsam mit ihren Freundinnen Unannehmlichkeiten zu ertragen.

»Ich gehöre eigentlich nirgends hin«, wehrte Jao ab. »Danke, daß du mich wegen meines Aussehens beruhigst hast … und auch mit meinem Kleid und so«, setzte sie voll Unbehagen fort. »Hast du es vielleicht schon einmal, hm, gesehen oder ein ähnliches – irgendwo?«

Maulbeere legte den Kopf zur Seite. »Es ist die neueste Mode mit dem offenen Jäckchen und dem eckigen Ausschnitt. Du kannst glücklich sein, daß du gleich bei deiner Ankunft so gut ausgestattet bist, nicht zu auffallend, genau richtig. Das ist beste Seide, und das Rubinrot ganz besonders vorteilhaft, und das eingewebte symbolische Muster macht est zu etwas Außergewöhnlichem. Diese Seide wird auch nicht kraus – ich muß es ja wissen, ich komme aus dem Land der Seide. Aus welcher Familie stammst du, sagtest du? Aus einer der großen vier chinesischen Familien?«

Jao lachte über das ganze Gesicht, erheitert und erleichtert, was ihr Kleid anbetraf. »Meine Familie ist nicht rein chinesisch. Wir stammen zum Teil von tatarischen Nomaden ab: Ich bin ein Viertel Tuku Hsienpi und zu drei Vierteln gemischt chinesisch. Der Großteil des Adels in Shansi und in Shensi, woher ich komme, hat die gleiche gemischte Abstammung. Das ist auch der Grund, weshalb wir so groß und schön sind!« endete sie und zeigte mit blitzenden Augen ihre Grübchen.

Maulbeere starrte sie entgeistert an. »Ts, ts ... schön? Bezeichnest du dich als schön?«

»Ja, natürlich! Und du bist es auch! Mehr als das – du bist wunderschön. Aber das weißt du sicher. Wahrscheinlich ist es das einzige, das hier zählt«, fügte Jao achtlos hinzu. »Wer schert sich schon um Großeltern, Eltern, Familie oder Genealogie?«

»Hüte lieber deine Zunge«, Maulbeere stockte der Atem. »Wer du bist, ist das ein und alles!« Dennoch schwand der Schatten von ihrem Gesicht. »Nun ja, man sagte mir, ich sei schön und begehrenswert! Natürlich, deshalb bin ich ja hier.« Erstaunt über die eigenen Worte, stockte sie. »Oh, ich spreche gerne mit dir! Mit dir fühle ich mich wohl. Komm, verlassen wir dein kaltes Zimmer und reden wir im *kang*-Raum weiter.«

Die beiden Mädchen eilten über den eisigen Gang in den warmen Gemeinschaftsraum, der leer und anheimelnd warm war. Von Westen fiel die Sonne ein, und das ganze Zimmer erglühte. Maulbeere ließ ihre Hand über die einladend weiche Oberfläche der langen Bank gleiten, bis zum wärmsten Ende.

»Das ist Jades Platz und deiner ist dahinten«, sie zeigte auf das andere Ende. »Ich sitze in der Mitte neben Wolke. In den kalten Nächten schlafen wir alle hier. Komm, setz dich zu mir, bis die neuen Mädchen hereinkommen.« Scheu zögerte sie. »Sag, willst du meine Freundin werden? Du wirst nicht denken, daß ich, weil ich aus dem Süden stamme, ein Niemand aus dem Niemandsland bin?«

Entgeistert antwortete Jao schnell: »Natürlich bin ich deine Freundin. Wir müssen miteinander leben, nicht wahr? Wie kann es da anders sein? Mir sind diese entwürdigenden Gedanken über Nord und Süd fremd«, fügte sie peinlich berührt hinzu und schwang sich auf die *kang*.

Das Haus erwachte zum Leben. Man vernahm Lärm, hallende

Schritte, zuschlagende Fensterläden, erregte Stimmen, Schläge für aufgeregte Dienerinnen. Lampen wurden hereingebracht. Eine davon wurde von Ket an die Decke des *kang*-Raumes gehängt, wobei sie anerkennend auf Jao blickte, um dann so abrupt den Raum zu verlassen, daß der Lederbehang der Tür laut zuschlug.

Dieser wurde gleich darauf wieder gehoben, Seide raschelte, und ein Mädchen betrat das Zimmer. Aufrecht und gertenschlank verstand sie es, ihren Auftritt zu inszenieren, ihre exquisiten Gesichtszüge, die schlanke Gestalt und die makellose weiße Haut fügten sich zu einem vollendeten Bild. Maulbeere und Jao betrachteten sie fasziniert, während das Mädchen den Raum inspizierte und dann ihren Blick auf den Neuankömmling heftete. Was für ein schönes Geschöpf, dachte Jao überwältigt.

»Das ist Jade«, flüsterte Maulbeere.

»Du bist neu hier«, stellte Jade fest und blickte Jao an, während sie Maulbeere vollkommen übersah. »Ich sehe, du hast bereits eine Freundin gefunden.«

»Sie war die erste, die mir begegnet ist, du bist die zweite«, sagte Jao freundlich.

»Maulbeere, du sitzt nicht auf deinem richtigen Platz und deine Freundin auch nicht«, stellte Jade fest, »aber da du jetzt ohnehin gehst, spielt das keine Rolle. Phönix und Päonie haben bereits gebadet, Wolke badet jetzt, also lauf, du bist an der Reihe.« Zu Jaos Verblüffung stieg Maulbeere sofort von der *kang* und verließ, ohne auch nur ein Zeichen in Jaos Richtung zu geben, den Raum.

Jade wandte sich nun zu Jao und sagte mit unpersönlicher höflicher Stimme: »Jade – eine Tsui aus Poling. Du bist Wu Jao, wurde mir gesagt. Ich heiße dich in diesem Haus willkommen. Ich hoffe, man hat dir dein Zimmer gezeigt und dir die Vorschriften mitgeteilt.«

»Wu aus Taiyuan«, beeilte sich Jao zu erklären. »Ich bin gerade eingetroffen.«

Jade nickte, um es sich dann, in dem Gefühl, ihre Pflicht getan zu haben, auf der *kang* bequem zu machen und nach ihrer Dienerin zu klatschen, um sich die Fußnägel lackieren zu lassen. Jao wollte fortfahren, doch als sie begriff, daß Jade bereits jegliches Interesse verloren hatte, schwieg sie.

Der Türbehang hob sich, und zwei weitere Tsairen kamen herein. Beide Träume in Weiß, von etwa gleicher Größe, sonst aber einander unähnlich.

»Ich bin Perle, aus Yangchow«, sagte das erste Mädchen mit sanfter Stimme, als es sich neben Jao niederließ.

»Wu Jao, Taiyuan«, antwortete Jao und lächelte. Perle trug eine gesteppte Tunika aus weichem, matt schimmerndem Material. Es mußte sich um das neue Baumwollmaterial handeln, dachte Jao, die sich erinnerte, daß ihre Mutter vor kurzem einen Ballen Stoff dieser Art von einem indischen Händler gekauft hatte.

Perles Gesicht glühte von dem Bad. Ihr Haar, das als schimmernde Kappe ihren schmalen Kopf umschloß, war tief im Nacken zu einem Knoten gewunden und mit einem perlenbesetzten Netz gefaßt. Sie lächelte scheu und begab sich auf ihren Platz, ein zartes, feenhaftes Geschöpf. Jao gab das Lächeln zurück und schloß das Mädchen sofort ins Herz.

Das andere Mädchen in Weiß kletterte an Jaos andere Seite. Sie war in flaumige Kaschmirwolle gehüllt, und ihr Haar, auf dem Kopf zu einem Knoten festgesteckt, begann bereits wieder in kleinen Löckchen ihr Gesicht zu umspielen. Ihre lebendigen braunen Augen begegneten Jaos.

»Du bist die neue Elegante!« begrüßte sie Jao herzlich. »Wir haben auf dich gewartet. Ich freue mich, daß du gut angekommen bist! Jetzt sind wir neun, komplett. Ich bin Wolke, eine Sun aus Szechuan, und du …?«

»Eine Wu aus Taiyan«, lächelte Jao. ›Wolke ist wie ein Kätzchen … verspielt‹, dachte sie. »Was möchtest du über mich wissen?« fragte sie.

»Alles«, kam die prompte Antwort. »Kommt man leicht mit dir aus? Hast du Alpträume? Magst du roten Pfeffer und Knoblauch? Hier kannst du keine Geheimnisse haben!«

Jaos Stimmung hob sich. »Ich bin Jao und ich habe keine Geheimnisse. Ich bin erst eine Stunde hier und …«

»Lange genug, um in Schwierigkeiten zu geraten«, sprudelte Wolke heraus, »und – bist du schon in ein Fettnäpfchen getreten?«

»Kann sein«, lächelte Jao und dachte an ihre geliehenen Kleider, »ich scheine öfter in …«

Wolke lachte. »Mach dir nichts draus. Ich bin die älteste hier, und ich stecke immer in Schwierigkeiten. Dummheit, vermute ich. Aber ich bin eine so angenehme Gesellschaft, daß mir alle verzeihen.«

Die anderen Mädchen quittierten diese Worte mit liebevollem Spott. Wolke grinste und wandte sich wieder an Jao. »Aber im Ernst, wir freuen uns, daß du bei uns bist und heißen dich hier in unserem glücklichen Heim willkommen. Nun, ich fürchte, es ist nicht wirklich glücklich. Es ist verflucht, mußt du wissen.«

Perle stieß einen leisen Schrei aus und Jade sagte kühl: »Du bist geschmacklos und sprichst die Unwahrheit. Du bist alt genug, nicht solchen Unsinn zu reden.«

Wolkes Augen glitzerten. »Beruhige dich, Jade. Je eher die neuen Mädchen die Wahrheit über diesen Ort erfahren, desto besser. Aber heute ist Neujahrsabend und wir sollten froh und munter sein, also wollen wir heute Abend nur über glückliche Dinge sprechen.« Sie unterbrach sich und rief zwei eintretenden Mädchen zu: »Kommt schnell ihr zwei, ihr laßt die kalte Luft herein. Hier ist Wu Jao aus Taiyuan,« fuhr sie fort. »Sie ist die vierte neue Tsairen.« Zu Jao gewandt, stellte sie vor: »Phönix ist die große mit den schwarzen Brauen und Päonie hier hat immer rote Wangen und gute Laune.«

Jao glitt von der *kang* und begrüßte die beiden in der *anjali*-Position. Die Augen der Mädchen weiteten sich bei diesem exotischen Gruß.

»Lu aus Kangtou«, sagte Phönix.

»Li aus Lunghsi über Lolang«, sagte Päonie.

»Und Toto!« rief ein anderes Mädchen aus, das gerade hereinstürzte; ihr Filzrock bauschte sich über den Stiefelspitzen, die strohblonden Zöpfe flogen und ihre blauen Augen blitzten. »Toto Anakuwen«, ergänzte sie, sich im Türrahmen in Positur werfend. »Aus Kucha«, setzte sie freundlich hinzu, als sie quer durch das Zimmer kam und vor Jao stehenblieb.

»Wu Jao. Ich habe viel von Kucha gehört. Musikanten und Tänzer, das beste vom besten. Der Löwentanz, der Schwertertanz … und noch ein Dutzend mehr und so viele wunderbare Lieder, die wir hier in China lieben.«

Totos Augen glänzten. »Komm an das Ende der *kang,* wo wir beide hingehören, und wir reden weiter!« Sie nahm Jaos Arm und stubste sie zu den ihnen zustehenden Plätzen auf der *kang*.

»Jetzt habe ich dich gerettet«, flüsterte sie, um dann in normaler Lautstärke fortzufahren, »du hast recht, Kucha ist das musikalische Zentrum der Welt, aber einige der Mädchen haben nie davon gehört, weil es so weit weg ist – in der Wüste, gut zweitausend Meilen von hier. Ich war vierzehn, als ich meine Zuhause verließ und es brauchte Monate, um hierherzukommen, so daß ich jetzt fünfzehn bin. Dabei kann ich von Glück sagen, daß ich überhaupt angekommen bin. Wie alt bist du?«

Sie strahlten einander an. »Ich bin dreizehn, fast so alt wie du. Du mußt eine wunderbare Reise gehabt haben, ich beneide dich. Ich hörte von den Karawanenmännern über die Gefahren einer Reise über die Seidenstraße. War es sehr aufregend?«

»Oh, es war ein richtiges Abenteuer, wenn ich jetzt zurückdenke, doch ich möchte es höchstens noch einmal durchmachen, wenn ich heimkehre. Manchmal hatten wir nicht einmal Wasser zu trinken. Und dann wieder gab es Sandstürme, und wir wußten nicht, ob wir jemals wieder würden atmen können. Dann wieder war es wunderbar in den heißen Oasen, wenn wir draußen unter den Sternen schliefen … und dem Wind lauschten, der in den Zeltseilen sang.«

Sie richtete ihre blauen Augen auf Jao und musterte sie von oben bis unten. »Du bist so hübsch, mit deinen glänzenden schwarzen Haaren und deiner samtenen Haut. Ich bin Tscherkessin. Die meisten von uns sind blond oder rothaarig mit blasser Haut. Hier unter euch Schwarzhaarigen komme ich mir wie eine Mißgeburt vor.«

»Oh nein … du bist wie ein tropischer Vogel. Du bringst uns etwas anderes, etwas Besonderes – du bringst uns Glück!« Jao errötete. Doch Toto verstand, was Jao sagen wollte und ließ sich mit einem befriedigtem Aufatmen im Schneidersitz nieder.

»Aber, siehst du, ich bin gerade erst hier eingetroffen und habe schon Heimweh … nach den hohen verschneiten Bergen, den Weiden, dem Gebirgswind, nach unseren Pferden. Ich komme mir hier eingesperrt vor. Ich kann nichts essen – schon die ganze Woche nicht –, dabei habe ich sonst, egal was geschieht, immer einen guten Appetit.« Sie hatte mit gedämpfter Stimme gesprochen, so daß nur Jao sie hören konnte. Doch die dicht neben ihr sitzende Wolke hatte zugehört.

»Wir alle haben Heimweh«, sagte sie mit ihrer sanften Stimme. »Aber hier ist so viel los, und man trifft so viele unterhaltsame Menschen, daß man trotzdem sich eingewöhnt. Du, Toto, wirst bald wieder hungrig sein. Warum beginnst du nicht gleich wieder normal zu essen? Heute Abend? Das Neujahrsfestmahl mit all den Köstlichkeiten sollte doch ein schöner Anreiz sein.«

Toto lächelte ihr zu. »Das klingt verführerisch. Vielleicht hast du recht, und mir schmeckt das Essen heute Abend. Aber … darf ich dich etwas fragen, das mich beunruhigt? Was hast du damit gemeint, als du sagtest, dieser Ort sei verflucht? Was stimmt hier nicht? Ich hasse Geheimnisse und alles, was mir angst macht. Was hast du gemeint?«

»Ihr vier neuen Mädchen«, begann Wolke nach kurzem Zögern, »ihr nehmt den Platz von vier anderen ein, die uns verlassen haben. Kein Geheimnis, aber dennoch will niemand darüber sprechen, denn sie waren alle vier vom Unglück verfolgt. Ein Mädchen wurde wahnsinnig und mußte nach Hause geschickt werden. Das war für alle von uns Tsairen ein Schlag, weil hinterher monatelang keine von uns in den Vorderen Hof gerufen wurde. Eine andere – die netteste von uns – starb im Kindbett. Eine dritte erkrankte an einem merkwürdigen Fieber und starb ebenfalls. Und auch die vierte schied aus dem Leben, denke ich.«

»Ist das alles«, Jao war erleichtert. »Solche Dinge geschehen immer und überall. Kein rätselhaftes Geheimnis, keine bösen Geister, keine Füchsinnen, kein Hausdämon … oder doch? Welche? Warum weißt du nicht, ob das vierte Mädchen starb? Starb sie oder starb sie nicht?«

»Ich spreche nur über das, was ich wirklich weiß: ich glaube, daß sie starb, doch sicher weiß ich es nicht. Sie verschwand einfach und wurde bis heute nicht gefunden. In den Brunnen oder sonst wo. Die Beamten waren Wochen mit der Untersuchung befaßt, aber hier im Palast geht es hoch her, und es ist jeden Tag eine Menge los. Im Inneren Palast geht es bunt durcheinander, seit die Kaiserin vor zwei Jahren starb. Der Kaiser weigert sich, jemanden an ihre Stelle zu setzen. Jetzt gibt es einen Obereunuchen, und wir haben Chi, unseren eigenen Hausvorsteher. Er ist ehemaliger Soldat, der verwundet wurde, das ist mit Sicherheit besser für uns. Yin ist Vergangenheit, und jetzt kommt die Zeit des Yang.«

Sie wandte den Kopf und sprach so laut, daß alle sie hören konnten. »Die neuen Mädchen bringen uns Glück! Um das zu feiern, wollen wir heute Nacht, wenn das neue Jahr zur Stunde der Ratte beginnt, ein Fest feiern. Wir werden alle unsere Lieblingsspeisen aus unserer Heimat bekommen! Dafür wird Chi sorgen.« Glücklich klatschten die Mädchen in die Hände, außer Jade, die aufstand. »Wolke, du magst zwar hier die Älteste sein, doch es steht dir nicht zu, Anordnungen zu treffen. Ich bin die Erste in diesem Haus und das ist meine Aufgabe. Ich erkläre euch, daß ihr alle in euren besten Kleidern zu erscheinen und euch eures besten Benehmens zu befleißigen habt. Unser Eunuch, Yang Chifan, wird den Toast auf den Kaiser sprechen, ihr habt still und aufmerksam zu sein. Keine der üblichen Scherze. Verstanden?«

»Bitte, laß es dir nicht nehmen, die Erste dieses Hauses zu sein und gib uns deine Anweisungen«, sagte Wolke schnell. »Was aber das Tragen unserer besten Kleider anbetrifft, ich für meine Person habe nichts anzuziehen.«

Jade sah Wolke mißtrauisch an. »Ist das wahr? Oder machst du dich über mich lustig?«

Wolke lächelte versöhnlich. »Mich lustig machen? Nein wirklich, du mußt über alles, was dich in meiner Rede beleidigen könnte, hinwegsehen. Du weißt doch, daß ich immer Unsinn rede. Du hast bereits erwähnt, daß ich die Älteste wäre. Füg ruhig gleich hinzu, daß ich diejenige bin, die am wenigsten kann. Ich kann nicht tanzen, nicht dichten, verstehe nichts von Kalligraphie. Ich kann gerade ein wenig nähen und kochen. Sechsmal war ich auf der kaiserlichen Liste, doch wurde ich nur einmal gerufen … und dann geschah gar nichts.«

Die Mädchen, die der Unterhaltung gefolgt waren, brachen in fröhliches Gelächter aus.

»Du wirst noch andere Gelegenheiten bekommen, bevor du stirbst – wenn du dir mehr Mühe gibst«, gluckste Päonie.

»Nicht ich bin es, die sich mehr Mühe geben muß«, Wolke entfesselte damit einen Sturm von Gelächter. Jade senkte den Blick, um ihre Mißbilligung über derart lockere Reden zu zeigen. Phönix blieb völlig verständnislos, während Päonie waches Interesse zeigte.

Die nun einsetzende Stille wurde von Perle gebrochen, die dem Gespräch nicht recht folgen konnte. Ihr war nur klar, daß Wolke in irgendeiner Weise erniedrigt worden war. »Aber Wolke kann singen! Ihr Gesang ist aufregend, beglückend, himmlisch!«

»Ich kann wie ein Engel singen«, stimmte Wolke zu. »Lieder, die ihr alle kennt und liebt. Bekomme ich einen Schluck unseres Szechuan-

Weines, dann kann ich wie zwei Engel singen. Und heute Nacht, zu Beginn des neuen Jahres, will ich für euch singen, alle eure Lieblingslieder.«

»Sing jetzt«, forderte Päonie. »Sing ›Schau auf den Mond im Land der Brahmanen‹. Ich werde auf dem Gong den Takt schlagen.«

»Nicht jetzt, erst wenn wir gegessen haben. Dann werde ich das und viele andere Lieder singen, und ihr könnt alle mitsingen«, versprach Wolke und verstand es damit, die über der Gruppe lastende Disharmonie in eine Stimmung festlicher Vorfreude zu verwandeln.

Jao beobachtete alles mit gespannter Aufmerksamkeit und hörte genau zu. Nichts, das Wolke tat oder sagte, schien die dunklen Seiten ihrer Hausgenossinnen zu wecken. Sie verstand es, für gute Stimmung zu sorgen. ›In ihr ist kein Funken Böses‹, dachte Jao.

Ein Schwall kalter Luft kündigte Kets Eintritt an. »Sonnenuntergang bald, kommen«, rief sie Jao zu, die sofort von der *kang* glitt. Ket nahm sie am Arm und führte sie schnell aus dem Haus und über mehrere Höfe. Vor einem hell erleuchtetem Pavillon wartete Chi bereits auf sie, und als Ket ihn sah, verschwand sie. Er lenkte Jao wortlos zu einem kleinen Gemach, in dem ein wohlbeleibter Mann von etwa sechzig Jahren mit blassem Gesicht und Tränensäcken unter den Augen vor einem Schreibpult saß, auf dem sich die Papiere türmten.

»Hier ist Wu Jao, die letzte Tsairen«, stellte Chi vor. »Ihr Bruder lieferte sie vor ein, zwei Stunden ab.« Mehr sagte er zur Vorstellung nicht. Jao, die nach dem Lauf mit Ket noch etwas außer Atem war, verbeugte sich und schaute ängstlich auf den mächtigen Mann. Er maß sie mit müden, aber harten Augen.

»Ich habe einen Bericht über deine Ankunft sowie deine Mittellosigkeit erhalten. Ich habe dich registrieren und für dich eine Dienerin bestellen lassen. Das ist alles, was wir im Moment für dich tun können. Ich hoffe nur, daß du uns weiterhin nicht lästig sein wirst.«

Jao zuckte zusammen, als hätte man sie geschlagen. »Nein, Herr«, sagte sie. Der Obereunuch betrachtete sie prüfend von Kopf bis Fuß, ihre Kleidung, ihr Aussehen, die stolze Haltung und ihre Würde.

»Alles in allem bist du recht präsentabel«, stellte er mit einem Anflug von Mitleid fest. »Wie hast du das ohne Dienerin und ohne Gepäck geschafft?«

»Das war alles Ket. Sie hat mir Kleider von einer ehemaligen Tsairen gebracht, damit meine eigenen erstmal trocknen können«, erklärte Jao, während ihr die Schamröte ins Gesicht stieg. »Eine Truhe kam, aber in der befinden sich nur Babysachen«, fügte sie hinzu.

In den Augen des Mannes zeigte sich ein Anflug von Belustigung.

»Ket! Von der hat man auch noch nicht gehört, daß sie für eines der Mädchen auch nur einen Finger gerührt hätte. Was ist denn über sie gekommen, dich mit ... anderer Leute Kleider auszustatten?«

Jao überlegte. »Nachdem der Schmutz von mir und meinen Kleidern weggewaschen war, blieb nichts mehr für mich anzuziehen. Sie mußte sich etwas ausdenken, und sie tat es.« Jao warf dem ehrfurchtgebietenden Mann einen verstohlenen Blick zu und sah, daß er nunmehr lächelte.

»Ich bin wirklich glücklich zu hören, daß sie etwas gefunden hat«, stimmte er zu und fand zum erstenmal, daß Kets Langfinger manchmal auch ihre Vorteile hatten. »Das wäre alles. Du kannst gehen, Tsairen Jao.«

»Ich danke Euch, *wanfu!*« antwortete Jao, glücklich, daß die Vorstellung beendet war. Mit gebeugtem Knie und gesenktem Kopf nahm sie ihren Abschied, wobei sie gleichzeitig zwei rote Päckchen mit Goldstücken auf das Pult legte.

»Mit den besten Wünschen für das neue Jahr von der Familie Wu«, erklärte sie in schüchterner Höflichkeit.

Der Beamte nahm erstaunt die beiden Päckchen und öffnete sie, in seine Augen trat ein Schimmer von Dankbarkeit. »Du hast es fertiggebracht, einige deiner Habseligkeiten zu behalten?«

»Unter meinem Mantel und in meiner Satteltasche«, stellte sie nüchtern fest, verbeugte sich abermals und folgte Chi aus dem Gemach.

Kao konnte ein leises Kichern nicht zurückhalten, als er ihren Abgang beobachtete. Gut erzogen und nicht dumm, ich werde sie im Auge behalten, entschied er.

Chi begleitete Jao zur Hintertür des Tsairen-Hauses und wandte sich mit einem kurzen Nicken zum Gehen. Jao verbeugte sich und bot auch ihm ein rotes Päckchen. »Neujahrsgrüße von der Familie Wu«, murmelte sie. Einen Moment war Chi verwirrt. Er betrachtete sich nicht als Diener, der um ein Trinkgeld buhlte. Andererseits war es üblich, zu den Feiertagen Geschenke zu machen.

»Ich danke Euch, Tsairen Wu Jao«, erklärte er förmlich und wandte sich abrupt ab. Jao lächelte. Sie verstand die Schroffheit der Männer aus dem Norden und wußte gleichzeitig, daß sie das Richtige getan hatte. ›Eins zu null für dich, Mutter!‹

Dunkelheit lag über dem Hof, als sie zurückkehrte, doch über der Tür hing eine brennende Laterne, so daß sie ihren Weg finden konnte. Plötzlich flog aus der Richtung des Badehauses eine Gestalt auf sie zu. Die mit engen Hosen und einer weichen Rehlederjacke bekleidete Gestalt drehte sich in immer schnelleren Kreisen, füllte den Hof mit Bewegung, um dann, urplötzlich, zu erstarren und den glühenden Strahlen der untergehenden Sonne nachzublicken. Jao war von der schnellen, von absoluter Ruhe gefolgten Bewegung sowie der Kraft dieses schlanken Körpers fasziniert. Die Fremde atmete einige Male tief durch, dann begann sie ein Rad hinter dem anderen zu schlagen, sie drehte sich und drehte sich. Jao warf ihren Mantel ab und fiel, sobald sich die Gelegenheit ergab, mit ihren eigenen Rädern in den Rhythmus der anderen ein. Endlich kamen beide wieder zum Stehen.

Das fremde Mädchen, jedes Haar an seinem Platz, kaum außer Atem, betrachtete Jao erstaunt.

»Ich habe dich noch nie gesehen. Sonst ...?«

»Sonst hättest du das eben nicht getan«, ergänzte Jao und rang nach Luft. »Jetzt fühle ich mich hier an diesem fremden Ort schon wohler. Du auch? Außerdem scheint mir das eine sehr passende Art, Neujahr zu feiern.«

Das andere Mädchen betrachtete sie prüfend, dann brach es in helles Gelächter aus. »Wir sind eher Rangen als Palastdamen. Wir gehören eigentlich nicht hierher.«

»Aber wir sind hier«, stellte Jao fest.

»Und ich weiß immer noch nichts damit anzufangen«, gestand das Mädchen. »Ich dachte, in der Dämmerung, wenn niemand in der Nähe ist, könnte ich die Möglichkeit ergreifen, mich einmal zu strecken und ein bißchen auszutoben. Hier! Ich kenne dich nicht, und du kennst mich nicht. Ich bin Wildente, und du bist vielleicht die letzte der erwarteten Tsairen? Ich hoffe zumindest, daß du das bist und nicht eine Dienerin oder so.«

»Keine Dienerin. Welche Dienerin kann radschlagen? Die sind doch alle zu alt und zu steif. Ich bin Tsairen Wu Jao aus Tayuan. Und ich denke du bist auch aus der Provinz Shansi? Tatung vielleicht? Wurdest du ausgewählt, weil du so gelenkig bist?«

Wildente lachte, ein fröhliches Lachen, in das Jao einstimmte.

»Ich komme aus dem Grasland nahe von Tatung und wurde weder meiner Fähigkeiten noch meines Aussehens wegen gewählt. Die Wahrheit ist, daß sich überhaupt niemand für meine Person interessiert hat. Ich wurde einfach eingepackt. Ich bin nicht einmal Chinesin. Ich bin eine Yuwen aus der Steppe. Mein Vater ist ein Hsienpi-Häuptling in der zehnten Generation, und ich bin die Fünfte Tochter einer Fünften Frau, deshalb gelte ich als Glücksbringerin. Ich wurde dem Sohn des Himmels geliefert, weil beide, die Türken und die Chinesen, sich für ihren eben geschlossenen Frieden Glück sichern wollen.«

»Fein, dann sind wir zwei der gleichen Art, die Crème der Mädchen von Shansi!« sagte Jao erfreut. »Sollten wir nicht dennoch jetzt hineingehen?« fügte sie hinzu, als sie Ket kommen sah.

Ket sprach kein Wort, doch als sie die Mädchen im dunklen Hof lachen gehört hatte, war sie mißtrauisch geworden. Am Neujahrsabend konnten überall Männer auftauchen. Sie erkannte die Mädchen und drängte sie ins Haus. Sie ahnte, warum die beiden so ausgelassen gewesen waren.

Als die zwei Tsairen den *kang*-Raum betraten, warteten die anderen bereits angezogen auf sie, deshalb schlichen sie scheu ans Ende zu den letzten beiden Plätzen, die man ihnen zugewiesen hatte, und quetschten sich neben Toto. Die anderen legten letzte Hand an ihre Garderobe und waren bereit für den Abend.

Jades blasses Gesicht war durch Puder noch blasser und sie hatte sich mit Lippenstift ein Rosenmündchen gemalt. Ihr Haar war in großen Wellen hinten und seitlich am Kopf aufgesteckt, gekleidet war sie in Goldbrokat. »Unmodern«, flüsterte Maulbeere und wurde von Wolke sofort zum Schweigen gebracht. Phönix trug Silberbrokat und ihr Haar war im gleichen Stil wie Jades frisiert, während Päonie in einem rosa Seidenkleid steckte, das sich um ihre rundliche Figur bauschte, und ihre Haarfülle war kunstvoll um einen Schmuckkamm arrangiert.

Maulbeere zeigte sich in einer maronenfarbenen Taftkreation aus der heimatlichen Seidenproduktion. Das Kleid entsprach der neuesten Mode, war aber zu auffallend für das junge Mädchen. Die beiden

Frauen in Weiß waren so geblieben, wie sie den *kang*-Raum nach dem Bad betreten hatten. Nur die drei Neuankömmlinge waren schlicht gekleidet und wirkten wie die Fremden, die sie waren.

Alle warteten auf die Stunde der Ratte, in der sie das neue Jahr willkommen heißen und die Geister, die aus ihnen unbekannten Welten auf die Erde herabstiegen, mit Feuerwerk, Gongs, Rasseln, an Schalen geschlagenen Stäbchen und allen erdenklichen Lärmmachern begrüßen würden.

Jao und Wildente hatten sich kaum gesetzt, als Ket kräftig auf den Gong schlug und ankündigte, das Festessen werde sofort im Empfangsraum serviert.

»Im vorderen Saal«, schrie sie. Bei dieser Ankündigung schlüpfte Jade flink von der *kang* und folgte Ket in die Halle.

»Nicht dort, der Empfangsraum ist jetzt mein Zimmer«, erklärte sie, denn sie hatte ohne Chis Wissen diese Veränderung vornehmen lassen. »Du mußt die Speisen im *kang*-Raum servieren lassen.«

Ket zeigte in Richtung Empfangsraum an der Front des Hauses: »Kohlebecken schon dort. Tische vorbereitet«, sagte sie. »Befehl von Herrn Chi.«

»Dann kannst du alles wieder hinaustragen«, befahl Jade, »ich will es nicht. Das ist jetzt mein Zimmer und niemand wird es ohne meine Erlaubnis betreten.«

»Befehl von Herrn Chi«, wiederholte Ket.

»Ich lasse dich auspeitschen, wenn du nicht tust, was ich sage«, kreischte Jade.

Ket hielt stumm ihren Blick aus, dann ging sie den Gang entlang zum Empfangsraum, ihr Kopf streifte fast die Dachsparren, ihr kurzes Schwert schlug gegen ihren Schenkel.

Die Mädchen schwatzen aufgeregt und streiften, als sie im Gänsemarsch durch den Gang eilten, Jade, die wie vom Donner gerührt dastand. Im Inneren des vorderen Raumes, der von großen roten Kerzen erhellt wurde, war für neun gedeckt. An jedem Platz befanden sich silberne Schalen, Kelche und Stäbchen aus Elfenbein. Ket wies den Mädchen ihre Plätze an, dann wandte sie sich zur Tür und pfiff. Die Küchenmädchen traten ein, balancierten große Tabletts und füllten die Halle mit ihrem aufgeregten Kichern.

Durch die Hintertür folgte Chi, beeindruckend in seinem Festgewand. Als er Jade allein im Gang stehen sah, hielt er inne. Auf ihren seltsamen entschlossenen Gesichtsausdsruck eingehend, verbeugte er sich und winkte sie höflich vor. Sie rührte sich nicht von der Stelle, und er wartete. Schließlich schritt sie langsam den Gang entlang und setzte sich stumm an den Ehrenplatz. Chi, dem klar war, was in ihr vorging, fragte sich, was er tun sollte.

Schon vor Tagen hatten die Diener damit begonnen, die Speisen für die Festtage vorzubereiten. Die Platten, die vor den Mädchen hingestellt wurden, waren mit Köstlichkeiten beladen, die es nur zu Neujahr gab, und mit Leckerbissen aus vielen Teilen des großen Landes. Als die Diener die Deckel lüfteten, ertönten Freudenschreie von allen Seiten, denn jedes Mädchen fand seine Lieblingsspeise auf dem Tisch.

»Lamm und Paprika am Spieß, auf persische Art«, schrie Toto und erschreckte die Drei, die allerdings selbst so von dem gefangen genommen waren, was sie auf ihren Platten vorfanden – Schalen mit Schweinefleisch mit Lauchklößchen, Fadennudeln mit Pinienkernen und Lotusherzen –, daß sie diesen Ausbruch gar nicht zur Kenntnis nahmen, sondern sich mit spitzen Fingern dem Genuß der eigenen Speisen hingaben. Wolke hob genüßlich die Stäbchen, um sie in ihre würzigen Bohnen mit Reis und die süß-sauer eingelegten roten Paprika mit Kohl und Gurken zu tauchen. Maulbeere und Perle fielen begeistert über ihr Huhn mit Walnüssen und Reis her, und Wildente aß hungrig ihre Nudeln, Hirse, Kefir und Mantou.

Toto, die neben Jao saß, bemerkte, daß diese keine Platte bekommen hatte, und so nahm sie den Deckel ihrer Schale, legte einige Speisen hinein und ließ den Deckel rundum wandern, bis er, mit Speisen aller Art gefüllt, wieder bei Jao landete.

»Noch keine Dienerin, kein Essen, nehme ich an«, murmelte Jao, als sie die gehäufte Platte in Angriff nahm, glücklich, daß sie so großzügig in den Kreis ihrer Hausgenossinen einbezogen worden war, und glücklich, alles kosten zu können.

Chi beobachtete die Mädchen einige Minuten, bis alle ruhig aßen und es im Raum still geworden war. Dann trat er vor und sprach einen Toast auf den Kaiser. Die Mädchen beeilten sich aufzustehen, sie hielten die Pokale in den Händen und berührten den Kelchrand mit den

Lippen, während Chi den Neujahrstoast darbrachte. Dann sagte er: »Dieses Festmahl wurde euch von Obereunuchen Kao und mir mit unseren Empfehlungen bereitet. Wir heißen euch hier im Palast willkommen und wünschen euch Glück und Segen, möge es für alle neun von euch ein glückliches Jahr werden.«

Die Mädchen kosteten ihren Wein und sprachen im Chor ihren enthusiastischen Dank. Chi erwiderte ihre Trinksprüche, verbeugte sich und verschwand. Sie ließen sich auf ihren Kissen nieder, erleichtert, von seiner Gegenwart befreit zu sein, und mit uneingeschränktem Appetit essen zu können. Unablässig wurden weitere Speisen und verschiedene Weine hereingetragen.

Jade kostete jedes Getränk, und mit der Zeit glühte ihr Gesicht und ihre Zunge wurde loser.

»Ist das Butter«, wollte sie wissen und zeigte mit ihren Stäbchen auf das Kefir vor Wildente. »Was für ein Geruch! Wir haben in unserem Haus keine Butter, nicht einmal für die Diener ... und auch sonst keine Form von Milch.«

»Dann entgeht dir eine ganze Menge«, entgegnete Wildente ungerührt. »Womit ernährt ihr eure Babys, mit Schweinefleisch?«

Jade rümpfte die aristokratische Nase. »Butter und Kefir sind barbarische Speisen.«

»Barbarisch!« riefen Wildente und Toto wie aus einem Mund, während Jao, die Stäbchen auf halbem Weg zum Mund, die Szene beobachtete.

»Meine Familie«, fuhr Wildente fort, »würde niemals Schweinefleisch essen, weil es in ihren Augen Hundefraß ist. Und Schweinefleisch scheint in deiner Familie eine Lieblingsspeise zu sein. Wie seltsam!«

Das angeregte Geplauder im Raum kam zu einem jähen Ende, als den anderen Mädchen aufging, daß sich hier eine unangenehme Szene abspielte. Jade maß Wildente verächtlich von Kopf bis Fuß. »Du bist eine so vollkommene Wilde, daß du höchstens für das Bett in Aussicht genommen wurdest – falls du überhaupt jemals gerufen werden solltest.«

Wildente lachte nur. »Du kannst mich nicht verletzen«, sprach sie laut und deutlich. »Rede, was immer du willst – aber wage nicht, auch nur einen Finger gegen mich zu erheben.« Irgend jemand schnappte nach Luft.

Wolke erhob sich jäh, daß ihr Kelch kippte. »Wechseln wir das Thema«, sagte sie in ihrer sanften, etwas zögernden Stimme. »Zeit für jede, sich ihren Wunsch für das neue Jahr zu überlegen. Die Stunde der Ratte naht. Haltet eure Wünsche bereit – fort mit dem alten Jahr, auf in das neue. Es ist Zeit!« In einer einladenen Geste hob sie die Hände. »Ihr alle müßt eure Wünsche niederschreiben und einen davon gleich aussprechen. Du fängst an, Jade.«

Jade saß stocksteif da und blickte beleidigt durch den Raum, doch der Appell an ihre Autorität als erste Person im Haus verfehlte nicht seine Wirkung. Ihr Entschluß stand sofort fest. »Ich wünsche mir natürlich einen Sohn«, erklärte sie und rief nach ihrer Dienerin um Papier und Tusche, damit sie ihren Neujahrswunsch niederschreiben konnte.

Der Friede war wieder hergestellt, der Sturm vorüber. Voll Eifer malten die Mädchen ihre Wünsche auf Papierstreifen, um sie für die Geister in Rauch aufgehen zu lassen. Jade hatte keine Ahnung, daß sie sich gerade eine vierzehnjährige Range aus der Steppe zur Todfeindin gemacht hatte. Hätte sie es gewußt, sie hätte nur gleichgültig mit den Achseln gezuckt.

Perle wandte sich zu Wolke, als sie deren Zögern vor dem leeren Papierstreifen sah. »Wir alle haben unsere Wünsche niedergeschrieben, nur du nicht, und bald beginnt die Verbrennungszeremonie. Hast du keinen Wunsch oder ist das ein Geheimnis?«

»Ich habe den gleichen Wunsch wie Jade, ich möchte ein Kind vom Sohn des Himmels. Nur möchte ich eine Tochter.«

»Eine Tochter! Mit einer Tochter wirst du nichts erreichen!« Perle verhehlte nicht ihre Verblüffung.

Wolke aber sagte langsam und traurig: »Eine Tochter ist genug, sogar mehr als genug, um mir Sicherheit und Frieden zu verschaffen. Der bloße Gedanke an die Feindschaften, denen eine Konkubine, die einen möglichen Thronfolger geboren hat, ausgesetzt ist, läßt mich erschauern. Nein, ich wünsche mir mehr als alles andere auf der Welt ein Kind ... wenn es ein Mädchen ist.«

Perle konnte sie nicht mehr hören, denn mit dem Anbruch des neuen Jahres brach das Feuerwerk los. Niemand hörte sie. Wolke wurde von den Eleganten ohnehin wenig beachtet.

Vor Sonnenaufgang, zur Stunde des Tigers, betrat Ket den Empfangsraum, wo Wolke den Gesang der Mädchen anführte. Ket ging rundherum und berührte Jaos Schulter. Zu Tode erschrocken, sprang Jao auf.

»Keine schlechten Nachrichten«, beeilte sich Ket zu versichern, »aber jetzt kommen.« Sie ging voraus zum *kang*-Raum, wo eine ärmlich gekleidete Gestalt wartete, ein hochgewachsenes Mädchen, das, trotz seines augenscheinlichen Sklavenstatus, eine würdevolle Ausstrahlung besaß. Ket zeigte auf sie. »Eure Sklavin, heißen Mi. Von jetzt, sie mit Euch sein. In Zimmer, ich zeigen, nur für heute Nacht. Dann für Euch Vorderzimmer, und Wildente ihres zurück. Befehl von Chi.«

Nachdem sie Jao versorgt hatte, kehrte Ket in ihr warmes Bett zurück. Jao, angeregt von der Fröhlichkeit und dem Wein, klopfte auf die *kang* neben sich und lud Mi ein, sich zu ihr zu setzen. Mi aber schüttelte den Kopf und blieb vor dem Mädchen stehen, das, jünger als sie selbst, von nun an ihre Herrin war. Ohne ein Lächeln stand sie wartend da. Jao betrachtete ihre Dienerin.

Sie war hellhäutig, das Haar dunkelbraun, die Augen bernsteinfarben mit goldenen Fünkchen, die Haut makellos. Niemals noch hatte Jao jemanden gesehen, dessen Gestalt so vollkommen, so kraftvoll war. Und plötzlich empfand sie tiefe Dankbarkeit, daß gerade sie das Glück hatte, eine solche Begleiterin bekommen zu haben. Mi war einen Kopf größer als Jao, eine eindrucksvolle Erscheinung, und ihre Haltung zeigte Stolz und Selbstachtung, trotz der Fetzen, die sie trug.

»Mi? Was ist das für ein Name?« fragte Jao nach einer langen Pause, während sie versuchte, sich zu erinnern, wie ihre Mutter Dienstboten befragt hatte.

»Es ist das gleiche Wort wie Mei im Chinesischen und bedeutet schön«, gab sie schlicht zur Antwort. »Ich komme aus Silla im südlichen Korea. Ich bin sechzehn. Zunamen besitze ich keinen, da ich der königlichen Familie der Chingol angehöre. Die derzeitige Herrscherin ist Königin Sondok, deren Vater mein Großvater war.«

Jao war beeindruckt. »Ts, ts ... warum bist du hier als Sklavin, wenn du ein Mitglied des Königshauses bist?«

»Ich wurde geraubt«, lautete die lakonische Antwort.

»Geraubt!« rief Jao. »Wie? Erzähle!«

»Wir lebten in Palästen, die sich über Terrassen am Südwesthang des heiligen Berges Toham ausdehnen. Das ist der höchste Gipfel einer Gebirgskette am östlichen Meer mit Blick über das reiche Tal von Kyongju.« Sie hielt inne, um sich zu räuspern. »Wenn die Kirschbäume in Blüte stehen, tupfen sie das ganze Land, und die Blütenwolken tupfen den Himmel, und man weiß nicht, wo das Land endet und der Himmel beginnt.«

Mi brach plötzlich ab und verfiel in Schweigen, während Jao sie freundlich ansah. »Wie zwang man dich, das Land zu verlassen?«

»Mein Bruder ist der Thronprätendent, jetzt, da die männliche Linie ausgestorben ist und Frauen den Thron geerbt haben. Aus diesem Grund war für ihn das Beste gerade gut genug, was Erziehung, Etikette und Ausrüstung betrifft, und da ich seine Zwillingsschwester war, kam ich in den Genuß der gleichen Vorteile. Eines Tages, spät im vergangenen Herbst, waren er und ich auf der Jagd. Wir hatten uns weiter als jemals zuvor vom Palast entfernt, als ein Sturm losbrach und wir in einer Höhle Unterschlupf suchten. Wir wurden von chinesischen Männern entdeckt, die auf der Jagd nach jungen Leuten waren, um sie zu verschleppen und in China zu verkaufen. Koreanische Sklaven bringen am chinesischen Markt die höchsten Preise. Nach Einbruch der Dunkelheit waren wir plötzlich umzingelt. Wir konnten ohne Schwierigkeiten gefangengenommen werden, weil unsere Begleiter unsere Spur verloren hatten und uns in der Finsternis nicht sehen konnten. Für uns war es eine lange Reise, von dort bis hierher auf diese ferne Hochebene in China.«

Mis Stimme erstarb, und die Stille dehnte sich aus. Jao glitt von der *kang* und ergriff ihre Hand. »Mi, ich bin glücklich, dich bei mir zu haben und ich werde mein Bestes für dich tun. Und jetzt, hast du eine Decke, und weißt du, wo du schlafen kannst?«

Mi nickte. Ihre traurigen Augen leuchteten auf und sie reagierte mit einem vorsichtigen Lächeln auf Jaos Strahlen.

Keine fünfhundert Meter vom Hof der Tsairen entfernt lag das kaiserliche Quartier. Der kaiserliche Hof war mit in den Bäumen hängenden Laternen geschmückt, die ihr flackerndes Licht auf die vereisten Wege und die vorübereilenden Gäste warfen. Wachsoldaten in voller Uniform patrouillierten vor der Front des Haupthauses, bei jeder Umdrehung klirrten ihre Speere. Je weiter die Nacht fortschritt, desto kälter wurde es, und der Atem der Männer formte Wölkchen über ihren Köpfen.

Der Sohn des Himmels war an diesem Abend nicht mit Regierungsgeschäften befaßt, er feierte das Kommen des neuen Jahres im Kreis seiner Familie und seiner Freunde. In der großen Halle verbreiteten unzählige Laternen aus zarter Seide und Gaze gedämpftes Licht. Ein halbes Dutzend messingener Pfannen mit glühenden Kohlen sorgten für Wärme. Eine lange, einladende *kang* zog sich über die gesamte Seitenwand, auf ihr lagen große Stapel der wärmsten und weichsten Tigerfelle, die im ganzen Reich zu finden waren.

In dem Raum waren ungefähr sechzig Menschen versammelt, die sich in Gruppen unterhielten und einander mit Ausrufen herzlicher Freundschaft begrüßten. Alle Gäste waren Männer, und während sich unter ihnen einige hochrangige Minister befanden, waren die meisten von ihnen Prinzen des Hauses Tang, vierzehn davon Söhne des Kaisers. Diese Größen des Staates begegneten sich selten, da ihre Besitzungen zu weit voneinander entfernt lagen.

Der Kaiser stand in der Mitte der Halle, so daß jeder zu ihm treten konnte. Aufrecht, mit breiten Schultern und mächtigem Brustkasten war er der Mann, der den Raum beherrschte, doch weder durch seine Kleidung – seine Onkel und Brüder waren weitaus prunkvoller gekleidet – noch durch seinen hohen Rang, sondern durch die Autorität, die von ihm ausging. Weder in den vollen Haaren noch den buschigen Brauen oder dem mächtigen Schnurrbart zeigte sich eine Spur von Weiß. Mit seinen achtunddreißig Jahren befand er sich in der Blüte seines Lebens.

Neben ihm, so als wäre dies sein Recht, stand sein Schwager Changsun Wuji, dessen weißes Haar mit dem goldenen Band des kaiserlichen Fürsten in einem säuberlichen Knoten auf dem Kopf zusammengehalten war. Er war in jeder Hinsicht ein großer Mann, dessen Adlernase und graue Augen seine Steppenahnen verrieten. Durch seinen Anteil an den Konfiskationen der Besitzungen der Sui-Sympathisanten hatte er es zu unermeßlichem Reichtum, durch seine kriegerischen Fähigkeiten zu Macht gebracht. Er hatte sich in den Machtkämpfen sehr bald auf die Seite der Tang geschlagen und in der Folge die Stellung des obersten Heerführers und des Ersten der Vierundzwanzig Ritter errungen.

In Wujis Nähe stand der zehnjährige Sohn seiner Schwester, der Kaiserin. Mit dem schweren Knochenbau und dem großen Kopf sah Jer seinem Onkel so ähnlich, als wäre er dessen Sohn. Doch die starken Brauen und die stolze Haltung waren die seines Vaters.

Ein Sklave brachte ein Tablett mit Kelchen, in denen kürzlich von einer Kamelkarawane nach Changan gebrachter goldener Turfan-Wein schimmerte. »Ein exotisches Getränk, im Keller gekühlt. Probiert, ob er Eurem Geschmack entspricht«, forderte Kaiser Taitsung auf und befahl das Tablett zu Wuji, der sich eifrig bediente.

»Laßt mich den ersten Schluck auf die Gesundheit und das lange Leben des kaiserlichen Schwagers trinken«, donnerte Wuji mit einer Stimme, die allerdings eher ins Feldlager als in einen Palast paßte.

»Auch ich trinke Euch zu, auf Eure Gesundheit und ein langes Leben, und ich wünsche Euch viele Söhne. Wie viele habt Ihr zur Zeit?« fragte Taitsung, während er genüßlich dem Wein zusprach.

Changsun Wuji lachte verlegen. »Zu viele, mindestens dreißig. Ich bin nicht ganz auf dem laufenden. *Wanfu*«, rief er aus und stieß mit Taitsung an. »Ein belebender Trank«, fügte er anerkennend hinzu und wandte sich an den Sklaven, um sich nachschenken zu lassen. »Ich höre, der alte Wei Cheng hat Euch kürzlich eine Lektion für Eure Frivolitäten erteilt.«

Taitsung hob die Brauen. »Frivolitäten? Ich tröste mich über den Tod meiner Kaiserin hinweg. Es sind nicht die Haremsdamen, die den alten Wei beunruhigen – denn, alt wie er ist, hat er selbst noch eine junge Konkubine –, ihm geht es um die Ausgaben. Er ist das typische Produkt der kargen Jahre, er mißbilligt alles, was er als den sinnlosen Luxus im Palast ansieht. Vermutlich wird er über die Verschwendung in der heutigen Nacht entsetzt sein.«

»Dazu kommt«, setzte Wuji wie von ungefähr hinzu, »daß Wei um seine Macht fürchtet, daher sieht er sich als Richter über Euer Benehmen. Er erträgt es nicht, wenn sein Rat nicht angenommen wird.«

Taitsung gab keine unmittelbare Antwort, doch Wuji war zu dickhäutig, um das zu bemerken. »Der alte Mann gibt niemals auf«, entgegnete der Kaiser in unbeteiligtem Ton und wandte sich ab, um seinen Sohn Tai zu begrüßen, der in seiner mitternachtsblauen Tunika elegant und gepflegt wirkte. Tai war ein ernster junger Mann, der älter erschien als seine vierundzwanzig Jahre.

»Nun, Sohn Nummer Vier, ich habe in letzter Zeit wenig von dir gesehen. Was treibst du?«

Tai verbeugte sich vor dem Vater, sein Lächeln warm und aufgeregt, seine Augen wachsam. Tai war ehrgeizig und tief in allerlei Intrigenwirtschaft verstrickt, eine Tatsache, die er sorgfältig vor seinem Vater zu verbergen trachtete.

»In den letzten Tagen war herrliches Jagdwetter. Ich konnte sechs Fasane erlegen«, warf Tai lässig hin – fünf davon hatten seine Begleiter geschossen –, »und ich habe die drei besten in Eure Küche senden lassen.«

»Ein willkommenes Geschenk«, dankte Taitsung erfreut. Er schätzte es, wenn sich seine Söhne in Kriegskünsten und männlichen Tugenden übten. Er fürchtete immer, sie könnten vom üppigen Palastleben verweichlicht werden. »Du mußt das Bogenschießen täglich üben, um einen Fasan im Flug treffen zu können. Wir werden dieser Tage ein Wettschießen veranstalten, was hältst du davon?«

»Ich stehe jederzeit zur Verfügung, Herr«, antwortete Tai verbindlich, obwohl ihn der Gedanke, es mit seinem Vater aufzunehmen, der einst der beste Bogenschütze des Reiches gewesen war, schaudern ließ.

»Ich auch«, piepste Taitsungs zehnjähriger Sohn Jer, der das Gefühl hatte, lange genug geschwiegen zu haben. »Ich will auch mitkommen.«

»Du!« rief Taitsung und blickte liebevoll auf den Jungen. »Natürlich nehme ich dich mit … Ziel auf fünfzig Schritt? Ich werde mich beim Wettbewerb mit meinem Sohn Nummer Neun schon tüchtig am Riemen reißen müssen.«

Jer trommelte dem Vater mit seiner kleinen Faust gegen die Brust, und die Männer lachten. »Ihr lacht mich aus! Ich möchte lieber zusehen als schießen. Zusehen will ich«, erklärte Jer.

»Bekommst du immer, was du willst?« neckte ihn sein Vater. Nachdenklich legte Jer den Kopf zur Seite. Er nahm sich immer Zeit, bevor er eine an ihn gerichtete Frage beantwortete, und seit dem Tod der Mutter hatte sich diese Angewohnheit verstärkt. Ihm war es wichtig, zu allem, was er tat, die Zustimmung seines Vaters zu bekommen.

»Im allgemeinen ja«, gab er nach einigem Überlegen zu. »Darf Bixon auch zusehen? Wir machen fast alles gemeinsam.«

Bei der Erwähnung seiner Lieblingstochter lächelte der Kaiser. »Ich vermute, du bist viel im Haus von Fang Fei. Gut! Sie ist eine ausgezeichnete Mutter. Ja, Bixon darf auch kommen – es wird ein Fest werden. Ich werde dafür sorgen.«

Tai packte seinen Halbbruder am Ohr. »Du darfst mir gern beim Schießen zuschauen. Ich bringe es dir bei.«

Jer zuckte zurück. »Bring mein Haar nicht in Unordnung. Ich bin festlich gekleidet und will es auch bleiben. Jedenfalls bin ich lieber Zuschauer als Ausführender. Ich will nicht so sein wie Bruder Chengchien, der seine Zeit nur mit Sport verbringt. Er sagt, er würde lieber drei Tage auf sein Essen verzichten als drei Tage auf die Jagd. Ich nicht.«

Bei der Erwähnung des Kronprinzen erstarrten die drei Männer, die bisher Jer lächelnd zugehört hatten, und blickten sich suchend im Raum um. Der Erbprinz war sichtlich nicht anwesend. Der stets feinfühlende Jer bemerkte die Stille. »Habe ich etwas Falsches gesagt?« stammelte er.

Sein Vater zog ihn an sich. »Nein, du hast nichts Falsches gesagt, doch in Zukunft wäre es besser, wenn du das Benehmen des Älteren Bruders nicht kommentieren würdest, gegenüber niemandem.« Jer nickte und blickte in seiner ernsten Art in die harten Augen der drei Erwachsenen. Was er in Tais Augen sah, machte ihm angst.

Wujis Blick fiel auf einen Verwandten. »Dort ist Prinz Yueh und sein Sohn Langyeh. Ich muß mit ihnen sprechen und es hinter mich bringen. Yueh ist so langatmig. Absolut fatigant.«

»Was bedeutet fatigant?« Jer war erleichtert, daß die Männer wieder lächelten.

»Öd, ermüdend«, erklärte der Onkel.

»O, jetzt weiß ich, wen Ihr meint – Wei Cheng«, Jer war erstaunt, aber auch erfreut über das Gelächter, das seinen Worten folgte.

Die Tür öffnete und schloß sich, als einige Neuankömmlinge eintraten. Plötzlich war draußen ein Tumult zu hören. Dem strengen Befehl stehenzubleiben wurde, als die Wachen vor dem Eingang ihre Speere kreuzten, mit wütendem Protest begegnet.

»Du Hund, was erlaubst du dir«, schrie eine Stimme. »Dafür lasse ich dir hundert Peitschenhiebe geben. Aus dem Weg!«

Beim ersten Anzeichen eines Wortwechsels begab sich der Kaiser selbst zur Tür. »Dieser nichtsnutzige Kerl will mir den Dolch abnehmen«, brüllte Kronprinz Chengchien, als er seinen Vater sah. Sein Gesicht war rot angelaufen und wutverzerrt.

»Der Wachposten tut nur seine Pflicht, wenn er auch vielleicht zu eifrig ist. Hier drinnen ist niemand bewaffnet«, erklärte der Kaiser ruhig. »Gib mir den Dolch, und dann komm herein, wo du schon gespannt erwartet wirst.«

Der Prinz zögerte, die Röte wich aus seinem Gesicht, als er den Dolch hergab. Er wandte sich böse zu dem Wachposten: »Um dich kümmere ich mich morgen.«

»Du wirst nichts dergleichen tun«, unterbrach Taitsung kühl. »Dieser Mann ist Angehöriger der Elitegarde und untersteht dir nicht.«

Der Prinz maß den Gardisten mit haßerfülltem Blick und betrat danach mit stolzem Schwung die Empfangshalle.

»Hab keine Angst«, beruhigte der Kaiser den Wachhabenden. »Es ist deine Pflicht, darauf zu achten, daß heute nacht niemand diesen Raum bewaffnet betritt, und so hat es zu sein. Du erhältst morgen deine Belohnung.« Dann wandte sich der Kaiser ab und nahm den Kronprinzen beim Arm. »So«, sagte er, »jetzt kann das Fest beginnen.«

Sechs runde Tische wurden hereingebracht und in der Halle verteilt. Makellos gekleidete Diener deckten die Tische mit goldenen Schalen, Kelchen und Stäbchen, dann stellten sie Platten mit kleinen Leckerbissen darauf. Als sich die Diener zurückgezogen hatten, forderte Taitsung die Gäste auf, nach Belieben Platz zu nehmen, das Protokoll sei aufgehoben. Die Gäste begaben sich mit verhaltener Eile an die Tische.

Befriedigt blickte Taitsung durch den Raum. Er hatte vierzehn erwachsene Söhne, jeder von ihnen gut geraten, obwohl sie einer harten Zucht bedurft hatten. Zwei Jahre zuvor, als die strenge Hand der Kaiserin durch ihren Tod plötzlich gefehlt hatte, waren im Inneren Palast chaotische Zustände eingerissen. Erst jetzt, mit der Anstellung neuer Eunuchen unter Aufsicht des Vizeschatzministers, war die Ordnung wiederhergestellt.

Bevor sich Taitsung zwischen seinen Ersten und seinen Neunten Sohn setzte, sprach er einen Toast auf die drei kaiserlichen Fürsten. Er begrüßte Wuji, der beide Arme hob und sie mit verschränkten Händen zu den freundlichen Beifallsrufen schwenkte. Der nächste Gruß galt Li Chi, dem der kaiserliche Name Li für seine Verdienste auf dem Schlachtfeld zuerkannt worden war. Li Chi, ein robuster Endvierziger, stand auf und verbeugte sich. Der Beifall für Li Chi war um eine Spur herzlicher als der für Wuji. Schließlich begrüßte der Kaiser seinen Ersten Berater: »Meinem treuen Wei Cheng!« und dann den Ersten Minister Fang: »Meinem langjährigen Freund und loyalen Minister!«

Dann setzte sich Taitsung, und unter Tellergeklapper und steigender Fröhlichkeit widmete man sich dem wichtigen Geschäft des Essens.

Klar zog der Neujahrsmorgen herauf. Die Sonne sandte rote Strahlen über den Horizont, und das Licht fiel schräg auf die vereisten Dächer der Stadt. Ein dünner Mantel frisch gefallenen Schnees hatte sich wie ein Teppich über die Tausenden Höfe gebreitet. Von den Dachrändern der zahllosen Häuser hingen Eiszapfen und funkelten in der Sonne. Straßenkehrer waren bereits an der Arbeit, um den riesigen Platz vor der Großen Thronhalle zu reinigen, die sich auf einer dreistufigen Plattform befand und alle anderen Gebäude der Stadt überragte. Sie wurde nur dreimal im Jahr geöffnet: zu Neujahr, zum Geburtstag des Kaisers und zur Wintersonnenwende.

Im Inneren der Säulenhalle milderte brennende Kohle in Heizpfannen die Kälte. Die für die Frauen bestimmten Alkoven waren mit Seidenvorhängen verhängt. Die Mitte der Halle war den Würdenträgern vorbehalten: Beamten, adeligen Ordensmännern, ausländischen Gesandten und den Häuptern der großen Familien.

Mit dem Aufgehen der Sonne wurden in den Ecktürmen die Trommeln zum Signal geschlagen, daß sich die Tore öffneten. Unzählige Kutschen und Sänften wurden eingelassen. Gleichzeitig ermahnten Gongs in den Höfen die Palastbewohner, daß die Zeremonie bald beginnen sollte.

Die Minister der Neun Ränge waren die ersten, die in die Halle einzogen. Sie nahmen ihre Plätze vor der Estrade ein, die höchsten drei Ränge dem Thron am nächsten. Die schweren Seidengewänder der Beamten zeigten mit ihren Farben den Rang ihrer Träger, vom Purpur des Ersten Ranges, über Rot und Gelb bis zum Blau und Grün der unteren Ränge. Zuletzt begaben sich die hundertzwanzig Frauen des Inneren Palastes an ihre Plätze hinter den Gazevorhängen an der rechten Wand, während die Frauen der Würdenträger auf die linke Seite gewiesen wurden.

Im Haus der Tsairen schlug Chi den Gong. Die Mädchen in ihren bunten Seidenkleidern waren sofort zur Stelle. Sie hatten nur wenig

Schlaf gehabt, sahen aber trotzdem frisch aus und hatten klare Augen. Für den Weg über das Palastterritorium hatte jede von ihnen eine Pelzstola um die Schultern geschlungen. Durch das Chengdien-Tor wurden sie in die Höfe des Verwaltungspalastes geführt. Aufgeregt begannen sie mit hohen Stimmen zu schnattern, als sie die ihnen sonst verschlossene Welt der Männer betraten, doch sie wurden von dem Eunuchen sofort zum Schweigen gebracht. Als sie die Hintertür der Thronhalle erreichten, ließen sie ihre Umhänge zurück und marschierten im Gänsemarsch zu den ihnen zugewiesenen Plätzen an der rechten Seitenwand.

Rasch unterdrückte Ausrufe des Entzückens und Staunens entschlüpften ihnen beim ersten Anblick dieses Märchenreiches, das sich vor ihnen auftat: die hohen, verzahnten Balken und Sparren über ihnen und die schier überquellende Farbenpracht der Kleider der nahezu dreihundert Menschen unter ihnen. Allein die Estrade mit ihren reich mit Lack und Bronze verzierten Sitzen war noch leer. Schweigend stampften die Tsairen mit den seidenbeschuhten Füßen, um sich nach dem Weg über die eisigen Pflastersteine wieder einigermaßen zu erwärmen. Sie blieben in einer langen Reihe stehen. Nur ihre Augen wanderten aufgeregt über das Schauspiel, das sich ihnen bot.

Wie auf Befehl reckten alle die Hälse, als sich die Mitteltore öffneten und Trompetenstöße die Ankunft der kaiserlichen Familie und der Fürsten ankündigten. Als Vorhut erschienen die Wachen. Zu musikalischen Ehrenbezeugungen schritten die prächtig gekleideten Prinzen langsam in den Saal. In der Halle herrschte Stille, außer Trommlern und Holzbläsern war nur das leise Schreiten der Männer zu hören.

Erwartungsvoll stellte sich Jao auf die Zehenspitzen, um den ersten Blick auf den Sohn des Himmels werfen zu können. Doch es war unmöglich, ihn zu sehen, da er von der Ehrengarde, lauter gut aussehenden und kostbar gekleideten Männern, umgeben war. Als sie die Estrade erreichten, stellten sich die Fürsten und Großen Minister hinter den Thron, die Garden postierten sich an den Seiten und zu Füßen der Estrade. Der Kronprinz, beeindruckend in seinen Zeremoniengewändern mit dem edelsteinbesetzten türkischen Dolch und dem Schwert, stellte sich zur Linken, verschiedene jüngere Prinzen zur Rechten des Throns auf.

Aus dieser Gruppe löste sich eine beeindruckende Gestalt: der Kaiser.

Er warf einen langen Blick, gleichsam einen Gruß, über die versammelte Menge, dann ließ er sich auf dem Thron nieder. Ein Aufatmen ging durch die Menge, so, als wäre ihnen das Außerordentliche des Anlasses sowie der Person des Kaisers bewußt. Den meisten von ihnen war klar, daß dieser Empfang sich von allen vorangegangenen unterschied.

Taitsung fuhr fort, seinen Hofstaat zu mustern, er genoß den Augenblick. Endlich fühlte er sich frei, den Erfolg einer zwanzigjährigen Regierungszeit zu feiern, frei, Erneuerungen einzuführen, die seine eigenen staatsmännischen Fähigkeiten unter Beweis stellen würden. Er konnte einerseits Respekt gegenüber Brauch und Ritual zeigen, andererseits jedoch mit dem Gewohnten brechen, um ein neues Zeitalter einzuleiten.

Er trug die traditionellen Gewänder, bestickt mit den zwölf Symbolen seines Ranges. Seine flache Kopfbedeckung zierten zwölf Edelsteinschnüre, die vor seinen Augen hingen, so daß sein Gesicht dem Volk verborgen blieb. Nur wenige der Anwesenden hatten bisher erlebt, daß die alten Bräuche so imposant eingehalten wurden, und der Eindruck war überwältigend. Die jungen Tsairen waren zutiefst beeindruckt.

Taitsung gab das Zeichen zum Beginn der Feierlichkeiten. Begleitet vom langen Ton des Tritonhorns näherten sich, angeführt von dem kaiserlichen Fürsten Changsun Wuji, die hohen Beamten dem Thron, verbeugten sich und defilierten vorbei, um dann ihre Gaben auf die in den Seitengängen aufgestellten Tische zu legen. Ein ganzes Heer von Buchhaltern trug die Geschenke ein und nahm sie in ihre Obhut. Nach den Ersten Ministern kamen die Offiziere und die hochrangigen fremden Botschafter, jeder wurde einzeln von Taitsung begrüßt.

Zum zweiten Mal erklang der tiefe Ton des Tritonhorns, dann traten die mittleren Ränge gruppenweise nach vorne und verbeugten sich gemeinsam, was diesen Teil der Zeremonie verkürzte. Auch sie legten ihre Geschenke auf die Tische. Der dritte Ruf galt den niedrigen Rängen, Rang Sieben bis Neun, der vierte den Frauen, eine atemberaubende Neuerung. Inmitten gereckter Hälse schritten die vier Fei, Damen des Ersten Ranges, nach vorne und verbeugten sich, wenn ihr Name und ihr Rang genannt wurden. Dann verschwanden sie in einem Seitenraum, in dem der Empfang für weibliche Gäste stattfand. Zu einem Trompetenstoß traten die neun Konkubinen nach vorne. Sie verbeugten sich gemeinsam. Zu dem einsamen, vibrierenden Ton der Okarina kamen die Damen des Dritten Ranges, die Chiayu, in ihren Staatsroben großartig anzusehen. Zum Klang einer Flöte erschienen die Meiren, und das Publikum seufzte tief angesichts ihrer Schönheit.

Zum Schluß ertönten drei Kastagnettenschläge, und die neun Jüngsten, die Tsairen, traten schüchtern vor den Thron, machten ihre Verbeugung und verließen in etwas unregelmäßiger Linie die Estrade. Jao war die letzte, und da sie das Gefühl hatte, einer besonderen Form genügen zu müssen, verfiel sie in den gleitenden Gang, der keine Bewegung der Füße erkennen ließ, ein Gang, der die Prinzessinnen der gestürzten Sui-Dynastie ausgezeichnet hatte. Sie verbeugte sich noch einmal, als sie an Taitsung vorüberglitt, und schien ohne die geringste Eile von der Estrade zu schweben. Der Kaiser beobachtete sie mit Interesse.

Glocken zeigten das Ende des formellen Empfangs an, und die Türen zu den Speisesälen flogen auf. Die Menge flutete würdig, aber entschlossen zu den Tischen, die mit Essen, Getränken und Geschenken beladen waren. Jeder Gast bekam einen Satz goldener Löffel und Stäbchen. Lebhafte Unterhaltung setzte ein.

Im Festsaal der Damen empfingen die Fei und ihre Begleitung die vorbeidefilierenden Frauen der Würdenträger. Die Kleider der Gäste waren exquisit, zum Teil noch weit ausgefallener und edler als die der Palastdamen, doch war das Gleichgewicht durch die Vornehmheit ihres Benehmens und ihre untadeligen Manieren wiederhergestellt. Die Chiayu und die Meiren gingen herum und vergewisserten sich, daß jede Dame ihren Platz hatte und von den Tsairen sogleich mit exotischen Tees und Weinen versorgt wurde. Jede der Geladenen erhielt als Geschenk eine goldene Haarnadel.

Dieser opulente Empfang gefiel allen und erfüllte damit seinen Zweck: Die Aristokratie sollte wissen, daß der große Kaiser der neuen Tang-Dynastie seine Feste mit großem Pomp und mit Stil auszurichten verstand.

Die Tsairen waren die ersten, die, von dem aufmerksamen Chi gerufen, von der Szene verschwanden. Die Drei, die erwartet hatten, sich frei unter die Gesellschaft der Großen mischen zu können, beklagten sich lauthals, als sie wieder in ihrem eigenen langweiligen Quartier waren.

Chi hörte ihnen zu und sagte, bevor er ging, schroff: »Ich war mir nicht sicher, ob ihr euch bei einer Gelegenheit wie dieser auch entsprechend benehmen könnt.«

Während Jade ihm nachschaute, faßte sie einen Entschluß: »Mädchen«, rief sie aus, »in einer Stunde sollten wir unsere Neujahrsbesuche machen, formell gekleidet. Phönix, Päonie und ich werden zu den Fei gehen, Wolke und Perle zu den Chaoyi, Maulbeere und Toto zu den Chiayu und Wildente mit Jao zu den Meiren. Beeilt euch!«

Auf diese Aufforderung hin erneuerten die Mädchen ihre Schminke, ordneten ihr Haar, holten ihre Umhänge, die sie an der Tür gelassen hatten, und begaben sich aufgeregt zu ihren Besuchen.

Jao und Wildente sahen sich an. »Kennst du eine der Meiren?« wollte Jao wissen. »Sollen wir einfach so hineinplatzen? Sollen wir Geschenke mitbringen? Oder bleiben wir einfach zu Hause und spielen Karten?«

Wildente zuckte die Achseln. »Ich habe keine Ahnung, ich bin eine Barbarin aus der Wildnis, das weißt du doch? Du bist diejenige, die sich mit den chinesischen Sitten auskennt. Entscheide du.«

Jao flocht rote Bänder in ihr Haar. Als sie fertig war, sagte sie: »Wir gehen!«

Sie folgten dem Weg zum Haus der Meiren, das zweimal so groß war wie das ihre. Als sie die geschmückte Eingangstür erreicht hatten, hörten sie aus dem Inneren fröhliche Stimmen. Auf ihr Klopfen antwortete niemand. Sie klopften nochmals. Schließlich betraten sie vorsichtig einen großen Raum voller Frauen, wo die neun lebhaften Meiren – alle in den Zwanzigern – mit ihren weiblichen Verwandten und Freunden feierten; alle redeten gleichzeitig. Die der Tür zunächst sitzende Dame kam auf sie zu. Neugierig, weil die beiden so jung aussahen, fragte sie sofort, wer sie seien. Sie hatte Sympathie mit ihnen als Neuankömmlinge und führte die beiden durch den Raum, um sie den Anwesenden vorzustellen. Die Meiren gönnten ihnen nur einen flüchtigen Blick, bemerkten Wildentes nordländische Kleidung und Jaos jugendliche Zöpfe und begrüßten die Mädchen ebenso höflich wie desinteressiert.

Als Jao und Wildente ihre Runde beendet hatten, fühlten sie sich fehl am Platz und waren bereit zu gehen. Meiren Fang, die sie vorgestellt hatte, war sehr wohl aufgefallen, wie kühl der Empfang der beiden gewesen war, und sie verabschiedete die Mädchen mit Wärme. »Würdet ihr gerne meine Kusine Fang Fei kennenlernen?« fragte sie. »Sie ist eine der höchsten Palastdamen, und jetzt, da es keine Kaiserin gibt, trägt sie für viele Entscheidungen die Verantwortung. Ihr Haus ist immer voll von netten Gästen, einschließlich des Kaisers selbst. Es könnte lange dauern, bis ihr solchen Leuten begegnet, wenn wir die Neujahrszeit nicht nutzen.«

Die Mädchen erröteten vor Freude und bejahten aufgeregt.

»Ich werde es in die Wege leiten und euch später Bescheid geben«, sagte sie, und die beiden zogen sich erregt und glücklich zurück. Aber sie waren auch sehr müde. Ohne jemanden zu treffen, eilten sie über die zwei Höfe und begaben sich, zu Hause angekommen, in stummem Einverständnis in den *kang*-Raum, um zu schlafen.

4

Am Nachmittag des Neujahrstages schlummerten die Eleganten im *kang*-Raum. Auf der anderen Seite des ledernen Türvorhangs herrschte feuchte Kälte, und die mit dem dahinschwindenden Tag gefrierende Nässe ließ die von den Dächern hängenden Eiszapfen länger und länger werden und überzog das Pflaster mit Eis. Die Geräusche des Palastes waren gedämpft oder verstummt, da Herren wie Diener schliefen. Das knirschende Geräusch, mit dem die Eingangstür geöffnet und geschlossen wurde, weckte einige der Mädchen, die sich gähnend aufsetzten. Toto streckte sich und gab Jao, die zu einem Knäuel zusammengerollt gegen die Wand am Ende der *kang* lehnte, einen leichten Stoß in die Rippen.

Jao öffnete die Augen und blinzelte, versuchte, sich zu erinnern, wo sie war, und lächelte einfältig, als ihr Gedächtnis wieder einsetzte. Immerhin waren erst vierundzwanzig Stunden vergangen, seit sie den Palast betreten hatte. »Mir kommt es vor wie Monate«, murmelte sie schläfrig.

»Monate? Wovon redest du?« fragte Toto unter Gähnen.

»Ich habe das Gefühl, als wäre ich schon Monate und Monate hier«, gab Jao verschlafen zurück. Schwere eilige Schritte waren vom Gang her zu vernehmen, und sie stützte sich auf den Ellenbogen, um besser zu hören. Da wurde der Lederbehang zur Seite gerissen, und Chi trat ein. Er machte ein finsteres Gesicht.

»Es ist der Befehl ergangen, daß die Tsairen mit dem Gongschlag zu Sonnenuntergang an der Tür des kaiserlichen Quartiers zu erscheinen haben. In euren besten Kleidern, Weisung des Obereunuchen. *Meine* Weisung lautet, daß ihr euch eures besten Benehmens zu befleißigen habt, oder es wird euch noch leid tun.« Sein Ärger vertiefte sich.

»Wir alle?« erklang Päonies verschlafene Stimme.

»Ihr alle neun«, wiederholte Chi. »Also beeilt euch, ihr habt nur eine Stunde.«

»Warum?« fragte Toto unbeeindruckt.

Chi wirbelte herum. »Wer hat das gesagt?« Seine Stimme klang drohend.

Tödliche Stille breitete sich aus, bevor Toto stotterte: »Ich war's.«

Als Chi sah, daß es sich um eine Neue handelte, beruhigte er sich etwas. »Hier verwendet niemand das Wort ›warum‹ – keine von euch –, verstanden? Hört genau zu, ich sage das nur einmal. Hier wird nicht nach dem Warum gefragt. Ihr habt nicht einmal ›warum‹ zu denken. Ihr habt überhaupt nicht zu denken, sondern zu gehorchen.«

Jetzt, da er die uneingeschränkte Aufmerksamkeit aller hatte, fügte er noch eine weitere Warnung hinzu. »Der Obereunuch fürchtet, die Neuankömmlinge könnten noch nicht bereit sein. Ihr seid nicht mit dem Ablauf einer solchen Vorführung vertraut und wißt nicht, was von euch erwartet wird. Sollte eine von euch etwas tun oder sagen, das dem Kaiser mißfällt, so bekommt der Obereunuch die Schuld. Und er reicht sie an mich weiter, also nehmt euch in acht.«

Jade, die ihre Fassung wiedergewonnen hatte, betonte jedes ihrer Worte: »Ich übernehme die Führung, und die anderen haben nur darauf zu sehen, was ich tue, dann werden sie keinen Fehler machen. Ich kenne die Hofetikette besser als … alle anderen.« Sie war im Begriff gewesen zu sagen, »als der Obereunuch«, besann sich aber eines Besseren. Chi sah sie nicht eben höflich an. Neu im Palast, waren ihm die Feinheiten des Hofes nicht geläufig. Ihm stand der Sinn nach Disziplin.

Verärgert wandte er sich an Jade. »Gerade der Anblick Eurer Überheblichkeit könnte dem Kaiser mißfallen. Er ist heute Nachmittag schlechter Laune, weil ihm das Galadiner bevorsteht, das ihm über den Kopf zu wachsen droht. Alle Kammerherren gehen nur auf Zehenspitzen. Nun … ich muß mich umkleiden, dann komme ich euch holen. Seid fertig!«

Nach seinem Abgang herrschte eine Zeitlang Stille im Raum. Sie wurde schließlich von einer Stimme durchbrochen. »Seid fertig …«, gefolgt von einer zweiten, die flüsterte: »Warum?« Unterdrücktes Gelächter folgte, während die Mädchen von der *kang* kletterten, aufgeregt durch den Gang liefen und dabei nach ihren Dienerinnen riefen.

Die dreihundert Trommelschläge, die das Schließen der Stadttore und des Marktes anzeigten, ertönten in der frostklirrenden Dämmerung, als der Obereunuch Kao, bis zur Nase in Pelze gehüllt, die Reihe der Mädchen abschritt, die sich vor dem Eingang des kaiserlichen Privatquartiers aufgestellt hatte. Hochgewachsene Garden standen aufrecht vor den Toren, die Speere vor sich gekreuzt. Mit steinerner Miene starrten sie über die Köpfe der Tsairen hinweg, bis ein Kammerherr kam, um die vor Kälte zitternden Mädchen ins Innere zu geleiten. Da hoben die Wachen feierlich die Speere und stampften mit den Füßen, als sie die Mädchen passieren ließen. Als erste ging Jade mit gezierten Schritten, und die anderen folgten ihr artig, einmal ohne einander anzurempeln.

Jao kam als letzte, wie es sich für jemanden, der erst vierundzwanzig Stunden im Palast war, gehörte. Sie war kaum drinnen, als die Wachen wieder ihre Speere kreuzten und dabei Jao an der Schulter streiften. Verärgert schaute sie auf und begegnete einem hämischen Grinsen auf dem Gesicht der ihr zunächst stehenden Wache. Jao gehörte nicht zu den Menschen, die sich ungestraft attackieren ließen, mochte die Attacke auch noch so gering sein. Sie schritt weiter sittsam voran, allerdings nicht ohne vorher dem Wachhabenden mit ihrem zarten kleinen Schuh kräftig in den Rist zu treten. Chi, der an ihrer anderen Seite ängstlich bemüht war, würdig die Nachhut zu bilden, bemerkte nichts. Ihm entging auch der leise Schmerzenslaut des erstaunten Mannes und das unterdrückte Lachen seiner Kameraden.

Der Raum hinter den Türen war mit festlichen roten Kerzen hell erleuchtet. Es war ein weiträumiger Saal, der an allen Wänden reich mit Stickereien behängt war. Die Tische waren mit Seidentüchern bedeckt, Schalen mit Mandarinen standen darauf. Die Haremsdamen von Rang saßen in bequemen Stühlen, während die Diener an den Wänden standen und Tabletts mit Getränken und Sesamkonfekt bereithielten. Beim Betreten des Raumes hielt Jao vor Erstaunen einen Augenblick den Atem an, dann stellte sie sich unauffällig hinter die älteren Konkubinen, während die anderen Tsairen ziellos durch die versammelte Menge streiften.

Der Kaiser stand zwanglos hinter einem Kohlenbecken, die gesteppte Seidenweste lose um die Schultern. Er begrüßte die Neuankömmlinge höflich, doch ohne die Miene zu einem Lächeln zu verziehen. Mit abschätzendem Blick betrachtete er eine nach der anderen, als sie sich vor ihm verbeugten. Er nahm auch die überhöfliche Begrüßung des Obereunuchen zur Kenntnis, entließ ihn aber schnell mit einer flüchtigen Handbewegung.

»Ihr Mädchen stellt euch in einer Reihe auf, so daß ich alle gleichzeitig sehen kann«, befahl er nüchtern. Jade trat vor und dirigierte jedes Mädchen an seinen Platz, wobei sie ungeduldig an Wildente zerrte, die bei Jades Berührung zurückzuckte. Dann stieß Jade Jao rüde an, die sich bereits an ihrem Platz am Ende aufgestellt hatte. Die Augen des Kaisers streiften sie bei ihrem Tun, blieben aber völlig ausdruckslos, während er die jungen Konkubinen, die seine Beamten für ihn ausgewählt hatten, eingehend betrachtete. Was er sah, schien ihn nicht zu begeistern, und dem Obereunuchen sank das Herz.

»Ich plane ein großes Finale zum Ende der Feiertage. Alle Mitglieder meines Haushaltes werden sich daran beteiligen – es wird eine besondere Unterhaltung für den Hof werden«, erklärte der Kaiser gelangweilt. »Ich habe euch hierher befohlen, weil ich jetzt die Beiträge der Frauen festlegen will. Zunächst einmal soll es zwei Polomannschaften geben, und zwar die Prinzessinnen gegen die Konkubinen. Zwei meiner älteren Töchter, die im Lager geboren und aufgezogen wurden und reiten lernten, bevor sie gehen konnten, und drei meiner Halbschwestern werden eine Mannschaft bilden. Meine Schwestern sind erfahrene Reiterinnen, die während der Kriegsjahre als Kundschafter und Kuriere dienten.«

Er hielt inne und blickte zu seinen Schwestern, die sich nun in den Vierzigern befanden. Sie lachten abwehrend.

»Wir sind alle außer Übung, Shihmin«, protestierte Shih, die ihm altersmäßig am nächsten war, »außer Shihhua, die täglich im Herrensitz reitet, um schlank zu bleiben.« Darauf brachen alle in Gelächter aus und gaben ihre Kommentare, Shihhua nicht ausgenommen. Taitsung, den das nicht zu amüsieren schien, wartete auf Ruhe, die auch sofort eintrat, als sie seine schlechte Laune bemerkten.

»Nun, dann wäre es am besten, ihr würdet gleich mit dem Training beginnen. Ihr habt dreizehn Tage. Das größere Problem ist allerdings die gegnerische Mannschaft. Alle Mädchen, die jemals geritten sind oder Polo gespielt haben, befinden sich hier im Saal, doch aus eurem Gesichtsausdruck schließe ich, daß keine in die Mannschaft will. Natürlich müßtet ihr ein wenig trainieren, aber warum nicht?« Enttäuscht und verärgert hielt er inne.

»Meine Kaiserin, die reiten konnte wie ein Mann, weilt nun schon seit zwei Jahren bei den Gelben Quellen, und die vier Fei sind nicht sportlich und waren es auch nie. Vom Rang Zwei, den Chaoyi, habe ich hier eine, die zu einem Versuch bereit ist.« Alle Köpfe drehten sich zu Strahlender Haltung um, die groß und schlank war, und lächelten ihr zu. Sie erwiderte das Lächeln ein wenig halbherzig.

»Ich habe fünf Chiayu, die wunderbar sticken können, drei sind in Musik ausgebildet, doch auch hier gibt es nur eine, die reiten kann«, fuhr der achtunddreißigjährige Soldatenkaiser fort. Alle blickten auf Suling Chiayu, die errötete und die Augen gesenkt hielt. Sie war rund, rosig und bezaubernd, machte aber nicht den Eindruck, als könnte sie sich bei einem Polospiel auch nur fünf Minuten im Sattel halten. Möglicherweise dachte der Kaiser das gleiche, denn er fuhr schnell fort. »Rang Vier, die Meiren, bietet zwei, die vielleicht spielen könnten.«

Er machte eine Pause und blickte auf die neun Tsairen. »Ihr Mädchen vom Rang Fünf seid jung und kräftig, ihr solltet reiten können, ohne vom Pferd zu fallen. Wie viele von euch können reiten?«

Neun Hände hoben sich, und zum ersten Mal an diesem Abend lächelte der Kaiser. »Na also, das ist schon besser. Doch muß ich sehen, wie gut ihr seid. Was ich da auf der Liste des Eunuchen über eure Fähigkeiten lese, klingt nicht sehr ermutigend. Was ich brauche, sind Kraft und Schwung, vielleicht manchmal sogar Härte und Draufgängertum, einen gewissen Mut … Der ganze Hof, die Beamten, die Garden und die ausländischen Gäste werden zusehen, und sie werden vom Palast nur das Allerbeste erwarten.«

Unzufrieden musterte er die hübschen jungen Mädchen, die gut gekleidet und voll höflicher Aufmerksamkeit vor ihm standen. »Ihr schaut alle zu ängstlich aus. Wir sollten euch auf die Palastponys setzen«, murrte er. »Wie viele von euch können ohne Sattel reiten?«

Drei Hände, die der Jüngsten, hoben sich: Wildente, Toto und Jao.

Zweifelnd blickte der Kaiser sie an, um dann seine Liste zu Rate zu ziehen. »Ihr kommt alle aus Familien an der Grenze des Reiches. Habt ihr gelernt, auf westlichen Pferden ebenso zu reiten wie auf den Steppenpferden?« Scheu nickten die drei Mädchen, doch der Kaiser schien nicht beeindruckt.

»Gut, wir werden sehen. Ich werde euch auf der Rennbahn beobachten.« Er schaute den Obereunuchen an, dem der Schweiß ausbrach. »Sorge dafür, daß sie bei Sonnenaufgang draußen sind«, befahl er. Der Eunuch wischte sich verstohlen den kahlen Kopf und verbeugte sich.

Der Kaiser fuhr fort. »Die Wahl für die Polomannschaft muß warten, bis ich mich selbst von eurem Können überzeugt habe. In der Zwischenzeit werde ich einige von euch für ein Hindernisrennen verwenden, ihr werdet ohne fremde Hilfe auf die Pferde auf- und wieder abspringen. Könnt ihr das? Ich habe Lust, euch gegen die Kadetten einzusetzen – Kadetten eures Alters. Das sollte amüsant genug sein, um die Zuseher zu unterhalten, selbst wenn ihr alle euch nicht allzu geschickt anstellt. Seid ihr bereit? Oder seid ihr zu ängstlich?«

Unter den älteren Frauen war eine leise Unruhe zu bemerken und ein nahezu unhörbares »Ts, ts, ts« der Mißbilligung. Die Mädchen machten einen so jungen und hilflosen Eindruck, und der Kaiser schien in mitleidloser, sogar grausamer Stimmung zu sein. Niemand sagte ein Wort.

»So redet doch, redet.« Verzweiflung klang aus seiner Stimme.

Wildente sprach für alle drei. »Wir können die hohen westlichen Pferde versuchen.«

Der Kaiser wandte sich an seine Sekretäre. »Sorgt dafür, daß sie üben. So! Wie viele von euch können Bogenschießen?«

Vier Hände hoben sich, es waren Mädchen aus dem Gebiet von Kwannei rund um die Hauptstadt.

»Mehr nicht?« fragte der Kaiser verärgert. »Auch wenn ihr nur so wenige seid, werden wir Wettkämpfe veranstalten. Hast du das alles?« fragte er seinen Schreiber, der mit fleißigem Pinsel vor seinem Schreibpult kniete. Der Schreiber nickte, und der Kaiser fuhr fort.

»Ein letztes großes Ereignis«, erklärte er, »der Höhepunkt der Veranstaltung. Eine Schau, um die Reit- und Schießkünste meiner Leibwache zu zeigen. Ich will, daß eines von euch Mädchen, von den Tsairen denke ich, sich in die Mitte des Ringes stellt und eine brennende Kerze auf dem Kopf balanciert, während die Gardisten im Kreis um sie herumreiten und versuchen, die Flamme mit einem Pfeil zu löschen. Der Abstand zwischen ihnen wird so gewählt sein, daß sie sich nicht totschießen. Darin besteht ihre besondere Kunst. Diese Vorführung wird ein großartiges Finale sein.«

Im Raum herrschte Totenstille, die schließlich durch ein leise protestierendes »Ts, ts, ts« von derselben hochrangigen Fei unterbrochen wurde. Taitsung drehte sich zu seinem Stuhl und warf sich hinein.

»Weiber«, knurrte er, während der Blick über seine Frauen und Konkubinen schweifte. »Hier habe ich die besten Frauen des Landes, die geschicktesten, höchstgeborenen, besterzogenen, und nicht eine ist bereit, meinen Wunsch zu erfüllen. Warum? Muß ich einer von euch den Befehl erteilen?«

In die Frauen kam Bewegung, dann hob sich eine Hand, schließlich eine zweite. Bald waren alle Hände erhoben. Der Ärger des Kaisers vertiefte sich. »Ihr seid wie die Schafe. Immer wollt ihr geführt werden. Ihr habt keinen Sportsgeist. Ich werde euch eine der alten Oden über die Frauen vortragen. Ihr kennt natürlich die klassische Literatur nicht, aber ihr werdet jetzt zuhören. Die Ode handelt vom Leben eines Kaisers.

Hier wird er leben, hier wird er sitzen,
Hier wird er lachen, hier wird er sprechen,
Söhne werden ihm geboren werden,
Sie werden auf Liegen zum Schlafe gelegt,
Sie werden in Roben gekleidet,
Sie haben Szepter zum Spielen,
Ihr Schrei wird laut sein …
Die künftigen Prinzen des Landes.
Töchter werden ihm geboren werden,
Sie werden auf die Erde zum Schlafe gelegt …«

Er unterbrach sich und blickte herausfordernd in den Raum. Alle Augen waren auf ihn gerichtet, und kein Laut war zu hören. Niemand wußte, was er bezweckte, nur, daß er in gefährlicher Stimmung war.

Irritiert dachte der Kaiser: ›Sie alle haben die Hände gehoben, um zu gehorchen, das ist alles, was sie können – gehorchen, stummer Gehorsam. Meine Kaiserin hätte fröhlich gelacht, ihre Augen klar und blitzend, und der Funke wäre von mir auf sie übergesprungen, und sie hätte meinen Wünschen zugestimmt, aber nicht aus Pflicht, sondern aus freiem Willen. So ist es einst gewesen, aber heute ist es nicht mehr so.‹

Düster wie eine Gewitterwolke sprach er weiter.

»Sie werden in Windeln gekleidet,
Sie haben Ziegel zum Spielen.«

Jao hob den Blick, der bisher höflich auf ihre Schuhspitzen geheftet war, und warf dem geistesabwesenden Kaiser einen verständnisvollen Blick zu. ›Ich kenne das‹, sprach sie in Gedanken. ›Es ist nur ein Teil einer Ode über das ideale Heim der Prinzen. Alle alten Lehrer zwingen die Jungen, es auswendig zu lernen. Es ist leicht, denn es hat einen guten Rhythmus, und den Jungen gefällt es, weil es die Frauen auf den Fußboden zu dem übrigen Abfall verweist.‹ Sie dachte dabei an ihre Halbbrüder.

»Sie haben Ziegel zum Spielen …
Nur Geister und das täglich Brot
Werden ihre Gedanken beschäftigen …«

Völlig unbewußt hatte Jao die Worte laut gesprochen. Erstaunt wandten sich ihr die Köpfe zu, angsterfüllt schloß sie die Lippen und warf dem Kaiser einen entsetzten Blick zu, weil sie damit rechnete, daß er zornig sein würde. Er aber schien nichts gemerkt zu haben und trug ungestört den letzten Vers vor.

»Denn das Chaos kommt nicht vom Himmel,
Sondern wird von den Frauen gemacht.«

Jao warf einen verstohlenen Blick auf ihre Hausgenossinnen. Sie alle standen stocksteif, die Augen zu Boden gerichtet. Der Kopf des Obereunuchen war nun schweißbedeckt, und er starrte in Todesangst auf den Kaiser. Jao blickte den Kaiser direkt an, die Augen weit geöffnet, und als sie entdeckte, daß er sie interessiert betrachtete, versank sie in einen tiefen Knicks und sagte mit einer Verbeugung:

»Ich will es tun, mein Kaiser!«

Er nickte, die schlechte Laune war verflogen, und er stand auf. »Damit steht unsere Festvorstellung. Diese Tsairen wird in der Kreismitte stehen, wenn mein Fliegendes Reiterkorps seine Künste zeigt, und das wird das Finale sein. Es wird eine gute Vorführung werden. Ihr seid entlassen, mögt ihr euch weiter den Festlichkeiten widmen.«

Schweigend beobachtete er, wie sich die Frauen zu zerstreuen begannen und erleichtert plauderten, während sie sich neugierig die kleine neuangekommene Elegante anschauten. Die Fei wechselten amüsierte Blicke über die Naivität des Landmädchens. Die Chaoyi, die Chiayu und die Meiren waren still, beleidigt, die Jüngsten aber freuten sich über Jao.

Wieder zurück im *kang*-Raum und ihrer Umhänge ledig, scharten sich die schnatternden Tsairen um Jao, und in ihrer Aufregung über deren Mut redeten alle gleichzeitig. »Wie konntest du es nur wagen?« wollte Päonie wissen und kicherte gutmütig. Toto und Wildente klopften Jao anerkennend auf den Rücken. Wolke lächelte nur, in ihrem Blick lag Anerkennung, und Perle machte große Augen und war sprachlos. Jade blickte degoutiert, doch fiel ihr nichts zu sagen ein, denn immerhin hatte die Tsairen Jao ein klassisches Gedicht aufgesagt.

Jao setzte sich auf die warme *kang*. »Ach, Päonie, ich habe nicht darüber nachgedacht, ob ich es wage oder nicht, ich habe es einfach getan, bevor ich denken konnte. Ich habe den Mund aufgemacht und ...«

»Deinen großen Mund«, warf Phönix stellvertretend für diejenigen ein, die Jaos Benehmen mißbilligten.

»Meinen großen Mund«, stimmte Jao augenblicklich zu. »Ich muß lernen, ihn zu halten!« Über diese Worte lachten alle, sogar Jade.

Früh am zweiten Feiertag schaffte der Obereunuch Kao sichtlich schlechter Laune seine vor Kälte zitternden Mädchen persönlich zur Rennbahn, wo sie ihre Reitkünste zeigen sollten. In einem Pferch befanden sich die Steppenpferde, in einem zweiten die hohen westlichen Pferde. Knechte waren eifrig beschäftigt, die Pferde zu satteln und hinauszuführen. Es ging das Gerücht, der Kaiser befinde sich unter den Zuschauern, doch war er in der frühmorgendlichen Dämmerung nicht zu sehen.

Die Prüfungen begannen augenblicklich, und nach längerem Beraten und Köpfeschütteln standen schließlich die Mädchen für die Polomannschaft fest. Wildente erwies sich als die geübteste Reiterin von allen, sei es auf den Steppenpferden oder den anderen. Da ihr aber die Poloregeln fremd waren, wurde ihr die im Reiten weniger gewandte Phönix vorgezogen. Als letzte wurde Päonie ausgewählt, während Jade in die Reserve für die zweite Mannschaft kam, die sich ausschließlich aus Meiren zusammensetzte. Jao zeigte eine passable Leistung, doch da auch sie mit den Regeln des Palastpolos nicht vertraut war, wurden sie und Wildente für andere Aufgaben ausersehen und erhielten den Befehl, unter Chis Leitung zu trainieren, der auch Toto unter seine Obhut zu nehmen hatte.

»Ihr, Toto, habt einen Soloschwerttanz vorzuführen«, erklärte Chi.

»Ich bin nicht gut genug«, protestierte sie. »Mit allen diesen Berufstänzern aus Kucha hier in der Stadt mache ich mich nur lächerlich! Ich kann nicht!«

Chi unterbrach sie. »Ihr tretet nicht in der Öffentlichkeit auf, das ist eine private Vorstellung im Palast und nur für Palastangehörige, die alle Amateure sind. Ihr habt Eure Befehle. Übt, so hart Ihr könnt.«

Toto nickte angsterfüllt.

Am späten Vormittag begannen die Ausscheidungen für das Bogenschießen, und obwohl Jao und Wildente teilnehmen wollten, wurden sie nicht zugelassen. Ihr Training sollte sich allein auf das Reiten beschränken. Die einzigen Tsairen, die zum Wettbewerb im Bogenschießen ausgewählt wurden, waren Phönix und Maulbeere, die eine bewundernswerte Fertigkeit gezeigt hatten, mit ihren Pfeilen ins Schwarze zu treffen. Die Trainer blickten mit verblüffter Hochachtung auf den zarten Sperling von einem Mädchen, als Maulbeere zugelassen wurde.

Chi unterstanden nun fünf Kämpferinnen in wichtigen Disziplinen, und er machte sich Sorgen. Er hatte nicht damit gerechnet, daß auch nur eine seiner Tsairen dabeisein würde. Nun stand er unter dem unwillkommenen Druck, nicht nur darauf zu sehen, daß sie ihrer Aufgabe gewachsen waren, sondern auch, daß sie sich nicht zum Gespött machten. Die Woche war schon fast vergangen, ehe die Mädchen zum erstenmal Zeit für sich hatten.

An einem Spätnachmittag erschien eine Dienerin aus dem Hause der Meiren mit einer Einladung für Wildente und Jao, noch am selben Tag Fang Fei zu besuchen. Da Jao allein war, kleidete sie sich schnell um und eilte in das Nachbarhaus, um mit Fang Meiren zum Quartier der vier Fei zu gehen.

»Meine Kusine ist die jüngste der vier älteren Konkubinen, der Fei«, bemerkte Fang Meiren, während sie am Eingang aus den Holzpantinen schlüpften, um die wollenen Teppiche nicht zu beschmutzen. Sie betraten den Empfangsraum, in dem sich ungefähr ein Dutzend Frauen befanden. Eine von ihnen, eine schöne Frau von Mitte Dreißig, blickte auf, als sie eintraten. ›Sie ist ungefähr so alt wie meine Mutter‹, dachte Jao, als sie in höflicher Verbeugung in die Knie sank, ohne mit den Händen oder den Knien den Boden zu berühren.

»Steh auf, steh auf«, begrüßte sie Fang Fei. »Komm, setz dich zu mir und erzähl mir etwas über dich.« Sie klopfte auf einen Platz neben sich, und Jao setzte sich mit scheuem Lächeln. »Ich habe die graziöse Verbeugung, die du gerade gemacht hast, wiedererkannt. Wo hast du die Feinheiten dieses besonderen Stils erlernt?« fragte sie neugierig.

»Von meiner Mutter«, erwiderte Jao höflich.

»Und deine Mutter ist ...?«

»Madame Yang. Frau des Wu Shihhuo aus Taiyuan«, sagte Jao.

»Yang? Ich ahne, woher sie ihre erstklassige Erziehung hat und deine auch – vom Hof der Sui. Natürlich erwähnen wir den Namen jetzt kaum mehr. Ich wurde einst auf die gleiche Weise ausgebildet, und ich erkenne den Stil«, fügte sie mit Wärme hinzu. »So, und jetzt möchte ich hören, wann du hierher gekommen und wie alt du bist. Du siehst sehr jung aus ... die Zöpfe, denke ich.«

»Seit dreizehn Frühlingszeiten esse ich«, sagte Jao, wobei sie die formelle Ausdrucksweise gebrauchte, »und ich bin seit sieben Tagen im Palast. Ist meine Frisur nicht gut?« Ängstlich berührte sie ihren Kopf.

»Nein, nein«, beruhigte sie die würdige Dame, »aber du bist nicht nach der Palastmode frisiert, ich werde deine Zöpfe zu einer Acht auf dem Hinterkopf schlingen und sie mit einer Nadel feststecken.« Sie befahl einer Dienerin, ihr eine Nadel zu bringen, und stieß diese in den schimmernden Knoten.

»Tsairen *kuniang* sieht elegant aus!« Bewundernd trat die Dienerin zurück.

»*Tsai, tsai*? Eine elegante Elegante!« scherzte Jao mit der Dienerin, und beide Frauen lachten.

»Jetzt siehst du mehr wie ein Palastmädchen aus, nicht so fehl am Platz«, meinte Fang Fei. »Halte nur deine Augen offen und schau, was von wem getragen wird. Solltest du einmal keinen Rat wissen, dann komm her, entweder meine gute Fu oder ich werden dir helfen.«

»Ich danke Euch, Ihr seid gütig, sehr gütig!« Jao war selig.

»Du kannst die Kleider, die du mitgebracht hast, weggeben und dir durch die Eunuchen neue besorgen lassen, sie können für dich einkaufen«, schlug Fang Fei vor.

»Bis meine Truhen eingelangt sind, trage ich nur abgelegte Kleider«, gestand Jao.

»Ach, du liebe Güte!« rief Madame Fang aus. »Nun, wir müssen abwarten und sehen, was wir wegen der Kleider tun können. Sei unter keinen Umständen zu sparsam, und laß dein Haar aufgesteckt, so wie jetzt. Und dann mußt du auch die anderen Fei treffen und ihnen deinen Hofknicks zeigen. Sie werden begeistert sein. Nun möchte ich, daß du meine Tochter kennenlernst. Bixon, willst du bitte herkommen?«

Beim Klang seines Namens verließ ein zartes, zehn Jahre altes Mädchen seine Beschäftigung und trat vor. Jao begrüßte es mit dem formellen *anjali*-Gruß. Das schien dem kleinen Mädchen zu gefallen, und seine Augen glitzerten, als es den Gruß nachahmte. Beide lachten, und die herumstehenden Frauen kicherten anerkennend. Sie alle waren Buddhisten und verstanden den freundlichen Sinn der Geste.

Nach einer Pause, in der Tee und Sesamgebäck gereicht wurden, warf Bixon ein Thema auf, das ihre Gedanken mehr als alles andere beherrschte.

»Mein Vater, der Kaiser, will das Laternenfest mit einer besonderen Vorführung beenden, und ich darf neben ihm sitzen und Jer auch, so daß wir alles sehen können. Ich war noch nie auf der Estrade.« Ihre Augen glänzten und die ganze kleine Gestalt war vor Erregung gespannt. »Die besten Reiter der Fliegenden Kavallerie und der Elitegarden nehmen teil, und sogar mein Vater und mein Halbbruder und die sportlichsten Frauen. Es wird etwas ganz Wunderbares werden! Wirst du auch zusehen?«

»Ich werde nicht nur zusehen, ich bin mit dabei«, gab Jao zurück. Bixon klatschte in die Hände. »Was wirst du machen?« fragte sie aufgeregt.

»Ich stehe für einige Programmpunkte in der engeren Auswahl. Halt nach mir Ausschau, und wenn ich dich sehe, werde ich dir winken.« Jao war glücklich, das Interesse dieses lebhaften Kindes gewonnen zu haben.

Fang Meiren stand auf und gab damit das Zeichen zum Ende des ersten Besuchs. Dankbar erhob sich Jao und ging mit vielen freundlichen Abschiedsworten hinaus, wobei sie vergaß, daß sie immer noch die kostbare Goldnadel im Haar trug.

Als sie an den drei anderen Häusern des umzäunten Grundstückes vorbeigingen, erklärte Fang Meiren ihr jedes einzelne. »Das ist das Haus von Fei Nummer Drei, Pei Huade. Sie geht überall hin, wird überall gesehen und kleidet sich stets nach der letzten Mode. Sie hat keine Kinder und keinen Ehrgeiz, einen höheren Rang als ihren jetzigen zu erreichen. Du mußt sie kennenlernen, doch erwarte dir nichts von ihr. Sie tut für niemanden etwas.

Dieses nächste Haus«, erklärte sie, als sie an einem reizenden Pavillon inmitten eines gepflegten Gartens vorbeikamen, »gehört der ältesten Frau hier im Palast. Liang Fei ist vierzig, ihre beste Zeit ist vorüber. Man sieht sie selten, denn außer ihrem Garten und ihren Büchern hat sie kaum Interessen. Sie ist eine Autorität für das Etikettenbuch der Madame Pang, nach welchem wir hier am Hof leben. Die meisten Palastdamen meiden sie, sogar die Eunuchen, obwohl es heißt, daß der Kaiser sie immer noch besucht. Natürlich wird sie nie gerufen, ihn zu besuchen. Du verstehst schon!«

Sie kamen zum letzten Haus. »Hier wohnt Fei Nummer Eins. Sie ist schön, aber ein wenig matronenhaft. Sie ist auch die Mutter eines der Söhne von Taitsung, von Tai. Sie wird sehr geachtet, auch wenn sie ein wenig langsam von Begriff ist. Niemanden kümmert das. Du mußt ihr unter allen Umständen deine Aufwartung machen und sie kennenlernen. Als Mitglied der großen Familie der Chang aus Changan hat sie großen Einfluß.«

Jao hörte gespannt zu, nickte aufmerksam und schwieg. Als sie den Eingang des Meiren-Grundstückes erreichten, dankte Jao Fang Meiren mit einer tiefen Verbeugung und einem warmen *wanfu.* Dann begab sie sich zu ihrem eigenen Haus.

Gleich an der Tür wurde sie von Jade angesprochen. »Dein Haar sieht anders aus, du hast es mit einer Goldnadel befestigt. Wie kommt das?«

»Fang Fei hat mir das Haar aufgesteckt und es mit der Goldnadel befestigt«, antwortete Jao liebenswürdig. »Sie hat mir eine hohe Ehre erwiesen. Wie freundlich sie doch ist.«

Jade und Phönix, die ihr gefolgt waren, wechselten einen Blick.

Schnell trat Jade hinter Jao in das Zimmer und zog ihr geschickt die Nadel aus dem Haar.

»Halt«, schrie Jao. »Was tust du da? Die Nadel gehört nicht mir. Ich muß sie Fang Fei zurückgeben. Gib sie her!«

Mi, die neben Jao bereitstand, den nassen Umhang in Empfang zu nehmen, entwand Jade flink die Nadel und trat zurück. Angesichts der Einmischung einer Sklavin wandelte sich Jades Ärger in tobenden Zorn. Sie riß ihre seidene Peitsche aus dem Gürtel und zog sie zweimal über Mis Gesicht, wo sie breite Striemen hinterließ. Sie war gerade im Begriff, die Peitsche zum nächsten Schlag zu heben, als Jao das Peitschenende ergriff und Jade mit einer raschen Bewegung um die eigene Achse wirbeln ließ. Geistesgegenwärtig sprang Mi vor, um Jade aufzufangen, verlor aber in dem Handgemenge die Nadel, die unbemerkt in eine Ecke rollte.

»Heb die Nadel auf!« schrie Jade Jao an und hob diesmal ihre Peitsche gegen Jao.

»Halt«, befahl eine strenge Stimme. Alle wandten sich augenblicklich zu Ket, die lautlos den Raum betreten hatte. Als Mi sie sah, stürzte sie in die Ecke, hob die Nadel auf und reichte sie Ket.

»Wessen Nadel?« fragte Ket.

»Meine«, schrien Jade und Jao gleichzeitig.

Jade streckte gebieterisch ihre Hand aus und entwand die Nadel geschickt Kets Griff, dann zeigte sie wutentbrannt auf Mi. »Diese Sklavin hat ihre Hand gegen mich erhoben. Eine verbrecherische Tat für eine Sklavin! Ihr müßt sie bestrafen. Nach dem Gesetz sind einem Sklaven, der seinen Herrn schlägt, die Arme zu brechen. Macht das augenblicklich, ich verlange sofort Gerechtigkeit. Oder ich sorge dafür, daß Ihr selbst die Strafe bekommt.« Jade war außer sich vor Zorn, denn sie war gefallen und hatte ihr Gesicht verloren.

Das waren echte Unannehmlichkeiten im Haus der Tsairen. Ket war langsam, aber keineswegs dumm. Sie wußte, daß Tsairen Tsui Jade eine sehr einflußreiche Elegante und sie, Ket, für den Frieden im Haus verantwortlich war. Bevor irgend jemand auch nur eine Bewegung machen konnte, packte sie Mis Unterarm und drehte ihn scharf. Ein Knacken, ein Schrei! Doch der Schrei kam nicht von Mi, die zwar totenblaß war, aber keinen Ton von sich gab. Es war Jao, die in ihrem Entsetzen geschrien hatte, weil sie ihren Augen nicht traute.

In Sekundenschnelle leerte sich das Zimmer, und Jao blieb mit Mi allein zurück. Jao führt Mi vorsichtig zum Bett, ließ sie sich hinsetzen und suchte dann in ihrer Truhe nach einem Tuch, das sie als Verband verwenden konnte.

»Was ist geschehen?« Wie es ihre Gewohnheit war, hatte Wildente ohne anzuklopfen das Zimmer betreten. Jao wollte gerade antworten, als sie Ket in der Tür stehen sah. Ket schenkte Jao keinerlei Beachtung, sondern sprach in ihrer Sprache zu Wildente. Dann verschwand sie leise, während Wildente erklärte, was Ket ihr gesagt hatte.

»Ket sagte, sie mußte deine Sklavin bestrafen, weil diese eine Palastdame geschlagen hatte, denn das ist das Gesetz, doch sie weiß genau, wer verantwortlich ist. Das war auch der Grund, warum sie nur einen Arm gebrochen hat – für die Disziplin. Sie holt jetzt Holzstäbe, sie will dir helfen.«

Jao starrte vor sich hin und versuchte, einen klaren Gedanken zu fassen. Sie war verängstigt, weil sie in so kurzer Zeit in solche Schwierigkeiten geraten war. Sie wandte sich an Mi. »Bist du bereit, dich von Ket verbinden zu lassen?«

Mi versuchte, den herunterhängenden Arm mit dem gesunden zu stützen, verlor jedoch infolge der Anstrengung das Bewußtsein. Ket, die mit allem Notwendigen zurückgekehrt war, nickte zustimmend, als sie Mi ohnmächtig sah. »Gut, jetzt sie ruhig, ich schienen.« Ket griff nach dem verletzten Arm und tastete sorgfältig die Bruchstellen ab und fügte sie blitzschnell zusammen. Mi stöhnte, kam aber nicht zu Bewußtsein. Nachdem sie den Arm mit einer Aloesalbe eingefettet hatte, wickelte Ket ein breites Band fest um Arm und Schienen. Sie knurrte befriedigt, richtete einen Schal so, daß der Arm seine Stellung behielt und verschwand.

Wildente und Jao sahen erst die bewußtlose Sklavin, dann einander an, sie waren beide sehr mitgenommen. »Was für ein Unglück«, stellte Jao schließlich fest. »Wie gut, daß du Ket verstehst, und wie gut, daß sie alles gesehen hat, doch Jade und Phönix werden mich nun hassen, und ich habe Fang Feis Nadel verloren. Was soll ich nur tun?«

Wildente ging zur Tür, um nachzusehen, ob jemand lauschte, dann sagte sie zu Jao: »Wir sind neu hier, also müssen wir uns ruhig verhalten und keine Scherereien machen. Ich werde schweigen, du wirst schweigen, und alles wird sein, als wäre nichts geschehen.«

»Ich muß die Nadel zurückhaben. Ich muß«, beharrte Jao. »Ich werde jetzt in Jades Zimmer gehen und sie darum bitten.«

»Willst du, daß ich mitkomme?« fragte Wildente.

»Nein, nein, aber trotzdem *wanfu*! Du mußt nicht meinetwegen auch noch in Schwierigkeiten kommen. Halte dich da heraus.«

Wildente war nicht ganz überzeugt und wartete auf dem Gang, während Jao zu Jades Tür ging und ohne Ankündigung das Zimmer betrat. Eine Dienerin polierte Jades Fingernägel, eine andere ihre Fußnägel.

»Was willst du?« Jades Blick war eisig. »Falls du hier bist, um meine Nadel zu holen, so verschwendest du deine Zeit.«

»Es ist nicht deine Nadel. Sie gehört Fang Fei, sie muß ihr zurückgegeben werden«, Jaos Stimme hatte ihre Festigkeit verloren.

»Wer wird dir glauben?« gab Jade kühl zurück. »Solltest du den Fehler begehen, die Geschichte zu Fang Fei zu tragen, so wird sie höchstens glauben, daß du die Nadel für dich behalten willst und deswegen lügst. Du wirst bald überall hier als niedriger Charakter, Klatschmaul, als Unruhestifterin bekannt sein, und niemand wird mehr mit dir sprechen.«

Jade schätzte es nicht, wenn eine ihrer Hausgenossinnen Beziehungen aufnahm, die sie selbst nicht besaß, und sie hatte besonders etwas gegen Neuankömmlinge, die sich nicht in die Norm fügten. Jaos gesellschaftliche Kontakte mußten gestoppt werden.

Jao hielt sich am Türstock fest. »Was muß ich tun, damit ich die Nadel wiederbekomme?« wollte sie wissen.

Jade dachte einen Moment nach. »Spiele einen Monat meine Dienerin«, befahl Jade.

»Aber ich muß doch für die kaiserliche Vorführung trainieren«, protestierte Jao.

»Gut, dann wirst du etwas anderes machen. Du wirst vierundzwanzig Stunden vor meiner Tür stehen, ohne zu essen oder zu trinken oder zu sprechen. Dann kannst du sie haben. Und du beginnst jetzt sofort!«

Jao hob das Kinn und bezog augenblicklich Stellung an der Tür. Jade lächelte boshaft. ›Selbst wenn sie es so lange aushält, und das wird sie nicht, bekommt sie die Nadel nicht zurück‹, dachte sie.

Jade kleidete sich an und ließ dann Jao, von ihren Dienerinnen bewacht, zurück. Sie selbst ging ihre Neujahrsbesuche machen. Ihr letzter Besuch galt dem Obereunuchen Kao, dem sie, mit größter Diskretion und Liebenswürdigkeit, ein in Seide gehülltes Päckchen überreichte. An dem Päckchen war eine Karte mit den besten Wünschen und einer Wertaufstellung über den Inhalt des Päckchens, zwölf Goldbarren, befestigt. Der Eunuch sah sie an und lächelte, daß sich sein Gesicht in Falten legte. »Und auch ich wünsche Euch meinerseits alles Gute«, sagte er verbindlich. Unter ständigen Verbeugungen verließ Jade den Raum.

›Sie will, daß ich sie auf die nächste Liste für einen Besuch beim Kaiser setze‹, dachte er. ›Als könnte ich das. Ich kann Namen streichen, aber ich kann nicht immer Namen auf die Liste setzen. Die Dame Jade wurde vor einem Jahr gerufen, doch scheint sie der Kaiser vergessen zu haben.‹

Als die Dämmerung einfiel und die Laternen angezündet wurden, kehrte Jade zurück. Sie stampfte den Schnee von ihren Füßen und stieß beim Betreten des Zimmers die erschöpfte Jao an.

»Hat sie meine Befehle befolgt?« wollte sie von ihren Dienerinnen wissen.

»O ja«, ertönte es im Chor, »aber sie ist von einem Fuß auf den anderen getreten.«

»Das darfst du nicht, hörst du«, schrie Jade Jao an, während die Dienerinnen vergnügt zusahen. Eine Tsairen in Schwierigkeiten war für den Typ von Frauen, die Jade anstellte, das reine Vergnügen. Plötzlich schlug in der Halle der Gong, und Jade schaute verwundert. »Was soll das heißen«, rief sie. »Geh nachsehen«, befahl sie einer Dienerin.

Diese kehrte einen Moment später zurück. »Es ist Herr Chi, er wünscht, daß alle Tsairen sich im *kang*-Raum versammeln«, teilte sie mit.

Jade war wütend. »Herr Chi! Herr Chi mischt sich schon wieder ein! Nun gut, ich werde dafür sorgen, daß Herr Chi in den nächsten Tagen auf einen anderen Posten versetzt wird!« Ärgerlich stampfte sie mit den Füßen, als sie, wie gefordert, den Gang entlang zum *kang*-Raum ging, um zu sehen, was los war. Alle Mädchen außer Jao waren bereits anwesend.

»Das neue Mädchen, Jao«, sagte Chi, »weiß sie nicht, daß sie dem Gong zu gehorchen hat? Wo ist ihre Dienerin?« Er rief laut, und daraufhin kam eine kalkweiße Mi durch den Gang geschlichen.

»Jao ist nicht in ihrem Zimmer«, erklärte sie.

»Wo ist sie dann? Los, rede!«

»Sie ist im Zimmer der Dame Jade«, gab Mi Auskunft.

»Warum ist sie nicht gekommen?« fragte Chi ungeduldig.

Jade, in dem Bewußtsein der großzügigen Gabe, die sie gerade dem Obereunuchen überreicht hatte, bemerkte kühl: »Jao wird bestraft und hat dort zu bleiben.«

Erbittert stellte Chi fest: »Diese Versammlung ist wichtig. Holt sie her.«

Jade rührte sich nicht.

»Holt sie!« brüllte er und sah so furchterregend aus, daß Jade vergaß, daß er nichts als ein Eunuch war, und ihrer Dienerin ein Zeichen gab, Jao zu holen.

Die Minuten vergingen, und mit jeder Minute wurde Chi ärgerlicher. Er hatte einen langen mühsamen Tag hinter sich, und das Bewußtsein, daß alles, was die Tsairen betraf, unter seine Verantwortung fiel, beunruhigte ihn.

Endlich trat Jao ein, sie war blaß und konnte sich kaum auf den Beinen halten. Chi starrte sie an. »Setzt Euch«, befahl er.

»Sie muß stehen«, erklärte Jade liebenswürdig. Die über dem Raum lastende Stille war aufgeladen.

»Setzt Euch!« donnerte Chi, die Augen zu wütenden Schlitze verengt. Er betrachtete sich als Offizier, der Befehle erteilte, nicht als armseliger Eunuch. Jao setzte sich.

»Nun hört mir einmal zu, jede von euch. Der Kaiser persönlich bereitet diese Vorführung vor, mit den talentiertesten Frauen als Ausführenden, und er erwartet von jeder das Beste. Das müßte sogar einem Spatzenhirn einleuchten. Euer Bestes. Nichts darf da dazwischentreten. Nichts! Ich bin jetzt hier, um euren Stundenplan zu überprüfen und euch zu informieren, wann euer Training stattfindet. Der Majordomus wird die Stunden aufeinander abstimmen. Ihr hört jetzt zu.«

Eine halbe Stunde lang gab Chi den Mädchen ihre Anweisungen, dann entließ er alle außer Jade. Sie wandte sich dennoch zum Gehen und blieb erst, als Chi sie ansprach, mit herausfordernder Miene in der Tür stehen.

»Ihr werdet Jao in Frieden lassen. Ihr werdet mir nicht ihre Übungen für die kaiserliche Vorführung stören. Und auch sonst werdet Ihr in Zukunft die Wege des Mädchens nicht mehr kreuzen.«

»Und was geschieht, wenn ich mich nicht danach richte?« fragte sie. »Was könnt Ihr schon dagegen tun?«

»Einiges«, erklärte er. »Zum Beispiel dafür sorgen, daß eine Rote Karte niemals, aber wirklich niemals zu Euch gelangt.«

Sie senkte die Augen. Die Rote Karte zu erhalten war ihr höchster Wunsch. Chi hatte sie an ihrer verwundbaren Stelle getroffen. Sie gab keine Antwort, wandte ihm den Rücken und zog sich zurück. Für sie bestand kein Zweifel mehr, Chi hatte zu gehen.

Chi beobachtete ihren Abgang, dann stapfte er aus dem Haus in die Küche. Dort befand sich die Nachtwache und hörte interessiert zu, was Ket ihr von dem Kampf um die Nadel erzählte. Auf Chis Aufforderung wiederholte sie das ganze für ihn.

»Ich werde selbst die Nadel von Jade holen. Sofort«, sagte er. Ket langte unter ihren Umhang und zog die Nadel hervor. »Hab sie«, erklärte sie kurz.

»Wie?« Chi war verblüfft.

»Wenn Ihr sprechen zu Tsairen in *kang*-Raum, ich hetzen Hunde in Hof, alle Dienerinnen laufen hin. Dann ich nehmen.«

»Gib sie mir«, forderte Chi grinsend. »Ich werde sie selbst Fang Fei übergeben. Laß Jao wissen, daß alles in Ordnung ist. Die ist wirklich kostbar.« Er betrachtete die goldene Kugel am Ende der Nadel, die Filigran- und Einlegearbeit, schüttelte den Kopf und barg sie sorgfältig unter seinem Gewand. Dann ging er, und das Haus versank in Stille.

Der Tag des großen Festes begann kalt, aber windstill, und die Sonne strahlte von einem wolkenlosen Himmel. Das größte Sportfeld im kaiserlichen Palast war gereinigt worden, und Strohseile waren in großen Bögen rund um das Feld gespannt, um die Menge zurückzuhalten. In jedem Bogen standen Pinienzweigensträuße als Symbol für ein grünes, fruchtbares neues Jahr. Fünfhundert Soldaten in blitzblankem Leder und schimmernder Rüstung waren in regelmäßigen Abständen um den Platz gruppiert, so daß jeder seinen Speer mit dem des Nachbarn gekreuzt hatte.

Die drei Flügel des Hsuanwu-Tores waren geöffnet, sogar das mittlere, das sonst dem Kaiser vorbehalten war. Es war auf seine Anordnung hin für die hochrangigen Gäste bestimmt. Die Wimpel des Kaisers und des Kronprinzen flatterten vom Turm. Für die Bequemlichkeit der Gäste waren rund um das Spielfeld Zelte aufgestellt worden, in denen sich

Tische, Bänke, Speisen und je ein Bronzebehälter mit Kohlenglut befanden, die die Kälte mildern sollten.

Die Tribüne für die kaiserliche Familie lag an dem einen Ende des Feldes, während sich am anderen hinter einer rot-weiß gestreiften Stoffwand die Wettkämpfer aufhielten. Unter Fanfarenstößen ritten der Kaiser und der Kronprinz auf das Feld und nahmen ihre Plätze auf der Tribüne ein. Zwei Kinder begleiteten sie, deren Identität zu allerlei Vermutungen Anlaß gab. Kaum hatten sie ihre Plätze eingenommen, als ein Trommelwirbel die Eröffnung des Spektakels ankündigte. Aufregung ging durch die Reihen. Alle Mitglieder des Kaiserhofes, die nicht gerade ans Bett gefesselt waren, hatten sich eingefunden. Seit Menschengedenken hatte es kein solches Schauspiel gegeben, und niemand wollte es versäumen.

Die erste Vorführung war ein Manöver von Taitsungs Fußtruppen, die das gesamte Feld einnahmen und das Publikum mit den verschiedensten Marschformationen erfreuten, eine eindrucksvolle Schau rhythmischer Bewegung, bei der jede Wende von den Schlägen der Feldtrommeln und dem dumpfen Aufprall der im Gleichschritt auftretenden Filzstiefel betont wurde. Beifallsrufe erklangen, als die Trommeln plötzlich schwiegen und zur Krönung der Darbietung die Offiziere mit präsentierter Waffe in einer Reihe vor dem Kaiser Aufstellung nahmen. Der Kaiser zeigte seine Anerkennung, indem er beide Fäuste über den Kopf hob, während die Männer das Feld verließen, um sich an die für sie reservierten Plätze zu begeben, nun nicht mehr Teilnehmer, sondern Zuschauer.

Darauf folgte eine Uniformparade der Palastgarde, die ihre bunten Waffenröcke und ihren verschiedenartigen Kopfschmuck zeigten. Stattlich anzusehen, waren sie die Besten aus Taitsungs persönlicher Garde. Nachdem auch sie das Feld geräumt hatten, führte eine Einheit der Elitereitertruppe, das Korps der Fliegenden Pferde, ein atemberaubendes Schauspiel höchster Reiterkunst auf hohen westlichen Pferden vor und erhielt lauten, andauernden Beifall, in den sich Jubelrufe mischten.

Dann erschien die reguläre Kavallerie auf ihren zotteligen, ungesattelten Steppenpferden, und die Männer hingen so verdeckt an den Flanken ihrer Pferde, daß es den Eindruck erweckte, die Tiere wären reiterlos. Sie bildeten konzentrische Kreise, die sich in entgegengesetzter

Richtung bewegten. Beide Kreise kamen zu einem abrupten Stillstand, als die Offiziere die Tribüne erreichten. Diese Vorführung wurde mit lautem Getrampel und fröhlichem Jubel begrüßt, denn den meisten Zuschauern war das Reiten auf Steppenpferden vertrauter als die hohe Kunst des Elitekorps.

Nach einer einstündigen Pause verkündeten Trommeln und Trompetenstöße den Beginn der Nachmittagsvorführungen. Die Zuschauer strömten an ihre Plätze zurück, nun von dem reichlich gebotenen kaiserlichen Wein äußerst animiert. Der Tumult legte sich aber, als die allgemeine Aufmerksamkeit der Menge von sechs prachtvollen Schlachtrössern aus den kaiserlichen Ställen gefangengenommen wurde. Eines nach dem anderen tänzelte, wie zur Schlacht mit Schabracke, geflochtenem und gestriegeltem Schweif und Mähne geschmückt, reiterlos und stolz mit gerecktem Hals und hoch ausschreitenden, seitlichen Schritten in die Arena.

Der Kaiser verließ die Tribüne und schwang sich auf das Leitpferd. Er saß leicht im Sattel und demonstrierte eine Reitkunst, von der alle Anwesenden gehört, aber noch nie gesehen hatten. Das zweite reiterlose Tier tänzelte an der Tribüne vorbei, und mit einer geschmeidigen Bewegung sprang der Kronprinz auf. Auch er zeigte sich als Meister im Sattel. Die älteren Prinzen, Li Yuanguei, Li Yuanjia und Li Jencheng nahmen die drei folgenden Pferde. Sie alle bewiesen, daß sie auf dem Schlachtroß zu Hause waren.

Zum Schluß lief eine kleine Gestalt, das blaue Gewand in der Taille eng mit einem purpurroten Gürtel zusammengehalten, auf das Spielfeld. Ihr Kopf befand sich in gleicher Höhe mit den Pferderücken, der kleine Körper saß plötzlich, scheinbar ohne jede Anstrengung im Sattel. Ihr Pferd war kein bißchen aus dem Rhythmus gekommen. Die unbekannte Reiterin war eine Überraschung. Niemand verstand, wozu sie eigentlich da war, bis sie eine für eine Frau ungewöhnliche Anmut im Sattel zeigte. Niemand außer dem Kaiser, der sie ausgesucht, und Chi, der sie trainiert hatte, wußte, wer sie war. Von allen Seiten waren Beifallsrufe zu vernehmen, die an Heftigkeit zunahmen, als die sechs Reiter die persönlichen Pferde des Kaisers äußerst komplizierte Schrittfolgen durchführen ließen.

Die Zuschauer schienen zu glauben, daß es sich damit um den

Höhepunkt des Festes gehandelt haben mußte, und bereiteten sich zum Gehen vor, als sie auf einmal erkannten, daß der Kaiser selbst im Begriff war, mit dem Kronprinzen zu einem Wettbewerb im Bogenschießen anzutreten. Die Schießscheibe wurde in einer Entfernung von dreißig Metern aufgestellt, und sobald sich die Menge beruhigt hatte, trat der Kaiser, seinen Hornbogen in der Hand, vor.

Er nahm sich Zeit, prüfte den Wind und die Bogensehne, bereitete seinen Pfeil vor, brachte den Bogen in die richtige Position, wog aufmerksam das Gleichgewicht ab, blickte scharf auf die Scheibe, atmete tief ein und ließ den Pfeil losschnellen, alles in einer einzigen Bewegung. Der Pfeil schwirrte einige atemberaubende Sekunden durch die Luft, dann erreichte er präzise sein Ziel.

Der zwanzigjährige Kronprinz folgte seinem Vater, und wenn seine Bewegungen manierierter waren, so steckte doch auch sein Pfeil neben dem des Vaters im Schwarzen. Die Menge tobte begeistert. Die Pfeile wurden zurückgebracht, und das Ziel um weitere hundert Schritt verschoben. Die Vorführung wiederholte sich, diesmal mit je zwei Pfeilen. Beide Männer trafen wieder ihr Ziel. Nun wurde die Schießscheibe in einer Entfernung von dreihundert Schritt postiert, und diesmal waren drei Pfeile zugelassen.

Ein Seufzen ging durch die Menge. Prinz Chengchien schoß als erster, zwei Pfeile trafen ins Schwarze, der dritte verfehlte sein Ziel. Die Zuschauer hielten regelrecht die Luft an, als der Kaiser den Bogen hob. Zwei Pfeile, einer nach dem anderen, zersplitterten die bereits in der Scheibe steckenden Pfeile, der dritte traf nicht. Gelächter brach los, Beifallsschreie und »gut gemacht« schallten durch den Park. Keiner der beiden Konkurrenten hatte gewonnen, keiner verloren, und der Kaiser blieb unbesiegt.

Jede weitere Vorführung hätte nur mehr einen Abstieg bedeutet, hätte nicht unmittelbar darauf das weibliche Polo seinen Anfang genommen. Das war ein so einmaliges Schauspiel, daß niemand es versäumen wollte. Die kaiserlichen Frauen beim Spiel! Wer hatte je von so etwas gehört? Menschen, die bereits das Feld verlassen hatten, drängten auf ihre Plätze zurück. Frauen des Kaiserhauses gegen die Frauen des Kaisers, eine einmalige Sensation! Das Spiel war kurz und temperamentvoll, gut gespielt und aufregend. Ja, es kam sogar zu kräftigem

Handgemenge, und zwei Frauen wurden abgeworfen. Die Zuseher schrieen vor Vergnügen, als sich die beiden, die vom Pferd gefallen waren, geschickt wegrollten, um nicht unter die Hufe zu geraten, und dann zerzaust mit einem Lächeln das Spielfeld verließen.

Zwei Tsairen, Phönix und Päonie, gehörten den Mannschaften an, und Phönix entpuppte sich als Meisterspielerin, die das Siegestor für ihre Mannschaft schoß. Der Kaiser registrierte das sehr genau – seine Tsairen hielten sich besser als erwartet, und er spürte den Wunsch, sie gut dafür zu belohnen.

Während die Frauen die Arena verließen, wurden Strohscheiben für das Bogenschießen aufgestellt. Als Bogenschützen traten Prinzessinnen und Konkubinen der Fünf Ränge an, die meisten nicht mehr ganz jung, ein Mangel, der durch Phönix und Päonie von den Tsairen wieder aufgewogen wurde. In der Schlußrunde wurden fünf Schießscheiben in einer Entfernung von hundert Schritt aufgestellt und den fünf besten Schützinnen wurde das Signal gegeben, gleichzeitig zu schießen. Phönix brachte zwei Pfeile nicht genau ins Schwarze, der dritte Pfeil ging daneben. Wang Chaoyi traf das erste Mal ins Schwarze, den zweiten Pfeil konnte sie nur mehr auf der Scheibe plazieren. Maulbeere traf mit beiden Pfeilen so unmittelbar an der Mitte, daß niemand wußte, wer gewonnen hatte, bis die Beamten die Siegerin festgestellt hatten. Es war Maulbeere.

Zu den Vorführungen, die das Spektakel beendeten, gehörte die Akrobatik von Wildente auf dem Pferderücken, fein abgestimmt mit den Kunststücken eines vierzehnjährigen Kadetten. Die Menge schrie vor Vergnügen über die Saltos und Handstände auf den galoppierenden Pferden. Dann beobachteten sie voll Begeisterung, wie ein übermütiges Mädchen aus Kucha einen wirbelnden Schwerttanz vorführte, während das Spielfeld für das Finale gereinigt wurde.

Mit dem Ende des Tanzes betraten die besten Schützen und die besten Reiter des Korps der Fliegenden Pferde den Ring. Eine kleine, bereits bekannte blaue Gestalt lief in die Mitte des Ringes, und auf ihren Kopf wurde eine brennende Kerze gestellt. Die Erregung wuchs, als den Zuschauern klar wurde, was da vor sich ging. Und sie erreichte ihren Höhepunkt, als immer schneller und schneller geritten und geschossen wurde und die Zuschauer merkten, daß auch sie, denen die Pfeile um die Köpfe schwirrten, in dieses Schauspiel mit einbezogen waren. Plötzlich verlosch die Flamme, von einem Pfeil getroffen, und die Spiele waren zu Ende.

Die Tsairen hatten ihren Mann gestanden und waren ganz aufgeregt. Ihr Tag war mit einem Höhepunkt zu Ende gegangen, als sie vorgerufen und vom Kaiser selbst gelobt wurden. In ihr Haus zurückgekehrt und der blauen Kleider ledig, versammelten sie sich in Jaos Zimmer, in dem für alle reichlich Platz war. Maulbeere schnatterte aufgeregt, und Phönix, die Verliererin, schenkte ihr, weit entfernt, gekränkt zu sein, volle Aufmerksamkeit. Maulbeere wiederholte immer wieder: »Sie waren so nahe beisammen, es war wirklich ein Unentschieden, sie hätten es als ein Unentschieden werten müssen.«

Jade, die dem zweiten Poloteam angehört hatte, war nicht zum Einsatz gekommen. Doch sie sonnte sich nichtsdestotrotz im Erfolg der Tsairen, den sie als ihr Recht für sich in Anspruch nahm, da sie sich als Haushaltsvorstand betrachtete. Sie lud Verwandte ein, sie im Anschluß an die Spiele auf ihrem Zimmer zu besuchen, was diese nur zu gerne annahmen. Für einige Stunden war sie vollauf mit ihren Besuchern beschäftigt und nahm an der allgemeinen Fröhlichkeit in Jaos Zimmer nicht teil.

Erst als ihre Gäste gegangen waren, stieß sie zu ihren Hausgenossinnen. Das erste, was sie beim Betreten des Zimmers sah, war Phönix, die lachend einen verspannten Muskel an Maulbeeres Hand massierte. Die beiden Mädchen unterhielten sich sichtlich gut, diskutierten die Feinheiten des Bogenschießens und machten Pläne, diese Kunst, sollte es sich einrichten lassen, weiterhin zu üben.

Mit einer rüden Bewegung packte Jade Phönix beim Arm. »Du hättest gewinnen müssen!« brach es aus ihr heraus, auf ihrer Stirne war eine klopfende Ader zu sehen. »Ich habe gesehen, wo die Pfeile hingegangen sind. Einer deiner Pfeile traf ins Schwarze, der andere knapp daneben.«

Phönix bemühte sich, Jade zu beruhigen. Sie hielt immer noch Maulbeeres Hand. Jade erbleichte und schlug Phönix' Hand weg. »Du bist die Gewinnerin«, schrie sie.

Maulbeere, die müde und eingeschüchtert war, begann bei diesen bösen Worten zu weinen, und die noch im Zimmer anwesenden

Mädchen scharten sich um sie, um sie zu trösten. Das brachte Jade noch mehr in Rage. Sie stieß Maulbeere zur Seite und schickte sich an, Phönix und Päonie aus dem Zimmer zu führen.

Wolke schlug schnell vor, doch Tee zu trinken. »Maulbeere, ich gieße gleich hier über der Heizpfanne Tee auf. Wollt ihr eine Tasse? Es ist ein Spezialtee, bekannt für seinen Duft und seinen Geschmack – Drachenquellen-Tee von unserem Besitz in der Nähe von Suchow.«

Maulbeere wandte sich zum Gehen. »Danke, das ist nett von dir, doch ich glaube nicht, daß ich jetzt etwas essen oder trinken kann«, antwortete sie völlig verwirrt. »Ich denke, ich gehe gleich zu Bett, wenn ihr mich entschuldigen wollt.«

In diesem Moment erschien Chi, der seinem Vorgesetzten Bericht erstattet hatte und zu den Tsairen geeilt war, um ihnen zu gratulieren. Ihm war bewußt, daß seine eigene Stellung in der Palasthierarchie und seine Chancen für eine Beförderung durch den Erfolg seiner Schützlinge gestiegen waren, und damit war er bester Laune.

Was er vorfand, war eine weinende Maulbeere, Wolke, die eine Dienerin anschrie, schnell den Tee zu bringen, eine Phönix, die entschlossen neben ihrer neuen Freundin stand, eine Jade, die aus unerfindlichen Gründen steif vor Erregung war, und die übrigen Mädchen in den verschiedensten Stadien der Verblüffung und Ermüdung. Sobald sie ihn erblickten, verschwanden sie in ihre Zimmer, und er blieb allein ohne jemanden, dem er hätte gratulieren können.

»Seltsam«, stieß er hervor. »Seltsam! Mädchen! Ob ich jemals aus diesen Mädchen schlau werde?«

Plötzlich wurde er sich der eigenen Müdigkeit bewußt. Er dachte gerade darüber nach, wie er seinen Abend verbringen sollte, als er ein lautes Klopfen an der Eingangstür vernahm. Er hörte jemanden öffnen, dann trat Ket mit einem Umschlag aus roter Seide herein.

»Die Rote Karte«, sagte sie. Chi sprang auf. »Eine Aufforderung für eine meiner Tsairen!« rief er aus. Wolke, Wildente und Toto gingen ihm als mögliche Kandidatinnen durch den Kopf.

»Für wen?« wollte er wissen. In jeder Tür war plötzlich ein neugieriges Gesicht zu sehen. »Für Maulbeere«, erklärte Ket.

Aus Maulbeeres Zimmer drang ein Schrei. »Ich bin in das Purpurzimmer befohlen, ich! Ich kann es nicht glauben, daß ich diejenige bin, der diese Ehre widerfährt.« Sie eilte hinaus, um sich bei Chi ihrer Sache zu vergewissern, während sich die Galerie mit neugierigen Tsairen füllte.

»Ich glaube nicht, daß du die Auserwählte bist«, mischte sich Jade ein. »Es muß sich um einen Irrtum handeln.« Sie riß Maulbeere den roten Seidenumschlag aus der Hand und öffnete ihn. »Na also, kein Name! Ich bin sicher, er ist für mich«, verkündete sie, als ein Papierstreifen zu Boden fiel.

Chi starrte sie ungläubig an, dann griff er nach dem Umschlag in Jades Hand. Sie zuckte zurück.

»Seid Ihr verrückt?« fragte er. »Das kann doch nicht Euer Ernst sein.« Er hielt seine Hand weiter auffordernd hin, und schließlich überließ sie ihm die Karte. Der Eunuch las sie. »Es ist eine Aufforderung für die dritte Nacht von heute. Heute abend ist der Kaiser beschäftigt, und morgen geht er für drei Tage auf die Jagd.« Er hob das zu Boden gefallene Blatt Papier auf. »Der Name hier ist deutlich Tsairen Hsin, nicht Tsairen Tsui«, las er und schaute seine aufgeregten Zuhörerinnen prüfend an. Maulbeere sah aus, als könnte sie jederzeit einen hysterischen Anfall bekommen.

Jade riß Chi den Papierstreifen mit einem seltsamen, besessenen Blick in ihrem blassen Gesicht aus der Hand. Ihrem Willen hatte sich noch nie jemand für längere Zeit in den Weg gestellt, und sie dachte nicht daran, dieses Mal nachzugeben.

»Ihr habt die Zeichen falsch gelesen, Tsui und Hsin sind einander sehr ähnlich. Ihr habt falsch gelesen«, wiederholte sie und ging in ihr Zimmer.

Jao war während dieser Szene mit niedergeschlagenen Augen dagestanden. Als Jade verschwunden war, hob sie die Augen. Sie begegnete dem ausdruckslosen Blick von Wildente und erkannte, daß diese einen schleunigen Rückzug für das Klügste hielt. Auch Toto schlich davon. Sie sehnte sich nach einem Bad, nach ihrem Abendessen, einem Kartenspiel und dem schützenden Schlaf auf der warmen *kang.* All das war in dem Blick zu lesen, den sie Jao zuwarf, und auch die wandte sich zum Gehen, beschämt, Maulbeere im Stich zu lassen, froh, von der Bildfläche verschwinden zu können.

Chi beobachtete den Abgang der Mädchen, dann ging auch er, ohne den Papierstreifen. Wenige Minuten später stand er vor dem Eunuchen

Kao, übergab ihm die Rote Karte und berichtete von dem Zwischenfall. Ko hörte ihm mit über dem Bauch gefalteten Händen zu. »Wir werden für einen neuen Streifen mit dem Namen Hsin darauf sorgen«, sagte er, »das ist ein Leichtes, aber mit Jade werdet Ihr selbst zurechtkommen müssen. Ich schlage ein heißes Bad und eine anschließende Abreibung im Schnee vor. Maulbeeres Familie hat eine Wagenladung mit Geschenken gesandt, in Anerkennung der Ehre, die ihrem unbekannten, aber reichen Klan zuteil wurde.«

»Geschenke? Für Euch? Wofür?« Chi klang indigniert. Auf Kos Gesicht erschien ein wissendes Lächeln.

»Es ist Euer gutes Recht, empört zu sein, aber eines Tages werdet Ihr in meiner Stellung sein, und dann werdet Ihr begreifen, daß Ihr, wenn Ihr nicht vorsorgt und die Geschenke nehmt, solange Ihr sie bekommt, in Euren alten Tagen ohne alles dastehen werdet. Ich freue mich, daß ich das Leben für Tsairen Maulbeere etwas leichter machen kann.«

»Ihr meint wohl schwerer. Sie steckt jetzt in echten Schwierigkeiten, und ich auch«, gab Chi zurück.

5

Am nächsten Morgen, als nach den Neujahrsfeierlichkeiten allmählich das Alltagsleben wieder einsetzte, wirkte der Palast wie ausgestorben. Die Tsairen verteilten sich auf die Häuser der älteren Konkubinen, wo sie Pflichten zu erledigen hatten. Jao, glücklich, daß sie von Fang Fei angefordert worden war, machte sich gleich nach dem Frühstück auf den Weg. Die eisigen Windstöße eines aufziehenden Sturms bliesen sie so durch, daß sie halberfroren auf dem Grundstück der Fei ankam. Sie war froh, das Wohnzimmer Fangs betreten zu können, in dem es wärmer war als bei den Tsairen. Sie verbeugte sich vor Fang Fei, die auf einem fellbedeckten Tagesbett saß, während Bixon zu ihren Füßen kniete und sich das Haar bürsten ließ. Solange ihre Mutter dazu bereit war, weigerte sich Bixon, die Dienste anderer in Anspruch zu nehmen.

Neben Fang Fei saß eine auffallend gut aussehende Frau, vor der Jao sich ebenfalls verbeugte. Es war Prinzessin Li Wencheng. Die Prinzessin lächelte ihr zu, und Jao verbeugte sich nochmals, um ihr Erstaunen zu verbergen. Die Prinzessin sah dem Kaiser so ähnlich, daß man, hätte sie seine Kleider getragen, sie von der Ferne jederzeit mit ihm hätte verwechseln können. Sie lächelte, als sie Jaos Gesichtsausdruck bemerkte.

»Fremde wundern sich immer über mein Aussehen«, versicherte sie Jao und fügte, während sie sich zu Fang Fei umdrehte, wie von ungefähr hinzu, »ich hätte wirklich ein Junge sein sollen, denn mir haben die Beschäftigungen der Mädchen niemals Spaß gemacht. Und nun bin ich hier in diesem Palast in eine Welt der Frauen eingeschlossen, die täglich enger wird. Was mir wirklich Spaß macht, sind die Dinge, mit denen Shihmin seine Zeit verbringt: jagen, reiten, das Hofleben, die Macht, einflußreiche Leute herumkommandieren!«

Sie hielt inne, denn Fang Fei wirkte unangenehm berührt. »Wünschen ist doch nicht verboten, oder?« fragte sie. »Mißbilligt Ihr vielleicht, daß ich Shihmins Namen nenne, da der Namensteil Shi tabu ist?«

Als Fang Fei nickte, lachte Wencheng.

»Ich verstoße nicht gegen ein Tabu. Shihmin hat der Familie kürzlich mitgeteilt, daß er seinen Brüdern und Schwestern – dreißig von uns – die Erlaubnis erteilt, ihn so zu nennen, wie wir es gewohnt sind. Eine Ehre, die nur uns zuteil wurde, niemandem sonst. Es ist durchaus möglich, daß diese uns gemachte Konzession in der Verwaltung ungern gesehen wird und Ihr daher noch nicht davon gehört habt. Diese Gelehrtenbeamten sind wie spitze Steine unter dem Sattel – dies darf nicht sein, jenes schadet der Moral des Volkes. Den Kaiser ärgern sie mehr und mehr. Es ist, als hinge eine Schlange über einem, wenn man gerne bequem sitzen möchte. Es stört einfach das Wohlbefinden –«

Sie brach ab, als sie merkte, daß drei Augenpaare ein wenig zu ernst auf sie geheftet waren.

»Was ich da so daherrede! Ich meine nicht die Hälfte von dem, was ich sage.«

Impulsiv legte Fang Fei die Hand auf den Arm der anderen Frau. »Ich liebe es, Euch zuzuhören. Und ganz besonders liebe ich es, den Namen des Kaisers zu hören, den ich selbst nicht aussprechen darf … also sagt ihn oft.«

»Diesem Wunsch werde ich sicher nachkommen, denn ich spreche so oft über ihn! Immer tut er etwas Aufregendes. Leben bedeutet für Shihmin, Gefahren zu begegnen, je größer, desto besser, und ganz und gar die eigenen Wege zu gehen. Er erträgt es nicht, eingeengt zu werden. Mir geht es genauso.« Wencheng lächelte auf ihre entwaffnende Art und griff nach ihrem Schal.

»O, geht nicht, Ihr seid meine Lieblingstante!« rief Bixon. »Bleibt, eßt mit uns und erzählt. Ich bin so glücklich, wenn Ihr hier seid.« Sie streckte eine kleine Hand aus und streichelte Wenchengs weiche Wange. »Ihr seht aus wie mein Vater, aber Ihr fühlt Euch anders an.«

Beide Frauen lachten wissend. »Shihmin fühlt sich an wie ein Stachelschwein, zumindest für die, die ihm nahe genug kommen … diese Schnurrbartstacheln, die man als Aufhänger für einen Bogen benützen könnte!« Die Prinzessin kicherte. »Ich verstehe nicht, wie Ihr das aushalten könnt, Fang, meine Freundin.«

Fang Fei zuckte die Achseln. »Mich stört es nicht, sie anzusehen.«

»Ansehen ja, aber spüren?« neckte die Prinzessin.

Fang Fei zuckte wieder die Achseln und errötete, dann seufzte sie. »Es tut so gut, Euch hier zu haben, Prinzessin. Ohne mit Euch lachen zu können, würde ich regelrecht dahinwelken. Auch ich hasse es, herumkommandiert zu werden, und ich weiß nicht, was ich dagegen tun könnte. Ihr werdet mit den Dingen fertig, indem Ihr darüber lacht. Doch es gibt so viele Dinge, über die ich nicht lachen kann … dieser neue Verdruß zum Beispiel. Bitte setzt Euch wieder und laßt Euch erzählen.«

Wencheng zögerte, kehrte aber dann zu ihrem Platz zurück, während Fang Fei ein Band in Bixons Haar flocht. »So, du siehst hübsch aus. Und jetzt geh bitte und spiel dein neues *pachisi*-Spiel mit Tsairen Jao.«

Fragend blickte Bixon zu Jao. »Willst du?« Jao nahm ihre Hand, und die beiden zogen sich in den Alkoven zurück. Jao hatte nichts dagegen, sie genoß es, mit dem Kind zusammenzusein, und ihr war klar, daß Fang Fei den Wunsch hatte, mit der Prinzessin unter vier Augen zu reden.

»Es geht um Jer«, begann Fang Fei sogleich. »Taitsungs Kammerherr erklärte mir, es wäre das beste, die ganze Sache totzuschweigen, doch ich habe das Gefühl, ich müßte mit jemandem, dem Jer wirklich am Herzen liegt, darüber reden.«

Sie zögerte, und Wencheng sagte schnell: »Wenn es sich um Jer handelt, so will ich alles wissen. Er ist seit dem Tod seiner Mutter unglücklich, und ich mache mir Sorgen um ihn. Ihr wißt, ich tratsche nicht im Palast herum. Das ist ein Zeitvertreib für Hohlköpfe.« Die Prinzessin runzelte die Stirn. »Ich habe gehört, daß Shihmin den Jungen zwei Tage früher von der kaiserlichen Jagd heimgeschickt hat, weil er krank war. Dahinter verbirgt sich doch kein Skandal?«

»Er ist nicht nur krank«, erklärte Fang Fei. »Er steht unter Schock. Seit zwei Tagen hat er nichts gegessen, und er rührt sich nicht, er sitzt nur da – er schmollt nicht, er macht keine Schwierigkeiten, er starrt nur die Wand an. Der Kammerherr hat Jer zu mir gebracht, ich solle schauen, ob Bixon vielleicht helfen könne, aber der Junge gibt nur höflich Antwort auf ihre Fragen, dann verfällt er wieder in Schweigen. Er ist jetzt hier. Taitsung ist noch nicht von der Jagd zurück.«

»Was ist geschehen?« wollte Wencheng wissen.

»Während der Jagd hatte sich Jer in seiner Ich-auch-Art an Chengchien gehängt, führte sein Pony, so nahe es ging, an das Pferd seines Bruders heran und war fröhlich wie ein normaler Junge. Am zweiten Tag schoß Chengchien schlecht, weshalb er sich nachmittags in sein Zelt zurückzog und zu trinken anfing.«

»Dieser Chengchien! Er ist eigentlich ganz gutmütig, aber er ist so ein Esel«, rief seine Tante ungeduldig aus. »Nur die Kaiserin verstand es, mit ihm umzugehen. Ich denke, es liegt an seiner Dickfelligkeit, daß er so stur ist.«

»Nun … ja«, fuhr Fang Fei fort. »Als er dann betrunken war, forderte er seine türkischen Freunde zu einem ihrer Lieblingsspiele auf, bei dem sie im Kreis um einen Hund reiten und auf ihn schießen, bis das Tier vor Angst stirbt. Die Kumpane stimmten sofort zu und liefen eilig aus den Zelten, ließen sich die Pferde bringen und schwangen sich in den Sattel. Es war jede Menge Jagdhunde da, und Chengchien war gerade im Begriff, einen auszusuchen, als sein Blick auf Jers Lieblingshund fiel. Er packte ihn am Nackenfell und warf ihn in den Kreis der Männer. Jers Schreie nahm er nicht zur Kenntnis. Der Haushofmeister Chu versuchte einzugreifen, aber Chengchien schrie nur: ›Geh mir aus dem Weg, Alter‹, und gab das Zeichen zum Start.

Als der Hund zu heulen begann, stürmte Jer in den Kreis, um seinen Hund zu holen. Glücklicherweise packte ihn einer der Reiter am Gürtel und stieß ihn zu einer Wache. Und so mußte Jer mitansehen, wie sein Hund unter Qualen zu Tode kam; er übergab sich bei dem Anblick. Diener schafften ihn rasch in das Zelt seines Bruders, um ihn zu säubern, aber er blieb zitternd auf dem Bauch liegen und weigerte sich, weiter an der Jagd teilzunehmen. Da er es ablehnte, irgend etwas mit Chengchien zu tun zu haben, wurde der Kaiser geholt, und als Taitsung ihn fragte, was ihn quäle, erklärte Jer einfach: ›Ich will nicht mehr jagen, ich will nach Hause.‹«

Bei diesen Worten runzelte die Prinzessin die Stirn. »Wie hat Shihmin den Wutanfall des Jungen in den Griff bekommen?«

Fang Fei schüttelte den Kopf. »Ihr könnt das nicht einfach als Wutanfall abtun. Taitsung versuchte es auch, aber ohne Erfolg. Er erklärte dem Jungen, daß der beste Teil der Jagd noch vor ihnen läge, und er solle sich durch eine solche Kleinigkeit nicht alles verderben lassen, sondern es wie ein Mann nehmen.«

»Und?« fragte die Prinzessin schnell.

»Nun, Jer richtete seinen Zorn gegen seinen Vater und schrie: ›Kleinigkeit? Eine Kleinigkeit! Wie könnt Ihr so etwas sagen? Würde es Euch gefallen, wenn Chengchiens Barbaren Euer bestes Schlachtroß umzingelten und zu Tode quälten? Ja? Ja?‹ Sie sagen, das habe Taitsung sehr getroffen. Wenn es etwas auf Erden gibt, Mensch oder Tier, dem der Kaisers treu ergeben ist, so ist es sein Pferd. ›Ich würde ihn töten‹, sagte er, ohne zu zögern, und Jer antwortete: ›Genau das werde ich tun!‹ Das war der Punkt, an dem Taitsung den Jungen nach Hause schickte«, endete Fang Fei.

Gedankenvoll runzelte Wencheng die Stirn. »Shihmin war so bestürzt, weil er fürchtet, seine Söhne könnten eines Tages in Streit geraten und einander bis zum Tod bekämpfen … wie damals, als Shihmin seine beiden Brüder tötete. Das überschattet sein Leben bis heute.«

Die zwei Frauen verfielen in bedrücktes Schweigen. Dann sprang Wencheng auf, daß die Felle flogen. »Jer ist ein hitziger kleiner Teufel, und ich weiß, wie ihm zumute ist. Leider weiß ich auch, wie seinem Bruder zumute ist. Beide müssen lernen, die Dinge hinzunehmen, wie sie nun einmal sind, nicht wie sie sie sich in ihrem kindlichen Gemüt wünschen. Ich spreche lieber nicht mit Jer. Es würde zu nichts führen, ich bin viel zu impulsiv, und wenn ich so komme, hört mir niemand zu. Aber laßt ihn nicht vor sich hinbrüten. Holt ihn zu Bixon und Jao herein, er soll einfach eine Weile in ihrer Gesellschaft herumsitzen.«

Sie drückte Fang Feis schlaffe Hand und war in einer Wolke kalter Luft verschwunden.

Fang Fei blieb, wo sie war, und lauschte dem glücklichen Lachen ihrer Tochter. Schließlich rief sie Bixon zu sich. »Geh bitte zu Jer. Sag gar nichts – nimm nur seine Hand und bring ihn her.«

Zum Erstaunen der Dienerinnen erschien Bixon nach kurzer Zeit mit Jer im Schlepptau im Wohnraum.

»Setz dich hier zu mir«, schmeichelte Bixon, »und schau mir beim Spielen zu. Das ist ein neues Spiel, das ich gelernt habe.«

Jao klopfte auf einen Platz neben sich, und gehorsam setzte sich Jer, aber er setzte sich mechanisch, ohne das geringste Interesse. Dann durchdrang die Wärme und der Ausdruck von Sympathie in ihren Augen seine Einsamkeit. Während er zuschaute, erklärte Jao die Muster auf dem Brett und den Sinn des Spieles. Er begann die Spielmünzen zu befingern und auf Strategien zu achten. Als die Dienerin mit drei Schalen Suppe kam, nahm er die ihm angebotene und trank sie gedankenlos aus. Und bald beteiligte er sich am Spiel.

Da begannen die Frauen, die unauffällig alles beobachtet hatten, aufzuatmen. Ein wenig später gähnte Bixon, beendete ihr Spiel und kletterte auf die *kang*, wo sie bald einschlief. Und wieder tat Jer es ihr, ohne zu zögern, nach. Er dämmerte unverzüglich ein. Zwar fuhr er immer wieder auf und stöhnte, aber er schlief. Die Frauen wechselten zufriedene Blicke.

Flüsternd bat Madame Fang Jao in eine ruhige Ecke. »Ich wollte dir danken, daß du mir die Nadel zurückgeschickt hast. Und noch dazu auf so nette Weise durch Chi, der mir seinen Dank ausgesprochen hat. Er äußerte sich sehr lobend über deinen guten Charakter.«

Jao blinzelte und lächelte erleichtert. Sie hatte nichts von der Rückgabe der Nadel gehört. »Euer Gnaden waren sehr freundlich zu mir. Ich werde das nie vergessen! Mein ganzes Leben werde ich mich dieser Freundlichkeit erinnern.« In dem Bemühen, ihre Gefühle auszudrücken, versteifte sich ihr ganzer Körper.

Fang Fei lächelte über die Ernsthaftigkeit, war aber berührt. »Komm doch bitte oft hierher. Komm die Kinder besuchen, wenn du jemanden brauchst, mit dem du über die Gebräuche hier im Palast sprechen willst. So solltest du zum Beispiel nur mit aufgestecktem Haar erscheinen. Ich habe eine kleine Nadel – die ich dir diesmal schenke –, und ich werde dich jetzt frisieren.«

Sie schlang Jaos Zöpfe zu einer Acht und steckte die Nadel an ihren Platz. Es war eine schlichte Bernsteinnadel, die weniger kostbar aussah, als sie in Wahrheit war. »So«, stellte sie fest, »sie glüht in deinem schwarzen Haar und macht dich *tsai Tsai* – eine elegante Elegante!«

Das einfache Wortspiel gab Jao ein Gefühl der Vertrautheit, und beide lachten. Fang Fei warf einen Blick auf die schlafenden Kinder und seufzte. »Du mußt jetzt gehen, meine Kleine.«

Jao schaute durch den stillen Raum, in dem die Gesellschafterinnen nähten und die Kinder schliefen, und sie erhob sich mit dem unendlich beruhigenden Gefühl, wirkliche Freunde gefunden zu haben.

»Du warst mir eine große Hilfe«, sagte Fang Fei, »und es ist deutlich zu sehen, daß die Kinder dich mögen. Ich werde bald wieder nach dir schicken.«

Jao verabschiedete sich mit dem *anjali*-Gruß und ging sofort. Ohne Schwierigkeiten fand sie ihren Weg zurück zum Haus der Tsairen. Die anderen Mädchen waren bereits im *kang*-Raum. Sie waren schläfrig und hatten ihre Dienerinnen für die Nacht entlassen. Phönix und Päonie tauschten die Plätze, damit Phönix in ihrer Unterhaltung über das Bogenschießen mit Maulbeere fortfahren konnte. Päonie hatte sich in ihrer üblichen entspannten Art sofort schlafen gelegt, Jade jedoch saß mit steinernem Gesicht bolzengerade in ihrer Ecke. Jao stieg auf die *kang*, rückte sich zurecht und gähnte befriedigt. Es war ein guter Tag gewesen. Halb im Hinüberschlummern hörte sie Maulbeere sagen: »Ich gehe jetzt in mein Zimmer, damit ich lange schlafen kann ...« Jaos letzter klarer Gedanke war, daß Maulbeere lieber in einem eisigen Zimmer schlief, als weiterhin Jades schweigende Mißbilligung zu ertragen.

Ihr kam es vor, als hätte sie sich gerade einmal umgedreht, als bereits der Morgen anbrach. Sie ging durch den Gang in ihr Zimmer und sah, daß sich während der Nacht ein Schneemantel über den vorderen Hof gebreitet hatte. Auf dem Weg in den Waschraum bemerkte sie, daß auch im hinteren Hof der gleiche frische Schnee lag. Es war ein angenehmes Gefühl, die erste zu sein, dachte sie und streckte sich. Sie kehrte in ihr Zimmer zurück und trödelte beim Anziehen, dann kämmte sie sich die Haare und versuchte, wie sie die Frisur am besten mit der Nadel feststecken konnte. Mi trat ein und machte sich an ihre morgendlichen Pflichten, alles mit ihrem einen, unverletzten Arm. Der Lärm des erwachenden Tages brach an, als die Dienerinnen und ihre Herrinnen im Haus aufstanden.

Plötzlich gellte aus dem neben dem *kang*-Raum gelegenen Zimmer ein schriller Schrei. Ket, die gerade die Nachtwächterin entlassen hatte, beeilte sich nachzusehen. Einige Sekunden später stand Mi wieder vor Jao.

»Es ist Maulbeere ... sie liegt warm zugedeckt im Bett, aber sie rührt sich nicht.«

»Das ist doch nichts, worüber man sich aufregen muß. Sie sagte, sie wollte lang schlafen«, gab Jao ärgerlich zurück.

»Sie ist tot«, sagte Mi.

Jao stieß einen leisen Schrei aus. »Was! Wa ... was los? Geh, find heraus, was passiert ist!«

Mi mischte sich unter die Menge, die sich in Maulbeeres Zimmer drängte. Ket hatte das Gesicht des toten Mädchens bedeckt und gestattete niemandem, irgend etwas zu berühren, während sie auf Chi wartete. Dieser rief seinerseits die Hauptwache und einen Hofarzt. Jade stand neben Ket und sprach mit harter Stimme mit dem Beamten. »Sie übernimmt die Leitung«, bemerkte Wildente spöttisch, als sie in Jaos Zimmer schlüpfte.

»Diesmal bin ich froh, daß sie es tut«, antwortete Jao, die, am ganzen Leib zitternd, die Tür fest hinter Wildente schloß. Im Haus waren schwere Schritte zu hören. Menschen stampften den Schnee von den Füßen, Beamte drängten sich in der Halle und befragten die erschrockenen Dienerinnen, Wachen untersuchten Maulbeeres Zimmer, nachdem der Leichnam entfernt worden war.

Eine nach der anderen erschienen die Mädchen in Jaos Zimmer, um Trost zu finden, nur Jade blieb weiter bei den Beamten. Sie blieb auch noch in Maulbeeres Zimmer stehen, als sie gebeten wurde, es zu verlassen. Perle und Toto hatten sich zu einem Kartenspiel zusammengefunden, in der Hoffnung, damit ihre Nerven zu beruhigen. Päonie hatte ihre Stickerei mitgebracht und versuchte, dem Anlaß gemäß traurig auszusehen. Phönix aber saß mit gefalteten Händen da und blickte ins Leere. »Das hat es alles schon einmal gegeben«, stellte Wolke fest. Die neuen Mädchen blickten sie erstaunt an. »In eineinhalb Jahren hat eine Tsairen Selbstmord begangen, eine wurde wahnsinnig – sehr zum Ärger des Kaisers –, und eine starb an Fieber. Und jetzt das. Dieses Haus ist verflucht.« Sie verstummte. Niemand wußte etwas dazu zu sagen. Sie waren zu verängstigt.

»Hat jemand Hunger?«, wagte sich Mi vor, und als ihre Bemerkung auf Zustimmung traf, verschwand sie in die Küche. Bald kehrte sie mit Schalen voll dampfender Hirse und Krügen mit heißem Gerstentee wieder. »Das war alles, was ich finden konnte«, scheu zuckte sie die Achseln. »Die Küche ist in Aufruhr.«

Die Sonne stieg hoch und schmolz den Schnee, der durch Hunderte von Fußspuren verschmutzt war. Eiszapfen begannen von den Dächern zu tropfen. Die Beamten verließen das Haus, und langsam trat wieder Ordnung in den Haushalt ein. Jade knöpfte sich Chi vor, als er Maulbeeres Tür versiegelte.

»Wie lautet das Untersuchungsergebnis?« verlangte sie zu wissen.

»Sie wurde sowohl von den Ärzten wie von den Wachen untersucht, der Totenschein ist ausgestellt. Ich habe nichts mehr damit zu tun«, entgegnete Chi mit Erleichterung.

»Aber woran ist sie gestorben?« fuhr Jade unbeirrt fort.

»Sie fühlte sich gestern nicht wohl, also entschieden die Beamten, daß der Wettkampf, gefolgt von der Einladung des Kaisers zu viel für sie waren. Herzschwäche ...«, er zuckte die Achseln.

Jade nickte kühl, doch Chi bemerkte, daß sie irgendwie befriedigt schien. Er verfluchte das Haus und Mädchen im allgemeinen, dann ging er und schlug die Tür mit einem Knall hinter sich zu.

In dem Bestreben, die Tsairen zu beschäftigen und sie ihre Angst vergessen zu lassen, baten die Eunuchen eine ältere Kurtisane, den Mädchen einige Unterrichtsstunden zu geben, um ihr Benehmen und ihre Schlafzimmermanieren zu verfeinern. Zu Mittag des nächsten Tages versammelten sich die acht Tsairen in Jaos Zimmer, wo sie sich auf Polstern niederließen und aufgeregt miteinander flüsterten. Stille legte sich über den Raum, als eine elegant gekleidete Dame eintrat, gefolgt von ihrer Dienerin, die mehrere Schriftrollen sowie Marionetten trug.

Sie wartete nicht, bis die Mädchen zur Ruhe kamen, sondern begann sofort, den Blick über ihre Köpfe an die Wand geheftet, mit hoher Stimme ihren Vortrag.

»Ihr, meine jungen Damen, seid von Geburt an zu einem einzigen Zweck erzogen worden – einen jungen Mann eures Alters zu heiraten und im Schutz der Familie Kinder großzuziehen.«

Sie hielt inne, und Jao glaubte, eine Spur von Zorn in der Stimme der Frau entdeckt zu haben. »Ihr habt ein leichtes Leben erwartet, im Schutz der Familie und der vielen Mauern, ein leichtes Leben, bis zu dem Tag, an dem euer Ehemann eine jüngere Frau ins Haus bringt. Dann ist es aus mit dem Frieden, denn dann gibt es Eifersucht und Zwietracht. Doch ist die Stellung der Frau Nummer Eins nicht wirklich gefährdet, und sie kann bis ins hohe Alter in Frieden leben, während die Frau Nummer Zwei und deren Kinder immer in Gefahr sind.«

›Wie ich‹, dachte Jao. ›Zweite Tochter einer Zweiten Frau, obwohl meine Mutter niemals Konkubine war.‹

»Hier im Palast ist alles ganz anders«, fuhr die Kurtisane fort. »Hier seid ihr alle Ehefrauen niedrigeren Ranges. Ihr seid weder vor Eifersucht noch vor Rivalität geschützt, und eure Stellung ist niemals sicher. Ihr seid nicht mit der leichten Aufgabe betraut, einen jungen Ehemann zufriedenzustellen, sondern mit der schwierigen Aufgabe, den Kaiser zufriedenzustellen, der, gelinde gesagt, nicht leicht zufriedenzustellen ist.«

Die Mädchen sprachen nicht mehr untereinander, sie waren ganz bei der Sache. Die Kurtisane fuhr fort. »Aber selbst wenn es euch gelingt, das Gefallen des Kaisers zu finden, selbst wenn ihr eine Favoritin werdet, dann seid ihr immer noch – höchstwahrscheinlich sogar – der Gefahr ausgesetzt, die durch die Eifersucht aller anderen Konkubinen entsteht. Das ist ein großes Problem im Palast. Ich bin heute eigens hergekommen, um euch Tsairen Ratschläge zu geben, weil in diesem Haus so schreckliche Dinge passiert sind. Eure Wächter finden, daß hier zu viel Eifersucht und Unfriede herrschen und daß es so nicht weitergehen dürfe. Der Kaiser ist böse, und der Obereunuch ist entschlossen, diesen Dingen ein Ende zu setzen. Die Entschuldigung für alle eure Fehler ist eure Jugend. Doch das ist eine Entschuldigung, der ihr euch nicht mehr lange bedienen könnt.«

Totenstille lag über dem Zimmer. Sogar Jade hörte zu.

»Ihr werdet doch nicht am Ende uns für die Schwäche und den Tod dieses aus dem Süden stammenden Mädchens verantwortlich machen?« fragte Jade kalt.

Die Kurtisane starrte sie erstaunt an. »Was hat die Tatsache, daß sie aus dem Süden stammt, mit ihrem Tod zu tun?«

»Alles«, gab Jade zurück. »Jeder weiß, daß die Südländer schwach sind – ihr Klima.«

»Diese Worte sind ein Beispiel dafür, was in diesem Haus falsch ist«, entgegnete die Kurtisane steif. Sie selbst stammte aus dem Jangtse-Delta. »Süden oder Norden, Chinese oder Nichtchinese, unter Tang Taitsung sind wir alle eins. Wir alle sind Dienerinnen der Tang«, fügte sie stolz hinzu, »und ihr jungen Frauen müßt mit dieser albernen Loyalität gegenüber euren Heimatorten aufhören. Besonders ihr kaiserlichen Frauen. Ich will, um euch korrektes Benehmen im Harem beizubringen, mit der inneren Haltung beginnen. Jede Frau muß die richtige Haltung haben, oder sie wird nie erfolgreich sein. Ich wiederhole, die innere Haltung ... was hast du gesagt?« scharf blickte sie auf Jao.

»Damit beginnen die Buddhisten ihre Liste der Acht Wege zur Erlösung« erklärte Jao strahlend. Einige Mädchen kicherten.

»Ja ... gut ... Davon weiß ich nichts«, fuhr die Kurtisane zurückhaltend fort. »Eines aber kann ich sagen, die innere Haltung ist in diesem Palast der wichtigste Weg zum Erfolg. Nun, was ist eurer Meinung nach die richtige Haltung gegenüber dem Kaiser?« Die Stille im Raum vertiefte sich, die Mädchen vermieden es, einander anzusehen.

Die Dame zeigte auf Jao. »Deine Antwort«, befahl sie.

»Wenn man an das Bett des Kaisers gerufen wird ... was ist die beste Haltung ...«, wiederholte Jao und suchte verzweifelt nach einer Antwort. »Erstens sollte man ihn fragen, was er wünscht ...«, Jao dachte an ihre Halbbrüder. »Dann sichergehen, daß er weder schläft noch betrunken ist ...«

Hier wogte allgemeines Gekicher auf, und Jade unterbrach sie. »Bitte, wollt Ihr die schlechten Manieren dieser kindischen Tsairen übersehen. Sie stammen nicht aus den besten Familien und wissen weder etwas von richtigem Benehmen noch von richtiger Haltung. Ihr habt eine ernste Frage gestellt, und ich möchte sie ernsthaft beantworten. Jede Ehefrau, die in das Schlafzimmer des Kaisers gerufen wird, sollte bereit sein, die Initiative zu ergreifen. Der Kaiser ist nicht mehr jung, er wird uns nicht lieben wollen, sondern von uns erwarten, daß wir ihn lieben. Und ... Dummheit ... oder Gekicher wird ihn verärgern.«

Die Dame nickte leicht überrascht. Sie zeigte auf Päonie.

»Die richtige Haltung ist, auf die Befehle des Kaisers zu warten und bereit zu sein, seiner Führung zu folgen ... in allem ... und nicht selbst die Initiative zu ergreifen, das könnte ihm mißfallen«, schlug Päonie vor, die nicht in allem einer Meinung mit Jade war. Sie war überzeugt, daß es kaum etwas auf dem Gebiet der Liebeskunst gab, von dem sie nichts wußte.

Wieder nickte die Dame und zeigte auf die scheue Perle, die erstaunlich schnell ihre Antwort bereit hatte.

»Sich so anziehend wie möglich präsentieren, makellos gepflegt und bezaubernd, wie eine Blume. Das wird ihn besänftigen und seine Aufmerksamkeit wecken.«

»Ja, für den Anfang, ja«, stimmte die Kurtisane zu. »Nun du«, sie zeigte auf Wolke.

»Das wichtigste«, meinte Wolke träumerisch, »ist es, die Gefühle des Kaisers zu erspüren, indem man sich ihm nähert, alles an ihm zu beobachten, ihn zu überzeugen, daß man seine Gefühle, wie immer sie sein mögen, teilt, man ein Teil von ihm ist. Dann beginnt sich gegenseitige Leidenschaft zu entfachen.«

»Was die Gegenseitigkeit betrifft, bin ich mir nicht so sicher«, unterbrach die Dame. »Gefühle, Feuer und ähnliches. Ich könnte mir vorstellen, daß es manchmal gelingt, wenn der Kaiser jung ist. Jetzt du«, damit zeigte sie auf Wildente, die aufsprang, als plötzlich die Anonymität, mit der sie sich umgab, durchbrochen wurde.

»Die richtige Haltung? Nun ... die Augen gesenkt, die Hände gefaltet, bis man angesprochen wird«, schlug sie vor.

Die Kurtisane warf ihr einen mißtrauischen Blick zu, unsicher, ob Wildente sich über sie lustig machte. »Hast du das aus Madame Pangs Etikettenbuch auswendig gelernt? Ein gutes Buch, sicher, sehr instruktiv über das, was man tut und was man nicht tut, doch für hiesige Zwecke unbrauchbar.«

Diese Worte riefen unter den Tsairen Neugier hervor, und einige husteten diskret.

»Hier ist es unbrauchbar«, wiederholte sie. »Die Lehren der Madame Pang wurden euch von euren Müttern beigebracht, die glaubten, damit ihrer Pflicht an euch nachgekommen zu sein. Diese Regeln sind nützlich für das Benehmen den übrigen Palastbewohnern gegenüber, den im Rang über euch stehenden Damen und so weiter, doch der ganze Innere Palast ist allein für den Zweck da, einem Mann zu dienen – einem Mann, der die einzige Person ist, die hier zählt. Nun, wir wollen also zum Kern der Sache kommen ... wie viele von euch sind jemals an sein Bett gerufen worden?«

Drei Hände hoben sich.

»Ich nehme an, ihr drei seid defloriert worden und wißt bereits einiges über Haltung und ... Hingabe. Also erklärt mir bitte, was eurer Erfahrung nach die richtige Haltung ist.«

Sie zeigte auf Jade, die zögernd, aber immer noch überzeugt von der eigenen Unfehlbarkeit antwortete. »Eines Abends wurden mehrere von uns gerufen. Ein Fest fand statt, einige Meiren waren dort und die Chiayu. Auch Eunuchen waren anwesend.«

»Sein Gesicht war rot und seine Augen waren … ein wenig vortretend«, fiel Wolke ein. »Er lächelte nicht, befahl aber einem Sklaven, uns zu bedienen. Es gab Hirsebier, das schlecht schmeckte, doch der Obereunuch des Kaisers bedeutete uns, es zu trinken, und dann ging es dort laut zu, mit Lärm und Gesang … es war verwirrend und ganz unwirklich, wie ein Traum.«

»Nein, es war aufregend und lustig, voll Gelächter und Gesang«, Päonie sah das Ereignis anders. »Fröhlich. Genau die richtige Einführung, ein Fest mit Bier und allem, was dazu gehört.«

»Das Fest war nicht das wichtigste«, protestierte Wolke. »Wichtig war, was nachher geschah. Bevor wir wußten, wie uns geschah, leerte sich der Raum, und nur eine einzige Laterne warf flackernde Schatten an die Wand. Der Eunuch befahl uns, die Kleider abzulegen und verschwand, nachdem er uns zur *kang* geschoben hatte. Der Kaiser schlug auf einer kleinen Trommel den Takt und sang dazu. Er schloß uns alle in seine riesigen Arme, dann wurde eine von uns defloriert, aber vielleicht auch wir alle, dann rollte er sich zur Seite und schlief ein. Was die Haltung anbetrifft – darüber nachzudenken gab es keine Möglichkeit.«

Die Kurtisane hörte zu und schwieg. Ihre Erfahrungen mit Männern basierten auf einer Eins-zu-eins-Beziehung. Die Männer zahlten hohe Preise für ihre Gunst und waren voller Ehrgeiz bemüht, die eigenen Kräfte unter Beweis zu stellen. In ihrem Herzen wußte sie, daß sie sich als Lehrmeisterin für junge Mädchen, die den Launen des Kaisers ausgesetzt waren, nicht eignete.

»Es war, wie es sein soll!« rief Päonie laut aus. »Ich wurde defloriert. Und es war alles so verwirrend, geschah so schnell, war schmerzhaft schön. Auch wenn es ein wenig grob war.«

Bei diesen Worten nickte die Kurtisane, lächelte, und ihre vornehmen Allüren fielen von ihr ab. »Und wurdet ihr bald wieder gerufen?« fragte sie beifällig.

Drei Köpfe senkten sich niedergeschlagen. Erstaunt und ohne zu wissen, wie sie reagieren sollte, beschloß die Kurtisane das Thema der korrekten Haltung fallenzulassen. In ihren Kreisen, wo Unterhaltung im Mittelpunkt stand, war das Thema Haltung von essentieller Bedeutung, doch schien diese Norm nicht für den Palast zu gelten.

»Nun wollen wir uns mit dem Studium der zweiunddreißig Positionen befassen«, kündigte sie an. »Ihr müßt in guter körperlicher Verfassung und sehr geschmeidig sein, um in jeder Position kunstvoll agieren zu können.« Sie gab ihrer Dienerin ein Zeichen, ein Bild zu entrollen, auf dem die ersten fünf Positionen dargestellt waren. Nachdem sie ihre Erklärungen anhand der Zeichnungen abgegeben hatte, schloß sie mit den Worten, sie würde die Mädchen über das heute Gelernte am folgenden Tag prüfen.

»Es ist zu viel! Zu viel«, klagte Jao, als sie wieder allein war. »In weniger als einem Monat … zu viel!«

»Lauft kräftig auf der Stelle und stellt Euch auf den Kopf«, riet Mi. »Das Blut rinnt dann in die andere Richtung und die schlechten Gedanken fließen aus Euch heraus, Ihr werdet Euch besser fühlen. Dann werde ich Euch den Rücken und die Füße massieren, und wenn Ihr erwacht, werdet Ihr wieder kräftiger sein.«

»Machst du das auch so? Woher weißt du das alles? Ich bin erst dreizehn, und ich weiß so wenig, aber mit deinen sechzehn Jahren bist du mir weit voraus. Wirst du mir erklären, wie du das fertigbringst, so … so … ruhig zu bleiben, wenn alle anderen hysterisch werden?«

»Für uns hier im Palast gibt es nur eine Chance – eine innere Kraft zu entwickeln, die niemand auf Dauer zerstören kann. Es ist gut, daß ich an meiner inneren Kraft gearbeitet habe – ich werde sie in den nächsten Monaten brauchen.«

»Warum? Wegen Maulbeeres Tod?«

Mi zögerte einen Augenblick. »Weil ich ein Kind erwarte.«

Jao schnappte nach Luft. »Was? Wann? Wer ist der Vater?«

»In ungefähr sieben Monaten. Doch über den Vater kann ich jetzt nicht sprechen. Irgendwann werde ich es Euch sagen, aber nicht jetzt.«

Jao war entgeistert, sagte aber, das verstehe sie. Ein Kind war etwas Wunderbares, und wenn Mi ihr Geheimnis bewahren wollte, dann würde sie ihre Neugier bezähmen.

Am nächsten Tag erschien die Kurtisane nicht, und die Tsairen wurden niemals über die fünf Positionen geprüft. Die Erinnerung an diesen Unterricht blieb, zumindest bei denjenigen, die Humor besaßen – allein das Heben der Hand mit ausgestreckten fünf Fingern rief Heiterkeit hervor.

Allerdings ging in der folgenden Zeit die Angst so sehr im Haus um, daß keine über etwas lachen mochte, nirgends herrschte die beruhigende Normalität des Alltags. Das Justizministerium sandte scharenweise Beamte und Unterbeamte in das Haus, die die Tsairen befragten und Dienerinnen verhafteten, um sie in allen Einzelheiten zu verhören. Die Verhöre mußten vor den Staatsbeamten durchgeführt werden, denn das Strafrecht verlangte, daß alle Verdächtigen öffentlich angehört wurden. Sogar Folterungen mußten vor einem öffentlichen Gericht erfolgen.

Dieser neue Ansturm auf den Haushalt war der Tatsache zu verdanken, daß Maulbeere nicht eines natürlichen Todes gestorben war.

Die zum Schutz des Palastes bestellten Beamten befragten die Mädchen und deren bleichgesichtige Eunuchen vor einem informellen Gericht, das man in Jaos großem Zimmer aufgebaut hatte. Die reiche Familie Hsin hatte mitteilen lassen, daß Maulbeere ermordet worden war. Als man den Leichnam wusch und das Haar für das Begräbnis richtete, hatte man im Kopf einen Nagel gefunden, der tief in die Schädeldecke getrieben worden war. Da die Beamten wußten, zu welcher Zeit der Tod eingetreten war, konzentrierte sich die Untersuchung auf die acht Tsairen und die paar Dienerinnen und Wächter, die in der fraglichen Zeit Zugang zum Haus gehabt hatten.

Zuerst waren die Dienerinnen an der Reihe. Ihnen wurde befohlen, vor dem für den Richter bestimmten Tisch zu knien. Neben dem Richter standen seine Mitarbeiter mit Peitschen in den Händen. Jao konnte die Schreie derjenigen hören, die, weil der Richter nicht an die Wahrheit ihrer Aussage glaubte, die Peitsche zu spüren bekamen.

Der Fall hatte ungeahnte Dimensionen angenommen, weit über seine Bedeutung hinaus, denn hochrangige Familien waren nicht nur an diesem Verbrechen interessiert, sondern auch an den mysteriösen Todesfällen der früheren Jahre, die vertuscht worden waren.

»Selbst der Kaiser ist zornig«, flüsterte Jao mit großen Augen. Wildente nickte. Ihre Köpfe steckten zusammen, als sie sich auf der *kang* aneinander schmiegten, um sich zu wärmen. Neben ihnen hatte sich Toto zusammengerollt und pflegte die Wunden, die ihr die Untersuchung eingetragen hatte. Wolke saß mit gekreuzten Beinen da, summte leise vor sich hin und versuchte ihren von den Hieben schmerzenden Rücken in eine erträgliche Stellung zu bringen, während Perle sich auf ihre

Stickerei konzentrierte und bemüht war, die Angst vor der sie erwartenden Untersuchung zu vergessen.

»Der Richter wird uns zu den schwersten nur möglichen Strafen verurteilen«, murmelte Wildente. Als Nomadin aufgewachsen, gab sie sich keinerlei Illusionen darüber hin, wie schwer Strafen sein konnten, wenn damit ein Präzedenzfall geschaffen werden sollte.

Der Tag war kalt und windig, der scharfe Wind trug Lößsand bis in die Zimmer. Die Kälte durchdrang auch den *kang*-Raum. Die Diener waren brummig, niemand kümmerte sich um das Feuer.

»Der Kaiser ist verärgert, weil sich die Öffentlichkeit mit seinen Privatangelegenheiten befaßt.« Wolke schien immer alles zu hören. »Dieser Skandal im Haus der Tsairen ist nicht mehr Sache des Palastes allein. Er betrifft Haremsdamen aus lauter einflußreichen Familien. Daß diese sich einmischen, ist ungefähr das letzte, was der Kaiser will.« Die niedergeschlagenen Tsairen nahmen ihre Worte stumm zur Kenntnis, und über dem Raum lastete Stille. Jade, Phönix und Päonie, in gefütterte Mäntel gehüllt, kamen herein. Mit kaltem Blick maß Jade die trübe herumsitzenden Tsairen. »Was für Feiglinge«, rief sie. »Die Angst raubt euch noch den letzten kleinen Verstand.«

»Nein«, sagte Jao erregt.

»Sieh mal an, wer da spricht«, spöttelte Jade. »Das neue kleine Wunder mit dem großen Maul und dem kleinen Hirn.«

Jao starrte sie entgeistert an, und Wildente machte drohend einen Schritt auf sie zu.

»Ihr seid alle zu Tode erschrockene, rückgratlose Kreaturen«, fuhr Jade fort und schwang sich auf die *kang*. »Kalt«, murrte sie, »die *kang* ist kalt!« Sie klatschte laut in die Hände, und als eine verängstigte Dienerin erschien, befahl sie dieser, nach dem Feuer für die *kang* zu sehen. »Und wenn du Idiotin dich nicht auskennst, dann hol jemanden, der einheizen kann. Lauf schon!«

Sie wandte sich wieder der Beobachtung ihrer Hausgenossinnen zu. »Fünf Tsairen sind in den letzten Monaten gestorben.« In ihrer Stimme lag die Spur einer Genugtuung, die Wolke nicht entging. »Irgend jemand muß dafür die Verantwortung tragen. Irgend jemand muß bestraft werden«, fuhr sie, diesmal mit offener Befriedigung, fort.

»Einige wurden bereits bestraft«, fiel Wolke ein. »Wie du wohl weißt.

Die die Untersuchung führenden Ärzte wurden bestraft und degradiert, weil ihnen der Nagel in Maulbeeres Schädel nicht aufgefallen war. Ket und Ti, unsere Wächterinnen, Chi und Kao, unsere Eunuchen, alle bekamen ihre Strafe. Ti, die Nachtwächterin, erhielt fünfzig Peitschenhiebe und wurde verbannt. Ket ging frei aus, weil sie beweisen konnte, daß sie in der fraglichen Zeit nicht einmal im Palast war, und wurde dennoch versetzt, weil sie ihren Dienst nicht ernst genug genommen hatte. Die arme Ket ist jetzt verzweifelt, denn sie war so stolz darauf, daß gerade sie hier für Ordnung sorgen konnte.«

»Wie du übertreibst«, fiel Jade ein. »Du bist traurig, weil Kao Kuliang in Ungnade entlassen wurde, und Chi –«, sie unterbrach sich und blickte anklagend um sich. »Chi, der der Hauptverdächtige ist, den, scheint mir, wirst du auch noch in Schutz nehmen.«

»Natürlich nehme ich ihn in Schutz«, schrie Wolke unter dem Beifall der übrigen. »Er war gut zu uns. Wie kannst du so herzlos sein!«

»Wolke, du redest noch dümmeres Zeug als sonst«, erwiderte Jade mitleidlos. »Chi ist schuldig. Er ist der einzige, der die Kraft hat, einen Nagel so tief hineinzutreiben und gleichzeitig sein Opfer ruhig zu halten, der einzige, der Zugang hatte. Ich werde bezeugen, daß es Chi war … ich bin sicher, ich habe ihn gesehen. Er wird hingerichtet werden … ihr werdet es erleben!«

Aufgeschreckt von dem Haß, der aus Jades Stimme klang, richteten sich die Mädchen auf und starrten sie entsetzt an.

»Jade!« rief Wolke. »Alle Verdächtigungen gegen Chi lassen sich nur aus Indizien konstruieren, und das weißt du genau! Was ist los mit dir? Du klingst, als wolltest du ihn hingerichtet wissen.«

»Ja, das will ich«, bekräftigte Jade. »Er verdient den Tod. Er hat sich gegen mich gestellt.«

»Diese Jade, die ist wirklich durch und durch böse«, flüsterte Wildente empört.

»Chi ist ein guter Mensch. Was will sie ihm anhängen?« Zornerfüllt blickte Jao Jade an.

»Genug von dem Herumgerede«, erklärte Jade mit erhobener Stimme. Wütend preßte sie die Lippen zusammen.

Niemand wollte diese unangenehme Unterhaltung fortführen, und sie verfielen in düsteres Schweigen, das durch einen Beamten unterbrochen wurde, der den Gang entlangstapfte, um Perle in den Zeugenstand zu holen. Das Mädchen folgte ihm heftig zitternd in das Untersuchungszimmer. Zehn Minuten später wurde sie bewußtlos wieder hereingetragen, und ihren Hausgenossen blieb es, sie aus ihrer Ohnmacht zu erwecken, dann wurde Phönix gerufen. Jade schien das ungern zu sehen, und Phönix, die sich erst jetzt plötzlich ihrer mißlichen Lage bewußt zu werden schien, wurde bleich vor Angst. Bald waren im ganzen Haus ihre Schmerzensschreie zu hören, und sogar Jade machte einen verschüchterten Eindruck.

»Man verdächtigt sie, weil Maulbeere sie im Bogenschießen besiegt hat«, flüsterte Jade Päonie zu.

»J... ja«, stotterte Päonie in Panik. Jeder wußte, wie eifersüchtig sie gewesen war, als Maulbeere und nicht sie die Rote Karte erhalten hatte.

Die Befragung von Phönix dauerte und dauerte. Sie wurde erst unterbrochen, als der Richter eine Mittagspause anordnete. Phönix durfte nicht in den *kang*-Raum zurückkehren, sondern wurde in ihr Zimmer beordert, wo sie bis zur Fortführung der Befragung am Nachmittag zu bleiben hatte. Am späteren Nachmittag wurde sie endlich entlassen und in ihr Zimmer geschickt, um sich zu erholen. An diesem Punkt meldete Jade sich schnell, als nächste vor dem Richter zu erscheinen. Sowohl auf ihn wie auf seine Assistenten machte sie einen guten Eindruck. Sie war von Anfang an eifrig bemüht gewesen, ihnen zu helfen und den Verdacht auf andere zu lenken. Auch verleitete ihr hoher Rang dazu, sie mit Nachsicht zu behandeln. Nach zwanzig Minuten wurde sie entlassen, und Jao war an der Reihe.

Jao mußte feststellen, daß ihre Knie zitterten, als sie den Gang entlangging. Sie betrat ihr eigenes Zimmer, das nun dem Gericht diente, und sah sich vorsichtig um. Über den Tisch war ein rotes Tuch gebreitet, darauf befand sich eine unbeschriebene Schriftrolle, daneben Pinsel, Stempelkissen und Siegel. Drei Sekretäre standen bereit, nur der Platz des Richters war leer. Hinter dem Tisch hatte man eine Tafel angebracht, auf der zwei Zeichen standen: Ehrfurcht und Stille. Auf der Matte vor sich bemerkte sie Blutflecken. Ihr graute.

»Macht Euren Rücken frei und kniet nieder!« schrie der Wachtmeister.

Jao senkte den Kopf, bis die Stirn den Boden berührte. So blieb sie einige Minuten, und sie hatte bereits das Gefühl, erstarrt zu sein, als der Richter eintrat und sich niederließ.

»Gestehe das Verbrechen!« schrie er.

»Welches Verbrechen?« fragte Jao völlig verwirrt.

»Den Mord an Tsairen Maulbeere, Närrin«, klärte sie der Richter auf. »Warum hast du sie gehaßt?«

»Sie war meine Freundin, ich habe sie nicht gehaßt, und ich würde nie einen Menschen ermorden, schon gar nicht eine Freundin«, stammelte Jao.

Ein Peitschenhieb zischte über ihren Rücken, und sie zuckte zusammen.

»Lüge nicht«, der Richter ließ nicht locker. »Warum hast du diesen Nagel in ihren Kopf geschlagen?«

»Ich habe keinen Nagel in ihren Kopf geschlagen«, jammerte Jao. »Ich habe noch nie von einem Verbrechen dieser Art gehört, bis jetzt. Ich bin nicht schuldig, Herr!«

»Widersprich nicht, du arrogantes Geschöpf. Sprich die Wahrheit, was hat dich veranlaßt, so etwas zu tun?« Abermals schlug die Peitsche auf ihren Rücken.

»Bitte … ich bin unschuldig …« Jao war kaum fähig, ihrer Hysterie Herr zu werden, als sie die Peitsche wieder zu spüren bekam.

»Du bist schuldig«, leierte der Richter seinen Spruch herunter. »Und morgen bei Tagesanbruch wirst du hingerichtet werden.«

»Nein!« schrie Jao. »Euer Ehren seid dem Volk Vater und Mutter. Euer Ehren würden niemals so ein Unrecht zulassen!« Die Peitsche sauste mehrmals über sie, und im Fallen spürte sie ihr Bewußtsein schwinden. Sie fühlte Hände, die sie aufhoben, und hörte von ferne die Stimme des Richters: »Schafft sie fort«, und dann überkam sie wohltätig die endgültige Ohnmacht.

Als sie zu sich kam, befand sie sich im *kang*-Raum, wo sie von Mi wiederbelebt wurde, die sie badete und ihr mit der gesunden Hand den Rücken salbte.

»Was ist geschehen?« wollte Jao wissen und zuckte zusammen, als Mi eine wunde Stelle berührte. »Wo ist Wildente?«

»Wildente ist jetzt dort drinnen. Sie ist seit mehr als einer Stunde dort. Wie fühlt Ihr Euch?«

»Nicht so schlecht«, gab Jao zurück und war bemüht, sich aufzusetzen. Sie rang sich ein Lächeln ab. »Es ist alles vorbei, und das ist gut. Aber jetzt scheint niemand vor dem Richter zu sein – es ist ganz still. Wo ist Wildente?«

»Sie ist immer noch dort«, sagte Mi erbittert. »Sie sagen, es steht schlecht für sie. Der Richter hält sie für schuldig. Sie wird länger dort behalten als alle anderen, aber man hört nichts, weil Wildente nie schreien würde. Ihre Folter ist schwerer als die der anderen, aber sie ist die letzte.«

»O meine arme liebe Wildente, meine Freundin«, schluchzte Jao völlig haltlos, während Mi versuchte, sie, so gut sie konnte, zu trösten. Mi selbst war nicht mißhandelt worden, ihr gebrochener Arm war ihr Alibi.

Später wurde Wildente in den *kang*-Raum gebracht und achtlos auf den Boden gelegt. Jao rang nach Luft und sprang von der *kang*. Indem sie Wildente beistand, vergaß sie die eigenen Wunden. In dieser Nacht konnte vor Schmerzen keines der Mädchen schlafen, erst gegen Morgen zeigte das Opium, das Mi beschafft hatte, seine Wirkung, und sie kamen, auf dem Bauch liegend, endlich zur Ruhe.

Die Beamten packten ihre Sachen zusammen und verließen das Haus. Auch die Wachen gingen, und ein neuer Eunuch, ein höflicher Mann namens Liang, kam und übernahm sein Amt.

Sie befanden sich alle im *kang*-Raum, als er am nächsten Tag erschien und ihnen den Urteilsspruch mitteilte.

»Ihr alle steht für sechs Monate unter Hausarrest. Die Familie Hsin hat die Begräbnisfeierlichkeiten angeordnet und ihre Angehörige begraben. Sie sind befriedigt, daß der Gerechtigkeit Genüge getan und so harte Strafen verhängt wurden. Nun bleibt nur noch, daß ihr acht Mädchen eure sechs Monate absitzt und Chi, falls sich kein anderer Verdächtiger findet, hingerichtet wird.«

»Das kann nicht stimmen«, protestierte Jade. »Es kann doch wohl nicht möglich sein, daß *ich* unter Hausarrest gestellt werde, ich doch nicht!«

Liang trocknete seine Stirn und sagte entschuldigend: »Ihr auch, meine Dame.«

Die nächsten sechs Monate verliefen für alle unangenehm. Die Spannungen waren unerträglich. In ihrer Angst vor dem Mörder diskutierten die Tsairen endlos untereinander, bis sie schließlich überhaupt aufhörten, über das Vorgefallene zu sprechen. Jao hörte zu, schwieg aber und hielt meist auf Abstand. Vorsichtig sprach sie mit Mi über ihren Verdacht und manchmal, da es sonst niemanden gab, mit Ket, die als einzige Außenseiterin Zutritt zu dem isolierten Haus hatte. Den Mädchen war erlaubt, im *kang*-Raum zu schlafen, unterhalten durften sie sich nur im Vorübergehen auf dem Gang. Die Drei kommandierten die neuen Mädchen immer mehr herum, bis Jao und ihre Freundinnen nicht länger unbeteiligt bleiben konnten. Sie mußten sich den Forderungen der Drei fügen, sonst schlug Jade sie mit ihrem Ledergürtel.

Glücklicherweise schmolzen die schmutzigen Schneehaufen und das Eis in den Höfen, und der echte Frühling folgte dem Vorfrühling auf den Fersen. Jao sehnte sich so verzweifelt danach, an die Luft zu kommen, daß sie schließlich die Erlaubnis erwirkte, in den leeren Palasthöfen, deren größter einmal der Kaiserin gehört hatte, spazierenzugehen. Jao zog es immer öfter dorthin, und je länger die Tage wurden, desto länger blieb sie. Eines Tages traf sie auf einen jungen, eher unbedeutend aussehenden jungen Mann, der im vorderen Garten arbeitete.

»Bist du ein Palasteunuch?« fragte sie. Er setzte sich auf die Fersen und betrachtete sie ernst.

»Nein, kein Eunuch … beunruhigt Euch meine Anwesenheit? Bitte nicht … Mein Vater war Obergärtner der Kaiserin, und weil ich so jung bin, darf ich mich hier im Palast aufhalten. Ich betreue diesen Garten und die Gärten der Fei. Niemand kann das besser als ich … und ich halte mich von den Frauen fern.« Er schwenkte sein Gartenmesser. »Niemand kümmert sich um mich … sie sehen mich nicht einmal mehr. Mein Name ist An. Und wer seid Ihr?«

Während sie mit ihm sprach, ließ Jao ihren Blick über den weitläufigen Hof schweifen, die leeren Blumenbeete, die hoch aufgestapelten Pflanzentöpfe und die umhüllten Bäume. »Es ist so bedrückend hier, so unbewohnt. Warum kommst du her?«

»Weil das der beste Garten des Palastes ist, aber das weiß niemand. Hier wachsen die kostbarsten Zwiebeln und immergrünen Pflanzen, wundervolle Pfingstrosen und Kirschbäume, prachtvolle Glyzinien. Fang

Fei wird im Mai hierher übersiedeln, weil ihre Tochter unter der Hitze leidet. Dies ist der kühlste Teil des Palastes. Bixon ist die einzige, der der Kaiser die Erlaubnis gibt, hier zu wohnen.« Er band einen Glyzinienzweig los und hielt dabei das Ende der Bastschnur zwischen den Zähnen. Jao beobachtete ihn.

»Du schwitzt«, stellte sie fest. »Möchtest du etwas zu trinken? Hirsebier? Ich kann dir welches bringen.«

Er strahlte und spuckte die Schnur aus. »Genau das hat mir die Kaiserin immer gegeben«, seine Stimme klang wehmütig. Jao holte ihm sofort das Getränk, glücklich über die kleine Berührung mit der Welt außerhalb des Tsairen-Hauses.

Von da an verbrachte sie einen Großteil des Tages im Garten der Kaiserin, während An jätete, den Boden rund um die Bäume lockerte und an den Galerien Töpfe mit Azaleen und Lilien aufstellte. Er zeigte ihr eine riesige Glyzinie mit überhängenden Zweigen, die er vorsichtig aufband und zurechtschnitt.

»Nichts«, erklärte er, »kann eine Glyzinie aufhalten, wenn sie einmal fest verwurzelt ist, aber man muß dafür sorgen, daß die Blüten wie Lampions herabhängen.« Er wies auf die Pfingstrosen. »Glyzinien sind leicht zu halten, Pfingstrosen schwer. Sie verlangen zu jeder Jahreszeit ihre Pflege, im Winter müssen sie zurechtgeschnitten und verpackt, im Sommer begossen und vor Schädlingen bewahrt, immer von Unkraut befreit werden ... aber sie sind es wert – das heißt, *meine* sind es wert. Ich habe in diesen Garten die besten Pflanzen gebracht, und jetzt sind es meine Schönheiten!« Stolz blickte er um sich, wie er es immer tat, wenn Jao da war. »Dieser ganze Garten gehört mir. Ich habe hier sogar einige Pflanzen aus den Beeten des eingebildeten Laffen, der die Gärten des Kaisers betreut, und er hat keine Ahnung davon. Wenn der Sommer kommt, wird es keinen schöneren Platz als diesen geben.« An schaute auf, als er vom Weg her Stimmen hörte. »Ihr müßt gehen oder Euch in dem Pavillon verstecken«, erklärte er schnell. »Ich erwarte einen Arbeitstrupp, die Männer sollen die Bambuskonstruktion für die Laubengänge aufstellen.«

Jao nickte und verschwand in der nächstgelegenen Halle, um alles zu beobachten. Schnell und geschickt stellten die Männer die sechs Meter hohen Bambusrahmen auf, die während der heißen Sommermonate für

Kühle und Schatten in den Höfen sorgen würden. Interessiert blieb Jao in ihrem Versteck und schaute den Arbeiten zu, bis die Männer fertig waren.

Die Möglichkeit, sich während der langen Frühlingstage im Freien aufhalten zu können, war für Jao ein Geschenk des Himmels, denn es schien, als wäre sie von jedermann vergessen worden. Weder Fang Fei noch die liebenswürdige Prinzessin Wencheng hatten etwas von sich hören lassen. Anscheinend wollte niemand etwas mit den entehrten Tsairen zu tun haben. Doch dann kam eines Tages im Mai eine Botschaft von Fang Fei, die Jao zum Frühjahrsputz anforderte. Jao gehorchte mit Feuereifer, für sie war sogar das Reinigen eines Hauses verlockend.

Sie half mit allem und jedem, doch ihre Hauptaufgabe bestand darin, für Bixons Glück zu sorgen. Das Winterbettzeug wurde aufgetrennt und die Seidenfüllung der Matten zum Aufkrempeln weggesandt. Winterkleider wurden in scharf riechende Tabakblätter gepackt, wollene Teppiche zusammengelegt und in Zederntruhen verstaut. Die neuen Wohnräume wurden mit frischen Grasmatten ausgelegt. Madame Fangs glänzend lackiertes Ehebett mit Intarsien aus Elfenbein und ihre gesamten anderen ansehnlichen Möbel kamen an ihren Platz, bis nichts mehr zu tun blieb, als das alte Haus zu verlassen und den Weg zu dem neuen einzuschlagen.

Madame Fang, Bixon und Jao traten durch das offene Tor in den gründlich gereinigten Hof des umzäunten Grundstücks der Kaiserin, der sich nun in Blütenwolken darbot. »Woher kommt diese Pracht?« rief Fang Fei begeistert aus. Und Bixon kreischte vor Freude, als sie den Goldfischteich sah.

»Der Gärtner An hat alles gerichtet«, gab Jao Auskunft.

Fang Fei kannte An. »Dieser Mann ist ein Zauberer. Jahr für Jahr hat er dafür gesorgt, daß zu jeder Jahreszeit in meinem Hof die Blumen blühen, aber das hier übertrifft alles! Wir werden einen glücklichen Sommer verbringen, nicht wahr Bixon, mein Liebling? Ich muß etwas für An tun.«

»Gebt ihm ein Hirsebier. Das reicht.« Jao wußte, daß An es in dem Wunsch, die anderen Gärtner zu übertrumpfen, zur Perfektion gebracht hatte. Madame Fang hatte keine Ahnung, daß ihr Garten eine bevorzugte Behandlung erfahren hatte. Niemand wußte das, auch nicht die rivalisierenden Gärtner. Einige der Palastdamen waren auf diese erstaunlichen Gärten eifersüchtig und wunderten sich, warum gerade dort alle Blumen prächtig gediehen, während ihre eigenen eher kümmerlich waren, doch sie machten den Boden dafür verantwortlich.

Jao kehrte erholt und widerwilliger denn je in ihre Gefangenschaft zu den Tsairen zurück. Sie sehnte sich nach dem Ende des Hausarrests. Langsam ging sie durch den Gang zu ihrem Zimmer, doch ihre Stimmung hob sich, als sie an der Tür eine aufgeregte Mi antraf. Mi sah man nun die Schwangerschaft deutlich an, doch ihre Pflichten versah sie weiterhin vorbildlich. »Ich muß Euch etwas sagen«, flüsterte sie, und ihre Augen strahlten.

»Komm herein und erzähle schon.« Sorgfältig schloß Jao die Tür. »Ich bin so glücklich, daß ich dich behalten durfte, während alle anderen Dienerinnen weggeschickt wurden.«

»Ihr hattet Glück! Glück, daß ich einen gebrochenen Arm hatte!« Mi lachte. »Doch nun hört zu. Nahezu alle Dienerinnen sind auf die verschiedenen Grundstücke verteilt, doch ebenso wie Ket besuchen sie öfters die Küche. Doch laßt mich am Anfang beginnen – einige von uns waren heute morgen damit beschäftigt, die Pelze für den Sommer in Tabakblätter zu hüllen und die gefütterten Mäntel aufzutrennen, um das Seidenfutter aufzukrempeln. Da fanden wir einen schwarzen wattierten Mantel ...«

Jao schaute verblüfft. »Bloß einen alten Mantel ...?«

»Einen sehr wichtigen Mantel!« rief Mi aus. »Er gehörte Jade nicht und befand sich doch unter ihren Kleidern! Und dann gab es unter Jades Sachen noch ein goldgewebtes indisches Spitzentuch, das nicht von ihr, sondern aus dem Eigentum der Ma Tsairen stammt – von dem Mädchen, das verrückt wurde. Mas Dienerin half uns und erkannte das Tuch sofort.«

Jao runzelte die Stirn. »Ich verstehe nicht ...«

»Wartet!« unterbrach Mi. »Ihr werdet schon sehen. Was Jade betrifft – wir haben den Beweis, daß sie diejenige war, die auch hinter den anderen Todesfällen steckte.«

»Keinen Beweis, nur Gerede«, Jao war enttäuscht.

Ungeduldig schüttelte Mi Jaos Arm. »Hört doch, hört nur zu! Die Dienerin erzählte uns, daß Ma Tsairen ein winziges Mädchen war, zart wie ein Feentraum und nervös: der geringste Lärm, Schnaken, Wespen, ganz gewöhnliche Tausendfüßler, die von der Decke fielen, alles versetzte sie in Angst. Natürlich machten sich die häßlichen Tsairen erbarmungslos über sie lustig. Dann wurde sie zum Bett des Kaisers beordert. Man quälte sie den lieben langen Tag. Die Dienerinnen erzählen, Jade sei ihr wie ein Panther auf der Pirsch nach einem Reh gefolgt ... Die ganze Zeit war Jade hinter ihr her, um ihr zu erklären, daß die Defloration eine unerträgliche Tortur sei. Jade behauptete, das aus Erfahrung zu wissen, aber natürlich log sie – alle wußten, daß Jade nie defloriert worden war, alle außer der armen Ma Tsairen. Die glaubte jedes Wort.«

»Das klingt nach Jade. Was geschah dann?«

»In dieser Nacht wurde Ma festlich gekleidet und parfümiert zum Kaiser geschickt, aber sie kehrte nicht zurück. Man hat sie niemals wieder gesehen. Dann sickerte die Geschichte durch ... sie war wahnsinnig geworden. Die Eunuchen mußten sie fesseln und ihre Familie rufen, damit die sie abholte.«

»Wolke erwähnte die arme Ma, aber das ist eine alte Geschichte, warum sprechen die Dienerinnen jetzt darüber?« erwiderte Jao gedankenvoll.

»Weil sie alle glauben, daß die große Gefahr für uns nicht vorbei ist, sondern daß auch jetzt noch weiteres Unheil droht. Bald! Mas Dienerin schrie, daß die andere Tsairen, die in den Brunnen fiel, ebenfalls das Opfer dieser Teufelin war, der hochrangigen Tsairen, die mit ihrem Gürtel Schläge austeilt, der Fuchsfrau, die tötet. Allen war klar, daß sie damit Jade meinte, alle bekamen es mit der Angst und hießen das Mädchen schweigen. Daraufhin war es in der Küche still.«

Mi faltete geistesabwesend Handtücher und sortierte sie, wobei sie absichtlich den verletzten Arm benutzte, um ihn wieder beweglicher zu machen.

»Nun«, stellte Jao schließlich fest, »du hast getan, was du konntest, in der Küche gelauscht ... aber einem wirklichen Beweis, wer der Mörder ist, sind wir keinen Schritt näher.«

»Doch, wir sind der Wahrheit näher. Ich weiß es. Und ich kann es beweisen.«

Mitten im Gähnen hielt Jao inne. »Wa... Was?«

Mi sah Jao ernst an. »Der schwarze Mantel. Er gehörte Maulbeere, und Jade hat ihn gestohlen. Eine der Dienerinnen erzählte, sie habe vor zwei oder drei Nächten über den vorderen Hof gehen müssen. Es war dunkel, und unter dem Fliederbusch waren Geräusche zu hören. Sie dachte, es müßte einer der Wachen sein, der sich mit einer Sklavin amüsierte, deshalb blieb sie stehen, um zu warten, bis sich die beiden entfernten. Als sie fertig waren, sah sie im Schein der über der Haustür hängenden Laterne ein großes Mädchen – eine Tsairen – in einem schwarzen Mantel. Die Dienerin lachte, hatte aber Angst. Sie warnte mich, nicht darüber zu sprechen, denn für eine Tsairen hätte ein Seitensprung mit einem dreisten Wachsoldaten übelste Folgen.« Mis Stimme sank zu einem Flüstern. »Der Mantel wurde von Jade getragen.«

»Unmöglich!« gab Jao zurück. »Jade ist eine schreckliche Frau, und ich hasse sie, doch so etwas würde sie niemals tun. Sie weiß, was eine Konkubine, die eine Liebesaffäre hat, erwartet … noch vor Ablauf des Tages wäre sie einen Kopf kürzer! Die Gesetze sind streng, und das Gericht ist noch strenger. Da liegst du falsch, meine Liebe.«

Mi schüttelte bedachtsam den Kopf, während sie Jaos abgelegte Kleider aufhob. Betont langsam sagte sie: »Gesetze sind eines, Männer etwas anders. Und Frauen auch, selbst Konkubinen.«

»Gut, das mag sein, doch ist es immer noch kein Beweis, daß sie jemanden umgebracht hat«, stellte Jao fest. »Ich fürchte, das Gerede über die Tsairen der Vergangenheit hat nichts mit der Jade von heute zu tun. Und außerdem, Jade hat nicht die Kraft, um einen Mord, wie den an Maulbeere, auszuführen. Um einen Nagel in den Kopf eines Menschen zu schlagen, bedarf es drei oder vier Hände.«

»Sie hat es getan. Sie ist keine gewöhnliche Mörderin – sie ist eine Fuchsfrau, ein Tier in Menschengestalt.« Mi straffte die Schultern. Als sie wieder sprach, wirkte sie sehr groß und streng. »Der Beweis wird kommen! Das goldgewebte Tuch stammt von Ma, der Mantel von Maulbeere, beides befand sich unter Jades Sachen. Eine der Tsairen hat die Kraft, einen Nagel in einen Schädel zu schlagen, aber niemand kann es ihr beweisen, es sei denn, sie wird auf frischer Tat ertappt. Eine Fuchsfrau kann nur auf frischer Tat überführt werden … Es war Jade. Warten wir es ab.«

Verzweifelt schüttelte Jao den Kopf. »Was sollen wir jetzt tun« fragte sie. »Weiter hier mit der Fuchsfrau leben?«

»Was für eine Fuchsfrau?« wollte Wildente wissen, die in das Zimmer geschlüpft war und die Tür hinter sich schloß.

Sie war so unbemerkt eingetreten, daß Jao und Mi erschrocken aufsprangen und entsetzt schwiegen.

»Mir könnt ihr es sagen. Bei mir ist euer Geheimnis sicher, zumal ich es bereits kenne«, sagte Wildente ruhig.

»So, und was glaubst du, ist es?« forderte Jao und blickte finster auf Wildente, die entspannt an der Wand lehnte. Jao wußte, daß das Nomadenmädchen Wildente verschwiegen und zurückhaltend und eine verläßliche Freundin war, doch wollte sie ein so gefährliches Geheimnis mit niemandem teilen.

»Du weißt, wer der Mörder ist, nicht wahr?« fuhr Wildente ungerührt fort.

»Eine Vermutung«, gab Jao zu, »aber kein Beweis.«

»Behörden warten auf Beweise, doch wir müssen uns selbst schützen, denn wir haben eine Fuchsfrau unter uns. Auch ich spüre das«, sagte Wildente mit ernstem Gesicht.

Jao schauderte. »Eines Tages werden wir vielleicht von dem Alptraum befreit sein, der uns in ständiger Angst hält. Doch für den Augenblick werde ich mich und Mi vor Jade schützen, während ich darauf warte, daß das Schicksal etwas zu unserer Rettung tut.«

An einem heißen Augusttag wurde der über die Tsairen verhängte Bann aufgehoben, und sie nahmen das normale Leben mit Erleichterung wieder auf. Jaos Glück, endlich frei zu sein, wurde nicht einmal von der Hitze getrübt, und als einige Stunden nach der Aufhebung eine Einladung von Fang Fei kam, fühlte sich Jao im siebenten Himmel. Die Einladung war für den frühen Abend zu einem Picknick im großen Hof, und als Attraktion war ein Marionettenspiel vorgesehen. Jao wählte ein leichtes Baumwollkleid, das aus von in Changan ansässigen jüdischen Webern hergestelltem Stoff gefertigt war, ein außergewöhnliches Stück, das Mi auf dem Markt gefunden hatte. Jao verwendete mehr Zeit als üblich für ihre Toilette, dann begab sie sich voll Freude auf den Weg zu Fang Fei.

Die dichtbelaubten Bäume wölbten sich über den Weg und spendeten Schatten. Seit ihrem letzten Besuch bei Fang Fei war in den Gärten alles üppig gewachsen, die Zikaden zirpten in den Bäumen, und aufgeregte Sperlinge flatterten herum, um sich ein Plätzchen für die Nacht zu sichern, während Elstern sie damit zum Narren hielten, daß sie sich in den Vogelschwarm stürzten und ihn zerstreuten.

Als sie durch das Tor zum Goldfischhof trat, wurde sie von ihrer Gastgeberin herzlich begrüßt. Jao errötete vor Freude und erwiderte lächelnd den Willkommensgruß. Fang Feis Magnolienhaut war von der Hitze ein wenig gefleckt, sonst aber war sie rundlich und ruhig wie immer. Bixon war dünner geworden, und Jer hatte sich in den vergangenen Monaten gestreckt. Er wirkte älter, seiner selbst sicherer.

Dienerinnen brachten Tabletts mit kalten Speisen und einen Korb mit goldgelben Pfirsichen aus Samarkand, die seltenste aller seltenen Delikatessen. Die Kinder klatschten in die Hände, als die Früchte angeboten wurden, und die Gesichter der Erwachsenen strahlten, als sie sahen, daß es genug Pfirsiche gab und jeder einen essen konnte.

Der Abend war vollkommen, weder zu heiß noch zu kalt. Der Himmel über ihnen glühte noch lange nach Sonnenuntergang, der Vollmond und einige schüchterne Sterne waren schon aufgestiegen. Jao fühlte sich schwindlig und unbeschwert, ihr war, als sei sie im Paradies. Langsam schwand das Tageslicht, und sie nahmen vor der kleinen Bühne Platz, um das Schattenspiel anzusehen. Die Kinder verfolgten das wundersame Geschehen mit angehaltenem Atem, die Erwachsenen mit entspannter Freude.

Kurz vor Ende der Vorstellung kam eine Botschaft für Madame Fang. Verärgert beriet sie sich sogleich mit Prinzessin Wencheng. Dann entließ sie die Sklavin und richtete das Wort an die Gäste.

»Der Kaiser hat nach euch Kindern gesandt, er will euch zu einer Bootsfahrt bei Vollmond mitnehmen, weil es heute Abend so wunderschön ist. Er hat auch die Erlaubnis gegeben, daß zwei Tsairen mitkommen, um euch zu beaufsichtigen.«

Aufgeregt sprangen die Kinder von ihren Sitzen und schlossen sich sofort der vom Kaiser bereitgestellten Begleitung an. Fang Fei blickte ängstlich zu Jao.

»Willst du mit Bixon gehen? Sie sollte wirklich nicht so lange aufbleiben. Du könntest sie halten, wenn sie einschläft. Ich habe nach einer zweiten Tsairen gesandt, irgendeiner. Du mußt sofort gehen, aber ich verlasse mich darauf, daß du auf Bixon aufpaßt. Es wird einigen Taktes bedürfen, denn der Kaiser hat für Schwäche kein Verständnis. Bixon bekommt die Sommerhitze nicht … und sie regt sich immer so auf, wenn sie mit dem Kaiser zusammen ist. Meiner Bixon, fürchte ich, gebührt ein großes Plus für ihren Geist, doch ein Minus für ihren Körper.«

Eifrig versprach Jao, ihr Bestes zu tun, und beeilte sich, die anderen einzuholen. Als sie die Anlegestelle erreichten, fanden sie, zwischen Kissen sitzend, den Kaiser bereits auf seinem prächtigen Boot. Lampions hingen an den Seiten, und die Ruderer in schwarzen Hosen und Jacken standen mit Stangen und Rudern bereit. Der Obereunuch hatte neben der Schiffsbrücke Stellung bezogen und trieb sie an Bord. Bixon flog in die Arme ihres Vaters und quiekte vor Vergnügen. In dem ganzen großen Reich war sie das einzige menschliche Wesen, das dem Kaiser formlos begegnen durfte und trotzdem willkommen war. Jer war ihr knapp auf den Fersen, und sein Vater streckte auch nach ihm den Arm aus.

Vorsichtig betrat Jao die Planken, während die Bootsleute das Schiff hielten. Dann kamen zwei Tsairen herbeigeeilt, Päonie und Jade. Der Obereunuch begrüßte sie höflich. »Nur zwei Tsairen sind eingeladen«, erklärte er.

»Wir sind zwei«, sagte Jade scharf.

»Eine befindet sich bereits an Bord. Welche von euch beiden kommt? Man darf den Kaiser nicht warten lassen.«

Jade schaute zu Jao. »Die an Bord hat keinen Rang in unserem Haus, sie ist als letzte gekommen. Ich werde mitfahren und Päonie wird mitfahren, und diese da wird verschwinden.«

Kühl entgegnete der Eunuch: »Sie bleibt, wo sie ist, aber eine von euch geht jetzt sofort an Bord.«

Jade raffte ihre Röcke, um auf das Deck zu springen. Da zeigte Taitsung, der nur zwei Meter von ihnen entfernt war, auf Päonie und sagte: »Du …« Päonie sprang vor Glück so schnell an Bord, daß das Schiff schwankte.

»Das wird Jao mir büßen«, murmelte Jade und wandte sich ab. Niemand hörte ihre Worte, doch Jao sah ihren bösen Blick. ›Sie hat Augen wie eine Schlange‹, dachte sie.

In ihrer Freude über den Abend vergaß Jao den Zwischenfall. Alles war vollkommen: das Flötenspiel, die liebenswürdige Gesellschaft, die wunderbare Nacht, der Mond, der sich im Wasser spiegelte, das blasse Glühen der voll erblühten Lotusblumen, das sanfte Schlagen des Wassers gegen die Bootsplanken. Jao brachte die schläfrige Bixon zu ihrer Mutter, dann kehrte sie in das eigene Haus zurück, erfüllt vom Zauber und der Schönheit des Abends.

Einige Wochen später machte sich Jao gleich am Morgen auf die Suche nach Chi. Nach langen Mühen fand sie ihn in einem der verlassenen Höfe, wo er Päonienpflanzen ausjätete.

»Darf ich mit Euch sprechen?« fragte sie höflich und sah, wie hager er geworden war. ›In seinen Augen liegt ein gejagter Blick‹, dachte sie unsicher.

»Ich denke, ich kann Euch immer noch trauen«, fing sie ohne Umschweife an. »Eure Mutter war eine Yang, aus demselben Klan wie meine Mutter, und daher komme ich mit meiner Bitte zu Euch, aber auch deshalb, weil Ihr unser Haus gut verwaltet habt.«

Er richtete sich auf und betrachtete sie abwägend. »Warum seid Ihr hier? Es ist ungehörig.«

»Ich habe es Euch gerade erklärt. Als ich zum ersten Mal den Palast betrat, habt Ihr mir versichert, ich sollte zu Euch kommen, wenn ich in Schwierigkeiten sei. Nun bin ich in Schwierigkeiten ... und Ihr seid der einzige hier im Palast, der helfen kann.«

»Damals, als ich Euch das sagte, besaß ich einige Macht«, seine Worte klangen bitter. »Heute bin ich ein Mordverdächtiger und kann niemandem helfen.«

»Ihr seid unschuldig verdächtigt worden. Jade gab falsches Zeugnis über Euch ab, und noch ist nicht alles zu Ende. Ihr seid nicht der Mörder.«

Ärgerlich stieß Chi seine Harke in den Boden. »Mir scheint, ein Mädchen von vierzehn glaubt mehr zu wissen als das Gericht«, stieß er sarkastisch hervor.

»Ja, das tue ich«, antwortete sie.

Hart blickte er sie an. »Das ist eine Unverschämtheit.«

›Er hat die Augen eines Soldaten, nicht die eines Eunuchen‹, dachte Jao. ›Die Augen zeigen seinen wahren Charakter.‹ Und so erzählte sie zum ersten Mal einem anderen Menschen von dem, was sie wußte. Sie breitete alle ihre Gedanken über den Fall vor ihm aus, während er scheinbar unbeteiligt rund um die Pflanzen harkte – er war fleißig bei der Arbeit, sollte irgendein Aufseher ihm gerade nachspionieren.

»Es ist gefährlich für Euch, derartigen Geschichten auch nur zuzuhören, geschweige denn, sie weiterzuerzählen. Und dann noch hierherzukommen, Ihr kleine Närrin.«

»Ihr seid der Narr, nicht ich, wenn Ihr mir nicht glaubt«, antwortete sie. »Ihr scheint zu wissen, daß der Mörder jemand in unserem Haus war, jemand, der sich immer noch dort befindet. Wir sind aus Angst vor der Fuchsfrau von Sinnen. Es gibt keinen Mörder von außerhalb, sonst würdet Ihr mich nicht vor der Gefahr warnen, in der ich mich befinde. Es muß einen Schlüssel geben, nur finde ich ihn nicht – ich habe das Gefühl, ich müßte etwas wissen, das den Beweis erbringen könnte, der vor Gericht erforderlich ist, um Euren Namen reinzuwaschen.« Ihre Stimme verlor sich in hilfloses Seufzen.

Chi blickte gedankenvoll vor sich hin. »Ich muß immer wieder an die Tsairen denken, die im vergangenen Jahr verunglückt sind«, erklärte er. »Es gibt jemanden im Haus, der sich mit Drogen auskennt, denn der Hofarzt, der nach Maulbeeres Tod gerufen wurde, teilte dem Eunuchen Kao mit, er vermute, das Mädchen hätte am Abend ein schweres Rauschgift genommen. Der Geruch hing noch im Zimmer, als man sie fand.« Er hielt inne und schüttelte den Kopf. »Ihr müßt gehen. Und sprecht mit niemandem darüber.«

Ärgerlich platzte Jao heraus. »Haltet Ihr mich für so dumm, daß ich darüber rede? Manche Leute behaupten: Frauen und Eunuchen darf man niemals trauen. Und diese Esel wiederholen diesen Spruch nur, weil sie selbst nichts als Stroh im Kopf haben. Mir kann man vertrauen, und Euch kann man vertrauen. Wollt Ihr mir also helfen?«

»Was soll ich tun? Und warum gerade jetzt?« wollte er wissen.

»Es eilt. Vor einigen Wochen nahm der Kaiser seine Kinder und zwei Tsairen zu einer Mondscheinfahrt mit auf sein Boot. Der Kaiser wies Jade in aller Öffentlichkeit zurück und zog Päonie und mich vor. Jade haßt mich jetzt mehr als irgendeinen Menschen sonst im Haus und hat ihre Rache damit begonnen, Mi in immer bedrohlicherer Weise zu bestrafen. Sie schert sich nicht darum, daß Mi schwanger ist, und heute morgen versetzte sie ihr wieder einen Peitschenhieb ins Gesicht. Wir schlafen nur mehr abwechselnd, aber jetzt, da Mi knapp vor der Geburt steht, fürchte ich, daß Jade sich noch schlimmere Grausamkeiten einfallen lassen wird. Mi wird sterben, wenn man sie nicht in eine andere Umgebung bringt. Könnt Ihr das veranlassen?«

Jao zupfte ihr Tuch aus dem Gürtel und schob es gerade so weit zurück, daß zehn Goldstücke sichtbar wurden. Chi wandte sich ab. »Ich bin nicht bestechlich.«

»Weiß ich«, versicherte Jao ungeduldig. »Das ist auch nicht für Euch gedacht. Es ist dazu bestimmt, Mis Niederkunft so zu arrangieren, daß sie außerhalb von Jades Zugriff steht, und zwar sofort. Sie wartet dort am Tor auf mich und paßt auf, daß wir nicht gestört werden, also ist sie für den Moment sicher.«

Chi warf einen Blick zum Tor, nahm das Tuch und steckte es in sein Taillenband. »Kein Problem«, versicherte er.

»Danke«, rief Jao aus. »Ich wußte, Ihr könnt es! Nur weil Ihr hier Gartenarbeit verrichtet, heißt das noch lange nicht, daß Ihr Euren Verstand verloren habt.«

Chi lachte bitter.

»Und dann«, fuhr Jao zögernd fort, sah sich um und senkte die Stimme, »wenn Ihr weitere zehn Goldstücke bekommt, könntet Ihr mich dann auf die Liste für einen Besuch des kaiserlichen Bettes setzen lassen? Ich wurde noch nie gerufen, denn gleich nach meiner Ankunft standen wir sechs Monate unter Hausarrest, aber jetzt, denke ich, könnte mir der Kaiser eine Gunst erweisen … er könnte mir zuhören, wenn ich ihm das erzähle, was ich gerade Euch erzählt habe. Vielleicht kann er etwas tun. Vorausgesetzt natürlich, ich bekomme die Gelegenheit, mit ihm zu sprechen.«

Chi betrachtete sie ungläubig. »Es gibt ganz gewiß keinen größeren Narren als einen dummen Narren. Blind in eine solche Situation zu taumeln, läßt selbst den tapfersten Mann schaudern. Sich beim Kaiser zu beschweren kommt einem Selbstmord gleich.«

»Aber es ist doch das einzige, das ich tun kann, um uns beide, Euch und mich zu retten.« Jao war verzweifelt. »Nach der Bootsaffaire ist es nur mehr eine Frage der Zeit, bis ich so wie jene andere tot im Brunnen liege.«

Chi war still. »Vermutlich habt Ihr recht. Und das Gold, das Ihr mir gegeben habt, werde ich für die notwendigen Geschenke verwenden. Ich glaube, es wird reichen. Nun verlaßt mich bitte, bevor Euch noch etwas einfällt ... obwohl ich mir nicht vorstellen kann, wie Euch noch etwas Schrecklicheres einfallen könnte.«

Jao und Mi eilten durch die einsamen Höfe. Sturmwolken ballten sich zusammen, und die Äste der Bäume schaukelten im aufkommenden Wind. Als sie den eigenen Hof erreichten, sagte Jao: »Mi, bitte die Wache zu einem Spiel in unser Zimmer. Ein Sturm zieht auf, und sie wird im Hausinneren Schutz suchen ... und wir werden nicht allein sein.«

Wie vorhergesehen, tauchten Jades Dienerinnen immer wieder in Jaos Zimmer auf, doch mußten sie jedesmal sehen, daß die Wachhabende anwesend war, und so traten sie den Rückzug an, ohne den Zweck ihres Kommens zu verraten. Die Wache schwieg dazu, achtete aber sorgsam darauf, so zu sitzen, daß ihr Rücken niemals der Tür zugekehrt war.

Spät am Tag erschien ein regennasser Botenjunge aus dem Amt des Eunuchen mit dem Befehl für Mi, sich unverzüglich in den Räumen der Apotheke einzufinden. Mi sammelte ihre Habseligkeiten in einen Schal. Doch als sie im Begriff war, das Haus zu verlassen, stellten sich ihr Jade und deren Dienerinnen in den Weg. »Du wirst dieses Haus nicht verlassen«, befahl Jade. Bei diesen Worten erhob sich die Wachhabende entgeistert. Mit einer einzigen Armbewegung schleuderte sie die Dienerinnen gegen die Wand, und Mi verschwand durch die Tür.

»Befehl«, erklärte die Wache mit fester Stimme und kehrte zu ihrem Spiel zurück. Jades schrille Schreie, sie solle sich gefälligst ihrer Stellung besinnen, nahm die Wachhabende nicht zur Kenntnis, nur den Schlag, den ihr Jade mit der Peitsche über den Hals versetzte, wehrte sie ab. Dann stand sie auf und entwand Jade äußerst behutsam, um sie ja nicht zu verletzen, die Peitsche.

»Dafür wird dir die Haut vom Rücken gezogen werden«, schrie Jade leidenschaftlich, doch die Wächterin blickte sie nur kalt an. Sie hatte genaue Instruktionen bekommen, was sie zu tun hatte, wenn eine der Tsairen den Kopf verlor.

In dieser Nacht brach der erste Schneesturm des Winters los, und als Jao bei Tagesanbruch erwachte, sah sie in den Höfen die weiße Decke.

Und sie erinnerte sich plötzlich, daß sich ihr am Morgen nach Maulbeeres Tod das gleiche Bild geboten hatte. Auch damals war der Schnee unberührt, ohne Fußspuren gewesen. So wie jetzt. Also mußte jemand im Haus den Mord begangen haben, und das war der Beweis. Sie mußte Chi aufsuchen. Hier lag der Beweis, daß er nicht während der Nacht in das Haus zurückgekehrt war. Er war *niemals* während dieser Nacht im Haus gewesen. Das also würde seine Freiheit bedeuten.

Bevor Jao Zeit hatte, ihre neue Erkenntnis an den Mann zu bringen, erschien ein Bote mit der Roten Karte, die Jao zum Bett des Kaisers beorderte. »Das muß ein Fehler sein«, schrie Jade den Boten an. »Die Karte ist für mich. Ich bin die Erste hier im Haus, und auf jeden Fall bin ich an der Reihe. Ich habe den höchsten Rang.«

Eingeschüchtert schüttelte der junge Eunuch den Kopf. »Es ist kein Irrtum. Auf dem Umschlag steht der Name Wu Jao.«

Nichtsdestoweniger riß Jade die Karte an sich und begab sich in ihr Zimmer. Auch Jao zog sich in das ihre zurück, badete und machte in aller Eile Toilette, bevor Jade ihr zuvorkommen konnte, dann ging sie mit dem beunruhigten Eunuchen zu den Räumen des Kaisers – ohne die Rote Karte.

6

Lange mußte Jao im Vorraum warten, bis der diensthabende Eunuch endlich erschien und den schweren Ledervorhang für sie aufhielt. Die davorstehenden Wachen traten lautlos zur Seite. Das Schlafzimmer, das sie betrat, lag dämmrig in den Abendschatten. Ein großer Lampion in der Mitte des Raumes warf sein Licht auf einen riesigen purpurnen Oasenteppich, glühende Kohlen in der Heizpfanne verströmten Wärme. Das Becken befand sich vor einer langen *kang*, auf der Tiger- und Bärenfelle verstreut lagen. Vorhänge bedeckten die Wände, unter einem Vorhang waren die Füße des diensthabenden Eunuchen sichtbar.

Angsterfüllt und mit einem vom langen Warten bereits zerrütteten Selbstvertrauen, versuchte sich Jao in einer nicht allzu graziösen Verbeugung vor der auf der *kang* liegenden Gestalt. Als das Schweigen anhielt, wagte sie einen verstohlenen Blick. Der Sohn des Himmels schlief. Erleichterung überkam sie, denn das bedeutete zumindest eine kurze Galgenfrist. Sie warf einen Blick auf die Füße unter dem Vorhang. Sie hatten sich bewegt, und sie schloß daraus, daß die Gestalt sich gesetzt hatte. ›Er macht es sich bequem‹, dachte sie. ›Fauler Herr Unbekannt! Ich werde stehenbleiben und mich so benehmen, wie es sich gehört.‹ Sie war dankbar, daß sie von Mi gelernt hatte, stundenlang in anmutiger Haltung zu stehen, indem sie ihren Muskeln befahl, sich zu entspannen, und ihren Lungen, gleichmäßig zu atmen.

Die Stille wurde nur durch leises Schnarchen aus zwei verschiedenen Ecken und einmal durch das leise Waffenklirren von den hinter dem Vorhang einander ablösenden Wachen unterbrochen.

»Hast du lange gewartet«, ertönte es plötzlich in der dämmrige Stille. Entgeistert versank Jao in ihren tiefen Hofknicks.

»Nicht zu lange, Majestät«, antwortete sie leise, überwältigt von Schüchternheit und Unsicherheit.

»Was ist zu lange?« kam als Antwort von dem furchteinflößenden Berg auf der *kang*.

»Von Sonnenaufgang bis Sonnenuntergang«, gab sie ohne Zögern zurück.

Der Berg lachte. »Komm her, wo ich dich sehen kann«, lautete der nächste Befehl, und Jao trat vor, wobei sie genau auf ihre Füße achtete, um sicher zu sein, daß sie die formellen Gleitschritte auch richtig ausführte. Sie blieb stehen, als sie an der Kante der mit Fellen bedeckten *kang* die nackten Knie des Kaisers erblickte.

»Du bist Wu Jao, Zweite Tochter meines Beamten Wu Shihhuo? Die kleine Tsairen, die für mein Elitekorps in der Mitte stand?« ließ sich die Stimme vernehmen.

»Zweite Tochter einer Zweiten Frau, keine sehr wichtige Person«, gestand sie in ihrer Wahrheitsliebe.

Ein weiteres Lachen. »Du bist erfrischend«, stellte der Kaiser fest. »Und natürlich hast du recht, du bist nicht sehr wichtig. Aber seit du in den Palast gekommen bist, hast du einige sehr wichtige Freunde gewonnen.«

Bei diesen Worten hob sie erstaunt die zu Boden geschlagenen Augen. Sie konnte sich nur Madame Fang als wichtige Person vorstellen. Ihre Freunde, Chi, Mi, Wildente und natürlich Ket, waren, wenn sie überhaupt zählten, völlig unwichtig.

»Mein Sohn Jer und meine Tochter Chinyang, das kleine Mädchen, das du als Bixon kennst«, setzte er fort.

»Sie sind meine Freunde? Ich wäre glücklich, das glauben zu dürfen. Nichts würde mir besser gefallen, als ihre Freundin zu sein, doch das ist unmöglich, wegen des Ranges und so«, rief sie aus, und ihre ganze kleine Person erwachte zum Leben, als sie direkt und ohne zu überlegen in die rätselhaften Augen des Mannes vor ihr blickte. Jao, die an die Kinder und nicht an den Vater dachte, hatte ihre Unsicherheit verloren.

»Und du hast keine anderen Freunde, denen du vertrauen kannst«, beharrte er. Sie zögerte, und aus Angst, Chi oder Wildente zu nennen und sie damit unter Umständen mit dem Mordfall in Zusammenhang zu bringen, schwieg sie.

»Dann bist du wie ich«, warf er leicht hin. »Ich hätte gerne wenigstens einen Freund, dem ich vertrauen kann.«

»Mich«, sprudelte Jao heraus, ehe sie das Wort noch zurückhalten konnte.

Der Kaiser war erstaunt und betrachtete sie amüsiert, einerseits war ihm zum Lachen zumute, andererseits war er ein wenig gerührt. »Ich glaube, du meinst es ernst. Wer weiß, Kleine, vielleicht kommt der Tag, an dem ich dich an dein Versprechen erinnere. Du mußt dir deiner Verläßlichkeit sehr sicher sein, wenn du so spontan antwortest. Erzähle mir von deinen Hausgenossinnen. Hast du Freundinnen unter ihnen? Oder sonst irgendwo im Inneren Palast?«

Jao überlegte. »Da sind Fang Fei und Prinzessin Wencheng, meine Sklavin Mi aus dem Königshaus der Silla, Wildente, ja, und ...« Sie zögerte. »... und die beiden Eunuchen, die Aufsicht über uns hatten.« Als sie das Erstaunen des Kaisers sah, fügte sie schnell hinzu: »Früher, meine ich.«

»Was soll das heißen?« fragte er scharf. »Sind das die beiden Halunken, die letztes Jahr das Tsairen-Haus so schlecht geführt haben?«

»Ein Fehlurteil«, flüsterte sie, und ihr Herz schlug bis zum Hals. »Der Eunuch Chi wird, falls man den Mörder nicht findet, in Kürze hingerichtet werden, denn er ist der Hauptverdächtige. Er hat es nicht getan ... und es ist auch nicht die Tat eines gedungenen Mörders.«

Taitsungs Gesichtsausdruck war steinern. Nur wenigen war gestattet, im Gespräch mit dem Kaiser ihren Gefühlen nachzugeben. Ein ganzes Heer von Beamten hatte sich mit solchen Angelegenheiten zu beschäftigen, damit dem Kaiser diese Art von Berührung mit der Außenwelt erspart blieb.

»Eure Majestät dürfen sich davon nicht beunruhigen lassen, verzeiht Eurer Sklavin.« Zerknirscht und entsetzt beim Klang ihrer kühnen Worte fiel Jao auf die Knie.

»Die Beamten haben den Fall abgeschlossen. Wie könnte das Wort einer Tsairen gegen das Erkenntnis des Gerichtes ins Gewicht fallen?«

»Sie kennen nicht die ganzen Fakten. Es ist für sie unmöglich, alles herauszufinden. Deshalb habe ich ... will ich sprechen«, stammelte sie.

Stille trat ein, und Jaos Kopf senkte sich verzweifelt auf ihre Brust. Doch der Kaiser fühlte sich, anstatt verärgert zu sein, angenehm unterhalten. Zu oft mußte er sich über die Wichtigtuerei und Inkompetenz einiger seiner Beamten ärgern – je höher der Rang, desto mehr Dünkel und desto größer die Inkompetenz, schien ihm.

»Nun, mein Fräulein, erkläre mir, warum sollte der Eunuch nicht aus irgendwelchen selbstsüchtigen Gründen den Mord begangen oder ihn von einem anderen ausführen lassen haben – was mehr nach Art der Eunuchen wäre, als sich selbst die Hände blutig zu machen.«

»Es konnte in dieser Nacht nur jemand aus dem Haus selbst gewesen sein«, erwiderte Jao.

»Und die Erklärung?«

»In der Nacht des Mordes hat es geschneit. Niemand von außerhalb kam nach Beginn des Schneefalls in unser Haus, und das war lange bevor der Mord geschah. Ich sah früh am Morgen die Höfe, der Schnee war unberührt, ohne Fußstapfen. Und es hatte aufgehört zu schneien, als ich schlafen ging.«

»Hm. Ich verstehe. Gut … wer war es also?«

»Niemand von den Sklaven, sie wurden peinlichst befragt. Es war eine der Tsairen, aber nicht eine von uns Neuankömmlingen. Es gibt nur eine Tsairen, die immer Unruhe stiftet, doch niemand wagt, etwas darüber zu sagen. Sie ist die Schuldige an allen Unglücksfällen vor unserer Ankunft. Nicht Päonie, nicht Phönix, und schon gar nicht Wolke, die hat nicht die Denkweise einer Mörderin …«

Der Kaiser unterdrückte ein Lächeln. »Und was weiß eine erfahrene Untersuchungsrichterin von vierzehn Jahren über die Denkweise eines Mörders?«

Sie errötete. »Von meinen Halbbrüdern habe ich genug gelernt«, sprudelte sie heraus und hielt beschämt inne. Der Kaiser brach in lautes Lachen aus.

»Vergiß es, vergiß es, aber sprich weiter, du hast mir nicht mehr als einen Fingerzeig auf die angebliche Mörderin gegeben. Wer ist es? Wen hältst zumindest *du* für den Mörder? Und haben die Beamten deine Aussage über den Schnee unbeachtet gelassen?«

»Sie wissen nichts davon. Dieser Tatbestand ist auch mir erst heute morgen zu Bewußtsein gekommen.«

»Hm«, murmelte der Kaiser interessiert. »Jetzt würde ich aber gerne wissen, warum du, meine Kleine, für eine verlorene Sache ein so großes Risiko auf dich nimmst?«

»Weil ich diejenige bin, die als nächste ermordet werden wird«, erwiderte sie traurig. »Und weil ich die Lösung weiß.«

Er zog sie auf seine Knie und setzte sie bequem zurecht.

»Erzähl es mir!«

»Zieht unsere Wächterin ab und laßt mich ohne Schutz. Ihr werdet es bald sehen – die Mörderin wird sich zeigen.«

»Du bietest dich als Köder an?« rief er aus. Eine Überraschung folgte der anderen.

»Ja, ja, was sonst ist da zu tun? Die wahre Schuldige kommt aus einer so einflußreichen Familie und hat es so gut verstanden, sich den Beamten zu präsentieren, daß man sie niemals verdächtigen wird, es sei denn, man ertappt sie auf frischer Tat«, erklärte Jao. Sie zitterte, aber nicht nur, weil sie über ihren eigenen Schatten gesprungen, sondern auch weil ihr Körper dem Kaiser beunruhigend nahe war. Noch nie war sie einem Mann so nahegekommen.

Der Kaiser dachte einen Augenblick nach. »Du magst als Köder dienen, wenn das dein Wunsch ist, aber ich werde dir meine beste Agentin zur Seite stellen. Sie kann sich unter die Bediensteten mischen und ein Auge auf dich haben. Dann werden wir sehen. Es wird dich überraschen, aber ich bin an Gerechtigkeit ebenso interessiert wie du, mein kleiner Naseweis.«

Er zog sie näher an sich. In seinen bärenstarken Armen, fast entspannt an ihn geschmiegt, spürte Jao seine Kraft. Ihre Gedanken konzentrierten sich auf den Ausgang ihres Abenteuers. Es machte nun den Eindruck, als könnte es zu einem Erfolg führen, und sie war von Freude erfüllt.

Die Stimme des Kaisers nahm einen neuen Ton an. »Da du eine Frau und ein Mitglied meines Haushaltes bist, solltest du defloriert werden. Soll ich jetzt daran gehen?« Er preßte sie an sich.

Aus ihren rosigen Träumen gerissen, sah sich Jao mit der Realität konfrontiert, sie zögerte nur eine Sekunde.

»Wie Ihr wollt … Majestät«, flüsterte sie scheu.

Seine Finger wanderten leicht über ihre zarten Wangen, den Hals hinab zu den sich rundenden Brüsten und den kleinen weichen Brustwarzen. Die Haut fühlte sich an wie Seide, und er spürte ihre Wärme. Er war zufrieden mit ihr und zog sie in eine allumschlingende beruhigende Umarmung. Dann schob er sie sanft von sich.

»Nicht jetzt, meine Kleine. Nicht jetzt. Zuerst werde ich dich einer Mörderin aussetzen, so, wie du es haben willst, und wenn alles vorbei ist, dann will ich dich reifen lassen. Ich werde deine Gegenwart, deine Persönlichkeit, deinen Geist bei vielen Gelegenheiten genießen, und wenn du bereit bist, werde ich dich nehmen.«

In dieser Nacht wurde Jao von den Dienerinnen des Kaisers durch die leeren Palasthöfe geleitet, eine von ihnen, eine kräftige Frau, blieb über Nacht im Haus und schlug ihr Nachtlager vor der Tür des *kang*-Raumes auf, während Jao sich drinnen gemeinsam mit den anderen aufhielt.

Es dauerte jedoch lang, bis sie endlich einschlafen konnte. Zuerst mußte die Neugier der Tsairen über alle Details ihrer Nacht mit dem Kaiser befriedigt werden. Auf die Fragen nach ihrer Defloration und den damit verbundenen Schmerzen gab Jao keine Antwort, sondern sie enttäuschte ihre Mitbewohnerinnen mit einem kleinen geheimnisvollen Lächeln.

Am dritten Tag nach Jaos Besuch beim Kaiser wurde sie von einer Sklavin geweckt, die ihr die Botschaft brachte, daß Mi im Sterben liege und gebeten habe, ihre Herrin noch einmal sehen zu dürfen. Jao warf rasch ihre wattierten Kleider über und eilte hinter der Sklavin zu dem eisigen Pavillon, wo Mi, von den Wehen erschöpft, lag. Ihre Augen waren glasig und die Stirn war schweißbedeckt. Die Hebamme, eine fette, ungekämmte Endvierzigerin, schaute unbeeindruckt zu Jao.

»Sie liegt seit drei Tagen in den Wehen, und das Kind kommt nicht. Die Lage ist falsch. Sie wird sterben«, teilte die Frau beiläufig mit.

Jao wischte mit ihrer Schärpe den Schweiß von Mis Stirn und beugte sich nieder, um deren kaum vernehmbares Flüstern zu hören. »Wenn ich mich hinknie und die Hebamme das Baby mit den Händen nach der Methode der Silla dreht«, stöhnte sie, »wird das Baby kommen ...« Ihre Worte wurden von den Schmerzen, unter denen sie sich aufbäumte, unterbrochen.

Jao wandte sich zur Hebamme. »Warum machst du nicht, was sie dir sagt?«

Die Frau kräuselte die Lippen. »Warum sollte ich einer Sklavin gehorchen? Nach den langen Wehen stirbt sie auf jeden Fall.«

Hilflos blickte Jao zu der zweiten Hebamme, die schweigend sauberen Bast unter Mi schob.

»Du!« schrie sie die zweite Hebamme an. »Kannst du machen, was meine Sklavin verlangt? Verstehst du, was sie will?«

»Ich nur Zweite Hebamme hier. Ich wissen, wie Baby drehen. Ich viele Male gemacht.«

Jao drehte sich zu der anderen Frau. »Willst du dich in die Küche zurückziehen und dich dort bei einer guten, von mir bezahlten Mahlzeit erholen, während deine Hilfskraft die Arbeit zu Ende führt?«

Die Frau zuckte die Achseln. »Wie Ihr wollt. Ihr tragt die Verantwortung.« Mit größter Bereitwilligkeit verließ sie das Zimmer, und Jao ging daran, der anderen Hebamme zu helfen, die Mi bereits in die richtige Stellung für die Geburt gehoben hatte. Während sie Mi stützte, ermunterte Jao sie, immer wieder zu pressen. Die Wehen dauerten und dauerten, und Mi war so erschöpft, daß es schien, als könnte sie sich unmöglich wieder erholen. Die Hebamme hatte kleine Hände, die sie geschickt einsetzte, um die Gesäßbacken des Kindes zusammenzudrücken, während sie es entschlossen drehte.

»Da!« rief sie aus. »Drückt auf den Bauch und es rutscht heraus.« Sie zog zart an dem kleinen Kopf, und plötzlich glitt der Körper nach.

Sie beugte sich nieder, um die Nabelschnur durchzubeißen, doch Jao hielt sie davon ab, denn sie erinnerte sich der langen Gespräche der Hebamme, die diese mit der Äbtissin geführt hatte, wobei sie erklärte, die Nabelschnur sollte frühestens eine Stunde nach der Geburt durchschnitten werden. »Seine Lungen müssen sich langsam mit Luft füllen«, erklärte Jao.

Die Hebamme zuckte die Achseln, wusch dem Kind den Mund und legte es an Mis Beine. »Ein Junge, ein kräftiger Junge ... Aufseher hier werden sein zufrieden!« rief sie, stolz auf ihre Kunstfertigkeit. Mi war immer noch bleich wie eine Tote.

»Was ist los?« fragte Jao schreckerfüllt. Die Hebamme fühlte Mis Puls an Schenkel, Handgelenk und Kehle.

»Sie bald sein in Ordnung«, versicherte die Hebamme, breit grinsend. Sie war überglücklich, etwas fertiggebracht zu haben, bei dem ihre Vorgesetzte versagt hatte.

Jao lächelte schwach. »Und was jetzt?« wollte sie wissen. Sie selbst war schweißnaß und ihre Kleider blutbespritzt.

»Nabelschnur durchschneiden, Baby reinigen, Belohnung geben«, sagte die Hebamme lakonisch. »Geben Belohnung Erster Hebamme.«

»Warum sollte ich? Warum sollte ich dieser Palastdienerin, die für nichts auf Erden gut ist, die ihre Arbeit nicht macht, eine Belohnung geben?« antwortete Jao verärgert. »Das ist meine Sklavin, und ich wollte sie nicht sterben lassen. Du bekommst von mir ein ordentliches Geschenk, du brauchst dich nicht zu fürchten, aber für die Erste Hebamme gibt es außer der Mahlzeit nichts.«

Als das Baby warm eingewickelt war und aufgehört hatte zu schreien, drückte Jao der Hebamme ein Silberstück in die Hand. Die Frau blieb abwartend stehen, also legte Jao ein zweites Silberstück dazu. »Das ist die Bezahlung für die Sorge um Mi und ihr Baby. Reicht das?«

Die Frau nickte, fügte jedoch hinzu: »Das gleiche für Nummer Eins Hebamme ... ja, bitte, muß sein.« Jao ärgerte sich, gab aber schließlich doch der Forderung nach.

Als Mi wieder zu Bewußtsein kam und nach ihrem Baby verlangte, erkannte Jao, daß ihre Freundin, wie die Hebamme prophezeit hatte, trotz allem die Geburt überlebt hatte. Zögernd verließ sie daraufhin das Geburtszimmer. Im Hinausgehen blieb sie in der Tür stehen und warf den Hebammen einen strengen Blick zu. Sie war unglücklich, Mi diesen beiden auf Gedeih und Verderben überlassen zu müssen. Jao war noch nicht im Umgang mit Dienstboten vertraut, aber sie hatte etwas von der Art ihrer Mutter mitbekommen, bei der die liebenswürdigen Umgangsformen einen eisernen Wille verbargen, und ihr Blick zeigte dies. Die Dienerinnen sahen ihn und waren auf der Hut.

Jao erwachte bei Einbruch der Dunkelheit und sprach vorsichtig mit der neuen Wächterin. Die große, kräftige Frau erklärte, sie werde die ganze Nacht hinter dem Vorhang am Hintereinganges sitzen und auf jedes verdächtige Geräusch achten. Jao konnte in ihrem eigenen Zimmer schlafen. Niemand hatte bisher Verdacht geschöpft, daß die Frau mehr sein könnte als eine gewöhnliche Wächterin.

Jao steckte den Kopf in Wildentes Zimmer. Als sie die Freundin essen sah, lief ihr das Wasser im Mund zusammen. Wildente winkte sie zu sich und gab ihr eine Schale Fleischbällchen mit Nudeln. »Ein Extraessen, das ich für dich zubereitet habe, weil Mi nicht da ist«, sagte sie mit vollem Mund.

Jao aß mit Heißhunger. »Mi geht es jetzt gut. Dieses Kinderkriegen – in der einen Minute fast tot und in der nächsten Minute das neue Baby liebkosen –, ich bin vollkommen erschöpft.«

»Es war Mi, die das Kind bekommen hat, nicht du«, spottete Wildente.

»Vom Moment meines Eintreffens dauerte es noch vier Stunden, bis das Kind kam, und es war harte Arbeit«, Jao klang beleidigt. »Versuche es nur bei Gelegenheit, entweder selbst eines zu bekommen oder zu helfen.«

»Vielleicht versuche ich es mit dem Selbstbekommen«, meinte Wildente leichthin.

»Du bist wohl sehr sicher, daß du … zum großen Bett gerufen werden wirst?« entgegnete Jao mit einem Gähnen.

»Nun, wenn ich ein Kind bekomme und es kein kaiserliches ist, dann muß ich einfach verschwinden, oder?« Wildente leckte ihre Stäbchen ab. »Und dann bekomme ich meinen Nachwuchs irgendwo außerhalb des Palastes, um meinen Kopf zu behalten.«

Ängstlich blickte sich Jao im Zimmer um. »Manchmal denke ich, du bist verrückt, so wie du daherredest. In dem, was du sagst, liegen drei Unmöglichkeiten, und die dritte ist die unmöglichste. Niemand kommt hier heraus, das ist undurchführbar, besonders für eine Tsairen.«

Wildente lächelte überlegen. »Nicht für uns Steppenmenschen. Viele von uns dienen in der Palastwache, patrouillieren auf den Mauern, sorgen für die Pferde, versehen Dienst als Nachtwächter. Ich kenne etliche von ihnen … einige sind mit mir im selben Lager aufgewachsen.«

»Schön, das mag so sein, aber im Lager der Tsairen nützen sie dir gar nichts.« Sie gähnte und nahm noch einen Schlaftrunk, den ihr eine Sklavin anbot. »Jetzt gehe ich zu Bett. Vielen Dank für das Essen. Ich bin froh, daß du hier bist und nicht in irgendeiner Jurte in der Steppe. Was finge ich ohne dich an, du mit deiner Wildheit.«

»Mmm«, war Wildentes einzige Reaktion, als Jao ihr Getränk niederstellte und sich zurückzog.

Jao glaubte, gerade erst die Augen geschlossen zu haben, als sie sich plötzlich in einem Alptraum befand. Sie meinte zu ersticken und versuchte zu schreien, um aufzuwachen und sich zu retten. Wild warf sie sich auf ihrer Bettstatt hin und her. Als sie endlich wach war, mußte sie erkennen, daß es kein Traum, sondern Wirklichkeit war, daß sie erstickt wurde. Sie schnellte in die Höhe und verwandte ihre ganze Kraft darauf, ihr Gesicht von dem darauf lastenden Gewicht zu befreien. Ein Schatten schlüpfte zur Tür hinaus, und Jao schrie.

»Ich kann nicht atmen«, röchelte Jao, während ihr die Wächterin beim Aufsetzen half. Sie beruhigte sich langsam, während die Wächterin ein Schaffell vom Boden aufhob.

»Gehört das Euch?« wollte sie wissen.

»Nein!« Jao schauderte. »Das muß das gewesen sein, was auf meinem Gesicht lag.«

Die Wächterin war bestürzt. »Jemand hat versucht, Euch zu töten, und es ist fast gelungen. Ich habe versagt. Ich werde bestraft werden!«

Mittlerweile waren die übrigen Mädchen erwacht, und einige drängten sich in Jaos Zimmer, allen voran Wildente und Jade.

»Was ist geschehen?« Wildente schlang ihre Arme um Jao.

»Jemand hat versucht, mich zu ersticken, doch dank meiner braven Wächterin ohne Erfolg«, erklärte Jao immer noch keuchend.

Erleichtert atmete die Wächterin auf. »Alle Tsairen gehen jetzt zu Bett«, befahl sie. »Ich werde die Nacht in Jaos Zimmer verbringen und Wache halten. Morgen werden wir herausfinden, wer in diesem Haus die Böse ist.«

»Die Böse! Das bist du«, schrie Jade wutentbrannt. »Du bist neu hier. Wer hat dich geschickt? Fort mit dir! Wir brauchen keine so schlechte Wächterin.«

Niemand hörte auf sie, und so verschwand sie zusammen mit den anderen Mädchen. Jao wechselte einen Blick mit Wildente. »Sie ist wieder entwischt, die Fuchsfrau«, murmelte Wildente, weiß vor Zorn. »Heute nacht ist nichts mehr zu machen«, meinte Jao zitternd, »also werde ich wieder zu Bett gehen. Mit der Wächterin im Zimmer wird die Füchsin nichts mehr unternehmen.«

»Wie auch immer. Ich lasse meine Zimmertür offen, mit oder ohne Wächterin«, flüsterte Wildente leidenschaftlich. »Heute nacht ist dieser Ort gefährlich. Füchse lassen sich nicht fangen, sie sind zu schlau. Man kann sie nur dann vernichten, wenn man sie beim Töten erwischt und sie nicht auf der Hut sind. Ja, nur beim Töten.«

Stunde um Stunde lag Jao wach in der Dunkelheit. Sie hörte den stündlichen Ruf des Nachtwächters – die Stunde der Ratte, des Ochsen, des Tigers –, und ihre Augen blieben offen. Irgendwann vor Morgengrauen, zur Stunde des Tigers, erhob sich die Wächterin leise und ging hinaus, um sich zu erleichtern. Aus den Augenwinkeln sah Jao eine schattenhafte Bewegung, und in der nächsten Sekunde wurde etwas Schweres auf ihren Kopf gedrückt, diesmal jedoch nützten ihr keine Anstrengungen. Sie war gerade im Begriff, das Bewußtsein zu verlieren, als sich das Gewicht hob und sie imstande war, den Gegenstand zu Boden zu werfen. Sie rang nach Luft.

Im Zimmer waren zwei Menschen in einen wilden Kampf verstrickt. Schnelle Schritte waren zu hören, und die Wächterin raste in das Zimmer. Sie stellte ihre kleine Laterne auf den Boden und zog ihren Dolch, konnte jedoch die beiden Kämpfenden nicht auseinanderhalten. Dann stach eine der Kämpfenden der anderen einen Dolch tief in die Brust, und das verwundete Mädchen sank mit einem Todesschrei zu Boden. Die andere Gestalt warf ihren Dolch weg, als die Wächterin sich auf sie stürzte und sie überwältigte.

Jao hatte sich aufgesetzt und stieß einen Schrei aus, als sie Jades Körper auf dem Boden und Wildente gefesselt vor sich sah.

»Ihr habt sie getötet«, schrie die Wächterin drohend und zog die Fesseln enger um Wildentes Handgelenke. »Ihr habt sie getötet, die hochrangige Tsairen ...«

»Die Fuchsfrau«, keuchte Wildente. »Ich hatte Glück, sie zu erwischen ... keine Frau, eine Bestie!«

Die Wächterin zögerte und blickte unsicher zu Jao. Sie war abergläubisch und völlig verunsichert, was sich noch steigerte, als Jao nun aufstand und einen zitternden Arm um Wildente legte.

»Ihr beide bleibt hier«, befahl die Wächterin. »Ich hole den Hauptmann. Gebt mir den Dolch«, forderte sie Jao auf, die ihn nahm und ihr überreichte.

Nachdem die Wächterin gegangen war, sagte Wildente drängend: »Binde mich los – ich muß weg.«

»Nein!« schluchzte Jao, während sie die Fesseln löste.

»Ich muß fort, bevor die Wache kommt, um mich festzunehmen«, flüsterte Wildente und schlüpfte eilig aus dem Zimmer. Einige Minuten später kehrte sie in Reisekleidern, die Satteltasche über der Schulter, wieder zurück. »Ich gehe durch die Vordertür und du mußt sie hinter mir verriegeln«, erklärte sie Jao leise, um die anderen nicht zu wecken, die während dieses zweiten Vorfalles nicht aus ihren Betten gekommen waren.

»Ich habe einen Geliebten, einen Mann, dem ich versprochen war, längst bevor man mich in diesen Palast verfrachtet hat. Ich war mit ihm hinter dem Fliederbusch, als mich die Dienerin im schwarzen Mantel sah. Er hat mir genau erklärt, was ich zu tun habe, wenn ich einmal in Schwierigkeiten gerate, also habe ich seit einiger Zeit meine Sachen gepackt und mich bereitgehalten. Trauere nicht um mich – ich gehöre nicht hierher, ich wäre auf jeden Fall aus dem Palast geflohen. So, nun ist es Zeit zu gehen.«

Nach einer letzten Umarmung eilte sie über die Granitstufen zum Eingang hinunter und verschwand im Nebel der Nacht. Jao schloß die Tür und schob den Riegel vor, Tränen strömten über ihr Gesicht.

Lauter Lärm im Hinterhof kündigte die Ankunft der Gesetzeshüter an, die kamen, um die Ermordete abzuholen und die Mörderin zu verhaften. Jao wurde zuerst peinlichst befragt, bis sich herausstellte, daß sie das Opfer, nicht die Täterin war. Danach schenkten ihr die Beamten keine Aufmerksamkeit mehr, sondern suchten nach Wildente. Bald waren alle im Haus auf den Beinen, und die übrigen Tsairen wurden befragt, während Jao, das zweimalige Opfer dieser Nacht, schlafen durfte.

Am nächsten Tag herrschte im Palast eine gewisse Unruhe, als man alle Grundstücke und Häuser nach dem flüchtigen Mädchen absuchte. Die Brunnen wurden inspiziert und die Holzstöße auseinandergenommen. Wildente schien sich in Luft aufgelöst zu haben.

Ruhig gingen die Wintertage dahin. Wildente wurde niemals gefunden. Gegen Jade wurden keine diffamierenden Anschuldigungen erhoben, und die Familie Tsui nahm die Tatsache ihres Todes zur Kenntnis sowie das Versprechen der grausamsten Strafe, sollte Wildente jemals gestellt werden. Jao gelang es, sich von jedem Verdacht freizuhalten. Das Haus der Tsairen war nicht mehr mit einem Fluch belastet – seit es Jade nicht mehr gab, ging alles den gewohnten Gang, zumal Chi wieder in sein Amt zurückgekehrt war. Sechs Tsairen waren übrig geblieben, und im Haus herrschte endlich Friede.

Mi wurde gestattet, ihr Baby so lange bei sich zu behalten, als es gestillt wurde, und so brachte sie es mit in das Haus. Das Kind schrie niemals und wurde bald der Liebling aller Tsairen. Eines Tages, als sie gerade das Monatsfest des Kindes im Stile der Silla vorbereiteten, kam für Jao eine Botschaft von Fang Fei.

»Sie wünscht, daß ich heute Abend zu einem Fest für Jer komme, das zu geben sie sich gerade entschlossen hat«, sagte Jao überglücklich zu Mi. »Heute Jers Fest und morgen das deines Sohnes.«

»Mein Sohn ist unter dem gleichen Mond wie Prinz Jer geboren, dem Mond des Drachen, ein gutes Omen für beide«, meinte Mi stolz. Die gesellschaftliche Wichtigkeit, die Mi ihrem Sohn zuschrieb, wurde mittlerweile von allen Hausbewohnern akzeptiert. Daß er nicht einfach der Sohn einer Sklavin war, hatten alle begriffen, sogar Phönix, die die königliche Abstammung Mis anerkannte, auch wenn sie eine Ausländerin war. »Auf Wiedersehen und viel Spaß bei dem Fest«, wünschte Mi, als sie Jao in den Mantel half.

Jao eilte die ihr nun vertrauten Wege entlang. In der großen Halle fand sie Fang Fei, Prinzessin Wencheng und, zu ihrer Freude, den Kaiser, der mit gekreuzten Beinen auf dem Boden saß und seine beiden Kinder mit Fingerspielen unterhielt.

»Da ist Jao!« rief Bixon. »Jetzt können wir *pachisi* spielen und Vater besiegen.« Taitsung gab vor, sich zu fürchten, was die Kinder in helle Freude versetzte. Das Spielbrett wurde gebracht, und Jao, mit Grübchen in den Wangen, erklärte dem Kaiser, der von dem Spiel noch nie gehört hatte, scheu die Regeln. Das Spiel gefiel ihm, und die Zeit verging angenehm unter kindischer Siegesfreude und zum Gemurmel der Frauen, die zusahen und sich miteinander unterhielten.

Der Abend war ein richtig schönes Familienfest, wie es manchmal sogar kaiserlichen Familien vergönnt ist. Zur Schlafenszeit löste sich die Gesellschaft unter allgemeinem befriedigten Gähnen auf. Der Kaiser war der erste, der ging.

»Ich gebe dir eine meiner Wachen als Begleitung«, sagte Taitsung zu Jao und streckte sich. Mit Vergnügen hatte er Jaos Bemühungen beobachtet, ihn im *pachisi* nicht zu besiegen.

Sie nickte ihren Dank und folgte ihm in respektvollem Abstand, vor und hinter ihnen klang das Waffengeklirr der Wachen. Bald bemerkte sie, daß sie sich nicht auf dem Weg zu ihrem Haus befanden, war aber zu ängstlich, den Kaiser auf seinen Irrtum aufmerksam zu machen. Als sie seine Räume erreichten, sah er sie an und lachte. »Wenn du schon einmal da bist, kannst du ebensogut hereinkommen. Ich wollte ohnehin mit dir über die Vorfälle im Tsairen-Haus sprechen.«

Er warf seinen Pelz ab und ließ sich mit befriedigtem Brummen nieder. »Diese meine beiden Kinder sind diejenigen von den mehr als dreißig, die ich, wie man mir versichert, habe, die mir die meiste Freude bereiten. Sie werden das Glück meines Alters sein. Und nun, mein kleiner Mörderköder, gratuliere ich dir, daß du mit dem Leben davongekommen bist und mitgeholfen hast, daß in deinem Haus wieder Ruhe herrscht.«

Bestürzt blickte ihm Jao ins Gesicht. »Ihr wißt ... alles?«

»Natürlich! Ich habe deinen Fall genau im Auge behalten, und du kannst sicher sein, daß meine Beamten alles getan haben, um den Skandal zu vertuschen und die Dinge in diesem verdammten Haus wieder ins Lot zu bringen. Zwei Tote und eine Flüchtige, eine wahre Lasterhöhle!«

»Dann seid Ihr auch über Wildente im Bild?« wagte sie sich weiter.

»Und über dich, die sich auf das Risiko eingelassen hat, ob ihr Kaiser sie ernst nimmt.«

Jaos verzweifelter Blick verschwand und sie lächelte, daß ihre Augen glänzten und sich in ihren Wangen Grübchen zeigten, wie sie dem Kaiser schon früher aufgefallen waren. Diesmal sah er sie mit mehr Vergnügen denn je.

»Es war ein Abenteuer, es mit einer Fuchsfrau aufzunehmen«, antwortete Jao nachdenklich. »Ich hatte schreckliche Angst und habe fast den Tod gefunden. Ich wußte, wer die Füchsin war, weil es mir meine aus Silla stammende Dienerin verraten hatte. Mit diesem Wissen war es möglich, etwas zu tun, anstatt in dauernder Angst mit einem entsetzlichen Rätsel zu leben.«

»Ist das alles, was du jetzt empfindest, da es vorüber ist – daß es ein Abenteuer war?«

Sie überlegte. »Hier oben«, sie deutete auf ihre Stirn, »war ich entschlossen, jede Spur bis zu einem erfolgreichen Ende dieser Sache zu verfolgen. Hier unten«, sie wies auf ihren Bauch, »saß die ganze Zeit die Angst. Und wäre nicht Wil... ich meine, die Wächterin gewesen, dann wäre ich sicher tot. Die Fuchsfrau hat uns die ganze Zeit, in der sie mit uns zusammenlebte, im Bann gehalten, daß wir nicht klar denken konnten. Wie kommt eine Füchsin in diesen sicheren Palast?«

»Alle Arten von Fuchsmenschen schleichen sich an den Wachen vorbei«, bemerkte der Kaiser trocken. »Aber«, fügte er mit einem Zwinkern hinzu, als er die Angst in ihrem zarten, ausdrucksvollen Gesicht sah, »wir jagen sie wieder hinaus.« Er lachte laut, als er beobachtete, wie bei seinem Spaß ihre Verstörtheit schwand. Bevor sie noch wußte, was sie tat, hatte sie ihn mit ihrer kleinen Faust an die breite Brust geschlagen, und er lachte wieder, als er ihren Schreck über diesen Affront bemerkte.

»Komm her, erzähl mir, wie du im Hochland gelebt hast und mit was für Menschen du aufgewachsen bist … welche Menschen du mit der Faust bedroht hast, wenn sie sich über dich lustig machten?«

Gehorsam erhob sich Jao und machte es sich mit ihrer ganzen kleinen Person wie selbstverständlich auf seinen Knien bequem zurecht, während sie darüber nachdachte, was sie ihm erzählen sollte.

»Die Dees«, begann sie, »unsere Nachbarn in Taiyuan … Dee Jenjer ist jünger als ich, aber er ist blitzgescheit, und daher bin ich gerne mit ihm beisammen.«

»Der Sohn des Richters Dee?« unterbrach der Kaiser. »Einer meiner besten Beamten, loyal gegenüber den Tang. Er ist ein Mann, wie man ihn selten findet, integer und gütig.«

»Jenjer ist nicht gütig zu mir, denn er sagt, es ist nicht notwendig, zu einem Mädchen gütig zu sein, Mädchen gegenüber hat man nur seine Pflicht zu tun.«

»Ein echter Konfuzianer. Wie alt ist er?«

»Neun, er wird zehn. Alle behandeln ihn noch wie ein Kind, dabei ist er gar keines mehr. Er ist bereits erwachsen«, gab Jao Auskunft.

»Dann werde ich ihn jetzt schon in meine Dienste nehmen. Die meisten meiner Beamten haben das Hirn von zwölfjährigen Jungen. Aber erzähle weiter. Wo hast du reiten gelernt? Versteht du etwas von Pferden?«

Ein glückliches Lächeln breitete sich über Jaos Gesicht, und sie stürzte sich in einen ausführlichen Bericht über die Ställe der Wu, über jedes einzelne Pferd, jedes Problem in Aufzucht und Haltung sowie über das Abrichten der Jährlinge. Der Kaiser hörte ihr voll Interesse zu. Das war seine Welt, und er bedauerte es, zu wenig Zeit zu haben, um sie zu genießen.

Die Geräusche der Nacht drangen an ihre Ohren – die Wachablöse, das Schließen der Tore, das Kreischen der Stare und Krähen, die sich in den großen Bäumen des Palastes ihr Plätzchen suchten. Hier drinnen glühten die Kohlen und fielen übereinander, im Raum wurde es still, als die Unterhaltung langsam versandete. Der Kaiser strich Jao zart mit dem Kinn über die Wange und schlang seine Arme fester um sie.

»Willst du, daß ich dich jetzt liebe?« fragte er.

Ihre Augen hoben sich zu den seinen. »Wenn es Euer Wunsch ist«, stimmte sie mit sanfter Stimme zu und löste die Schärpe von ihrer Taille. Er beobachtete sie, dann nahm er die Schärpe und band sie wieder fest.

»Nicht heute nacht, vielleicht nicht einmal diesen Monat oder dieses Jahr. Du bist mir eine Freude und eine Seltenheit unter den Blumen meines Harems: zu gut, um sie unreif zu pflücken.«

Er hob sie hoch und ließ seine Hände über ihre zarten, schlanken Schenkel wandern. »Ich will warten. In ihrem Eifer, mir nach dem Tod der Kaiserin zu Gefallen zu sein, bringen mir meine Beamten Mädchen, die immer jünger und jünger werden. Nun ja, einige von ihnen sind mit zwölf schon mehr als reif, die vollbusige Kokette aus deinem Haus zum Beispiel.«

»Päonie«, half Jao mit dem Namen.

»Ich denke, ja. Muß ich ihren Namen wissen? Vergiß es. Ich wollte dir noch etwas sagen. Ich möchte dich täglich um mich haben, ohne daß Eifersüchte geweckt werden, die dir das Leben schwer machen würden. Du hast fürs erste genug Unannehmlichkeiten gehabt. Verstehst du mich, Kleines? Ich werde dir einen unbedeutenden Posten geben, der es dir ermöglicht herzukommen, dir aber Sicherheit bietet.«

Jao schlang die Arme um den riesigen Brustkasten des Kaisers und bettete den Kopf unter sein Kinn. Selbst in der zarten Umarmung fühlte er die Muskeln ihrer schlanken Arme, und sie hielt ihn länger umschlungen, als er erwartet hatte. Dann löste sie sich und glitt in ihren graziösen Hofknicks.

»Das ist eine wunderbare Idee«, sagte sie zutiefst zufrieden.

»Du kannst jetzt gehen, doch mache dir keine Gedanken, du wirst bald hierher geladen werden, um mir zu helfen, meine persönlichen Fuchs-Feinde zu vertreiben.«

Der Winter ging schnell vorbei, und bald feierte Jao ihren ersten Jahrestag im Palast. Sie war in den Häusern der anderen Frauen ein gern gesehener Gast, sie war schnell von allen akzeptiert worden, denn niemand betrachtete sie als Bedrohung. Sie empfand ihr Leben als ausgefüllt, an Beschäftigung mangelte es nicht. Im Haus der Tsairen herrschten Ruhe und Zufriedenheit, weil die sechs Mädchen es so wollten.

Den Winter über war Mis Sohn im Haus geblieben, doch nun kam die Zeit, da er nicht länger bleiben durfte, und Mi war gezwungen, Pflegeeltern außerhalb des Palastes zu suchen. De facto war der Junge Eigentum des kaiserlichen Haushaltes, doch im Hinblick auf seine Verwandtschaft mit dem Königshaus der Silla wurde ihr erlaubt, ihn in der Silla-Enklave in Changan aufziehen zu lassen. Mi ging, um die notwendigen Schritte einzuleiten, und kehrte strahlend zurück.

»Eine liebenswürdige Dame aus Silla, die die höfische Hochsprache beherrscht, hat sich bereit erklärt, Chinpyong zu sich zu nehmen«, vertraute sie Jao an. »Der Kommandant der Wache hilft, weil ich mit Königin Sondok verwandt bin. Er hat auch Yupyong, meinem Zwillingsbruder, geholfen, der gleichzeitig mit mir geraubt wurde. Die gute Neuigkeit ist, daß Yupyong am Leben ist und es ihm gut geht … und daß er an den Palast verkauft wurde. Allerdings wurde er kastriert, um einen höheren Preis für ihn zu erzielen.«

Jao hörte voll Mitgefühl zu, ihre Augen strahlten. Noch nie zuvor hatte sie ihre Freundin so angeregt gesehen. Mi fuhr fort: »Hauptmann Chang hat eine Nachricht in den Palast gesandt und Yupyong holen lassen, um zu sehen, ob er mich erkennen und die Wahrheit meiner Worte bezeugen konnte. Wir lachten und weinten, als wir uns wiedersahen. Er war gut zu meinem Baby, auch wenn er glaubt, daß Chinpyong halber Chinese ist.«

Fragend blickte Jao zu Mi. »Ist das Baby wirklich halb und halb?«

Fest und stolz erwiderte Mi ihren Blick. »Chinpyong ist nicht halb und halb, er hat reines königliches Sillablut. Ich kann es bezeugen … Eines Tages, wenn er nach Silla heimkehrt, wird er einen großen Empfang bekommen.«

Jao zögerte. »Ist der Vater des Babys Yupyong?« Die alte Sitte der Geschwisterehe war in China nicht mehr gern gesehen, wurde aber in Silla weiter praktiziert. Jao nahm Mis Hände zwischen die ihren und drückte sie.

Mi blickte auf die ineinander verschlungenen Finger und nickte.

»Dein Sohn ist also eine wichtige Person. Wenn Yupyong kastriert wurde, kann er keine weiteren Erben haben, und Königin Sondok hat keinen Sohn. Ich verstehe, was du mit dem ›großen Empfang‹ bei seiner Heimkehr meinst. In Silla bedeutet die Abstammung alles, nicht wahr?«

Mi hob die Augen, und Jao sah in ihnen den Stolz und die unzerstörbare Sicherheit, die nur Menschen von hoher Geburt eigen ist.

»Weiß es Yupyong? Weiß es irgend jemand?« fragte Jao ehrfürchtig.

»Noch nicht«, antwortete Mi. »Erst wenn die Zeit reif ist ...«

Der Winter ging in den Frühling über. Die Monate flossen dahin. Der Sommer wurde zum Winter und wieder zum Sommer. Immer häufiger hielt sich Jao im Hause Fang Feis auf, um sie zu trösten. Bixon, die niemals kräftig gewesen war, wurde immer schwächer. Ihre Krankheit schien unheilbar, und der ganze Palast litt mit dem Kind, da es aller Liebling war. Taitsung forderte einen täglichen Bericht und ließ es an nichts fehlen, was ihrem Wohlbefinden dienen konnte. Von Zeit zu Zeit schien Bixon wieder lebhafter, doch die so geweckten Hoffnungen schwanden nur allzuschnell wieder.

In einer regnerischen Nacht, als Fang Fei an Bixons Bett saß und Jao dem kleinen Mädchen Luft zufächelte, schrie Bixon im Schlaf auf, dann stand ihr Atem für immer still. Niemand konnte glauben, daß sie nicht mehr am Leben war, bis die Hofärzte traurig den Kopf schüttelten und die Leichenbestatter rufen ließen, damit sie die kleine Leiche holten.

Zum Erstaunen seiner Militärs verweigerte der Kaiser einige Tage lang jede Nahrung, vernachlässigte seine üblichen Neigungen und war untröstlich. Madame Fang legte sich zu Bett, und es dauerte lange, bis sie sich von diesem Schlag erholte. Ihre Schönheit aber war für immer dahin.

Das kühle Wetter und die Neuigkeiten von der Grenze über die Eroberung des reichen Oasenkönigreiches Turfan weckten Taitsungs Lebensgeister wieder, und er ging fast mit seinem alten Enthusiasmus daran, eine Siegesparade zu planen. Gleichzeitig kam eine Abordnung aus Tibet mit dem Ansuchen um eine chinesische Prinzessin für ihren jungen König. Taitsung war interessiert – eine solche Heirat konnte zu besseren Beziehungen zwischen den beiden Ländern führen und, so hoffte er, die Raubzüge der Tibeter auf chinesisches Gebiet vermindern.

Niemanden verwunderte es, daß Prinzessin Wencheng ausgewählt wurde, nach Tibet zu gehen.

»Habt Ihr keine Angst?« fragten ihre Freundinnen, denen allein bei dem Gedanken an eine solche Heirat schauderte. Nicht eine von ihnen hätte sich vorstellen können, Wenchengs Platz einzunehmen. »Diese furchtbaren Berge und dieses wilde Volk ...« stammelte Fang Fei, die versuchte, den Verlust der Freundin zu verkraften.

»Was? Angst? Unsinn!« lautete die Antwort, die Wencheng auf alle Kommentare dieser Art gab. »Es ist genau das, was ich immer wollte – Herrscherin sein. Ich freue mich darauf.« Ihrer Freundin Fang Fei erklärte sie: »Ihr kennt meine Gefühle. Seid nicht traurig! Ihr wißt, daß es mein größter Wunsch ist, meinen eigenen Hof nach meinem eigenen Gutdünken zu leiten und mir mein eigenes kleines Königreich aufzubauen. Und Ihr wißt auch, daß ich im Harem ersticke und eigentlich ein Mann unter Männern sein sollte. Ich sehe es als mein Glück an, daß ich eine solche Chance bekomme.«

Jao hörte zu, sie war beeindruckt und nachdenklich. Man konnte also mit seiner Zukunft fertig werden, wenn man einen guten Magen besaß. Sogar als Frau ... Sie beobachtete Wencheng dabei, wie sie die vielen Tonnen Güter zusammenstellte, die sie mitnehmen wollte, sah, wie begeistert sie ans Werk ging, und bewunderte alles, was die Prinzessin tat. Und dann kam der Tag der Abreise. Das Wetter war günstig, kalt und klar. Wencheng und die von ihr ausgewählte Entourage ritten zu den Palasttoren hinaus und durch die Stadttore auf die breite Straße, die nach Westen führte, ein Zug, dem alle Ehren zuteil geworden waren, die ein dankbarer Souverän zu vergeben hatte. Auch während der Abschiedszeremonien behielt Wencheng ihre übermütige Miene, obwohl sie etliche zurückließ, die so untröstlich waren wie Fang Fei und Kronprinz Chengchien. Jao hingegen blieb durch das Beispiel der Prinzessin gestärkt zurück.

Wenchengs Karawane war kaum am Horizont verschwunden, als die Generäle, die Turfan eingenommen hatten, mit ihrer Beute und Scharen von Gefangenen, darunter der in Ketten gelegte König, in die Stadt einritten. Eine große Zahl ausgezeichneter Musikanten spielte beim Einmarsch auf ihren exotischen Instrumenten. Die Einwohner von Changan waren begeistert von dem, was die Fremden boten, und es schien, als freuten sich diese sogar als Gefangene darauf, die berühmte Hauptstadt zu sehen.

Die Parade selbst war eine der prächtigsten, die Taitsung je abgehalten hatte. Er selbst, in seiner goldenen Rüstung prächtig anzusehen, ritt an der Spitze des Zuges, gefolgt von den überreich gekleideten Prinzen und den Generälen in ihren eindrucksvollen Paradeuniformen, mit Helmen und Schwertern. Von ihrem Platz im Turm des Südtores, der für die Frauen bestimmt war, konnte Jao mehrmals einen Blick auf Jer werfen. Sie hatte ihn seit Bixons Tod nicht mehr gesehen. Er war gewachsen und sah deutlich älter aus. Mit nun vierzehn Jahren war er mit einer gewissen Madame Wang verheiratet, die sein Vater und die Minister für ihn ausgewählt hatten. Jao fand, daß er jetzt Würde ausstrahlte.

Friedlich gingen die nächsten Jahreszeiten ins Land. In Jaos Welt geschah kaum etwas. In Taitsungs Welt braute sich Unheil zusammen. Taitsung reagierte auf das böse Blut zwischen seinen Söhnen empfindlich, weil er sich der eigenen Greueltaten an seinen Brüdern erinnerte. Er bekam mit, daß sich eine Clique bildete, die sich hinter Tai stellte und Kronprinz Chengchien ablehnte. Er war empört, daß beide junge Männer ihn hintergingen und diese Klüngelwirtschaft unterstützten, obwohl dies gegen das Gesetz verstieß.

Die Gesundheit Minister Weis ließ nach, auch wenn er immer noch regelmäßig bei Hof erschien, um die von den Prinzen verursachten Unruhen wieder zu glätten. Eines Tages kam er nicht, und Taitsung mußte erfahren, daß sein Minister niemals mehr kommen würde. Tief getroffen, besuchte er Weis Haus, um seinen treuen Diener zu ehren. Wei hatte sich die offizielle Hofkleidung anlegen lassen, denn er nahm die Fragen der Etikette so genau, daß er auch im Sterben seinen Kaiser noch würdig empfangen wollte. Noch vor Ende des Besuches hauchte er sein Leben aus. Der trauernde Taitsung ließ den Palast und alle Büros zu Ehren Weis für die ungewöhnlich lange Frist von fünf Tagen schließen und ordnete ein großes Staatsbegräbnis an.

Ohne Weis eiserne Hand nahm die Palastpolitik eine Wendung zum Schlechteren. Chengchiens und Tais Umtriebe wurden so unerträglich, daß Taitsung sich gezwungen sah, beide zu degradieren und den fünfzehnjährigen Jer als Kronprinzen einzusetzen.

Taitsung verfiel in tiefe Depression, aus der er sich nicht wieder befreien zu können schien. Die Enttäuschungen, die ihm vier seiner wichtigsten Söhne bereitet hatten, Bixons Tod und das einige Jahre zurückliegende Hinscheiden der Kaiserin hatten den Kaiser ohne vertrauenswürdige Freunde zurückgelassen. Er beschloß, Jers Erziehung genau im Auge zu behalten und mehr junge Leute in sein Leben einzubinden und sie sich für künftige Aufgaben heranzuziehen. Als eine Folge dieser Entschlüsse wurde Jao zu einem regelmäßigen Hofdienst beordert, damit er sie den ganzen Tage um sich haben konnte. Sie war nun siebzehn und eine vollwertige Hofdame, deren kindliche Impulsivität nur mehr in ihren strahlenden Augen zu erkennen war.

Dem Kaiser kam zu Bewußtsein, daß seine Jao nun eine voll erblühte Schönheit war. Die vielversprechenden Anlagen des Kindes hatten sich in der jungen Frau aufs schönste verwirklicht. Sie würde, darüber war er sich im klaren, jeden Mann bezaubern, der sie zu Gesicht bekam, gleichgültig wie alt und in welchem Stadium der Senilität er war. Wenn er sie den wenigen Männern zeigte, die zu seinem innersten Kreis zugelassen waren, wüßten diese sich sicher vor Bewunderung kaum zu halten. Der Gedanke daran, wie erregt sie wären, amüsierte ihn. Sollten sie ihn nur beneiden! Seinen ehrgeizigen Ministern würde es guttun zu erkennen, daß es Dinge gab, die sie nicht haben konnten. Jers ständige Anwesenheit in seinen Räumen bereitete Taitsung kein Kopfzerbrechen. Sein Sohn war viel zu unreif und seinem Vater viel zu ergeben, um auch nur im Traum daran zu denken, jemandem aus dem Harem seines Vater Avancen zu machen. Und was Jao anbetraf, so war sich der Kaiser sicher, daß sie ihm mit jedem Atemzug ergeben war. Trotzdem beschloß er, sie zu prüfen.

Jao wurde gerufen. »Deine neuen Aufgaben hier werden nicht besonders aufregend sein«, erklärte ihr Taitsung. »Sie beinhalten lange Stunden des Wartens. Ich will jemanden in Rufweite haben, mit dem ich sprechen und dem ich vertrauen kann. Erinnerst du dich, daß du dich für einen Dienst dieser Art angeboten hast? Nun ist es so weit, aber ich werde es dir ermöglichen, diesen Dienst zu übernehmen, ohne den Eifersüchteleien, die jede verdächtige Beförderung hervorruft, ausgesetzt zu sein. Aus diesem Grund verleihe ich dir einen niedrigen Rang und eine unwichtige Tätigkeit. Ich werde meinen Kammerherrn beauftragen, dir die Aufsicht über meinen Wäscheschrank zu übertragen, das heißt, du hast dafür zu sorgen, daß ich jederzeit frische Handtücher habe, wenn ich es wünsche. Daß du dazu ständig in meiner Gegenwart sein mußt, mag bei dieser ermüdenden Arbeit die einzige Ehre sein. Wie gefällt dir die Idee? Bist du insgeheim enttäuscht oder unwillig? Oder ist dir vielleicht nicht klar, was diese Tätigkeit in Wahrheit bedeutet?« Er beobachtete sie scharf.

Jao hatte darauf gewartet, wann er zum eigentlichen Zweck seines Vorschlages kommen würde, und als dies endlich der Fall war, erklärte sie sich ohne Wenn und Aber dazu bereit. Die Augen zu einem Mann zu erheben war nicht der Brauch, schon gar nicht, wenn es sich um einen Kaiser handelte, doch Jao blickte dem Kaiser direkt in die seinen. »Wenn Eure Majestät fragen, ob diese unbedeutende Person bereit ist, den Mangel an Äußerlichkeiten im Austausch für die Sache selbst zu akzeptieren, so heißt die Antwort: Ja! Ja, mit einem Himmel voll guten Willens und einem Meer von Ergebenheit! Vielleicht auch mit etwas Verstand –« Nach diesen kurzen Worten brach sie ab und senkte die Augen erst, als sie sah, daß in den seinen Zufriedenheit aufblitzte.

Sie war entlassen und nahm am folgenden Tag ihren neuen Dienst auf. Außer einigen hochgezogenen Augenbrauen und ein wenig Gekicher verursachte Jaos Eintritt in den Vorhof der Macht nicht das geringste Kräuseln auf der glatten Oberfläche des Palastes.

Im April wurde der Kronprinz offiziell ernannt, mit einer Zeremonie in der wiederaufgebauten Halle der Höchsten Tugenden – dem wichtigsten aller Thronsäle. Der gesamte Hofstaat war anwesend. Hinter einem Gazevorhang befanden sich Jao, die anderen Damen des Palastes und die Ehefrauen der hohen Beamten. ›So hat der Kaiser letztlich den richtigen Sohn als Nachfolger eingesetzt‹, dachte Jao, ›den richtigen, was Mut und Charakter anbelangt. Jer ist kein großer Manipulator, aber er weiß, was er will‹, überlegte sie, als Vater und Sohn, beide in vollem Ornat, beide mit dem flachen Hut der höchsten Macht, die Zeremonien absolvierten. ›Sie brauchen einander‹, stellte sie befriedigt fest.

Eines Tages, als Jao sich zum Dienst meldete, begrüßte sie Taitsung mit einem neuen Plan für ihre Zeit. Sie sollte gemeinsam mit Jer bei Chu Suiliang, dem obersten Historiker, studieren – einerseits um Jer zu größerem Eifer anzuspornen, andererseits um aus ihr eine anregendere Konversationspartnerin für ihn selbst zu machen.

»Konversationspartnerin?«

Er lachte. »Hab keine Angst. Ich will eine gebildete Person, die mir zuhört, *zuhört*, und nicht mich zum Zuhören zwingt. Ich habe mehr als genug davon, meinen Ministern zuzuhören. Ich brauche neben Jer, der jünger ist als du, jemanden, mit dem ich sprechen kann, wenn ich über etwas laut nachdenke, jemanden, der mir nicht seinen Rat, nicht seine Hilfe anbietet, nicht meine Probleme herunterspielt. Ich war es gewöhnt, mit der Kaiserin frei zu sprechen, nun aber, da sie zu den Gelben Quellen gegangen ist und ich so viele Frauen in meinem Haushalt habe, ist mir das Reden überhaupt verleidet. Besonders über Politik, über die ich vor allem laut nachdenken muß. Dieser Jemand könntest du sein.«

Er nahm das zerlesene Buch der Kriegskunst von Sun Tzu zur Hand und las: »Zum Spionieren im Inneren des Palastes nutzt man die Agenten des Feindes … vielgeliebte Konkubinen, die goldgierig sind.

Vor solchen Dingen muß ich auf der Hut sein – vor verräterischen Konkubinen, die gierig nach Gold sind.«

Bestürzt betrachtete Jao den Kaiser. Ihre fünf Jahre im Palast hatten sie reifen lassen. Nun konnte sie schweigend zuhören, bevor sie selbst sprach oder handelte, und immer war es ihr Bestreben, sich von Intrigen und Intriganten fernzuhalten. »Wie kann ich beim Spionieren von Nutzen sein? Ich habe keine Erfahrung auf diesem Gebiet, das für den Sohn des Himmels so lebenswichtig ist. Dafür braucht Ihr die listigsten der dafür geschulten Männer.«

Er blickte sie ernst an. »Ich habe alle die geschulten Männer, die ich brauche. Doch sie haben an erster Stelle ihr persönliches Interesse im Auge, hätten sie das nicht, wären sie nicht gut. Nein, was ich brauche, ist eine gebildete Person ohne Selbstsucht, die ihren Ehrgeiz in meinem, nicht ihrem Interesse einsetzt. Diese Person könntest du sein. Ich verfüge über loyale Männer, die ich gegen weniger loyale einsetzen kann – dafür brauche ich dich nicht. Ich suche deine Hilfe gegen Spione, deren Loyalität anderen gehört. Dazu muß man die Gabe haben zu erkennen, wer in meiner Umgebung gut und wer böse ist. Nichts Anstrengendes! Nur das! Nun möchte ich dir noch eine Frage stellen: Hast du jemanden in deiner Umgebung, dem du blind vertrauen kannst?«

»Mi«, antwortete Jao ohne Zögern.

Der Kaiser war verblüfft. »Sie ist nur eine Sklavin. Einem Sklaven kann man niemals in der Weise trauen, die ich meine«, sagte Taitsung.

»Wenn Ihr jemanden sucht, der Charakter hat, gebildet ist, jahrelang ihren Dienst mutig versieht und absolut loyal ist, dann ist sie die geeignete Person. Ihre Sklaverei ist keine selbstverschuldete, sie wurde aus dem Haushalt der Königin Sondok von Silla geraubt. Ich kenne Mi. Ich würde mit meinem Leben für sie bürgen, und sie kann das gleiche von mir sagen.«

Taitsung schaute auf Jao, die aufrecht vor ihm stand, und er sah das Blitzen in ihren Augen.

»Du scheinst Werte zu erkennen, wenn sie dir begegnen, und das ist alles, was ich von dir verlange«, erwiderte er gedankenvoll und nahm ihr Kinn in die Hand. »Und jetzt fort mit dir, beginn mit deinen Studien.«

Bald saß Jao einmal wöchentlich vor dem erhabenen Chu, der ihr das auftrug, was er als die für sie passende Aufgabe ansah. In der darauf folgenden Woche wurde sie geprüft. Chu lehnte es ab, Jer und Jao zusammen zu unterrichten, da er das als unschicklich betrachtete. Deshalb trafen sich die beiden ohne sein Wissen, um gemeinsam in Taitsungs Halle zu lernen, Jao die Handtücher griffbereit, während Jer im Schneidersitz auf der väterlichen *kang* saß. Kaum hatte er fünf Minuten hinter seinen Büchern verbracht, waren seine Haare, an denen er in seiner Verzweiflung riß, völlig verstrubbelt.

»Dies zum Beispiel«, sagte Jer eines Tages bedrückt, nachdem Chu ihn verlassen hatte. »Chu ließ mich folgendes lernen: Mo Tzu sagte: ›Heutzutage wollen alle Herrscher, daß ihre Länder reich sind, ihre Bevölkerung zahlreich ist und ihre Verwaltung für Ordnung sorgt. In Wahrheit aber schaffen sie keinen Reichtum, sondern Armut, kein Wachstum der Bevölkerung, sondern deren Verminderung, keine Ordnung, sondern Chaos – so verlieren sie das, was sie eigentlich wollen, und bekommen, was sie verabscheuen.‹ Woran liegt das?«

Jao zögerte. »Chu verlangt von mir, daß ich die Gründe herunterbete … als wäre das wichtig. Das alles ist vor Jahrhunderten gewesen. Wo liegt der Zusammenhang mit heute?«

»In allem und jedem!« fiel Taitsung ein, der beim Zuhören mit den Ohren seines Hundes spielte. »Was Mo Tzu über das gute Regieren sagt, gilt immer und überall. Denkt an die Erklärung, die Mo Tzu für die von ihm beschriebenen Zustände gibt. Jao, du antwortest.«

»Mo Tzu sagt: ›Die liegt darin, daß die Herrscher unfähig sind, Tugenden anzuerkennen oder die Fähigen als Regierende einzusetzen. Gibt es viele tugendhafte Beamte in einem Staat, so wird er gut regiert. Gibt es nur wenige, wird er schlecht regiert. Daher ist es Aufgabe der Herrscher, dafür zu sorgen, daß es viele Tugendhafte gibt.‹ Auf welche Weise kann das erreicht werden?« wiederholte Jao befangen.

»Jer, gib die Antwort«, befahl sein Vater.

Jers Interesse war erwacht. »Ich werde es vorlesen, denn ich kann es noch nicht auswendig. Hier ist es: ›Nehmen wir zum Beispiel an, jemand will zahlreiche fähige Bogenschützen und Wagenlenker haben. In diesem Fall, wird er sie gut bezahlen, ihnen einen Rang verleihen, sie respektieren und sie loben ...‹« Jer hielt inne. »Ich denke, das wichtigste ist, sie gut zu bezahlen.«

»Ihnen Respekt zu zollen«, war Jaos Meinung.

»Ihnen einen Rang zu geben«, erklärte Taitsung. Sie brachen in gemeinsames Gelächter aus und beendeten damit den Abend, doch bei Jer hatte diese kurze Belehrung Wurzeln geschlagen, er stand seinem Lehrer weniger ablehnend gegenüber.

Einige Tage später befand sich Jao während der Frühmahlzeit im Dienst. Ihre Pflichten waren von untergeordnetem Rang – unter der Würde der Eunuchen, deren Rang so hoch war, daß sie sich nur zu Tätigkeiten herabließen, die direkt mit dem Kaiser in Zusammenhang standen. Doch ihre niedere Arbeit beunruhigte Jao keineswegs, denn sie ermöglichte ihr, immer in Hörweite aller bei Hof wichtigen Ereignisse zu sein und dennoch sozusagen unsichtbar zu bleiben.

Der Kaiser und Jer nahmen ein frühes Frühstück, weil sie einen gemeinsamen Tagesritt unternehmen wollten. Die beiden beendeten ihr Essen, und als sich der Kaiser vom Tisch erhob, warf er einen abwägenden Blick auf Jao.

»Du reitest doch, nicht wahr?« wollte er wissen.

»Wir Tsairen spielen häufig Polo, und einige von uns reiten jeden Morgen. Ich neuerdings nicht mehr«, antwortete sie.

»Hättest du Lust, heute mit uns zu kommen?« fragte er und mußte über ihren augenblicklichen strahlenden Ausdruck lächeln.

»Gute alte Jao«, rief Jer und stand auf. »Wir werden ein, zwei Rennen machen, wie früher ... wartet eine Minute, gleich bin ich zurück.« Er verschwand hinter dem Vorhang, um sich zu erleichtern und war im nächsten Moment wieder da. »Es wird ein guter Tag werden. Wir probieren ein Paar neue Hengste aus, die gerade aus Ferghana gekommen sind. Unseren Pferdeknechten machen sie augenscheinlich einiges zu schaffen.«

Jao reichte ihm in der ihr eigenen höflichen Form ein Handtuch und die übliche Schale mit Wasser. Lachend spritzte er ihr Wasser ins Gesicht.

»Jetzt habe ich deine Schminke verschmiert«, neckte er sie und spritzte sie von neuem an. »Aber heute brauchst du weder Puder noch Farbe, also trockne dich ab und komm mit.«

Jao schnitt eine Grimasse. »Der Morgentau hat mir heute seine Gunst erwiesen«, erwiderte sie, und beide brachen in Gelächter aus, als sie die Mißbilligung im Gesicht des Obereunuchen sahen. Taitsung lächelte amüsiert über ihren Ausbruch.

»Du bist schnell bei der Hand mit deinen Scherzen«, bemerkte Jer belustigt, als er in seine Jacke schlüpfte. »Das warst du immer schon. Wir hatten so viel Spaß zusammen, damals, mit Bixon und Wencheng – gut, gehen wir.«

Changan war sowohl den Sandstürmen der Steppen als auch den extremen Kälte- und Hitzewellen des Hochlandes ausgesetzt. Manchmal aber war der Stadt eine Atempause vergönnt, und sie wurde plötzlich mit einem Tag von einzigartiger Schönheit beschenkt. Der Mai mit seinem jungen Grün, dem klaren Licht, dem wolkenlosen Himmel und der warmen Windstille war oft besonders schön.

Und so ein Tag war es, an dem der Kaiser und seine fünfköpfige Begleitung ihre Vollblüter bestiegen und durch die ausgedehnten kaiserlichen Gärten in nördliche Richtung ritten. Taitsung war von seinen beiden Stallmeistern, Veteranen aus seinen Kriegen, begleitet, die er zur Aufsicht über die Pferdeställe eingesetzt hatte, wo die Jungtiere zugeritten wurden.

Zu Mittag ließen sie die Pferde in der Nähe des ersten Gestütes an einem kleinen Flußlauf ausruhen und aßen ihr Mittagessen. Nicht weit entfernt befand sich ein Stall für die Jährlinge. Dort beobachteten sie, an den Zaun gelehnt, wie die Reitknechte mit den Neulingen übten. Jer war in seinem Element, wenn er bei Tieren sein konnte, und hatte er dann noch seinen Vater dabei, war er vollkommen glücklich.

Der für die Jährlinge zuständige Oberstallmeister begab sich an Taitsungs Seite, um zu erklären, was vorging, und um Fragen zu beantworten. »Diese Jährlinge sind so weit, daß sie geritten werden können«, sagte er, »und jetzt beobachten wir sie, um zu sehen, welche von ihnen für die Jagd, für Rennen, für Polo und so weiter geeignet sind. Nur ein Jungpferd läßt sich nicht zureiten. Sein Name ist Pech.«

Taitsung hob die Brauen. »Was stimmt nicht mit dem Tier? Zeigt es mir – besser noch, bringt es her«, befahl er.

Pech beäugte die Männer scharf mit zurückgelegten Ohren, sein Schweif schlug langsam hin und her. Er war ein außergewöhnlich schönes Tier, rabenschwarz, mit schimmerndem Fell und energiegeladen. Ein bewunderndes Raunen ging durch die Reihen der Zuschauer, als sie das Pferd beobachteten, das langsam herankam und sich dann herausfordernd aufbäumte.

Taitsung pfiff. »Er ist ein Kämpfer, daran besteht kein Zweifel. Wenn er auch jetzt noch ein wenig zu lang in den Vorderbeinen ist, so wird sich das auswachsen. Er ist ein Rennpferd mit Zukunft. Was ist los mit ihm?«

»Er rennt unter Zeltseile oder niedrige Zweige, er tut alles, um seinen Reiter abzuschütteln. Er ist so gerissen, daß niemand erraten kann, was er vorhat oder wie er gelaunt ist. Oft wirft er einen Reiter ab und verletzt ihn ernstlich, dann ist er wieder sanft wie ein Baby. Er ist ein Teufel. Wir haben unser Bestes getan, um ihn zu bändigen, aber ohne Erfolg.« »Er ist großartig«, stellte Taitsung fest. »Zu schade, daß er sich nicht zähmen läßt.«

»Darf ich ihn reiten?« fragte Jao plötzlich. Die Männer starrten sie mit offenem Mund an, es war, als hätte das Pferd gesprochen.

»Ist dir klar, was du da vorschlägst?« Taitsungs Stimme war kühl. »Pech ist kein Pferd für eine Frau, nicht einmal für die Zureiter, wie du gerade gehört hast.«

»Spiel dich nicht auf, Jao, wirklich«, unterbrach Jer.

»Bitte laßt es mich versuchen«, wiederholte Jao. »Mir gefällt dieses Pferd, und ich glaube, ich könnte mit ihm fertig werden. Ich bin in einem Pferdeland großgeworden, und ich kenne diesen Charakter bei einem Pferd. Was ist er doch für ein eitles Tier … Schaut ihn nur an!«

Alle Augen wandten sich dem tänzelnden Tier zu. »Stimmt«, gab der Oberstallmeister säuerlich zu.

Taitsung faßte seinen Entschluß. »Laßt es sie versuchen«, sagte er.

Jer schnappte nach Luft. »Aber nein«, protestierte er. »Jao hat immer irgend etwas dreinzureden, egal was, doch die Hälfte der Zeit macht sie nur Scherze. Ich denke, man sollte ihr nicht erlauben, eine solche Dummheit zu begehen.«

Taitsung überlegte noch einen Moment. »Laßt es sie versuchen«, wiederholte er trocken.

Stille legte sich über die Anwesenden. Unter größten Schwierigkeiten wurde Pech eingefangen und gesattelt, die Steigbügel wurden kürzer gemacht.

»Habt ihr irgendwo einen Eisenstab?« fragte Jao. Während nach einem Knüppel gesucht wurde, wollte Taitsung wissen, wozu sie ihn brauche. »Ich wäre sonst außerstande, ihn in Zaum zu halten«, erklärte sie. »Wenn ein störrisches Pferd nicht zu zähmen ist, braucht man einen Eisenstab, wenn der nichts hilft, ein Brecheisen. Wenn aber auch dieses nichts nützt, dann ist er wirklich ein Mörder, und man muß ihn mit einem Dolche zur Strecke bringen … das war die Überzeugung des Stallmeisters meines Vaters.«

Der schwere Eisenstab wurde gebracht und ging von Hand zu Hand, bis er bei Jao angelangt war. Sie verbarg ihn schnell in ihrem Stiefelschaft, damit das Pferd das Eisen nicht sehen konnte.

»Fertig«, sagte sie. Von mehreren Stallknechten geführt, tänzelte Pech heran. Sie ging zum Kopf des Pferdes, ergriff sein Maul mit beiden Händen, liebkoste es geduldig und sprach zu ihm. Pech stand still, Neugier hatte ihn übermannt.

»Helft mir«, befahl sie und wurde sofort in den Sattel gehoben. Das Gatter wurde für sie geöffnet, und sie ritt hinaus. Und dann galoppierte sie über die Ebene dahin, den zusehenden Männer kam es wie eine Ewigkeit vor, bis nichts mehr von dem Pferd zu sehen war – nur eine Staubwolke.

Jaos geringes Gewicht verwirrte das Pferd und verführte es zu der Ansicht, daß dies eine günstige Gelegenheit sei, sich durchzusetzen. Pech hielt nach einem für eine solche Aktion geeigneten Baum Ausschau, doch war nirgends einer in Sicht. Er befolgte den Befehl zur Umkehr und sah dabei die neben der Pferch aufgestellten Zelte. Eine Gruppe schweigender Männer beobachtete, wie er mit Höchstgeschwindigkeit auf das Lager zugaloppierte, scheinbar gehorsam auf jeden Befehl. Doch plötzlich raste er auf das Halteseil des ersten Zeltes zu. Angstschreie ertönten, als das Pferd mit höchster Geschwindigkeit unter dem Seil hindurchschoß, in dem sicheren Glauben, damit seinen Reiter loszuwerden. Jao hatte ein Bein um den Sattelknauf geschlungen, bereit, sich auf die Seite gleiten zu lassen. Während sie sich mit einer Hand an der Mähne festhielt, packte sie mit der anderen den Eisenstab. Als sie unter dem Seil durchgaloppierten, glitt sie an die Flanke hinunter, und das Seil streifte nur den Sattelknauf, Jao aber stieß dem Pferd mit aller Kraft den Eisenstab in die Weiche.

Vor Erstaunen und Schmerz wiehernd, bäumte sich Pech auf, bockte und gab nach. Schließlich kam er schnaubend und schweißbedeckt zum Stehen, ein für den Augenblick völlig verwirrtes Tier. Stallburschen eilten herbei, um seine Zügel zu nehmen und ihn auf- und abzuführen, bis er sich abgekühlt hatte.

Jao stieg ab. Sie zitterte. Der Stallmeister lief herbei, um sie, sollte sie zusammenfallen, halten zu können. Doch sie sank nicht um und befaßte sich statt dessen damit, den Staub von ihrer Reithose zu klopfen; die verblüfften Männer brachen in Gelächter aus. Sie richtete sich auf und riskierte dabei einen Blick auf die Männer. Zu ihrer Erleichterung sah sie einen Ausdruck heller Freude auf dem Gesicht des Kaisers. Jer wirkte völlig verblüfft.

»Hm«, sagte der Kaiser. »Hm.«

Jao grinste und wischte sich über das staubige Gesicht. »Er dürfte von seinem Abwerftrick geheilt sein«, bemerkte sie. »Wenn nicht ... sollte man es mit einem schwereren Stab versuchen, meint Ihr nicht? Oder eine größere Waffe. Wenn das nichts hilft, ist er unbrauchbar, selbst zur Zucht. Was sagt Ihr?«

Der Reitknecht fiel, seine Manieren vergessend, ein, bevor der Kaiser antworten konnte. »Wir haben es mit der Reitpeitsche versucht, aber er wollte nichts lernen.«

Schüchtern antwortete Jao: »In Wenshui hatten wir einmal ein böses

Pferd wie dieses. Es war in vieler Hinsicht ein erstklassiges Pferd, und mein Vater wollte es nicht dem Schlächter übergeben, also erlaubte der Erste Reitknecht niemandem, das Pferd zu reiten, sondern behielt es sich selbst vor. Und schließlich gelang es ihm, den Willen des Pferdes zu brechen, weil er wußte, was das Pferd dachte.«

»Und wie denkt ein Pferd, kleines Fräulein?« fiel der Kaiser ein.

»Ach, das ...«, gab sie zurück, »der Trick ist, daß das Pferd seinen Schmerz nicht mit dem Reiter auf seinem Rücken in Zusammenhang bringen darf, man muß es in dem Glauben lassen, irgend etwas anderes habe ihm weh getan.«

»Aber Pech wird überzeugt sein, daß er den eisernen Schlag von dir bekommen hat«, bemerkte der Kaiser und bemühte sich, sein Lachen zu unterdrücken.

»Nein, das glaube ich nicht, denn ich habe den Eisenstab versteckt, er hat ihn nie gesehen«, erklärte sie.

»Worauf wird er dann den Schmerz zurückführen?« wollte Taitsung wissen.

»Auf das Zeltseil«, meinte sie.

Die Reitknechte des Gestüts hatten sich versammelt, um zuzuhören, und lachten. »Wir haben bisher noch nie ein Problem dieser Art gehabt«, meinte der Stallmeister steif.

»Mach mit Pech, was in deiner Macht steht, und laß mich wissen, wie er sich weiterentwickelt«, ordnete Taitsung an und pfiff im Umwenden nach seinem Pferd. »Wir reiten jetzt weiter. Danke für deine Hilfe.«

»Jederzeit, Majestät«, stammelte der Stallmeister, »doch die Hilfe kam hauptsächlich von der *kuniang*.« Er war schamrot im Gesicht.

»Kein Grund zur Sorge«, antwortete der Kaiser. »Auch ich habe von diesem Kunstgriff nichts gewußt, und dabei war ich der Überzeugung, alles über Pferde zu wissen.«

Dankbar verbeugte sich der Stallmeister, und Taitsung grüßte im Davonreiten mit seiner Gerte. Die anderen folgten ihm auf den Fersen.

Der noch verbleibende Tag war für Jao das reine Glück. Weder Taitsung noch Jer erwähnten Pech, für beide schien dieser Zwischenfall zum normalen Tagesablauf eines Ausrittes zu gehören, und das nahm Jao jede Befangenheit. Den Nachmittag verbrachten sie mit langen Stunden im

Sattel, folgten neuen Wegen und besuchten verschiedene Gestüte. Widerwillig traten sie den Rückweg an, sie sprachen wenig, jeder von ihnen genoß den Tag auf seine Weise. Bei Sonnenuntergang machten sie halt, um ein am offenen Feuer zubereitetes Mahl zu sich zu nehmen. An der frischen Luft schmeckte alles besser als sonst.

Jao fühlte sich von einer Welle der Anerkennung getragen. Selbst die Reitknechte strömten Respekt aus. Sie dachte, daß sie bisher noch niemals wirklich die Achtung des Kaisers hatte gewinnen können, doch diesmal war es ihr gelungen, durch einen Zufall. Da er selbst ein Mann mit so vielen Talenten war, konnte ihm kaum jemand das Wasser reichen oder ihn wirklich zufriedenstellen. Darüber dachte Jao nach, während das Tageslicht dahinschwand. Nun verstand sie ihren Wunsch, etwas Besonders zu leisten, um seiner wert zu sein. Und sie war gleichzeitig dankbar für Jers gutmütige Hinnahme der Tatsache, daß sie ihn, und das in Gegenwart seines Vaters, übertrumpft hatte. Jer seinerseits war stolz auf sie und ließ sie das auch spüren. So schien es, als habe sich durch die Ereignisse des Tages in ihren Beziehungen zu den beiden Männern nichts geändert ... doch es hatte sich alles geändert. Ihr Ansehen war gewaltig gestiegen.

Nach dem Essen ritten die drei in die Stadt zurück, das Quaken der Myriaden von Fröschen in den Sümpfen und Reisfeldern belebte die einbrechende Nacht. Als sie endlich durch die Palasttore ritten, war es vollkommen dunkel.

Jer wendete sein Pferd, um sich zu seinem im Osten des Hauptareals liegenden Palast zu begeben. »Auf Wiedersehen, meine kleine Wilde, ich werde heute Nacht von dir träumen«, sagte er leichthin zu Jao.

»Träumen?« rief sie. »Du meinst wohl Alpträume?«

Lachend hob er die Zügel.

»Komm mit mir und nimm noch einen Schlaftrunk«, schlug sein Vater vor. Jer senkte die Zügel wieder und ließ sein Pferd den beiden anderen folgen.

Eine Stunde später waren sie immer noch beisammen. In verträumter, weicher Stimmung hatten sie es sich in einer Ecke von Taitsungs großer Halle bequem gemacht. Jer lauschte einer Suade seines Vaters, Jao aber war erstaunt zu sehen, daß Taitsung sie mit anderen Augen betrachtete: überlegend und nachdenklich; zu ihrem Schreck errötete sie.

Sie spürte ein Kribbeln am ganzen Körper und wurde sich alsbald bewußt, was mit ihr geschehen war. ›Das also bedeutete es, reif für einen Mann zu sein‹, dachte sie, während sie sich so weit wie möglich in den Schatten zurückzog.

Zu einem plötzlichen Sturm setzte Regen ein. Über die nassen Dächer erreichte sie aus der Ferne der Klang einer einsamen Flöte. Ein Eunuch trocknete still eine Wasserlache, die sich unter einem neuen Leck im Dach gebildet hatte, und eine Motte flatterte in das Licht auf dem Tisch. Die beiden Männer sprachen weiter, und Jao träumte, in ihre Gedanken versponnen, vor sich hin. Die Sehnsucht nach Liebe hatte sie so unvorhergesehen überfallen, daß sie ihr hilflos gegenüberstand. Sie erinnerte sich eines nicht lange zurückliegenden Gespräches mit Chi.

»Nun bin ich schon fünf Jahre hier im Palast, und noch nie wurde ich zum Bett des Kaisers gerufen«, gestand sie ihm.

»Ihr seid eine, die spät erblüht«, hatte er sie getröstet. »Ihr besitzt so viele andere Reize, daß ein Mann auf den körperlichen Reiz warten kann oder auch ohne ihn auskommt und Euch trotzdem genießt. Ich kann das beurteilen, denn ich ziehe Eure Gesellschaft jeder anderen vor.« Verwirrt schwieg er.

Jao hatte er damit nicht trösten können. »Ich bin siebzehn und immer noch keine richtige Frau«, klagte sie. »Es ist nicht gerade aufmunternd zu denken, daß ich viele Seiten für viele Männer habe. Ich will nur einen Mann – den Sohn des Himmels – und keinen anderen.«

Chi hatte bitter gelacht. »So etwas kann es geben.«

Als sie der Stille in der Halle gewahr wurde, rief sich Jao in die Gegenwart zurück. Jer hatte sie verlassen, und der Kaiser sah sie an, er sah sie auf eine Weise an, daß es sie wie ein Blitz durchfuhr.

»Du kannst gehen«, sagte er zu dem Eunuchen, nicht zu Jao. Er streckte seine Hand nach Jao aus. »Komm, kleine Ungezähmte. Es ist Zeit.«

Sie flog zu ihm und schlang ihm in einer heftigen Umarmung die Arme um den Hals.

»Mein Kleines!« murmelte Taitsung und preßte sie leidenschaftlich an sich.

Sie zitterte, als sie sich in seine Arme schmiegte, während sie von Gefühlswellen überschwemmt wurde. Scheu bewegte sie sich, als er begann, mir erfahrenen Händen ihren Körper zu erforschen. Und dann gab es keine Zeit, nichts mehr für sie. Er verstand das Liebesspiel so perfekt, daß sie kaum den Schmerz spürte, als er schließlich in sie eindrang. Ihr war nichts bewußt als unendlicher Genuß. Auch als sie später beide in die Felle zurückgesunken waren, streichelte er immer noch ihre Augen, den Hals, die Schultern. In seine Arme geschmiegt, schlief sie schließlich ein.

Spät in der Nacht bahnte sich Jao durch die Pfützen ihren Weg zum Haus der Tsairen, doch von der Nässe bemerkte sie nichts. Sie war zu sehr von ihrer eigenen Person und dem neugefundenen Genuß erfüllt.

7

Taitsung trat auf die Terrasse und warf einen Blick auf das Wetter, wie es bei Tagesanbruch seine Gewohnheit war. Er nickte den beiden Wachen zu, die, als sie seinen leichten Schritt hörten, die Lanzen hoben. Niedrige Wolken sausten über den Himmel, der Frost würde nicht mehr lange auf sich warten lassen. Gutes Jagdwetter, dachte er und atmete genüßlich ein. In der Luft lag der Geruch von Piniennadeln, Herbstblumen und welken Blättern, die es über die Mauern aus den Höfen herüberwehte, wo die Gärtner bereits an der Arbeit waren.

»Der erste Frost, die beste Zeit des Jahres«, bemerkte er zu den Wachen. »Die Zeit, in der man auf einem guten Pferd über die Steppen reiten müßte, von nichts und niemandem aufgehalten.« Ihre Augen leuchteten auf, als er sie kameradschaftlich mit einem angedeuteten Salutieren grüßte, und sie folgten ihm, als er sich durch den Park zu den Ställen begab. Bei seinen Pferden klärten sich Taitsungs Gedanken wie nirgends sonst, und er hatte allen Grund nachzudenken: Sollte er wieder einen Feldzug beginnen? Er fühlte sich unternehmungslustig und stark trotz seiner fünfundvierzig Jahre.

Ein Feldzug, dachte er. Das war es, was er wollte – einen harten Feldzug, gegen einen harten Gegner. Er war noch jung, und er wollte wieder im Sattel, wieder mit seinen Offizieren am Lagerfeuer sitzen, Strategien entwerfen, Truppenbewegungen koordinieren, Schlachten schlagen, seinen schlauen Verstand einsetzen, mit Stammeshäuptlingen verhandeln, Spione aussenden, das Gefühl des Sieges auskosten …

Von seinen Gedanken inspiriert, kehrte er in seine Räume zurück, entschlossen, die Minister augenblicklich mit seinen Ideen zu konfrontieren.

»Bring diese Botschaft dem Oberbefehlshaber Changsun«, befahl Taitsung dem diensthabenden Offizier. »Fordere ihn auf, den Kriegsrat einzuberufen. Ich will alle meine führenden Männer hier haben: die Generäle Li Chi, Yujer Chingde und Chin Shubao. Und meine drei Minister: Chu Suiliang, Hsiao Yu und Fang Hsuanling. Außerdem wünsche ich die Anwesenheit meines Vetters und Kriegsgefährten Prinz Jencheng. Zur Stunde des Pferdes. Alle – sofort!« Der Offizier verbeugte sich und machte sich schnell auf den Weg.

Als die Trommeln die Stunde des Pferdes schlugen, setzte sich Taitsung im Saal des Kronrates auf den Thron und blickte auf die um ihn versammelten Männer. Es waren Veteranen, erfahren in Kriegs- und in Staatskunst, alles Männer in den besten Jahren, abgesehen von den beiden ältlichen Ministern Fang und Hsiao.

»Nehmt Platz. Ihr braucht in meiner Gegenwart nicht demütig zu stehen. Hier sind Stühle, macht es euch bequem«, forderte er sie auf. Sie setzten sich und überlegten, warum er sie gerufen hatte. Taitsung verlor keine Zeit, sie aufzuklären.

»Die koreanische Frage stellt die wichtigste außenpolitische Frage unseres Reiches dar, wie bereits vor dreißig Jahren in der Sui-Dynastie, als China in den drei koreanischen Kriegen dreihunderttausend Mann verloren hat. Es wird Zeit, die Frage zu lösen. Die Palastrevolution, die in Koguryo im Norden der koreanischen Halbinsel stattfand, ist ein ernstzunehmender Zwischenfall. Unser Vasallenkönig Konmu wurde von einem seiner Diener ermordet, und nun wird das Königreich von diesem Mann mit dem Titel Moliju regiert. Wir müssen einen größeren Feldzug zuerst gegen Koguryo und dann eventuell gegen den Nachbarn Paekche führen. Haben wir Erfolg, werden wir nach und nach die Kontrolle über die gesamte Halbinsel gewinnen und schließlich Frieden an dieser ewig unruhigen Grenze haben. Die Führung dieses Feldzuges würde ich selbst übernehmen.«

Während die Generäle über das soeben Gehörte nachdachten, lastete über dem Raum schwere Stille. Fang, der äußerst gepflegte Finanzminister, betrachtete seine Schuhspitzen, und Minister Chu, der nervös an den wenigen Haaren an seinem Kinn zupfte, saß stocksteif da und strahlte Mißbilligung aus. Wie üblich war es Changsun Wuji, der Schwager des Kaisers, der als erster das Wort ergriff.

»Warum Ihr, Ihr selbst? Warum sollte das größte militärische Genie der Welt sich für einen derart unbedeutenden Krieg hergeben?«

»Weil es kein unbedeutender Krieg sein wird. Und kein kurzer«, gab Taitsung zur Antwort. »Es könnte unser bisher größter Krieg mit dem

Ausland werden, und ich bin der einzige, der ihn gewinnen kann – was immer große Generäle tun oder nicht tun, mein Freund.«

»Warum ihn dann beginnen?« warf Changsun Wuji leichthin ein, wobei er einen Blick mit seinem guten Freund Minister Chu wechselte. »Eure Generäle haben die westlichen Turkvölker und das Oasenkönigreich von Turfan besiegt, und durch Euer Geschenk der Prinzessin Wencheng sind die marodierenden Tibeter befriedet worden. Der Westen ist nun sicher und die Handelswege frei. Ich stimme mit Euch überein, daß an unserer Ostgrenze eine militärische Aktion gegen den Usurpator Moliju unternommen werden müßte, aber es würde und sollte eine kleinere Aktion sein, die es nicht erforderlich macht, daß ein militärisches Genie wie Ihr Euch einer Gefahr aussetzt. Ein großer Feldherr sollte ein solches Risiko nicht auf sich nehmen.«

»Am besten wäre es, überhaupt keine militärischen Aktionen gegen diese östlichen Barbaren zu unternehmen«, unterbrach Chu, der keine Gelegenheit ausließ, Changsun zu unterstützen. »Gerade jetzt viel zu teuer.«

Minister Fang, ein erfahrener Politiker, versuchte auszugleichen. »Nicht zu teuer, wenn der Feldzug kurz ist. Das Königreich Koguryo reicht bis ins östliche Liaotung. Ich könnte mir vorstellen, daß chinesische Truppen dort unter dem Vorwand einmarschieren, sich über das Schicksal König Konmus Klarheit verschaffen zu wollen. Eine solche Aktion bedeutet kein großes Risiko und würde unsere Mittel nicht überschreiten. Und Liaotung besitzt guten Boden, aus dem unsere Shantung-Bauern viel herausholen könnten. Diese leiden durch die Überschwemmungen des Gelben Flusses häufig Not und brauchen zusätzliches Land«, erklärte er, während er in rhythmischen Bewegungen seinen Bart strich.

Eigensinnig schüttelte Chu den Kopf. »Alle drei koreanischen Königreiche sind sowohl unzuverlässig wie verräterisch. Paekche ist ein Verbündeter Japans, und Silla wird von einem weiblichen König regiert. Was kann man von einer Frau in Kriegszeiten erwarten? Sie wäre unfähig, uns eine entsprechende Unterstützung zu geben, falls wir einen Zweifrontenkrieg führen müßten.«

»Ich bin der Meinung, die Königin, die Silla regiert, könnte uns mehr als genug Hilfe leisten, wenn wir sie nötig haben sollten«, meinte

Taitsung ruhig. »Silla war und ist das verläßlichste der drei Königtümer. Die Königin regiert nun seit zwölf Jahren nicht als Statthalterin, sondern als unabhängige Königin. Sie hat einen Strom von Studenten nach Changan geschickt, ihre Streitkräfte reorganisiert und in Hualang eine zehnjährige Akademie für Offiziere ins Leben gerufen. Ihre Generäle sind im Kampf loyal und fähig, sie selbst hat mir gegenüber immer Loyalität bewiesen und mir Jahr um Jahr mit jeder Gesandtschaft ihren Tribut gesandt.«

»Kleine Geschenke, ohne Zweifel«, meinte Changsun und wechselte wieder einen Blick mit dem servilen Chu. Die anderen im Raum spitzten die Ohren. Keiner wußte viel von dem fernen Silla, doch es war nicht zu übersehen, daß der Kaiser es tat. An einem Hof, wo angeblich jeder über alles Wissenswerte informiert war, war es Jao und Mi dennoch gelungen, ihre Kenntnis über die Vorgänge in Silla für sich zu behalten. Niemand wußte mehr darüber als die beiden, und was zu ihrer Kenntnis gelangte, fand seinen Weg augenblicklich zum Kaiser.

»Kleine Geschenke, gewiß, klein, aber mit Geschmack«, stellte Taitsung trocken fest. Schweigend beobachtete er seine Würdenträger und beschloß dann, ihr Interesse durch mehr Details zu wecken, als sie für eine militärische Entscheidung benötigten.

»Das erste Geschenk war ein regenbogenfarbener Seidenteppich, der die Kaiserin so begeisterte, daß er noch heute auf dem Boden meines Schlafzimmers liegt. Dann kamen einige kleine Pferde, die nach wie vor von den kaiserlichen Kindern geritten werden. Und ein seltener Jagdvogel, den ich verwendete, solange er lebte, weil er niemals seine Beute verfehlte. Ein Mantel aus Seeleopardenfell für meinen persönlichen Gebrauch war auch ein willkommenes Geschenk. Ein Pfauenpaar kam an und war die Sensation des Tages für die Frauen und Kinder. Auch Eßwaren gab es und den besten Ginseng, der zu haben ist. Den verwende ich jetzt ausschließlich.«

Er hielt inne, als sein Monolog durch lautes Gelächter unterbrochen wurde. »Ginseng? Nun, den brauche ich für meine Kämpfe …« Erneutes Lachen, diesmal lauter und ausgelassener. Auch er stand lächelnd auf, wissend, daß er sein Ziel erreicht hatte – er hatte das Interesse der Mächtigen seines Reiches geweckt.

»Kleine Geschenke«, wiederholte Changsun Wuji und blickte sich mit herablassendem Lächeln um. »Ein großer Herrscher sollte nur große Geschenke annehmen.«

»Klein? Vielleicht«, gab Taitsung kühl zurück. »Mit dem Unterschied, daß sie immer mein Gefallen gefunden haben. Wenn das die Absicht der Königin war, hat sie erreicht, was sie wollte. Nur ein erfahrener und intelligenter Herrscher kommt auf solche Dinge und versteht es dazu, sie so zu versenden, daß sie unversehrt ankommen. Warum behalte ich diese trivialen Tribute so gut in Erinnerung, wenn ich sonst alle Geschenke wieder vergesse? Weil sie niemals zerbrochen hier ankamen. Weil sie eine gute Wahl des Zeitpunktes, Genauigkeit und eine Einfühlsamkeit zeigen, die andere Königreiche in ihren Geschenken nie haben, denn sie senden entweder zu viel oder zu wenig oder etwas, das ihnen kostbar ist und für mich nicht von geringstem Wert.

Doch sind die persönlichen Geschenke nur ein Teil der aus Silla kommenden Sendungen. Jede Delegation bringt Narwal- und Walroßzähne, Gold und Silber, unsere besten Glocken und Hunderte von Ballen Brokat nach China. Die Bewohner von Silla sind Rüstungs- und Waffenexperten, besonders was exquisite Schwerter betrifft. Mein bestes Schwert, ihr wißt, wie berühmt es für seine magische Kraft ist, stammt aus Silla und ist für mich ein großer Schatz.«

Minister Fang nickte und strich sanft über seinen Bart. Er kannte die koreanischen Produkte, und er wußte auch, daß sie mehr wert waren als alle westlichen Handelsgüter zusammen. Dennoch konnte er den Zusammenhang mit den Plänen des Kaisers nicht sehen. Taitsung bemerkte die skeptischen Blicke und beschloß, die Sitzung zu beenden.

»Ihr alle kennt euren Sun Tzu: Wir müssen uns zuerst unserer Verbündeten versichern, bevor wir unsere eigenen Leute zu den Waffen rufen. Silla hat das, was wir brauchen.«

Bei der Erwähnung der allseits geachteten militärischen Autorität richteten sich aller Augen auf den Kaiser. »Es scheint ihm ernst zu sein«, flüsterte Changsun Chu zu. »Ich fasse es nicht. Er ist ein etablierter Kaiser mit einem befriedeten Reich, hohem Ansehen, dem höchsten sogar, und er hat vor, das alles für eine Laune aufs Spiel zu setzen … Ich fasse es nicht.« Chu nickte mit saurer Miene, blieb aber still. Taitsung hatte wieder zu sprechen begonnen und sah sie irritiert an.

»Erstens kann ich die Hauptkosten dieses Feldzuges auf Szechuan, unsere entfernteste Provinz, abwälzen, wodurch unsere Küstenprovinzen entlastet wären. Zweitens kann ich an alle Präfekten, deren Distrikte zwischen der Stadt Loyang und dem nördlichen Korea liegen, eine Proklamation des Inhalts senden, daß weder für mich noch für meine Offiziere irgendwelche Mittel für Festlichkeiten ausgegeben werden müssen, so daß die Abgaben, die wir einheben werden, einzig militärischen Zwecken dienen und daß wir zu keiner Zeit große Truppenverbände über ihren Ländereien verschieben werden. Wir können die Männer in einem langen Zug schicken, der sich über zweihundert Meilen ausdehnt. Auf diese Weise wären an einem Ort zu einer Zeit immer nur relativ wenige Leute. Der Weg soll den Gelben Fluß hinunter per Schiff und dann über den Landweg Richtung Norden zu Fuß nach Tingchow führen. Das liegt nahe genug an der koreanischen Grenze, um uns als Basislager zu dienen. Dort würde Prinz Jer als Kommandant zurückbleiben, um auf diese Weise Erfahrungen sammeln zu können. Ich möchte dann die Truppen teilen, ungefähr vierzigtausend Mann segeln über das Gelbe Meer und sechzigtausend marschieren unter Umgehung der küstennahen Pässe über Land nach Norden.«

»In ganz China besitzen wir nicht genug Schiffe, um gleichzeitig viertausend Mann zu transportieren, von vierzigtausend ganz zu schweigen«, sagte Changsun.

Taitsung, ein Glitzern in den Augen, entgegnete beruhigend: »Die Provinz Szechuan liegt weit vom Meer entfernt in den südwestlichen Bergen. Sie ist reich und von den letzten Kriegen unberührt. Dort befinden sich unsere größten Wälder, aber auch unsere besten Erzbergwerke und Weizenfelder. Diesen Winter werde ich dort vierhundert oder fünfhundert Schiffe bauen lassen, die dann über den Langen Fluß und weiter über das Meer zur Halbinsel Shantung segeln werden. Sie können sich im Hafen von Laichow sammeln, und die Mannschaft kann Lotsen aus Silla anheuern, die die Soldaten über das Meer bringen. Wie ihr wißt, hat Silla die Seehoheit über das Gelbe Meer.«

Tödliches Schweigen beantwortete diese Rede, ein Schweigen, das sich vertiefte, als Taitsung jedes einzelne Gesicht studierte. Niemand sprach. Szechuan war so weit entfernt, daß keiner von ihnen etwas darüber sagen konnte, und Schiffsexpeditionen lagen außerhalb ihrer Interessensphäre. Ihre Unkenntnis einer Kriegführung zur See einerseits und der politischen Zustände in den Königreichen von Korea andererseits machten sie zu ungleichen Gesprächspartnern.

»Hat zur Zeit irgend jemand irgend etwas zu sagen?« fragte Taitsung schließlich und erklärte, da keine unmittelbare Antwort kam: »Dann bitte ich um die offizielle Abstimmung. Wer ist für einen Feldzug gegen Koguryo?«

Eine Hand hob sich. Sie gehörte dem unbeugsamen Li Chi, dem größten Kämpfer unter ihnen. Taistsung schenkte ihm einen warmen Blick, dann erhob er sich, um die Versammlung zu beenden.

»Das ist alles! Der Feldzug findet statt. Wir ziehen los.«

Einige Monate später verließ Taitsung mit seinen Elitetruppen Changan. Mit sich nahm er Kronprinz Jer und die kräftigsten seiner Palastdamen und die Diener. Unter ihnen befanden sich Chi, Toto, Wolke und Jao. Der Kronprinz wurde von seiner Konkubine Hsiao begleitet, während seine schwierige Ehefrau, Madame Wang, zu Hause blieb. Die Regierungsgeschäfte in Changan wurden Ministerpräsident Fang übertragen, und die meisten Beamten blieben mit ihm zurück. Ein harter Kern zog mit Taitsung nach Loyang, um dort während des Winters, vor Beginn des Feldzuges im folgenden Sommer, Soldaten einzuziehen und auszubilden.

Die Stadt Changan bereitete dem Kaiser einen enthusiastischen Abschied. Die Menschen versammelten sich auf den Straßen, und als der kaiserliche Troß vorbeizog, ertönten Hurraschreie und Pfiffe, und überall wurden Fahnen geschwungen. Marschmusik und eine eng aufgeschlossene Kolonne machten aus dem Abschied eine Truppenparade. Die Kolonne marschierte durch das große Südtor, wandte sich die Palastmauern entlang nach Osten und dann nach Norden zum Osttor. Dort stieß sie auf die zivilen Palastbeamten.

Während des ganzen Marsches schlugen die Trommeln im Takt zum Marschschritt der Soldaten. Straßenhändler riefen laut ihre Waren aus, Esel schrien, und die aufgeregte Stadtbevölkerung übertraf sich beim lärmenden Abschied selbst. Der Kaiser war kein Verlierer, und niemand zweifelte daran, daß er wieder einmal einen Sieg nach Hause bringen würde. Jeder Bürger über dreißig erinnerte sich an die dreihunderttausend Chinesen, die in den Sui-Kriegen gegen die östlichen Barbaren in Korea gefallen waren. Die meisten Familien hatten jemanden verloren, daher waren auch die meisten für diesen Krieg, um die Scharte auszuwetzen und Rache zu nehmen. Taitsung war zufrieden, daß sein Krieg ein populärer zu werden versprach.

Jao ritt eines der Jagdpferde des Kaisers, ihr Gesicht hinter einem Schleier und einem übergroßen Hut verborgen. Endlich dem Palastgefängnis entronnen, glaubte sie, vor Glück bersten zu müssen. Ihre Augen wanderten über die Menschenmenge, ließen sich nichts entgehen. Alles schien verändert seit ihrem letzten Ritt durch die Stadt vor sieben Jahren. Die Bäume überragten die Zinnen der Mauern, und die Mauern selbst waren auch höher, zwölf Meter über ihrem Kopf.

Nach mehreren Stunden langsamen Vorankommens durch die überfüllten Straßen erreichte die Kolonne schließlich das berühmte »Gasthaus des Lachens und Weinens«, das seinen Namen nach den vielen Begrüßungen und Abschieden trug, die hier stattfanden. Dort machte der Kaiser mit seinen engsten Begleitern halt, um eine Erfrischung zu sich zu nehmen und die Würdenträger zu verabschieden, die sich aufgestellt hatten, um ihm Lebewohl zu sagen. Dann zog die Kavalkade ohne weiteren Aufenthalt Richtung Osten, bis sie sich mit Einbruch der Nacht für die Bootsfahrt flußabwärts einschiffte.

Die Langeweile des stundenlangen Rittes und die Enge auf den Schiffen störten die Reisenden nicht. Sie machten sich eine schöne Zeit und traten, nicht erschöpft, sondern zum Teil sogar ausgeruht, nach zehn Tagen durch die Tore von Loyang. Jao gehörte zu denen, die ausgeruht waren. Für sie bedeutete die Gelegenheit, während der zwanglosen Reise, mit so vielen Menschen in Berührung zu kommen, ein großes Vergnügen.

Das Willkommen, das der Kavalkade beim Betreten Loyangs zuteil wurde, war herzlich genug, doch da die Stadt nur ein Zehntel der Bewohner von Changan hatte, machte es den Besuchern einen langweiligen Eindruck und sie mokierten sich über das hinterwäldlerische Loyang. Der Spott vertiefte sich, als sie ihre Unterkünfte in dem halbverfallenen Palast sahen. Die Reisenden logierten in nahezu leeren Räumen voller Spinnweben. Bedienstete und lokale Beamte beeilten sich, das Lebensnotwendigste herbeizuschaffen.

Taitsung selbst hatte es bequemer, denn er war während seiner Kämpfe in und um Loyang dem Befehl seines Vaters, alle Paläste der Sui niederzubrennen, nicht gefolgt. Seinen eigenen Palast hatte er wieder instand setzen lassen, alle anderen Gebäude hingegen ihrem Schicksal überlassen. Seine Begleitung, keineswegs entmutigt, empfand die unkonventionellen Wohnbedingungen eher als aufmunternd.

Mit fortschreitendem Frühjahr vergnügte sich Jao wieder mit dem, was sie in ihrem ersten Frühling in Changan getan hatte: Sie streifte durch die verlassenen Höfe, die leeren Hallen und die weiten, verwahrlosten Gärten. Das warme Wetter brachte die berühmte Päonienblüte. Trotz ihrer Vernachlässigung hatten Hunderte von Pfingstrosen überlebt und zeigten nun in allen Höfen ihre feurigen, seidigen Blätter. Jao entdeckte, daß die alten Palastanlagen klug geplant waren, mit ausgedehnten Gärten, Kanälen und Teichen und geschickt situierten Toren, die schöne Ausblicke boten, und Terrassen, die drei Flüsse überblickten. Die Paläste lagen verstreut, waren aber durch gepflasterte Wege miteinander verbunden. Nach den hinter Mauern liegenden, festungsartigen Palästen in Changan erschien hier alles exotisch und offen.

Wolke, Toto und Jao bewohnten einen der Höfe für sich allein. Sie hatten wenig zu tun, außer ihr Leben zu genießen. Die Palastdamen, denen sie sonst zu Diensten zu stehen hatten, waren allesamt in Changan geblieben, und die Männer gingen vollkommen in den Vorbereitungen für den Feldzug auf. Toto zog es in die Ställe, wo sie beim Abrichten der Jungtiere half und selbst täglich ausritt. Wolke, eine der Favoritinnen des Kaisers, machte sich im Spital nützlich.

Jao hatte den Haushalt übernommen, um für besondere Speisen und Weine für Taitsung und Prinz Jer zu sorgen, die ihre Tage bei der Truppe verbrachten, organisierten, drillten, Waffen prüften und die Kampfeinheiten neu zusammenstellten. Wenn sie spätabends heimkehrten, waren sie vollkommen ausgehungert. Die Abende, die sie mit den Frauen verbrachten, waren kurz, denn ihr Tag begann bei Sonnenaufgang.

Während seines Aufenthaltes in Loyang rief der Kaiser nur Jao zu sich. Er fühlte sich aller Einschränkungen des Palastlebens und seiner Pflichten gegenüber seinem Harem ledig und handelte so, wie es ihm behagte. Abend für Abend saßen sie in seinem Hof und lauschten den Geräuschen der Nacht, den Fröschen, den Vögeln, die nach einem Schlafplatz suchten, dem Platschen eines Fisches hier und da im Fluß, dem entfernten Spiel der Flöten. Wie nie zuvor konnte einer die Gesellschaft des anderen genießen, um sich dann für lange Nächte der Liebe und des Schlafes zurückzuziehen. Jao strahlte vor Glück, und auch der Kaiser strotzte vor Wohlbefinden wie seit langem nicht. Bald war allen klar, daß Taitsung eine wichtige Verbindung eingegangen war, die beständig zu sein schien. Er strömte Schwung und Energie aus, die sich auf seine Umgebung übertrugen.

Der Enthusiasmus für den Feldzug wuchs mit jedem Tag.

Taitsung selbst mußte allerdings die Vorbereitungen eine Zeitlang unterbrechen, um einen berühmten Mann des Friedens zu empfangen. Hsuantsang, ein buddhistischer Mönch, der siebzehn Jahre zuvor China ohne Erlaubnis verlassen hatte, hatte aus einer Oase in Sinjiang eine Botschaft mit der Bitte gesandt, in seine Heimat zurückkehren zu dürfen, und Taitsung hatte seinem Ersuchen stattgegeben.

Als der berühmte Reisende eintraf, kam ihm Taitsung bis an den Stadtrand entgegen. Er gewährte ihm mehrere Audienzen und hörte sich fasziniert die Berichte des Mönches über seine Reisen zu Fuß durch Asien bis nach Indien an.

Kurz nach seinem Treffen mit Hsuantsang ließ Taitsung die Stadt Loyang unter der Kontrolle von Minister Hsiao Yu zurück, sandte seine Frauen nach Changan und verlegte sein Hauptquartier hundert Meilen nördlich nach Tingchow. Hier richtete er sein vorderstes Basislager ein, ließ es unter Jers Kommando zurück und begab sich selbst an die Front.

Die Regenzeit kam und ging, die Augusthitze trocknete die Erde aus, Taitsung und seine Kommandierenden unternahmen zahlreiche Angriffe gegen kleinere Festungsanlagen Koguryos und eroberten viele. Schließlich brannten die Tang-Truppen bei einem Sturm, der ihnen zu Hilfe kam, die Hauptfestungsanlage der Grenzstadt Liaoyang nieder und nahmen sie in einem brutalen Kampf ein. Trotz der hohen Verluste und der vielen Verwundeten war die Eroberung von Liaoyang ein großer Triumph. Taitsung war darüber so erfreut, daß er den Zivilisten der Stadt Amnestie gewährte und nur Militärgefangene nach Changan sandte. In seiner Botschaft an seinen Sohn in Tingchow gab er seinem Hochgefühl Ausdruck: »Wenn ich einen Kampf führe … was kannst du anderes erwarten?«

Mit frischem Elan zog Taitsung weiter, um die Festung Ansi zu belagern, eine Schlüsselstellung, von der aus die Hauptstraße nach der Furt über den Yalu-Fluß kontrolliert wurde. Der Zugang zur Festung verlief über eine lange Geröllhalde und über Granitstufen, die aus dem felsigen Untergrund gehauen waren. Die Stufen endeten in einem schweren Tor, das von hohen Mauern aus Granitblöcken umgeben war. Koguryos Widerstand war noch nicht gebrochen und würde Taitsungs Überzeugung nach ohne den Fall dieser Festung auch keinen ernsten Schaden nehmen. Doch die Festung einzunehmen war nicht leicht.

Er begann mit der Belagerung. Die Tage vergingen, es wurde heißer und heißer, als der Sommer seinen Höhepunkte erreichte, doch dann kamen die ersten Anzeichen des Herbstes und mahnten die Chinesen, daß Eile geboten war. Bis Mitte August hatte Taitsung alle raffinierten militärischen Taktiken sowie eigene Ideen ausprobiert, ohne jedoch das Fort einnehmen zu können. Seinem neuesten Plan entsprechend hatte man nun einen Erdwall außerhalb der koreanischen Befestigungsmauern errichtet, um eine Lawine von Soldaten über die Mauern zu schicken. Das Unternehmen war mehr als kühn und konnte nur dank der Anstrengung und der Arbeit Hunderter dazu abkommandierter Zivilisten, chinesischer Ingenieure und Malgal-Gefangener ausgeführt werden. Schließlich kam der Tag des Angriffs; er schlug fehl, und die Koreaner drängten die Chinesen erfolgreich zurück. Dann bemächtigten sich die koguryanischen Anführer unerschrocken des Erdwalles und benützen ihn zur eigenen Verteidigung.

Mit dem ersten Frost versammelte Taitsung seine Offiziere. »Wir stehen wieder dort, wo wir bereits vor einem Monat waren, und diese verdammte Festung hat sich nicht ergeben. Dabei ist es eine kleine, armselige Festung und kaum die Anstrengungen wert, aber die verteidigenden Koguryaner sind wilde Kämpfer und Dickschädel.«

»Abgesehen davon kostet es uns ein Vermögen«, bemerkte Changsun säuerlich. »Gute Generäle bedenken die Kosten.«

Taitsung ignorierte seinen Schwager. »Bis hierher habt ihr alle den Feldzug genossen. Ihr seid gerne in diesem Land, dessen Ursprünglichkeit und Frische unsere Kräfte weckt ... allerdings nur so lange, bis ein kalter Wind weht. Nun aber müssen wir diesen Feldzug zu Ende bringen, und wir sind weit davon entfernt, die Koguryaner in die Knie zu zwingen. Erinnert euch an den Fehler meines Vorgängers, Sui Yang Kwang, der sich vom Winter überrennen ließ. Wir werden nicht in diese Falle tappen. Morgen werden wir zum letzten Angriff blasen und alles, was wir haben, in diese Attacke werfen.«

Ernüchtert und ohne weitere Diskussion gingen die Kommandanten, um ihre Vorbereitungen zu treffen. Am nächsten Morgen schien alles in Ordnung – der Tang-Armee gelang es, die äußere Mauer zu erstürmen. Taitsung bestand darauf, die Führung zu übernehmen, und begann, die innere Mauer zu erklettern. Plötzlich schwirrte ein Pfeil, abgeschossen von einem Bogenschützen, der den Kaiser keinen Moment aus den Augen gelassen hatte, an Taitsungs Wange vorbei, verletzte ihn an der Stirn, einem Augenlid und einem Ohr. Ein Kratzer, dachte er, doch das Blut ließ ihn nichts mehr sehen. Der heimliche Bogenschütze im Turm schoß von neuem, und hätte Taitsung nicht den Kopf gesenkt, um das Blut aus seinem Auge zu entfernen, hätte der Pfeil seinen Schädel durchbohrt.

Seine Begleiter sahen alles mit an und waren starr vor Schreck. General Chingde schaute hinunter, faßte Taitsung mit eisernem Griff und riß ihn mit sich zu Boden. Die kaiserlichen Bogenschützen ließen einen wahren Pfeilsturm auf die Gegner niedergehen, in dessen Schutz Taitsung schnell hinter die Linie und in Sicherheit gebracht wurde. Er versuchte, sich zu wehren, war aber durch seine Blindheit unfähig dazu. Der Ansturm der Tang-Truppen innerhalb des äußeren Mauerrings geriet angesichts dieses Zwischenfalls ins Stocken. General Changsun gab den Befehl zum Rückzug.

Taitsungs Wunden wurden gereinigt, über das verletzte Lid ein Stofflappen gegeben und das Ganze fest verbunden. »Jetzt sehe ich mit einem Auge so gut wie vorher mit zwei«, scherzte der Kaiser, als er zum Schlachtfeld zurückkehrte. Er kam gerade rechtzeitig, um das Ende des Rückzuges zu sehen. Er blieb außerhalb der Reichweite der Pfeile auf dem Schlachtfeld stehen und verbarg seine bittere Enttäuschung. ›Diesmal hatten wir den Sieg beinahe in der Tasche, wir waren ihm näher als je zuvor‹, dachte er, während er das Geschehen um sich herum betrachtete, ›und nun haben ein lächerlicher Kratzer an meinem Augenlid und ein General, der meine Befehle mißachtet hat, alles verdorben.‹

Auf den Befestigungsmauern über ihm begannen sich die Köpfe der

Koguryaner zu zeigen, und dann, kaum zu glauben, drang der einsame Ton einer Flöte an sein Ohr. Verblüfft schüttelte Taitsung den Kopf, fühlte sich aber irgendwie erleichtert. ›Diese Festung ist wahrlich ein elendes Machwerk. Sie liegt einsam und verlassen da, ist zweifellos barbarisch, aber die Gegner sind uns ebenbürtig!‹

Trotz der Kaltblütigkeit, die er an den Tag legte, waren seine Offiziere und Soldaten außer sich, ihren Kaiser verwundet zu sehen. Ohne auf seinen Ruf zu warten, versammelten sich die Generäle vor seinem Zelt, immer noch erregt vom Kampf. Einige der großen Männer ließen sich irgendwo auf dem Boden nieder, andere standen da und stützten sich auf ihre Schwerter. Durch seinen Verband betrachtete sie Taitsung.

»Wollt ihr es morgen wieder versuchen?« fragte er. Niemand sprach, bis endlich Prinz Jencheng leichthin sagte: »Natürlich, wenn Ihr es befehlt, aber wir werden Euch nicht gestatten, Euch in einen Kampf Mann gegen Mann einzulassen.«

Taitsung lachte laut auf. »Du wagst es, deinem höchsten Vorgesetzten Befehle zu geben?«

Sein Lachen löste die Spannung, und das Gefühl der Konfrontation schwand.

»Das klügste wäre jetzt, sich für den Winter zurückzuziehen«, meinte er wie nebenbei und stockte verblüfft, als er den lauten Schrei der Zustimmung vernahm. Ihm war nicht klar gewesen, wie sehr seine Generäle die Aussicht auf eine Belagerung, die keinerlei Beute versprach, verabscheuten und wie sehr sie sich von der Kargheit des mandschurischen Landes und dem unerbittlichen Feind fortsehnten. Nur General Li Chi und Prinz Jencheng verstanden Taitsungs Standpunkt und was dieser Feldzug für ihn bedeutet hatte.

Taitsung zuckte die Achseln. »Wer dafür ist, daß wir uns jetzt zurückziehen und im Frühjahr einen neuen Angriff beginnen, hebe die Faust.«

Ein neuer Schrei erhob sich wie aus einer Kehle, und alle Fäuste, so schien es, hoben sich – sogar die von Li Chi. Der Kaiser blickte mit seinem einen Auge auf die Männer, sein Lächeln war schief. Er lachte kurz auf und schnallte sein Schwert ab. »Dann also nächstes Frühjahr. Im Frühjahr kehren wir wieder. Ich wiederhole – im Frühjahr kehren wir wieder.«

»Wann setzen wir uns in Marsch?« fragte der für den Transport verantwortliche General. Er machte sich des Wetters wegen besondere Sorgen. Das Futter für die Tiere war fast aufgebraucht und das mandschurische Wetter unberechenbar.

»Jetzt«, sagte Taitsung.

Als die Sonne den Zenit erreicht hatte, waren die Zelte abgebrochen, die kleinen einheimischen Pferde beladen und der Rückzug nach Westen angetreten. Die Koguryaner, die sich auf einen Kampf auf Leben und Tod eingestellt hatten, standen auf den Befestigungen und trauten ihren Augen nicht, als sie den Zug sahen. Einige von ihnen jubelten verhalten. Taitsungs Zelt war das letzte, das abgebrochen wurde, weil er noch damit beschäftigt war, Eilbotschaften an Minister Hsiao in Loyang, an Fang in Changan und seinen Sohn in Tingchow zu senden.

Er erwähnte seine Wunde nicht, und niemandem war gestattet, darüber zu reden.

Der Rückzug wurde in Rekordzeit zurückgelegt. Das Wetter war kalt und klar, die Straßen waren hart, die Versorgungswagen leer und die Stimmung war gut, da das Überqueren des Liao-Flusses ohne Zwischenfälle über die Bühne gegangen war. Nun, da sie sich auf chinesischem Boden befanden, fühlten sich die Männer der Heimat näher. Die Offiziere überlegten, daß der Feldzug im großen und ganzen gesehen ein Erfolg gewesen war, da die chinesischen Ziele teilweise verwirklicht worden waren. Sie freuten sich darauf, die Eroberung der bedeutenden Stadt Liaoyang zu feiern. Doch dann traf die Tang-Armee ein schweres Unglück in Gestalt eines völlig überraschenden Schneesturms aus dem Norden, bei dem viele Männer umkamen. Die Gefangenen wurden schrecklich dezimiert. Überlebende wurden auf Befehl von Taitsung den chinesischen Witwen zugeteilt, die ihre Männer durch den Feldzug verloren hatten. In Tingchow traf Taitsung seinen Sohn. Sie reisten zusammen nach Changan weiter, wo sie sich schnell wieder an die Bequemlichkeit des Palastlebens gewöhnten.

In der Nacht vor dem Eintreffen des kaiserlichen Paares konnte Jao kaum schlafen. Sie hatte nach ihrer Heimkehr aus Loyang einen langen heißen Sommer in ihrem alten Tsairen-Haus durchlebt. Ihr, Toto und Wolke fiel es schwer, sich wieder an die Hitze und die Öde der Quartiere in Changan zu gewöhnen, und sie sehnten sich nach den weiten Gärten und luftigen Hallen ihrer Residenz in Loyang zurück, doch sie waren jung, bester Stimmung, und die Tage vergingen schnell. Jao war zwanzig, Taitsung fünfundvierzig. Die Zukunft erschien ihr hell und voller Versprechungen.

Chu bewohnte kühlere Räume, also setzte Jao während der heißen Monate ihre Lektionen bei ihm fort. Sie bat ihn, sie »Die Kriegskunst« von Sun Tzu lesen zu lassen, während sich der Kaiser auf seinem Feldzug befand. Er lehnte ab. »Nichts für eine Frau«, erklärte er kurz. Jao war erstaunt, das Buch hatte sie nicht wirklich interessiert – es klang langweilig –, doch sie hatte gedacht, es würde sie Taitsung näher bringen, wenn sie sich mit diesem berühmten militärischen Handbuch beschäftigte. Sie behielt seine Ablehnung im Gedächtnis, und eines Tages, als Chu guter Laune war, bat sie ihn wieder. Und wieder lehnte er ohne Erklärung ab.

»Es ist nicht das Thema, das mich interessiert … es ist, daß ich ein passendes Zitat für eine kalligraphische Arbeit suche, die ich für den Kaiser mache«, sagte sie schmeichelnd. »Bitte, wählt mir ein passendes Zitat aus.«

»Kalligraphie?« wiederholte der alte Mann. »Sollst du dich jetzt darin üben? Und soll ich deine Leistungen bewerten?«

»Der Kaiser hat mir befohlen, schön schreiben zu lernen«, antwortete sie.

»Das ist natürlich etwas anderes … Wie lang wird es dauern, bis du dein Zitat abgeschrieben hast?«

Jao überlegte. »Einen Abend vielleicht …«

Mit einem Fingerschnalzen rief er einen Sklaven herbei, um sich das Handbuch bringen zu lassen, dann suchte er eine Stunde pingelig nach dem passenden Zitat. Die Schatten des Nachmittags wurden länger, und er war müde.

»Hier, ich habe dieses elfenbeinerne Buchzeichen an die richtige Stelle gelegt – sie beginnt hier und geht bis zum Ende der Seite. Nimm das Buch, schreibe das heraus und bringe das Buch und das Geschriebene morgen zurück.«

Jao verbeugte sich höflich und ging, glücklich, das Buch eine Nacht lang haben zu können. Das Buch war nicht sehr lang, und Jao konnte es in der Nacht ganz abschreiben. Am Morgen ließ sie sich von Mi während des Anziehens noch das letzte Stück kopieren, dann ging sie zu ihrem Unterricht. Jao nahm das sorgfältig geschriebene Zitat mit und gab das Buch zurück. Der alte Mann stellte keine Fragen. Er las die Schriftrolle, die Jao verfertigt hatte und nickte zufrieden. Dieses besondere Zitat entsprach seinen persönlichen Ansichten darüber, wie Kriegskosten niedrig zu halten waren, nicht gerade dem, was Taitsung vermutlich sehen wollte, doch dem, was er, wie Chu meinte, sehen sollte.

Als Jao wieder in ihrem Zimmer war, nahm sie sich Zeit, das Buch zu lesen, und in den nächsten Tagen schrieb sie in ihrer schönen, eleganten Schrift den Text nicht auf Papier, sondern auf Seide. Für das obere und das untere Ende nahm sie je einen Sandelholzstab und eine Seidenschnur zum Zubinden. Damit war die Schriftrolle fertig, um sie Taitsung als Willkommensgeschenk zu überreichen.

8

Am Morgen nach dem Eintreffen des Kaisers und des Kronprinzen wurde für die Damen ein Empfang gegeben. Jao kleidete sich mit größter Sorgfalt an, und ihre Finger zitterten, als sie letzte Hand an ihre Schminke legte. Sie steckte sich eine rubinrote Blüte ins Haar, passend zu Kleid und Mantel in Ochsenblutrot, und verbarg das Geschenk für den Kaiser in einer Falte ihres Kleides, denn sie war sicher, daß sie aufgefordert werden würde, nach dem Aufbruch der anderen zu bleiben. Niemals noch war sie einem Menschen so nahe gewesen wie Taitsung während jener Frühlingstage in Loyang. Er war voll jugendlicher Begeisterung gewesen, hatte sich außergewöhnlich frisch gefühlt, und die Schlachtpläne hatten ihm zusätzlichen Elan verliehen.

Voll Freude war sich Jao bewußt, daß sie die Ursache für die immense Steigerung seines Wohlbefindens gewesen war. Sie war damals aufgeblüht und strahlte immer noch aus Erinnerung an die Zeit. Sie lag nur wenige, schnell verflossene Monate zurück. Sicher würde er nach der langen Trennung beglückt sein, sie wiederzusehen.

Als Jao vor der Halle des Inneren Palastes eintraf, sah sie die höchstrangigen Damen bereits eintreten, also mischte sie sich unter die Tsairen und nahm den ihr zustehenden Rang ein. Jede der Damen defilierte an dem Kaiser vorbei und erhielt von ihm ein Geschenk und ein höfliches Lächeln. Als die Reihe an Jao war, nahm sie mit einer Hand die Gabe entgegen, während ihre andere in der vorgeschriebenen höflichen Geste den Ärmel hielt. Mit einem Blick voll Liebe hob sie die Augen, doch als sie den Verband über dem Auge sah, stockte ihr unwillkürlich der Atem. Der Kaiser verzog keine Miene. Benommen schritt sie weiter, und da sie annahm, daß sie ihre alte Tätigkeit wiederaufnehmen sollte, blieb sie an einer Wand im Hintergrund stehen, wo sie steif ihre Handtücher hielt und darunter verborgen die Schriftrolle.

Sobald der formelle Empfang der Damen vorüber war, rief Taitsung seine beiden engen Freunde, Fang und Hsiao, denen er die Verantwortung für seine zwei Hauptstädte übertragen hatte, während er nicht da war. Die drei ließen sich zum Gespräch nieder, und Taitsungs Gesicht leuchtete ein wenig auf, als die Freunde seine Einladung zum Essen annahmen. Die angeregte Unterhaltung setzte sich fort, bis die Dämmerung in den Abend überging. Taitsung dominierte mit lauter Stimme das Gespräch und erzählte in allen Einzelheiten von seinen Kriegserlebnissen.

Jao wartete, bis die Männer gingen, ihre Schriftrolle immer noch in den Falten ihres Rockes verborgen. Einmal hatte sie ihm ein Handtuch gereicht, doch der Kaiser hatte sie keines Blickes gewürdigt. Da wurde ihr klar, daß irgend etwas schrecklich im argen lag. Sie hatte ihn noch nie in einer solchen Stimmung gesehen. Sie wartete, bis der Obereunuch Päonie hereinführte und ihr, Jao, ein Zeichen gab zu verschwinden, und dann mußte sie gehen.

In ihrem Zimmer verbannte Jao die Schriftrolle in einen Winkel und warf sich auf ihr Bett; sie gestattete nicht einmal Mi, ihr die Füße zu massieren, was diese immer tat, wenn Jao stundenlang ohne Pause auf den Beinen gewesen war. Jao konnte nicht schlafen. In der Dunkelheit der Stunde des Tigers stand sie auf, holte die Schriftrolle hervor und las sie beim schwachen Schein ihrer Kerze. Ein Teil des Textes machte ihr angst:

»Läßt der Sieg lange auf sich warten, so werden die Waffen der Männer stumpf, und ihre Begeisterung schwindet. Verhängst du den Belagerungszustand über eine Stadt, schwächst du dich selbst, und zieht sich die Kampagne in die Länge, werden die Mittel des Staates mit der Belastung nicht Schritt halten können. Vergiß niemals ... die höchste Kunst besteht darin, den Widerstand des Feindes ohne Kampf zu brechen ... Und die schlechteste Strategie ist es, ummauerte Städte zu belagern ... damit gehen schnell drei Monate ins Land; und Erdwälle aufzuschütten, um so die Mauern zu überwinden, braucht weitere drei Monate.«

Jao senkte den Kopf und weinte. Schlimmer als unbeachtet in Päonies Schatten zu stehen, viel schlimmer war das Bewußtsein, daß er, der größte Herrscher der Welt, eine Niederlage erlitten hatte. Weder sie noch Chu hatten die Einzelheiten des Feldzuges gekannt, doch Jao hatte, während sie an der Wand stand, alles gehört. Taitsung hatte nicht nur in der »höchsten Kunst« versagt, sondern auch die »schlechteste

Strategie« verfolgt, nämlich eine mit Mauern umgebene Festung zu belagern und Erdwälle aufzuschütten. Jao zerriß ihre seidene Schriftrolle und verbrachte den Rest der Nacht schlaflos, unfähig, das Gefühl abzuschütteln, selbst ebenfalls versagt zu haben.

Der Herbst ging in den Winter über, Taitsung blieb rastlos und hielt sich von vielen seiner früheren Freunde fern. Jaos Gegenwart nahm er kaum zur Kenntnis. Toto, die immer zu seinen Favoritinnen gehört hatte, wurde niemals mehr gerufen, um für ihn zu tanzen oder eine Gesellschaft zu unterhalten. Auch Wolke, die in ihrer Art einmalige, wurde nicht gerufen. Die einzige, nach der Nacht für Nacht gesandt wurde, war die hirnlose, oberflächliche Päonie. Diese brüstete sich lang und laut mit ihren Erfolgen, was ihre Hausgenossinnen schweigend über sich ergehen ließen. Sie stand so häufig unter dem Einfluß von Opium, daß die anderen Mädchen sie bedauerten.

Zwei Tage vor Beginn der Feierlichkeiten anläßlich der Wintersonnenwende, als Jao, wie üblich, in Bereitschaft stand, sprach sie der Kaiser wie in der Vergangenheit an und lud sie ein, sich mit ihm zu unterhalten. Von diesem Tag an festigte sich ihre Beziehung zu ihm wieder, zwar nicht als Geliebte, aber als vertraute Freundin. Langsam begann Jao das Ausmaß der Tragödie zu begreifen, und nun litt sie unter einer anderen Art von Verzweiflung. Eines Tages wandte sie sich an ihren alten Freund Chi um Rat. Schweigend hörte er ihr zu.

»Ich denke, Ihr solltet Eure jetzige Stellung als eine der Ehre und des Respektes ansehen – und dankbar sein für das Vertrauen, das Euch der Kaiser offensichtlich schenkt. Alle Eunuchen, die einen Vertrauensposten haben, sind zur Zeit sehr besorgt. Die Gesundheit des Kaisers ist nicht, was sie war. Sein Auge heilt nicht, eine Infektion löst die andere ab. Heimlich werden die besten Ärzte gerufen, aber keine ihrer Behandlungen hat Erfolg gehabt. Nun hat der Kaiser nach einem berühmten Arzt aus Indien gesandt.

Er läßt nur Mädchen wie Päonie an sich heran, die für nichts anderes gut sind als für das eine und entsprechend mißbraucht werden können. Und, ich kann Euch versichern, daß es auch geschieht. Päonies Dienerinnen berichten mir, daß sie die meiste Zeit mit blauen Flecken übersät ist. Was also wollt Ihr? Von ihm? Von Eurem Leben hier? Wir alle wissen, daß unser Kaiser auf irgendeine Weise nicht nur seine Lebensfreude, sondern auch seine Gesundheit verloren hat. Was könnt Ihr jetzt für ihn tun?«

Nachdenklich hörte Jao zu, ihr Gefühl des Verletztseins und der Zurückweisung schwand. »Ich weiß nun, wie ich zu handeln habe. Ihr gebt mir die Hoffnung, daß ich in wichtiger Hinsicht von Nutzen sein kann.« Dankbar ergriff sie Chis Hand. »Ihr seid weise … Ihr blickt in die Herzen und in die Gedanken, Ihr seht weiter als wir anderen.«

»Vielleicht«, stimmte er trocken zu, »liegt es daran, daß ich selbst gelitten habe.«

Schweigend blickte ihn Jao an. »Ja«, sagte sie abschließend und legte ihre andere Hand auf die seine.

Augenblicklich begann sich Jao für die Probleme zu interessieren, die dem Kaiser täglich vorgebracht wurden. Aber sie hatte auch ein Auge auf die Speisen und Medikamente, die ihm gereicht wurden. Eines Abends wurde ihm ein neues Gemüse aus Nepal vorgelegt, das »die Gifte des Weines vertreiben« sollte. Das Gemüse war in einer Hühnerbrühe gekocht.

»Was ist das? Was ist *das*?« wollte er wissen und rührte die großen grünen Blätter in seiner Schale um und um. »Kuhfutter?«

Der Majordomus beeilte sich, ihm zu antworten. »Das ist ein Geschenk des Königs von Tibet, Königin Wencheng persönlich hat es geschickt.« Die Speise war von allen Vorkostern probiert worden, aber was Gift anbetraf, konnte man niemals ganz sicher gehen. Der Majordomus hatte Angst. »Dieser Spinat wurde hier angepflanzt und ist gut gewachsen. Er wird für seine gesunde Wirkung hoch gelobt.«

Taitsung kostete vorsichtig. Ein leises Kichern entschlüpfte Jao.

»Gut für die Gesundheit, ja?« rief er, blickte sie an und reichte ihr die Schale. »Hier, da ist es … du wirst es essen.«

Das Gefolge des Kaisers konzentrierte sich immer mehr darauf, alles zu tun, um seine gute Laune wiederherzustellen, aber er ließ sich nun einmal zu nichts zwingen. Er benimmt sich wie ein Kind, dachte Jao leidenschaftslos. Sie begann, sich an ihre neue Rolle zu gewöhnen und konnte nun auch Schwächen bei ihrem Idol ertragen.

Eines aber interessierte ihn nach wie vor brennend, das Vorrücken der Tang-Streitkräfte, die Expansion der Tangs, die Kontrolle der Grenzen durch die Tangs. Er hatte die Bewegungen der Nomadenstämme an den chinesischen Grenzen immer genau verfolgt. Das war notwendig, um die Einheit des neuen China unter der Tang-Regierung zu sichern, jetzt aber war der Kaiser wie besessen davon.

Da sich seit kurzem die Sorgen des Kaisers auf Kucha konzentrierten, wollte Jao Toto einige Fragen über ihr Oasenland stellen.

Als sie zusammen an einem Teich in der Sonne saßen, fragte Jao wie nebenbei: »Kucha scheint mit eindringenden Nomaden niemals Schwierigkeiten gehabt zu haben wie die anderen Königreiche, nicht wahr?«

»Nein, unsere Streitkräfte sind so gut, daß es sich die Nomaden zweimal überlegen, bevor sie uns angreifen«, antwortete Toto stolz.

»Und was ist mit den chinesischen Streitkräften?«

»Nun, der König steht immer auf freundlichem Fuß mit dem China der Tang – darauf achtet er sehr.« Toto ließ flink einen Blick um den Teich schweifen, um zu sehen, ob jemand zuhörte.

Jao setzte sich auf und blickte sie an. »Du klingst so ernst.«

»Ja, das stimmt. Mein Bruder ist von hohem Rang und ein naher Vertrauter des Königs, deshalb wußte ich bereits als Kind, daß unsere Freiheit von unaufhörlicher Wachsamkeit abhängt. In unserer Hauptstadt steht eine kleine Garnison chinesischer Truppen, und für den Kommandanten gibt es nichts Ärgeres als den Hinweis auf eine Kooperation zwischen uns und den Nomaden. Deshalb halten wir unsere Abmachungen mit den Stämmen geheim. Und deshalb bin ich hier! Eine Geste, um die gute Beziehung zwischen unserem König und dem Kaiser zu unterstreichen. So kostbar bin ich!«

Sie lachten und schwiegen. Dann sagte Toto: »Aber ich mache mir Sorgen um mein Land. Gerade bevor ich herkam, haben sich viele westliche Stämme unter der Führung des Khans der Westtürken gesammelt. Er versuchte, das gesamte östliche Persien unter seine Herrschaft zu bringen. Wir waren sehr beunruhigt, denn hätte er Erfolg gehabt, wäre er zur größten Macht in Asien geworden, und unser Land wäre mit dem ganzen Rest Zentralasiens geschluckt worden.«

Jao riß die Augen auf. »Bestimmt nicht. Schließlich gab es das Tang-China –«

»Das vollauf mit den Osttürken beschäftigt war. Taitsung hatte gerade den Thron bestiegen, und wenn entweder die Ost- oder die Westtürken gesiegt hätten, wäre die Expansion der Tang auf der Stelle zum Stillstand gekommen.« Jao war erstaunt, doch Toto fuhr fort: »Am Ende ging alles gut aus – irgend jemand ermordete den Großen Khan, und seine Koalition zerfiel in Dutzende von Stämmen. Mein Vater war sehr erleichtert.«

»Hat jemand aus Kucha den Khan getötet?« fragte Jao neugierig.

Toto schaute entsetzt. »Niemals! Aber bei Taitsung wäre ich mir nicht so sicher, ob er solche ... willkommene Umstände nicht unterstützen würde.«

Jao nickte. »Nun ja, das paßt zu dem, was ich von seiner Überzeugung weiß, jegliche Art von Zusammenschlüssen unter den Stämmen verhindern zu müssen. Es ist fast eine Manie seit dem unglücklichen koreanischen Abenteuer. Alle Oasenstädte verfügen, wie du zugibst, über irgendwelche Verbindungen zu den Türken. Der Kaiser hat immer dort eingegriffen, wo chinesische Interessen betroffen waren.«

»Auf was für Interessen spielst du an?« Totos stimme klang kühl.

Jao blickte sie erstaunt an. »Ich spiele auf gar nichts an. Ich denke nur an den Seidenhandel.«

»China hat in den letzten Jahren fünfundzwanzig Oasenreiche erobert. Kucha ist noch frei, aber ich habe große Angst, daß wir die nächsten sein werden. Und China ist es nun gelungen, einen anderen Stamm – die Uighuren – in eine Allianz mit den Tang einzubinden. Die Feinde, die wir heute fürchten, sind nicht mehr die Nomaden, sondern die Chinesen ...«

Nüchtern blickte Jao in das steinerne Gesicht der Freundin. »Toto, so kannst du nicht weitermachen, ohne Informationen und voll Angst vor der Zukunft. Sollte es wirklich so weit kommen, daß Taitsung sich Kuchas bemächtigt, so wird sich wenig ändern, da bin ich mir sicher. Das Leben wird seinen gewohnten Gang gehen, und Kucha wird den Schutz des Großen Tang-Friedens genießen! Hör zu, gestern war ich dabei, als der Bevollmächtigte des Kaisers aus Kucha ankam und berichtete, dein Land habe sich mit den Türken verbündet – um größere Gewinne aus dem Handel mit Indien und Persien zu erzielen ... Ich dürfte dir das eigentlich nicht sagen, aber du bist meine liebste Freundin, und ich will dich nicht so leiden sehen.«

Toto blieb abweisend und wandte ihr Gesicht ab. »Als der Bevollmächtigte dies berichtete, was sagte der Kaiser?«

»Daß, solange Kucha ein getreuer Verbündeter ist, dem Land nichts geschehen wird.«

»Und wenn Kucha sich weiter mit den Nomaden verbündet?«

Jao senkte die Augen und schwieg.

Toto packte die Freundin und schüttelte sie. »Du mußt es mir sagen. Für mich bedeutet es alles!«

»Er sagte ... sollte Kucha den chinesischen Handel stören, müsse es vernichtet werden ... und sein General Ashena befinde sich in diesem Gebiet und könne Kucha jederzeit entsprechend bestrafen. O, Toto, du darfst es dir nicht so zu Herzen nehmen! Nichts von alledem ist bis jetzt geschehen – wir raten nur herum.«

Toto zitterte. Jao umarmte sie mit aller Kraft, unglücklich über die Ängste ihrer Freundin und wütend über sich selbst, weil sie das Gesetz des Schweigens über das, was im Zimmer des Kaisers gesprochen wurde, gebrochen hatte. »Es ist nichts zu befürchten ...«

»Es ist alles zu befürchten!« In ihrer Angst zitterte Toto am ganzen Leib und gestattete Jao, sie zum Tsairen-Haus zurückzubringen.

Jao, die bereits zu spät für ihren Dienst beim Kaiser war, eilte durch den Hintereingang in die kaiserlichen Gemächer und stieß plötzlich mit Chi zusammen, der in einem neuen Seidengewand vorbildlich adrett aussah und anstelle seiner üblichen düsteren Miene ein breites Lächeln zeigte.

»Chi«, rief sie aus, während sie nach Atem rang. »Was macht Ihr hier?«

»Dienst für den Kaiser«, erklärte er freudestrahlend.

»Befördert? Wie herrlich! Sagt mir –«, sie unterbrach sich mitten im Satz, da Chi ihr bedeutete, still zu sein.

»Der Kaiser ruht noch«, flüsterte er.

»Gut. Dann wird er nicht merken, daß ich mich verspätet habe. Ich war mit Toto zusammen«, fügte sie hinzu.

Chi nickte traurig. Er wußte, warum.

Als Jao eines Morgens die Gemächer des Kaisers betrat, traf sie auf einen bleichen Chi. »Habt Ihr die Neuigkeiten gehört?« fragte er.

Jao blickte erstaunt. »Nein, ich habe nichts gehört ... was ist geschehen?«

»General Ashena hat Kucha angegriffen und dessen Streitkräfte vernichtend geschlagen.«

Jao versuchte ihre Gedanken zu sammeln. »Toto weiß wahrscheinlich noch nichts davon. Aber wenn jemand, der ihr nicht wohlgesinnt ist, sie damit konfrontiert, könnte es leicht passieren, daß sie dem Kaiser als Feindin dargestellt wird«, sagte Jao. »Ich selbst kann aber jetzt nicht gehen ...«

»Macht Euch keine Sorgen. Ich werde dem Eunuchen Chao eine Botschaft zukommen lassen, daß er mit ihr spricht und zusieht, daß sie sich nicht in Schwierigkeiten bringt«, beruhigte sie Chi. »Der Eunuch kann ihr auch ein Beruhigungsmittel geben.«

Jao kehrte spät in der Nacht in das Haus der Tsairen zurück und fand Toto schlafend, sichtlich unter Einfluß eines Schlafmittels. Dankbar ging sie selbst zu Bett. Am nächsten Tag wurde bekannt, daß ein Teil der Streitkräfte Kuchas entkommen war und Zuflucht in einer der verbündeten Oasen gefunden hatte. Im Kampf war ein Tang-General getötet worden.

Die Tage vergingen ohne weitere Neuigkeiten von der Front. Dann, eines Morgens bei Sonnenaufgang, wurde Jao von Chi zu einem Gespräch in den Hof der Tsairen gerufen.

»Schlechte Nachrichten.« Er machte ein finsteres Gesicht. »Die verbündete Stadt wurde von General Ashena zerstört. Um die Bevölkerung Kuchas für den Tod des Tang-Generals zu bestrafen, wurden fünf Städte dem Erdboden gleichgemacht, elftausend Menschen wurden gefangengenommen und Zehntausende Einwohner von Kucha dahingeschlachtet.«

Jao schlug sich die Hand auf den Mund und wich ein Stück zurück. »Wie soll ich das Toto sagen?« schluchzte sie.

»Das könnt Ihr nicht. Tut es ja nicht. Der Eunuch Chao wird sie von den höfischen Pflichten so lange fernhalten, bis man nicht mehr über die Einzelheiten spricht. Ich habe noch nie erlebt, daß chinesische Truppen sich gegenüber Frauen und Kindern eines befreundeten Königreiches in einer solchen Weise aufführen. Ashena ist Türke – er muß wahnsinnig sein!«

»Ihr wart selbst Soldat. Ihr solltet es wissen! Wie soll der Ruf der

Tang, der für Frieden steht, sich halten, wenn solche Greueltaten geschehen?« protestierte sie bitter.

»Verbergt Eure Gefühle! Doch wenn es Euch möglich ist, tut alles, um Toto zu helfen.« Chis Gesichtsausdruck war grimmig, als er sich auf dem Absatz umdrehte und ging.

Es dauerte über ein Jahr, bis der Feldzug beendet war. Neuigkeiten sickerten herein, und Jao oder Chi hörten meistens in den Gemächern des Kaisers davon. Der Kaiser schien für die grausamen Details taub zu sein und hörte nur, was er hören wollte, über Siege und die Vorherrschaft der Tang in ganz Zentralasien. Städte wurden geschleift, Meilen unterirdischer Kanäle zerstört, die Bäume der Haine gefällt und Tonnen von Schätzen weggeschleppt.

»Ich werde Ashena jetzt zurückberufen, und wir werden eine große Siegesparade abhalten!« triumphierte Taitsung, als die letzte Meldung eintraf, daß alle Ziele erreicht seien.

Die gleiche Karawane, die die offiziellen Berichte überbracht hatte, versorgte auch die in Changan lebenden Menschen aus Kucha mit geheimen Neuigkeiten. So erfuhr Toto bald, daß ihre gesamte Familie bis auf einen einzigen Mann – einen im Hochgebirge lebenden Mönch – getötet worden war. Von ihrem großen Haus war kein Stein auf dem anderen geblieben. Als Jao in dieser Nacht in das Tsairen-Haus zurückkehrte, fand sie Toto, die wie erstarrt an die Wand gelehnt dasaß.

»Toto«, sagte Jao. »Geh schlafen.«

Toto regte sich nicht. Sie wandte nicht einmal den Kopf nach Jao. Schließlich klagte sie: »Ein Mann, eine unmenschliche Bestie von Mann, hat das getan, und niemand hat ihn gehindert! Wenn ich zum Himmel aufblicke, so ist er dunkel, denn dieser Mann verdunkelt ihn … dieses Monster Ashena verdunkelt mit seinen Grausamkeiten die Erde. Und nun wird ihm zu Ehren eine Parade abgehalten. Wie soll ich das ertragen? Wie soll ich das ertragen?«

Jao erschrak. Sie versuchte, Toto eng an sich zu ziehen, doch sie wurde weggestoßen. Toto begann, mit den Fäusten gegen die Wand zu schlagen, während sie wieder und wieder keuchte:

»Der böseste Teufel, der böseste, der böseste …«

Der Eunuch Chao kam und half mit Beruhigungsmitteln und Verständnis. Doch von nun an war Toto verändert. Sie wurde still und wirkte nur noch halb lebendig. Jao hatte wenig Hoffnung für die Freundin.

An dem dafür bestimmten Tag formierte sich der Triumphzug außerhalb des Osttores. Der Zug wurde von dem siegreichen General Ashena angeführt, der die prächtigsten Kleider seiner türkischen Vorfahren trug. Er ritt allein auf seinem weißen Schlachtroß, hinter ihm seine Reiter und seine Fußtruppen in voller Rüstung. Vom Inneren des Tores an war der gesamte Weg der Parade von den Palastgarden gesäumt, die in Bereitschaft standen. Sie sollten die vielen Einwohner von Changan in Schach halten, die sich in den Straßen und in der anläßlich dieser Gelegenheit geöffneten Palaststadt drängten.

In dem Zug spielten zwei Militärkapellen auf Flöten, Klarinetten und Oboen, schlugen die Trommeln und ließen die Glöckchen klingen. Ein eigens dafür ausgebildeter Chor sang vier Triumpharien. Nach dem Vorbeimarsch des Militärs kam der Zug der lebenden Trophäen, die Gefangenen. Die Kavalkade zog in das Innere des Palastes zu den Toren des Familienschreins der Li. Dort stiegen die Musiker von ihren Pferden und warteten ehrfurchtsvoll, während sich der Kaiser in das Innere begab, um den Schatten seiner dahingeschiedenen Ahnen seinen Sieg zu verkünden.

Dann wandte sich der Zug weiter zum Turm, von wo der Sohn des Himmels, der vom Schrein seiner Ahnen eiligst dorthin geschafft wurde, den Triumphoden lauschte und die Gefangenen empfing, um ihnen ihr Schicksal verkünden zu lassen. Dem König von Kucha wurde Gnade gewährt und eine Position bei den Palastwachen zugewiesen, woraufhin seine Ketten gelöst wurden.

Einige Tage nach der Parade gab Taitsung ein Bankett zu Ehren des Generals, zu dem er die Spitzen seines Kabinetts einlud. Nach dem Essen, entspannt und trunken vom Wein, ließ er Toto kommen, damit sie ihren berühmten Kucha-Schwerttanz vorführte. Sie erschien in ihrer heimatlichen Tracht – einer blauen Jacke mit rotem Revers und weißem Rock. Ashena war über diese Aufmachung sichtlich unangenehm berührt und warf dem Kaiser einen Blick zu, den dieser jedoch nicht bemerkte. Der Kaiser nahm Toto bei der Hand und stellte sie seinem Ehrengast vor.

»Das ist meine Tsairen Toto, die seit zehn Jahren hier bei mir lebt. Sie ist die beste Schwerttänzerin, die wir im Palast haben. Sie wird nun Euch zu Ehren tanzen.«

Toto, die außergewöhnlich blaß war, machte eine tiefe formelle Verbeugung und ließ sich von einem Diener ihre beiden in Seide gehüllten Schwerter reichen.

»Sieh da!« scherzte Taitsung. »Diese Schwerter sehen ja ganz echt aus ... Hast du keine Angst, wenn du sie in einem so wilden Tanz um dich schwirren läßt?«

»Nein, gar nicht«, erwiderte sie sanft. »Ich habe keine Angst! Ich nehme die Gelegenheit wahr, den Sohn des Himmels meiner tiefen Verehrung zu versichern, der mir in diesen langen glücklichen Jahren ein so guter Herr gewesen ist, und ich nehme die Gelegenheit wahr, die Geister meiner verstorbenen Kriegerahnen zu versöhnen!«

Bevor er noch antworten konnte, gab sie ihren Musikern ein Zeichen und begann ihren Tanz. Zu Anfang waren ihre Bewegungen langsam, um dann immer schneller und schneller zu werden, bis alle Augen an ihr hingen. Absolute Stille lag über dem Raum. Die Anwesenden spürten, daß etwas Ungewöhnliches in der Luft lag.

Ashena beobachtete sie aufmerksam, doch er lächelte nicht. Der Tanz wurde noch schneller und aggressiver, als er die Schrecken und Unerbittlichkeit des Krieges darstellte. Plötzlich schien sich wie von selbst ein Schwert in die Brust des Generals zu bohren, und die Gäste sahen sein Blut über den Brokatrock spritzen. Mit einem Schrei sprang Taitsung auf.

Toto brach ihren Tanz abrupt ab, dann stellte sie sich vor den Kaiser und richtete die Spitze des anderen Schwertes auf ihre Brust. Mit einer tiefen Verbeugung stürzte sie sich hinein.

Taitsung eilte an die Seite seines zu Boden gestürzten Generals, um das Blut zum Stillstand zu bringen, aber er konnte nichts mehr tun. Jao hingegen lief, ohne auch nur einen Moment zu zögern, zu Toto, die so still auf dem Boden lag, während das Leben langsam aus ihrem Körper wich. In ihrer Angst versuchte Jao ihr das Schwert aus der Brust zu ziehen, doch Toto, die noch am Leben war, blickte Jao ins Gesicht und lächelte. »Besser so ... liebe ... liebe Freundin«, flüsterte sie und schloß mit dem letzten Wort die Augen. Jao richtete sich auf und wurde von

Schluchzen geschüttelt. Sie nahm die Hände, die sie wegzogen, nicht wahr und sah nicht, wie die armseligen Überreste der kleinen Tsairen entfernt wurden. Wie vom Donner gerührt stand Taitsung in der Mitte des Saals, während der Tumult rund um ihn sich legte und die Leichen seines Generals und seiner Konkubine diskret fortgeschafft wurden. Sein Gesicht, zuerst rot vor Zorn, bekam einen nachdenklichen Ausdruck, als er sah, wie man Jao hinausführte.

›Ich habe jetzt zwei unersetzliche Menschen verloren‹, dachte er. ›Es hätte nicht geschehen dürfen … es hätte niemals geschehen dürfen … Ich fühle mich irgendwie dafür verantwortlich, aber wie kann das sein?‹

Im Juni, vor Beginn der sommerlichen Regenzeit, übersiedelte der Hof in die südlich von Changan gelegenen Chungnan-Berge. Dort war es kühler, und der Kaiser wollte die Sommerquartiere schon möglichst früh im Jahr beziehen. Der Besitz war klein, die Unterkünfte karg wie in einem Sommerlager, aber alle hohen Beamten waren verpflichtet, die Annehmlichkeiten ihrer Stadthäuser zu verlassen und die Unannehmlichkeiten mit guter Miene zu ertragen.

Außer dem Hofstaat hielt sich eine ganze Reihe Ärzte in der Sommerresidenz auf. Die konfuzianische Schule war durch fünf Gelehrte vertreten. Jeder der Gelehrten hatte ein Spezialgebiet: Heilkräuter, Allgemeinmedizin, Akupunktur, Heilmassage und Magie.

Die beiden Vorsteher der Apotheke nahmen den Platz zwischen dem Kaiser und den Ärzten ein. Sie trugen die schwere Verantwortung der Diagnose, der Rezepturen und der Zubereitung. Jedes dem Kaiser verschriebene Medikament hatte drei Elemente zu enthalten: eine »höchste« Komponente, die lebensverlängernd wirkte, drei »mittlere« Komponenten zur Kräftigung des Patienten und neun »untergeordnete« Elemente zur Heilung der Krankheit. Die Zubereitung jeder Arznei fand im Krankenzimmer in Gegenwart der höchsten Staatsräte und des Kommandanten der Palastwache statt, die fertige Arznei mußte vom Vorsteher der Apotheke, dem Obersten Kammerherrn und dem Kronprinzen probiert werden. Bei diesem Zeremoniell mußte der Kaiser seine ganze Kraft aufwenden, um seine Würde vor den Anwesenden zu bewahren. Wenn endlich alle gegangen waren, sank der Kaiser meistens völlig erschöpft in die Kissen und schlief unverzüglich ein.

Ende Juni erschien ein Taoist namens Sun Miao, der Bruder von Madame Sun. Er hatte es abgelehnt, den Sui-Kaisern zu dienen, doch als Taitsung nach ihm rief, kam er. Sun war der Verfasser des bekanntesten medizinischen Werkes in China, einer Sammlung von dreihundert Schriftrollen mit Rezepten.

Gleich in der ersten Stunde nach seinem Eintreffen wurde er an das Bett des Kaisers geholt. Still betrat er den Raum und beobachtete die unzähligen eifrigen Autoritäten. Er mischte sich nicht ein und verbrachte seine Zeit damit, mit dem Kaiser und seinen Ärzten über Nichtigkeiten zu plaudern. Er hatte nur einen Gehilfen mitgebracht und verwendete keinerlei Medikamente. Er beschränkte sich darauf, wo immer er konnte, die Dosierung der verabreichten Medikamente zu verringern, und die Zahl der ununterbrochen im Krankenzimmer Anwesenden drastisch zu reduzieren. Auf diese Weise gelang es ihm, das ewige Kommen und Gehen von Beamten abzustellen. Der Kaiser begann sich zu entspannen, und die anderen Ärzte begannen, Sun Miao mit Respekt und Erleichterung zu begegnen, als sie sahen, daß er die Verantwortung mit ihnen teilte.

Jao verbrachte den Großteil ihrer Zeit im Krankenzimmer, das sie nur zeitweilig verließ, um zu schlafen. Ihre Anwesenheit wurde geduldet, da sie es verstand, sich unsichtbar im Hintergrund zu halten. Und natürlich auch deshalb, weil niemand ihre Pflichten übernehmen wollte. Sie sah wachsam zu, wenn Medikamente gemischt wurden, und beobachtete ängstlich jede Bewegung. Nach Suns Eintreffen war sie weniger besorgt. Die beiden kamen einander bald näher, jeder erkannte in dem anderen dessen Unersetzlichkeit im Krankenzimmer.

Die Behandlungen brachten einige Erleichterung. Die Dysenterie wurde lokal behandelt und die Schlaflosigkeit mit Pillen aus Opium, Haschisch und Myrrhe. Wenn auch Sun nichts an den Verschreibungen änderte, so blieb er seinen Aufgaben treu. Er ließ sein Bett in das Nachbarzimmer bringen, damit er zu jeder Stunde, Tag oder Nacht, Zugang zum Krankenzimmer hatte. Nach einer Weile wurde seine Anwesenheit kaum noch zur Kenntnis genommen.

Kronprinz Jer verbrachte zuerst seine Tage mit seinem Vater, doch als die Monsunregen einsetzten, besuchte er ihn statt dessen abends. Die Tage waren lang und glitten, zum unaufhörliche Rauschen des Regens, unbemerkt in die Nacht hinüber. Jer verlor jedes Zeitgefühl. Es war das erste Mal seit vier Jahren, daß Jao wieder in nahe Berührung mit ihm kam. Sie spürte seine Augen auf sich gerichtet, und wann immer sie einen Blick in seine Richtung riskierte, traf sie den seinen, einen Blick, den sie nun verstand.

›Ihm sind die Frauen immer gebracht worden, er hat sich niemals im Leben selbst um eine Frau bemühen müssen. Und das merkt man‹, dachte sie. ›Er mag mich, das war schon immer so. Jetzt ist er natürlich verwirrt. Ich bin eine Frau, die er nicht haben kann. Und was mich anbetrifft ... er ist ein Mann, den ich ebensowenig haben kann. Ach, dabei fühle ich mich zu ihm hingezogen, ich fühle es so stark. Wie seltsam ... Aber vielleicht ist es auch gar nicht so seltsam – er ist jung und sieht sehr gut aus, und er weiß, was er will.‹

Jao war vom Kammerherrn zur Nachtwache beordert, da sie den Kaiser nach seinen Alpträumen so gut zu beruhigen verstand. Obwohl oder vielleicht auch weil er unter dem Einfluß starker Drogen stand, wurde sein Schlaf nahezu jede Nacht von Träumen unterbrochen, die ihn schreiend aus dem Bett springen und nach seinem Schwert greifen ließen, das er immer bei sich hatte. Sein »magisches« Schwert mußte neben ihm auf dem Bett liegen.

Die Stunden der Ratte waren die ärgsten. Danach, in den frühen Morgenstunden, lag er oft wach. Sun, der einige Male die Alpträume beobachtet hatte, sorgte dafür, daß die Menge des Schlafmittels halbiert wurde. Von da an waren die Alpträume weniger schrecklich.

Als Taitsung zum erstenmal merkte, daß sich sein Sohn zur mitternächtlichen Stunde bei ihm befand, richtete er sich angeregt auf und wollte sprechen. »Ich mag wohl zum Sterben in diesem Bett liegen, doch einen Kampf habe ich noch auszufechten«, sagte er zu Jer, der auf einem Stuhl in seiner Nähe saß.

»Einen Kampf?« wiederholte Jer, der glaubte, sein Vater habe Halluzinationen. Taitsung lachte.

»Der Kampf, den ich im Sinn habe, ist ein Kampf der Worte um deinetwillen, denn ich will alles zerstören, was man dir über das Regieren beigebracht hat! Niemand außer mir weiß, wie man regiert! Ich dachte, mir würden noch zwanzig Jahre vergönnt sein, um dich in diese Weisheit einzuführen, doch die Himmel wollten es anders.«

Jer verstand ihn nicht. »Macht Euch keine Sorgen … ich bekomme Unterweisungen.«

Taitsung schlug mit der Faust auf das Bett. »Eine Menge leerer, prätentiöser Rhetorik vermutlich! Was dir von deinen Lehrern beigebracht wurde, ist nicht die Wahrheit über das Herrschen, sondern das, was sie für die Wahrheit halten wollen – angefangen mit ihren Vorstellungen davon, wie ein Herrscher sich zu benehmen hat, eine politische Einmischung, die sich keiner von ihnen auf längere Zeit in seinem eigenen Leben bieten lassen würde!«

Jer grinste, obwohl er immer noch nicht wußte, worauf sein Vater hinauswollte. Jao wußte es und war hellwach. Taitsung fuhr fort.

»Die Konfuzianer lehren, daß die größte Sünde der Königsmord ist und die einzig legale friedensbewahrende Form der Nachfolge die vom Vater zum Sohn. Sie lehren, daß der übliche Weg – die Usurpation – verpönt ist. Und sie haben recht, aber nur zum Teil. Was ich dir vermitteln will, ist die Wahrheit – der Herrscher hat sich diese Konfuzianer und ihre Ideen auf Armeslänge vom Leib zu halten, man muß das Gleichgewicht zwischen ihnen und ihren Theorien einerseits und dem täglichen Umgang mit Menschen, die sind, wie sie sind, andererseits finden. Verwirre ich dich?«

Jer schüttelte den Kopf und bemühte sich um eine Antwort, die seinem Vater gefallen mochte. »Ihr versucht mir zu erklären, daß meine Lehrer mir nicht die wahren Geheimnisse des Herrschens, sondern nur ihre eigenen Theorien vermitteln. Was soll ich also denken? Die Theorien vergessen? Aber die Praxis –«

»Beides ist notwendig … Ich will es dir erklären. Seit dem Fall der Han-Dynastie vor vierhundert Jahren erwies sich jede der darauffolgenden Dynastien als kurzlebig, weil immer wieder jemand aus der Regierung durch Usurpation eine neue Dynastie gründete. Bis heute. Unsere Tang-Dynastie wurde durch Usurpation von deinem Großvater gegründet, ich selbst habe die Macht an mich gerissen, von meinen Brüdern, ebenfalls mit Gewalt. Dieser Weg muß mit dir ein Ende haben, oder die Tang-Dynastie wird ebenso zugrunde gehen wie alle vorherigen. Die Stämme außerhalb Chinas haben mit der Nachfolge sogar noch größere Schwierigkeiten. Die größte Schwäche der Nomaden wie auch der schon seßhaften Königreiche liegt darin, daß sie ständig ihre Herrscher umbringen – weitaus häufiger als bei uns, weil ihre Kultur ein solches Vorgehen nicht verbietet, unsere hingegen schon. Auf diese Weise kommt bei ihnen nie eine Kontinuität zustande, während wir in China zumindest zeitweise eine solche kennen.«

Taitsung war ermüdet und glitt langsam in den Schlaf hinüber, doch auch in den folgenden Nächten hatte er immer wieder lichte Momente. Aus dem Schatten beobachtete Sun Miao das Geschehen, überließ den Ärzten Massage und Akupunktur, während er dafür sorgte, daß die Dosen der schweren Medikamente vermindert wurden. Ihm war mittlerweile klar, daß es keine Heilung mehr geben würde, daher war er in erster Linie darum besorgt, die Schmerzen zu lindern und eine eventuelle Lungenentzündung zu vermeiden. Doch diese Überlegungen behielt er für sich.

Als Taitsung das nächste Mal wieder zu klarem Bewußtsein kam, faßte er nach der Hand seines Sohnes und fuhr dort fort, wo er mit seinen Erklärungen aufgehört hatte. Nach wie vor beschäftigte ihn die Usurpation. »Alle Dynastien vor uns sind durch Usurpation an die Macht gekommen. Nun müssen die Tang diese Form der Machtübernahme aufgeben und sich an das Vorbild der Han halten.«

Jer rutschte auf seinem Stuhl hin und her. »So weit zurück?« murmelte er. »Vier hundert Jahre zurück ... die tote Vergangenheit, das ergibt keinen Sinn ...«

Taitsung hörte ihn. »Nicht so tot, daß sie nicht wieder belebt werden könnte. Die Han wußten, wie man ein großes Reich mit Erfolg regiert, was ein viel schwierigeres Geschäft ist als die Herrschaft über ein kleines Königreich. Was ich sagen will, ist dies: Du mußt allein regieren, wie die Han, indem du das Gleichgewicht zwischen den verschiedenen Gruppen innerhalb der Regierung zu halten suchst. Läßt du dir die Führung von deinen Verwandten, den Streitkräften, den großen Klans oder auch nur von deinen Dienern in der Bürokratie aus der Hand nehmen, so kannst du sicher sein, daß einer von ihnen die Herrschaft an sich reißen wird. Niemand darf zu viel Macht in der Hand haben, das ist das Geheimnis! Sorge dafür, daß die Herrschaft gut auf alle Gruppen der Würdenträger verteilt ist, und sorge für ein gut ausgebildetes Offizierskorps, das von dir dafür bezahlt wird, daß es der Regierungsmaschinerie dient. Das Geheimnis besteht darin, alle diese kleinen Tyrannen gegeneinander auszuspielen ... das hindert sie daran, sich der Herrschaft zu bemächtigen.«

Taitsungs Stimme verebbte, und Jer warf gedankenvoll einen Blick auf Jao. Auch sie blickte ernst, doch sie schenkte ihm ein beruhigendes Lächeln. ›Dieses Mädchen weiß genau, wovon er spricht, aber das scheint niemandem klar zu sein ... außer mir‹, dachte er. ›Ich muß versuchen, sie irgendwie festzuhalten.‹ Er stand auf und streckte sich, dann setzte er sich wieder auf seinen Stuhl und nahm die Nachtwache auf.

Am nächsten Abend, als der Kaiser zu klarem Bewußtsein kam, begann er, so bald er Jer vor sich sah, von neuem.

»Bist du da, Sohn? Gut! Ja, ich bin noch nicht fertig. Ich möchte dir sagen, wie lästig die von dir bezahlten Würdenträger sein können, deine eigenen Gefolgsmänner, die du ernannt hast, Niemande ohne dich, aber ... entweder du setzt dich mit ihnen auseinander, oder sie entgleiten dir. Du kannst ohne deine Minister den Thron nicht halten, doch laß dich andererseits nicht von ihnen herumkommandieren! Für mich, einen Krieger, lag die Schwierigkeit immer darin, zwischen den Schwertträgern und den Männern der Feder die Balance zu finden.«

Jer stimmte widerwillig zu. »Ich verstehe ... der Herrscher braucht beide.«

»Ja, ohne Krieger bist du schwach, ohne gut ausgebildete Beamte wird kein Steuerstrom durch das Purpurtor fließen. Versuchen Usurpatoren mit Hilfe ihrer Generäle und deren Familien zu herrschen, so gelingt ihnen das nicht – das Geld fließt hinaus, nicht herein! Ich selbst bin durch Gewalt an die Macht gekommen, und ich habe zuerst mit meinen Generälen und den Ministern aus den großen Familien regiert, doch mit der Zeit habe ich die Dinge geändert. Heute regiere ich nach dem System des Sohns des Himmels.«

»Vergleicht Ihr die Stammesmethoden mit dem System des Sohnes des Himmels?« wollte Jer, von dem Thema gefesselt, wissen.

»Genau! Nimm den Nomaden Toba Wei als Beispiel für eine Stammesherrschaft mit Kontinuität. Die Wei-Herrscher teilten das fruchtbare Land, das sie von den Chinesen erobert hatten, nicht nach Nomadenbrauch unter die Stammesfamilien auf. Die Nomadenherrscher der Wei ahmten das Regierungssystem des Sohnes des Himmels nach.«

»Und nach welchem Prinzip funktioniert das?« wollte Jer wissen.

»Weißt du es nicht?« Taitsung rang nach Atem, er schien erstaunt.

»Doch, ja, aber ... sagt es mir bitte auf Eure Weise«, Jers Gesichtsausdruck war ernst.

Befriedigt legte sich Taitsung zurück. »Du folgst meinen Gedanken, Sohn ... Jetzt weiß ich, das du das Wichtige vom Unwichtigen unterscheiden kannst. Anstelle ihrer eigenen ungebildeten Krieger nahmen die Wei gelehrte Chinesen, die integer und loyal waren, in ihre Dienste. Ihnen überließen sie die Verwaltung, während die eigenen Stammesgenossen ausschließlich militärische Stellungen bekamen. Das war das Wichtigste, was sie taten. Das andere Wichtige, das sie machten ...« Er stockte und atmete schwer.

Der Raum war totenstill, nur das Prasseln des Regens war zu hören. Von dem Gefühl getragen, daß seine Worte auf fruchtbaren Boden fielen, fuhr Taitsung fort. »Vielleicht ebenso wichtig war der Befehl, Mischehen zwischen Nomaden und Chinesen einzugehen und chinesische Kleidung zu übernehmen. Auch die Aristokratie hatte zu gehorchen, und wie die Stammesherren das haßten! Doch am Ende rettete es ihr Reich über weitere hundert Jahre.«

Jer runzelte die Stirn. »Die Wei waren Barbaren. Sie haben nichts mit uns Li und der Tang-Dynastie zu tun.«

Taitsungs Brust hob sich und er lachte, während er sich aufsetzte. »Das haben dir deine Lehrer eingeredet? Sie haben alles mit uns zu tun! Wir Li stammen in nicht allzu ferner Vergangenheit in direkter Linie aus einer dieser frühen Mischehen. Wir wurden von Herrschern geadelt, die selbst aus Mischehen kamen. Ich nenne dir drei Namen solcher Familien: die Yuwen, die vorwiegend Tataren, die Yang, die halbe Chinesen waren, und schließlich wir, die Li, die zu drei Viertel chinesisch sind. Alle drei gelangten durch Usurpation an die Macht. Zuerst waren es die Yuwen, die das Ihre dazu taten, das alte Reich der Wei zu zersplittern, um dann den gesamten Norden Chinas zu erobern. Dann ergriffen die Yang die Macht und eroberten als Sui-Dynastie ganz China. Dann vertrieb unsere Familie die Yang, und nun sind wir die Herren des größten Chinas, das es jemals gegeben hat.«

Taitsung sank in die Kissen zurück, seine Augen traten vor, während er um Atem rang. Er ermüdete rasch, doch noch war er nicht fertig. Er setzte sich wieder auf und sammelte seine Kräfte. »Die Wei ... bis ... zu uns – wir alle gingen nach dem gleichen System vor, dem System des Sohnes des Himmels ... basierend auf dem Gleichgewicht zwischen Militärs und zivilen Staatsdienern, die dafür sorgen, daß die Steuern fließen. Neuerdings feiern die Nomaden Erfolge, weil sie das chinesische System übernommen haben. Sie waren erfolgreicher als die chinesischen Aristokraten, die nach Süden flohen und das eigene System verrieten. Verstehst du? Es ist das System, das zählt, nicht das Volk, das es verwendet, und auch nicht die Vorgehensweise oder Herkunft des einzelnen Usurpators.«

Taitsung schwieg, er hatte seinen Standpunkt dargelegt. Er legte sich zurück und nickte ein mit der Absicht, das Thema, sobald er sich besser fühlte, weiter zu verfolgen, doch die Gelegenheit bot sich nicht mehr.

»Der Kaiser hat vor sich hin geplaudert«, erklärte Jer, als Sun eintrat, um den Puls des Kranken zu fühlen.

»Er hat nicht geplaudert«, erklärte Sun ernst. »Er hatte noch diese eine Aufgabe zu erfüllen, und das hat er getan. Ich habe ihn so lange am Leben gehalten, damit er es konnte.«

Jer war zutiefst ergriffen. »Ja«, sagte er demütig.

Jao zog die Decke über den schlafenden Kaiser. ›Ich muß das alles für Jer niederschreiben‹, dachte sie. ›Es ist das Testament des Kaisers.‹

Ende der ersten Juliwoche verschlechterte sich der Zustand des Kaisers so rapide, daß er wußte, ihm blieben nur gezählte Stunden. Er rief Changsun, Chu und Han, seine Obersten Minister, zu einem Treffen mit seinem Sohn und Madame Wang. Nach Luft ringend forderte er seine Kinder auf niederzuknien, und dann ließ er die drei Minister schwören, seinem Nachfolger treu in seinem Namen zu dienen. Sie legten bereitwillig und mit tiefem Ernst den Schwur ab, den Befehlen des Kaisers zu folgen. Von ihrem liebevoll ungeschickten Bemühen, ihn zu beruhigen, ermüdet, entließ er alle außer Jer.

»Ich will mit dir über Changsun und Chu sprechen ... zur Zeit führen sie unter meiner Leitung die Regierungsgeschäfte, aber bald ... da werden sie es unter deiner Leitung tun. In der letzten Zeit hat Changsun in allen drei Ressorts die höchste Stellung bekleidet – und im Jahr davor hatte sie Chu. Ich habe keinen neuen Mann ernannt ... seit ich krank geworden bin.« Taitsung stockte, und Jao trocknete seine Stirn. »Jeder, den du ernennst, wird sich sofort für mächtiger halten, als er sein sollte ... Sei vorsichtig bei jeder Beförderung über Rang Drei hinaus. Zum größten Teil habe ich loyale Männer um mich gehabt, die ihre Meinung frei aussprachen und sich nicht zu Cliquen gegen mich zusammenschlossen ... aber ganz sicher bin ich mir ihrer niemals. Auch hinsichtlich meiner Generäle bin ich mir nicht sicher ... Meine besten Generäle sind seit meinem letzten Feldzug gestorben. Der kaiserliche Fürst Li Chi ist heute der mächtigste. Er steht mir nahe und ist mir sicher persönlich ergeben.« Er hielt inne, um einen Augenblick auszuruhen. »Ich weiß nicht, ob er dir gegenüber die gleiche Ergebenheit zeigen wird. Er könnte die Macht an sich reißen wollen ... Das ist der Grund, warum ich so spreche. Dein Onkel Changsun ist auch ein mächtiger Mann, und ich weiß nicht, ob er plant, Li Chi zu entmachten und das Land selbst durch dich zu regieren. Ich weiß es einfach nicht ... Du brauchst beide. Wie willst du es anstellen, beide zu behalten?«

»Auf die gleiche Weise, wie ich es mit meinen Frauen tue«, antwortete Jer ohne Zögern. »Sie trennen.«

Taitsung lehnte sich zurück und atmete tief durch. »Einverstanden. Wenn zwei Menschen im Begriff sind, einander in die Haare zu geraten, trenne sie. Ich werde daher einen von ihnen in ein weit entferntes Grenzgebiet senden, um ihn zu prüfen. Zögert er, so werde ich wissen, daß er gedenkt, die Macht an sich zu reißen, und ich werde ihn hinrichten lassen. Ja ... um deinen Thron zu erhalten, mußt du manchmal auch einen Menschen hinrichten lassen, an dem dein Herz hängt. Geht er sofort, so weiß ich, daß er dem Thron gegenüber loyal ist. Du kannst ihn dann zurückrufen und ihn wieder in Rang und Würden einsetzen, und du kannst dir seiner Loyalität sicher sein. Nun, welchen Mann meine ich?«

»Li Chi«, gab Jer ohne weiteres Nachdenken zurück. »Du kannst schwerlich einen Verwandten wegschicken.«

Taitsung lächelte grimmig. »Es ist Li Chi. Ich hoffe nur, daß du niemals jemanden, den du liebst, ins Exil schicken mußt, so wie ich es mit deinem Bruder Chengchien tun mußte.«

Am folgenden Tag kam Chu, um über die wichtigsten Tagesereignisse zu berichten, vor allem die erstaunliche Neuigkeit, daß Li Chi zur Insel Hainan abgereist sei. Mit einem Seufzer sank Taitsung in die

Kissen zurück. Der Ausdruck tiefer Befriedigung lag auf seinem Gesicht. ›Seltsam‹, dachte Chu, ›und ich dachte immer, Li Chi wäre einer seiner treuesten Freunde ... seltsam!‹

Tagsüber herrschte reges Leben im Palast, doch in der Nacht wurde es ruhig. Am frühen Abend spielten die Höflinge ihre nimmerendenden Kartenspiele und tauschten vorsichtig ihre Sorgen über den bevorstehenden Tod des Kaisers aus und die Unsicherheit der eigenen Zukunft. Auch die Bediensteten bewegten sich lautlos. Draußen regnete es ohne Unterlaß weiter. Sun und Jao hielten Wache.

Gegen Abend des neunten Tages dieses Monats tobte ein Sturm über das Land. Wolken verdunkelten den Nachmittag. Laternen wurden entzündet. Vorhänge bauschten sich, und Fensterläden schlugen gegen das Haus. Die Diener waren damit beschäftigt, die Pfützen zu trocknen, die überall dort entstanden, wo die Dachziegel weggerissen wurden. Sie waren so sehr mit dem Auftrocknen und dem Aufstellen von Schüsseln für die Regentropfen befaßt, daß sie ihre üblichen Scherze vergaßen und schweigend arbeiteten. Der schräg einfallende Regen drang unter die Dachsimse, und obwohl alle Läden geschlossen waren, wurde die Luft im Inneren der Räume so feucht, daß die Kleider am Leib klebten und sich ein modriger Geruch verbreitete.

Jao erwachte von dem trommelnden Regen auf ihrem Hausdach und erhob sich sogleich, um Mi zu helfen, die flatternden Bambusvorhänge zu befestigen. Dann zog sie sich rasch an und lief, von einem Gefühl der Unsicherheit getrieben, schnell in das Krankenzimmer. Am Fußende des Bettes fand sie die drei Obersten Ärzte, die sorgenvoll die Stirn runzelten. Sie nickten ihr zu, als sie den Schweiß auf der Stirn des Kaisers trocknete. Dann wechselte sie die Kissen, denen eigens Kardamomsamen beigegeben worden waren, um den Lungen des Kaisers Erleichterung zu verschaffen.

Schatten flackerten an der Wand, erschienen einmal groß, dann verschmolzen sie wieder. Plötzlich hallten die Wände der Halle von den Schreien des kranken Mannes wider, der wild mit seinem Schwert um sich schlug und aufzustehen versuchte. Die Ärzte eilten herbei und bemühten sich, ihn zu beruhigen, doch es gelang ihnen erst, ihm das Schwert zu entwinden, als mehrere in ihren Nachtgewändern fröstelnde Eunuchen ihnen zur Hilfe kamen. Ein Kelch mit einem Beruhigungstrank wurde ihm angeboten, doch er schleuderte ihn von sich, so daß der Inhalt sich über das Bett ergoß. Sein Gesicht mit dem wild sprießenden Bart war grau, die schrecklichen Alpträume ließen seine Augen vortreten. Zu schwach, um mit dem Schock fertig zu werden, brach er bewußtlos zusammen.

Von den Schreien seines Vaters aufgeschreckt, stürzte Jer herein, doch der Kaiser nahm seine Gegenwart nicht wahr. Um Mitternacht legte sich der Sturm, und die Fensterläden klapperten nicht mehr. Die Bediensteten, todmüde, sanken mit Erlaubnis des Kronprinzen auf ihre Schlafmatten, er selbst hielt Nachtwache. Er beobachtete Jao, die den Kopf des Kaiser badete und dann trocknete, sie hatte die Ärmel, damit sie ihr nicht im Weg waren, mit Schleifenbändern hochgebunden, das Haar war in einem Knoten hochgesteckt. Ihr Gesichtsausdruck zeigte die ganze Intensität, mit der sie sich ihrer Tätigkeit hingab, es war, als wollte sie die Kraft ihrer Jugend auf den sterbenden Mann übertragen.

Taitsung atmete schwer, mit jedem Atemzug hob und senkte sich seine breite Brust. Als die Stunde des Tigers schlug, ruhte Jao einen Moment aus, um Arme und Rücken zu strecken.

›Wie ergeben sie ihm ist‹, dachte Jer neidisch. ›Keine meiner Frauen würde für mich das tun, was sie für meinen Vater tut. Wang ist zu verwöhnt und würde nicht einmal auf die Idee kommen, und Hsiao hätte keine Ahnung, wie oder was … sie würde nur herumflattern und mich nervös machen. Die andern würden ihren Mangel an Interesse unter höflichen Worten zu verbergen suchen.‹

Jao fing seinen Blick und lächelte traurig. Er fuhr fort, sie zu beobachten. Plötzlich bemerkte er, wie sie erschrak und sich über den Kaiser beugte. Dann stürzte sie zu dem Arzt, der auf seinem Stuhl döste, und weckte ihn. Sofort trat er an das Bett, doch das qualvolle Atmen hatte aufgehört. Reglos, in wortlosem Schweigen standen Jer und Jao da, während Sun sich aufrichtete und sanft den Prinzen ansprach.

»Euer Vater hat uns verlassen … sein Geist hat sich zu den Gelben Quellen begeben. Wenn es Euer Wunsch ist, dann könnt Ihr jetzt die Minister rufen.«

Jer nickte, wobei ihm die Tränen über die Wangen liefen, ohne daß er sich die Mühe machte, sie zu verstecken. Jao verbarg das Gesicht in den Händen und stöhnte, sie wurde am ganzen Körper von verzweifeltem Schluchzen geschüttelt. Han, Changsun und Chu eilten herbei, ihre Hüte schief auf dem Kopf, die Augen verschlafen. Dann füllte sich der Raum rasch mit anderen hohen Beamten und Palastbediensteten. Erschrockene Diener brachten Laternen. Die Ärzte zogen sich unauffällig zurück, und ihre Helfer gingen daran, die letzten Riten einzuleiten.

Der Raum war übervoll von Menschen, die alle erschüttert waren und laut jammerten. Ihre Klagen waren bald im ganzen Palast zu hören, und alsbald fielen die Wehlaute aus den Frauenquartieren ein. Als erste fanden Changsun und Chu ihr Gleichgewicht wieder, sie übernahmen es, alles nun Notwendige anzuordnen.

Dann gingen sie, um bald darauf in der vorgeschrieben Kleidung wieder in die Halle zurückzukehren. Ihnen oblag das wichtige Ritual, den neuen Titel zu verleihen. Jer befand sich noch an seinem Platz, er lehnte an der Wand, überwältigt vom Tod des Vaters, überwältigt von Müdigkeit. Sie nahmen ihn beim Arm, führten ihn zum Bett und hießen ihn niederknien, um ihn als den legitimen Thronerben anzugeloben. Ihr Gehabe war formell und feierlich, denn sie waren sich bereits der schweren Verantwortung bewußt, die ihnen nun zugefallen war. Bald mußten sie die Proklamation verfassen, in der der Tod des Kaisers zusammen mit dem Namen seines Nachfolgers zu verkünden war.

Mit Ausnahme von Jao wandten sich alle Gesichter der inoffiziellen Inthronisierungszeremonie zu. Sie war die einzige, die in das stille Gesicht des Kaisers blickte. »Ich habe gerade den größten Mann verloren, den größten Mann, den ich jemals gekannt habe oder jemals zu kennen erwarten kann«, murmelte sie ihre Abschiedsworte, während man sie aus dem Weg schob. Sie nahm ihre feuchten Handtücher auf und schritt zur Tür.

Wu Jao, Tsairen des Fünften Ranges, blieb nun nichts mehr zu tun, gar nichts mehr. Ihr wurde klar, daß ihr Leben zu Ende war – wie das Leben aller anderen Haremsdamen.

Bei Tagesanbruch war der Leichnam gewaschen, zeremoniell gekleidet und feierlich aufgebahrt. Hohe weiße Kerzen waren zu Häupten und zu Füßen des Kaisers aufgestellt, ihre Flammen warfen zuckende Schatten an die seidenverkleideten Wände. Räuchergefäße aus vergoldeter Bronze und Jade waren mit kostbarem Sandelholz aus Champa und Aloe aus Kambodscha gefüllt, Schwaden ihres schweren Geruchs füllten den Raum.

Die Äbte der großen Klöster erschienen, um die Zeremonien zum Heil des Toten abzuhalten. Hsuantsang, ein Vertreter der Fahsiang-Schule, war trotz des schlechten Wetters erschienen, seine Soutane triefte vor Nässe. Shantao von der Lotus-Schule brachte seine Sänger mit, um den Geist des Verstorbenen auf seinem Weg in das Westliche Paradies Buddhas zu begleiten. Taoistische Würdenträger, denen Taitsung immer seine Ehre erwiesen hatte, traten mit ihren Fahnen und Zimbeln auf. Die Intonisierung der Gebete begann, und den ganzen Tag sowie die folgende Nacht wurden die Gebete fortgesetzt.

Höflinge in Trauerkleidung defilierten einer nach dem anderen an dem Katafalk vorbei, bevor sie in ihre Wohnung in der Hauptstadt aufbrachen. Sie alle hatten sehr unbequem in Dependenzen des Palastes leben müssen, wie es das Gesetz für Katastrophenzeiten befahl. Die Quartiere waren überfüllt gewesen, es hatte Moskitos im Überfluß gegeben, die Hitze und der Regen – vor allem aber das Warten – waren nahezu unerträglich gewesen. Unter der konventionellen Maske der Trauer war die Erleichterung unübersehbar.

An diesem Tag nahm der Regen noch an Heftigkeit zu, als trauere auch der Himmel mit. Überall lagen abgebrochene Zweige, Tümpel und Schlamm machten die Straßen unpassierbar. Am späten Nachmittag aber hatte sich der Sturm gelegt, und die Wolken begannen sich zu lichten. Zum erstenmal seit zwei Wochen waren wieder einige Flecken blauen Himmels zu sehen, und ein leichter Wind erhob sich über dem regennassen Land.

»Ein gutes Omen!« prophezeiten die Wahrsager. »Ein gutes Omen für die neue Ära«, war der Ruf, der sich unter dem Volk verbreitete.

Jer, nun Kaiser Kaotsung, hatte den ganzen Morgen geschlafen, sein erster Schlaf seit drei Tagen. Am Nachmittag war er erfrischt aufgewacht und bereit, die Totenwache am Sarg seines Vaters zu übernehmen. Als er im weißen Trauergewand die Halle betrat, beobachteten ihn die anwesenden Höflinge neugierig, die Priester mit Mitleid, die Eunuchen beunruhigt.

Durch die Halle, in der Taitsung aufgebahrt lag, wehte ein kühler Wind. Er ließ die Kerzen flackern, doch die in Schweiß gebadeten Trauernden waren dankbar. Ehrenwachen standen an den vier Ecken des Sarges. Leiser Gesang vermischte sich mit dem Füßescharren der vorbeidefilierenden Trauernden.

Kurz vor Mitternacht war der Raum endlich menschenleer. Nur der aus dem Vorraum dringende Gesang erreichte Jers Ohren. Endlich konnte er seinen Gefühlen freien Lauf lassen. Selbst in seiner Müdigkeit war er noch eine eindrucksvolle Gestalt, man sah ihm bereits den Kaiser an, der er nun war. Er kniete nieder und legte den Kopf auf die Seidendecke, die über dem Sarg lag. Er fühlte sich unendlich allein und verlassen, mehr als je zuvor in seinem Leben, und er war sich auch bewußt, daß er keinen Freund besaß, dem er vertrauen konnte, überhaupt niemanden.

Seine Glieder begannen von dem allzu langen Knien taub zu werden, da zupfte eine kleine Hand an seinem Ärmel, und er blickte auf. Jao reichte ihm eine Schale mit dampfender Suppe. Voll Abscheu schüttelte er den Kopf. Er konnte nichts hinunterbringen, wie konnte jemand erwarten, daß er essen könnte? Sie aber blieb stehen, also stand er auf und zeigte mit einer Verbeugung seinen Dank, während er ablehnte. Jao aber blieb einfach mit der Suppe auf einem Tablett vor ihm stehen und lächelte traurig. Schließlich nahm er doch einen Schluck, und der Schluck war so wohltuend, daß er einen weiteren versuchte, so lange, bis die Schale leer war. Sie stellte die Schale wieder auf das Tablett und verschwand.

›Sie sieht blaß und erschöpft aus und in ihren weißen Trauerkleidern beinahe selbst wie ein Geist‹, dachte Jer traurig, doch das Gefühl der Verlassenheit war gemildert. ›Ein bezaubernder Geist‹, dachte er trotz aller Trauer. Jaos kleine Geste, ein Gedanke, der niemandem sonst gekommen war, hatte ihn in einem entscheidenden Moment erreicht.

Bei Tagesanbruch verließ Jer die Halle, um sich für die Abschiedszeremonien bereit zu machen. Der Tag war wolkenlos, sehr zur Erleichterung der für den Trauerzug eingesetzten Würdenträger, die den Leichnam des Kaisers zurück zum Palast zu begleiten hatten. Die Prozession begann sich bereits in der Kühle des Morgens zu formieren. Nach ungefähr einer Stunde Ruhe nahm Jer seinen Platz hinter dem Sarg ein. Viertausend Soldaten säumten die Hauptstraße, die während der Nacht bereits recht gut getrocknet war. Hinter den Soldaten stauten sich Tausende von Menschen, um ihren geliebten Kaiser im offenen Sarg vorbeiziehen zu sehen.

Die Sonne stand noch nicht im Zenit, als der Trauerzug das Südtor mit seinen fünf Tunnels erreichte. Das mittlere Tor, durch das niemand außer dem Kaiser gehen durfte, war weit geöffnet, und die Sargträger durchschritten es schweigend mit gesenkten Köpfen. Als der Sarg den Tunnel verlassen hatte, wurden beide Torflügel geschlossen und mit weißen Trauerfahnen verhängt. Der große Kaiser Taitsung hatte zum letzten Mal seinen Weg durch die Tore genommen.

Die durchnäßten Tsairen gingen schweigend durch das Südtor des Palastes und begaben sich eine halbe Stunde später durch das Tor ihres eigenen Grundstücks. Jede verschwand in ihrem Zimmer, und kaum in der gewohnten Umgebung, fielen alle Schranken. Eine Kakophonie von Schluchzen und Schreien durchdrang die Wände, begleitet vom Aufpr der abgeworfenen Kleider und Schmuckstücke und den einan widersprechenden Befehlen, die den Dienerinnen lauthals erteilt wu

Jao betrat ihr Zimmer und rümpfte bei dem Geruch des Schim an den Wänden und dem modrigen Geruch des abgestandenen Regenwassers in der Ecke die Nase. Mi begrüßte sie mit ihrem gewohnten Lächeln und fuhr dann fort, die Trauerkleider zurechtzulegen. Jao streifte ihre nassen Kleider ab und ließ sie zu Boden fallen, unsicher blickte sie um sich. Jetzt, da sie im Begriff war, ihn zu verlassen, wirkte der Raum fremd und ungastlich, so gar nicht anheimelnd, obwohl sie so viele Jahre darin gewohnt hatte. Ziellos wanderte sie durch das Haus, mehr und mehr spürte sie die Leere in sich, so als hätte man sie ihrer Identität beraubt. Langsam begann die Leere in ihr einem Gefühl des Zorns über ihr Schicksal zu weichen. Sie kehrte in ihr Zimmer zurück und schlug unter lautem, verzweifeltem Schluchzen den Kopf gegen die Wand. Alle Konkubinen hatten schon eine Weile gewußt, daß ihnen bestimmt war, sich nach dem Tod des Kaisers in ein Kloster zurückzuziehen, und ein paar von ihnen hatten sich mit ihrem Schicksal abgefunden. Die meisten nicht. Wenn Jao von Trauer gelähmt war, war sie dennoch nicht vollkommen willenlos, und nun meldeten sich Zorn und Auflehnung. Mi unterbrach ihre Arbeit und, ohne ein Wort zu verlieren, umarmte sie Jao so kräftig, daß Jaos Arme festgeklemmt waren und sie aufhörte, mit dem Kopf an die Wand zu schlagen. Mi hielt sie, bis Jaos Keuchen verstummte, dann führte sie die Erschöpfte zu ihrem Bett.

Im übrigen Haus herrschte das gleiche Durcheinander wie zuvor. Stimmengewirr und Schreie begleiteten die Tsairen, die auf der Suche nach Trost und Gesellschaft ziellos von Raum zu Raum wanderten. Verzweifelte Ausrufe waren zu hören, als die Frauen ihre Besitztümer hervorkramten, um zu entscheiden, was sie mit ihnen machen sollten. Je weiter der Tag fortschritt, desto größer wurde die allgemeine Verwirrung, und es trat erst eine gewisse Ruhe ein, als die Dienerinnen, die von dem Gang der Ereignisse weniger schwer betroffen waren, die Sachen aussortierten und verpackten. Schließlich türmten sich die Bündel auf dem Gang. Die meisten Dienerinnen konnten ihre Freude kaum verbergen, denn ihre völlig verstörten Herrinnen verschenkten ihre kostbarsten Besitztümer.

Bevor zur Schlafenszeit die Kerzen gelöscht wurden, traf Jao ihre Auswahl der Dinge, die sie in ihrem Bündel mitnehmen wollte. Mi breitete ein quadratisches Seidentuch auf das Bett. Jao wanderte im Zimmer umher und legte die verschiedensten Dinge zur Seite. Sie begann mit ihrem kleinen Maitreya. Seit sie beim Verlassen ihres Zuhauses die Statuette von ihrer Mutter bekommen hatte, war diese immer bei ihr geblieben. Dann gab sie ihr Schreibzeug und ihre Fuchshaarpinsel, mehrere Seidenrollen, einen Stoß warmer Kaschmirumhänge, die ihr Wencheng aus Tibet geschickt hatte, und einige Gemälde, die sie von den Hofmalern Yen Lipen und Yen Lite als Geschenk erhalten hatte, dazu. Die Bilder rollte sie säuberlich auf. Zu guter Letzt fügte sie noch ihre Gold- und Silberbörsen hinzu, dann gab sie sich einen Ruck und verknotete die vier Enden des Tuches.

»Das ist alles«, sagte sie tonlos. Sie nahm Mis kleine Hände zwischen die ihren. »Der Rest gehört dir, zusammen mit einem Beutel Goldstücke, sie sind für die Erziehung deines Sohnes im koreanischen Viertel bestimmt. Nimm es und verwende es so gut du kannst. Ich werde niemals in der Lage sein, dir das zurückzuzahlen, was du für mich getan hast – eines aber ist sicher: Was immer auch mit uns geschieht, wir werden Freundinnen bleiben.«

Mi war still. Sie nickte nur mit dem Kopf. Jao sah sie mit einem verzweifelten Gesicht an und verlieh schließlich ihren aufgestauten Gefühlen Worte: »Du bist so ruhig, läßt dich der Abschied so gleichgültig? Bist du so gefühllos?«

In ihrer Verblüffung ließ Mi die Börse, die sie in der Hand gehalten hatte, zu Boden fallen, und zum ersten Mal in den zwölf Jahren, die sie mit Jao verbracht hatte, flossen Tränen über ihre Wangen. »Es ist nicht meine Art ...«, sagte sie endlich und putzte sich entschlossen die Nase. »Den ganzen gestrigen Tag und den ganzen heutigen Tag war ich verzweifelt, verzweifelt, verzweifelt ... aber es wäre doch so ein Zeichen von Schwäche, es zu zeigen, oder nicht?« Sie holte tief Luft.

Jao machte große Augen. »Verzeih«, stammelte sie. »Ich wußte nicht ...«

»Ja«, antwortete Mi einfach. Doch ihre schweren Atemzüge zeigten, was in ihrem Innern vorging, und nun sprang Jao auf, um ihrerseits Mi so lange in ihren Armen zu halten, bis sie spürte, daß die Freundin entspannt, getröstet war.

Danach fühlten sich beide besser und merkten plötzlich, daß sie hungrig waren. Sie wanden sich das weiße Trauertuch um den Kopf und eilten in die Küche zu ihrer ersten Mahlzeit seit vierundzwanzig Stunden. Der Tag endete mit mehr Regen und frühem Zubettgehen. Erschöpfung brachte Schlaf, selbst für Jao.

Das gleiche Durcheinander wie im Tsairen-Haus hatte den ganzen Palast erfaßt. Der Leichnam des Kaisers war im Vorraum des Ahnenschreins aufgebahrt worden, in der Obhut einer Totenwache, die einander so lange ablösen sollte, bis der Leichnam einbalsamiert und umwickelt und ein günstiges Datum für das Begräbnis festgelegt worden war. Der Platz für das Mausoleum war bereits von Taitsung selbst ausgewählt worden – an einem Hang, so daß nicht erst ein kostspieliger Hügel errichtet werden mußte.

Kaotsung, der neue Kaiser, hatte sich in seine alten Gemächer im östlichen Palast außerhalb der kaiserlichen Stadt zurückgezogen, um vor der Nachtwache ein Mahl einzunehmen und die Kleider zu wechseln. Seine Diener räumten bereits seine Zimmer wie auch die Wohnräume des verstorbenen Kaisers aus, den mißbilligenden Blicken der alten Eunuchen zum Trotz. Die Arbeiten sollten die ganze Nacht fortgesetzt werden. Madame Wang, die es kaum erwarten konnte, Kaiserin zu werden, hatte den Befehl gegeben, die Übersiedlung vom alten Palast in den neuen ohne Verzögerungen voranzutreiben, ob es regnete oder nicht, ob die Zeit richtig war oder nicht, gleich, ob es sich schickte oder nicht.

Kaotsung bemerkte die Leere seiner Zimmer nicht, er wußte nichts von Madame Wangs Plänen, und er kehrte zum Schrein seiner Ahnen zurück, wie es seine Pflicht war, ohne die Veränderungen, die in seinem Haushalt vor sich gingen, wahrzunehmen.

Grau und wolkig, jedoch ohne Regen brach der nächste Morgen an. Die Köche des Palastes waren angewiesen worden, für die Palastbewohner ein einfaches Essen bereitzuhalten und vor allem die wichtigsten Leidtragenden mit einer warmen Mahlzeit zu versorgen, daher herrschte in den Küchen von früh an pausenlos Hochbetrieb. Später am Tag waren die sonst offenen Kanzleien geschlossen, und niemand ging mehr durch die sonst so geschäftigen Höfe des Palastes. Die Wachen standen entspannt da, die Tauben drehten über ihnen ruhige Runden, über der ganzen kaiserlichen Stadt lag eine unnatürliche Stille.

Dessen ungeachtet schleppten Träger die Einrichtung aus Kaotsungs aufgelöstem Palast in die eben geleerten und geputzten kaiserlichen Räume. Kaotsungs Schlafzimmer wurde als erstes eingerichtet, damit er, der bestimmt halbtot vor Schlafmangel von der Nachtwache kommen würde, sofort in sein Bett sinken konnte. Madame Wang war überall zugleich, aufgeregt überwachte sie alles und übersah geflissentlich die Mißbilligung der alten Kammerherren. Sie war merklich überheblicher geworden, seit sie im Begriff war, in ihren neuen Stand einzutreten. Auch ihre Familie breitete sich sofort im Palast aus, wobei Madame Wangs Mutter, Madame Liu, sich besonders wichtig tat.

Im Morgengrauen wankte Kaotsung in sein Bett, zu müde, um zu bemerken, wohin man ihn führte. Als er am Nachmittag erwachte, war die erste Person, die er entdeckte, seine neben der Tür sitzende Schwiegermutter, und ihm wurde mit einem Schlag klar, was geschehen war. Er runzelte die Stirn, sah sich um und rekelte sich, dann dankte er Madame Liu und bat sie, seinen Kammerdiener zu rufen. Sie zögerte, dann erwähnte sie im Hinausgehen, es sei an der Zeit, den Posten des Kammerdieners mit einem neuen Mann zu besetzen.

»Nicht für mich«, erklärte Kaotsung ärgerlich. »Ich wünsche meinen alten Cho, und zwar sofort. Wenn Ihr die Güte haben wollt.« In den folgenden Tagen vertraute er seinem Obereunuchen verärgert an: »Es scheint, als könnte ich nicht vom Bett zum Tisch gehen, ohne über meine Schwiegermutter zu stolpern.«

Am dritten Tag nach der Rückkehr aus den Chungnan-Bergen wurde keine Verpflegung mehr in das Haus der Tsairen gebracht. Eunuchen gingen ein und aus, sammelten Kleiderkisten ein und überwachten Trupps von Arbeiterinnen, die das Haus reinigten und in Ordnung brachten. Chi, der sich nun im Dienste des Kaisers befand, erschien abends, um einen letzten Befehl zu erteilen. Er rief die fünf Tsairen zusammen, um ihnen zu verkünden, daß sie sich am nächsten Morgen in ihr Kloster zu begeben hatten. Sie dürften soviel mitnehmen, wie sie tragen konnten, sich aber nicht von ihren Dienerinnen begleiten lassen. Später stehe es den reichen Familien frei, mit der Äbtissin entsprechende Vereinbarungen hinsichtlich etwaiger Dienerinnen für ihre Angehörigen zu treffen, doch wäre dies keine Palastangelegenheit mehr. Die kaiserlichen Sklaven hatten im Palast zu bleiben, Mi eingeschlossen.

Bei seinen Worten wanderten Jaos Augen zu Mi, und sie wechselten einen Blick, mit dem sie sich schworen, daß ihre gegenseitige Loyalität damit nicht beendet sei und auch niemals beendet sein würde. Als Chi zu Ende gesprochen hatte, waren seine Tsairen in Tränen aufgelöst. Keine war sich über ihr Schicksal im unklaren gewesen, doch dieses Wissen bewahrte sie nicht vor dem Schock, den nun die tatsächliche Vertreibung bedeutete. Sie mußten ins Kloster Kanyeh-ssu übersiedeln, ein Kloster, das der Huayen-Schule angehörte, die zu Beginn des Jahrhunderts begründet worden war. Die Äbtissin, eine Anhängerin von Chih-i und seinem Tientai, hatte sich der Lehre der Huayen-Schule angeschlossen, weil deren Philosophie den Mönchen und Nonnen neben ihren religiösen Pflichten auch eine karitative Rolle im Dienst der Gemeinschaft zudachte, was es wiederum möglich machte, die Damen des Palastes bei sich aufzunehmen.

Chi lächelte, während er diskret kontrollierte, ob seine Tsairen vollständig beisammen waren: »Die Sonne scheint! Ein gutes Omen für eure Zukunft!« versuchte er sie aufzumuntern. Er verbeugte sich tief, um sein Mitgefühl zu bekunden, lachte sein höfliches, flaches Lachen, das jedes Gefühl verbarg, und führte die fünf Frauen zum Tor. Jao und Mi bildeten den Kopf der kleinen Kavalkade. Als Chi vor dem Tor haltmachte, nahm Jao dem üblichen formellen Abschiedsgruß gemäß seine beiden Hände zwischen die ihren. Dann überwältigte sie der Kummer, und sie warf ihm die Arme um den Hals. Er erstarrte erschrocken, protestierte aber nicht – auch er war der Verzweiflung nahe. Er wischte ihr mit seiner Schärpe die Tränen ab und schob sie sanft zum Tor hinaus.

Mi blieb noch an Jaos Seite, um ihr in die Sänfte zu helfen. Sie wählten die letzte Sänfte und blieben eng nebeneinander stehen, bis Jao einsteigen mußte. Jaos Stimme zitterte, als sie schließlich Lebewohl sagte, aber mehr nicht. Sie war in den letzten drei Tagen endgültig erwachsen geworden.

9

Als Jao im Vorhof des Kloster abgeliefert wurde, sah sie sich mit dem tosenden Lärm der siebzig bereits angekommenen Frauen konfrontiert. Am Tor verlas ein Eunuch die Namen der Frauen, die ihm anvertraut waren, und die Priorin hakte sie auf ihrer Liste ab. Als er die Namen der Tsairen verlesen hatte, nahm er dankbar seinen Abschied.

Jao stand neben dem Tor und betrachtete die Szene, die sich ihr bot. Ihr Blick suchte und fand schließlich die Äbtissin, die, von einer Schar grau gekleideter Nonnen umgeben, auf der Terrasse vor den offenen Türen des Haupthauses stand. Die Äbtissin schickte ihre Nonnen in die Menge aus, um die ihnen zugeteilten Neuankömmlinge zu finden und sie in ihre Unterkünfte zu führen. Jao bahnte sich langsam ihren Weg, bis sie endlich vor der Äbtissin stand.

»Willkommen in deinem neuen Heim«, begrüßte sie die Äbtissin schlicht. »Ich begrüße dich mit Freuden. Seit unserem gemeinsamen Neujahrsritt ist eine lange Zeit vergangen.«

»Ja, das kann man wohl sagen«, antwortete Jao und lächelte traurig, während sie ihren *anjali*-Gruß ausführte und sich tief verneigte.

Die Äbtissin war nun fünfzig Jahre alt, doch hatte sie kaum Falten und zeigte auch sonst keine Spuren des Alters. Sie war eine gepflegte Erscheinung, ihr leinenes Gewand war makellos, ihre kunstvoll geschnitzte Gebetskette kostbar. Auf ihrem kahlgeschorenen Kopf aber hatten sich Schweißtropfen gebildet, und als sie in Jaos Gesicht blickte, verrieten ihre Augen einen Moment lang tiefen Kummer.

»Ich trauere mit dir um einen großen Mann«, sprach sie ruhig. »Seinesgleichen werden wir in unserem Leben nicht wiedererleben.« Sie verfiel in Schweigen. Jao neigte den Kopf und schwieg gleichfalls. Über ihren Köpfen kreisten die Tauben, die an ihren Beinen befestigten Pfeifen ließen Musik ertönen, die anschwoll und abebbte. Vom Hof her drangen die Stimmen der Frauen, denen das Leid und die Verlorenheit, die Angst vor dem Neuen ebenso wie Verdrossenheit anzuhören waren.

Das Schweigen zwischen der Äbtissin und Jao hielt an. Sie standen nur da und blickten auf den Hof voll verschreckter Frauen. Die Äbtissin schaute Jao an, sah ihre Blässe, die Spuren der Anspannung.

»Ich habe schon auf deine Hilfe bei der Eingewöhnung der Frauen gehofft. Du könntest mir unendlich wertvoll sein, wenn du wolltest«, sagte sie.

Jao wurde plötzlich voll Staunen klar, daß die Äbtissin ebenso gute Gründe zur Trauer hatte wie sie selbst oder irgendeine der anderen Palastdamen. Und die Äbtissin hatte trotz ihres eigenen Schmerzes die Kraft gefunden, mit der chaotischen Situation, mit der man sie konfrontiert hatte, fertig zu werden. »Natürlich«, stammelte Jao, » natürlich – Ihr müßt mir nur Eure Anordnungen geben, wann ... ja, eben wie und wann ... morgen?«

»Ich meine jetzt gleich«, gab die Äbtissin zurück und beobachtete Jao genau.

Jaos Blick begegnete dem der Nonne. »Und was soll ich tun?« fragte sie.

Die Äbtissin war zufrieden. Sie zeigte auf den überfüllten Hof. Die letzten der höchstrangigen Damen waren soeben abgeliefert worden, und ihre Eunuchen wandten sich zum Gehen, ohne die Frauen, denen sie jahrelang sklavenhaft gedient hatten, auch nur noch eines Blickes zu würdigen. Nun wurden die Klostertüren geschlossen und von der Priorin versperrt.

Bei diesem Anblick nickte die Äbtissin. »Die vier Fei sind gerade eingetroffen. Weder sie noch die anderen Frauen wissen, wie armselig die Unterbringung hier ist. Noch werden sie begreifen, wie schwierig es für uns ist, auf diese Weise überschwemmt zu werden. Viele von ihnen werden sich, wenn ihnen die Situation klar wird, nicht zu benehmen wissen. Deine Pflicht – wenn du bereit bist, sie zu erfüllen – wird es sein, überall dort beruhigend einzugreifen, wo du Unruhe bemerkst.«

Die Äbtissin warf Jao einen durchdringenden Blick zu, dann übergab sie Jaos Bündel einer Akolythin.

»Jao, du wirst in einem kleinen Zimmer neben der Apotheke untergebracht, und wenn du mit deinen heutigen Aufgaben fertig bist – oder sobald du müde bist –, kannst du dich dorthin zurückziehen.«

Die Äbtissin wandte sich den Frauen im Hof zu und lächelte aufmunternd. Sie verkündete, daß alle Regeln des klösterlichen Lebens für den Augenblick aufgehoben seien und der übliche Tagesablauf erst dann wieder aufgenommen werde, wenn die Neuankömmlinge sich eingelebt hätten. »Und auch dann nicht gleich mit allen Regeln«, fügte sie begütigend hinzu. Bei Sonnenuntergang gebe es ein fleischloses Mahl, das den Frauen schichtweise serviert werde.

Die Äbtissin drehte sich wieder zu Jao um. »Ich möchte, daß du jetzt mit mir kommst.«

Gemeinsam gingen sie in den Hauptraum, in dem die meisten Frauen nun untergebracht waren. Auf dem frisch gewachsten Holzfußboden waren in Reihen die Schlafmatten ausgebreitet, auf einem Podest standen drei großartige Buddhastatuen, vor denen soeben Kerzen und Weihrauch für die Abendandacht entzündet wurden, die infolge der übergroßen Unruhe später stattfand. Der große Raum hallte von Trauerklagen. Einige der Frauen rissen in ihrer Verzweiflung an Haaren und Kleidern, andere gaben sich der aufkommenden Massenhysterie hin.

Als Jao die Situation erkannte, verstand sie, warum gerade sie gemeinsam mit einigen erfahrenen Nonnen ausgewählt worden war.

Sie wurde gebraucht. Unbewußt straffte sie ihre Schultern und wartete auf Instruktionen. Die Äbtissin gab einer Gruppe von Sängerinnen, die sich hinten im Saal befanden, ein Zeichen, mit ihrem sanften Gesang zu beginnen. Die Nonnen verteilten sich unter die Frauen, eine Nonne zu jeder Frau, um sie zu beruhigen, zu berühren und Ordnung in das Chaos zu bringen. Die Äbtissin winkte Jao, sich ihnen anzuschließen, also wählte sie sich ein Mädchen aus, das Toto ähnelte. Als Jao sich neben das Mädchen setzte und versuchte, sie zu trösten, rief sie sich alle Wärme und Liebe in Erinnerung, die sie für die tapfere Tänzerin aus Kucha empfunden hatte. Dankbar entspannte sich das Mädchen.

Es dauerte nicht lange, bis auch alle anderen Frauen begannen, auf ihre Helferinnen zu hören. Die meisten der Palastdamen waren fromme Buddhistinnen, und als die Nonnen ihre Gebetsketten in die Hände nahmen, schlossen sie sich ohne weiteres Aufheben dem Gebet an, wie man es von ihnen erwartete.

Als endlich alle zur Ruhe gekommen waren, erschien eine Gruppe von Nonnen mit Schalen heißer Suppe und dampfendem Brot, die sie an alle verteilten. Jede Nonne blieb bei ihrem Schützling sitzen, bis dieser, auch wenn das Gebotene zuerst abgelehnt worden war, alles aufgegessen hatte. Der leise Gesang wurde während des Essens fortgesetzt. Die einfallende Nacht verdunkelte den Raum, und Kerzen wurden entzündet. Wieder begann es zu regnen. Der Fußboden war hart, die Matten waren dünn, und einige der Frauen weinten still vor sich hin.

Als die Zeit für die Abendandacht kam, begingen sie die Nonnen wie immer mit leisem Gesang und Gebeten. Bald nach Ende der Andacht legten sich die Palastdamen auf ihre Matten und überließen sich dem Schlaf. Die Äbtissin selbst legte sich für die Nacht in der Mitte des Raumes zur Ruhe, andere Nonnen machten es ihr nach, doch blieb jede neben ihrem Schützling. Langsam erstarb das Weinen, und dann wurde die Stille nur durch einige Mißfallensäußerungen der Frauen und das Getrappel der Mäuse an den Wänden unterbrochen.

Die Äbtissin nickte Jao zu. »Dort vor dem Altar sind einige Tsairen, die sich nicht zu beruhigen scheinen«, flüsterte sie. »Glaubst du, daß du mit ihnen zurechtkommst?« Jao blickte auf ihre vier Hausgenossinnen, die sich in einer Reihe am hintersten Ende des Altars niedergelassen hatten. Sie nickte. »Nimm diese Akolythin mit ... schenke ihnen Mitgefühl«, sagte die Äbtissin mit einem aufmunternden, liebevollen Blick.

Jao bahnte sich zwischen den Matten ihren Weg zu den Freundinnen. Sie sprach Perle an, die so zitterte, daß sie Jao kaum wahrnahm, und fühlte ihre Stirn. Sie war heiß. »Bitte hol eine Decke«, sagte Jao zu ihrer Helferin, die zuerst zögerte, sich aber dann auf die Suche machte. Als sie eine brachte, hüllte Jao Perle darin ein. Perle seufzte erleichtert, und Jao bat die Akolythin, der Freundin Hände und Füße zu massieren.

Sie wandte sich Päonie zu, die Schluckauf hatte, immer wieder in Lachen ausbrach und auf den Fersen vor- und zurückschaukelte. Jao schlang die Arme um das Mädchen, das sich allmählich beruhigte. Doch es brauchte lange, Päonie so weit zu bringen, daß sie sich auf ihre Matte legte, und auch da gehorchte sie rein mechanisch.

›Ich habe kein Mitgefühl zu verschenken‹, dachte Jao in ihrer Müdigkeit. ›Könnte Kuanyin mir solches schenken, vielleicht könnte ich es dann anderen weitergeben.‹ » Hast du Mitgefühl?« fragte sie flüsternd die Novizin.

»Das steht mir nicht zu«, sagte diese demütig. »Doch das Unglück dieser Menschen kommt von ihren Untaten.«

»Nein!« widersprach Jao ärgerlich. »Hier sind keine bösen Menschen, nein ...«

»Dann müssen sie in ihren früheren Leben gesündigt haben, daß jetzt so viel Unglück über sie gekommen ist«, beharrte die Nonne eigensinnig. Jao zog die Decke fester um Perles Schultern.

»Arme, bezaubernde Schwester Perle mit ihrer strahlenden Schönheit – und mit nichts sonst, aus dem sie Kraft schöpfen könnte. Doch nach deinen Worten, bin ich wieder fähig, Mitgefühl zu empfinden«, sagte sie empört zu der jungen Nonne. »Perle ist für ihre reiche Familie in Yangchow nun von keinerlei Nutzen mehr, für die scheint sie nicht mehr zu existieren. Sogar ich habe sie vernachlässigt, weil sie so still und so gut ist und ich das Gegenteil davon bin. Ich fürchte, ihr ist es jetzt ganz gleichgültig, was mit ihr geschieht.«

»Dann sollten wir sie in Frieden sterben lassen«, meinte die Novizin.

»Nein«, Jao war von neuem empört. »Warum sollte sie sterben? Sie ist schön, ein Juwel. Sie hat noch mindestens vierzig Jahre vor sich. Sie ist noch nicht für den Tod bereit!«

Bei diesen Worten blickten die anderen Mädchen auf ihren Matten aufmerksam in ihre Richtung. Besonders Päonie wirkte plötzlich hellwach.

»Was bedeutet dir das schon?« fragte Päonie herausfordernd.

»Eine Menge«, gab Jao flüsternd Antwort, da sie sah, daß die Frauen in der Nähe unruhig zu werden begannen. »Perle ist ebenso meine Hausgenossin wie deine. Ich will ihr helfen zu leben.«

»Mir auch?« wollte Päonie wissen.

Ungeduldig nickte Jao. »Ob ich dich lieber lebendig als tot haben möchte? Natürlich, du dumme Gans. Es liegt noch so viel Glück vor dir ... willst du wirklich aufgeben, nur weil du jetzt unter anderen Umständen leben mußt? Du benimmst dich wie ein kleines Kind. Perle hat ein gutes Leben vor sich und du auch.«

Hier setzte sich Wolke plötzlich auf. Sie und Phönix waren nebeneinander gelegen und hatten die Dachsparren angestarrt.

»Du meinst also, man müßte uns gehörig den Kopf waschen, damit wir merken, wie gut wir es haben ...«

»Gut!« zischte Phönix. Sie hatte es sich nach stundenlangem hysterischen Schluchzen eben erst auf ihrer Matte bequem gemacht. »Gut! An diesem schaurigen Ort, in diesen rauhen, kratzenden Kleidern, bei diesem elenden Fraß, von lauter kahlgeschorenen Geschöpfen umgeben, die einem sagen, was man darf und nicht darf. Dies ist das Schlimmste, das uns passieren konnte … und du findest, wir haben es gut!« Sie brach erneut in hysterisches Schluchzen aus, und Jao warf der Äbtissin einen verzweifelten Blick zu, da sie erkannte, daß sie ihren Schützlingen nicht recht half.

Dann bemühten sich Wolke und Päonie, Phönix zu beruhigen, während ihr Jao die Füße massierte. Langsam entspannte sich Phönix, und die anderen Tsairen schliefen eine nach der andern ein. Auch Jao fühlte sich zu Tode erschöpft, blieb aber wach. Als die Stunde der Ratte anbrach, erhob sie sich und schlüpfte in die Schatten des Hofes hinaus, wo sie eine Weile stehenblieb und in den nächtlichen Himmel starrte. Sie konnte die Wolken sehen, die über das Antlitz des Mondes strichen, den Wind hören, der in den Bäumen des Hofes seufzte. Plötzlich fühlte sie sich ruhig und mehr zu Hause in ihrer neuen Umgebung. Sie dachte an Kaotsung und seine einsame Nachtwache am Sarg. »Ich wollte, ich könnte ihm jetzt mit einer Suppe helfen«, sagte sie leise. »Ich wollte, ich könnte ihn trösten, wie ich es in der Vergangenheit immer tun konnte.« Würde er jemals an sie denken? Würde er jemals etwas unternehmen, um sie aus dem Kloster zu befreien? Leise ging sie durch die Gänge zu ihrem Zimmer neben der Apotheke. Sie schritt über die Schwelle, und eine Mischung von Gerüchen hieß sie willkommen. Erschöpft ließ sie sich auf ihre Pritsche fallen.

Sie dachte über ihre Lage nach, überlegte, wie sie der tödlichen Langeweile entkommen konnte. ›Alles ausprobieren, um herauszufinden, was für mich gut und was für mich unerträglich ist. Ich muß eine Lebensweise finden, bei der ich nachts schlafen kann‹, dachte sie traurig. ›Hier gibt es nichts … nichts … nichts. Hier ist es so ruhig. So weit entfernt vom wirklichen Leben.‹ Was sollte sie mit sich anfangen? Wie sollte sie weiterleben? Hier gab es nichts Gutes zu essen, nichts zu tun. Wie sollte sie das ertragen? Ihr einziger Wunsch war in diesem Moment, auf ihrer Pritsche zu liegen und sich aufzugeben.

Die beiden folgenden Tage schleppten sich dahin. Die Neuankömmlinge taten das, was sie bisher getan hatten, ohne in neue Unterkünfte zu übersiedeln, ohne Aufgaben, die zu erfüllen waren, ohne Veränderungen. Die meisten von ihnen begannen, Schritt für Schritt ihre Umgebung zu erforschen, entdeckten, wo sich die Latrinen befanden, wo der Brunnen und die Küchengärten waren, wo die Wäsche gewaschen wurde, und sie dachten darüber nach, wie ein Leben im Kloster wohl erträglich zu machen wäre. Sie hatten immer schon auf engem Raum zusammengelebt, ein Aspekt des Klosterlebens, der ihnen nicht fremd war. Allmählich trafen aus den verschiedenen Familien persönliche Dienerinnen ein, eine große Erleichterung für die Nonnen wie für die Palastdamen.

Am dritten Morgen erklang die Glocke zur Stunde des Hasen. Die Frauen versammelten sich im großen Saal, wo die Schlafmatten aufgerollt und für den Tag hinter dem Altar aufgestapelt worden waren. Verschlafen stellten sie sich zur Morgenandacht in Reihen auf. Hinterher ging es an die frische Luft in den Hof, wo sie, von einer Adeptin unterwiesen, verschiedene einfache Bewegungen des Schattenboxens einübten. Der Regen hatte aufgehört, und die Sonne erhob sich über einem klaren Himmel. Sie alle atmeten tief in der frischen Luft, und einige von ihnen begannen sogar, sich umzuschauen und Bemerkungen über die Schwalbenschwärme zu machen, die über ihnen kreisten oder ihre Jungen in den Nestern unter den Dachtraufen fütterten.

Die meisten von ihnen hatten wieder schlecht geschlafen, doch immerhin waren einige soweit erholt, daß sie ein gewisses Interesse für ihre Umgebung aufbringen konnten. Die beruhigende Stille des Tempelbezirkes wurde nur von den gedämpften Geräuschen des klösterlichen Lebens unterbrochen: das Knirschen des Brunnenrades, das Zwitschern der Sperlinge, Fußtritte auf den gepflasterten Wegen, Gesang in der Tempelhalle. Als sie sich zur Stunde des Drachen wieder im großen Saal versammelten, unterschieden sie sich bereits gewaltig von den Unglücksraben, die sie bei ihrer Ankunft gewesen waren. Sie waren immer noch niedergeschlagen, aber sie waren ruhig. Im Saal wurden sie darüber belehrt, daß sie an diesem Tag mit einem Ritual in das religiöse Leben eingeführt werden sollten, indem sie die Tonsur und das Klostergewand bekämen. Den Anwesenden fuhr der Schreck in alle Glieder, doch keine der Frauen bekam einen hysterischen Anfall.

Jao erhielt den Auftrag, sich in die Apotheke zu begeben, um sich der diensthabenden Nonne vorzustellen. ›Anscheinend brauchen sie mich dort für eine hysterische Palastdame‹, dachte sie, während sie dem Befehl nachkam. Sie wußte, daß es für die Buddhisten keine Trennung zwischen Krankheiten des Körpers und des Geistes gab, sondern daß beide gleichzeitig behandelt wurden, denn ihrem Glauben nach bildeten Geist und Körper eine Einheit. Und in den Klöstern wurde auch Hysterie als Krankheit angesehen. Als Jao die Apotheke betrat, wurde sie von Schwester Hsu mit geistesabwesender Geste begrüßt. Die geschliffene Kristallbrille, durch die die Nonne blickte, war ihr bei der Arbeit am Sortiertisch bis zur Nasenspitze gerutscht. Sie schob sie wieder hoch und maß den Neuankömmling von Kopf bis Fuß, wobei Jao nicht nur auffiel, wie verhutzelt die kleine Nonne war, sondern auch, wie überaus wach ihre Augen wirkten. Schwester Hsu fuhr gemächlich fort, die trockenen Blätter von einer Hanfpflanze abzustreifen, dann wies sie Jao an, sich zu setzen und ihr zu helfen. Als ein Korb mit getrockneten Hanfblättern gefüllt war, klopfte sie ihre Hände ab und wandte sich Jao zu.

»Verstehst du etwas von Krankheiten?« wollte sie wissen.

»Ehrwürdige Mutter, ich verstehe ein wenig von den üblichen Krankheiten der Frauen, denn ich habe zwölf Jahre mit Frauen zusammengelebt«, begann Jao zögernd.

»Das reicht nicht. Ich werde dich, während wir hier arbeiten, unterrichten. Zuerst aber muß ich dich prüfen, bevor ich dich mit bestimmten Aufgaben betraue.«

»Wie Ihr wollt«, antwortete Jao.

»Sehr gut«, stimmte Schwester Hsu zu. »Zuerst machen wir einen Rundgang durch die Apotheke, und du wirst mir sagen, was du siehst.«

Jaos Aufmerksamkeit war geweckt. Das versprach interessant zu werden. An zwei Wänden waren zahllose Gefäße aufgereiht. An der dritten Wand standen abgeschlossene Schränke mit darüberliegenden Regalen. Die vierte Wand besaß ein Fenster und eine Tür. Unter dem Fenster verlief ein langer Arbeitstisch, unter dem sich Körbe mit getrockneten Pflanzen stapelten. Die Nonne zeigte auf das erste Gefäß. »Was ist das?«

»*Tsingling* ... Zwiebeln. Und darüber hängen geflochtene Knoblauchschnüre von der Decke.«

Mit einem leicht amüsierten Lächeln nickte die Nonne. »Das nächste Gefäß?« fuhr sie fort.

Jao nahm eine ihr unbekannte Bohne in die Hand und schüttelte den Kopf.

»Ihr Öl kennst du genau«, erklärte die Nonne. »Rizinusöl – um die Eingeweide zu reinigen, wie du sicher weißt.«

»O«, sagte Jao. »Nun, aber ich weiß, was in dem nächsten Behälter ist, Seetang. Er wird von den Taucherinnen von Chejudo in Silla gesammelt und schmeckt mit Reis gut, es ist nur ein teures Essen.«

Die Nonne warf Jao einen scharfen Blick zu. »Woher weißt du das alles über Seetang?«

»O, ich esse ihn eben sehr gern. Man erwärmt die getrockneten Blätter langsam, bis sie nicht mehr schwarz, sondern grün sind, dann wickelt man jedes Blatt um eine frisch gekochte Reiskugel. Köstlich – knusprig und salzig, mit dem Geschmack nach Meer!« Sie seufzte. »Sinnlos, in einem Kloster an solche luxuriöse Speisen zu denken«, setzte sie entschuldigend hinzu.

»O, keineswegs«, antwortete die Nonne lebhaft. »Im Gegenteil. Dieses Kloster ist bekannt für seine gute Küche – Essen und Arzneimittel gehen Hand in Hand. Wir beherbergen hier oft hohe geistliche Würdenträger, weltliche Gönner, Mitglieder des Kaiserhauses. Wir setzen unseren Stolz daran, ihnen die beste Nahrung vorzusetzen, solange sie hier sind. Wir müssen auf unsere Gäste den, na ja, bestmöglichen Eindruck machen und zeigen, was wir können«, endete sie gutmütig.

Jao verbiß sich ein Lachen. »Das Klosterleben ist nicht so einfach, wie ich dachte«, murmelte sie und zeigte auf das Gefäß neben dem mit dem Seetang. »Das ist Ginseng, ebenfalls aus Silla. Im Palast haben wir eine Menge davon in den verschiedensten Zusammensetzungen verwendet.«

»In welchen Zusammensetzungen? Und wofür?« fragte die Nonne schnell.

»Für Aphrodisiaka und zur Kräftigung«, erklärte Jao.

»Nun, dafür verwenden wir es hier nicht«, antwortete Schwester Hsu trocken. »Wir setzen es bei schweren Verdauungsbeschwerden ein, die durch seelische Störungen hervorgerufen werden.«

»Ja, ich habe eine Menge zu lernen«, gab Jao zu. »Hier im nächsten Behälter sehe ich etwas, das aussieht wie Pfefferschoten, Lotuswurzel und schwarze Vanillebohnen. Darüber hängen … roter Paprika, Hagebutten … für Aufgüsse? Und alle diese anderen Kräuter, die ich nicht kenne. In dem letzten Behälter in der Reihe ist etwas, das man verwendet, wenn jemand von Dämonen besessen ist – Menschenhaar und Seeotternieren –, in Silla *olnul* genannt.«

»Wie wird es verwendet?« unterbrach die Nonne, die plötzliches Interesse an ihrer neuen Hilfe zeigte.

»Das Haar? Man verbrennt es und mischt die Asche mit Wein, um Blutungen zu stillen. *Olnul?* Auch die Niere wird verbrannt und zu der Asche der Haare gemengt, um die Dämonen auszutreiben …«

Schwester Hsu nickte erfreut, zog ihre Schlüssel hervor und öffnete einen versperrten Schrank, der im Innern eine Reihe kleiner Schubladen mit Etiketten aufwies.

»Hier drinnen bewahren wir die kostbaren Arzneimittel auf. Die meisten von ihnen kommen von weit her. Du wirst dir ihre Namen merken müssen, und Hunderte Namen anderer Produkte auch. Das ist für unsere Arbeit das Wesentliche – alles zu wissen, was es über Kräuter und andere zur Heilung verwendete Ingredienzen zu wissen gibt. Und über Nahrungsmittel ebenfalls. Was unschädlich und was schädlich ist. Die Gelehrten, die sich Ärzte nennen, kümmern sich nicht darum zu lernen, was *wir* mit Verschreibungen, Rezepten, Medizinen und Nebeneffekten tun.«

Sie zeigte auf die Reihen der Schubladen. »Diese kleinen Schubladen enthalten die Heilmittel – wie Gewürznelken, Myrrhe, Muskatnuß, gemahlenes Sandelholz, Aloe, Kardamom und rote Arsenblende. Du mußt sie alle studieren, am Geruch erkennen lernen, die Namen kennen und wissen, wozu man sie braucht. Die seltensten und teuersten, die wir üblicherweise nur an Mitglieder des Kaiserhauses vergeben, sind Rhinozeroshörner und Harze wie Asafötida – eine Mischung gegen Dämonen – und Tannin, das blutstillend wirkt. Hier haben wir sogar drei römische Theriaca-Pillen.«

»Was ist das?« wollte Jao wissen.

»Nun, das ist eine Pille für viele Zwecke. Sie besteht aus ungefähr sechshundert Ingredienzen. Dir kann ich es sagen, diese Pillen sind außerordentlich wertvoll, da sie aus den stärksten Drogen zusammengemischt sind, die es gibt. Hier in diesem zweiten Schrank befinden sich Bittersalze und verschiedene Stoffe zur Herstellung von Hustenmedizinen und anderen Heilmitteln.«

Jao paßte genau auf. Mit wertvollen und kostspieligen Medikamenten war sie von ihren jüngsten Erfahrungen im Krankenzimmer des Kaisers vertraut. Sie sprach nicht darüber, sondern blieb, ein wenig schwach auf den Beinen, still stehen und wartete ab, ob die Nonne ihr weitere Instruktionen geben oder sie entlassen würde.

Zu ihrem Erstaunen tat die Nonne keines von beiden. Anstatt sie weiter zu belehren oder wegzuschicken, betrachtete die Nonne Jao prüfend von Kopf bis Fuß. Erst als sie einen Entschluß gefaßt zu haben schien, schob sie Jao einen Stuhl hin und begann, sie gründlich zu untersuchen. Sie zählte Jaos Puls an beiden Handgelenken, in ihren Achselhöhlen und an den Leisten. Sie untersuchte ihre Augen, die Nase, den Mund, die Zunge, und für alles nahm sie sich Zeit. Dann forderte sie Jao auf, ihre Kleider abzulegen und sich auf den Arbeitstisch zu legen, wo sie begann, Jaos Bauch abzutasten. Ihre feinfühligen Finger fanden jedes Organ, und sie kommentierte dessen Zustand während der Untersuchung Schritt für Schritt.

»Im großen und ganzen gesund«, stellte sie fest. »Keine Anzeichen infektiöser Krankheiten, keine Schwangerschaften. Eine leichte Erkrankung der Lunge, die ein paar Narben zurückgelassen hat. Liege ruhig und entspanne alle Muskeln, während ich spreche. Du leidest aber an irgend etwas, du leidest sehr. Erzähle mir, was es ist.«

Jao starrte die Decke an. »Warum glaubt Ihr, daß ich leide? Wie könnt Ihr das wissen, wenn es keinerlei äußere Zeichen dafür gibt?«

Die Nonne zuckte nur die Achseln, so, als sollte es Jao besser wissen und nicht solche Fragen stellen. »Es ist mein Beruf«, stellte sie, nicht unfreundlich, fest.

Jao war sich darüber im klaren, daß sie in der Vergangenheit schmerzliche Erfahrungen durchgemacht hatte – das Verschwinden von Wildente, Totos Selbstmord, der qualvolle Tod des Kaisers, der Verlust von Chi und Mi. Doch das war Vergangenheit, war vorüber.

»Erzähle es mir«, forderte sie die Nonne wieder auf.

»Da gibt es nichts zu erzählen«, sagte Jao eigensinnig. »Nichts. Das heißt, es geht mir gut, *jetzt* meine ich, aber ...« Ihr Blick begegnete dem ruhigen Blick der Nonne, und plötzlich war es mit ihrer Fassung aus. Es war ihr, als bräche ein Unwetter los. Wie aus weiter Ferne hörte sie das eigene Schluchzen. Sanft legte ihr die Nonne eine Hand auf den Nabel, die andere an die Halsschlagader. Jao zitterte, nun, da die Schleusentore geöffnet waren, brach ihr Elend abgrundtief auf und war nicht mehr zu unterdrücken.

In dem kleinen Raum mit seinen aromatischen Gerüchen ging die Zeit dahin. Die Nonne verhielt sich still, während Jaos Ausbruch langsam verebbte und sie begann, sich beschämt die Augen zu trocknen.

»Bitte tausendmal um Verzeihung, Ehrwürdige Mutter«, stammelte sie, doch die Nonne schnitt ihr das Wort ab und reichte ihr weiches Moos zum Naseputzen.

»Da gibt es nichts zu entschuldigen. Wie dumm, daß du glaubst, dich entschuldigen zu müssen. Dein Jammer und deine Tränen waren genau das, was ich aus dir herausholen wollte. Wie Eiter ... nun bist du rein und wirst nicht mehr so leiden müssen. Du hast einen genauso schweren, wenn nicht schwereren seelischen Schock erlitten wie die da draußen, die auf ihren Matten herumliegen und ihren Zorn über die bevorstehende Tonsur mit Weinen oder Zank abreagieren.«

»Zorn?«

»Was sonst?« gab die Nonne nüchtern zurück.

»In mir ist kein Zorn. Ich fühle nichts dergleichen«, protestierte Jao.

»Dann solltest du es. Was fühlst du denn, wenn du behauptest, keinen Zorn zu verspüren? Ich habe in deinen Augen eben eine gesunde Wut aufblitzen sehen. Gib deinem Zorn in passender Form Ausdruck, wenn dir danach ist. Du mußt deinen Zorn beherrschen, nicht dich von ihm beherrschen lassen. Du hast dich, seit du hier bist, nicht ein einziges Mal gehenlassen. Du bist wie versteinert.«

»Die Äbtissin hat mir einige Aufgaben zugeteilt, und diese haben mich von mir selbst abgelenkt.«

»Ja, die Äbtissin mußte zu dieser Maßnahme greifen, weil du in deinen vorgefaßten Meinungen sehr stark bist, aber natürlich reicht das nicht aus, um dich vor dir selbst zu retten. Nur dein Geist hat sich dadurch erholt, nicht aber dein Körper, der durch das, was du hier mitmachst, nur noch mehr ausgelaugt worden ist. Du glaubst gern, den anderen überlegen zu sein, weil du dir nicht nachgibst. Allein der Gedanke, du könntest so verletzlich sein wie alle anderen, bringt dich in Rage.«

Jao erstarrte, und die Nonne sah zufrieden aus.

»Es gibt zwei Methoden, sich von einem Schock zu erholen: seinen

Gefühlen durch Ärger oder durch Lachen Luft zu machen … wobei Lachen die weitaus bessere Methode ist. Unerläßlich zum Überleben. Ich stimme hier nicht mit der Lehre der Fahsiang-Schule überein, die besagt, unsere Leiden seien Illusion, und damit leugnet, wieviel unser Körper durchzumachen hat. Alles Leben ist Illusion, sagt die Fahsiang-Schule. Zu behaupten, das Leiden existiere nicht, bringt keine Lösung, das Leiden ist real. Einige dieser realen Leiden müssen mit Arzneien geheilt werden, wie wir sie hier zusammenmischen. So, und jetzt mußt du eine Weile schlafen, bis ich dich rufe, um dir einen neuen Schock zu versetzen.«

Unsicher rieb Jao ihre Hände aneinander. »Einen neuen Schock?« wiederholte sie ängstlich.

»Ich werde schon dafür sorgen, daß du ihn überstehst. Ich werde das Ritual der Tonsur selbst durchführen. Dieses Ritual symbolisiert mit dem Verlust der Haare den Verlust des vergangenen Lebens. Das Anlegen der klösterlichen Kleidung symbolisiert den Beginn deines neuen Lebens. Hinterher kannst du mir, wenn du willst, bei der Tonsur der anderen helfen. Hast du genug Mitleid, um mir dabei zur Seite zu stehen?«

Jao strich sich mit der Hand über ihre dichte Haarpracht. »Ob ich will? Ich denke schon. Ich bin vorbereitet … zumindest sträube ich mich nicht dagegen. Aber ich muß leider gestehen, daß ich kein Mitleid empfinde.«

»Für keine der Tsairen?« fragte die Nonne scharf.

»Vielleicht für Perle, ja … und Wolke …«

»Das reicht. Auch ein Mensch genügt für den Anfang.« Die Nonne schwieg und legte Jaos Füße so, daß sie sie massieren konnte, wobei sie sich auf den Spann konzentrierte. Bald spürte Jao die Wärme in ihrem Bauch und wurde schläfrig. Als die Nonne fertig war, verließ sie den Raum, und Jao schlief.

Eine Stunde später erschien die Nonne in Begleitung einer Akolythin, die ein Becken mit glühenden Kohlen trug. Die Helferin goß Wasser in einen Kessel und stellte ihn auf das Feuer, um das Wasser zu wärmen, während die Nonne eine Handvoll zerdrückter Kräuter für den Tee aussuchte. Sie entließ die Akolythin, ließ sich vor Jao in der Lotusposition nieder und forderte sie auf, ebenfalls Platz zu nehmen. Die Nonne goß zwei Schalen Tee ein und bot Jao eine an. Jao erschien sie plötzlich sehr formell und sehr weit weg, obwohl sie ihren Atem dem Jaos anpaßte und Jao beim Teetrinkenn in die Augen schaute. Willig folgte Jao diesen Vorgaben und bemerkte zu ihrem Erstaunen, wie sie selbst immer ruhiger wurde.

›Sie hilft mir, meinen Körper zu vergessen, meinen Geist zu leeren, mich selbst zu vergessen‹, dachte Jao. ›Ich komme mir vor, als nehme ich an einer bedeutsamen Tätigkeit teil, nicht an einer leblosen Gebärde.‹

Die Nonne erhob sich. »Geh jetzt zum Badehaus und wasche deine Haare. Möglicherweise sind die Fei dort, aber halte dich nicht mit Reden auf, ich warte hier auf dich.«

Entspannt und ohne Angst tat Jao, wie ihr geheißen, und kehrte mit halbtrockenen, schimmernden, frei herabfallenden Haaren zurück. Die Nonne forderte sie auf, sich niederzuknien und die Handflächen aneinander zu pressen. Dann kämmte und teilte sie das Haar und sang dazu Passagen über den Verzicht aus dem Avatamsakasutra.

»Indem ich deine Haar schneide, befreie ich dich von deinem bisherigen Ich«, intonierte die Nonne. »Ist es vollbracht, so wirst du nicht mehr eine Tsairen des Inneren Palastes, sondern eine buddhistische Akolythin sein.« Sie ergriff die erste Strähne und schnitt sie ab. Sie legte sie auf ein seidenes Tuch und griff sogleich nach der nächsten Strähne. Irgendwo im Raum brannte Weihrauch, dessen Geruch beide Frauen in Kürze wie eine Wolke einhüllte. Als Jaos Kopf nur mehr von Haarstoppeln bedeckt war, nahm die Nonne ein Rasiermesser, tauchte es in heißes Wasser und entfernte auch den letzten Rest von Haaren, bis Jao vollkommen kahlgeschoren war.

»Steh auf und zieh dich aus«, verlangte die Nonne, und Jao gehorchte. In ihrer Nacktheit fühlte sie sich so vollkommen hilflos – so, als wäre ihr Leben selbst beendet. Schwester Hsu zog sie jedoch liebevoll wieder an, zuerst die Unterwäsche, dann das Klostergewand. »Knie bitte nieder und empfange meinen Segen sowie das Geschenk, das meine Glückwünsche ausdrücken soll«, forderte sie Jao auf.

Jao sank in die Knie, und die kleine Nonne schlang eine wohlriechende Gebetskette um ihre Hände und hob Jao wieder auf. »Du hast nun diese Gebetskette für dein ganzes Leben, benütze sie bei jeder Gelegenheit, vor dem Altar, wenn du betend die Perlen zählst, oder zum Trost, wenn du allein in der Zelle oder in Schwierigkeiten bist.«

Jao war bewegt. Sie blickte auf die kostbare Kette – ein wunderschönes Geschenk, das sie für den Rest ihres Lebens zu behalten schwor. Sie empfand Demut, vielleicht zum ersten Mal in ihrem Leben, auf jeden Fall aber mehr als jemals im Palast, wo sie eigentlich nichts als Demut hätte verspüren sollen. Sie fragte sich, warum sie ausgerechnet hier in diesem Kloster, wo kein Fehltritt bei diesen weltabgewandten Frauen Erstaunen oder Verurteilung hervorrief, wo so wenig Druck ausgeübt wurde, daß niemand seine Selbstachtung verlor, warum sie ausgerechnet hier Demut und nicht etwa Hochmut empfand.

Schwester Hsu faltete das Tuch, in dem sich Jaos Haar befand, und reichte es ihr. Weihrauchschwaden stiegen neben den Arzneigerüchen zu den Balken auf, und in den Augen der Nonne lag ein koboldhaftes Lächeln, als sie mit normaler Stimme sagte: »Ich verleihe dir mit meinem Segen den Titel einer Apothekenhilfe – in der Hoffnung, daß du die Patienten nicht töten, sondern heilen wirst!«

In ihrer Traumwelt verloren, traute Jao ihren Ohren nicht. »Wa... Was? Patienten töten?« stammelte sie. Dann sah sie das Lachen in den Augen der Nonne. »O«, sagte sie, »O ...«

»Die Zeremonie für die anderen Frauen beginnt jetzt und wird einige Zeit in Anspruch nehmen. Möglicherweise werden sich dabei einige Unannehmlichkeiten ergeben. Die meisten der Fei und der Chaoyi werden jetzt geschoren. Sie sind gefestigter als die übrigen, daher werden sie dann den dreißig Nonnen bei dem Ritual assistieren. Auch du wirst helfen.«

Vorsichtig fuhr sich Jao über ihren kahlen Kopf, sie wußte nicht, ob sie weinen oder lachen sollte.

»Lachen«, befahl Schwester Hsu mit einem so ernsten Gesicht, daß Jao lachen mußte.

»Kahl«, stellte Jao fest. »Nackt und kahl wie ein Ei!«

»Du bist schön«, stellte die Nonne mit noch immer ernstem Gesicht fest. »Ohne die ablenkende Haartracht hat dein Kopf eine schöne Form. Schwester, da du der äußeren Eitelkeit entkleidet bist, wirst du herausfinden, was für ein Mensch du bist.« Und damit schritt sie flink über die Türschwelle.

Jao, die ihr folgte, dachte über die Worte nach.

Bevor sie den großen Saal betraten, drehte sich die Nonne zu Jao um.

»Heute und die beiden nächsten Tage werden hart werden, denn wir werden uns mit den Dämonen der Depression auseinandersetzen müssen, die alle zur gleichen Zeit einfallen werden. Heute haben wir genug damit zu tun, diese armen Frauen zu scheren und zu trösten. Morgen werden wir Kräutertränke und Ähnliches für alle bereiten, bis sie sich an die härenen Kleider, die spärliche Nahrung und die harten Betten gewöhnt haben. Viele werden ausfallend werden – das müssen nicht immer die jungen sein –, aber mit der Zeit werden sie ein Stadium der Entsagung, vielleicht sogar der Zufriedenheit erreichen.«

Sie betraten den Saal, wo bereits an die hundert Frauen saßen und voll Angst auf den Beginn der Zeremonie warteten. Der Raum war erfüllt von Geräuschen, dem Geflüster und dem Herumrücken der Zuspätkommenden, die sich einen Platz suchten. Neben jeder der Frauen saß eine Nonne, die für die erste Runde des Haarschneidens ausgewählt worden war. Ihre Pflicht war es, jeden Schritt des Rituals auszuführen.

Die Zeremonie begann.

Als die erste Gruppe von Frauen geschoren war, nahmen sich die Nonnen, nun mit Hilfe der Fei und der Chaoyi, die zweite Gruppe vor. Als die Haare zu Boden fielen, waren gedämpfte Schreie zu hören. Diejenigen Frauen, die bereits dem Buddhismus anhingen, trugen ihren Verlust mit stoischer Ruhe. Die anderen aber jammerten, manche fielen in Ohnmacht oder bekamen Wutanfälle. Jao hatte bald alle Hände voll damit zu tun, denjenigen beizustehen, die am meisten litten.

Waren sie an der Reihe gewesen, kehrten die Frauen in ihre Wohnräume zurück. Ohne ihre seidenen Gewänder, ohne Schmuck, ohne ihre kunstvoll frisierten Haare sahen sie so verändert aus, daß sie von ihren Gefährtinnen kaum erkannt wurden, was vermutlich der größte Schock für sie war.

Als die Reihe an die Tsairen kam, gesellte sich Jao zu ihren Kameradinnen. Perle sah blaß und krank aus, leistete aber keinen Widerstand. Jao wollte sie stützen, doch dies wurde ihr verboten, und Perle mußte die Zeremonie allein über sich ergehen lassen. Hilfesuchend schaute sie Jao an. Jao versuchte ihr ganzes Herz in ihren Blick zu legen, um Perle auf diese Weise geistigen Beistand zu leisten, die sich auch sicherer zu fühlen schien und, als ihr Haar fiel, sogar flüchtig lächelte.

›Wenn die Gefühle, die ich für Perle empfinde, Mitgefühl sind, bin ich nicht ganz hoffnungslos‹, dachte Jao.

Im Laufe des Tages kam es immer häufiger zu schrillen Mißtönen, doch der gleichförmige Gesang im Hintergrund trug zur Beruhigung und Entspannung bei und milderte die Unruhe beträchtlich. Hin und wieder brachen Streitereien aus, aber die Äbtissin wandte nicht einmal ihren Kopf, um hinzusehen. Stämmige Wärterinnen trennten die Streitenden schnell und emotionslos. Sie packten die Streitenden nur und brachten sie hinaus, bis sie sich wieder beruhigt hatten.

Bei Sonnenuntergang war die Zeremonie beendet, und die letzten Frauen wurden entlassen und durften sich in ihre Zimmer zurückziehen. Jao erhielt das Zeichen zum Feierabend und ging sofort in ihr schrankgroßes Zimmerchen, glücklich, einen Platz für sich allein zu haben. Im Zimmer war es warm und sauber, die ausgerollte Schlafmatte sah einladend aus. Sie seufzte und legte sich zur Ruhe. ›Wenn ich meine Erinnerungen begrabe, wenn ich mit diesen Heilkräutern arbeite und lerne, was diese Nonnen über Geduld und Mitleid wissen, so könnte es vielleicht sogar interessant sein‹, redete sie sich selbst zu. ›Es könnte sein … und Kaotsung könnte etwas tun oder sollte das unmöglich sein? Was könnte er tun? Und warum sollte er?‹ Bald schlief sie vor Erschöpfung ein.

Die langen Sommertage schlichen dahin, und das Kloster verfiel wieder Schritt für Schritt in das gewohnte Lebensmuster aus Pflichten, Meditation, Ritual und Schlaf. Die hochrangigen Fei, die einander jetzt mit ihren kahlgeschorenen Köpfen und dem Klostergewand ähnlicher sahen denn je, behielten, durch die Klosterregeln noch gesteigert, ihre alte Palastdamenpersönlichkeit bei. Fang Fei, die um den Kaiser ebenso trauerte wie um ihr Kind, nahm immer mehr ab und starb, noch bevor das Jahr vergangen war, ruhig und kampflos. Die beiden Fei mit den Beinamen »die Reine« und »die Tapfere« entdeckten, daß sie ihren Interessen auch im Kloster weiterfrönen konnten, die eine im Garten, die andere in der Bibliothek. Die Fei, die mit Beinamen »die Edle« hieß und immer in Palastintrigen involviert gewesen war, versuchte ihr Glück mit den weltfremden Nonnen dort, wo sie sich solcher Aufgaben annehmen konnte, die ihr Zugang zu Geld und Waren verschafften, damit sie für die eigene Tasche wirtschaften konnte. Die Äbtissin, die sich sehr wohl mit weltlicher Korruption auskannte, war andererseits ein sehr großzügiger Mensch, und es dauerte seine Zeit, bis sie erkannte, was die Edle trieb. Da allerdings warf sie die Fei, trotz des Aufruhrs, den sie damit verursachte, sofort hinaus.

»Die Moral ist jetzt besser«, erklärte sie nach dem Hinauswurf der Priorin, »es war die Sache wert. Und die anderen Frauen haben die Lektion verstanden. Im allgemeinen gilt für die Frauen, je niedriger ihr Rang, desto zuvorkommender und willfähriger ihr Verhalten ... oder es scheint zumindest so.« Sie seufzte.

Bis zum ersten Frost hatte Jao die Zubereitung und Anwendung der einfacheren Heilmittel gelernt – Kirschbaumrinde und Lakritze bei Husten und Erkältungen, die Blütenblätter der Ringelblume und Schwarzwurzel bei offenen Wunden, wilder Kohl bei eitrigen Entzündungen, Datura wirkte schmerzstillend. Auch die Namen von Hunderten von Kräutern und Mineralien kannte sie bereits auswendig. Allerdings hatte sich die Nonne bis dahin geweigert, ihr etwas über Gifte beizubringen. Schwester Hsu war die einzige im Kloster, der es zustand, etwas aus dem Giftschrank zu entnehmen, und auch sie hatte dazu erst die Erlaubnis bekommen, als ihre religiöse Disziplin die Gewähr gab, daß sie jeder Versuchung widerstehen konnte. Jao war enttäuscht, verstand aber die Weisheit dieser Regel. Und als Erste Assistentin war sie ausreichend damit beschäftigt, die Unzahl der neuen Heilmittel zu untersuchen, die jedes Jahr aus Indien nach Changan gebracht wurden.

»Die werden von unwissenden Taoisten verhökert«, schimpfte die Nonne, »und richten mehr Schaden als Nutzen an. Wir müssen sehr vorsichtig sein und die Mittel zuerst an uns selbst ausprobieren, bevor wir wagen können, sie zu verwenden. Wir sind für die Frauen des Palastes verantwortlich und für viele andere mehr. Die Taoisten betrügen die Unwissenden, was wir Buddhisten niemals tun!« Jao mußte über die Leidenschaft von Schwester Hsus Konkurrenzdenken lachen.

Was die Anwendung ihrer neu erworbenen Kenntnisse betraf, so erkannten Jaos Vorgesetzte, daß ihre Fähigkeiten mehr in ihrer Tätigkeit in der Apotheke lagen als im Krankenzimmer. Sie begleitete die Nonne bei ihren Krankenbesuchen und lernte einiges über die Diagnose, doch neigte sie dazu, vorschnelle Urteile abzugeben.

»Hüte dich!« schalt die alte Nonne. »Halbwissen ist schlimmer als Unwissen. Du mußt dich daran halten, möglichst viel über den Patienten zu erfahren: die Höhe des Fiebers messen, den Puls fühlen, fragen, wo es weh tut. Mehr nicht. Hüte dich davor, bei deinem jetzigen Wissensstand Arzneien zu verschreiben. Du wirst Menschen töten, nicht heilen!«

Jao hörte zu, zählte pflichtschuldig den Puls und versuchte, es den Kranken angenehmer zu machen, doch erschöpfte sie das weit mehr, als die Eigenschaften neuer Arzneimittel auswendigzulernen. Es kostete sie harte Überwindung, Kranke zu berühren oder mit ihrem Ekel über den Anblick von Blut fertigzuwerden.

Mit dem Frost wurden die Straßen hart, und die jährlichen Reisen zu den Märkten in Zentralasien wurden wiederaufgenommen. Außerdem waren die Vorbereitungsarbeiten für die kalte Jahreszeit durchzuführen. Die Gärten mußten vor dem Winterwetter geschützt werden. Denn die Klostergärten waren besonders frostanfällig. Jao bekam den Auftrag, bei der Übersiedlung der kostbaren Kräuter in das Gewächshaus und beim Einhüllen der Obstbäume und der Büsche mit Stroh zu helfen. Sie lernte dabei Mutter Lin, die Obergärtnerin, kennen, die sie unbarmherzig im Gewächshaus und im Freien arbeiten ließ.

Die alte Nonne, die eine ausgezeichnete Gärtnerin war, war den in der Stadt aufgewachsenen Schwestern, die das Kloster leiteten, ein Rätsel. Sie stammte ursprünglich aus Szechuan und war im Grunde ihres Herzens eher eine schamanische Heilerin als eine Buddhistin. In ihrem Garten kannte sie sich besser aus als je eine Klosterfrau zuvor. Sie war jedem gewachsen, der versuchte, ihr etwas zu stehlen oder ihr schlechte Waren anzuhängen, und daher mit der vollen Verantwortung betraut – eine Last, die sie mit Leichtigkeit trug. Mit ihren fünfzig Jahren war sie kräftig und muskulös und so stark wie die meisten Männer dieses Alters. Ihr Gesicht mit den markanten Zügen war von der Arbeit an der frischen Luft bronzefarben und zeigte freundliche Falten. Jao fühlte sich zu ihr hingezogen. Es konnte kaum einen größeren Unterschied zwischen zwei Frauen geben, dachte Jao nachdenklich, als zwischen der verhutzelten, rätselhaften, zarten Schwester Hsu und der lauten, erdgebundenen Schwester Lin. Aber sie mochte beide. ›Es muß an mir liegen‹, schloß sie. ›Ich selbst trage zwei verschiedene Persönlichkeiten in mir.‹

Da sie nicht schreiben konnte, beschäftigte Schwester Lin Jao damit, bei Kerzenlicht Listen von Samen, Setzlingen und Importwaren zusammenzustellen, die für das Kloster gebraucht wurden, sowie die chaotisch geführten Unterlagen in eine neue Ordnung zu bringen.

»Wo geht Ihr hin, um diese Dinge zu kaufen?« fragte Jao eines Morgens. »Auf den Westlichen Markt?«

»Nein, nein, natürlich nicht. Das meiste von dem, was ich haben will, ist auf den Märkten von Changan nicht zu haben oder nur zu Preisen, die ich nicht zu zahlen bereit bin«, erklärte die Nonne knapp. »Tunhuang ist der Ort mit der größten Auswahl und den niedrigsten Preisen. Komme ich bei meiner herbstlichen Einkaufsreise nicht so weit, so kaufe ich auf den Märkten in Lanchow ein. Dorthin kommen sowohl Waren aus Szechuan als auch einige aus westlichen Ländern, sogar aus Indien.«

Sie hielt inne und warf Jao einen prüfenden Blick zu. »Ich habe noch nie eine Gehilfin gehabt, die nicht mehr Schwierigkeiten gemacht hätte, als sie Nutzen brachte. Dir aber muß ich niemals eine Anweisung mehr als einmal geben. Du quälst mich nicht mit deinem Geplapper. Ich brauche jemanden, der mich auf meinen Reisen begleitet, der klug ist und weiß, wie man mit Unannehmlichkeiten fertig wird ... Wärst du bereit mitzukommen?«

Jao holte tief Luft. »Ja, gern«, antwortete sie und verbarg ihre Freude. Allein der Gedanke an eine solche Reise genügte, sie in den siebenten Himmel zu versetzen.

Die Nonne sah sie scharf an: »Ich werde mit der Äbtissin sprechen, wenn ich sie sehe.«

Die Tage vergingen, und Jao hielt sich, so oft es ging, in Schwester Lins Nähe auf, half ihr bei den Reisevorbereitungen, lauschte auf jedes Wort, aber über ihre Reise wurde nichts mehr gesagt. Sie begann zu glauben, sie hätte alles mißverstanden oder sich nur eingebildet, gefragt worden zu sein. Trotzdem bürstete sie ihre Schaffellmäntel und bat, auf den Markt gehen zu dürfen, um sich Stiefel zu kaufen – nur für den Fall!

Zwei Tage vor der festgesetzten Abreise mit einer Karawane betrat Schwester Lin die Apotheke und sagte beiläufig zu Jao: »Die Äbtissin hat darüber nachgedacht und das Geld für deine Reise bereitgestellt.«

Jao stieß einen Schrei aus, der die Klostertauben aufschreckte und Mutter Hsu ihren Arbeitskorb fallen ließ.

»Habt Ihr gehört?« fragte Jao aufgeregt Schwester Hsu. »Ich fahre mit Mutter Lin auf die Westlichen Märkte!« Sie hielt in ihrer Arbeit inne und klatschte in ihrer Begeisterung die Hände zusammen.

»Ich habe es gehört, und natürlich habe ich davon gewußt«, antwortete die Apothekerin unverbindlich. »Ich mußte doch meine Einwilligung geben, nicht? Mach lieber gleich diese Portion Hustenmedizin fertig, denn sie wird dringend gebraucht. Du reist ja wohl nicht in dieser Minute ab«, schloß sie etwas indigniert.

Schwester Lin hörte schweigend zu, dann wandte sie sich zum Gehen. Über die Schulter sagte sie zu Jao: »In einer Stunde erwarte ich dich beim Werkzeugschuppen. Wir haben noch eine Menge zu tun.«

Als Jao hinten im Garten ankam, fand sie die Nonne dort vor.

»Geh nach hinten, um den Schuppen herum«, sagte die Nonne und deutete mit ihrem Kinn in die Richtung, die Hände in den Ärmeln verborgen. Hinten, zwischen dem Schuppen und der hohen Mauer, gab es einen freien Platz mit festem Boden. Die Nonne legte ihr schweres Gewand ab und bedeutete Jao, das gleiche zu tun.

»So, jetzt werde ich dir einige Bewegungen beibringen, die dir helfen können, dich zu befreien, falls irgend jemand dich festhalten oder dich berauben will. Ich habe die buddhistische Shaolin-Schule der Kriegskunst – *kung-fu* – absolviert, und die Äbtissin hat mir erlaubt, dir einiges über Selbstverteidigung beizubringen.«

Voll Freude lächelte Jao. Sie hatte von den Übungen der Shaolin gehört, die ihren Ursprung darin hatten, daß die Mönche nach den langen Stunden des Meditierens ihre Muskeln entspannten. Taitsung hatte ihr auch erzählt, wie dreizehn Shaolin-Mönche ihm einmal das Leben gerettet und ihm bei seinem Kampf um das Reich geholfen hatten.

Schwester Lin zog zwei kleine mit Kieseln gefüllte Säcke aus ihren Ärmeln und zeigte sie Jao. »Trage diese Säcke immer in deinen Ärmeln. Du kannst einem unerwarteten Angreifer mit deinem Ärmel einen Schlag versetzen und seine Überraschung ausnützen, um zu fliehen.« Jao betrachtete die Säckchen und prüfte ihr Gewicht.

»Hmm«, murmelte sie beeindruckt.

»Versenke sie in die Ecken deiner Ärmel. Jetzt werde ich dir zeigen, wie man sie verwendet … Greif mich von hinten an und versuche, mir diesen Beutel aus der Hand zu reißen.«

Jao gehorchte, sie sprang die Nonne sanft an und versuchte gleichzeitig nach dem Beutel zu greifen. Zu ihrer Verblüffung landete sie unversehens auf dem Rücken. Sie stand auf und ging die Sache nochmals an. Die Nonne war vollkommen konzentriert, aber auch Jao war nicht mehr nach Scherzen zumute, und sie übte nach Kräften. Nach einer Stunde und einigen handfesten Beulen wurde sie entlassen.

»Komm zur Stunde des Affen zurück, und wir werden wieder üben«, sagte die Nonne, wischte sich den Schweiß vom kahlen Schädel und griff nach ihrem Mantel. Jao nickte, und mit einem innerlichen Lächeln trocknete auch sie sich den Kopf, bevor sie in die Apotheke zurückkehrte.

Zwei Tage später wurden Jao und Schwester Lin vor Sonnenaufgang von einem verschlafenen Nachtwächter zur Hintertür hinausgelassen. Hinter ihnen schloß sich die Tür, und sie bestiegen ihre Esel, um zu der Herberge zu reiten, wo sie ihre Karawane treffen sollten. Die Köpfe der beiden waren mit gefütterten Kapuzen bedeckt, die seitlich unter dem Kinn zugebunden waren. Jaos Gesicht war mit einem Tuch bedeckt, so daß nur ihre Augen sichtbar waren.

»Damit die Leute nicht dein hübsches Gesicht sehen und dich belästigen«, sagte die Nonne. »Nach einem Blick auf mein Gesicht, lassen sie mich in Ruhe«, fügte sie trocken hinzu. Jao lachte. Sie war zutiefst glücklich, in der Welt, außerhalb der Mauern zu sein, neue Gesichter zu sehen und neue Erfahrungen zu sammeln, wieder frei zu sein, wie damals, vier Jahre zuvor, auf der wunderbaren Reise nach Loyang.

Den beiden Frauen wurde ihr Platz in der Karawane zugewiesen. Nur Minuten nach den Trommelschlägen, die das Öffnen der Stadttore anzeigten, setzte sich die Karawane in Bewegung. Von diesem Augenblick an war für Jao alles ein einziges wunderbares Abenteuer. Die Reise, das Gedränge auf den Märkten und in den Herbergen, das Feilschen bei den Einkäufen, das Packen, Aufladen und Bewachen der kostbaren Güter – all dies sandte Ströme neuen Lebens durch ihr Blut und machte jeden Tag zu einem neuen, fesselnden Erlebnis. Die einzige Enttäuschung erwartete sie, als sie in Lanchow eintrafen, wo sie entdecken mußten, daß sie die Karawane, die sie nach Tunhuang weiterbringen sollte, versäumt hatten und die nächste erst in einem Monat oder noch später losziehen würde.

»Wir können hier nicht einen Monat herumsitzen«, fauchte Schwester Lin. »Wir werden eben hier einkaufen, was wir finden können. Und ich werde mich noch heute darum kümmern, daß wir eine sichere Rückreisemöglichkeit nach Changan finden.«

»Bitte, laßt mich mit Euch gehen, wenn Ihr nach einem Karawanenführer sucht«, bat Jao eifrig. »Ich möchte sehen, wie Ihr das macht.«

Schwester Lin betrachtete Jao nachdenklich. »Wenn du dieses Geschäft gut lernst, so traue ich dir ohne weiteres zu, diese Einkaufsreisen bald ohne mich zu machen. Ich trenne mich gar nicht gern so lange von meinem Garten, auch nicht im Winter. Irgend jemand pfuscht mir dann immer ins Handwerk ... Also komm, aber zieh dir das Tuch über das Gesicht.«

Die beiden Frauen machten sich auf den Weg. Ein kalter Wind aus der Wüste Gobi wirbelte Staubwolken über die Hausdächer und durch die Gassen. Die Frauen zogen die Kopftücher über den Mund und eilten an den zum Teil noch geöffneten Buden des großen Marktes vorüber zur Karawanserei am anderen Ende des Marktplatzes. Ställe und Unterkünfte befanden sich hier unter einem Dach. Die beiden Frauen betraten den Vorhof, der von den Kamelen einer kürzlich eingetroffenen Karawane überfüllt war, und bahnten sich zwischen den Tieren vorsichtig ihren Weg zum Hauptempfangsraum am Kopfende des Hofes. Im Inneren trafen sie auf eine Anzahl von Kamelführern, die um die verschiedenen Heizbecken herumstanden.

Schwester Lin blieb gleich an der Tür stehen und rief, sie wünsche sofort, mit dem Führer der nächsten nach Süden aufbrechenden Karawane zu sprechen. Alle Köpfe wandten sich ihr zu, und zwei Männer lösten sich aus der Gruppe, um herauszufinden, was die Nonne wollte.

»Ko!« rief Jao aus und ließ ihre Kapuze fallen, als sie vorstürzte, um den einen der beiden Männer zu begrüßen. Er war älter geworden und ergraut, aber immer noch Ko. Er blieb überrascht stehen, denn er sah nur eine kahlköpfige Nonne vor sich, die er nicht kannte. Jao ergriff Lins Hand und zog sie vorwärts.

»Mutter Lin, das ist Ko, unser Karawanenführer aus alten Tagen«, erklärte sie aufgeregt. Die Neugier war geweckt, alle im Raum beobachteten die Szene. Mit beiden Händen umfaßte Jao Kos knorrige Hand, doch er erkannte sie noch immer nicht.

»Ko! Ich bin Wu Jao – das Mädchen, das Ihr vor zwölf Jahren von Taiyuan in den Palast gebracht habt! Ihr habt mir meine Schmuckschatulle gerettet … und Ihr habt Euch auch der Äbtissin angenommen, Ihr wart so freundlich!« Sie hielt inne, um Atem zu schöpfen, und Ko blickte ihr prüfend ins Gesicht.

»Ja«, sagte er verwundert. »Jetzt erinnere ich mich an Euch. Damals dachte ich, diese Kleine hat eine große Zukunft. Was ist denn passiert, das Euch so verändert hat? Und wie in aller Welt kommt Ihr ausgerechnet hierher?«

Sie lachte. »Ihr seid über meinen kahlen Kopf schockiert. Das braucht Ihr nicht! Im Inneren bin ich immer noch dieselbe Wu Jao. Als der Kaiser starb, mußten wir Haremsdamen in ein Kloster gehen. Das ist die ganze Geschichte. Ich bin hier auf einer Einkaufsreise für das Kloster.«

Jetzt dämmerte es Ko. Er nickte langsam. »Vom Tod des Kaisers wußte ich, aber ich habe mir nie überlegt, was danach aus Euch werden könnte … Nun ja …«

»Wir wollen unsere Reise zurück nach Changan kaufen«, mischte sich die Nonne ein, die diesem Gespräch in der Öffentlichkeit ein Ende machen wollte. Es zog zuviel Aufmerksamkeit auf sich.

Ko verstand sofort, was die Nonne störte, und stellte rasch seinen Gefährten vor. »Mein Sohn, Turk«, sagte er mit Stolz. »Er führt die nächste Karawane nach Süden.«

Die beiden Frauen verbeugten sich vor dem Sohn mit dem *anjali*-Gruß und betrachteten ihn interessiert. Er war das Abbild seines Vaters, sogar in der Kleidung.

»Ihr seht genau wie Ko aus, als ich ihn zum erstenmal sah«, bemerkte Jao, und Ko lächelte wehmütig.

»Die Jugend ist dahin!« erklärte er freundlich seinen Zuhörern. »Ich kann meinen Sohn mit Euch schicken, damit er alle Vorbereitungen für Euch trifft. Hier gibt es Hunderte von Herbergen, er kann gleich mit Euch gehen, um die passende für Euch zu finden.« Er warf einen Blick auf Schwester Lin, um zu sehen, ob das ihren Wünschen entsprach.

Das war dcr Fall. »Dankc«, sagtc sic kurz. »Gchen wir also.« Sic warf einen ausdruckslosen Blick auf die drängelnden Zuschauer und schob Jao vor sich aus dem Raum. Als sie Ko begrüßte, hatte Jao ihr Gesicht entblößt, und die Nonne hatte bemerkt, welche Aufmerksamkeit ihr das bei einem dunklen, ungeschlachten Mann eingetragen hatte, dessen Blicke sie mit ungewöhnlicher Intensität verschlangen. Als Warnung warf ihm die Nonne von der Tür her einen zornigen Blick zu. Sie wünschte nicht, daß ihnen jemand folgte.

Am nächsten Tag begaben sich die beiden früher als gewöhnlich auf den Markt. Die alte Nonne war selig. »Jetzt können wir unsere Einkäufe erledigen und in fünf Tagen wieder unterwegs sein, das heißt, wenn wir in der Zwischenzeit unseren Handel abgeschlossen haben. Der Winter ist früher als üblich über uns hereingebrochen, und ein zu langer Aufenthalt wäre, milde ausgedrückt, dumm.«

Sie verbrachten den ganzen Tag bei den Buden, konnten aber nicht das finden, wonach sie suchten, und kehrten schließlich nur mit einem Sack Realgar in die Herberge zurück. Die Nonne hatte das Realgar zu einem höheren Preis gekauft, als sie geplant hatte – es handelte sich um ein hochwirksames Gegenmittel für alle Gifte und stand weit oben auf der Wunschliste. »Diese Halsabschneider«, schimpfte die Nonne und beeilte sich, nach den langen Stunden der Kälte in dem eisigen Basar wieder in die Wärme der Herberge zurückzukehren.

»Aber es gehört jetzt Euch, und das ist das wichtigste«, sagte Jao und mußte laufen, um mit der Nonne Schritt zu halten.

Die Nonne blickte zurück, um zu antworten, und blieb abrupt stehen. »Der Mann«, schrie sie.

»Was? Welcher Mann?« rief Jao überlaut in dem heftigen Wind. Als sie nach hinten blickte, sah sie nur einen Rücken.

»Der aus der Karawanserei, der dich so angestarrt hat«, antwortete Schwester Lin. Sie blieben stehen, doch der Mann war in eine schmale Gasse verschwunden. »Das gefällt mir nicht«, murmelte Schwester Lin und bog auf der Suche nach einem Umweg zu ihrer Herberge in die nächste Gasse. » Wir müssen ihn abhängen, damit er uns nicht mehr folgen kann. Sieht mir wie ein Straßenräuber aus.«

Jao zuckte die Achseln. Verfolgt zu werden erschien ihr nichts Außergewöhnliches für eine schöne Frau.

Die beiden nächsten Tage waren nur eine Fortsetzung der vergangenen. An ihrem letzten Tag in Lanchow beschloß die Nonne, das beste Geschäft der Stadt zu versuchen. Bisher hatte sie es gemieden, weil die

Preise dort hoch waren und man nicht mit sich handeln ließ. Jetzt war es freilich ihre letzte Möglichkeit, denn sie hatte immer noch eine Reihe von Dingen nicht bekommen.

Sie machten sich früh auf den Weg, und als sie das Geschäft betraten, merkten sie, daß sie die ersten Kunden waren. Der Inhaber hieß sie abwägend, aber freundlich willkommen. Das Geschäft war das einzige der Stadt, das ein aus der Fremde eingeführtes Glasfenster und eine Glastür besaß und zudem noch mit glühenden Kohlenpfannen geheizt war. Schwester Lin knurrte, als sie die reiche Auswahl an Baumrinde, Wurzeln, Amuletten und Arzneimitteln sah. Alles, was man nur brauchen oder sich wünschen kann, dachte Jao begeistert. Der große Raum glühte in verschiedenen Farben, und die Luft war schwer von den Gerüchen der Gewürze und ätherischen Öle. Körbe mit rotem Pfeffer, Paprika, gelbem Safran und Kumin säumten die Wände. Unter den Fenstern standen Töpfe, in denen blühende grüne Schwarzwurz, Minze und Petersilie wuchsen, aber auch solche mit getrockneten Früchten, Samen und Nüssen. Und, das Beste von allem, eine außergewöhnlich große Auswahl der gängigsten Drogen.

»Ach«, seufzte Mutter Lin. »Ach …« Sie wanderte im Geschäft herum, versuchte in Gedanken ihre Auswahl zu treffen und war für die Welt verloren. Der Kaufmann beobachtete sie mit leisem Lächeln. Er erwartete zweierlei von ihr, ein gutes Geschäft und einen harten Kampf um die Preise. Er war bereit, ihr mit beidem zu dienen.

Als Schwester Lin ungefähr eine Stunde lang alles inspiziert hatte, was das Geschäft bieten konnte, wandte sie sich an den Inhaber. »Bitte kommt«, sagte sie. Er war die ganze Zeit irritierend nahe am Feuer stehengeblieben und hatte keinerlei Anstalten gemacht, sich um den Verkauf zu kümmern. »Ich möchte wissen, was die Dinge hier kosten.« Er kam und blieb verbindlich neben ihr, während sie sich nun Zeit nahm. Sie zeigte auf das Gewünschte, und er sagte ihr den Preis. Jao beobachtete alles genau, doch dann dauerte die Unterhaltung so lange, daß ihre Aufmerksamkeit nachließ. Kein anderer Kunde kam, obwohl ständig Leute von der Straße sich die Nasen an dem angelaufenen Fenster platt-drückten. Jao fand den Strom der am Fenster vorbeiziehenden Gesichter unterhaltend, bis sie die durchdringenden schwarzen Augen des geheimnisvollen Mannes bemerkte, der ihnen zu folgen schien. Sie zeigte nicht, daß sie ihn erkannt hatte, und der Mann verschwand. Jao zuckte die Achseln und wunderte sich ein wenig, was der Mann wohl von zwei Nonnen wollen mochte.

Unterdessen hatte Mutter Lin begonnen, alles, was sie zu erwerben gedachte, auf das Holzbrett, das als Tresen diente, zu stapeln. Sie hatte sich nicht die Mühe gemacht zu handeln, als der Geschäftsmann ihr den Preis jeder einzelnen Ware genannt hatte.

»Was macht das alles zusammen?« fragte sie und schob die Sachen auf einen Haufen. Der Kaufmann addierte auf seinem Rechenbrett und nannte den Preis. Lin schnaubte und wandte sich zur Tür.

›Und jetzt?‹ dachte Jao und folgte ihr enttäuscht.

Als Mutter Lin an der Tür war, nannte der Kaufmann eine andere Summe, die um einiges niedriger war.

Lin kehrte um. »Die Hälfte des ersten Preises«, erklärte sie. Diesmal wandte sich der Kaufmann ab, und die Nonne sagte: »Und zwei Silberstücke dazu.«

Der Kaufmann zögerte und überlegte. »Na schön, Ihr gebt noch zehn Silberstücke dazu, dafür bekommt Ihr eine Pille der kostbaren Theriaca Andromica als Draufgabe, die allein schon zwölf Silberlinge kostet – es ist die einzige Pille dieser Art, die ich besitze, und ich habe Euch beobachtet, wie Ihr sie begehrlich angesehen habt …«

»Habe ich nicht«, schnitt sie ihm das Wort ab. »Ich will diese gräßliche Pille gar nicht haben.«

»Ja, gut, aber Ihr sollt sie trotzdem haben, und ich bekomme noch zehn Silberlinge … zehn.«

Lin hatte alle Zahlen genau im Kopf behalten. »In Ordnung«, sagte sie schnell zum Erstaunen von Jao und dem Kaufmann, der beabsichtigt hatte, sein Angebot für die Theriaca zurückzunehmen und nur den Kaufpreis für die übrigen Waren etwas herabzusetzen.

Schwester Lin wachte genau darüber, wie der Kaufmann jede Ware einzeln in rauhes gelbes Papier packte, und verstaute alles in ihrem Beutel. Am Ende war der Beutel bis oben hin voll. Sie wuchtete ihn sich auf die Schulter, doch da er schwer war, gab sie ihn Jao zum Tragen. Schließlich griff sie unter ihre vielen Röcke und zog eine Börse hervor, die sie auf den Tresen leerte. »Gerade genug«, sagte sie, zählte alles aus und behielt zehn Silberstücke übrig.

Das Geschäft begann sich nun mit anderen Käufern zu füllen, so daß die Abschiedsworte des Kaufmanns höflich, aber kurz ausfielen, und die beiden Frauen entkamen ohne weiteres Gespräch. Auf der Straße warf Jao einen verstohlenen Blick auf das Gesicht der Nonne, um herauszufinden, ob das Geschäft für sie gut oder schlecht gewesen war. Die alte Nonne lächelte in sich hinein, die Befriedigung stand ihr deutlich ins Gesicht geschrieben. »Mit der teuren Pille habe ich ihn ordentlich hereingelegt, jawohl!« rief sie durch den Wind und den Verkehr. »Wenn sie hier zwölf Silberstücke wert ist – und ganz gewiß ist sie das –, dann ist sie in Changan fünfzig wert!« Jao lachte auf, und ihre Augen blitzten vor Vergnügen. Wie unterhaltend doch diese Reise war!

Der Verkehr war dicht. Oft wurden sie von Fußgängern, Eseln und Karren getrennt, die in der engen Gasse in beide Richtungen zogen. Jao mußte beinahe laufen, um ihre Mitschwester in der Menge nicht zu verlieren. Als sie einem hoch mit Holz beladenen Wagen ausweichen mußte, verlor sie ihre Gefährtin aus den Augen. Plötzlich bekam sie einen harten Schlag auf den Kopf und blieb halbbetäubt taumelnd stehen. Ein kräftiger Arm zerrte sie in die nächstgelegene Seitengasse. Sie begann zu schreien, doch wurde ihre Stimme von einer Decke erstickt, in die sie schnell mit erfahrenen Händen eingerollt wurde. Wenige Sekunden später hatte man sie über den Rücken eines Esels geworfen, so daß Kopf und Beine zu beiden Seiten herunterhingen. Irgend jemand versetzte dem Tier einen harten Schlag, das sofort anruckte, so daß seine Ladung kräftig hin und her gerüttelt wurde. Jao glaubte vor Schmerz ersticken zu müssen und verlor das Bewußtsein.

Als sie wieder zu sich kam, spielte ein Sonnenstrahl auf ihrem Gesicht. Ihr Kopf schmerzte unerträglich, und ihr war schwindlig. Ihr erster Gedanke war nachzusehen, ob etwas gebrochen war oder blutete, doch alles, was sie fand, war eine große Beule am Kopf. Als ihr Erinnerungsvermögen zurückkehrte, galt ihr nächster Gedanke den Einkäufen. Sie sah, daß man sie in einen staubigen, luftlosen Lagerraum voller Kisten und Körbe geworfen hatte. Sie richtete sich allzu schnell auf, und ein paar Minuten lang drehte sich alles um sie. Die Decke lag nur mehr lose über ihr. Sie warf die Decke weg und begann, vor Kälte zu zittern, denn ihre wattierte Jacke war verschwunden. Auch die Tasche war weg.

»Wie schrecklich«, jammerte sie. »Wie unbeschreiblich schrecklich!«

Sie preßte ihre Hand gegen die schmerzende Stirn. »Schwester Lin hat alles verloren, wofür sie gekommen ist. Es ist das erste Mal, daß sie etwas verloren hat – und es ist meine Schuld!«

Angstvoll und im Gefühl völliger Hilflosigkeit lehnte sich Jao an einen Stapel Säcke. Sie zog die Decke enger um sich und versuchte, über eine Fluchtmöglichkeit nachzudenken. Der Holzbolzen der Tür wurde zurückgeschoben, und in ihrer Angst sprang Jao auf. Das dunkle Gesicht ihres Entführers erschien. »Steh auf, du da, und komm heraus, wo du dich nützlich machen kannst«, befahl er kurz.

Jao stand auf und wankte in das andere Zimmer. Mehrere unrasierte Männer standen um ein Feuer und betrachteten sie bei ihrem Eintritt neugierig. Einer trat sofort auf sie zu und legte seine Hand schwer auf ihre Schulter. Jao erschrak.

»Hände weg, du«, schrie der erste Mann und gab dem anderen einen Stoß. »Die ist nichts für deinesgleichen.«

»Denkst du, du kannst sie für dich behalten, nachdem wir dir geholfen haben, sie herzuschleppen?« gab der Straßenräuber ärgerlich zurück und ließ seine Hand weiterhin auf Jaos Schulter.

»Ich werde sie verkaufen. Sie wird uns einen guten Preis bringen ... eine ehemalige Palastkonkubine! Die hat ihren Wert! Einer dieser reichen Landbesitzer wird sich für sie blutig zahlen. Also laß sie in Frieden, du Tölpel. Ich will sie unbeschädigt haben.«

Der andere Mann zögerte, zog aber dann seine Hand weg. »Schon gut, schon gut, lassen wir's fürs erste ...« Er zuckte die Achseln und stolperte zum Feuer zurück, wo die restlichen Männer über ihn lachten.

Der Dunkle wandte sich zu Jao. »Wir haben Hunger. Los, mach dich an die Arbeit und koche uns etwas. In diesen Körben ist genug – nimm dir was heraus.«

Jao schaute sich benommen um. Kaninchen und Zwiebeln hingen von den Balken, und ein rußgeschwärzter Topf lag in einem Lehmherd. Ihr Kopf wurde klarer, und die Benommenheit schwand. Sie konnte ihre Gedanken wieder zusammenhalten.

»Du wirst mir wohl eine Schaufel Kohle bringen müssen, damit ich den Herd in Gang bringen kann«, forderte sie.

»Mach das selbst. Da ist die Schaufel«, schnauzte er sie mit wütendem Ausdruck an.

Jao war sich bewußt, daß es ihr schlecht ergehen würde, wenn es ihr nicht gelang, die Männer zufriedenzustellen. Sie ging unverzüglich daran, in dem Lehmofen ein Feuer zu entzünden, dann nahm sie ein Kaninchen vom Haken und griff nach einem Hackmesser. Sie warf einen Blick auf den dunklen Mann, der jede ihrer Bewegungen beobachtete. »Nein«, sagte er. »Damit wirst du nicht auf uns losgehen. Wir sind zu viele und deine Strafe wäre – na, sagen wir, sehr hart. Angefangen mit Hoong, dem bereits das Wasser im Mund zusammenläuft.«

Jao senkte den Blick. Sie legte das Kaninchen auf die hölzerne Tischplatte und betrachtete es eingehend. »Wie soll ich das angehen?« murmelte sie. Noch nie zuvor hatte sie ein Kaninchen zubereitet. ›Hmm, vielleicht das Fleisch herunterschneiden und es zu einem Ragout verkochen ...‹ Sie begann damit, die Fleischstücke anzubraten, dann gab sie Knoblauch, Pfeffer und unendlich viele Zwiebeln dazu und kostete bei jedem ihrer Schritte. Die Männer wurden unruhig. Der dunkle Mann trat zu ihr an den Herd, um zu sehen, was sie tat, und sah sie böse an. Das verlockende Aroma, das dem Topf entströmte, war ihre einzige Rettung.

»Es ist beinahe fertig«, erklärte sie ihrem Entführer, als er nicht zu den anderen zurückging. Er blieb neben ihr stehen, die Arme ungeduldig in die Seiten gestemmt.

»Gibt es etwas zu trinken dazu?« fragte Jao unschuldig. Ohne ein weiteres Wort wandte er sich zum Lagerraum und kehrte mit einem Faß Bier zurück, das er anstach. Sie füllte die Trinkschalen und zwei große Krüge mit dem starken Gebräu und stellte es zusammen mit dem dampfenden Fleisch auf den Tisch. Die Männer setzten sich sofort an den beladenen Tisch.

Jao beobachtete, wie sie gierig ihr Essen hinunterschlangen, und seufzte erleichtert auf. Erstaunlicherweise war das Ergebnis ihrer Kochkunst nicht zu katastrophal, dachte sie. Ihr fiel auf, daß der dunkle Mann sein Essen noch gieriger hinunterschlang als die anderen, aber er trank wenig. Nichtsdestoweniger lief sein Gesicht rot an, und die Augen waren blutunterlaufen. ›Wahrscheinlich hatte er in letzter Zeit zuwenig Schlaf bekommen‹, dachte Jao. Vorsichtig blickte sie um sich, um vielleicht einen Fluchtweg zu entdecken. Es gab nur eine Tür, die fest verriegelt war. Sie hatte keinen Mantel, und das Wetter draußen war eisig.

Ihr schauderte. Hinten im Raum war ein hoher Haufen Diebesgut aufgestapelt, und der Boden in der Nähe der Tür war von den Schaffellmänteln der Männer bedeckt.

Doch da hielt Jao den Atem an. Unter den Mänteln lag ihre Tasche, unberührt. Ihr Blick wanderte zu dem dunklen Mann. Der beobachtete sie mit seinen grausamen schwarzen Augen. Als er merkte, daß sie sich im Raum umsah, schüttelte er wild den Kopf, so, als wollte er sie davor warnen, etwas zu unternehmen. Jao senkte wieder die Augen. ›Was ist das doch für ein Teufel. Er scheint jeden meiner Gedanken zu lesen‹, dachte sie verzweifelt.

Der Abend schritt voran und die Männer ließen, überkommen von Müdigkeit, dem Bier und der schlechten Luft, einer nach dem anderen den Kopf auf den Tisch sinken und schliefen ein, sogar der Dunkle. Ihr Schnarchen war bald der einzige Lärm im Raum.

Jao stand da und beobachtete die Männer, dann schlich sie sich Zentimeter für Zentimeter auf die Tür zu. Sie hatte ihre Hand bereits auf dem Bolzen und zog ihn vorsichtig zurück, als der schwarze Mann den Kopf hob, erkannte, was sie vorhatte, und auf sie zusprang. Blitzschnell drehte sich Jao um, hob ihre Ärmel genau über ihren mit Kieseln gefüllten Säckchen und schlug ihm damit zuerst gegen die eine, dann die andere Seite seines Kopfes. Die Steine krachten gegen seine Schläfen, und er war benommen. Schnell wandte Jao einen der Karategriffe an, die sie gelernt hatte. Zu ihrem Erstaunen sank er sofort bewußtlos nieder. Der dumpfe Aufschlag ließ die Männer hochblicken, doch alles, was sie sahen, war der dunkle Mann, der, sichtlich schlafend, ruhig auf dem Boden lag, während Jao mit geschlossenen Augen an der Wand lehnte. So ließen sie sich einer nach dem anderen wieder verschlafen auf die Tischplatte fallen.

Jao wartete, bis das Schnarchen begann, dann entriegelte sie endgültig die Tür, packte mit einer Hand ihren Beutel, mit der anderen einen Mantel und öffnete mit größter Vorsicht, um jedes Geräusch der Angeln zu vermeiden, die schwere Tür gerade so weit, daß sie sich hindurchzwängen konnte. Einmal in Freien, machte sie sich nochmals die Mühe, die Tür leise zu verschließen, dann lief sie wie eine Wahnsinnige aus der Seitengasse hinaus in das Gewirr der engen Straßen.

Beflügelt von dem Erfolg ihrer Flucht, eilte Jao von einer Straße in die nächste, um ihren Weg aus dem Labyrinth zu finden. Als sie endlich erkennen mußte, daß sie sich verirrt hatte, verlangsamte sie ihren Schritt. Um nicht im Kreis zu laufen, folgte sie einer Wasserrinne, doch trotzdem kostete es sie einige Stunden, bis sie endlich an einen Platz kam, den sie erkannte. Von da an war es einfach, die richtige Herberge zu finden. Es dauerte eine Ewigkeit, bis der Türhüter aufwachte, und eine weitere Ewigkeit, Schwester Lin zu wecken, die wie eine Tote schlief. Der Türhüter taumelte brummend in sein Bett zurück, und die Nonne setzte sich klagend auf und rieb sich die Augen.

»Jao!« schrie sie, sobald sie richtig wach geworden war. »Jao! Was ist geschehen? Wo warst du? Es war ein Alptraum, nach dir zu suchen!«

»Zu Euch zurückzukehren war ein noch viel größerer Alptraum!« antwortete Jao grinsend. Sie schälte sich aus dem großen Schaffellmantel und schob den Beutel vor.

»Mein Beutel! Meine Arzneien! Du wunderbares Mädchen!« schrie die Nonne abermals, wobei sie diesmal das ganze Haus weckte. Erschrocken kam der Wirt, gefolgt von den meisten anderen Gästen, in das Zimmer gerannt. Da bereits alle von Jaos Verschwinden und dem Verlust der Tasche wußten, mußte die ganze Geschichte erzählt werden. Mitfühlend wurden die Köpfe geschüttelt, und erst dann zog sich jeder mit einem Lächeln in die Runde wieder in sein Bett zurück.

Die beiden aufgeregten Frauen blieben noch eine Weile wach und unterhielten sich, bis Schwester Lin darauf bestand, daß Jao die wenigen Stunden, die ihnen bis zum Aufbruch der Karawane blieben, schlafen mußte. Um die alte Frau zufriedenzustellen, stimmte Jao zu und streckte sich gehorsam aus, überzeugt, daß sie viel zu aufgeregt war, um schlafen zu können. Doch kaum hatte sie den Kopf auf das Kissen gelegt und die Augen geschlossen, war sie schon eingeschlafen.

Schwester Lin wollte Jao in der letzten Minute wecken, deshalb rüttelte die alte Frau sie erst wach, als die Trommeln das Öffnen der Stadttore ankündigten, und half ihr schnell in die Kleider. Sie eilten hinaus, und in der Angst, beide neuerlich zu verlieren, umklammerte die Nonne mit einer Hand Jao, mit der anderen ihren kostbaren Beutel. Die Karawane, von Ko selbst angeführt, wartete auf sie. Er hatte von Jaos Abenteuer mit den Entführern gehört und beschlossen, den Zug selbst mit seinem Sohn als bewaffneten Begleiter zu leiten.

Auf dem Weg achtete Ko darauf, daß niemand und nichts verlorenging. Es war eine bequeme Reise, das Wetter schön und belebend. Die beiden Nonnen genossen die kleinen Abenteuer, die jeder Tag mit sich brachte. Als sie das Kloster erreichten, fühlte sich Jao, die das erste Mal in ihrem Leben mit dem einfachen Volk in Berührung gekommen war, in ihren Erfahrungen bereichert.

Nach ihrer Rückkehr in das Kloster ging der Winter für Jao schnell vorbei. Es herrschte bittere Kälte, die Krankenzimmer waren übervoll mit Patienten mit schwerer Lungenentzündung, aber es gab auch jede Menge leichterer Erkältungen und Fieber. Von den zarteren Palastdamen, aber auch von den kräftigeren, die sich mit ihrem Schicksal nicht aussöhnen konnten, starben etliche an ihren Krankheiten. Täglich war Jao vom Morgengrauen bis spät in den Abend beschäftigt.

Die Äbtissin verabsäumte es niemals, die Krankenzimmer zu besuchen, schwere Fälle selbst zu überwachen und den Sterbenden Trost zu spenden. Jao beobachtete sie. Und sie kam zu dem Schluß, daß die Äbtissin eine Säule der Kraft war, weil sie keine Angst vor dem Tod hatte. »Warum den Tod fürchten?« pflegte die Äbtissin nüchtern zu fragen, wenn sie einer verängstigten Frau, die im Sterben lag, beistand. »Warum sich gegen den Tod sträuben, wenn doch die Wiedergeburt vor einem liegt? Warum? Wenn man doch diesen alten kranken Körper loswerden kann, um im nächsten Leben in einen frischen neuen zu schlüpfen?«

Jao versuchte, die Äbtissin zu verstehen, und nach einer gewissen Zeit begann sie, die Dinge auf die gleiche Weise zu betrachten. Sie verlor ihre Angst vor dem Tod. Sie nahm diese Veränderung wahr, wußte aber gleichzeitig, daß sie ihr Heil nicht in einer zukünftigen Wiedergeburt, sondern jetzt und hier suchte, und das bedeutete vor allem anderen, den Frieden der Seele – ein Friede, den bis zu einem gewissen Grad eine interessante Arbeit bringen konnte.

Es fanden auch mehrere Geburten statt, bei denen sie helfen mußte. Die Äbtissin behandelte diese mit Takt und richtete für die Palastbabys eine eigene Kinderstation ein, obwohl sie keineswegs glaubte, daß der kranke Kaiser noch neun Monate vorher Kinder gezeugt hatte. Sie tat, als wäre alles normal, und bewahrte Mütter und Kinder vor dem grausamen Schicksal, das sie im Palast erwartet hätte.

Der Frühling ging allmählich in den Sommer über. Die Gärten waren bepflanzt, die stille Zeit vor dem großen Regen hatte eingesetzt, und Jao wurde, sehr zu ihrer Überraschung, von Schwester Lin gefragt, ob sie nicht wieder mit auf eine Einkaufsreise gehen wolle. Diesmal würden sie an die Südküste ziehen, um Produkte aus dem Süden sowie Exotika aus den Tropen einzukaufen, die in China mit jedem Jahr populärer wurden.

Schwester Lin mietete ein kleines Boot und belud es mit lokalen Produkten, die sie gegen Stecklinge und andere Dinge, die es in Yangchow gab, tauschen wollte. Der Kapitän eines stromabwärts fahrenden leeren Reisschiffes erlaubte ihnen gegen Bezahlung, ihr kleines Boot an sein großes Schiff anzuhängen.

»Wenn es mit euch irgendwelche Schwierigkeiten gibt, schneide ich das Seil durch«, warnte der Kapitän.

»Ja, ja«, antwortete die Nonne. »Wenn Ihr uns in Schlepptau nehmt, werdet Ihr keine Schwierigkeiten haben. Wir werden unsere Mantras singen, und alles wird in Ordnung sein.« Schwester Lin war zutiefst von den neuen Glaubensrichtungen beeinflußt, die aus dem benachbarten Tibet kamen, und sie benutzte deren Wörter, ohne den Sinn genau zu kennen. Doch besaßen die Wörter in sich ihre Magie und verfehlten niemals ihre Wirkung.

»Hmm ... wir werden ja sehen.« Wenn ihm auch die Idee gefiel, so zögerte der Schiffer noch. Als er endlich zustimmte, brachten sie ihr Boot zum Heck des Schiffes, und der Kapitän überwachte das Vertäuen. Dann stakten sie die beiden Schiffe in die Strömung und begannen die lange Fahrt stromabwärts.

Die Frauen verbrachten den ersten Tag damit, am Heck des Boots ein kleines Zelt aufzustellen, wo sie auch auf einem kleinen Kohlenofen kochen konnten. Während des schönen Wetters führten sie ein faules, idyllisches Leben. Sie saßen auf den zusammengerollten Tauen und ließen die Tage vorüberziehen. Sie verwandten wenig Zeit auf Kochen und Beten, den restlichen Tag beobachteten sie das geschäftige ländliche Leben, an dem sie vorüberglitten. Wenn es regnete, hatten sie reichlich zu leiden, doch die Stürme verzogen sich bald, und die Sonne entschädigte sie für alles.

Die Reise nach dem Süden erwies sich als schnell und verlief ohne

Komplikationen. »Wofür wir Maitreya und allen Flußgöttinnen danken«, sagte Schwester Lin, womit sie sicher gehen wollte, daß sie die Wassergeister in ihren Dank miteingeschlossen hatte. Auch die tägliche Bitte um Schutz an den Drachenkönig, den Herrn allen Wassers, der Ströme und der Meere, vergaß sie niemals. Sie reisten den Gelben Fluß hinunter bis nach Loyang, der zweiten Hauptstadt, und dann über einen Nebenfluß nach Kaifeng. Nachdem sie diesen großen Hafen hinter sich gelassen hatten, ging es über den Kuo-Fluß nach Huai und weiter durch den Großen Kanal, der sich an die hundert Meilen durch reiches Ackerland bis in das Yangtse-Delta schlängelte.

Täglich gab es etwas Neues zu sehen, während sie durch die sich ständig verändernde Landschaft glitten – von den roten Lößterrassen des Hochlandes bis in die grünen Niederungen. Wie von Zauberhand glitten sie in das üppige, reich bewässerte Land der Maulbeerbäume, des Reisanbaus und der Teeplantagen. In gut einem Monat erreichten sie ein Dock unweit von Yangchow am Yangtse, wo sie sich von dem Reisschiff trennten. Schwester Lin wollte sich einen eigenen Anlegeplatz in der Nähe der bäuerlichen Baumschulen suchen.

»Wir werden eine ganze Warenhausladung Reis nach Changan zurückbringen«, rief den Kapitän den davonrudernden Frauen nach. »Wenn ihr wieder gezogen werden wollt ...?«

»Ihr wollt sagen, Ihr hattet keine Schwierigkeiten auf dem Hinweg und Ihr wollt auch auf der Rückreise keine haben?« rief Schwester Lin zurück.

»So ungefähr«, brüllte er.

Die Nonne hatte reichlich Zeit gehabt, seine Gewohnheiten zu beobachten und zu sehen, wie sehr er sein leckes Schiff vernachlässigte. »Ich danke Euch, ich danke Euch, aber nein ... wir haben noch keine festen Pläne.« Der Kapitän, der alles auf die leichte Schulter nahm, gab sich mit der Erklärung zufrieden, und sie schieden als Freunde.

»Ich werde nach einem kleinen, schnellen Seidenboot mit einer ordentlichen Besatzung Ausschau halten«, erklärte Schwester Lin, sobald sie außer Hörweite waren. »Ich habe keine Zeit mit Frachtern zu verschwenden, die zuviel Tiefgang haben. Wir werden für unsere Fahrt stromaufwärts zahlen müssen, aber ich muß so bald wie möglich wieder zurück sein. In den Gärten wird jetzt alles wachsen, und ich traue meinen Hilfskräften mit dem Unkrautjäten nicht über den Weg. Heute, sobald wir angelegt haben, werde ich mich im Hafengebiet nach einem Seidenboot erkundigen, und du gehst auf den Markt, um schon mal selbständig ein paar Tauschgeschäfte für uns abzuwickeln. Würde dir das Spaß machen?«

»Ihr müßt mir nur den richtigen Weg zeigen«, rief Jao begeistert aus.

»Aber bitte paß auf Entführer auf«, scherzte Lin und verdrehte die Augen.

»Keine Angst – einmal und nie wieder.« Jao sprang in Karateangriffsstellung, so daß das Boot ins Schwanken geriet und Lin lachte. Jao hatte sich auf der ruhigen Reise gut erholt, die so anders gewesen war als die anstrengende Herbstexkursion über die windigen Bergstraßen. Sie hatte jede Stunde der bequemen Fahrt genossen. Diese zweite Reise hatte sie in das grüne, blühende Deltaland gebracht, wo sie endlich ihre Fähigkeiten, die Qualität der von ihnen gesuchten Waren zu erkennen, unter Beweis stellen konnte. Diese Aussicht machte sie über alle Maßen glücklich.

Die Einkäufe und der Abschluß für die Rückfahrt nach Changan stellten sich als über Erwarten leicht heraus und nahmen wesentlich weniger Zeit in Anspruch, als sie gedacht hatten, so daß sie sich schon nach zehn Tagen auf dem Heimweg befanden. Der Weg stromaufwärts kostete viel mehr Zeit. Gegen die Strömung mußte man entweder segeln oder rudern. Und rudern mußten die beiden Frauen selbst.

Doch trotzdem vergingen die Tage angenehm. Die meiste Zeit gab es genug Wind, um die Segel zu blähen, angenehme Winde, voll von Gerüchen des Sommers. Jao und die Nonne verbrachten viel Zeit schweigend, beobachteten das sich an der Bordwand kräuselnde Wasser, lauschten den Stimmen der Menschen an beiden Ufern und auf anderen Booten, dem Knarren der Wasserräder, den Schreien der Kinder, dem Flattern der Vögel über den Strohdächern und dem Krähen der Hähne in den Bauernhöfen bei Sonnenaufgang. Der Monsunregen hatte noch nicht eingesetzt, so daß es nur kurze Regengüsse gab, und sie hatten weder Verzögerungen noch Unfälle. Als Schwester Lin und Jao von ihrem Boot auf den Landeplatz bei Changan traten, waren sie beide traurig, daß die Reise zu Ende war. Niemals noch hatte sich Jao so frei und so glücklich gefühlt.

Für den kurzen Weg von der Landestelle zum Kloster hielt bei Schwester Lin wie bei Jao die Stimmung der friedlichen Muße an. Als sie jedoch das Kloster erreichten, fanden sie dort eine Atmosphäre angespannter Erwartung vor. Zum ersten Todestag Kaiser Taitsungs sollte eine große Gedenkfeier abgehalten werden, und in nur zwei Tagen würde Kaotsung eintreffen.

10

Bei den Vorbereitungen für die Gedenkfeier übte die Äbtissin selbst mit den Musikerinnen, den Sängerinnen und den Männern, die Glocken und Trommeln zu bedienen hatten, und überwachte das gesamte Ritual. Von der obersten Geistlichkeit unterstützt, sollte Kaotsung die großen Opferfeiern ausführen und die Hauptgebete sprechen. Die Küche war in Aufruhr, Nonnen und Dienerinnen waren überall in den neun Höfen damit beschäftigt zu säubern, zu polieren, zu rechen und Schmuck anzubringen.

Schwester Lin besuchte ihre Gärten, begab sich aber dann zur Äbtissin, um sich zurückzumelden. Sie fand sie schließlich in der großen Gebetshalle, wo sie die Reinigungsarbeiten überwachte.

»War die Reise erfolgreich?« fragte sie geistesabwesend, während sie mit dem Finger über den Hauptaltar fuhr, um zu prüfen, ob auch keine Spur von Staub mehr zu entdecken war.

»Sehr«, antwortete Schwester Lin kurz.

»Schwester, dann ... Ich bin froh, daß du gesund heimgekehrt bist«, fügte die Äbtissin hinzu, als Schwester Lin im Begriff war, sich zurückzuziehen. »Wie hat sich Jao gemacht?«

Lin zeigte eines ihrer seltenen Lächeln. »Sie ist fast schon so gut wie ich«, erklärte sie.

Die Äbtissin brummte. »Sie kann dich längst nicht erreicht haben. Was kann sie gut? Einkaufen? Ihre Waffen-Ärmel schwingen? Dir Unannehmlichkeiten ersparen?«

»Das und noch mehr, indem sie blitzschnell alles lernt, was ich sie lehre«, gab die Nonne zurück. »Hinsichtlich ihrer Frömmigkeit allerdings könnte sie sich verbessern.«

»Das kommt schon noch. Gib ihr Zeit«, meinte die Äbtissin zufrieden. Ihr war nicht klar, daß sich Lins Verehrung auf jede Menge örtlicher Geister und alle erdenklichen Wassergeister erstreckte, die mit eigenen Gebeten friedlich zu stimmen waren.

Jao begab sich unverzüglich in die Apotheke. Sie hatte kaum ihren Mantel abgelegt, als sie schon mit einem Berg Arbeit überhäuft wurde.

»Ich brauche noch zwei Hände, und deine sind gerade rechtzeitig gekommen«, begrüßte sie Schwester Hsu. »Hier, du kannst den Weihrauch und das Räucherwerk für den Altar vorbereiten – in den gleichen Zusammenstellungen, die wir für die Erntefeiern verwendet haben. Für die Ahnenfeier, an der Kaiser Kaotsung teilnimmt, werden wir eine neue Variante verwenden, eine Spezialmischung, die ich selbst zubereiten will. Ich werde dafür die frischen Duftstoffe verwenden, die du bestimmt gerade mitgebracht hast.« In ihren Worten schwang Zufriedenheit, das erste Zeichen, daß sie sich freute, Jao zu sehen.

»Rechtzeitig wofür?« fragte Jao erstaunt. »Plant die Äbtissin die Gedenkfeier hier abzuhalten?«

»Natürlich … Eine Gedenkfeier wird am Ahnenschrein der Li-Familie innerhalb des Palastes zelebriert, eine weitere im Hungfu-Tempel, den Kaiser Taitsung zum Gedenken an seine Mutter errichtet hat. Wir wollen, daß die hier abgehaltene Feier einzigartig wird. Ich bin sehr erfreut, daß wir dazu eine ganz besondere Räuchermischung herstellen können …« Ihre Stimme verlor sich.

»Wird die Mischung deshalb so besonders sein, weil die Zutaten frisch sind?« Jao stellte fest, daß sie der beunruhigenden Nachricht zum Trotz neugierig wurde.

»Nur zum Teil. Die Mischung macht es – unser Geheimnis«, sagte Hsu und wickelte geschäftig die neuen Arzneimittel aus.

»Geheimnis«, bohrte Jao weiter. »Warum hat ein Kloster Geheimnisse?«

Hsu fuhr ärgerlich hoch. »Wir müssen unsere Geheimnisse sehr, sehr vorsichtig hüten. Die Mönche wachen eifersüchtig auf ihre Vorrechtstellung und versuchen ständig, Macht über uns zu gewinnen. Diese Apotheke zum Beispiel – sie hätten sie bereits vor Jahren an sich gerissen, wenn wir sie gelassen hätten. Und wir haben Schwierigkeiten mit der konfuzianischen Beamtenschaft. Ihre Gelehrten studieren die Überlieferungen der alten Ärzte als Teil ihrer Ausbildung und möchten daher glauben, daß jede Ausübung medizinischer Berufe, die ihrer Kontrolle nicht untersteht, nur Schaden anrichtet. Dabei sind sie nichts als Stümper! Die buddhistischen Ärzte heilen wenigstens ihre Patienten und bringen sie nicht um!« Wieder verlor sich ihre Stimme, als sie sich von neuem der Arbeit zuwandte.

Jao konnte sich nicht auf die Worte der Nonne konzentrieren. Bei der Vorstellung, daß der Kaiser persönlich das Kloster besuchen würde, überschlugen sich ihre Gedanken. ›Ein Jahr ist es nun‹, dachte sie. ›Ich hoffe, ich kann ihn sehen, ohne daß er mich sieht ... so, wie ich jetzt ausschaue ... mein kahler Kopf, meine ausgeblichenen Kleider. Ich kann die Vorstellung, daß er mich so sieht, nicht ertragen.‹

Am Tag der Zeremonie ging ein schwerer Monsunregen nieder, die Räume waren finster, und in den Höfen bildeten sich Pfützen. »Um so besser für unsere Feier, sie wird bei Kerzenlicht mehr Wirkung haben«, sagte die Äbtissin zur Priorin, während sie im Tor standen, um den kaiserlichen Zug zu empfangen. »Unsere Altäre und die Ahnentafeln werden strahlender und der Klang unserer Andacht feierlicher wirken – im Einklang mit der Bedeutung des Tages.« Sie warf einen Blick auf die Geistertafel, die in ihrem Schrein auf einem hohen Tisch vor dem zentralen Standbild des Buddha von Vairocana aufgestellt worden war. An der Stirnseite des Altars waren bereits am frühen Morgen frische Sommerblumen – wilde Tigerlilien, Glockenblumen, Lotus – arrangiert worden. Aus den Räucherschalen stieg bereits betörend duftender Rauch in die Dunkelheit des Gebälks. Mit kleinen Kerzen wurden die großen entzündet, und ihre Flammen flackerten wie Hunderte von beweglichen Fingern über die stummen Bilder, über die Blumen, über die Tafel von Taitsung und über die aufmerksamen Gesichter der ehemaligen Palastdamen und der Nonnen. Die Frauen saßen in den Seitenflügeln und warteten auf den Beginn der Zeremonie.

Die Nonnen waren ruhig, die Palastdamen jedoch rastlos, sie rutschten auf ihren Plätzen hin und her, denn sie konnten es kaum erwarten, den Kaiser und seine Begleitung zu sehen, sich noch ein einziges Mal als Teil des Palastlebens zu fühlen. Sie mußten nicht lange warten. Unter Stampfen und Schütteln der regennassen Kleider erschien der kaiserliche Zug und wurde von der Äbtissin willkommen geheißen. Kaotsung rauschte in Begleitung des berühmten Mönches Hsuantsang und mehrerer geistlicher Häupter der buddhistischen Lehre herein und schritt zum Klang der hölzernen Klapper, die den Beginn des Rituals anzeigte, in den Saal. Unter den Anwesenden befanden sich auch hohe Priester der Konfuzianer und Taoisten, die alle versuchten, sich möglichst unauffällig in die Nähe von Kaotsung zu drängen.

Der Kaiser verbeugte sich als erstes tief vor dem Schrein der Ahnen. Auf ein Zeichen des Oberabtes der Huayen-Schule setzte der Gesang ein. Die geladenen Priester intonierten die Gebete, spezielle Passagen aus dem Lotus-Sutra wurden von einem Oberpriester rezitiert, und ein Taoist schlug dazu in den passenden Intervallen ein Triangel und ein steinernes Glockenspiel. Jao saß in der zweiten Reihe unter den Tsairen, keine drei Meter vom Kaiser entfernt, und bemerkte mit einem Lächeln in den Augen, wie Kaotsung sich ungeduldig gegen diejenigen wehrte, die ihm nach jedem Kotau wieder auf die Beine helfen wollten.

Doch bald wurde auch Jao wie alle anderen Zuhörer von dem feierlichen Klageritual gefangengenommen. Der Gesang war schleppend, leise und trauervoll, mit jeder Minute wuchs bei den Teilnehmenden das Gefühl, einen unwiederbringlichen Verlust erlitten zu haben. Als der Gesang plötzlich verebbte und damit das Ende der Zeremonie anzeigte, hinterließ er eine emotionsgeladene Stille in der Großen Halle. Das einzige Geräusch, das zu hören war, rührte von dem Regen draußen und dem leisen Rascheln der Seidenschuhe des Kaisers, als er sich vom Altar zurückzog und damit den Abschied aus der Halle einleitete.

Doch bevor der Kaiser die Halle verließ, hielt er inne und ließ seinen Blick über die Zuseher schweifen, über die vorschriftsmäßig gesenkten Häupter. Jaos Kopf aber war so weit erhoben, daß er ihr in die Augen blicken konnte. Sie begegnete dem gleichen undurchsichtigen Blick, der bereits ein Jahr zuvor ihren Puls hatte höher schlagen lassen. Rasch senkte sie die Augen, sie war sich plötzlich der Menge in der Halle, ihrer eigenen Verwegenheit, vor allem aber des Gefühls der Dankbarkeit für sein Erkennen bewußt. Ihr Gesicht war von Röte überzogen. ›Mein kahler Kopf und alles …‹, dachte sie. ›Er hat mich entdeckt, er hat mich gesehen – so, wie ich bin.‹

In respektvoller Entfernung folgte die Äbtissin dem Kaiser. Sie spürte, daß die Zeremonie ein Erfolg gewesen war. Sie selbst war von der Erinnerung und der Trauer ergriffen gewesen. ›Niemand kann daran zweifeln, daß Taitsungs Geist heute in dieser Halle anwesend war‹, frohlockte sie, ›und daß er mit unseren Opfern zufrieden war.‹

Beim Verlassen der Halle gab sie Hsuantsang und dem Abt der Huayen-Schule ein Zeichen, ihr zu folgen. Der Taoist, der sich durch das Dekret Taitsungs, das den Taoisten Vorrang vor den Buddhisten gab, bestärkt fühlte, meinte, er müsse gleich nach dem Kaiser kommen, und trat rasch vor die Äbtissin. Doch sie ließ sich auf ihrem eigenen Boden in keiner Weise beiseite schieben. Der Taoist kam nicht an ihr vorbei. Sobald sie das Heiligtum verlassen hatten, trat die Äbtissin zur Seite und ließ die Gäste auf dem Weg in den eleganten Teeraum vorbeidefilieren, wo sie in Gegenwart des jungen Kaisers mit Erfrischungen bewirtet werden sollten. Würdevoll wies die Äbtissin dem taoistischen Gast seinen Platz bei den anderen Würdenträgern zu.

Eine Stunde verging, und die Gäste, die ihre Erfrischungen genossen hatten, warteten auf die Abfahrt. Diener trampelten laut über die Veranda, sammelten Regenkleidung ein und riefen nach den Sänften. Die Nonnen in der Halle wurden entlassen, die Kerzen gelöscht und die Tore zum Heiligtum geschlossen. Jao kehrte in die Apotheke zurück und zog gerade ihr ausgeblichenes Arbeitsgewand an, als sie von der Äbtissin gerufen wurde. Schnell warf sie ihre formelle Kleidung wieder über und folgte dem Boten, während sie sich fragte, wie es die Äbtissin fertiggebracht hatte, sich so schnell von ihren Gästen zu befreien. Als sie an die Tür klopfte, forderte die vertraute Stimme sie zum Eintritt auf. Jao gehorchte und fand sich in einem Raum, in dem immer noch viele Würdenträger versammelt waren, die nicht vor dem Kaiser ihren Abschied nehmen durften.

»Wu Jao«, sagte die Nonne. »Seine Majestät hat unseren Weihrauch sehr gelobt. Ich wünsche, daß du sofort frischen Weihrauch zusammenmischt und hierherbringst.«

Jao warf dem Kaiser einen raschen Blick zu. Sie verbeugte sich und entbot ihren *anjali*-Gruß, während sie sich rückwärts zurückzog. »Gewiß ... sofort«, sagte sie mit schüchterner Stimme. Er beobachtete sie mit seinem unbewegten Blick und war sich fraglos der Tatsache bewußt, daß alle Augen im Raum auf ihn gerichtet waren.

Wieder in der Apotheke ließ Schwester Hsu alles stehen und beeilte sich, die neue Mischung herzustellen. Jao reichte ihr die Ingredienzen, und so dauerte es nicht lange, bis Jao mit dem Weihrauch zurückkehren konnte. Die Gäste hatten längst ihren Tee getrunken und wären sichtlich gerne gegangen. Mit einer Verbeugung überreichte Jao der Äbtissin die Dose. Die Äbtissin hüllte die Dose in gelbe Seide und legte sie mit einer anmutigen Verbeugung in die Hand des Kaisers. Der Besuch war beendet. Förmlich bedankte sich der Kaiser bei der Äbtissin, dann wandte er sich zu Jao.

»Ich danke auch dir«, sagte er ebenso förmlich. »Du warst, solange du im Palast gelebt hast, meiner Familie immer eine Hilfe, und ich sehe, du hast deine Fähigkeiten nicht verloren. Dein Jahr hier hat dir keinen Schaden zugefügt, ja deine Erscheinung zeigt, daß du dich bester Gesundheit erfreust und guten Mutes bist. Dich erwartet ohne Frage eine strahlende Zukunft.«

Die ihr so verhaßte Röte breitete sich über ihren Kopf aus, und Jao senkte schnell die Augen. Alle im Raum blickten auf sie. »Danke, daß Ihr Euch meiner erinnert«, murmelte sie und floh rückwärts unter ständigen Verbeugungen aus dem Zimmer.

Einige Tage später sandte Kaiserin Wang durch ihren Obereunuchen einen Brief, in dem sie Wu Jao aufforderte, sich die Haare wachsen zu lassen und in den Palast zurückzukehren, um ihre Dienste wieder aufzunehmen. Der Brief wurde am Tor abgegeben, und lange bevor das kaiserliche Schreiben Jao erreicht hatte, wußten alle im Kloster davon außer der Äbtissin, zu der der tägliche Tratsch nie vordrang, und Jao selbst.

Jao sortierte Minzeblätter, als der in Seide gehüllte Brief endlich bei ihrer Tür anlangte. Sie wusch sich die Hände und verschwand in ihrer Zelle, um den Brief in Ruhe zu lesen. Als sie den Inhalt begriffen hatte, begann das Blut in ihren Ohren zu pochen.

»Der Ruf zurück in den Palast! Der Kaiser muß da irgendwie seine Hand im Spiel haben!« jubelte sie. Wie versteinert stand sie eine Weile da, sammelte ihre Gedanken und versuchte sich zu beruhigen. Dann goß sie kaltes Wasser in ein Becken, spülte ihr Gesicht, trocknete sich ab und ging wieder an ihre Arbeit, während sie darauf wartete, von Schwester Hsu ausgefragt zu werden. Als nichts dergleichen geschah, reichte sie der Nonne den Brief.

Schwester Hsu nahm sich Zeit, ihn zu studieren, dann blickte sie abschätzend auf. »Was hast du getan, daß dir so eine Ehre zuteil wird?« fragte sie kühl. Jao war niedergeschmettert.

»Ich weiß nichts über die Entschlüsse der Kaiserin, nichts über ihre Gründe. Ich habe keinerlei Kontakte zum Palast gehabt, außer durch die Herstellung der Arzneien, die Ihr regelmäßig in den Palast schickt«, antwortete Jao mit hochroten Wangen.

Die Nonne bemerkte das und fuhr etwas freundlicher fort. »Du mußt diesen Brief sofort zur Äbtissin bringen. Ein kaiserlicher Ruf geht allem anderen vor.« Schwester Hsu war starr vor Enttäuschung. Sie wollte Jao nicht verlieren.

Als Jao ein wenig später zur Äbtissin kam, blickte sie in die durchdringenden Augen der älteren Frau und hielt diesem Blick tapfer stand. Nichtsdestoweniger errötete sie.

»Was steckt dahinter?« fragte die Äbtissin streng.

»Ich weiß es nicht«, antwortete Jao.

»Weißt du es nicht, oder willst du es nicht sagen?« fuhr die Äbtissin unbeirrt fort.

»Ich kann nur raten ...«, gab Jao vor Anspannung zitternd zurück.

»Der Kaiser überraschte uns, indem er gerade dich vor allen anderen Damen des Palastes ehrte, indem er in Anwesenheit der Gäste so schmeichelhafte Worte für dich fand. Er stellte dich damit in den Vordergrund. Warum?«

»Ich weiß es nicht«, Jaos Stimme war kaum zu hören.

Die Nonne betrachtete sie abwägend. »Du weißt es nicht, ich bin bereit, dir zu glauben«, meinte sie schließlich, »aber du kannst mir sagen, was du davon hältst, und ob dich die Aufmerksamkeit des Kaisers freut oder nicht.«

»Ich wollte nicht, daß er mich erkennt – so, wie ich jetzt aussehe, so, wie ich jetzt bin. Ich bin erschrocken. Aber ich war auch geschmeichelt. Ich bedaure, eine so schlechte Nonne zu sein, eine, die sich geschmeichelt fühlt, aber ... so ist es.«

»Danke für deine Ehrlichkeit. Und nun erzähle mir, wie deine Beziehungen zu ihm früher waren – als du Taitsungs Konkubine warst.«

Jao blickte der Nonne voll ins Gesicht. »Es ist nichts Unschickliches vorgefallen. Ich kannte ihn als kleinen Jungen, als er seine Mutter vermißte. Ich half Fang Fei, für beide, für Jer und Bixon, zu sorgen. Und er befand sich oft im Krankenzimmer seines Vaters, wenn ich dort meinen Dienst versah.«

»Hast du dich irgendwann in ihn verliebt?« fragte die ältere Nonne ohne weitere Umschweife.

Jao schaute ihr in die Augen. »Nein«, erklärte sie kurz, und in ihrem Ton lag etwas, das die Äbtissin davon überzeugte, daß es keine unerlaubte Beziehung gegeben hatte.

Die Äbtissin seufzte. »Aber er schätzt deine Fähigkeiten auf seine Weise hoch ein, das merkt man ihm an. Das ist nicht gut. Du bist älter als er, und sollte bekannt werden, daß irgend etwas zwischen euch ist, so wirst du dafür verantwortlich gemacht werden, ihn verführt zu haben. Um wieviel bist du älter?«

Jao zögerte. »Ich weiß es nicht genau.«

»Er ist nun im zweiundzwanzigsten Jahr«, stellte die Nonne fest.

»Und ich bin in meinem fünfundzwanzigsten«, gab Jao zur Antwort. »Habt Ihr jemals von einem Kaiser gehört, der sich eine Konkubine meines Alters nimmt? Das ist für mich vorbei – selbst wenn ich keine Nonne wäre! Und selbst wenn ich noch schön wäre, wenn ich noch mein Haar besäße«, rief Jao hitzig.

Die Äbtissin betrachtete sie gedankenvoll. »Warum bist du so ungehalten? Bereust du es, in einem Kloster zu sein, als eine von uns? Du hast dich hier gut zurechtgefunden, du wirst geachtet, das weißt du. Willst du weggehen?«

Jao zögerte. »Nein, ich möchte Euch nicht verlassen. Oder Schwester Hsu. Oder Schwester Lin. Oder diesen ruhigen, liebenswerten Ort. Aber ich vermisse immer noch die Aufregungen des Palastlebens, die Kameradschaft mit den anderen dort und das Gefühl, trotz der eigenen Unbedeutendheit inmitten des kaiserlichen Geschehens zu sein.«

»Du denkst an das Weltliche, an das hohle Leben der Palastgesellschaft. Das geistige Leben kann man im Palast nicht finden.«

»Ich weiß«, stimmte Jao zu, zwischen Hoffnung und Verzweiflung zerrissen. »Ich weiß, ich weiß es wirklich. Ich bin kein junges Mädchen mehr, ich kenne das Leben. Mir ist klar geworden, daß ich wie Schwester Lin bin, praktisch und ein wenig rauh im Umgang. Ich bin auch wie Schwester Hsu, vorsichtig, genau, zuverlässig, aber auch ebenso intelligent wie sie. Und ein wenig ähnle ich auch Euch – ehrgeizig, die Rolle der Vorreiterin zu übernehmen, bereit, mich der Disziplin zu unterwerfen, die diese Rolle erfordert.«

Die Äbtissin war verblüfft. »Du kennst dich selbst? Dann sag mir, wo du glaubst, daß deine Pflichten liegen, wo du glaubst, das bessere Leben führen zu können.«

Lange schwieg Jao. Aus der Ferne drangen die Stimmen der Frauen am Brunnen herein. Der Weihrauch im Zimmer der Äbtissin stieg auf. Die Nonne wartete stumm mit geschlossenen Augen in vollkommener Ruhe.

»Ich bin hier nützlich und ich liebe meine Pflichten in der Apotheke. Ich lerne täglich etwas Neues und ... werde mit jedem Tag mehr geschätzt. Ich gestehe, daß es mich befriedigt, Anerkennung zu finden. Es bedeutet Erfüllung für mich, wenn ich gebraucht werde.«

»Würde die Aussicht, einmal meinen Platz als Äbtissin einzunehmen, in dir den Wunsch wecken, hier bei uns zu bleiben?«

Nun war es an Jao, verblüfft zu sein. »Um die Wahrheit zu sagen, ja, das würde es.«

Die Äbtissin blickte auf den Brief in ihrer Hand. »Es ist dir möglich, die Einladung in äußerst höflicher Form abzulehnen, mußt du wissen«, sagte sie. Über dem Schweigen, das sich nach diesen Worten zwischen die beiden breitete, lasteten ihre Gedanken. Schließlich unterbrach es die Äbtissin. »Ich wünsche, daß du die heutige Nacht damit verbringst, dich mit diesen Gedanken auseinanderzusetzen. Nimm die Lotusposition ein, sie verhilft dir zu klarerer Erkenntnis. Komm morgen früh wieder. Willst du das tun?«

Jao verbeugte sich demütig, dann ging sie. Sie tat, was von ihr verlangt war. Als sie am Morgen mit müden Augen und kraftlos vor Erschöpfung wieder vor der Äbtissin erschien, sagte sie sofort: » Ich will bleiben. Hier fühle ich mich sicher.«

»Ich möchte, daß du mit deiner Antwort an die Kaiserin drei Tage wartest. Ich werde mich nach der Lage im Palast umhören und dich dann wieder zu mir rufen.«

Mit einer tiefen Verbeugung entfernte sich Jao.

Die Äbtissin besaß bei Hof unter den mittleren Beamten eine Reihe von Freunden, Männer, die die eigentliche Regierungsarbeit verrichteten. Was sie von diesen erfuhr, machte sie nachdenklich. Als sie Jao wieder gegenüberstand, war sie ungewöhnlich ernst, ja besorgt.

»Die Dinge bei Hof stehen nicht gut. Eine Clique mächtiger alter

Minister hat alles in ihre Hände genommen und ist dabei, aus Kaotsung eine Marionette zu machen. Das wäre nicht so schlimm, denn sie sind alt, und der Kaiser ist jung und muß sich erst in seine Aufgaben einfinden – gäbe es da nicht die Kaiserin und ihre mächtige Familie, die Liu. Außerdem bestehen Reibereien zwischen der Kaiserin und der bevorzugten Konkubine, Hsiao. Allem Anschein nach ist Hsiao sowohl liebenswert als auch schön und die Mutter von mehreren von Kaotsungs Kindern. Man glaubt, daß die Kaiserin von Kaotsungs Aufmerksamkeit dir gegenüber gehört und die günstige Gelegenheit ergriffen hat, dich an den Hof zu rufen, um auf diese Weise Hsiaos Einfluß zu mindern.«

Jao heftete den Blick auf das Gesicht der Äbtissin. Die Miene der Nonne verriet nichts. »Und was hat das alles mit mir zu tun?« wagte sie sich vor.

»Ich habe lange und sorgfältig über alles nachgedacht«, gab die Nonne zurück, »und bin zu einer Entscheidung gekommen, doch zum jetzigen Zeitpunkt kann ich dich nicht in die eine oder andere Richtung beeinflussen, denn was immer du tust, es wird für dich ebenso viel Leid wie Erfolg bringen – denn Erfolg wirst du auf jeden Fall haben. Du mußt in dich gehen, bis du dir darüber im klaren bist, was du zu tun hast.«

»Aber ich habe doch bereits gesagt, daß ich hier bleiben will«, erklärte Jao.

»Du hast gesagt, du willst hier bleiben, weil du dich sicher fühlst und weil du Erfüllung darin findest, gebraucht zu werden«, korrigierte sie die Nonne. »Jetzt, da du von den Schwierigkeiten im Palast weißt, muß du mir deine wohlüberlegte Antwort noch einmal geben. Ich will hier keine Schwester haben, deren Loyalität eine geteilte ist.«

Jao blickte verwirrt auf. Da anscheinend nichts mehr zu sagen blieb, zog sie sich zurück. Nach mehreren Aussprachen mit ihren Vorgesetzten sprach sie erneut bei der Äbtissin vor.

»Ich will ehrlich sein«, gestand sie. »Ich bin wahrscheinlich einer der wenigen Menschen in China, die Kaotsung nahe genug stehen, um ihm privat helfen zu können.« Sie hielt zögernd inne. Die Äbtissin nickte, ohne sie zu unterbrechen.

»Ich weiß das«, fuhr Jao fort. »Und ich weiß, daß ich vielleicht Erfolg haben … und … die Zustände bei Hof ändern könnte. Ihr habt mir meine geheimen Wünsche zu Bewußtsein gebracht, meinen Ehrgeiz, eine Führerrolle zu spielen – vielleicht sogar nach Macht – und mein Streben, meine Talente dort einzusetzen, wo sie gebraucht werden. Und schließlich auch, daß meine Sehnsucht nach Sicherheit kein bewundernswertes Motiv ist, hier im Kloster zu bleiben. Ich bin nicht sicher. Alles, was ich weiß, ist, daß ich nachgedacht und nachgedacht habe, bis ich nicht mehr denken konnte. Jetzt bleibt mir nur zu sagen, daß ich bereit bin zu gehen. Wenn meine Vorgesetzten zustimmen.«

Die Nonne verzog bewußt keine Miene. »Dieses friedliche Reich, dieses Haus der Tang, diese ausgeglichene Regierung, sie sind mehr wert als du oder ich oder Tausende unseresgleichen«, war die vieldeutige Antwort. »Meine Freundschaft wird dir immer gehören – unserer aller Freundschaft –, was immer du auch tun wirst.«

Demütig verbeugte sich Jao und ging. Sorgfältig überlegte sie ihre Antwort an die Kaiserin Wang: Sie würde kommen, sobald ihr Haar zehn Zentimeter gewachsen war, von heute an in sechs Monaten, zur Zeit der Wintersonnenwende.

Die geschlossene Sänfte stand in der Mitte des Klostervorhofes, die Träger hockten daneben. Der den Zug begleitende Eunuch wartete in einiger Entfernung in seiner eigenen Sänfte. Über die Mauer drangen die Rufe der Straßenhändler in den Tempelbezirk, die den Bewohnern heißes Essen zum Kauf anboten. Mit einem Knirschen in den ungeölten Angeln öffnete sich eine Seitentür, und eine Gruppe von Nonnen drängte sich hindurch, gefolgt von der Äbtissin, die Jao schweigend vor sich her schob. Unter den Schwestern befanden sich auch einige der ehemaligen Hausgenossinnen Jaos, Päonie schaute finster drein, Wolke strahlte. Die Äbtissin blieb bei der Sänfte stehen und legte zum Lebewohl ihre Handflächen zusammen. Hsu und Lin, beide mit steinernem Gesicht, taten es ihr gleich. Die anderen Nonnen, die sich zusammengedrängt hatten, leisteten den *anjali*-Gruß, einige von ihnen mit Tränen in den Augen.

Die Äbtissin trat zurück, und der Eunuch Ho half Jao in die Sänfte, dann zog er die Vorhänge zu. Die Sänfte wurde angehoben, und die Träger warteten, bis der Eunuch Ho durch das Hauptportal, das nur für diesen Zug geöffnet worden war, hinausgegangen war. Dann spürte Jao, wie sich die Sänfte vorwärts bewegte, und hörte das Schließen der Tore hinter sich. »Ich verlasse zum letzten Mal das Kloster«, sagte sie sich selbst. »Niemals wieder die Freiheit, als gewöhnlicher Mensch aus und ein zu gehen …«

Nachdenklich machte sie es sich in den Kissen bequem. Sie war traurig, die Nonnen und die geliebte Arbeit verlassen zu haben, und fragte sich, ob sie die richtige Entscheidung getroffen hatte. Ihr Schicksal war es offenbar, in Unruhe, nicht in Frieden zu leben, dachte sie nüchtern. Jetzt war es ihr bestimmt, ihr Leben hinter den Palastmauern zu vollenden. Gefangen? Oder mit der Möglichkeit, nach dem Besten zu greifen, das sich einer Frau bieten konnte? ›Jetzt bin ich *Yin*, aber es könnte sein, daß ich mich in *Yang* verwandle, eine sehr, sehr aufregende Möglichkeit.‹

Die Stöße, die sie in der Sänfte verspürte, machten Jao darauf aufmerksam, daß sie sich auf der Hauptstraße inmitten der feiertäglichen Menge befanden. Sie spähte durch den seitlichen Vorhang, und ihre Niedergeschlagenheit begann zu schwinden. Überall kündeten die Straßenzeichen, die Laternen, die Verkaufsbuden, die Passanten in ihren besten Kleidern – so nahe, daß sie sie beinahe hätte berühren können – von der Zeit der Feste mit all ihren Zerstreuungen. Die Lebendigkeit der Stadt ließ ihr Herz höher schlagen, und sie schaukelte ungeschickt in dem Versuch, besser sehen zu können. Die Träger stöhnten in ihrem Bemühen, die Sänfte im Gleichgewicht zu halten, und Jao mußte lachen. Bald stimmten die Träger herzhaft in ihr Lachen ein.

Die Wintersonne senkte sich am westlichen Himmel, der Tag ging rasch zu Ende und brachte kalten Wind und einen Geruch nach Frost. Die Menschen auf der Straße wie die Träger hatten es plötzlich eilig heimzukommen. Es war wie bei ihrer ersten Reise durch Changan. Das gleiche kalte Wetter, das gleiche Ziel, die gleichen großen Veränderungen vor sich, die gleiche nervöse Aufregung – ›und ich bin die gleiche, nur dreizehn Jahre älter. Auf eine Weise habe ich weniger Angst, auf eine andere mehr. Angst – sogar Todesangst – nur vor einem, vor den anderen Frauen. Wie soll ich mich zwischen einer Kaiserin und einer Lieblingskonkubine behaupten?‹ Jao klemmte sich, um sie zu erwärmen, ihre kalten Finger unter die Achseln. Wenn sie nur zuhörte, nur nickte, nur schwieg … wenn sie wenig sprach und viel lächelte … wenn, wenn …

Vor dem Nordosttor des Palastes blieben sie stehen, und Eunuch Hos Sänftenträger klopfte. Eine vor Kälte zitternde Wache, dessen Kumpane sich um ein Feuer mitten im Hof versammelt hatten, öffnete einen Torflügel gerade weit genug, um sie einzulassen. Ho führte die Sänften über den Vorplatz, dann durch die anschließenden Höfe, die engen Durchgänge, vorbei an den Grundstücken der vier Hauptkonkubinen. Jao zog den Vorhang beiseite, als ihre Sänfte an dem ehemaligen Wohnsitz von Fang Fei vorbeigetragen wurde, dem Haus, in dem sie so viele Stunden ihrer ersten Jahre im Harem verbracht hatte: mit Bixon, die so jung gestorben war, mit dem jungen Jer, dem heutigen Kaiser, mit Prinzessin Wencheng, nun Königin von Tibet, mit der rundlichen, liebenswerten Fang Fei, die auch allzu früh den Tod gefunden hatte.

Fang Fei wollte nicht mehr leben, dachte Jao, die wußte, daß ihr das gleiche Schicksal hätte drohen können, wäre nicht die Äbtissin gewesen, die es in ihrer harten Art verstanden hatte, Jao den Weg in ein anderes Leben zu zeigen. Jao zuckte die Achseln, als sie daran dachte, für wie herzlos sie die Äbtissin damals gehalten hatte und wie oberflächlich sie selbst gewesen war. Heute konnte sie arbeiten und in dieser Arbeit Trost finden. Und es bedurfte schon eines starken Sturmes, um sie zu verletzen.

Mit einem Ruck wurde ihre Sänfte auf den Boden gestellt. Sie befand sich auf dem Gelände der Kaiserin. Sie nahm ihren Bronzespiegel zur Hand und glättete die kurzen Haare. Hände streckten sich ihr entgegen, um sie aus den Kissen zu heben. Der kalte Wind fegte über den Hof, und Jao zitterte, während sie ungeduldig hinter dem Eunuchen darauf wartete, vorgelassen zu werden. Nach einiger Zeit führte sie eine gequält wirkende Dienerin in einen kleinen Vorraum und kratzte an einer zweiten Tür, die sich augenblicklich öffnete. Sie betraten einen überheizten Raum, der von einem Dutzend Laternen hell erleuchtet war. Überall drängten sich die Palastdamen, und in ihrer Mitte stand mit erwartungsvollem Lächeln auf dem blassen Gesicht Kaiserin Wang.

»Eure Majestät«, grüßte der Eunuch mit einem Kotau. »Wir sind hier.«

»Kaiserin Wang, Majestät!« murmelte Jao, sie kniete nieder und hatte die Hände respektvoll in den Ärmeln verborgen. Die Kaiserin war groß für eine chinesische Frau, groß, dünn und knochig. Ihr Kopf war für den

Körper zu klein, und ihr Gesicht wirkte unzufrieden. Sie machte den Eindruck, als wäre sie in ihrer Entwicklung steckengeblieben. ›Keine Ausstrahlung‹, dachte Jao.

»Du bist an meinem Hof willkommen, da kannst du sicher sein«, zwitscherte die Kaiserin. »Der Kaiser und ich sind erfreut, dich wieder hier im Palast und in unserem Haushalt zu haben. Trotz deines Alters siehst du noch jung und hübsch aus. Das gefällt mir. Komm näher ans Feuer, dir ist kalt. Deine Nase ist rot, und ich sehe, daß dein Haar so weit nachgewachsen ist, daß du dich hier im Palast zeigen kannst, ohne, mm … verlegen sein zu müssen. Nun, ich denke, es wird, so hoffe ich zumindest, reichen, dem einen und einzigen Mann in unserem Leben zu gefallen.«

Sie kicherte zimperlich, so daß Jao und Ho die Augen zu Boden senkten. Die Kaiserin, der jedes Gefühl für Takt fremd war, wandte sich zu Ho. »Ihr könnt jetzt gehen. Laßt Jaos Gepäck in das Hinterzimmer des letzten Hofes bringen – die Vorratskammer, die für sie frei gemacht wurde.«

»Es gibt kein Gepäck«, sagte Ho nüchtern.

›Ach du liebe Zeit‹, dachte Jao und wurde sich des Wechsels ihrer Stellung von der Nonne zur Palastdame peinlich bewußt. »Kaiserin Wang«, erklärte sie mit gebeugtem Kopf, »ich habe die letzten Jahre nur das Nonnenhabit getragen und alles zurückgelassen. Noch besitze ich keine Palastkleidung.«

Die Kaiserin kicherte wieder, da sie mit der Situation nichts anzufangen wußte. »Ach ja! Es wäre seltsam, wenn ich eine Hofdame in Nonnenkleidern hätte. Das geht natürlich nicht. Morgen werden wir dich mit den abgelegten Kleidern der anderen einkleiden … zumindest fürs erste! Das wird ein Spaß werden, nicht wahr? Ho! Warum seid Ihr noch da? Ihr dürft gehen!«

Der Eunuch zog sich, verärgert über die schroffe Verabschiedung und das Nichterscheinen des roten Dankesumschlags, zurück. Immerhin bemerkte er Jaos dankbaren Blick.

Unter den Dienerinnen entstand bei seinem Abgang Unruhe und unbehagliches Schweigen, während die Kaiserin nach unverbindlichen Worten suchte.

»Nun«, sagte die Kaiserin in dem Versuch, die Peinlichkeit zu überspielen, die es für sie bedeutete, mit Jao einen wichtigen Neuzugang zu ihrem Haushalt bekommen zu haben, der nichts besaß als ein Nonnenhabit. »Das wäre es.«

Jao konnte ein Lächeln nicht unterdrücken. »Es ist alles genau wie damals, als ich das erste Mal den Palast betrat. Auch damals hatte ich nichts anzuziehen – ich war dreizehn Jahre alt –, denn mein Gepäck war bei meiner Ankunft noch nicht da. Damals war das viel schlimmer.«

Die tadellos gekleideten Hofdamen spitzten die Ohren. Sogar die Kaiserin Wang schien interessiert. »Was hast du da getan?« wollte sie wissen.

»Es war der Neujahrsabend, und wir Tsairen mußten alle in unseren besten Kleidern erscheinen, also stahl unsere Wächterin, eine Riesin von Frau, wunderschöne Sachen für mich, ohne daß jemand es bemerkte.« Die Erzählung wurde mit Lachen quittiert.

»Erzähle uns mehr«, forderte die Kaiserin, glücklich über die Ablenkung.

Jao kam dem Befehl nach und spürte, daß sie sowohl von ihren neuen Gefährtinnen wie von der Kaiserin wohlwollend aufgenommen wurde. ›Die Kaiserin ist schroff, aber sie meint es nicht böse‹, beruhigte sich Jao selbst. Sie fuhr fort, heitere Geschichten aus der Vergangenheit zu erzählen, und bemühte sich nach Kräften, keine Spannung aufkommen zu lassen. Nach dem Leben im Kloster war es nicht leicht, sich wieder an die Oberflächlichkeiten des Palastalltags zu gewöhnen.

Zwei der Frauen erkannte sie wieder. Sie hatten bereits seit langer Zeit niedrige Stellungen im Palast innegehabt. Sie hatte freundlich mit ihnen gesprochen, doch nur vorsichtige Antworten bekommen. Jedesmal, wenn sie ihren Augen begegnete, schauten die beiden mit beredten Blicken auf das kurzgeschorene Haar. ›Vermutlich finden sie mich unmöglich‹, dachte Jao entmutigt. Die jungen Frauen andererseits schienen, nach einigem Geflüster und Gekicher, ihr sonderbares Aussehen zu vergessen und sie ebenso zu akzeptieren wie die Kaiserin – als eine keineswegs außerordentliche, aber durchaus begrüßenswerte Ergänzung ihres Kreises.

Die Kaiserin hatte die lange *kang* entfernen und durch ein neumodisches, elegantes hohes Ehebett ersetzen lassen. Neu waren auch die paarweise an der Wand aufgestellten Stühle im westlichen Stil. Sie zeigte auf die Stühle und hob die Stimme, um sich wieder Gehör zu verschaffen.

»So, ich wünsche, daß ihr alle jetzt die neuen Stühle ausprobiert. Seht euch einmal den Fußboden von oben an. Ich nehme den Stuhl in der Mitte, er ist der Thron.« Sie erhob sich und ließ sich in einem Lehnstuhl nieder, der etwas höher war als die anderen Stühle. Unter vielem Gelächter nahmen die Damen vorsichtig auf der Stuhlkante Platz und ließen die Beine baumeln.

Plötzlich klatschte die Kaiserin verärgert in die Hände. »Diese Stühle sind für Männer gemacht. Sie gehören nicht in das Zimmer einer Dame. Ich bin empört. Jemand hat einen Fehler gemacht. Ich werde den Obereunuchen bestrafen.«

»Ist er für die Einrichtung verantwortlich?« wollte eine der Damen wissen und schlug ihre Beine auf dem breiten Sitz unter. »So, das ist bequemer.« Unter allgemeinen Lachen folgten die anderen Damen ihrem Beispiel. »Ihr müßt eine von uns bestimmen, die herauszufinden hat, wer für diese Männerstühle verantwortlich ist«, wagte sie sich weiter vor und wurde dafür mit fröhlichem Lachen belohnt.

»Ja«, erklärte die Kaiserin. »Jao ist der Neuankömmling, also ist es ihre Aufgabe.«

Amüsiert und neugierig, was die Neue wohl tun würde, blickten alle auf Jao. Wie aus dem Kloster gewöhnt, war sie gerade im Begriff, die Aufgabe ihrer Unwissenheit wegen zurückzuweisen, als sie sich eines Besseren besann. Leicht warf sie hin: »Mit Vergnügen. Das verschafft mir einen vielversprechenden Beginn.« Ihre Gedanken überschlugen sich, um sich in Erinnerung zu rufen, wie diese Art von Angelegenheiten in der Vergangenheit gehandhabt worden war und wie sie herausfinden konnte, wer nun an der entsprechenden Stelle saß.

»Zeit für einen kleinen Imbiß«, forderte Kaiserin Wang auf und brachte Jao damit schnell in die Gegenwart zurück. Die Kaiserin schlug ihren Gong, und die ersten Getränke und kleinen Häppchen des Abends wurden gebracht. Die Damen fanden sich paarweise zusammen, so daß jeweils zwei einen Wandtisch zwischen zwei Stühlen teilen konnten. Jao wählte eine junge Frau mit einem anziehenden Blitzen in den Augen und fast tänzerischen Bewegungen.

»Ich bin Yang Hua.« Sie lächelte. »Ich freue mich, daß Ihr da seid, Ihr werdet endlich Leben hier hereinbringen. Manchmal ist es ganz schön trostlos.«

Jao blickte sie erstaunt an.

»Mir macht es nichts aus, Euch das zu sagen. Madame Liu, die die Aufsicht über uns hat, führt uns mit harter Hand. Ihr werdet Euch vorsehen müssen, damit Ihr nicht ihr Mißfallen erregt.«

»Danke für Euren Rat.« Yang Hua erinnerte Jao an Maulbeere, und so fiel es ihr leicht, mit dem freundlichen Mädchen ein Gespräch zu führen, wie einst mit der einsamen Tsairen.

Entspannt plaudernd, beobachtete sie ihre Umgebung. Der Raum war ihr aus der Zeit, als Fang Fei ihn bewohnt hatte, vertraut. Damals war er kaum möbliert gewesen, nur eine niedrige *kang*, einige kleine Tische, einige Sitzgelegenheiten aus Steingut und ein großer farbenfroher Teppich. Der Raum hatte Ruhe und Anmut besessen. Nun standen überall Schränkchen, angefüllt mit bemalten Lackwaren und goldeingelegtem Silberzeug. Die Wände waren mit gestickten Teppichen, Gemälden der verschiedenen Schutzgötter des Hauses und mit den gerade in Mode gekommenen Landschaftsmalereien bedeckt. Ein Teil des Raumes gehörte den Altären von Kuanyin und den Hausgöttern. Stühle und Tische gab es in Hülle und Fülle, und auf dem Fußboden lag eine Unzahl kleiner Teppiche. Jao hatte es früher besser gefallen.

Der Abend schleppte sich dahin. Jao lauschte dem Gespräch und begegnete lächelnd den Blicken, die in ihre Richtung geworfen wurden. Allmählich fühlte sie sich entspannter. Die Damen waren liebenswürdig, wurden aber mit der Zeit müder und stiller. Die Kaiserin begann eine nach der anderen zu entlassen. Auch Jao wartete auf die Erlaubnis, sich zurückziehen zu dürfen, aber es geschah nichts. Sie erinnerte sich des Ratschlages der Äbtissin für den Umgang mit der Kaiserin – nie zu fordern, nie zu klagen – und bat daher nicht, gehen zu dürfen. Schließlich befand sich außer ihr niemand mehr im Raum. Die Kaiserin nahm ihre Stickerei auf, machte einige Stiche und legte sie wieder nieder.

»Ich lebte acht Jahre im Ostpalast des Kronprinzen, bevor er Kaiser wurde«, sagte sie. »Während dieser Jahre hast du dem Hofstaat Kaiser Taitsungs angehört, und mir wurde immer berichtet, wie aufmerksam du als Hofdame warst, täglich stundenlang an einer Wand stehend, die Handtücher haltend, immer bereit, bei der Toilette behilflich zu sein. Das wird auch hier dein Dienst sein. Offiziell bist du immer noch eine Tsairen im Fünften Rang, doch dein Dienst als erstklassige Hofdame verleiht dir trotz deines niedrigen Ranges ein Anrecht auf Respekt. Du wirst hier glücklich sein.«

Sie lächelte einfältig. Jaos Gesicht blieb ausdruckslos, während sie das Gefühl hatte, als breche ihre Welt in Scherben. Glaubte diese Frau, daß dieser lächerliche Dienst im Haushalt einer bloßen Kaiserin mit ihrer Rolle vergleichbar war, die sie am Hof des großen Kaisers gespielt hatte? Oder daß dieser Dienst in irgend einer Form der Verantwortung entsprach, die ihr im Kloster übertragen worden war?

Erstarrt schwieg sie. Kohlenglut fiel im Heizbecken zu Füßen der Kaiserin in sich zusammen, die kleinen unzertrennlichen Papageien schnarrten schläfrig unter ihrer Decke, die Minuten schlichen dahin.

»Die erste Stunde des Tages der Wintersonnenwende ist angebrochen«, bemerkte die Kaiserin, »es ist also Zeit, mich zurückzuziehen.«

Sie gähnte geziert, als plötzlich die Tür aufflog und eine in Pelze gehüllte Frau, umgeben von Dienerinnen, hereinstürzte. Die Kaiserin sprang auf.

»Mutter!« rief sie aus. »Was macht Ihr hier? Zu dieser Stunde? Bei diesem Wetter?«

Madame Liu nahm die Worte ihrer Tochter nicht zur Kenntnis und ließ sich von ihren Dienerinnen aus den Pelzen schälen. Die Mutter war doppelt so breit wie die Tochter, ihr Gesichtsausdruck doppelt so hart. Sonst glichen sie einander in jeder Hinsicht.

»Ich bin gekommen, um deine neue Hofdame aus dem Kloster zu begutachten«, erklärte sie. »Das Mädchen des alten Kaisers, von dem behauptet wird, es sähe besser aus als Hsiao Fei.«

»O«, stammelte Kaiserin Wang. »Sie ist hier. Wu Jao …«

Jao verbeugte sich höflich, während Madame Liu ihren letzten Schal abwarf und Jao von oben bis unten betrachtete.

»Dein Haar«, bemerkte Madame Liu schließlich, »ist absolut unmöglich. Für die morgigen Festlichkeiten wirst du eine Kappe oder einen Turban tragen, bis es lang genug ist, um es passend aufzustecken.«

»Ich habe einen Stirnreif, den mir Kaiser Taitsung schenkte …«, begann Jao.

»Nein«, sagte Madame Liu.

»Nein?« fragte Jao zweifelnd und blickte ratsuchend auf Kaiserin Wang.

»Nein. Zu anspruchsvoll für einen Niemand. Du solltest nur ein Witwenband unter einer schlichten Kopfbedeckung tragen«, trumpfte Madame Liu auf.

»Ich werde mich morgen darum kümmern«, fiel die Kaiserin rasch ein, »wenn ich eine Garderobe für sie beisammen habe. Sie besitzt nichts.«

Madame Liu blickte amüsiert.

»Ach, wirklich!« Damit wandte sie sich ab. Sie hatte sich überzeugt, daß diese Frau kaum zählte. »Nun, ich habe Wichtigeres zu tun. Ich muß mit dem Zeremonienmeister sprechen, um ihm Instruktionen für die morgigen Festlichkeiten zu geben. Du da«, rief sie einer ihrer Dienerinnen zu, »bring mir meine Umhänge und öffne die Tür.«

»Ich hoffe, daß Mutter den Zeremonienmeister nicht beleidigen wird«, murmelte die Kaiserin, als die Tür hinter Madame Liu ins Schloß fiel. Es fiel ihr schwer, ihren Pflichten als Kaiserin nachzukommen, und als Folge davon zeigte sich ein häufiges Zucken auf ihrem Gesicht. Es war alles so viel leichter gewesen, als Kaotsung noch Kronprinz war.

Nach Madame Lius Abgang fiel Stille über den Raum und die Kaiserin versuchte sich zu sammeln.

»Wu Jao« begann sie und räusperte sich, »der Kaiser wird heute Nacht nicht kommen. Er fastet für die Feierlichkeit ... und hält sich, wie vorgeschrieben, von Frauen fern«, fügte sie mit geziertem Lächeln hinzu. »Aber morgen Nacht wird er frei sein, und wir werden uns hier versammeln. Wir erwarten dabei deine Anwesenheit. Hsiao Fei wird auch dabeisein.« Die Kaiserin zog ein Gesicht. »O ja, richtig, morgen früh müssen wir alle in unseren besten Kleidern in der Thronhalle erscheinen ... wann werde ich nur Zeit finden, mich um deine Kleider zu kümmern? Ach ist das lästig!«

»Ja«, stimmte Jao zu. »Ich bitte um Verzeihung, wenn ich solche Unannehmlichkeiten verursache.«

Die Kaiserin betrachtete sie prüfend. »Ja«, wiederholte sie. »Ja, es ist lästig, aber wir werden irgend etwas Getragenes finden. Nicht von mir natürlich, meine Gewänder sind zu kostbar.«

»Ich habe das alles schon erlebt. Ich meine, ich habe bereits früher getragene Kleider bekommen. Was immer Eure Damen abgelegt haben und Ihr für passend haltet, werde ich anziehen. Und dankbar sein.«

Das Gesicht der Kaiserin hellte sich auf. »Das ist also in Ordnung. Ich werde jemanden beauftragen, die abgelegten Kleider, die für die Dienerinnen bestimmt waren, durchzusehen.« Sie schlug ihren Gong. Als ein müder Diener erschien, erteilte sie ihm ihre Befehle. Mißbilligend betrachtete er Jao, doch als er ihren flehenden Blick sah, verschwand sein Ärger.

»Sofort«, sagte er und verließ den Raum.

Jao hoffte, nun endlich entlassen zu werden.

»Warte hier, bis er zurückkommt«, befahl die Kaiserin laut gähnend, während sie nach ihren Dienerinnen rief, um sich zu Bett bringen zu lassen. »Warte einfach hier«, wiederholte sie und rauschte aus dem Zimmer.

Die Wache rief die erste Stunde aus, als der Eunuch mit einigen über den Arm gehängten Kleidern wiederkehrte. Seine Augen waren blicklos vor Müdigkeit, doch sein Ausdruck erhellte sich, als Jao eifrig aufsprang, um ihm entgegenzugehen. Er übergab ihr die Kleider.

»Ich weiß nicht recht …«, begann er unsicher, aber Jao unterbrach ihn mit einem leisen Ausruf der Freude.

»Rubinrot! Aus feinster Suchow-Seide! Genau wie das rote Kleid, das ich nach meiner Ankunft hier zum Neujahrsfest getragen habe. Es wird mir großartig stehen!« Sie betrachtete die Tunika und den dazu passenden gefältelten Rock, schlicht, auf Taille geschnitten und weich, die feine Seide legte sich auch ohne Bügeln in die richtige Form.

»Es hat keine Stickerei und auch keine eingesetzten Teile mit Handmalerei«, begann der Eunuch, »aber es war das einzige saubere Kleid in dem Haufen.«

»Ich danke Euch! Es könnte nicht besser sein«, rief Jao und händigte ihm ein kleines rot verpacktes Geldgeschenk aus. In einer Tasche ihres Kleides hatte sie ein Dutzend solcher Päckchen, die sie sich vor dem Verlassen des Klosters vorbereitet hatte. Der Eunuch machte große Augen, seine Müdigkeit war verflogen.

» Da… danke, meine Dame«, murmelte er, ebenso verlegen wie erfreut.

»Und nun, könnt Ihr mir in einer Sache raten?« fragte Jao. »Die Kaiserin hat mich nicht entlassen. Wird von mir erwartet, daß ich die ganze Nacht hier bleibe?«

Er blieb auf dem Weg zur Tür stehen. »An Eurer Stelle ginge ich in mein eigenes Zimmer.«

»Ich weiß nicht, wo es ist«, gab sie zur Antwort.

Der Eunuch drehte sich abrupt zu ihr um, und in seinen Augen zeigte sich ein Verstehen. »Dann wünscht sie vermutlich, daß Ihr hier wartet. Es ist gar nicht so schlecht in diesem Zimmer, und es ist warm. Ich werde Euch eine Decke bringen.«

Am nächsten Morgen sandte die Kaiserin eine Dienerin, die Jao zu ihrem Zimmer in einer der abgelegenen Hallen brachte. Der ehemalige Vorratsraum war klein, ungeheizt und hatte kein Licht. Immerhin war er sauber, und in einer Ecke stand ein Bett mit einer Decke und einem Sandpolster.

»Ich habe den Auftrag, bei Euch zu bleiben und Euch mit dem, was sich finden ließ, anzuziehen und dafür zu sorgen, daß Ihr vorzeigbar seid«, sagte die Dienerin scheu. »Aber zuerst sende ich um ein Heizbecken, damit Ihr Euch aufwärmen könnt. Mein Name ist Meimei.«

Jao lächelte erfreut. Der Schlaf auf dem Fußboden der kaiserlichen Halle hatte sie erfrischt, nicht, wie beabsichtigt, entmutigt. Sie vertraute darauf, daß ihre neuen Kleider schön genug sein würden für den Anlaß und sie selbst auch. Als der Gong den Beginn der Feier ankündigte, war sie fertig.

»Ihr seht bezaubernd aus«, sagte Meimei, die sie kritisch betrachtete. »Kein Schmuck, keine Accessoires, nur diese glänzende Seide und Eure schwarzen Augenbrauen und Euer roter Mund. Und Eure Art zu stehen – wie eine Prinzessin. Ihr braucht weiter nichts, wirklich nicht. Nur Eure Haare und der unbedeckte Kopf – das geht nicht. Ich muß etwas finden …«

Sie schoß zur Tür hinaus und erschien nach kurzer Zeit wieder mit einer mit Goldsternchen bestickten Gazekappe, die sie auf Jaos Kopf befestigte, wobei sie anerkennend schnalzte und nickte.

»Jetzt könnt Ihr gehen«, sagte sie schließlich und gab Jao einen Schubs. »Ihr könnt Euch mit Hsiao Fei messen, mitsamt ihrem ganzen Schmuck.«

»Aber«, fragte Jao widerstrebend, »die Kappe – wem gehört sie?«

Die Dienerin lachte ein wenig nervös. »Sie gehört der Kaiserin, aber sie weiß nichts davon.«

»Dann kann ich sie nicht ...« setzte Jao an.

»Doch, Ihr könnt. Die Haube ist genau richtig, sie paßt vollkommen, und die Kaiserin wird es nie merken. Außerdem bekam ich den Befehl, Euch mindestens so schön zu machen wie Hsiao Fei, allerdings, ohne daß man mir etwas dazu gegeben hätte. Mein Glück, daß Ihr trotzdem so perfekt ausseht.«

Ein Lächeln ließ Jaos Gesicht aufleuchten. »Danke«, sagte sie einfach. »Hier ist eine Kleinigkeit für dich«, fügte sie hinzu und ließ ein rot verhülltes Päckchen in die Hand des Mädchens gleiten. Und wieder war es die richtige Geste. Die Dienerin war erstaunt und über die Maßen erfreut. ›Kleine Geschenke scheinen im Palast nicht häufig zu sein‹, stellte Jao in Gedanken fest, während die Dienerin aufsprang, um ihr in den Mantel zu helfen.

Eine Stunde später stand Jao mit den anderen Damen der Kaiserin hinter der Trennwand in der Thronhalle und beobachtete, wie die Würdenträger dem Rang entsprechend ihre Plätze einnahmen. Sie erinnerte sich des großen Festaktes vor dreizehn Jahren unter Kaiser Taitsung, und ihr wurde klar, wie armselig diese Veranstaltung im Vergleich zu der anderen war. Die höchsten Würdenträger, alles ältere Männer, waren großartig gekleidet, doch sie schlurften zu einer langsamen, gedämpften – Musik an ihre Plätze. Die Elitegarde marschierte in Paradeuniform, aber ohne Fanfaren ein, und dann erschien unter den Klängen der Muschel- und Holzbläser der schlanke, junge Kaotsung, ganz im Schatten der mächtigen Gestalt seines Onkels, des kaiserlichen Fürsten Changsun Wuji und seiner grandiosen Robe. Die anderen Großen Minister, alle in ihren Festtagsgewändern, kamen als nächste: der ängstliche, servile Chu, der stille, verschlagene Yu und der immer zu Kompromissen bereite Han. Sie bildeten die zentrale Gruppe auf der Tribüne, dicht um den jungen Herrscher gedrängt.

Nach einer Pause erschien der kaiserliche Fürst Li Chi, auch er in Paradekleidung, sein Eintritt von kriegerischem Trommelwirbel begleitet. Sofort wandten sich ihm alle Köpfe zu. Er stellte sich an eine Seite der Estrade und blickte über die Köpfe des versammelten Hofstaates. ›Als hielte er nach einer bestimmten Person Ausschau, um gleichzeitig zu erkennen, daß es niemals wieder einen Taitsung geben würde, der einer solchen Feier Glanz verlieh‹, dachte Jao. Li Chi war Taitsungs zuverlässigster Heerführer gewesen, vermutlich der vertrauenswürdigste, den der große Mann jemals gehabt hatte. Jao fühlte sich zu ihm hingezogen.

Dann wandte sie ihre Aufmerksamkeit dem Herrscher zu. Er wird von diesen mächtigen Männern rund um ihn erdrückt, wurde ihr zu ihrem Entsetzen klar. Er trug seine Robe und den kaiserlichen Hut mit Würde und wirkte doch wie ein Niemand. Tief bewegt, sah Jao, wie er ohne Zögern, aber ohne Enthusiasmus die rituellen Schritte vollführte. ›Er gibt sein Bestes, aber man sieht es nicht!‹ entschied Jao mit dem Gefühl von Stolz und Trauer.

Nach der Zeremonie leerte sich der Saal rasch. Er war nicht mehr wie in Taitsungs Zeiten beheizt.

Pflichtschuldig folgte Jao der Kaiserin in deren warme Gemächer, wo sie sich zu den anderen an ein Heizbecken stellte. Madame Liu und ihr Bruder, der Ministerpräsident, befanden sich bereits im Zimmer und gaben den Dienern ihre Befehle. Kaiserin Wang warf einen schnellen Blick auf die vier großen Tafeln in der Empfangshalle, dann zog sie Mutter und Onkel in das angrenzende Arbeitszimmer.

»Vier Tafeln! Vierzig Plätze? Warum?«

»Das ist in Ordnung«, antwortete Madame Liu, »es werden mehr Gäste kommen, als du erwartet hast, denn dein Onkel hatte das Gefühl, es wäre ratsam, auch einige loyale Beamte niedrigeren Ranges einzuladen, die seine Politik unterstützen.«

»Wie viele genau?« fragte die Kaiserin. »Der Kaiser hat mir nichts davon gesagt.«

»Er weiß es nicht. Das ist nicht seine Sache. Es ist ein Familienfest, keine Staatsangelegenheit.«

Die Kaiserin runzelte die Stirn. »Also, wer kommt heute abend?« fragte sie scharf. »Ich habe meine Pläne für den Abend. Zur Unterhaltung für euch Ältere habe ich Sänger bestellt. Wir Jungen werden uns im anschließenden Raum aufhalten und uns Tänzer ansehen. So ist für jedermanns Unterhaltung gesorgt.«

»So geht das nicht«, erklärte Madame Liu. »Die Älteren werden sich gekränkt fühlen, wenn sich die Jungen anderweitig amüsieren. Nein. Außerdem erwarten wir die Anwesenheit des Kaisers. Oder hattest du die Absicht, ihn zu dir zu ›den Jungen‹ zu nehmen?«

»Der Kaiser ist der Mittelpunkt unseres Kreises, die Hauptattraktion. Er braucht eine junge Gesellschaft. Wie könnt Ihr etwas für ihn planen, das ihm den Abend verdirbt?« rief die Kaiserin ärgerlich aus. Ihr Gesicht begann zu zucken, und sie schüttelte den Kopf.

»Beherrschung, bitte!« wies Madame Liu sie kalt zurecht. »Du vergißt dich. Das ist ein offizieller Abend. Er hat seine Pflicht zu erfüllen. Er muß sich mehr bemühen, angenehm und liebenswürdig zu sein – besonders gegenüber den Älteren, die das Land regieren. Dein Onkel, der durchaus in der Lage ist, seinen Willen durchzusetzen, erwartet vom Kaiser Besseres und besteht darauf, daß auch du dich von deiner besten Seite zeigst.«

»Aber das soll doch eine Familienfeier sein, kein offizieller Empfang, wie Ihr eben erst gesagt habt«, protestierte die Kaiserin mit hochroten Wangen. »Der Kaiser hat, im Gegensatz zu den Älteren, gefastet, und jetzt, da die Zeit der Enthaltsamkeit vorüber ist, kann er es kaum erwarten, seine Zeremoniengewänder abzulegen und sich einen schönen Abend zu machen. Als Privatmann. Mit uns ...«

»Tochter!« wies Madame Liu sie scharf zurecht. »Du und der Kaiser seid jung, eigensinnig und egoistisch. Wie Kinder. Du vergißt, daß du jetzt eine Kaiserin und keine Konkubine bist. Du vergißt, daß du dich nicht einfach vergnügen kannst, wenn dir danach zumute ist. Deine erste Pflicht ist es, dem Volk ein Vorbild an Fügsamkeit zu sein.«

Die Kaiserin stampfte mit dem Fuß. »Was hat das Volk damit zu tun? Die einzigen Herrscher hier im Palast sind der Kaiser und ich, niemand sonst!«

»Vergiß deine Manieren nicht«, rief ihr Onkel, der aus dem Bankettsaal in die Halle trat. »Es ist ein wichtiger Anlaß. Der gesamte Kronrat wird heute abend hier sein, sämtliche der besten Männer von Taitsung, die noch am Leben sind, sogar der kaiserliche Fürst Li Chi und die Minister, die die wahre Macht in Händen haben. Es ist deine Pflicht als Kaiserin, ihnen Aufmerksamkeit zu schenken, jedem einzelnen von ihnen! Hast du mich verstanden? Du muß untadelige Manieren an den Tag legen, und heute ganz besonders. Du bist nicht unverwundbar, das weißt du.«

»Aufmerksam zu einer Horde alter Männer«, tobte sie, nun völlig außer sich. »Ich bin hier die Kaiserin. Ich stehe über allen!«

Madame Liu blickte sich hastig um. Außer zwei Hofdamen mit steinernen Gesichtern und Jao, die nicht zählte, befand sich niemand im Raum.

»Hör auf deinen Onkel!« rief sie.

»Du bist erst achtzehn Monate Kaiserin«, erklärte der Onkel wütend. »Und zuvor warst du acht Jahre lang seine Konkubine Nummer Eins, doch was hat dir das gebracht? Du hast noch immer keinen Sohn, keinen Thronerben!«

Das Gesicht der Kaiserin lief blutrot an. Das Zucken der Muskeln war deutlich zu sehen. Sie wechselte einen langen Blick mit ihrer Mutter. In ihrem juwelenverzierten Käfig zirpte verschlafen eine Drossel. Aus dem Nebenraum, wo die Diener die Tafel richteten, war der Klang der goldenen Eßstäbchen zu hören, die auf die Stäbchenhalter fielen. Niemand sprach. Plötzlich erschien eine aufgeregte Dienerin, um das Eintreffen des ersten Gastes zu melden, wobei sie versehentlich die Kaiserin anstieß.

Wütend wandte sich Kaiserin Wang gegen die Dienerin. »Ungeschickte Sklavin!« zischte sie heiser. »Verschwinde. Hinaus mit dir, du Idiotin!« fuhr sie fort und versetzte dem verängstigten Mädchen einen Tritt. Mutter und Onkel beobachteten die Szene schweigend, die beiden Hofdamen preßten sich gegen die Wand und taten so, als bemerkten sie nichts. Als die Kaiserin das Mädchen in den Bauch trat, sprang Jao vor.

»Erlaubt mir, sie aus Euren Augen zu entfernen«, rief Jao, nahm das Mädchen beim Arm und schob es eilig zur Hintertür hinaus.

Aus dem Saal nebenan war die Ankunft der anderen Gäste zu hören, die den Schnee von den Füßen stampften und ihre Mäntel ablegten. Nachdem Jao das unglückliche Mädchen einem Eunuchen übergeben hatte, kehrte sie zu ihren Pflichten in den Bankettsaal zurück. Dort fand sie die Kaiserin, die, flankiert von Mutter und Onkel, steif an der Tür stand und sich formell verneigte und die eintretenden Gäste begrüßte, so als wäre nichts Ungewöhnliches vorgefallen. Die Kaiserin sah Jao eintreten und winkte ihr zu, nach vorne zu kommen.

»Du wirst heute Abend deinen Dienst versehen«, befahl sie. »Acht meiner Damen sind anwesend, je zwei von euch für jeden Tisch. Du hast hinter den Tischen zu stehen und persönlich dafür zu sorgen, daß jeder Gast mit allem versorgt wird, was er während des Abends wünscht. Das ist ein Befehl meines Onkels, des Ministerpräsidenten.«

Die diensthabenden Hofdamen verbeugten sich mit ausdruckslosen Gesichtern und nahmen die ihnen vorgeschriebenen Plätze ein. Jao warf dem Haushofmeister einen fragenden Blick zu, und er zeigte auf einen Tisch in der nordöstlichen Ecke. Sie hatte eben ihren Platz eingenommen, als der Kaiser erschien und vom Haushofmeister persönlich an diesen Tisch geleitet wurde. Der junge Kaiser dankte mit einem Lächeln. Jao hielt die Augen gesenkt und ignorierte auf diese Weise Madame Lius Handbewegung, die sie an einen anderen Platz schicken wollte. Jao war mehr als zufrieden, so nahe bei Kaotsung zu sein und ihn in Ruhe betrachten zu können. ›Er wirkt so viel älter, schlanker und ohne innere Kraft‹, dachte sie bestürzt.

Begrüßungsrufe füllten den Raum, während man den Gästen ihre Plätze zeigte, je neun an einem Tisch, die Lius, die Kaiserin und der Kaiser getrennt je einer an jedem der vier Tische. Changsun Wuji hatte seinen Platz am nordwestlichen Tisch, so daß er nach Süden blickte, und saß damit auf dem Ehrensitz, der üblicherweise dem Kaiser vorbehalten war. Zu seiner Linken saßen Ministerpräsident Liu und zwei Vizeminister des prestigeträchtigen Ministeriums für Staatsangelegenheiten. Der kaiserliche Fürst Li Chi hatte einen Ehrenplatz am südöstlichen Tisch. Er war ein gutaussehender Mann in den besten Jahren, gut gekleidet, von hohem Rang, doch es war eindeutig, daß er nicht zum innersten Kreis des Palastes gehörte. Frauen fühlten sich allerdings stets zu ihm hingezogen, und Madame Liu bildete keine Ausnahme. Sie hatte es verstanden, sich neben ihn zu plazieren, und versuchte daraus das Beste zu machen. Im allgemeinen waren auch die übrigen Gäste mit der Sitzordnung zufrieden, und das Bankett nahm über die übliche Ruhestunde hinaus einen befriedigenden Verlauf.

Ohne Hast, aber auch ohne Unterbrechung folgten einander zwölf Gänge. Dann begannen die Trinksprüche. Doch bis dahin waren die Gespräche schon so laut und angeregt, daß niemand mehr recht hinhörte. Kaotsung berührte bei jedem Trinkspruch seinen Pokal mit den Lippen, doch er trank im Gegensatz zu seine Gästen kaum etwas. Plötzlich begegnete Jao seinem Blick, Kaotsung sah sich vorsichtig um und als er sicher war, daß ihn niemand beobachtete, hob er sein Glas in

Stirnhöhe. Dann berührte er es mit den Lippen zu einem Toast, der nur ihr allein galt, während er seine Augen fest auf sie gerichtet hielt.

In ihrer Trunkenheit beschäftigten sich die Gäste selbstvergessen miteinander und offenbarten deutlich ihre Mißachtung für den Kaiser. Kaotsungs Toast für Jao war persönlich und bedeutungsvoll. Er blieb von allen unbemerkt. Kaotsung sah sie einen langen Augenblick unverwandt an, den Blick über den Kelchrand auf sie gerichtet.

Jao spürte, wie sie rot wurde und ihr Atem flach. Wie konnte er es wagen, gerade sie, Jao, unter den Augen der Kaiserin und der Großen des Hofes auszuwählen? Er war kühn und herausfordernd gegenüber ihren Konventionen. Es war aufregend und wunderbar. Genauso wohlüberlegt wie er ergriff Jao das vor ihr auf dem Tisch stehende Glas, berührte den Rand mit den Lippen und erwiderte seinen Blick.

Das Fest fand erst ein Ende, als den Gästen bewußt wurde, daß sie ihre Grenzen erreicht hatten und unbedingt ins Bett mußten. Changsun stand auf, um zu gehen, ohne auf das Zeichen des Kaisers zu warten, wie er es hätte tun müssen. Eilig erhob sich auch Minister Liu, wobei er in seiner Hast den Wein verschüttete. Li Chi war einer der wenigen, der sichtlich bereit war zu warten, doch er erhob sich mit den anderen. Seine roten Schnurrbartspitzen waren immer noch exakt gekämmt, und sein Bart war noch ebenso gepflegt wie zu Beginn, als er sich den Weg zum Tisch den Kaisers bahnte, um seinen Abschied zu nehmen. Er verbeugte sich in der für ihn üblichen höflichen Form, sehr im Gegensatz zu den anderen, die dem Kaiser mit einem Klaps auf den Rücken eine gute Nacht gewünscht hatten.

Kaotsung streckte die Hand aus und erfaßte die von Li Chi. »Ich bin glücklich, daß Ihr es für richtig gehalten habt, an diesem Fest teilzunehmen«, sagte er kryptisch.

Ein verstehendes Lächeln blitzte in Li Chis Augen auf. »Ein Vergnügen. Ein Vorzug und ein Vergnügen«, gab er zurück. »Ihr habt soviel Ähnlichkeit mit Eurem Vater, daß es mir gut tat, Euch zu sehen. Ihr werdet ihm mit jedem Tag ähnlicher.«

Kaotsung errötete. Nichts hätte ihm besser gefallen können. Er packte Li Chis große Hand, drehte sich spontan um und verließ mit ihm gemeinsam die Halle.

Danach leerte sich der Raum schnell. Auch die Lius gingen, ohne einen Blick zurückzuwerfen, und die Kaiserin nahmen sie mit. Jao tauchte aus ihrer Betäubung gerade noch rechtzeitig auf, um ihre Kameradin zu fragen: »Was haben wir jetzt zu tun?«

»Einfach gehen«, gab die andere zur Antwort. »Ich zumindest werde sofort umfallen, wenn ich auch nur noch eine Minute stehen muß.«

Jao nickte ihren Dank. Die Diener trugen die Tische hinaus, löschten die Kerzen und räumten die Reste des Gelages fort. Jao eilte mit ihnen hinaus und lief, als sie einmal an der frischen Luft war, schnell durch den Nebel der stillen Höfe in ihr winziges Zimmerchen, das ihr Ruhe und Alleinsein bot.

II

Am nächsten Tag erhob sich die Kaiserin gegen Mittag und verlangte nach ihren Dienerinnen, die ihr beim Ankleiden zu helfen hatten. Während des Nachmittags erschienen die vier Fei mit den kaiserlichen Kindern. Jede der Gruppen wurde auf das herzlichste von der Kaiserin begrüßt, sogar Hsiao Fei, die als letzte gekommen war. Die Kaiserin empfing sie mit einem kleinen Freudenschrei und winkte Jao zu sich.

»Komm her, Wu Jao, ich will dich einer wichtigen Dame vorstellen, Madame Hsiao Liangdi. Und auch den anderen drei Fei: Hsu Fei, Hsueh Fei und Tsui Fei.« Jao verbeugte sich tief vor jeder der Damen. Sie warf einen verstohlenen Blick auf Hsiao Fei und sah eine reizende Frau, klein, rundlich und rosig, die ungeheure Lebenslust ausstrahlte. Der Gegensatz zur Kaiserin war so groß, daß er geradezu komisch wirkte. Dennoch wagten es nur wenige im Palast, sich darüber zu mokieren.

»Wu Jao ist Tsairen Fünften Ranges, wie sie es schon in Taitsungs Tagen war«, erklärte die Kaiserin. »Ich habe sie überredet, ihre … Zurückgezogenheit aufzugeben und sich meinem Hofstaat anzuschließen und mir zu dienen. Natürlich ist sie dankbar und glücklich hier zu sein.«

Die Augen der vier Fei wanderten in herablassender Neugier zu Jao.

›Ich bin ihnen allzu sonderbar‹, dachte Jao, ›mit meinen Haaren und meinen Klostererfahrungen.‹ Sie lächelte freundlich, und bald entschieden mindestens drei der Fei, daß sie harmlos war, eine ältere Frau, die ihre Blüte hinter sich hatte und vielleicht ein wenig dumm war.

Die Kaiserin verlor keine Zeit, die Aufmerksamkeit wieder auf sich zu lenken. »Der Kaiser wird sich bald zu uns gesellen, und dann werden wir einen gemütlichen Nachmittag verbringen«, flötete sie, und die Köpfe drehten sich wieder zu ihr. Alle hörten die Aufregung, das Gekünstelte in ihrer Stimme und fragten sich, was sie wohl vorhatte. Jaos und Hsiaos Blicke begegneten sich, und beide Frauen lächelten höflich. ›Hsiao weiß nicht, warum Wang mich hierher beordert hat, und ich selbst weiß es auch nicht genau‹, dachte Jao. Sie las die gleiche Unsicherheit in Hsiaos großen, leicht vortretenden Augen, doch sie erkannte auch einen gewissen Argwohn in ihrem Blick.

Die Kinder tollten herum, währen die Dienerinnen versuchten, ihnen ihre Plätze zuzuweisen, und den Kindern wandte Hsiao nun ihre Aufmerksamkeit zu. Sie lächelte stolz und liebkoste ihren Sohn. »Sujay«, flüsterte sie und strich ihm über seinen hübschen schwarzen Kopf. Er war ein rundlicher siebenjähriger Junge, der sich seiner Stellung als potentieller Kronprinz und seiner Rechte als Mann bereits bewußt war. Er strebte von seiner Mutter fort, während sich ihre beiden Töchter sofort an sie schmiegten. »I Yang und Kao An, meine Kleinen«, zwitscherte sie und zog die beiden mit einem herausfordernden Blick auf die kinderlose Kaiserin an sich.

»Komm her, Chung, und laß mich dir diesen neuen Gürtel umlegen«, befahl die Kaiserin als Antwort auf die Herausforderung. Ein älterer Junge, Kaotsungs erster Sohn, trat mit einer Verbeugung vor, gefolgt von zwei kleineren Jungen, die von ihren Kinderfrauen nach vorne geschoben wurden. Die Mütter der kleineren Jungen waren nicht anwesend, da es sich um Konkubinen niedrigeren Ranges handelte. Die Kaiserin schlang Chung einen juwelenbesetzen Gürtel um. Sie hatte den Jungen an Sohnes Statt angenommen, der damit auch zum potentiellen Kronprinzen wurde. Dann winkte sie alle Kinder an den niedrigen Tisch, der mit Sesamkuchen, seltenen Süßigkeiten und persönlichen Geschenken für jedes der Kinder beladen war.

»Vier Söhne des Kaisers«, flüsterte Hsiao Fei Jao zu, »doch nur mein Sohn Sujay ist im Rang hoch genug, um Kronprinz zu werden. Die Kaiserin hat keinen Sohn«, fügte sie bedeutsam hinzu und strich dem Jungen über das Haar. Wieder versuchte er, sich ihr zu entziehen.

Jao wußte keine Antwort. Weder konnte sie sagen: »Ja, die Nachfolge ist ein Problem, weil die Kaiserin keinen Sohn hat«, noch »Nein, sie ist kein Problem, da Ihr einen Sohn habt.« So lächelte sie nur und begab sich schnell an den Kindertisch, um dort zu helfen.

Kaotsung trat so leise ein, daß sie seine Anwesenheit erst bemerkte, als sie die aufgeregte Begrüßung der Kaiserin hörte. Die Kinder erhoben sich eilends, um sich zu verneigen, die Münder voll und klebrig von Süßigkeiten. Kaotsung trat amüsiert an ihren Tisch und brachte sie alle zum Lachen, indem er sich auf eines der Kinderstühlchen zu ihnen setzte. Er band sich ein Lätzchen um und brachte sie damit noch mehr zum Lachen.

Die Kaiserin beobachtete die Szene. Sobald die Kinder mit dem Essen fertig waren, ließ sie einen Eunuchen die Kleinen hinausbringen. Der Kaiser hätte es vorgezogen, die Kinder länger bei sich zu haben, doch die Kaiserin wollte den Nachmittag nach ihren Ideen gestalten. Nachdem auch das letzte Kind weggeschickt worden war, zündeten die Diener die Laternen an und brachten Tabletts mit Erfrischungen für die Erwachsenen. Inzwischen hatte sich Kaotsung zu seinen Damen gesellt, und der Raum hallte von fröhlichem Gelächter und heiteren Erzählungen wider. Der Kaiser unterhielt sich prächtig.

Doch bald unterbrach die Kaiserin die fröhliche Unterhaltung, bei der sie selbst nicht recht glänzen konnte. Mit einem Gongschlag kündigte sie Musiker an und befahl diesen im selben Atemzug aufzuspielen. Als die Darbietung beendet war, bedeutete sie ihren Gästen, daß dies auch das Ende der Einladung war. Sie gebärdete sich ganz als Kaiserin, doch mit jeder ihrer Gesten verletzte sie die anderen.

Die drei Fei, die sich zwar langweilten, aber ein höfliches Gesicht dazu machten, verbeugten sich und gingen, nur Hsiao blieb, da sie sich auf einen Abend mit dem Kaiser eingestellt hatte.

Jao stand unsicher neben der Tür und beobachtete das ungeschickte Benehmen der Kaiserin, die gespannte Ungeduld des Kaisers. Jao trug immer noch das rote Kleid, das nun bereits drei Anlässe überstanden hatte, und sie fühlte sich darin nicht mehr schön. Während des ganzen Nachmittags hatte Kaotsung nicht ein einziges Mal in ihre Richtung geblickt, und sie war zutiefst verunsichert. Er kniff Hsiao spielerisch ins Ohr, während seine Diener ihn in die Pelze hüllten, verneigte sich vor der Kaiserin und wandte sich zur Tür.

»Du begleitest den Kaiser mit einer Laterne, Wu Jao«, befahl die Kaiserin mit lauter Stimme.

Kaotsung drehte sich nach ihr um und nickte beifällig. Hsiao entrang sich ein verhaltenes Stöhnen. Jao blickte fragend zu Kaiserin Wang, die mit einem dümmlichen Ausdruck der Befriedigung auf die gedemütigte Hsiao sah. Meimei hüllte Jao in einen Schal und drängte sie hinter dem Kaiser zur Tür hinaus. Allen war klar, daß sich etwas Unerhörtes abgespielt hatte, doch niemand wagte es, das Schweigen zu brechen.

Die Nacht war windstill und beißend kalt. Der Mond war nicht zu sehen, doch Millionen von Sternen funkelten am Himmel. Wachen mit Fackeln scharten sich um den Kaiser und Jao und begleiteten sie durch die gewundenen Gänge. Außer dem hohlen Klang der Schritte und dem Klirren der Waffen war kein Geräusch zu hören. Am Eingang des kaiserlichen Palastes blieben die Wachen stehen und überließen es Jao und dem Kaiser, allein die kaiserlichen Hallen zu betreten.

Einmal in seinen Räumen, warf der Kaiser die Pelze ab und drehte sich zu Jao um und nahm eine ihrer kurzen Locken zwischen Daumen und Zeigefinger. Dann gab er vor, das Haar zu prüfen.

»Ist das der neue Stil?« fragte er. »Jungenhaft – wie ein halbwüchsiger Bursche. Von weitem würde dich niemand für ein Mädchen halten. Doch es steht dir, äußerst klei... kleidsam.« In seiner Erregung stotterte er. Jaos Herz schlug laut. Das war der Moment, von dem sie geträumt hatte, obwohl sie solche Wünsche nicht einmal sich selbst eingestanden hätte, die in dieser Gesellschaft so streng verboten waren. Weder sie noch die Äbtissin hatten ein Wort über diesen möglichen Grund ihrer Rückkehr in den Palast verloren, und dennoch war er das stärkste ihrer sehr gemischten Motive.

Kaotsung ließ den schweren Gürtel und die Tunika fallen und warf sich auf die *kang*. Jao blieb steif vor ihm stehen, unsicherer als je zuvor, da sie nicht wußte, was von ihr erwartet wurde. Das Benehmen des Kaisers und der Kaiserin hatte sie verwirrt. An diesem Hof gibt es keine starke Hand mehr wie in Taitsungs Tagen, dachte sie bestürzt, während sie beobachtete, wie Kaotsung sich niederließ. Er klopfte auf den Platz neben sich und bedeutete Jao, sich zu ihm zu setzen.

»Komm, setz dich! Steh nicht so herum«, sprach er, wie in den Tagen ihrer Jugend.

»Ja«, sagte Jao und ging zu der *kang*.

»Ja«, äffte er sie nach. »Bis jetzt habe ich von dir nichts gesehen und gehört, als daß du herumstehst und ›ja‹ sagst und die Handtücher hältst wie zu meines Vaters Zeiten.«

»Ja«, bestätigte sie wieder mit trauriger Stimme.

Er hörte auf zu grinsen und betrachtete sie eingehender. »Ist etwas nicht in Ordnung? Es kann doch nicht sein, daß du Handtücher halten mußt wie am Hof meines Vaters?«

»So ist es aber«, antwortete Jao.

»Das ist doch vollkommen sinnlos.«

»Für Kaiserin Wang nicht. Sie erwartet von mir, daß ich ihr in der gleichen Weise diene wie dem Kaiser Taitsung. Sie erkennt den Unterschied nicht.«

Kaotsung starrte sie ungläubig an. »Ich weiß nicht, wie Wangs lieber kleiner Verstand funktioniert. Ich habe es nie verstanden und werde es nie verstehen. Auch ahne ich nicht, was die Lius im Schilde führen oder was sie wollen. Irgend etwas ist es immer.«

»Ja«, sagte sie wieder, dann lachte sie unsicher.

Kaotsung fiel sichtlich erleichtert in ihr Lachen ein. »Ich will nie wieder das Wort ›ja‹ von dir hören«, warnte er und zog sie zu sich auf die *kang.* »Handle ›ja‹, und ich werde zufrieden sein. Und laß mich nicht über ernste Dinge sprechen. Davon bekomme ich während des Tages genug. Heute Nacht will ich von all dem nichts mehr wissen!« Er schlang seinen Arm um sie und zog sie fester an sich.

»Ich bin glücklich, gehorchen zu dürfen«, flüsterte sie atemlos. »Seht Ihr, diesmal habe ich nicht ja gesagt.«

Jaos Körper begann zu vibrieren, als er sich enger an sie preßte. Langsam fühlte sie, wie sie unter seiner Berührung ihre Starre verlor. Es war Jahre her, seit sie einem Mann so nahe gewesen war. Sie stellte fest, daß sie sich konzentrieren mußte, um sich seiner Umarmung hinzugeben. Es war ein überwältigendes Gefühl, das mit jedem Atemzug stärker wurde, Atemzüge, die immer kürzer wurden, während sie sich an seine Brust und seine Schultern schmiegte und sich innerlich auf die glühenden Liebesspiele vorbereitete, die noch kommen mußten.

Kaotsung war für den Augenblick zufrieden, sie festzuhalten. Er dachte an das Fest zurück, das er gerade verlassen hatte, und an die schnelle Geste, mit der die Kaiserin Jao gegen Hsiao ausgetauscht hatte. Er lachte. »Diesmal war Wang schnell«, flüsterte er in Jaos Ohr. »Ich bin glücklich, dich hier bei mir zu haben, zur Abwechslung einmal allein. Ist dir klar, daß es das erste Mal ist, daß wir beide allein sind?«

Jao nickte, er hob ihr Kinn, streifte leicht mit seinen Lippen die ihren, zog sie enger an sich und seufzte. Sie konnte spüren, wie verspannt seine Muskeln waren, aber sie spürte auch ein Nachlassen seiner Glut. Sie streichelte ihn sanft.

Wohlig atmete er tief, dann sagte er zögernd: »Mir liegt viel an dir, das weißt du?«

Erstaunt über diese Wendung in ihrem Gespräch blieb Jao still. Er lockerte seine Umarmung, um ihr mehr Raum zu geben.

»Auch mir liegt viel an Euch«, murmelte sie scheu. »Aber ich bin mir Eurer Gefühle nicht sicher. Da sind ... die anderen. Ich habe gehofft, ich könnte in Eurem Herzen einen Platz finden, der nur mir allein gehört.«

Rasch drehte er sich ihr zu und blickte auf sie herunter.

›Er sieht großartig aus‹, dachte sie. ›Wie sehr er Taitsung ähnelt, nur jünger, jünger, jünger. Wieviel mir doch an ihm liegt ... wenn ich es ihm doch zeigen könnte. Wenn ich nur wüßte, wie ich ihn glücklich machen könnte.‹

Kaotsung blickte sie fest an, in seinen Augen lag tiefe Bewegtheit. Seine Arme hielten sie so fest, daß sie kaum atmen konnte. Sie sonnte sich in seiner Stimmung, dieser Mischung aus Bewunderung, Lust und Befriedigung, aber es quälte sie die Spannung, die in und über ihm lag.

»Wenn Ihr mir erlaubt«, sprudelte sie heraus, »dann würde ich die Muskeln in Euren Schultern lockern.«

»In meinen Schultern?« fragte er zurückhaltend. »Das wäre sehr angenehm, aber ist das im Moment so wichtig?«

Zart legte Jao die Finger auf seine Lippen. »Ich verstehe Euch, doch ja, gerade jetzt ist es wichtig.« Endlich fühlte sie sich ihrer selbst sicher. Er hatte ihr versichert, daß sie ihm etwas bedeutete, und diese Worte klangen wunderbar in ihr nach. Ihre ärztliche Ausbildung, die sie im Kloster erhalten hatte, sagte ihr jedoch, daß, bevor irgend etwas geschehen konnte, zuerst seine Verkrampfung gelöst werden mußte. Er bedurfte dringend der buddhistischen Massage, die sie inzwischen beherrschte. »Es würde Euch guttun, wenn ich mit Eurer Erlaubnis die milde Massage von Schwester Nu anwenden dürfte.«

Er seufzte und umarmte sie abermals heftig. »Also gut. Liebend gerne ... wirklich.«

Jao kicherte, ohne sich davon stören zu lassen, daß sich seine Laune so plötzlich geändert hatte. Tatsächlich bedeutete es für sie eine Erleichterung – sie beide brauchten Zeit, um ihre komplizierte Beziehung auf eine neue Basis zu stellen.

Kaotsung wirkte zufrieden, sie einen langen Augenblick an sich zu pressen, dann seufzte er. »Du hast recht, mach nur deine entspannende Massage weiter. Wir haben alle Zeit der Welt. Laß es uns auf deine Weise versuchen.«

Still saßen sie nebeneinander und beobachteten die glühenden Kohlen in der Heizpfanne zu ihren Füßen, während Jao vorsichtig mit wissenden Fingern nach den verspannten Stellen suchte und erstaunt war, so viele zu finden.

»Dies ist das erste Mal seit dem Tod meines Vaters, daß ich mich wohl fühle. Als er und du und Fang Fei und alle meine vertrauten Diener plötzlich entfernt wurden, da war ich vollkommen ohne Trost. Seither war ich immer allein, ohne einen Menschen, mit dem ich hätte sprechen können.«

Seine Worte kamen so leise, daß sie sie kaum hören konnte, und er lehnte sich stärker an sie. Sie bettete ihn in Kissen und begann dann langsam und beruhigend seine Schultern, die Arme und den Rücken zu bearbeiten. Nichts an ihm schien entspannt zu sein. ›Es ist wie damals im Haus von Fang Fei, nachdem sein Hund umgebracht worden war, irgendwie jedenfalls‹, dachte Jao während der Massage und spürte, wie allmählich die Spannung und das Zucken der Muskeln nachließen.

»Seid Ihr immer so? So verkrampft?« flüsterte sie.

»Nein, was meinst du? Ich fühle mich wohler als sonst. Ich war gerade bei einem Fest mit den Kindern, und ich habe dich wieder. Es geht mir ausgesprochen gut«, sagte er. Aber jeder Muskel war verspannt und hart.

»Mag sein«, stimmte sie zu. »Aber ich kann dafür sorgen, daß es Euch noch besser geht.«

Er fuhr fort zu sprechen, sie fuhr fort, ihn zu massieren. Es schien, als könne er nicht aufhören zu sprechen, immer wieder drehten sich seine Erinnerungen um die glücklichen Tage der Kindheit, seine Mutter, Bixon, seine Pferde. Dann schwelgte er in der Erzählung über die glorreichen Tage in Loyang, als er mit seinem Vater gemeinsam den koreanischen Feldzug vorbereitet hatte, dann über seine berauschenden Erfahrungen in Tingchow, als er den Oberbefehl über das Basislager gehabt hatte.

Das Feuer war schon fast niedergebrannt, als seine Worte begannen, langsamer zu werden. Schließlich erstarb seine Stimme, und er sank in einen tiefen Schlaf. Jaos Hände schmerzten von der stundenlangen Massage. Sie zog einen seidengefütterten Pelz über ihn und legte sich neben ihn, ihr Rücken behaglich an den seinen geschmiegt. Die Minuten schlichen dahin, während sie dalag und auf sein Erwachen wartete, wartete zu erfahren, was er als nächstes von ihr brauchte; doch er rührte sich nicht. Statt dessen schlief er immer tiefer und tiefer, und mit der Zeit schlief auch sie ein.

Sie erwachte, als er seinen Pelz abwarf und fröhlich und ausgeruht nach seinem Diener rief, um sich heißes Wasser bringen zu lassen. Die Sonne schickte ihre Strahlen über Taitsungs wunderbaren persischen Teppich, und Jao betrachtete ihn verwundert, erstaunt, daß auch sie geschlafen hatte. Plötzlich fiel Kaotsungs Blick auf sie, und er brach in Gelächter aus.

»Du hier? Wie haben wir denn das fertiggebracht? Dein Knabenhaar steht wie das Rad eines Pfaus um deinen Kopf, dein Kleid ist zerknittert, du siehst aus wie ein Wäschebündel.« Er zog sie fröhlich in seine Arme. »Aber schöner denn je!« Er stellte sie schnell auf den Boden, als der erstaunte Diener mit dem heißen Wasser eintrat.

»Mein guter Eunuch Kang, beeile dich mit dem Frühstück. Für zwei! Wir sind sehr hungrig. Laß eine Sänfte für die Dame kommen und für mich meine Reitkleider bereitlegen. Ich werde heute auf die Jagd gehen. Ich sehe, es ist ideales Jagdwetter. Schick mir sofort meinen Stallmeister und verständige meine Vettern Jencheng und Jenyang, vielleicht haben sie Lust mitzukommen.«

Jaos Sänfte stand noch vor dem Frühstück bereit, deshalb verabschiedete sie sich vom Kaiser mit dem Versprechen, am Abend wiederzukommen. Dann ging sie, froh, sich zurückziehen zu können. Sie war über ihre Schüchternheit in der vergangenen Nacht selbst erstaunt gewesen, fand aber die Erklärung für sich darin, daß sie so lange Zeit im Kloster verbracht hatte, daß es Zeit brauchte, sich wieder an einen Mann zu gewöhnen. ›Immerhin sind es erst achtundvierzig Stunden, seit ich den Palast betreten habe‹, überlegte sie, und bei dem Gedanken an die neue Situation, in der sie sich durch die mit dem Kaiser verbrachten Nacht befand, erschienen Grübchen der Freude in ihren Wangen.

Als die Sänfte vor ihrer Tür zu Boden gesetzt wurde, sprang sie schnell heraus. Sie wollte sich, bevor jemand sie in diesem unordentlichen Zustand sehen konnte, in ihr Zimmer zurückziehen, doch stellte sich ihr eine Dienerin der Kaiserin in den Weg, mit dem Auftrag, Jao habe sofort vor der Kaiserin zu erscheinen.

Jao öffnete ihre Tür. »Ich komme, sobald ich umgezogen bin«, erklärte sie freundlich.

»Ihr habt sofort zu erscheinen«, beharrte die Sklavin. »Ohne Zeit zu verlieren.«

Jao hatte die Hand auf dem Türgriff. »Wie heißt du?«, fragte sie.

Das Mädchen senkte die Augen. »Meilan«, murmelte es.

»Danke für deine Botschaft, Meilan«, entgegnete Jao freundlich. »Ich werde bald kommen, damit du keine Unannehmlichkeiten bekommst, verstehst du. Aber zuerst will ich mich waschen und umkleiden.«

Verblüfft blickte das Mädchen auf seine Hände. »Ja, Madame«, gab es zur Antwort.

Als Jao das Gemach der Kaiserin betrat, blickte Wang neugierig auf und entließ ihre Hofdamen. »Alle!« befahl sie ungeduldig, als zwei der Damen von höchstem Rang zögerten.

»Nun zu dir, Wu Jao«, fuhr sie fort, als sie mit Jao allein war. »Wie war es? Konntest du ihn befriedigen? Glaubst du, er hat dich so gerne wie Hsiao? So gerne, daß er darauf verzichten wird, sie wiederzusehen? Wie wird es weitergehen? Wird der Kaiser endlich aufhören, ihr weitere Söhne zu zeugen?«

»O«, sagte Jao, der plötzlich die wahren Motive der Kaiserin aufgingen. Das also war der Grund, weshalb man sie zurückgeholt hatte – um zu verhindern, daß eine hochrangige Konkubine weitere Söhne zur Welt brachte, die für die Thronfolge in Frage kamen. Sie stand da und drehte an ihrer Schärpe, erbost darüber, wie über sie verfügt wurde.

»Nun«, forderte die Kaiserin scharf. »Sprich!«

»Majestät«, begann Jao und wußte nicht, was sie sagen sollte. »Der Kaiser scheint sich heute morgen wohlgefühlt zu haben. Er hat gut geschlafen und sich für den Tag auf die Jagd begeben.«

»Puh!« unterbrach die Kaiserin, »rede keinen Unsinn. Hast du ihn zufriedengestellt? Antworte!«

»Das weiß ich nicht. Ich denke schon, aber ich weiß es nicht. Warum fragt Ihr ihn nicht selbst?« Jao erschien es unmöglich, der Kaiserin vom schnarchenden Kaotsung zu berichten. Jetzt, da ihr klar war, was von ihr erwartet wurde, wagte sie nicht, ihre Erfolglosigkeit einzugestehen.

»O, das werde ich! Welch eine gute Idee! Das ist die beste Lösung!« rief Wang aus und ließ ihre Finger knacken. »Du hättest Hsiaos Gesicht sehen sollen, als ich sie letzte Nacht entließ und statt dessen dich mit dem Kaiser fortschickte! Sie war so entsetzt!«

Wang schüttelte sich vor Lachen, ihr Gesicht zuckte mehr denn je; Jao schlug die Augen nieder. »So«, fuhr die Kaiserin fort, als sie sich von ihrem Lachanfall erholt hatte, »jetzt wünsche ich, daß du mir Füße und Hände massierst. Ich habe gehört, daß das zu deinen besonderen Klostertalenten zählt. Massage wird ein Teil deiner Pflichten hier sein.«

Jao blickte rasch auf. Hatte die Kaiserin von irgend jemandem etwas über die Nacht mit dem Kaiser gehört? Von wem? Doch ihr wurde bald klar, daß niemand etwas berichtet hatte, weil niemand etwas wußte. Die Kaiserin wollte ihr einfach noch eine weitere Pflicht aufhalsen, während sie sich immer noch als ihre großzügige Beschützerin gab. Jao zuckte die Achseln und war insgeheim glücklich, daß sie so eine geruhsame Nacht gehabt hatte, so daß sie für alles gerüstet war, was der Tag ihr noch bescheren mochte.

Kaiserin Wang fand den ganzen Tag lang Arbeit für sie. Einmal sah sie Hsiao Fei aus der Ferne und verneigte sich, doch Hsiao schaute durch sie hindurch, als wäre sie Luft. Gedankenvoll hob Jao die Brauen – nun hatte sie eine nicht zu unterschätzende Feindin.

Es war schon spät, als sie endlich entlassen wurde. Sie hatte sich kaum zur Ruhe begeben, als die Aufforderung vom Kaiser kam. Er war von seinem Jagdausflug zurückgekehrt und wollte sie sehen. ›Ich kann mich wirklich glücklich schätzen‹, dachte sie ironisch, ›so zwischen den Majestäten hin und her geschoben zu werden.‹ Sie zwängte sich in ihr rotes Kleid und stieg in die bereitstehende Sänfte.

Kaotsung begrüßte sie mit einem freudigen Ausruf. »Ich habe drei Fasane selbst geschossen, und fast hätte ich einen Leoparden erlegt. Ich hatte einen wunderbaren Tag! Komm, setz dich zu mir, zeige meinem Rücken, was deine talentierten Hände können ... ach, das ist großartig! Ja, ich hatte einen guten Tag. Diesmal bemerkte ich, daß mich meine Jagdpartner, einige sportbegeisterte Prinzen, meine Vettern und Neffen, mich ... nun, mich respektvoll behandelten, so, wie es sich gehört. Als hätte ich mir das Recht auf ihr Wohlwollen verdient, wenn du verstehst, was ich meine. Den ganzen Tag war ich mit ihnen zusammen draußen.

Wir jagten auf schnellen Pferden über die Steppen und erlegten Vögel mit schnellen Pfeilen. Sie schienen erstaunt zu sein, daß ich ebenso geschickt und ausdauernd war wie sie, und es war wunderbar. Es ist schon so lange her, daß ich einmal einen Tag mit Menschen verbringen konnte, die ich mir ausgesucht habe!«

»Habt Ihr denn keinen Kontakt mit den Prinzen gehabt?« fragte sie ungläubig.

»Nicht wirklich. Man hat mich so sehr damit beschäftigt, mich die Kunst des Regierens zu lehren – während andere wirklich regieren –, daß ich wenig Gelegenheit hatte, auf die Jagd zu gehen, oder vielmehr wenig Lust dazu hatte. Heute gestaltete ich den Tag nach meinem Willen. Heute habe ich den ganzen Tag so verbracht, wie ich es wollte.«

›Kaotsungs Lachen ist glücklich‹, dachte Jao, die während des Zuhörens seine verkrampften Muskeln massierte. Als er eingeschlafen war, gelang es auch ihr, allmählich Schlaf zu finden.

Die Nacht verging wie die vorhergehende, in tiefem Schlaf für beide. Auch die nächste Nacht verlief gleich, und mit Ende der Woche war der Kaiser nicht nur viel entspannter, sondern auch weniger reizbar. Sein Wohlbefinden war für jedermann sichtbar. Die Eunuchen wechselten wissende Blicke und entschieden, daß alles auf die Veränderung in seinem Liebesleben zurückzuführen war. »Sie muß ihn verzaubern«, vertrauten sie einander an. Jao, die erriet, was hinter ihrem Rücken gesprochen wurde, lächelte insgeheim und behielt ihr peinliches Geheimnis für sich.

»Morgen«, erklärte ihr Kaotsung eines Morgens, als sie Seite an Seite auf der *kang* saßen und frühstückten, »morgen muß ich wieder in den Geheimen Kronrat, vor dem ich mich in letzter Zeit gedrückt habe. Ich hasse diese Treffen mit den Älteren, aber morgen beschere ich ihnen eine Überraschung.«

»Was meint Ihr?« unterbrach Jao. »Was für eine Überraschung?«

»Ich werde mich mit meiner Idee einer Jagdhütte durchsetzen. Changsun und Liu werden mir zustimmen.«

»Wollt Ihr eine Jagdhütte in einer gefährlichen Gegend, und sind sie deshalb dagegen?« wagte Jao zu fragen.

»Ja und nein. Es ist ein Platz, den ich für mich wieder herrichten lassen will – eine alte Jagdhütte meines Vaters im Hochland. Sicher genug. Aber nicht zur Vogeljagd. Dort will ich größere Tiere jagen.«

»Was für große Tiere?«

Kaotsung zögerte. »Tiger. Mein Onkel sagt, er könne dem nicht zustimmen, obwohl er selbst mit meinem Vater oft dort gejagt hat. Er tut, als wäre ich ein Kind. Und ich lasse mir das nicht gefallen. Ich gehe in den nächsten Wochen auf Tigerjagd, solange ihr Winterfell am besten ist. Es ist ein großartiger Sport, den ich ausgezeichnet verstehe.« Seine Augen glänzten, und er warf den Kopf in einer Bewegung zurück, die sehr an Taitsung erinnerte.

Plötzlich wirkte er wie ein anderer Mensch, nicht mehr das eingeschüchterte Opfer einer streitsüchtigen Familie. Jao starrte ihn an: so selbstsicher, so schön! ›Ich liebe ihn‹, dachte sie, doch das einzige, was sie herausbrachte, war: »Ich werde Euch pünktlich wecken.« Sie erhob sich und zog ihren Mantel an, von ihrer Erkenntnis noch ganz benommen.

»Was soll die Eile?« wollte Kaotsung wissen. »Warum willst du so schnell zur Kaiserin zurück?«

»Es ist nicht klug, zu spät zu kommen«, gab sie zur Antwort, und Kaotsung schoß das Blut ins Gesicht.

»Das werden wir noch sehen«, sagte er drohend.

Am Abend ihres zehnten Tages im Palast war Jao zu müde, sich zu waschen oder für das Bett vorzubereiten. Sie hatte den ganzen langen Tag die Launen und Zornesausbrüche der Kaiserin und ihrer Mutter über sich ergehen lassen müssen. Die beiden waren damit befaßt gewesen, ihre Neujahrsgarderobe zu planen. Sie hatten Dutzende Ballen von Seiden und Brokaten vor sich ausrollen lassen, ohne etwas zu finden, daß ihnen zusagte. Am Ende ließen sie alles wieder wegtragen. Sehnsüchtig dachte Jao an einen kostbaren Stoff, den sie für ihr Leben gerne gehabt hätte, doch schlug sie sich den Gedanken rasch aus dem Kopf. Nun lag sie ruhig auf ihrem Bett und starrte auf den lackierten Balken über ihrem Kopf, während Meimei das aus zweiter Hand stammende Kleid bereitlegte – Jao wartete immer noch darauf, daß die Näherinnen mit ihren neuen Kleidern fertig wurden –, und dachte über ihre Lage nach. Als die Aufforderung des Kaisers kam, war sie ausgeruht genug, eines der Kleider, die der Eunuch Ho für sie gefunden hatte, überzustreifen und die Sänfte zu besteigen.

Sie fand Kaotsung nachdenklich vor einem *pachisi*-Brett.

»Du hast mich warten lassen!« begrüßte er sie. »Warum kommst du so spät? Ich habe von Geliebten gehört, die ihren Partner absichtlich warten lassen, um sein Verlangen zu steigern. Ist das das Spiel, das du mit mir treibst?«

Jao blickte auf das Spielbrett, und ihr fiel ein, daß sie schon fast die Regeln vergessen hatte. »Braucht Ihr eine Geliebte für das *pachisi*?« rief sie aus und ließ sich im Lotussitz vor dem Brett nieder.

»Um es doppelt spannend zu machen? Ja«, antwortete er. »Gewinne ich, so gibst du mir ein Pfand, gewinnst du, zahle ich.«

»Einverstanden, einverstanden!« antwortete sie. »Wenn ich mich recht erinnere, war ich eine geschicktere Spielerin als Ihr, und so denke ich mir schon jetzt eine ungeheure Strafe für Euch aus.«

Mit einem herausfordernden Lächeln machte er den ersten Zug. Sie konterte mit ihrem Gegenzug, aber sie war nur halb bei der Sache, weil sie darüber nachdachte, was sie dagegen tun konnte, ständig übermüdet zu sein. Das Leben im Kloster war besser gewesen, dachte sie. Hier war alles ein Durcheinander, ohne starke Führung. Wenn nur Kaotsung die Zügel in die Hand nähme. ›Ich werde ihn gewinnen lassen, um ihm eine Freude zu bereiten‹, ging ihr durch den Kopf. ›Nein, das darf ich nicht, er wird es merken, und das wäre ein Fehler.‹

Bald war klar, daß es beim Lieblingsspiel ihrer Jugendtage sowohl um Willensstärke als auch um Glück ging. Als Kaotsung den letzten, entscheidenden Stein setzte, war er außer sich vor Freude.

»Ich habe gewonnen«, rief er, sprang auf und warf das Brett mit allen Steinen zu Boden. »Jetzt habe ich dich – du mußt tun, was ich dir sage. Du hast mich noch nie geküßt. Du hältst dich immer zurück. Los jetzt! Küß mich ohne Vorbehalt!«

Er stellte sich hin, die Arme in die Seiten gestemmt, und wartete. Jao erhob sich auf die Zehenspitzen und hauchte einen Kuß auf sein Kinn.

»O nein, so nicht!« sagte er und hob sie hoch, so daß sein Mund den ihren traf. Dann nahm er sie am Handgelenk und zog sie durch das Zimmer, wobei er die Kerzen löschte und die Hunde, die normalerweise am Fußende seines Bettes schliefen, hinauswarf. »Hier werden keine eifersüchtig kläffenden Hunde gebraucht«, sprach er in ihr Ohr. »Und du verschwindest auch«, rief er dem Eunuchen zu, der Nachtwache hatte und diskret verborgen hinter einem Vorhang stand.

Als der Raum leer, still und dunkel war und nur einige Funken der glühenden Kohle die Finsternis durchdrangen, flüsterte er ihr zu: »Nun bist du dran, du hast es in der Hand ...«

Sie spürte, daß er zitterte, und schlang ihre Arme um seinen Hals. Seine Umarmung war von stürmischer Kraft und Leidenschaft. Taitsung war immer sanft und gemächlich gewesen. Sie vergrub den Kopf in seiner Schulter und dann hob sie, von Gefühl überwältigt, ihre Lippen zu den seinen. Das war es, was er wollte. Er erwiderte glücklich ihren Kuß, und in dieser Nacht bekamen beide nicht viel Schlaf.

Jao blieb die ganze Nacht wach, war berauscht von ihrem Sieg. ›Ich glaube, das ist es, wofür ich in den Palast zurückgekehrt bin‹, dachte sie. ›Niemand kann mir das, was ich heute Nacht gehabt habe, jemals wieder nehmen! Kaotsung empfindet etwas für mich, das er für niemanden sonst empfindet. Und dabei muß etwas Gutes herauskommen!‹

Als sie gerade eingeschlafen war, schlugen die Morgentrommeln ihren Wirbel und weckten die beiden. Kaotsung öffnete die Augen und lächelte bei Jaos Anblick. »Es war also kein Traum«, murmelte er.

Sie errötete. »Ich hoffe nicht.«

Er streckte einen Arm nach ihr aus, um sie an sich zu ziehen, dann seufzte er. »Weißt du was? Ich denke, erfolgreich ist ein Herrscher dann, wenn er schlafen kann, wann und so lange er will.»

»Könnt Ihr bei den langweiligen Reden Eurer Minister nicht ein wenig dösen?« fragte Jao. Kaotsung lächelte und rieb seine Wange gegen die ihre.

»Das tue ich schon«, gab er zu. »Aber diese morgendlichen Sitzungen sind zu arg. Trotzdem muß ich jetzt gehen. Es wird eine Eingabe zur Sprache kommen, mit der ich mich sorgfältig befassen muß.«

Jao gähnte. »Die Tigerjagd?«

»Nein, viel gefährlicher. Es ist eine Eingabe, die noch nicht formuliert worden ist. Es hat sich bisher noch niemand damit befaßt. Sie betrifft die Beförderung von Wu Jao in den Rang einer Chaoyi.«

Jao sprang auf und machte tellerrunde Augen. »Aber das ist Rang Zwei, die Gemahlinnen, nur ein Rang unter den Fei und der Kaiserin ... Unmöglich! Ich bin nur Rang Fünf. Das wird doch nicht gehen!«

»Wir werden sehen«, meinte Kaotsung ohne Lächeln, während die Diener ihm die Hofrobe überzogen und ihn, gerade als die Sonne aufging, eiligst zu seinem Thron führten.

Minister Liu legte eine lange Petitionsrolle vor. »Alles, was noch erforderlich ist«, erklärte er, während er sie aufrollte, »ist Eure Unterschrift – eine Formalität –, und das Kanzleramt kann dies als Erlaß des Kaisers sofort aussenden.«

»Ich bin mir noch nicht im klaren, was ich davon halte. Es ist mir bisher keine Diskussion in dieser Sache zu Ohren gekommen«, sagte Kaotsung. Die Minister horchten auf. Was war mit dem jungen Mann los? Er hatte doch bisher niemals etwas in Frage gestellt.

Changsun Wuji, der Onkel des Kaisers, reagierte gereizt. »Die Angelegenheit wurde bereits sorgfältig besprochen und von den Obersten der drei zuständigen Ministerien gebilligt. Es besteht keine Notwendigkeit, sie weiter hinauszuzögern.«

»Aber ich weiß nicht, ob ich zustimme oder nicht«, sagte Kaotsung.

Das steigerte den Ärger Changsuns noch mehr. »Ihr wißt nicht, was Ihr denkt, weil Ihr von dem Vorgang keine Ahnung habt und die Sitzungen zur Morgendämmerung nie besucht.«

»Ich gebe zu, daß dies mein Fehler war«, stimmte Kaotsung zu, »aber ich habe die Absicht, von nun an zu allen Sitzungen zu kommen und alle Entscheidungen selbst zu treffen.«

Minister Chu wechselte einen scharfen Blick mit dem kaiserlichen Fürsten, der die Achseln zuckte. »Ihr versucht Tiger mit einem kleinen Bogen zu jagen und mischt Euch in Regierungsangelegenheiten, von denen Ihr nichts versteht. Ist es wegen dieser Frau?«

Der Ton, in dem er »diese Frau« sagte, war falsch gewählt. Kaotsung lief rot an.

»Ihr habt recht, mein Onkel, mich daran zu erinnern, wie unverzeihlich ich meine Pflichten als Kaiser vernachlässigt habe. Aber ich werde nun meine Fehler der Vergangenheit damit wiedergutmachen, daß ich die Angelegenheit, die Minister Liu hier vorgelegt hat, studiere und meine Meinung in ein oder zwei Tagen zur Diskussion stelle, bevor die Schriftrolle das schwarze Siegel erhält. Ich möchte außerdem die Sache wegen des Jagdhauses besprechen. Ich muß die Arbeiten sofort in Auftrag geben, wenn das Jagdhaus zu Beginn der Jagdzeit fertig sein soll.«

Kaotsung war sich bewußt, daß er zu schnell und zu laut sprach. Er hielt inne. Im Raum herrschte gespannte Stille, alle Gesichter trugen einen verschlossenen und abwehrenden Ausdruck, bis auf eines. Der

Historiker Hsu, der seinerzeit Kaotsungs Lehrer gewesen war, wohnte der Sitzung bei, weil er eine Bittschrift, die seine Abteilung betraf, einbringen wollte. Er beobachtete die Szene mit lebhaftem Interesse. Zumindest ein freundliches Gesicht, dachte Kaotsung.

»Nein«, erklärte Changsun entschieden.

»Wer ist hier der Kaiser? Wem steht es zu, ja oder nein zu sagen?« gab Kaotsung unklugerweise zurück. Chu richtete sich steil auf wie ein Eichhörnchen, das sein Junges verteidigt, während Changsun antwortete.

»Nun dann mäßigt Eure Stimme und schreit nicht wie ein vierjähriges Kind. Euer Vater übertrug mir die Leitung der Staatsangelegenheiten, solange Ihr noch jung seid. Und ich tue meine Pflicht.«

»Was hat die Reparatur des Jagdhauses meines Vaters – meines Jagdhauses – mit Staatsangelegenheiten zu tun? Es ist nicht Eure Sache, Euch in meine Tigerjagd einzumischen. Ich werde Euch auch nicht einladen, an der Jagd teilzunehmen.«

Chu rang nach Luft. »Ihr sprecht mit Eurem Onkel. Vergreift Euch nicht im Ton!«

Mit eigensinnigem Gesichtsausdruck wandte sich Kaotsung ihm zu. »Was geht das Euch an, alter Mann?« sagte er und vergaß in dem Wunsch nach Selbstbestätigung seine Höflichkeit.

Changsun fiel wieder ein. »Ihr werdet nicht auf die Tigerjagd gehen. Es ist zu gefährlich. Ich verbiete es.«

Kaotsung ließ seinen Blick ruhig über die Runde schweifen. »Ich bin dreiundzwanzig Jahre alt und erwachsen. Ihr und mein Vater wart erst achtzehn, als ihr einen grausamen Krieg geschlagen habt, um diese Dynastie an die Macht zu bringen. Ihr habt nicht Tiger bekämpft. Ihr habt gegen viel gefährlichere Bestien gekämpft – gegen Menschen. Also kommandiert mich nicht herum. Und was das Jagdhaus anbetrifft, Ihr müßt die Entscheidung nicht heute treffen. Morgen ist auch noch Zeit. Laßt uns zu den anderen Geschäften übergehen.«

Changsun schüttelte den Kopf so heftig, daß sein Roßhaarkäppchen über ein Ohr rutschte. »Es besteht keine Notwendigkeit, sich damit zu befassen, mein Sohn, schlagt Euch das einfach aus dem Kopf. Ich bin nicht bereit, Euch einer Gefahr auszusetzen, und dabei bleibt es.«

Als die Sitzung zu Ende war, ging Kaotsung in seine Gemächer, ohne wie sonst den Wachen für ihren Salut zu danken. Er kochte vor Zorn und versteckte es nicht vor seinen Dienern. Mit schweren Schritten betrat er sein Arbeitszimmer, warf seinen Pelz zu Boden und sandte nach Hsu. Als der erstaunte Beamte, dessen Eile man seinem Äußeren ansah, erschien, begrüßte ihn der Kaiser herzlich. Seine Gefolgsleute hielten sich neugierig in Hörweite auf, doch der Kaiser schickte sie unmißverständlich hinaus, während Hsu seinen Kotau vollendete.

»Erhebt Euch, erhebt Euch. Setzt Euch bequem auf diesen Stuhl hier neben mich. So ist es recht«, begann Kaotsung. »Als ich Euch heute morgen bei der Sitzung sah, kamen mir die Jahre in Erinnerung, die Ihr meinem Vater gedient habt, und wie sehr er Euch schätzte. Ich erinnere mich auch der Zeit, als ich etwas über die Geschichte von Changan erfahren wollte und Ihr der einzige am Hof wart, der sie kannte. Ich vermute, hier am Hof gibt es nur mehr uns beide, die etwas über Changan wissen!«

Die beiden Männer lachten. Hsu warf einen raschen Blick auf den jungen Mann. ›Er ist erfahrener, als ich vermutete‹, dachte Hsu. ›Es geht das Gerücht, er sei dumm und schwach. Mich würde interessieren, wer solche Gerüchte in die Welt setzt.‹

»Ich habe Euch rufen lassen, um Euren Rat in einer Angelegenheit einzuholen, die eigentlich problemlos sein sollte. Leider weiß ich nicht recht, wie ich sie angehen soll. Ich bin aber fest entschlossen, sie durchzusetzen.«

»Wie in dem Fiasko mit dem Jagdhaus?« fragte der alte Mann mit leisem Lachen.

»Ganz so lächerlich ist die Sache nicht, aber vielleicht ebenso aussichtslos«, gab Kaotsung munter zurück. »Doch zunächst einmal: Gehe ich recht in der Annahme, daß Ihr mir freundschaftlich gesinnt seid? Ich meine das nicht nur allgemein, ich frage, ob Ihr gewillt seid, Euch meinetwegen den Unwillen bestimmter Persönlichkeiten zuzuziehen, indem Ihr meine … Entscheidungen unterstützt?«

Hsu warf ihm einen vorsichtigen Blick zu, begriff aber genug, welche politischen Chancen ihm daraus erwachsen konnten, wenn er sich mit einem Kaiser, der offensichtlich weder dumm noch schwach war, verbündete. Er versicherte Kaotsung seiner Verschwiegenheit und seiner Bereitschaft, ihm in jeder nur möglichen Weise zu dienen. Es dämmerte ihm, was für Motive hinter den Gerüchten standen. Er wußte, daß die

Alten alt und Kaotsung jung war. Die Möglichkeit, dem Kaiser zu helfen, konnte zu Machtverschiebungen führen, die ihm zu seinem Vorteil gereichen würden.

»Kennt Ihr Madame Wu, die kürzlich aus dem Kanyeh-Kloster entlassen wurde, um in den Dienst der Kaiserin zu treten?«

»Ich habe von ihr gehört«, antwortete Hsu und wurde hellhörig, »und da die Äbtissin Li nur Gutes über die Dame zu berichten wußte, trug ich ihren Namen in meine Liste der Notabeln ein als den einer künftigen Äbtissin oder einer Palastdame mit großer Zukunft.«

»Ach wirklich«, rief Kaotsung erfreut. »Nun, dann will ich gleich zur Sache kommen. Ich möchte sie befördern. Was kann man da tun? Madame Wu wird immer noch als Tsairen im Rang Fünf geführt. Ihr gebührt ein höherer Rang.«

»Ich werde mich glücklich schätzen, Erkundigungen einzuholen, ob es bei den Damen des Ranges Drei und Vier ...«

Kaotsung unterbrach ihn. »Es bietet sich ein freier Platz im Rang Zwei unter den Chaoyi«, erklärte er rundweg.

Hsu senkte den Blick. »Eine Beförderung um drei Ränge? Und das auf einmal? Das könnte zu schwerwiegenden Einwänden bei den derzeitigen Machthabern führen.«

»Der freie Platz bei den Chaoyi ist, soweit mir bekannt ist, bis heute unbesetzt«, antwortete der Kaiser, »obwohl mehrere ehrgeizige Familien anscheinend darum bemüht sind. Wir sollten doch imstande sein, mit denen fertig zu werden.«

Hsu schüttelte den Kopf. »Nein, die Machthaber, die ich meine, sind die kaiserlichen Fürsten und die obersten Staatsminister. Die Älteren sind sehr empfindlich, was die Stellung der Kaiserin anbetrifft, was angesichts dessen, was für Minister Liu auf dem Spiel steht, nur allzu verständlich ist. Ich könnte mich bei den zuständigen Stellen über die Lage informieren. Dann brauchen wir den Antrag eines Ministers des Dritten oder eines höheren Ranges. Dieser Antrag müßte vom Kronrat akzeptiert werden, ehe man Madame Wu die Zuerkennung erteilen kann. Andererseits könntet Ihr das Ganze mit einem Erlaß einfach anordnen.«

Hsu beobachtete den Kaiser, der überlegte. »Ich habe Gründe, den ersten Weg vorzuziehen«, sagte Kaotsung, der eine Diskussion über seine Machtlosigkeit vermeiden wollte.

»Das verstehe ich«, stimmte Hsu zu, der nichts verstand. Er hatte keine Ahnung, daß sich die Älteren allein trafen und den Kaiser von ihren Geheimsitzungen ausschlossen. Eine lange Stille folgte.

»Ich ließ Euch rufen, weil ich den Eindruck habe, Ihr wärt der Richtige, um diese Eingabe zu präsentieren. Niemand sonst besitzt Euren Ruf und Euer Ansehen, für den Fall, daß ein Beamter versucht, die Ernennung zu blockieren. Glaubt mir, Ihr werdet diesen Dienst nicht umsonst leisten. Ich werde dafür sorgen, daß Ihr auf das großzügigste belohnt werdet.« Kaotsung schritt im Raum auf und ab.

Bei diesen Worten hörte Hsu auf, die Vor- und Nachteile gegeneinander abzuwägen, und beschloß, sich hinter den Kaiser zu stellen. Hsu war ein berühmter Gelehrter, der allerdings auch für seine Habgier allgemein bekannt war.

Er verbeugte sich tief. »Ich werde mein Bestes tun«, versicherte er. »Freilich muß ich Erkundigungen nach der Stellung Madame Wus bei Hof einziehen. Ich muß wissen, in welchem Ansehen sie bei den anderen Damen, den Dienern, den Eunuchen steht ...«

»Fangt gleich damit an«, befahl Kaotsung. Er hatte von seiten der Kaiserin und ihrer Hofdamen so viel Schmeichelhaftes über Jaos guten Charakter und ihre Hilfsbereitschaft gehört, daß er hinsichtlich der Antworten auf Hsus Fragen keine Zweifel hegte. »Zur Zeit sind alle des Lobes voll. Doch geht, bitte, Hsiao Fei aus dem Weg.«

»Gewiß, Majestät, ich betrachte es als große Ehre, Euch diesen Dienst erweisen zu dürfen. Wahrlich, als große Ehre«, versicherte Hsu, während er sich bis zum Boden verbeugte und den Raum verließ.

Die Tage verstrichen. Die Neujahrsfestlichkeiten kamen und gingen. Kaotsung saß pflichtgemäß bei den zweimal im Monat stattfindenden Frühsitzungen auf seinem Thron, in Begleitung aller Beamten der Neun Ränge. Er zeigte sich auch regelmäßig bei den kleineren Kronratssitzungen der Obersten Minister. Er entschied sich dafür, die Jagdhaussache auch sich beruhen zu lassen, um nicht öffentlich das Gesicht zu verlieren, wenn er zum Nachgeben gezwungen wurde. Er tröstete sich, indem er mit einigen der waghalsigeren Prinzen heimlich auf Tigerjagd ging, haarsträubende Abenteuer überstand und wunderschöne Pelze mitbrachte.

Es war bereits Frühlingsanfang, als Hsu die Bittschrift zur Beförderung Jaos einbrachte. Er hatte gewartet, bis sie lang genug am Hof war, um nicht nur bei den hochrangigen Damen, sondern auch beim großen Heer der Diener eine gewisse Popularität erlangt zu haben. Hsu war der Ansicht, den richtigen Moment für seine Befürwortung gewählt zu haben. Er war klug genug, um durch die Wahl des richtigen Zeitpunktes eine Niederlage zu vermeiden.

Er hatte es arrangiert, beim Kronrat anwesend zu sein, um eine Frage vorzubringen, die seine Abteilung betraf. Er plante, die Bittschrift im Anschluß an die Abwicklung der eigenen Angelegenheiten zu präsentieren. Als er sie endlich zur Sprache brachte, waren die Älteren bereits alle in Halbschlaf versunken, doch als Changsun klar wurde, worum es bei dem Ansuchen ging, wurde er hellwach und wütend. Chu protestierte sofort energisch gegen eine solche Beförderung, die einer Dame aus dem Harem des verstorbenen Kaisers einen hochrangigen Posten im Haushalt des jetzigen Kaisers verschaffen sollte. Es sei schlimm genug, versicherte er, diese Dame überhaupt wieder im Palast zu haben.

Als Chu soweit gekommen war, schnitt ihm Liu, der Onkel der Kaiserin, so energisch das Wort ab, daß Changsun die Achseln zuckte und beschloß, sich der Sache nicht zu widersetzen, wenn die Familie der Kaiserin dafür war. Chu überlegte noch einmal und gab dann widerwillig seine Zustimmung. Der Kaiser schenkte der Diskussion nicht die geringste Aufmerksamkeit und blickte sich gelangweilt im Raum um. Als die Anwesenden das sahen, kamen sie zu dem Schluß, daß der Kaiser nichts mit der Sache zu tun hatte, sondern daß es sich um eine Intrige der Liu-Familie handelte, um den Einfluß von Hsiao Fei und deren Thronansprüche für ihren Sohn Sujay auszuschalten.

An diesem Abend hatte sich die Kaiserin gerade niedergelassen, um sich die Füße massieren zu lassen, als der Kaiser nach Jao sandte. Es war das erste Mal, daß Kaotsungs Wünsche mit denen der Kaiserin in Konflikt gerieten, soweit es die Tsairen Jao betraf. Die Kaiserin runzelte die Stirn und zeigte eine gewisse Unruhe. »Beginn mit der Massage«, rief sie ärgerlich, und Jao nahm widerwillig die Arbeit auf. Doch schon nach wenigen Minuten hielt es die Kaiserin nicht mehr aus und rief: »Also geh schon, aber komm zurück, sobald er dich entläßt, und beende die Massage.«

Verwirrt und insgeheim enttäuscht, weil der Kaiser niemals wieder etwas von seinem Versprechen, ihr einen höheren Rang zu verleihen, erwähnt hatte, war Jao in letzter Zeit ungewöhnlich niedergeschlagen. Sie traf Kaotsung in eindrucksvoller Pose auf seinem erhöhten Stuhl an, vor dem er sie steif empfing. Ihre Stimmung sank weiter. Sie verbeugte sich formell.

»Tritt ein und nimm meine Glückwünsche entgegen, Gemahlin Chaoyi Wu – Strahlende Anmut«, teilte er ihr mit.

Jao blieb wie erstarrt stehen. »Eure Majestät ...«, begann sie unsicher.

»Gefällt dir der Titel nicht?« fragte er, dem Anschein nach völlig nonchalant. »Er gehört zum Rang.«

Jao warf sich in einem überwältigten Kotau zu Boden. Die Diener lächelten. Sie hatten bereits seit langem geahnt, in welcher Beziehung der Kaiser und die Konkubine zueinander standen, die sie alle so sehr schätzten. Kaotsung winkte ihnen zu.

»Ihr könnt jetzt alle gehen«, befahl er, der seine Freude nicht mehr beherrschen konnte.

Als sich der Raum geleert hatte, erhob sich Jao, in ihren Augen funkelten Sterne. »Eure Majestät ... mein Freund Jer ... mein Beschützer ... Eure Hoheit!« Sie brachte keinen ganzen Satz heraus. »Es ist wirklich geschehen. Ihr ... habt es möglich gemacht?«

»Es ist wirklich wahr«, beruhigte er sie und warf alle Förmlichkeit von sich, um sie begierig in die Arme zu nehmen.

»Ein Wunder, ein Geschenk, ein Traum, der wahr geworden ist!« Jaos Stimme war von irgendwoher aus den Kleidern an seiner Brust zu hören.

»Ach nein, es war ganz einfach«, log er. »Es hat nur seine Zeit gedauert. Wer, glaubst du, hat hier das Sagen? Wer, glaubst du, hat die Macht, deine Träume Wirklichkeit werden zu lassen? Ich bin der Kaiser, oder etwa nicht?«

Er konnte nicht widerstehen, sich zu brüsten. Er genoß es, so zu Jao zu sprechen, und spürte, als er in ihren Augen die Dankbarkeit und die Bewunderung sah, wie seine Selbstachtung wuchs. ›Ich fühle mich, wie ich mich immer fühlen sollte, als Mann und als Kaiser‹, sagte er zu sich selbst. Er zog Jao so eng an sich, daß sie nach Atem rang.

Es war spät, als Jao irgend etwas von ihren Pflichten bei der Kaiserin murmelte, bevor sie sich zurückzog.

»Aber nein, wirklich«, beruhigte Kaotsung sie. »Sie kann dich nicht mehr wie eine Untergebene herumkommandieren, denn jetzt bist du im Rang einer Gemahlin.«

Blitzartig hob sich Jaos Stimmung, als sie die Implikationen ihres neuen Ranges erfaßte. »Und was geschieht, wenn sie an meinem Posten als Taitsungs Handtuchhalterin festhält?« fragte sie atemlos.

»Sag ihr, sie soll ihre Handtücher selbst halten«, schlug Kaotsung vor.

»O!« stieß Jao fröhlich und von seinen Worten entzückt aus. Er erschien ihr größer, selbstbewußter, ein Mann, der die Dinge in der Hand hat. Auch sie kam sich größer vor. Plötzlich wurde ihr bewußt, daß sich ihr nun vielleicht doch eine Zukunft im Palast bot.

Die Nachricht von Jaos Beförderung wurde von den Bewohnern der Inneren Stadt ohne viel Kommentar, weder im Guten noch im Schlechten, aufgenommen. Keiner der Mächtigen schien etwas dagegen zu haben, und etwaige kleine Eifersüchteleien beruhigten sich bald. Entscheidender als die Beförderung selbst war für Jao die Unterstützung der mächtigen Liu. Als sie in ihr neues weiträumiges Quartier übersiedelte, bemerkte sie dankbar, daß die Eunuchen alles taten, die Räume schön zu gestalten und sie mit einer neuen Garderobe auszustatten.

Kaiserin Wang war anfangs nicht sicher, ob sie diese Beförderung gutheißen sollte. Doch da sich in Jaos Benehmen und ihrem Dienst nichts änderte mit Ausnahme kürzerer Zeiten und der Einstellung einer blinden Nonne für die Massage, erlaubte sich die Kaiserin, großzügig zu sein. Jao verstand es, ihre Stunden bei der Kaiserin so einzurichten, daß sie niemals mit der Zeit kollidierten, in der der Kaiser sie brauchte. Jao schwelgte in der Gewißheit, daß sie in Kaotsungs Augen die erste war. Dieses Bewußtsein half ihr durch die langen Tage mit den mühseligen Diensten für Kaiserin und Kaiser. Ihr war klar, daß sie sich vor allem die Gunst der Liu erhalten mußte, weil sie sonst sich und Kaotsung in ernste Schwierigkeiten brächte. Die Kaiserin war für den Moment beruhigt, da Hsiao Fei sichtlich nicht mehr in der Gunst des Kaisers stand. Mit großer, wenn auch heimlicher Genugtuung beobachtete Jao, wie Kaotsung im öffentlichen Auftreten und in seinem Privatleben aufblühte. Er hatte begonnen, sich mehr und mehr Respekt zu verschaffen, nicht nur in ihren Augen, sondern auch in den Augen etlicher Würdenträger, besonders der jüngeren. Er legte den Ablauf der Regierungsgeschäfte seinen Wünschen entsprechend fest – die Sitzungen des Kronrates wurden nun jeden zweiten Tag abgehalten. Die Älteren widersetzten sich nicht, da sie sich weiterhin vor den Sitzungen zusammensetzten, um ihre Entscheidungen privat zu fällen.

Der Frühling kam früh, und der Sommer war heiß und trocken. Die Bauern und sogar die Beamten begannen um die Ernte zu fürchten. In der Nacht des siebenten Tages des siebenten Mondes stiegen Wolken am Himmel auf, und Regen setzte ein. Für die Romantiker war es eine große Enttäuschung, daß sie weder die Milchstraße noch das einmalige nächtliche Ereignis des Stelldicheins zwischen dem Webermädchen und dem Hirten sehen konnten. Der Regen verdarb jedoch mehr als eine strahlende Nacht. Es goß zehn Tage lang in Strömen, daß die Flüsse schließlich über die Ufer traten. Die Regenmacher, die man gerufen hatte, wurden umgehend entlassen und durch Schamanen ersetzt, die dem Regen Einhalt gebieten sollten. Beide Gruppen hatten Glück, daß der Himmel gerade noch rechtzeitig aufklarte, um die Erde zu trocknen und die Ernte zu retten.

Die allgemeine Aufregung über das Wetter und die Rettung aus Dürre und Überschwemmung ließen den jungen Sohn des Himmels in der Gunst der Bevölkerung steigen. Wissend nickten die Leute einander zu. »Er steht im Einklang mit dem Himmel, das ist die Hauptsache«, sagten sie und schlugen zu den neuen Liedern, die man ihm zu Ehren gedichtet hatte, den Takt auf die Tischplatten in den Teehäusern.

Eines Morgens, als Jao sich zum Aufbruch bereitmachte, hielt der Kaiser sie zurück. »Es wird Zeit, daß du auch während des Tages frei bist, damit du mit mir ausreiten kannst oder etwas unternehmen, wozu ich Lust habe«, erklärte er ihr.

»Das geht nicht. Es wäre unklug, bei meiner jetzigen Stellung hier die Kaiserin oder ihre Mutter zu beleidigen. Ich bin erst sechs Monate im Palast, und ich bin immer noch dafür verantwortlich, die Dinge im Hofstaat der Kaiserin in Ordnung zu halten.«

»Du begleitest mich niemals bei meinen Ausflügen auf das Land. Immer hast du Ausflüchte«, fuhr er fort, als hätte er sie nicht gehört.

Jao sah ihn vorwurfsvoll an und schwieg. War es möglich, daß er wirklich nicht wußte, in welchem Ausmaß die Kaiserin sie in Anspruch nahm? Die langen Stunden des Stehens, die pausenlosen Rufe nach ihr, um die ewigen Wutausbrüche zwischen Mutter und Tochter, sobald die beiden zusammen waren, zu schlichten. Dachte Kaotsung auch nur einen Augenblick, daß die Kaiserin jemals von einem Gedanken, der ihr durch den Kopf schoß, wieder abließ?

Kaiserin Wang war zu der Überzeugung gelangt, daß Jaos Reputation, dem furchtgebietenden Taitsung eine angenehme Gefährtin gewesen zu sein, daher kam, daß sie jederzeit bereitstand und ihren Dienst, wann immer er benötigt wurde, mit einem Lächeln versah, ohne jemals erschöpft oder mißmutig zu sein. Sie hielt Jao für eine absolute Perle von einer Dienerin, eine harmlose Untergebene. Aus Bequemlichkeit vergaß sie, daß Jao jetzt einen höheren Rang und damit das Recht auf bessere Behandlung hatte.

Die Folge davon war, daß Jao immer dünner wurde und ein wenig von ihrem strahlenden Aussehen einbüßte. Mit jedem Tag wurde sie tiefer in eine Situation gezogen, aus der es kein Entrinnen gab. Ihr war klar, daß nicht einmal der Kaiser sie daraus retten konnte.

»Begebt Euch nur auf Euren langen Ritt. Es ist – Ihr habt recht – ein so wunderbarer Tag. Erzählt mir alles, wenn ich Euch heute Abend sehe«, drängte sie ihn erschöpft, gleichgültig, was er denken mochte.

Er stimmte schließlich zu, sah aber gekränkt aus. Auch er begann wieder, gespannter zu wirken. Niemand kannte den Grund für das Schwinden seiner üblichen guten Stimmung, obwohl einige glaubten, er könnte in den ewigen Reibereien mit den Älteren zu suchen sein.

An diesem Abend sandte er nicht nach Jao. Bald kam es soweit, daß er überhaupt nicht mehr nach ihr rief. Die sommerliche Hitze hatte im August ihren Höhepunkt erreicht, und alle waren gereizter Stimmung, so daß sich Jao zuerst keine Sorgen machte. Sie war viel zu dankbar, endlich ihre Nächte für den lang entbehrten Schlaf zu haben.

Tagsüber wuchsen die Spannungen am Hof der Kaiserin durch die immer dominierender werdende Präsenz von Madame Liu. Die alte Dame war der Ansicht, die Höfe ihrer Tochter seien kühler als ihre eigenen, und belastete mit ihrer Anwesenheit die Kaiserin, die Diener und den ganzen Hofstaat. Sie spielte sich zur eigentlichen Herrin des Hofes der Kaiserin auf, so wie ihr Bruder, Liu Shih, sich zum eigentlichen Entscheidungsträger in der Regierung gemacht hatte.

›Arrogantes, widerliches Weib‹, dachte Jao eines Nachmittags, als die Alte eine Dienerin schlug, die einen glatten Teekessel fallengelassen hatte. Sie nahm eine Bronzevase und stieß sie so in den Rücken des Mädchens, daß dieses zu Boden stürzte. Jao fiel ihr in den Arm, um einen weiteren Schlag zu verhindern, der auf den Kopf des Mädchens zielte, und bekam dafür einen schmerzhaften Schlag auf die Schulter. Wütend über Jaos Eingreifen, holte die alte Dame zu einem neuen Schlag aus, diesmal gegen Jao. Sie verfehlte Jaos Kopf, brach ihr aber dafür das Schlüsselbein. Eunuchen sprangen vor, nahmen die Bronzevase an sich und brachten die schwer atmende alte Dame mit beruhigenden Worten zu einem Stuhl. Die Kaiserin erwachte endlich aus ihrer Erstarrung und versuchte zu helfen und ihre Mutter zu beruhigen. Eine Wache führte mit Jaos Hilfe das hysterische Mädchen hinaus.

»Ist Eure ehrenwerte Mutter jetzt in Ordnung?« fragte Jao, als der Friede wiederhergestellt war. In dem Bemühen, ihre Schmerzen zu lindern, hielt sie eine Hand gegen ihr Schlüsselbein.

Sie hatte zu früh gesprochen. Madame Liu war weit davon entfernt, sich beruhigt zu haben. Sie spie Jao an. »Wie kannst du es wagen, ein Niemand wie du – und noch dazu eine Frau ohne jede Moral –, wie kannst du es wagen, dich einzumischen, wenn ich eine Dienerin strafe? Wo du selbst nicht mehr als eine Dienerin bist! Hinaus, sofort!«

»Verehrte Mutter«, begann Wang ängstlich. »Ich bitte Euch …«

Madame Liu drängte ihre Tochter zur Seite und zielte mit ihrem Stock nach Jaos sichtlich verwundeter Schulter. Geschickt trat Jao zur Seite, und ein wachsamer Eunuch ergriff die Hand der alten Dame mit beruhigender Geste. Jao verbeugte sich vor der Kaiserin, die ihr stammelnd die Erlaubnis gab, sich zurückziehen.

»Geht gleich in die Apotheke und laßt Euch die Schulter ansehen«, flüsterte der Obereunuch Kang, als er ihr die Tür aufhielt.

12

Kurz nach ihrer Ankunft im Palast hatte Jao dem Obersten der Apotheke einen Höflichkeitsbesuch abgestattet, so daß sie jetzt freundlich in seinen Räumen empfangen wurde. Unter Ausrufen des Bedauerns wurde das Schlüsselbein von ihm selbst eingerichtet, ein Verband angelegt und ihr Arm in eine Schlinge gesteckt. Sie wurde mit der Versicherung fortgeschickt, daß ihrer baldigen Genesung nichts im Wege stehe.

Als sie endlich auf ihrer Bettstatt lag, war sie so erschöpft, daß sie in totenähnlichen Schlaf fiel und erst von einer Frau aus der Apotheke geweckt wurde, die ihr eine kräftigende Brühe brachte. Folgsam trank sie die Suppe aus und schlief augenblicklich wieder ein. Als sie das nächste Mal erwachte, ging ihr auf, daß sich niemand um sie gekümmert hatte und daß niemand sie bediente. Sie war verlassen. Es sah aus, als hätte sie niemanden mehr, der sich um sie sorgte. In den alten Tagen, als sie noch eine Tsairen gewesen war, hatte sie wenigsten Chi und dessen Vorgesetzten, den Obereunuchen, hinter sich gehabt.

›Ich glaube nicht, daß ich der Feindschaft der mächtigen Madame Liu, zusätzlich zu den Bosheiten der Hsiao Fei, gewachsen bin‹, dachte Jao. ›Und ganz sicher kann ich es nicht ertragen, daß sich Kaotsung von mir abgewendet hat.‹ Er schien zu glauben, daß ihr das Wohlergehen der Kaiserin mehr am Herzen lag als das seine. Das Beste, was sie noch erhoffen konnte, war ihre Entlassung, entschied Jao. Zu ihrer Mutter nach Taiyuan konnte sie wegen der Feindschaft ihrer Halbbrüder nicht zurückkehren. Die Äbtissin mochte vielleicht Mitleid haben und sie wieder im Kloster aufnehmen, allerdings nicht ohne daß sie, Jao, für immer entehrt sein würde. Daher war sie sich nicht so sicher, daß die Äbtissin sie überhaupt würde haben wollen. Jaos Gedanken gingen verzweifelt im Kreis, doch sie sah keinen Ausweg.

Eines allerdings hatte sie in ihre Überlegungen nicht einbezogen, und das war es, das ihr jetzt zur Hilfe kam: das schweigende Wohlwollen eines Heeres von Dienern. Einige von ihnen waren von ihr freundlich behandelt worden, andere hatten sie zwar noch nie gesehen, aber von ihrer Hilfsbereitschaft gegenüber den beiden Mädchen gehört, die von den Liu mißhandelt worden waren. Eine dieser Dienerinnen schaute nach Jao und brachte ihr Essen, während Jao auf das Verheilen ihrer Verletzung wartete und sich ausruhte.

Das Wetter veränderte sich, und die Kühle des Herbstes legte sich über die Stadt. Madame Liu kehrte in ihr eigenes Heim außerhalb des Palastes zurück, und in der Minute, in der ihre Mutter sie verlassen hatte, sandte die Kaiserin nach Jao. Nachdem Jao ihren Dienst wiederaufgenommen hatte, begann sich ihre Stimmung etwas zu heben. Nach einiger Zeit kam auch die erste Aufforderung vom Kaiser, und ihre Lebensgeister erwachten. In aller Eile schlüpfte sie in eine neue Tunika und fand sich im kaiserlichen Pavillon ein.

Kaotsung stand in der Mitte des Raumes und empfing sie, als man sie hereinführte. Mit einem Herz, das zum Zerspringen klopfte, versank sie in ihre übliche graziöse Verbeugung.

»Als erstes möchte ich dir mitteilen, daß ich mit dem Eunuchen Kang vereinbart habe, daß der frühere Verantwortliche für euch Tsairen, der Eunuch Chi, in meinen Dienst versetzt wird«, sagte Kaotsung. »Seine Aufgabe wird es sein, sich um dich zu kümmern. Ich will jemanden haben, der deine Interessen im Auge hat und nach dir sieht. Ich möchte dir aber auch sagen, daß ich gerade erst von Kang gehört habe – der diese Auskunft direkt von Ho, dem Eunuchen der Kaiserin, hat –, was du durchgemacht hast. Jetzt verstehe ich, warum du immer darauf bestanden hast, die Wünsche der Kaiserin zu erfüllen und nicht meine, wenn ich dich zum Ausreiten aufgefordert habe«, erklärte er steif.

Sie hielt den Kopf gebeugt und antwortete nicht, aber Hoffnung und Erleichterung nahmen so sehr Besitz von ihr, daß kein anderer Gedanke mehr Platz hatte. Er wartete nicht, bis sie sich erhob, sondern riß sie in seine Arme.

»Wie konnte ich dich nur so behandeln, wie konnte ich an deiner Loyalität zweifeln, wie konnte ich auf deine Pflichten bei der Kaiserin eifersüchtig sein? Was war ich doch für ein Narr«, stammelte er verzweifelt. »Wo du doch die einzige bist, die mir gegenüber wirklich loyal ist ... aber ich habe mich schlecht benommen, ich habe mich schlecht benommen. Beim Himmel, niemals wieder werde ich so ein Narr sein!«

Er zog sie eng an sich, ungestüm und unbeholfen, und sie bekam keine Luft mehr, während er sie so verzweifelt eng an sich drückte, als wäre sie seine Lebensrettung auf stürmischer See. Aller Aufruhr in ihrem Inneren kam zur Ruhe, und sie gab sich zum erstenmal in ihren Beziehungen rückhaltlos hin. Kaotsung spürte etwas Neues in seiner Liebe, eine Woge tiefen Gefühls und den Stolz, eine Frau aus eigener Kraft und mit eigenen Mitteln gewonnenen zu haben.

»Du mußt mir helfen, du muß mich nehmen, wie ich bin, immer und bei allem, was ich tue«, flüsterte er und liebkoste sie mit wachsender Leidenschaft, ihr Gesicht, ihre Brüste, ihre Schenkel. »Ich will dich, immer. Verlaß mich niemals wieder. Ich kann dich nicht gehen lassen.«

»Ja ...« murmelte Jao atemlos und verschränkte ihre Arme mit den seinen. »Es gibt nichts, das ich mich mehr wünsche. Möge es uns der Himmel vergönnen.« Sie war erregter, als sie es jemals für möglich gehalten hatte, und sie gab sich ihm nicht mit Kunst, sondern mit Lust hin.

Die Nacht verging, ohne daß jemand ihre Gemeinsamkeit gestört hätte. Und es war für beide wunderbar, einander immer neu zu entdecken. Im Morgengrauen, als sie endlich voneinander abließen, hob Kaotsung ihr Kinn und sah ihr forschend ins Gesicht. »Das ist das Wunderbarste, das mir je widerfahren ist. Ich habe nicht geahnt, daß ich so für eine Frau empfinden kann«, erklärte er schlicht. »So! Und was muß geschehen, damit niemals wieder etwas zwischen uns kommen kann?«

»Mir ist das gleiche geschehen«, flüsterte Jao so leise, daß er sie kaum hören konnte. »Das gleiche. Niemals zuvor ist so etwas mit mir geschehen – so mit einem anderen zu verschmelzen, so, als wären wir beide eins. Es macht mir angst.«

»Ich weiß. Aber wir dürfen keine Angst haben. Wenn wir beide nichts voreinander verbergen, können wir die Kraft finden, mit allem fertig zu werden, was kommen mag. Das Wichtigste ist, daß sich jetzt alles, alles geändert hat. Wir sind eins, und nichts kann zwischen uns kommen, wenn wir es nicht zulassen. Dieses Wissen wird uns die Kraft geben, die wir brauchen.

Das erste Problem ist deine Stellung hier: Ich weiß jetzt, daß es an mir ist, dir ein leichteres Leben zu bereiten. Mir ist klar, daß man zu sehr an deinen Kräften gezehrt hat. Du sagst mir nicht alles ... aber von jetzt an dürfen wir nichts mehr voreinander verbergen. Ich habe den Verdacht, daß du mir deshalb deine Gesellschaft während des Tages verweigert hast, weil du weder die Kaiserin noch ihre Familie gegen mich aufbringen wolltest. Das müssen wir ändern. Früher oder später werde ich mich mit allen drei der Liu auseinandersetzen, das schwöre ich. Aber das dauert seine Zeit. Soll ich damit beginnen, daß Mi wieder zu dir zurückkehren kann? Sie ist irgendwo im Palastdienst. Würde dir das Freude machen?«

»Ob es mir Freude machen würde?« wiederholte Jao. »Über alles! Ich brauche Mi mehr als jeden anderen Menschen! Mit ihr zusammen werde ich es schaffen, einen Weg aus allen diesen Palastintrigen zu finden. Sie wird mir am besten helfen können, Euch zu helfen!«

Ein paar Abende später, als der Kaiser sie nicht zu sich beordert hatte, konnte Jao früh zu Bett gehen. Sie schlief tief und rührte sich von Sonnenuntergang bis Sonnenaufgang kaum. Der langentbehrte Schlaf war so wunderbar gewesen, daß sie am Morgen schlaftrunken vor sich hindöste. Da schien eine Hand sie am Handgelenk zu halten, eine Stimme schien zu sagen: »Hier ist heißer Tee. Wacht auf, meine Herrin!« Jao setzte sich rasch auf. »Mi?« flüsterte sie. »Mi! Bist du es wirklich?«

Mi stand neben dem Bett und stellte lachend vor Freude die Tasse Tee nieder, von der eine zarte, einladende Dampfwolke aufstieg. »Ich bin wieder in Euren Diensten!« Ihre Stimme zitterte leicht.

Jao sprang auf und zog Mi in ihre jungen, starken Arme, während ihr die Tränen in die Augen traten und über die Wangen liefen. »Ich kann es nicht glauben … nach all dieser Zeit!« Sie schob die Freundin von sich und blickte in ihr Gesicht. »Wie ist das möglich?«

»Obereunuch Kang hat es arrangiert. Ich erhielt meine Befehle und verlor keine Zeit, da könnt Ihr sicher sein, meine Dinge zusammenzupacken und hierherzukommen.«

Jao drückte aufgeregt Mis schlanke Arme. »Du mußt mir alles erzählen, was dir geschehen ist. Ich bin überzeugt, du hast bisher nicht die Erlaubnis gehabt, mich zu sehen, also von heute an verlaß mich nie mehr! Weißt du, daß Chi jetzt im Dienst des Kaisers ist? Es war so eine Beruhigung, ihn von Zeit zu Zeit zu sehen, aber nun habe ich dich! Ich kann es nicht in Worte fassen. Mit dir kann ich alles durchstehen.«

Mi streichelte Jaos Rücken, und ein glückliches Lächeln ließ ihre sonst so ernsten Züge weich erscheinen. »Ja, diesmal bin ich hier, um zu bleiben. Soll ich gleich damit beginnen, Eure Füße zu massieren, um Euch zu beruhigen?«

Jao lachte. »Bestimmt nicht! Gib mir nur den Tee!«

Während der folgenden Tage verrichtete Jao ihren Dienst in einem Taumel. Sie hatte sich so lange nach der Liebe des Kaisers verzehrt, ohne sich zu gestatten, jemals an eine Erfüllung zu glauben. Die Möglichkeiten, die sich ihnen beiden eröffnen konnten, wenn sich eine dauerhafte Verbindung zwischen ihnen ergab, boten ihr ungeahnte Verheißungen. Bei aller hochfliegenden Hoffnung entging ihr allerdings nicht, daß es in Kaotsungs Liebe zu ihr auch Anzeichen einer Verzweiflung gab, die sie verwirrten. Ihre eigene Verzweiflung verstand sie: Sie erklärte sich aus ihrer gefährlichen Situation zwischen der Kaiserin und Hsiao Fei und neuerdings der Feindschaft von Madame Liu. Sie ahnte, daß es an ihr liegen würde, einen Ausweg zu finden. Diejenigen, die Macht über sie hatten, betrachteten sie als ein klägliches Überbleibsel aus dem Harem des verstorbenen Kaisers. Sie wußte, daß sie das irgendwie ändern mußte. Zur Zeit aber schien die willige und höfliche Art, mit der sie ihre Dienste versah, ihr keinen Erfolg in ihrem Sinne zu bringen. ›Außer für den Kaiser bin ich für alle hier entbehrlich‹, dachte sie in einem ihrer verzweifelten Momente. ›Tatsächlich bin ich jetzt schlechter gestellt als vorher.‹

Es war ihre Aufgabe, dem Kaiser Kraft zu geben. Außer seinen Machtkämpfen gab es noch etwas, das ihn quälte und worüber er entweder nicht sprechen konnte oder wollte. ›Ich muß warten und sehen, was kommt‹, dachte sie.

Kaotsungs Gedanken waren, während er einer langweiligen dreistündigen Sitzung beiwohnte, bei seiner Situation mit Jao. Er sehnte die kommende Nacht herbei, doch mischte sich in seine leidenschaftlichen Vorstellungen ein Hauch von Zweifel. ›Jao wird eines Tages aufrichtig zu mir sein‹, sagte er sich. ›Jetzt lächelt sie nur und hat jedesmal eine Ausrede bei der Hand, wann immer ich sie bitte, den Tag mit mir zu verbringen.‹ Quälte sie Wang wirklich? Vielleicht fühlte sich Jao ihr verpflichtet, weil man sie aus dem Kloster geholt hatte. Vielleicht bereute sie es sogar, das Klosterleben mit dem Palastleben getauscht zu haben, überlegte er. Doch da er sich ihrer Liebe jetzt sicher war, konnte er auf die Wahrheit warten.

Der Herbst war dieses Jahr schöner als sonst, der Himmel klarer, die verfärbten Blätter bunter. Die Mondnächte – der Erntemond war größer und strahlender als üblich – warfen ihren Schimmer auf die fröhliche Menge, die im Freien feierte. Kaotsung und Jao waren während der festlichen Nächte weiterhin mit sich selbst beschäftigt. Sie genossen eine bisher unbekannte Freiheit von jeder Einmischung von seiten des Palastes, eine wunderbare Frist des Friedens und der Abgeschiedenheit.

Einen Monat nach dem Erntemond brachten kalte Winde aus Sibirien das endgültige Ende des schönen Wetters und das Ende von Jaos Glück. Trotz der nach außen gezeigten Leichtherzigkeit hatten pausenlose Magenschmerzen zu einem beträchtlichen Gewichtsverlust geführt. Zuerst schenkte sie dem kaum Beachtung. Der Mangel an frischer Nahrung führte bei den Palastbewohnern häufig zu Unwohlsein.

Kaotsung andererseits war voll Energie und Unternehmungsgeist, und er wurde mit den vertrauten Staatsgeschäften immer besser fertig. Doch beging er auch Fehler, und einer davon war, daß er Hsiao Fei vernachlässigte. In seiner Gleichgültigkeit vergaß er, sie zu besuchen, und er nahm sich auch selten die Mühe, seine immer verbitterter werdende Kaiserin aufzusuchen. Hsiao Fei verlor ihre Sicherheit im Auftreten und wurde ganz gegen ihre frühere Art zänkisch. Beide Frauen wurden mit jedem Tag gehässiger und ihren Bediensteten zunehmend lästiger. Die Kaiserin brach einen Streit nach dem anderen vom Zaun, und auch Hsiao Fei suchte mit jedermann eine Auseinandersetzung.

Trat Jao ihrer Bauchbeschwerden wegen ihren Dienst bei der Kaiserin verspätet an, so ließ diese ihren Zorn an ihr aus. Als dies zum zweitenmal geschah, waren Madame Liu und ihr Bruder anwesend, und Minister Liu bedachte Jao während der ganzen Zeit mit feindseligen Blicken. Das beunruhigte sie so sehr, daß sie sich Mi anvertraute.

»Ihr solltet Euren Dienst bei der Kaiserin einschränken, da ihr jede Nacht mit dem Kaiser verbringt. Und Ihr solltet während des Tages ruhen und besser essen, jetzt, da Ihr schwanger seid«, sagte Mi.

»Was!« brach es aus Jao heraus. »Was hast du gesagt?«

Erstaunt schaute Mi ihre Herrin an. »Ich sagte, Ihr müßt während Eurer Schwangerschaft besser essen. Daran ist nichts Beunruhigendes.«

Langsam machte Jao den Mund zu und nahm sich Zeit, die Tatsachen zu überdenken. »Du lieber Himmel, ich mit meiner Erfahrung in der Apotheke, ich hätte es doch merken müssen, aber mich hat in der letzten Zeit eine Reihe von Dingen beunruhigt, so daß ich diesen kleinen Unzukömmlichkeiten keine Aufmerksamkeit geschenkt habe. Mi, wer weiß, daß ich schwanger bin? Wer redet darüber?«

»Viele wissen es, vor allem Madame Lius Dienerinnen, die jede Eurer Bewegungen ausspionieren. Mir ist es natürlich sofort aufgefallen, aber ich dachte, Ihr wollt darüber noch nicht reden.«

Jao schluckte. »So, das ist es, worüber Ministerpräsident Liu nachdenkt. Das ist der Grund, warum er mich so behandelt. Seine Stellung hier hängt an der Kaiserin und ihre wiederum daran, ob sie einen Sohn als Nachfolger hat.«

»Das stimmt, Herrin. Aber die Neuigkeiten von Eurer Schwangerschaft sind nicht nur Palasttratsch, und sie sind auch nichts, das Euch verärgern sollte, im Gegenteil, es ist eine Ehre und sollte öffentlich bekanntgegeben werden. Ich dachte, Ihr wollt Euren Zustand nicht zur allgemeinen Kenntnis bringen, weil sich die Liu Sorgen machen. Alle sprechen darüber, daß die Kaiserin Chung adoptiert hat, um ihn zum Kronprinzen zu machen, und darüber, mit welcher Eile die Liu diese Entscheidung offiziell durchsetzen wollen. Wußtet Ihr das nicht?« Jao schüttelte den Kopf. »Und das alles geschieht, weil Ihr mit Eurer Schwangerschaft den Palast in Unruhe versetzt habt.«

»Nun … laß gut sein … jetzt hilf mir schnell, mich anzuziehen. Ich bin schon wieder zu spät für meinen Dienst, und die Kaiserin wird mich mit Aufträgen überhäufen, um mich zu strafen.«

Abwägend blickte Mi auf ihre Herrin, während sie sich beeilte, Jao anzuziehen. Unter der ängstlich gerunzelten Stirn waren Jaos Brauen zu einer häßlichen Linie zusammengezogen. »Ich habe Angst, Mi, Angst«, flüsterte sie und wandte sich zur Tür.

»Ihr, Angst?« rief Mi aus. »Niemals. Nicht Ihr, Herrin. Das könnt Ihr nicht, mit so guten Neuigkeiten wie diese! Solche Aussichten, so ein Glück!« Aber Jao hörte sie nicht. Sie war bereits gegangen.

»Jao!« rief die Kaiserin ungeduldig, als Jao ihre morgendliche Verbeugung machte. »Du hast mich warten lassen. Meine Knöchel sind geschwollen, und die Nonne ist nicht da, du mußt mich sofort massieren.« Jetzt, da Hsiao Fei ausgeschaltet war, bestand für die Kaiserin kein Grund mehr, zu Jao liebenswürdig zu sein. »Ich muß heute nachmittag bei der Feierlichkeit für meinen Sohn, den Kronprinzen Chung, bequem stehen können«, erklärte sie. Da sie sich nun in der Rolle der Kaiserin sicher fühlte, trat ihr ganzer Hochmut zutage. Jao hörte schweigend zu und gehorchte.

Diesen Abend begrüßte auch Kaotsung Jao mit ungewöhnlicher Ungeduld. »Ich habe dich heute bei den Feierlichkeiten nicht gesehen«, sagte er sofort. »Ich hatte dich erwartet. Diese ganze Geschichte mit Chung ist mir so unerwartet aufgehalst worden, daß ich kaum Zeit hatte, mir das Ganze zu überlegen. Das wird Hals über Kopf gemacht – ich war schließlich selbst acht Jahre Kronprinz und bin erst zwei Jahre auf dem Thron, und schon wird mir ein Kronprinz beigegeben. Die Liu waren bei der heutigen Zeremonie vollzählig vertreten, zusammen mit meinem Onkel Changsun Wuji sowie sämtlichen Ministern über dem dritten Rang.«

»Was geschah?« Jaos Frage klang zurückhaltend.

»Minister Liu zelebrierte die Einführung, und die ehrenwerten Älteren stimmten geschlossen zu. Liu betonte immer wieder die Tatsache, welche Gefahr es für die Dynastie bedeute, wenn kein Nachfolger bestimmt ist, und ähnlichen Unsinn mehr. Alle wußten natürlich, warum er so darauf drängte – er will, daß seine Nichte den zusätzlichen Status der Mutter des Thronfolgers besitzt, was für ihn die Sicherung seiner Stellung bei Hof bedeutet.«

»Habt Ihr Chungs Adoption und seine Erhöhung zum Kronprinzen unterstützt?« wollte sie wissen, bemüht, völlig ausdruckslos zu bleiben.

»Das habe ich nicht, aber letztlich ist es mir egal. Ich habe noch fünfzig Jahre vor mir. Ich bin erst dreiundzwanzig, warum also sollte ich mich darum kümmern, was sie tun? Die Älteren setzten die Entscheidung natürlich wie üblich durch«, fügte er unvorsichtig hinzu.

Beunruhigt sah Jao ihn an und bemerkte plötzlich, wie niedergeschlagen er aussah. Der Vorhang hatte sich einen Spalt geöffnet, und sie hatte einen Teil der Wahrheit erkannt, die er vor ihr verbarg. Es war ihm so wichtig, daß sie in ihm nur den Gewinner, niemals den Verlierer sah. Als sie das erkannte, riß sie sich zusammen, gratulierte ihm und sagte, er habe alles so gemacht, wie es von ihm erwartet wurde. Bei ihren Worten lebte er auf.

»Warum warst du nicht dort?« fragte er abermals.

»Ich war nicht eingeladen!« gab sie zur Antwort.

Er starrte sie an und wehrte sich noch gegen die Erkenntnis dessen, was Jao ihm verschwieg, des Ausmaßes ihrer Isolation und ihrer Hilflosigkeit in den Händen der Kaiserin.

»Die Liu?« fragte er. »Sie haben dich immer unterstützt. Von dieser Seite können doch keine Schwierigkeiten kommen?«

»O doch!« Jaos Lippen zitterten. »Denn ich werde Euch jetzt selbst bald einen Sohn schenken.«

»Was!« Seine Augen leuchteten. »Im Ernst?«

»Ja«, bestätigte sie.

»Wunderbar!« rief er aus, seine Stimme ein einziger Freudenschrei. »Wunderbar ... welch eine gute Neuigkeit! Das ändert alles ... gut, gut! Damit kann ich dich in aller Öffentlichkeit unterstützen, da du, im Rang einer Gemahlin, mir einen Sohn schenkst.«

Er zog sie so sanft in seine Arme, als hätte er Angst, sie zu zerbrechen, wenn er sie zu hart anfaßte. Jao mußte darüber lachen, und plötzlich waren ihre Ängste verflogen. »So etwas geschieht öfter, wie Ihr wißt. Es geschieht jedem! Es ist nichts, über das wir uns Sorgen machen müssen, und ich bin so glücklich, daß mir dieser Segen widerfahren ist. Es ist ein Glückszeichen für uns beide, ganz sicher.«

Kaotsung legte seine Hände mit den langen, sensiblen Fingern um ihre schmale Taille und schaute sie an. Jao lachte wieder und fühlte Stolz in sich aufsteigen. »In sechs Monaten werdet Ihr meine Taille nicht mehr mit beiden Händen umspannen können.« Sie lachte leise.

Auch er lächelte glücklich. » Ich werde es genießen, dich um die Mitte immer dicker werden zu sehen. So werde ich endlich einen Kronprinzen haben, dessen Mutter ich liebe.«

»Und wenn es ein Mädchen wird?«

»Nicht diesmal«, entgegnete Kaotsung entschlossen. »Beim nächstenmal!«

Die allzu offensichtliche Schirmherrschaft des Kaisers brachte Jao nur noch größere Schwierigkeiten. Die Feindschaft der Liu war nun offenkundig, und die mittlerweile eifersüchtige Kaiserin ließ ihr keinen Augenblick Ruhe und verbündete sich mit Hsiao Fei gegen sie. Hsiao erging sich in kleinen Bosheiten: Jaos Bett war oft durchnäßt, da sichtlich Wasser darübergegossen worden war, ihre Kleider wurden durch den Schmutz gezogen, tote Tiere lagen auf dem Fußboden ihres Zimmers. Von alldem berichtete Jao Kaotsung nichts.

Eines Abends bemerkte er ihren verzagten Blick. »Was ist los?« fragte er. »Du siehst schrecklich aus.«

»Ich weiß«, antwortete sie und verschränkte die Arme über dem sich vorwölbenden Leib.

»Nicht das«, beeilte er sich zu versichern, »das ist unser Sohn! Ich meine, du siehst krank aus. Bist du krank? Willst du, daß ich dich vollkommen aus dem Hof der Kaiserin entfernen lasse? Das wäre wahrscheinlich möglich, doch bin ich mir nicht sicher, ob dir das nicht mehr Schaden als Nutzen brächte.«

»Wenn Ihr den Obereunuchen veranlassen könntet, Madame Sun, die Taoistin, zu ersuchen, mir in der Schwangerschaft beizustehen, dann braucht Ihr Euch weder über mich noch Euren Sohn Gedanken zu machen«, meinte sie leichthin. »Wenn Sun hier das Kommando hätte, müßte die Kaiserin den Dingen ihren Lauf lassen, nicht wahr? Was könnte sie dagegen tun?«

»Wird gemacht!« versprach der Kaiser erleichtert.

Noch am selben Abend traf die Hebamme ein. Das Treffen fand in einem Seitenflügel der Kaisergemächer statt. Der Kaiser, nur in Begleitung seines vertrauten Eunuchen Kang, bestand darauf, selbst anwesend zu sein. Madame Sun sah sich auf das wärmste begrüßt und war zufrieden. Jao nahm Suns zarte Hände in die ihren und preßte sie. Ihre Stimme zitterte, als sie die Hebamme an die Tage in der Höhle vor dreizehn Jahren erinnerte. Madame Sun nickte, dann ergriff sie Jaos Handgelenke und fühlte, während sie weitersprach, ihren Puls. Sie plauderte über den willkommenen Wetterwechsel, blickte aber gleichzeitig auf Jaos geschwollene Füße, dann führte sie sie zu einem Stuhl, bettete ihre Beine auf einen Hocker und prüfte den Puls an den Knöcheln.

Kaotsung beobachtete alles voll Neugier, zumal es ihm eigentlich gar nicht zustand, bei derartig weiblichen Angelegenheiten zugegen zu sein. Und während sie weiter plauderten, tastete Sun Jaos Bauch ab. Dann stand sie auf und verbeugte sich.

»Ich werde für einige wirksame Mittel sorgen, die sie in den drei noch vor ihr liegenden Monaten nehmen soll, sonst allerdings kann ich nichts für sie tun, es sei denn, sie bliebe nicht täglich stundenlang auf den Beinen.«

»Aber ...«, begann Jao.

»Ich werde dafür sorgen, daß es anders wird«, versicherte Kaotsung wütend. Er drehte sich zu Kang um. »Sende sofort den Befehl an die Oberhebamme des Palastes, sich für die nächsten drei Monate den Anweisungen von Madame Sun zu unterstellen, und sorge dafür, daß sich einer deiner besten Leute darum kümmert, damit alles unter deiner Kontrolle bleibt und somit ohne Fehler abläuft.«

Eunuch Kang verbeugte sich und senkte die Augen. Er hatte Palastgerüchte über eine Unterhaltung gehört, die zwischen Minister Liu und der Kaiserin stattgefunden hatte. Liu hatte angeblich der Kaiserin vorgeschlagen, Jao den ganzen Tag in Atem zu halten und ihr keine Ruhe bis zu dem Augenblick zu gönnen, in dem der Kaiser nach ihr rief. Die Kaiserin hatte ihm versichert, daß sie das bereits täte, und so meinte Liu, es wäre ratsam, auch das Essen für Jao einzuschränken, damit sie noch kränker wurde und damit hoffentlich im Kindbett sterben müßte.

Eunuch Kang wechselte einen vielsagenden Blick mit Madame Sun. Er verbeugte sich. »Ich werde für alles Sorge tragen«, erklärte er trocken. Er wußte, daß viele der Palastdiener beobachtet hatten, wie Jao behandelt wurde, und daß sie diese Behandlung mißbilligten. »Sie ist schwanger«, sagten die Bediensteten, »und sogar die kleinen Leute wissen, daß man eine Schwangere nicht mißhandelt.«

»Und Ihr«, meinte Kaotsung zu Madame Sun, »Ihr werdet in den Palast übersiedeln, wenn die Zeit kommt?« Auch sie verneigte sich tief. »Und ich selbst werde mit Kaiserin Wang sprechen«, fuhr er fort und wandte sich rasch zu Jao. »Das dürfte wohl helfen!« meinte er fröhlich.

Doch es half nichts.

Als Madame Sun zwei Wochen später Jao besuchte, war sie entsetzt. »Was treibst du? « fragte sie. »Schau deine Knöchel an – richtige Ballons. Legst du deine Füße hoch?«

»Nein«, gab Jao zurück.

»Und warum nicht?« fragte Sun kurz angebunden.

»Der Kaiser hat mit der Kaiserin gesprochen, aber sie nimmt seine Befehle nicht zur Kenntnis. Meine Dienststunden sind länger als zuvor. Das fällt sogar den Hofdamen auf.«

»Jemand muß mit dem Kaiser darüber sprechen. Dein Zustand ist gefährlich.«

»Nein«, rief Jao aus. »Ich möchte Euch nicht widersprechen, ich meine nur, daß der Kaiser bei allem, was seine Autorität anbetrifft, sehr empfindlich ist, und da diese Aktionen von seiten der mächtigen Liu kommen, wäre ein Konflikt unvermeidlich, aus dem der Kaiser nur als Verlierer hervorgehen könnte. Ich bin mit meiner Weisheit am Ende und weiß nicht, was ich tun soll. Also tue ich gar nichts.«

Madame Suns Augen verengten sich. Sie war wütend, doch besaß sie ausreichend Erfahrung mit verwöhnten Frauen wie der Kaiserin. Ihr Gesicht blieb ausdruckslos. »Ich werde den Kaiser darum bitten, die übliche Sänfte zu einer anderen Zeit zu schicken, an einen anderen Platz und mit einer anderen Begleitung«, meinte sie am Ende. »Die Sänfte wird an den Treppen des Hauptpavillons der Kaiserin abgesetzt werden, und zwar am Morgen gleich nach ihrer Toilette, die Begleitung wird aus dem Obereunuchen Kang selbst und aus Leuten der Leibgarde des Kaisers bestehen.«

»Die Kaiserin braucht bloß nein zu sagen und die Sänfte fortzuschicken«, erklärte Jao finster. »Oder Madame Liu wird das tun. Oder Minister Liu ...«

»Egal«, unterbrach Madame Sun. »Ich werde den Kaiser darum bitten.«

Am nächsten Morgen erschienen die Sänfte und die Begleitung im Vorhof der kaiserlichen Gemächer. Die Kaiserin blickte finster und befahl ihrer untersten Hofdame, die Sänfte fortzuschicken. Ihre Mutter stellte sich auf die Galerie hinaus, um dafür zu sorgen, daß der Befehl auch durchgeführt wurde. Eunuch Kang, der seine eigene Sänfte hatte, blieb höflich, aber bestimmt in der Ausführung seiner Befehle. Die Kaiserin verbot Jao zu gehen, und diese gehorchte, aber die Sänften blieben an Ort und Stelle, und weitere Wachen marschierten auf. Schließlich ließ die Kaiserin, entgegen dem Wunsch ihrer Mutter, Jao gehen.

»Dieses eine Mal«, schrie Madame Liu. Sie hatte weder vergessen noch vergeben, daß Jao sich eingemischt hatte, als sie die Dienerin schlug. Doch am folgenden Tag erschien die Sänfte wieder, diesmal mit verstärkter Wache, und Eunuch Kang betrat das offizielle Wartezimmer. Der Kaiserin blieb nur, Jao wieder gehen zu lassen.

Minister Liu wurde gerufen, um sich der Situation anzunehmen. Er versuchte, ein informelles Treffen mit dem Kaiser zu arrangieren, um ihn einzuschüchtern, doch er wurde aufgefordert, sein Anliegen beim nächsten Ministerrat vorzubringen. Das wollte der Minister nicht. Er konnte nicht riskieren, sein Gesicht zu verlieren, wenn bekannt wurde, daß er sich in die Angelegenheiten einer schwangeren Konkubine mischte. Am Ende wurde Jao »in Ungnade« aus dem Hofstaat der Kaiserin entlassen, weil der tägliche Aufruhr zuviel Aufmerksamkeit auf sich zog.

Jaos Zustand besserte sich augenblicklich. Madame Sun ordnete kräftigende Brühen und Tees nach den traditionellen Rezepten für schwangere Frauen an: drei gekochte Rübenwurzeln mit dreißig Chrysanthemenknospen und eine Handvoll Sesamsamen. Dieser Tee mußte alle vier Stunden verabreicht werden. Jao fühlte sich augenblicklich besser. Alles, was für sie getan wurde, wirkte beruhigend und half ihr, aber die Welt war von dem Moment an wie verwandelt, da Madame Sun selbst in den Palast zog.

Um vier Uhr am Nachmittag desselben Tages verdunkelte sich der Himmel, und Jao schickte nach Lampen. Sie saß matt auf der warmen *kang* und lauschte Madame Suns heiteren Geschichten. Mi faltete kleine Baststücke in Baumwolltücher. Sie hörte voll Interesse bei allem zu, was die alte Dame zu erzählen wußte.

Jaos Füße lagen auf einem Hocker. Immer wieder versuchte sie vergeblich, eine bequeme Lage zu finden. Sie war klein und das Kind groß genug, um sie in jeder nur möglichen Lage zu drücken. Sie konnte nicht einmal ordentlich atmen. »Wie lange wird das noch dauern?« fragte sie irritiert. Beide Frauen blickten sie aufmerksam an. »Das ist ärger, als ich erwartet habe, und vermutlich wird es noch ärger werden«, fügte Jao düster hinzu, und die beiden Frauen nickten verständnisvoll.

Madame Sun behielt ihr gütiges Lächeln, aber ihr Blick änderte sich, als sie sah, wie Jaos Hand sich um ihren Bauch krampfte. »Was ist los?« fragte sie sofort.

»Nichts«, erklärte Jao wütend. »Ich habe irgend etwas gegessen, denke ich … neben allem anderen«, stieß sie bitter hervor.

»Ist schon gut«, gab Madame Sun zurück. »Vielleicht nicht heute nacht, aber sicher bald.« Sie lauschte auf Jaos Herzschlag und auf den des Kindes. Forschend blickte sie Jao an. »Wann hast du zuletzt etwas gegessen? Ich glaube mich zu erinnern, daß du seit dem Frühstück alles zurückgewiesen hast.« Jao nickte. »Alles in Ordnung«, erklärte die Hebamme. »Jetzt müssen wir dich waschen und die Seidenschnüre vorbereiten, an denen du ziehen kannst.«

Als sie damit fertig waren, erhob sich Madame Sun. »Es wird noch lange dauern, bis du mich wirklich brauchst, also werde ich ins Nebenzimmer gehen, um noch ein wenig zu schlafen, solange es möglich ist. Ich werde die Oberste Hebamme des Palastes rufen, damit sie ein Auge auf dich hat, während ich ruhe. Sie wird dafür sorgen, daß du dich wohlfühlst.«

»Natürlich, schlaft nur – aber nicht zu lange!« Jao hatte glänzende Augen und war aufgeregt.

Nach Mitternacht kehrte Madame Sun zurück, um Jao in desolatem Zustand und sehr müde vorzufinden. »Du solltest dich zwischen den Wehen ausruhen«, erklärte sie ihr. Jao warf ihr einen erbitterten Blick zu.

Die Hebamme ging die ganze Nacht ein und aus, sorgte dafür, daß das Zimmer gut geheizt und das Wasser kochend war, während die Hebammen des Palastes den Schweiß auf Jaos Gesicht trockneten und sie während der Wehen festhielten.

Bei Tagesanbruch fiel Schnee, und Madame Sun erschien mit einer frischen weißen Tunika über ihren Gewändern. Sie wirkte erfrischt und bereit, sich ihren Pflichten zu widmen.

Kaotsung kam immer wieder vorbei, um nachzufragen, aber Jaos Leiden bedrückten ihn so sehr, daß Jao und Madame Sun ihn baten wegzubleiben, bis alles vorüber wäre. Der Tag verging und die Nacht brach herein, aber das Kind wollte immer noch nicht kommen. Wenn Jao bei Bewußtsein war, schrie sie nahezu ununterbrochen. Die Dienerinnen begannen bereits zu verzweifeln, Madame Sun aber machte nur ein ernstes Gesicht und fuhr fort, alles zu veranlassen, was eine normale Geburt möglich zu machen schien. Bei Tagesanbruch wandte sie sich an die müde Palasthebamme und sagte: » Es ist, wie ich dachte, das Kind hat sich gedreht und sitzt fest. Es kann nicht kommen, wir müssen es vorsichtig und mit viel Geschick drehen. Zeig mir deine Hände.«

Hebamme Pak streckte die Hände aus. Sie waren klein mit langen Fingernägeln. »Erlaubst du mir, deine Nägel zu schneiden und die Hände einzuölen?« fragte Madame Sun. Wieder hallte ein gequälter

Schrei durch das überfüllte Zimmer. Die Frau nickte neugierig und Madame Sun bereitete die Hände der Hebamme für ihre Arbeit vor.

»So«, erklärte sie. »Ihr verlaßt alle das Zimmer, außer Mi. Wir brauchen Ruhe und Platz zum Atmen. Geht!« Feuerkörper waren entzündet worden, um die bösen Geister zu vertreiben, und ständig schlichen Neugierige vorbei, um auch etwas von den Ereignissen mitzubekommen. Als das Zimmer endlich leer war, sagte Madame Sun zur Palasthebamme: »Du verstehst dein Geschäft, daher vertraue ich dir die Entbindung an. Nein, unterbrich mich nicht. Du mußt, während ich Jao in meinem Schoß festhalte, versuchen das Kind zu drehen. So ...«

Madame Sun war eine starke Frau. Sie nahm auf der *kang* Platz und bettete Jao mit angewinkelten Knien in ihrem Schoß, während Hebamme Pak sich vor Jao hinkniete. Madame Sun flüsterte Jao ins Ohr: »Du wehrst dich gegen die Geburt, und so kann das Kind nicht kommen ... Gib den Kampf auf und laß mich machen. Gib nach ... gib auf ... laß Tao seinen Weg ... atme und preß, wenn du mich atmen und pressen spürst ... laß mich es für dich tun ...«

Langsam ergab sich Jao dem ihr von der sie haltenden Frau vorgegebenen Rhythmus. Madame Sun kontrollierte die Atmung, während sie gleichzeitig durch Massage versuchte, das Kind in eine bessere Lage zu bringen, und die andere Hebamme zog mit ihren kleinen kräftigen Händen den Kopf des Kindes unter den Beckenknochen hervor. Gegen Mittag war das Kind geboren.

»Ein Junge«, waren die erlösenden Worte, die Jao vernahm, bevor sie in erholsame Bewußtlosigkeit fiel.

Kaotsung erschien, um den Knaben anzusehen und seine geliebte Konkubine mit Geschenken zu überhäufen. Für den gesamten Palast wurde der Tag zum Feiertag erhoben. Das Kind erhielt den Namen Hung, und vierundzwanzig Stunden nach seiner Geburt waren die Sturmwolken abgezogen, die Sonne fiel auf eine strahlend weiße Welt, und die formellen wie die informellen Geburtsanzeigen wurden ausgeschickt.

Madame Liu war Frühaufsteherin und erhielt die Anzeige mit ihrem morgendlichen Tee. Aufgeregt knallte sie ihre Tasse aufs Tablett und rief nach ihrem Obereunuchen, den sie nach allen Details ausfragte, verlangte dann nach ihrer Sänfte und begab sich in den Palast.

Die Kaiserin lag im Bett. Sie war noch nicht einmal wach, als ihre Mutter ins Zimmer stürzte. Angstvoll setzte sie sich auf. »Was ist geschehen?« stammelte sie, als ihre zornige Mutter quer durch das Zimmer an ihr Bett stürmte.

»Dieses Frauenzimmer hat einen lebenden Sohn geboren, das ist geschehen«, schrie Madame Liu. Bedienstete kamen hinter ihr her, schlossen die Türen gegen die eindringende Kälte und halfen ihr aus ihren Überkleidern. Wang starrte alle diese Leute, die nichts in ihrem Schlafzimmer verloren hatten, an und zog sich die Decke bis ans Kinn.

»Na und?« gab sie verärgert zurück.

»Na und!« wiederholte ihre Mutter ungläubig. »Wie kannst du da herumsitzen, du Närrin, und nicht zur Kenntnis nehmen, welches Unglück das bedeutet.«

»Ja, ja, es ist ein Unglück, aber – ihr alle hier, bitte geht hinaus … hinaus jetzt, wenn ich bitten darf.« Widerstrebend wurden die Zuschauer von zwei Bediensteten hinausgeführt, und Wang wandte sich ihrer Mutter zu. »Nun, Mutter, setzt Euch. Ihr macht mich mit Eurem Aufundabgehen nervös.«

»Ich will stehen!« schrie Madame Liu. »Hör zu, du kleine Närrin. Diese Wu Jao hat einen Sohn, und der Kaiser wird ihn zum Kronprinzen machen wollen!«

»Aber Chung ist doch jetzt Kronprinz. Kaotsung würde ihn niemals seiner Rechte entheben.«

»Natürlich würde er das«, tobte Madame Liu. »Der Plan meines Bruders, daß dieses Kind niemals geboren werden und diese Frau sterben sollte, ist nicht aufgegangen.«

Wang blickte wortlos vor sich hin.

Erbittert sah ihre Mutter sie an. »Wir müssen diese Familie zerstören. Es gibt nur eine Rettung. Wir werden einen mächtigen Zauberer rufen, der soll seinen Bann über Wu Jao und das Kind sprechen.«

Die Liu sicherten sich durch ein hohes Entgelt die Dienste der angesehensten Männer unter den Schwarzen Schamanen von Changan. Sie erschienen, Beschwörungen murmelnd, in Wolken von Weihrauch, trugen seltsame Kleider und beschworen in einem feierlichen Ritual die Geister. Ihre mit schäumendem Speichel und vorquellenden Augen hervorgebrachten Beschwörungen erschreckten Zuseher wie Zuhörer.

Nachdem ihre letzte Fackel verlöscht war und sie sich entfernt hatten, fand man unter dem Bett des Kaisers das von Messern durchbohrte Abbild einer Frau. Im Palast zog man über die Bedeutung dieser Beschwörung seine Schlüsse. Viele sahen darin einen Angriff auf die Person des Kaisers selbst.

Im Palast gab es eigens eine Stelle für die Weißen Schamanen, deren Aufgabe es war, den Hof zu schützen. Sie trieben die bösen Geister aus und setzten sich nur zum Nutzen aller, niemals für das Böse ein. Diese hochgeachtete Bruderschaft der Schamanen hörte von den Beschwörungen der Außenseiter. Sie waren so betroffen, daß ihr Oberster bei Jao vorsprach – um so das Ohr des Kaisers zu bekommen –, um Anklage gegen die Liu zu erheben, daß sie durch das Zuziehen der Schwarzen Schamanen ernste Schwierigkeiten heraufbeschworen. Zauberei war ein schweres Verbrechen, wenn man sie dazu einsetzte, einen Tod herbeizuführen, und vor allem, wenn sich diese Zauberei gegen den Thron richtete.

Kaotsung konfrontierte den Kronrat mit der Anklage. Minister Liu hörte mit feuchten Händen zu und versuchte, das Ganze als Fiasko hinzustellen, an dem er keine Schuld trug. Die anderen hörten mit steinernen Gesichtern zu. Schließlich sagte einer der Älteren: »Minister Liu ist Euer Schwiegervater, da kann man nichts machen.«

Kaotsung hatte bei sich entschieden, daß dies der Moment war, sich der entscheidenden Kraftprobe mit den Älteren zu stellen. Als er antwortete, war seine Stimme hart und drohend. »Da läßt sich nichts machen? O doch, man kann, und wie man da etwas machen kann! Oder billigt ihr alle einen Anschlag gegen den Thron? Wünscht jemand von euch, Minister Liu ins Exil zu begleiten? Denn genau das ist es, was ihm blüht. Und zwar im günstigsten Fall!«

Eine lange Stille trat ein.

»Was beabsichtigt ihr in dieser Sache zu unternehmen?« forderte Kaotsung sie schließlich auf.

»Untersuchen«, erklärte Changsun Wuji zögernd.

Die Älteren ordneten Untersuchungen an, befragten adelige Kammerherren, befaßten sich mit der Welt der Schamanen und quälten die Diener. Die Liu wurden für schuldig befunden, vor allem Madame Liu, doch konnten sie dank ihrer Palastverbindungen nicht verurteilt werden.

»Habt Ihr Details über das Urteil gehört?« Eunuch Kang tupfte seine Lippen vorsichtig ab und setzte seine Suppenschale nieder. Eunuch Ho zog die Augenbrauen hoch und versuchte, dem Anstand entsprechend niedergeschlagen dreinzublicken. Schließlich gehörten Mutter und Onkel seiner Herrin der Familie Liu an.

»Einige, nicht alle«, antwortete er. »Was habt Ihr gehört?«

»Es scheint, als hätten sie sich sehr ... unklug verhalten«, Kangs Stimme klang salbungsvoll. Er persönlich hatte die Einmischung der beiden Liu in die Palastaffären mißbilligt. Die beiden hatten ihm oft genug Unannehmlichkeiten beschert. »Es zeugt von einem Mangel an gesundem Menschenverstand, Schamanen anzurufen, um politische Probleme zu lösen. Um ehrlich zu sein, glaube ich nicht, daß Minister Liu etwas mit dem todbringenden Fetisch zu tun hat, den man unter dem Bett des Kaisers fand. Das ist nicht die Art des Ministers. Viel zu gefährlich. Er wußte, daß Zauberei eine der Zehn Todsünden ist und daß man sie mit dem Leben büßt, im Gegensatz zu den Frauen möglicherweise.«

Ho blickte Kang fragend an.

»O ja«, meinte Kang vorsichtig und schaute sich nach etwaigen Zuhörern um. »Eure Frauen haben alles zu verlieren, wenn Wu Jaos Sohn jemals Kronprinz werden sollte. Mit ihrer Macht ist es dann endgültig vorbei.«

»Ich habe keine Ahnung, was bei ihnen vorgeht«, warf Ho hastig ein.

»Aber, mein Freund, Ihr wißt alles, was über ihre Affären zu wissen ist. Ihr wißt zum Beispiel, daß, wäre der Anschlag auf den Kaiser geglückt und er gestorben, die Kaiserin, ihre Verwandten und sogar Hsiao Fei alles zu gewinnen gehabt hätten. Wangs Adoptivsohn ist der erste in der Linie der Thronfolger, Hsiaos Sohn der zweite.«

Ho senkte die Augen. »Ein Jammer!«

Kang war erstaunt. »Was meint Ihr damit?«

»Es ist ein Jammer, daß die Liu die Schuld für das Bestellen der Schwarzen Schamanen auf sich nehmen mußten. Sogar die Palastbruderschaft der Schamanen ist empört, daß sie diese verfluchten Fremden hierhergeholt haben. Mir tut der alte Mann leid, nicht Madame Liu.«

Kang lächelte zynisch. »Ja, es ist wirklich ein Jammer«, stimmte er zweideutig zu.

Das Monatsfest anläßlich der Geburt des neuen Kindes wurde in Anwesenheit aller hochrangigen Damen des Hofes in den Privatgemächern des Kaisers gefeiert. Informell und ohne großen Aufwand war es doch ein sehr erfreuliches Ereignis. Hsiao war ferngeblieben, doch die Kaiserin, der klar geworden war, daß Jao und ihr Kind für sie eine weit größere Gefahr bedeuteten als die leichtsinnige Hsiao, versuchte zu retten, was zu retten war.

Als die kurze Teegesellschaft vorbei und das Kind hinausgetragen worden war – er hatte das ganze Fest durchgeschlafen –, hielt der Kaiser Jao zurück.

»Ich habe dich diesen ganzen Monat, seit der Geburt des Kindes, kaum gesehen«, klagte er. »Bleib jetzt und unterhalte dich mit mir.«

Jao zögerte einen Moment. Kaotsung bemerkte nichts davon. »Ja, natürlich«, antwortete sie warm.

Er bemerkte auch nicht, wie langsam sie in ihren Reaktionen war, und später, als sie es sich unter den Pelzen bequem gemacht hatten, gestand er stolz, daß er die letzten vier Monate mit keiner anderen Frau geschlafen hatte. »Als Madame Sun sich gegen einen Geschlechtsverkehr im letzten Schwangerschaftsmonat aussprach«, gestand er zögernd, »entdeckte ich, daß mir die anderen Konkubinen nicht gefielen, und ich war verblüfft ...«

Plötzlich verstand Jao, was Kaotsung meinte, aber nicht aussprechen wollte. Liebevoll schmiegte sie sich an ihn.

»Schämt Ihr Euch, wenn Ihr manchmal impotent seid?« fragte sie.

Er fuhr auf. »Wie hast du das herausgefunden?« fragte er aufgeregt.

Sie zog ihn näher an sich. »Ich habe nichts ›herausgefunden‹, wie Ihr das bezeichnet, denn da gibt es nichts herauszufinden. Das ist etwas, das allen Männern passiert.«

»Allen?« wiederholte Kaotsung.

»Jeder Mann hat von Zeit zu Zeit solche Probleme. Die Kurtisanen klärten uns darüber auf, als wir noch Tsairen waren.«

»So etwas! Wie kann man mit den Tsairen über solche Dinge sprechen«, stotterte Kaotsung, und Jao lachte fröhlich.

»Ja warum denn nicht?« Sie kicherte. »Wir bekamen genaue Anweisungen, denn Kaiser Taitsung war kein junger Mann mehr.«

Kaotsung brummte, dann lachte er verlegen. »Für mich war es

beschämend, besonders nachdem ich Kaiser geworden war und mir alle diese neuen Haremsdamen zur Verfügung standen. Die meisten meiner Kinder stammen aus meiner Kronprinzenzeit, in der mir das alles gleichgültig war.« Ihm wurde plötzlich klar, daß er sich mitten in ein Geständnis geredet hatte, ein Geständnis, daß Jao gar nicht ernst nahm. Und mit einem Mal erschien es auch ihm nicht mehr so schrecklich. Er seufzte.

»Bei dir war ich immer gut. Bei dir bin ich ein Mann, egal, was passiert. Außer mit dir konnte ich, seit ich Kaiser bin, mit kaum einer Frau schlafen, und ich weiß nicht, warum. Nun ja, mit einigen dieser Frauen hatte ich auch nicht die geringste Lust … besonders nicht bei Wang, die mir mein Vater aufgezwungen hat. Mit Hsiao ging es ausgezeichnet, aber von dem Moment an, als ich Kaiser wurde, war ich die meiste Zeit impotent …«

Er fuhr fort zu sprechen. Jao war müde und noch weit davon entfernt, ihre Kräfte wiedererlangt zu haben, doch sie hörte mit wachsendem Interesse zu.

»Wann fühlt Ihr Euch am machtlosesten? Wann verliert Ihr Eure … Eure innere Ruhe?« Sie spürte, wie er sich rastlos bewegte.

»Es war immer das gleiche, und immer zur gleichen Tageszeit. Kopfschmerzen, Anspannung, bis du kamst. Jetzt geht es mir viel besser.«

»Aber Ihr seid immer noch nervös. Ich möchte Euch von dieser nervlichen Belastung befreien«, sagte Jao schließlich. »Was ist das, dieses ›gleiche, das Euch immer zur gleichen Zeit anfällt‹?«

Er knurrte. »Weißt du es immer noch nicht? Du mußt es doch erraten haben?«

»Ist es Euer Onkel?«

»Ich kann einfach nicht … ich kann einfach nicht … gegen ihn an. Er walzt alles nieder. Nichts und niemand kann sich ihm in den Weg stellen. Ich fühle mich nach den meisten Kronratssitzungen so klein, sogar hier mit dir. Niemals wird etwas Wichtiges in meiner Gegenwart behandelt, alle Entscheidungen scheinen hinter meinem Rücken zu fallen. Ich bekomme nie etwas von neuen Plänen zu hören. In allen Berichten, die mir zugehen, geschieht in diesem Reich allem Anschein nach niemals etwas von Bedeutung. Ich drehe und drehe mich in einem Nebel, und die dreitausend Beamten, die ich hier im Palast habe, fragen nicht nach meinen Anordnungen. Sie tun, was ihnen beliebt. Nicht, wie es zu meines Vaters Zeiten war.«

In seiner Stimme schwang die ganze Bitterkeit, die plötzlich aus ihm hervorquoll. Jao war wie versteinert. Sie fühlte, wie der heiße Zorn ihr in die Wangen stieg.

»Wer sind ›sie‹?« wagte sie schließlich zu fragen.

»Manchmal fühle ich mich, als hätte ich einen Strick um den Hals und könnte kaum atmen. Wer ›sie‹ sind? Ich will es dir sagen: die, die mir am nächsten stehen. Wuji, Chu und Han.«

Jao schmiegte ihr Gesicht an ihn und brach in einen Strom zorniger Tränen aus. Jetzt, da sie wieder das ganze Ausmaß ihrer Gefühle für ihn zeigte, begann er sich zu entspannen.

»Es gibt noch etwas«, murmelte er schläfrig. »Ich bin unfähig, meinen Mann zu stehen, wenn ich spüre, daß du mich zurückweist.«

»Euch zurückweisen?« Jao rang nach Atem. »Das ist ein Alptraum. Wenn ich versucht habe, den Eindruck zu erwecken, zwischen uns läge eine gewisse Distanz, so war das immer, immer nur, um meinen Feinden Sand in die Augen zu streuen. Ich bin überzeugt, daß Ihr das eigentlich wißt. Was meint Ihr mit ›zurückweisen‹?«

Kaotsung setzte sich plötzlich auf. »Du hast mich nie zurückgewiesen? Ich habe Angst vor etwas, das nie existiert hat? Und das Wahre sind … sind deine Gefühle? Alles, was ich hören will, ist, daß du mich liebst. Das ist das einzige, was ich jemals hören wollte und immer werde hören wollen.«

»Jer«, sagte Jao und berührte zögernd die Haut seiner Brust. »Ihr seid ein Teufel, mich so zu erschrecken.«

»Ich muß deine wahren Gefühle für mich kennen. Kannst du … mich respektieren, was auch geschehen mag?«

Jao war nun klar, daß er befürchtete, in ihrem Herzen nicht mit seinem Vater konkurrieren zu können. Sie blickte ihm tief in die Augen, damit er die Wahrheit ihrer Worte erkennen konnte. »Jer, hört mir zu … Ich liebte Taitsung, doch es war eine romantische, idealistische Liebe, und meistens eine Liebe aus der Entfernung, jetzt aber liebe ich wirklich, mit ganzer Seele, Euch Jer, vollkommen, mit einer Liebe, die so brennend ist wie das Feuer und ebenso verzehrend.«

»Jao!« Und dieses Mal hatte er Tränen in den Augen. »Jao, du kannst nicht ahnen, was du mir gerade geschenkt hast – du hast mir das Leben geschenkt. Ich fühle mich ›ihnen‹ gegenüber bereits stärker.«

»Nieder mit ›ihnen‹«, bekräftigte sie, und beide begannen zuerst leise zu lachen, um dann in schallendes Gelächter auszubrechen.

Während der außergewöhnlich kalten Tage dieses Winters wurden Jao und ihr kleiner Sohn komfortabel in einem Seitenpavillon des kaiserlichen Palastes untergebracht, so daß der Kaiser sie, wann immer er wollte, sehen konnte. Kaotsung war verändert, seine freundliche Natur hatte wieder die Oberhand gewonnen, was sich auf das Leben der Inneren Stadt günstig auswirkte. Jao begann mindestens einmal im Monat liebenswürdige Geschenke zu bekommen, die ihrem Status als Mutter des Kaisersohnes die rechte Reverenz erweisen sollten. Diese kostbaren Geschenke verursachten einige Aufregung in ihrem neuen Haushalt, und Jao hatte ihre Freude daran. Sie sah sie durch und schenkte das meiste davon den Leuten ihrer Umgebung. Der Dienst bei Jao wurde zum begehrtesten im Inneren Palast. Es gab sogar einige Beamte, die Jaos Einfluß erkannten und ihn begrüßten, während die alteingesessenen Beamten ihre Anwesenheit immer mehr mißbilligten.

Es zeigte sich, daß die Erleichterung, die die Befreiung von den Liu bedeutet hatte, nicht ausreichte, um in der Inneren Stadt wirklich Frieden herzustellen. Kaotsung besuchte die Kaiserin und ersuchte sie formell, den Harem besser unter Kontrolle zu halten und die Kontakte zu Hsiao Fei einzuschränken. Die beiden entwickelten einen immer stärkeren zerstörerischen Einfluß.

»Seht Ihr sie täglich?« fragte er.

»Natürlich«, antwortete sie unfreundlich.

»Mir wurde gesagt, daß eure Hauptunterhaltung darin besteht, Ränke gegen Wu Jao zu schmieden. Ich wünsche, daß das aufhört«, erklärte er ihr. In seiner Naivität erwartete er Gehorsam von ihr.

Die Kaiserin schwieg, und der Kaiser verabschiedete sich voll unguter Gefühle. Die Kaiserin war eine dumme Frau, und Kaotsung fürchtete sie gerade darum. Er begann zu begreifen, daß Dummheit bei Menschen mit Macht besonders gefährlich war.

Jao war wieder schwanger und fühlte sich elend. Madame Sun wurde geholt. Insgeheim entsetzt über Jaos schlechten Gesundheitszustand, arbeitete Madame Sun mit den Hebammen des Palastes einen genauen Plan aus, der streng eingehalten wurde. Ansehnliche Geschenke, die regelmäßig an ihrer Tür abgeliefert wurden, belohnten sie für ihre Mühe. Jao langweilte sich, war aber dankbar, endlich einmal Muße zu haben. Was allerdings nicht bedeutete, daß sie ihre Aufmerksamkeit gegenüber dem Kaiser einschränkte. Jetzt war es wichtiger denn je, seine Moral zu stärken und seine Liebe zu ihr lebendig zu erhalten. In dieser zweiten schwierigen Schwangerschaft stieg Jaos Sehnsucht, ihre Mutter wiederzusehen. Ihr neuer Rang und ihr sicherer Status gaben ihr das Gefühl, sie könnte jetzt endlich nach Madame Yang senden. Kaotsung gefiel der Plan, und Jao war außer sich vor Freude.

Da es noch einen Monat bis zum Eintreffen der Mutter dauern würde, kümmerte sich Jao um ein komfortables Haus gleich außerhalb der Ostmauer und sorgte für Bedienstete und jede nur mögliche Bequemlichkeit.

Schließlich kam der Tag, an dem Madame Yang eintreffen sollte. Jao begab sich zu dem neuen Haus und wartete auf ihre Mutter. Als endlich die Sänfte im Hof zu Boden gestellt wurde, eilte sie hinaus, um Madame Yang zu begrüßen, die in Tränen ausbrach. ›Sie ist alt geworden‹, dachte Jao, als sie ihre Mutter fest in die Arme schloß. Das war allerdings nach zwölf Jahren zu erwarten gewesen, aber doch nicht in diesem Ausmaß.

Als sich Stunden später die erste Aufregung gelegt hatte, bemerkte Jao, wie müde die Mutter war. »Ich verlasse Euch jetzt«, erklärte sie reuevoll, »damit Ihr Euch ausruhen könnt. Wir haben unendlich viel Zeit, miteinander zu reden – bis zum Ende Eures Lebens.« Bei diesen Worten schenkte Madame Yang ihrer Tochter ein strahlendes Lächeln, und Jao kam plötzlich zu Bewußtsein, wie sehr sie ihre Mutter liebte. »Ihr seid zu dünn … das werden wir alles ändern«, sagte sie zum Abschied und wischte eine ungewohnte Träne aus dem Auge.

Nicht lange nach dem Eintreffen von Jaos Mutter verlor Jaos Schwester ihren Mann. Jao trug auch ihr an, in den Palast zu kommen. Holan, die von der neuen Stellung der Schwester zutiefst beeindruckt war, nahm die Einladung sofort an. Jao war dankbar, sie um sich zu haben, und Holan zeigte wenig von ihrer früheren Eifersucht der Schwester gegenüber. Sie hatte sich in den Jahren ihrer Trennung verändert. Fühlte sich

Jao in dieser Zeit zu elend, um zu Kaotsung zu gehen – und das kam während der schwierigen Schwangerschaft oft vor –, so vertrat Holan sie bereitwillig. Jao wollte zwar nicht, daß Kaotsung wieder impotent wurde, doch ebensowenig wünschte sie ihn lasterhaft. Die lebhafte Holan bot eine angenehme Gesellschaft und einen guten Ersatz. Und als Holan schwanger wurde, wurde die Kluft zwischen dem Kaiser und Hsiao Fei noch größer.

Wenn Jao und Kaotsung geglaubt hatten, daß das Schlimmste hinsichtlich Jaos Stellung im Harem überstanden war, so täuschten sie sich gründlich. Je weiter ihre zweite Schwangerschaft fortschritt, desto einiger waren sich Wang und Hsiao in ihrem gemeinsamen Haß, der nicht allein Jao galt, sondern noch viel mehr ihrem rasch wachsendem Sohn. Jao gab sich mit Mis Hilfe alle Mühe, über ihren Sohn zu wachen und eine strenge Auswahl der Leute zu treffen, die sich in seiner Nähe aufhalten durften. Doch machte Kaotsung durch die Gedankenlosigkeit, mit der er seine stolzen, hochrangigen Damen vernachlässigte, die Situation nur schlimmer.

Das neue Baby kam zu früh zur Welt: Es war ein Mädchen und schwach. Madame Sun hatte alle Mühe, es zum Atmen zu bringen, und als sie es schließlich neben Jao aufs Bett legte, schaute sie in das kleine zerknitterte Gesicht mit seinem winzigen Knospenmund und schüttelte besorgt den Kopf.

»Armes kleines Würmchen«, murmelte Jao, »ein Mädchen, diesmal nur ein Mädchen.«

»Nun, sie ist glücklich zur Welt gekommen, und du kannst jetzt ruhen. Nimm diesen Trank und schlaf dann. Nichts ist jetzt wichtiger für dich als Schlaf. Ich werde den Bediensteten Anweisung geben, daß du unter keinen Umständen gestört werden darfst. Ich werde mich jetzt auch zurückziehen, aber ich lasse die beiden verantwortungsbewußtesten Hebammen des Palastes hier. Schließ die Augen, das ist zur Zeit das, was du am nötigsten hast.«

Die Palasthebammen plauderten müde mit Mi, als plötzlich die Kaiserin erschien und das Kind zu sehen wünschte. Die Dienerinnen waren aufgesprungen, doch die Kaiserin rauschte an ihnen vorbei zum Bett. Sie sprach Jao an, doch diese schlief zu fest, um sie zu hören. Die Kaiserin schlug die Decke zurück und nahm das Kind auf. Sie hielt es einige Sekunden in den Armen, dann legte sie das Bündel rasch wieder auf das Bett und verließ den Raum wieder.

Einige Zeit später erschien Kaotsung, und Mi beeilte sich, Jao zu wecken, damit sie den Kaiser empfangen konnte. Er strahlte über das ganze Gesicht.

»Ich bin gekommen, um mein neues Kind zu begrüßen«, verkündete er eifrig.

»Es ist ... eine Tochter«, gestand Jao schüchtern.

»Dann laß mich meine Tochter ansehen«, sagte Kaotsung und beugte sich nieder, um das kleine Bündel in seine großen Arme zu nehmen. Ein, zwei Minuten stand er ruhig, doch dann wandelte sich der Ausdruck in seinem Gesicht von einem stillen Lächeln zu Entsetzen.

»Madame Sun, wo seid Ihr? Schnell, kommt! Das Kind atmet nicht!«

»Wa... was!« rief Jao schwach. »Was sagt Ihr?«

Madame Sun war rasch gefunden und wurde in aller Eile herbeigerufen, während Mi ihre fassungslose Herrin fest umarmte. Kaotsung schritt unruhig im Zimmer auf und ab, während Madame Sun das Kind untersuchte. Traurig erklärte sie, das Baby sei tot.

»Dieses Kind hat, als ich das Zimmer verließ, gelebt und Jao war eingeschlafen. Ich gab Befehl, daß niemand sie stören dürfe«, erklärte Madame Sun grimmig.

Kaotsung stellte die angsterfüllten Dienerinnen zur Rede. »Wer hat das Kind angerührt?« fragte er streng. Alle schwiegen, dann sagte Mi ruhig: »Niemand von uns hat es berührt. Nur die Kaiserin, als sie vorbeikam.«

Er wandte sich zu Jao. »War sie hier?«

»Ich habe sie nicht gesehen. Ich habe fest geschlafen«, erwiderte Jao mit schwacher Stimme.

Der Kaiser befragte jede der Frauen einzeln über das Baby und darüber, wer es angerührt habe. Alle Antworten stimmten darin überein, daß niemand außer der Kaiserin in die Nähe des Kindes gekommen war. Röte breitete sich über Kaotsungs Gesicht, und am Hals pulsierte eine Ader. All sein aufgestauter Widerwille gegen die Kaiserin brach los. »Die Kaiserin hat meine Tochter ermordet!« rief er aus, während Jao in ihrer Schwäche bitterlich weinte.

»Mein armes kleines Würmchen«, wiederholte sie immer wieder.

Kaotsung, der nicht wußte, wie er Jao trösten sollte, stapfte im Zimmer auf und ab. »Bisher war die Kaiserin auf Konkubine Hsiao eifersüchtig und unternahm alles, was in ihrer Macht stand, um sie zu vernichten, und jetzt hat sie diese Tat begangen«, sagte er. Er hielt an dieser Überzeugung fest, auch als die Hebammen und die kaiserlichen Ärzte um des lieben Friedens willen zu dem Schluß gelangten, das Kind sei zu früh geboren worden und zu schwach gewesen, um zu überleben. Andere allerdings stimmten im stillen mit Kaotsung überein.

Die Regenzeit war kürzer gewesen als sonst, und der August war ebenso heiß wie trocken. Holan fühlte sich in dem stickigen Haus ihrer Mutter, das im tiefer gelegenen östlichen Teil der Stadt lag, immer unbehaglicher und war erleichtert, als sie am letzten Tag des Monats einen Sohn zur Welt brachte. Er bekam den Namen Hsien, und Jao nahm ihn zu sich, um ihn als ihren zweiten Sohn aufzuziehen.

Kaotsung hatte das Empfinden, Jaos Rang erhöhen zu müssen, weil sowohl die Kaiserin als auch Hsiao Fei einen höheren Rang hatten als sie, doch konnte er nichts tun, da die Stellen der vier Fei sowie die der Kaiserin besetzt waren. Er schlug dem Kronrat vor, einen neuen Rang zu schaffen, höher als Fei, direkt unter der Kaiserin.

Großsekretär Li Ifu war sehr zum Ärger von Changsun, der ihn keines Blickes würdigte, wegen eines besonderen Auftrags wieder einmal beim Kronrat anwesend.

Kaotsung packte den Stier bei den Hörnern. »Ich schlage vor, für eine Dame meines Hofes einen neuen Rang zu schaffen, der über den vier Fei und unter der Kaiserin steht. In Anbetracht ihrer Dienste für die Kaiserin Wang und dafür, daß sie mir zwei Söhne geschenkt hat, wünsche ich, daß die Gemahlin Strahlende Anmut Wu Jao diesen Rang erhält, sobald er geschaffen ist.«

»Sie hat dem Staat keine nützlichen Dienste geleistet«, meinte Chu lässig, so, als wäre die Angelegenheit damit erledigt.

Kaotsung lief rot an. »Sie stand nahezu drei Jahre täglich im Dienste der Kaiserin, und die Kaiserin hat sie über die Maßen gelobt. Sie hat mir drei Kinder geschenkt und mir, Eurem Kaiser, treu gedient. Ich wünsche, sie zu befördern. Was habt ihr zu sagen?«

Bevor Chu oder ein anderer antworten konnte, sprach Changsun in väterlichem Ton: »Schlagt Euch diese Idee aus dem Kopf. Die Beförderung sollte nicht einmal diskutiert werden. Sie ist unschicklich. Sie steht der Dame nicht zu.«

Li Ifu war entgeistert. »Der Kaiser meint es ernst. Warum sollte dieser Vorschlag nicht diskutiert werden?«

Changsun wandte sich zu ihm. »Was geht das Euch an? Warum seid Ihr überhaupt hier?«

»Mir wurde befohlen, Notizen über den Verlauf dieser Sitzung für meinen Vorgesetzten zu machen.«

Changsun zeigte auf die Tür. »Heute besteht keine Notwendigkeit für ein Protokoll. Das ist keine Angelegenheit für die Akten.«

»Und warum nicht?« unterbrach Kaotsung mit lauter Stimme.

Changsun starrte den ungebärdigen jungen Kaiser an, behielt aber sein väterliches Gehabe bei. »Weil Euch das richtige Urteilsvermögen fehlt, deshalb, mein Sohn.« Damit drehte er sich um und befahl Li Ifu mit seiner Kommandantenstimme: »Geht!«

Danach trachtete jeder der Beamten, seine Geschäfte möglichst schnell zu erledigen, und die Sitzung endete, ohne daß Kaotsungs Vorschlag nochmals zur Sprache gekommen wäre.

Am Abend besprachen Kaotsung und Jao die Angelegenheit. Sie fühlten sich beide zum erstenmal seit Monaten gesundheitlich wohl, und ihre Tage waren auf das angenehmste angefüllt mit Empfängen fremder Gesandter, der Besichtigung ausländischer Tributleistungen und vergnüglichen Stunden mit ihren kleinen Jungen. Sie waren nicht bereit, sich entmutigen zu lassen. Kaotsungs Stimmung hatte sich insofern gewandelt, als er geneigt war, davon abzusehen, seinen Vorschlag weiterzuverfolgen und einer anderen Idee den Vorzug zu geben, die ihm seit dem Tod seiner Tochter immer wieder gekommen war.

Er räusperte sich bedeutsam. Es war das Zeichen, daß er ihre ganze Aufmerksamkeit wünschte. Jao sah ihn an und wartete neugierig.

»Jao, hör genau zu. Ich möchte alle Maßnahmen, dir einen höheren Rang unter den Gemahlinnen zu verleihen, fallenlassen ...«

Enttäuscht hielt Jao den Atem an, blieb aber stumm.

Er fuhr fort: »Ich möchte dich statt dessen zur Kaiserin machen.«

Jao blieb das Herz stehen. Sie rang nach Worten. »Aber Ihr habt eine Kaiserin …«

»Das werde ich dann haben, wenn Wang entlassen ist. Dann werde ich dich haben!«

»Aber, aber …«

»Bitte, unterbrich mich nicht. Wir müssen die Sache sorgfältig planen. Es ist klar, daß ich meinen Onkel überreden muß, mir dabei behilflich zu sein. Vielleicht hat er das Gefühl, ich hätte ihm nicht genug Beachtung geschenkt. Schließlich ist er der Bruder meiner Mutter und für mich sehr wichtig. Ich werde ihn diese Woche besuchen, und du wirst mich begleiten.«

Jao war skeptisch. »Wie Ihr wünscht«, stimmte sie zu.

Der kaiserliche Fürst Changsun bewohnte einen Palast auf einem weiten Areal im Nordosten der Stadt. Er hatte dreißig oder vierzig Kinder, die mit ihren Müttern in eigenen Pavillons lebten, und ungefähr dreitausend Bedienstete, die sich um ihr Wohlergehen kümmerten. Als der Kaiser mit Jao erschien, wurde er von Changsun, seiner Hauptfrau, seinen Söhnen und seiner neuesten, halbwüchsigen Konkubine in der offiziellen Empfangshalle auf das liebenswürdigste begrüßt. Zur Erfrischung der Gäste wurden Wein und Sesamkuchen gereicht. Je weiter der Nachmittag fortschritt, desto mehr glitt man von den formellen Floskeln zu informeller Unterhaltung über. Die Frauen saßen zusammen und tauschten persönliche Erfahrungen über Babys, Essen und Krankheiten aus.

»Mit diesem Besuch erweist der Kaiser seinem Onkel eine hohe Ehre«, wagte sich die Erste Frau vor, eine erschöpft wirkende ältere Dame.

»Gute Tante«, antwortete Jao, der aufgegangen war, daß die Dame nichts vom Hoftratsch wußte und keine Ahnung hatte, worum es bei diesem Besuch ging. »Der Kaiser hängt sehr am Bruder seiner Mutter. Er überläßt sich ganz seiner Führung, wie Ihr wissen dürftet. Der frühere Kaiser ist nun fünf Jahre tot, und Changsun war bis heute unermüdlich in seiner Aufmerksamkeit für die Staatsangelegenheiten. Bis heute.«

»Ja, ich weiß«, stimmte die Dame gelassen zu. »Er kommt Tag für Tag sehr müde nach Hause, weil er die Last des Kaiserreiches auf seinen Schultern trägt.«

»Changsun trägt die Last des Kaiserreiches?« wiederholte Jao wie vom Donner gerührt.

»Wer sonst?« antwortete die Dame, ohne sich der Ungeheuerlichkeit ihrer Bemerkung bewußt zu sein. Jao fand kein Wort der Entgegnung.

Der Nachmittag neigte sich dem Ende zu, doch Kaotsung blieb sitzen, trotz Jaos häufiger Blicke in seine Richtung, die zum Aufbruch mahnen sollten. Changsun wich jeder Erörterung über die Kaiserin oder die Konkubine Jao aus. Allerdings lud er das Paar ein, zum Abendessen zu bleiben, ein Abendessen, das in noch angenehmerer Stimmung verlief als der Nachmittag. Es wurde nach zwei der erwachsenen Söhne gesandt, und Kaotsung erwies beiden besondere Ehre. Er verteilte kostbare Juwelen unter den Damen, die mit begeisterten Ausrufen der jüngeren und beifälligem Nicken der älteren angenommen wurden.

»Nun, Onkel«, begann Kaotsung, der endlich die Geduld verloren hatte, »Ihr habt Wu Jao gesehen, ihr Benehmen, ihre Schönheit, ihre Ergebenheit mir gegenüber. Ich bitte Euch, ernstlich über meinen Wunsch, ihr einen entsprechenden Rang zu verleihen, nachzudenken. Ich bin überzeugt, Ihr habt jetzt, da Ihr sie gesehen habt, Eure Meinung geändert. Also, antwortet mir!«

Den Becher in der Hand erhob sich Changsun. »Ich trinke auf die gute Gesundheit und auf das lange Leben meines lieben Neffen, und ich danke ihm für seinen Besuch. Ich bin überzeugt, ihr alle hier teilt meine Gefühle.« Seine Stimme ging in einer Woge zustimmender *hau-hau* und *hsi-hsi* unter.

»*Wanfu!*« antwortete Kaotsung. »Doch jetzt bitte ich Euch, Eure Meinung über Wu Jao zu sagen.«

»Ich verstehe. Aber jetzt ist es an der Zeit, Euch mit einem zweiten Trinkspruch für Eure Großzügigkeit gegenüber meinen Söhnen und Töchtern sowie meinen Konkubinen zu danken. Laßt uns alle darauf trinken.« Daraufhin erhob sich die Gesellschaft mit großer Geschäftigkeit und trank einander zum Abschied zu. Kaotsung und Jao wurden, im Zeremoniell gefangen, unversehens hinauskomplimentiert. Kaotsung war zutiefst getroffen, bestürzt und verärgert.

Wieder im Palast, ließ er seinem Zorn freien Lauf. »Wir dürfen nicht beim ersten Versuch aufgeben«, versuchte Jao ihn zu beruhigen. »Morgen können wir weitere Geschenke schicken.«

Kaotsungs Miene hellte sich auf. »Ja, wertvolle Geschenke, dann kann er nicht ablehnen, mich anzuhören. So hart kann er nicht sein. Meine Mutter war niemals grausam, wenn sie beide Seiten eines Problems kannte, und mein Vater auch nicht. Changsun wird sich nicht anders verhalten, das spüre ich. Gerechtigkeit bleibt Gerechtigkeit.«

Am nächsten Tag sandte er Obereunuchen Kang in Changsuns Palast, und der kaiserlichen Sänfte folgten zehn Wagenladungen mit Geschenken, Seiden, Juwelen und Gold. Nur einige wenige Geschenke wurden angenommen, alles übrige zurückgeschickt. Dann bat Kaotsung, Jao möge Madame Yang mit weiteren Geschenken zu Madame Changsun schicken. Madame Yang machte mehrere Besuche und wurde jedes Mal freundlich empfangen. Die Damen des Hauses verstanden, daß Jao Unterstützung brauchte, und zeigten ihre Sympathie. Changsun jedoch ließ sich durch keine der Bemühungen erweichen.

Kaotsung war nicht mehr bereit, diesen Affront zu übergehen, und entschied, daß es Zeit sei, die Absetzung der Kaiserin unter der Anklage von Mord und Zauberei zu betreiben.

Da der Druck mit weiblichen Mitteln nichts zu bewirken schien, beschloß Kaotsung, sein Ziel mit Hilfe eines ehrwürdigen Mitglieds des Ministeriums zu erreichen. Er sandte Minister Hsu, bekannt für seine silberne Zunge, zum Onkel, um mit ihm zu sprechen. Man ließ Hsu lange Zeit warten, bevor er zum kaiserlichen Fürsten vorgelassen wurde. Er versuchte sein Bestes, scheiterte aber wie alle anderen vor ihm. Changsun Wuji blieb unbeugsam. Hsu scheiterte nicht nur mit seiner Mission, er bekam auch die scharfe Zunge Wujis zu spüren.

Der von allen Seiten auf ihn ausgeübte Druck verärgerte den alten General und er begann Vergeltung zu üben. Er arbeitete ein System aus, nach dem alle Beamten, die Kaotsung unterstützten, an entlegene Orte versetzt wurden. Li Ifu war der erste, dessen Titel heruntergesetzt und dessen Einkommen geschmälert wurde. Li verlor keine Zeit, sich in dieser prekären Situation an einen Kollegen um Hilfe zu wenden. Sein Mitarbeiter war ebenfalls Großer Sekretär und ein Neffe von Minister Hsu. Daher war er über die ganze Angelegenheit gut informiert. Zynisch erklärte er Li Ifu: »Du wirst dir den Kopf an einer Felswand einrennen, wenn du weiter gegen den mächtigen kaiserlichen Fürsten opponierst. Alle weiteren Versuche dieser Art werden dir die größten Schwierigkeiten an den Hals laden. Aber ich bin der Meinung, daß du, sollte es dir gelingen, den Kaiser für dich einzunehmen, indem du Mittel und Wege findest, ihm bei der Einsetzung von Wu Jao behilflich zu sein, du dein Unglück in Glück verwandeln und eine große Karriere machen kannst.«

Li Ifu dankte seinem Freund überschwenglich und dachte über das Gesagte nach. Da er ein Mann war, der sich immer nur mit einer Sache gleichzeitig beschäftigen konnte, suchte er sogleich um eine Audienz beim Kaiser an, um eine dringende und wichtige Sache zu besprechen. Seinem Ansuchen wurde stattgegeben, und bald stand er vor dem Kaiser. Er hatte sich kaum von seinem Kotau erhoben, als er sein Gesuch unterbreitete, die Kaiserin Wang abzusetzen und an ihrer Stelle Madame Wu Jao zur Kaiserin zu erheben, da damit ein Wunsch des chinesischen Volkes erfüllt würde. Kaotsung war überrascht, aber es mißfiel ihm nicht, eine solche Bitte von einem Beamten der jüngeren Generation vorgelegt zu bekommen, und zwar aus freien Stücken. Er ließ Lis Versetzung sofort rückgängig machen und bestätigte ihn in seinem Amt. Dieser Auftrag wurde durch das Sekretariat erledigt und von diesem ohne Aufhebens als administrativer Akt durchgeführt, der so unwichtig erschien, daß er keiner Vorlage vor dem Kronrat bedurfte. Der Kaiser sandte Li eine Belohnung mit einer Empfehlung für eine baldige Beförderung.

Jao ließ außerdem Li auf heimlichem Wege ihren persönlichen Dank zukommen, was sowohl ihn wie seinen Onkel Hsu zu weiteren Taten anspornte. Und wie aus dem Nichts entstand rund um Hsu und Li eine Gruppe, die Wu Jao unterstützte. Es handelte sich um jüngere Beamte der hart arbeitenden mittleren Ränge, Männer, die zwar große Fähigkeiten, aber wenig Macht besaßen.

Das Blatt hatte sich gewendet.

13

Das Blatt hatte sich zwar gewendet, aber es geschah wenig, abgesehen davon, daß die neue Situation die hohe Beamtenschaft erboste, da sie in der Bewegung zur Unterstützung des Kaisers eine Bedrohung ihrer eigenen Macht sah. »Dieses Weib«, sagte Changsun, »ich wußte ja, daß sie nichts als Unruhe bringen würde. Wir müssen sie loswerden. Sie ermutigt Kaotsung, die Zügel in die Hand zu nehmen.«

Es schien schwierig, an Jao heranzukommen, solange sie mit ihren Kindern auf dem kaiserlichen Areal lebte, und so verging das Jahr ohne weitere Vorkommnisse. Manchmal verfiel das junge Paar in Niedergeschlagenheit, aber nicht häufig. Sie genossen bewußt ihr Leben, das ihnen so viele Annehmlichkeiten bot.

»Würdest du gerne regelmäßig dem Thronrat beiwohnen, Jao?« fragte Kaotsung, während er sich für die morgendliche Sitzung anzog.

»Ist das möglich?« Obwohl sie erst halb wach war, klang Jaos Stimme erregt. »Würde eine Frau zugelassen werden?«

»Es ist üblich, daß die Damen des Kaiserhauses, die einen Rang bekleiden, von Zeit zu Zeit anwesend sind. Niemand kümmert sich darum, solange die Frauen die Schicklichkeit wahren, indem sie sich hinter einem Vorhang aufhalten und weder gehört noch gesehen werden.«

»Wie Kinder«, murmelte Jao.

»Was?« Kaotsungs Stimme klang dumpf, da ihm gerade die Gewänder über den Kopf gezogen wurden.

»Ach nichts«, meinte sie schnell. »Ich würde sehr gerne mitkommen. Wann?«

»Morgen besprechen wir die Bestellung von zehn oder mehr Richtern. Dein alter Freund Dee Irgendwer befindet sich unter ihnen. Er wird von einem Posten in der Provinz einberufen, und die Frage ist, wohin er versetzt wird. Er ist so klug, daß er immer dorthin geschickt wird, wo es Schwierigkeiten gibt. Vielleicht versetzen wir ihn diesmal an die Küste nach Penglai.«

Interessiert glänzten Jaos Augen. »Das ist Jenjer, wie er leibt und lebt! Immer verläßlich ... Ich wäre glücklich, wenn ich wieder einen Blick auf ihn werfen könnte.«

»Dann werde ich veranlassen, daß Eunuch Kang dich begleitet«, Kaotsung freute sich, daß ihm diese Zerstreuung eingefallen war.

»Ausgezeichnet. Ich bin glücklich, kommen zu dürfen, und werde still wie eine Maus sein.«

Aufgeregt funkelten Jaos Augen, als sie ihren Platz einnahm. Durch entsprechende Löcher im Vorhang konnte sie alle Beamten sehen. Changsun Wuji wirkte riesenhaft, wie er breitschultrig dastand und durch seine Haltung Autorität ausströmte. Chu war klein und drahtig. Mit seinen Knopfaugen, dem beweglichen Mund und dem kaum sichtbaren Kinn ähnelte er mehr denn je einem Eichkätzchen. Und Yu, der zwar durch sein Muttermal entstellt war, aus dem einige Haare sprossen, war wie immer elegant gekleidet, jede Falte, jede Schnalle an ihrem Platz.

Jao fand an der Debatte, auch wenn sie manchmal recht beißend geführt wurde, Gefallen. Jede Sitzung, der sie beiwohnte, vertiefte ihr Verständnis für Kaotsungs Probleme und dafür, wie die Regierung arbeitete und wie Machtpolitik auf höchster Ebene praktiziert wurde. Sie war noch nicht lange Zuhörerin bei den Sitzungen, als sie bemerkte, wie sich die Spannungen verstärkten, besonders wenn es um Angelegenheiten in Zusammenhang mit ihrer Person ging. Auch im Laufe der Zeit zeichnete sich keine Änderung in der ablehnenden Haltung der Minister ab, wenn es um die Frage ging, die Kaiserin abzusetzen und ihr, Jao, diese Stellung zu geben.

Doch gegen Jahresende, zu einer Zeit, die er selbst bestimmt hatte, berief Kaotsung eine Sondersitzung mit den mächtigen Ministern ein, um endlich die Konfrontation herbeizuführen. Die Minister ahnten, was sie erwartete. General Li Chi hielt sich unter einem Vorwand fern. Die anderen waren alle pünktlich zur Stelle; Jao nahm ihren Platz hinter dem Vorhang ein. Während sie im Vestibül warteten, wandte sich Chu zu Changsun.

»Ihr seid der einflußreichste Mann im Reich«, sagte Chu. »Ihr seid die wichtigste Säule des Staates, also muß Eure Entscheidung siegen. Ich bin sicher, daß die Absetzung der Kaiserin heute zur Sprache kommen wird. Seine Majestät hat ihren Entschluß gefaßt, und dieses Mal werden diejenigen, die sich dem Kaiser widersetzen, strafweise ins Exil geschickt werden oder noch Ärgerem entgegensehen. Der Schande, den eigenen Onkel ins Exil gesandt zu haben, darf er sich nicht aussetzen. Ich hingegen komme aus einer Strohhütte, einer bescheidenen Familie. Ich habe niemals in einem Krieg gekämpft und bin daher kein Held, aber Taitsung hat mich mit seinem letzten Willen betraut. Laßt mich die Debatte führen.«

Changsun gab vor, dieses Angebot ablehnen zu wollen, doch er willigte schließlich ein. Sobald die Minister um ihn versammelt waren, gab der Kaiser ohne jede Einleitung seine Erklärung ab.

»Kaiserin Wang hat keine Söhne. Chaoyi Wu hat Söhne. Ich schlage vor, Chaoyi Wu zur nächsten Kaiserin zu ernennen.«

»Unmöglich«, sagte Chu, dem in der Hitze seiner Gefühle die Röte ins Gesicht stieg. »Kaiserin Wang stammt aus einer großen Familie und wurde Eurer Majestät auf Befehl des Kaisers, Eures Vaters, angetraut. Auf seinem Totenbett ergriff der Kaiser meine Hand und sprach: ›Ich vertraue dir meinen Sohn und meine Schwiegertochter an.‹ Eure Majestät haben ihn gehört. Da die Kaiserin sich keines Verbrechens schuldig gemacht hat, wie kann sie dann entthront werden? Ich kann meine Zustimmung nicht geben.«

»Kein Verbrechen? Und was bedeuten ihre Versuche, mich mit Hilfe der Schwarzen Schamanen zu töten? Und was ist mit dem Mord an meiner Tochter? Wie kann der Kabinettschef so unwissend sein?« Kaotsung errötete vor Ärger.

Chu wurde deutlicher. »Wenn Eure Majestät wirklich auf einer neuen Kaiserin bestehen, dann erbitte ich, eine solche aus einer der höchstrangigen Familien des Landes zu wählen. Warum Madame Wu? Warum ausgerechnet sie? Warum eine Frau, die durch die Zugehörigkeit zum Harem Eures Vaters erniedrigt ist? Jeder weiß das. Ihr könnt diese Tatsache weder vor den Augen noch den Ohren der Welt verbergen. Noch in Tausenden von Jahren wird die Nachwelt fragen, warum Eure Majestät das getan habt. Ihr müßt Euren Vorschlag überdenken.«

»Es ist also nicht der Letzte Wille, der Euch beunruhigt, sondern Wu Jao«, Kaotsung wählte seine Worte ganz langsam. »Was für ein Mensch ist sie Eurer Ansicht nach?«

Chu blickte auf, sein verschlagenes Gesicht nahm einen störrischen Ausdruck an. »Jeder weiß ...«, begann er.

»Was weiß jeder?« fragte Kaotsung, und seine Stimme bekam einen gefährlichen Ton, doch Chu schwieg. »Was weiß jeder?« wiederholte der Kaiser seine Frage. »Wu Jao leistete für meine Verwandte, die Äbtissin Li des Kanyeh-Klosters, außerordentliche Dienste, dann erntete sie für ihre Arbeit bei Kaiserin Wang uneingeschränktes Lob. Was meint Ihr mit Euren Worten: ›Jeder weiß‹?«

Leidenschaftlich schlug Chu seinen Kopf auf den Boden. »Eure Majestät verschließen die Augen – sie ist eine Frau ... ohne jede Bedeutung und ...«

»Wie konnte ein Wurm wie Ihr im Dienst meines Vaters eine so hohe Stellung erlangen?« tobte Kaotsung. »Ich für meine Person habe niemals etwas von irgendwelchen Taten vernommen, die Euch für eine Stellung dieses Ranges prädestinieren.«

Chu ließ alle Vorsicht beiseite und schlug in seinem Zorn wieder und wieder mit dem Kopf auf den Boden, bis er blutete. »Eure Majestät kennen meine Verdienste nicht, da Ihr niemals zu den Sitzungen gekommen seid ...«

»Welche Sitzungen?« fragte Kaotsung drohend. Plötzlich lag Stille über dem Saal. »Es ist also nicht der Letzte Wille. Es ist nicht Wu Jao. Es geht um Euch. Und um Eure Freunde, die in diesen geheimen Sitzungen so wichtige Entschlüsse fassen. Es geht nicht um die Zauberei, die gegen mich ausgeführt wurde, nicht darum, wie sich die Kaiserin im Mordfall meiner Tochter verhalten hat, das alles regt Euch nicht auf. Es geht um Euren Entschluß, die einzige Person an diesem Hof, die mich vorbehaltlos unterstützt, auszuschalten, damit Ihr nach wie vor die Macht in Euren Händen behalten könnt.«

Kaotsung hielt inne und betrachtete die entsetzten Würdenträger vor ihm. Er sah ihre schreckensstarren Augen und erkannte in den Blicken der Älteren – bevor sie die Augen senken konnten – unverhohlenen Haß. Er sah auch ihr Entschlossenheit, die Macht über ihn zu behalten, ihre Unbeugsamkeit, und ihm schauderte.

Chu, nun vollkommen außer sich, fuhr fort, den Kopf auf den Boden zu schlagen. Er legte seine elfenbeinerne Amtstafel auf die Stufen des Thrones. »Nehmt dieses Zeichen meines Amtes zurück«, schrie er und riß sich das Käppchen vom Kopf. »Ich bin hier fertig, ich habe einen Kaiser beleidigt, der, auch wenn er im Unrecht ist, das Recht zu strafen hat. Ich werde mich auf mein Landgut zurückziehen …«

»Ihr werdet Euch nicht zurückziehen!« erwiderte Kaotsung, entsetzt über den offenen Widerstand.

Chu reagierte nicht, hörte nichts, fuhr mit seinen Schmähungen fort, bis er ohnmächtig auf die Stufen sank.

»Tragt ihn hinaus«, befahl Kaotsung schwer atmend. Er winkte seinen vier Wachen, die reglos an der Wand standen.

Weiß bis an die Lippen, murmelte Jao hinter dem Vorhang: »Wie kann das geschehen? Wie kann ein Würdenträger so mit seinem Kaiser sprechen? Tadelnd, ungehorsam, beleidigend! Er verdient den Tod.«

Changsun Wuji, der sich von Kaotsungs Ausbruch abgestoßen fühlte, sprach schließlich. »Da haben wir es, was denkt sich der Kaiser dabei, wenn er Chus Rat uneinsichtig zurückweist? Was will er damit erreichen? Da verteidigt der hochangesehene Minister Chu den Letzten Willen Kaiser Taitsungs, wie es seine Pflicht ist, und Eurer Majestät fehlt es an Weisheit zuzuhören. Er mag vielleicht ein wenig zu weit gegangen sein, doch er verdient nicht, bestraft zu werden.«

Kaotsung wandte sich zu seinem Onkel, und zum erstenmal sahen die beiden einander offen als Feinde in die Augen.

»Also auch Ihr«, sagte Kaotsung traurig, und aller Ärger war geschwunden. »Diese Auseinandersetzung hat nicht das Geringste mit Wu Jao zu tun. Sie dient nur als Vorwand. Ich bin Euer Ziel, nicht sie.«

Changsuns Gesicht lief hochrot an, die Adern an seinen Schläfen traten furchterregend hervor. »Das ist ungeheuerlich. Ihr seid nicht Ihr selbst, der freundliche, umgängliche Mann, der Ihr wart, sie ist schuld.« Er drehte sich auf dem Absatz um und stapfte hinaus, ohne sich um das Protokoll zu kümmern.

In dieser Nacht konnten weder Kaotsung noch Jao schlafen. Und auch in den folgenden Nächten fanden sie wenig Ruhe, da sie unablässig darüber nachdachten, wie sie einen Weg aus ihren Schwierigkeiten finden konnten. Alle, die unter der Regierung der Älteren zu Rang und Ehren gekommen waren, bombardierten den Kaiser mit Petitionen und versuchten, ihn in Audienzen zu überreden, die Sache ruhen zu lassen.

Han Yuan, der Chef des Kanzleiamtes, benahm sich nahezu ebenso ungehörig wie der Oberste Sekretär Chu, indem er weinend versuchte, Kaotsung zu überzeugen, daß es unklug wäre, die Kaiserin zu entthronen. Kaotsung befahl ihm, den Beratungssaal zu verlassen, doch auch in den Tagen danach schien Han nicht bereit zu sein, ein Nein als Antwort zu akzeptieren. Er sandte weitere Memoranden, in denen er, als hätte er es mit einem Halbidioten zu tun, erklärte, daß selbst bei bürgerlichen Ehen die Bande unzerreißbar wären. Er verwies auf frühere Kaiserinnen, wiederholte immer wieder, wic schr Wohlstand und Friede deren guter Führung zu verdanken waren. Als Beispiel zitierte er den Gelben Kaiser aus der Sagenwelt, dessen Frau zwar häßlich, ihm aber bei der Beherrschung des Reiches eine große Hilfe war.

»Was soll dieser Unsinn?« fragte Kaotsung Jao in der Nacht. »Du bist mir eine größere Hilfe als alle Frauen des Palastes zusammen und, dem Himmel sei Dank, nicht häßlich.«

»So viele Schwierigkeiten nur meinethalben?« Jaos Stimme war ganz klein. »Was ist mit Li Chi? Bedrängt er Euch auch?« fügte sie zitternd hinzu.

»Die anderen haben ähnliche Petitionen eingebracht, doch von Li Chi habe ich nichts gehört. Vielleicht sollte ich ihn zur Berichterstattung beordern«, meinte Kaotsung. »Neben seiner Position beim Militär trägt er auch den Titel eines Ssu Kung – Oberster Verwalter des Reiches. Das ist der höchste Ehrentitel im Land. Sein Einfluß ist größer als der von Changsun ... und sein Urteil ausgewogener.«

Nachdenklich hörte Jao zu. Bei der Überlegung, wie er Li Chi dazu bringen könnte, den Sitzungen wieder beizuwohnen, blickte Kaotsung finster drein. Doch eines Tages erschien Li Chi ohne Aufforderung zu einer Audienz. Er war wie üblich höflich und umgänglich. Er trug seinen Bericht über die militärischen Anlagen an den Grenzen vor, er befürwortete die Verstärkung der Zentren der Küstenwache in Shantung, und er lobte die neu errichteten Verteidigungsanlagen für die Kriegsflotte in Penglai. Die koreanische Frage, sagte er, sei immer noch das wichtigste Problem der Außenpolitik des Reiches. Kaotsungs Geister hoben sich. Es war anregend, mit einem verantwortungsbewußten und hart arbeitenden Beamten über wichtige Reichsangelegenheiten zu sprechen. Befriedigt seufzte er.

Li Chi sah den jungen Kaiser scharf an und erkannte mit einem

Blick, wie überanstrengt er war. In einer unwillkürlichen Geste des Mitgefühls streckte er seine Hand aus. Kaotsung reagierte darauf, indem er übergangslos auf sein Problem mit der Kaiserin zu sprechen kam.

»Ich will Chaoyi Wu zur neuen Kaiserin machen, aber Minister Chu und die anderen stellen sich vehement dagegen«, brach es aus ihm heraus.

Li Chi zeigte sich nicht überrascht. Nach längerem Überlegen sagte er: »Das ist eine Familienangelegenheit, eine persönliche Entscheidung Eurer Majestät. Es besteht keine Notwendigkeit, sie mit Außenseitern zu diskutieren.«

Er verbeugte sich und bat, sich verabschieden zu dürfen, Kaotsung blieb atemlos vor Erregung zurück. Augenblicklich sandte er nach Jao und teilte ihr Li Chis Überlegungen mit. Sie verstand die Bedeutung seiner Worte.

»Er meint, es liegt in unserer Hand, uns der Unterstützung der jüngeren Beamten zu versichern und zu handeln«, rief sie aufgeregt. »Ich denke, das ist es, was er meint. Vielleicht können wir den toten Punkt im Kronrat damit umgehen, daß wir uns auf die jüngeren, uns wohlgesinnten Beamten stützen.«

Kaotsung stand ganz still und blickte sie an. »So könnten wir es machen. Doch es könnte sein, daß das, was dann kommt, dir nicht gefallen wird. Willst du wirklich Kaiserin werden? Sag es mir. Es könnte mehr Schwierigkeiten heraufbeschwören, als es wert ist.«

»Ob ich Kaiserin werden will? Will ich? Will ich?« rief Jao ihm starr vor Erregung ins Gesicht. »Mehr als alles in der Welt will ich Kaiserin sein!« Ihre Augen blitzten, während sie vor ihm auf und ab ging. »Eure Kaiserin, dem Mann gleichgestellt, den ich mehr als alles in der Welt verehre, in einem aufregenden, erfüllten Leben an Eurer Seite. Was könnte besser sein ... jemals?« Sie blieb stehen und warf sich in seine Arme. Er fing sie auf und schwang sie, von ihrer Begeisterung angesteckt, in die Höhe.

»Dann sollst du den Titel haben – du sollst ihn haben, solange wir beide leben –, wenn Eure Majestät es so will!«

»O, welch ein großzügiger, aufregender, wunderbarer Mann Ihr seid«, murmelte sie an seiner Brust. »Gut ... gehen wir an die Arbeit.«

In den nächsten Tagen begann Kaotsung einen Schlachtplan auszuarbeiten, indem er einige der jüngeren wohlwollenden Beamten auswählte und offen mit ihnen sprach. Von den Ministern war Hsu der erste, der in einer flammenden Rede im Kronrat eine Lanze für Kaotsung brach. Ihm schien Spott das wirkungsvollste Mittel. »Sogar Bauern nehmen, wenn sie eine gute Ernte eingefahren haben, eine neue Frau. Um so mehr sollte doch wohl der Kaiser das gleiche Recht haben, ohne daß sich jedermann einmischt und Schwierigkeiten macht.«

Hsu erwies sich auch als sehr nützlich, die Dinge so zu lenken, daß sie den Zwecken des Kaisers dienten. Der erzürnte Changsun zog sich für einige Zeit auf seinen Landsitz zurück. Minister Chu erhielt nur eine leichte Strafe, die darin bestand, daß er in die Provinz versetzt wurde. Die Damen Wang und Hsiao verloren ihren Rang und wurden unter Hausarrest gestellt, ihre Verwandten nach Kwangtung in den tropischen Süden verbannt. Die beiden Frauen hatten sich ein hohes Ziel gesetzt – wäre Kaotsung unter der Wirkung des über ihm ausgesprochenen Zaubers gestorben, hätten sie an Chungs und Sujays Statt die Regentschaft übernommen. Sie schienen ihre Strafe mit Fassung zu tragen.

Sechs Tage nach der Verurteilung von Wang und Hsiao erschien Hsu mit einer einflußreichen Gruppe jüngerer Beamter und präsentierte dem Kaiser eine Bittschrift, in der mit glühenden Worten um die Einsetzung einer neuen Kaiserin gebeten wurde. Feierlich nahm Kaotsung die Bitte entgegen. Hinter ihrem Vorhang hörte Jao zu, wie der Erlaß formuliert wurde. Sie hatte das Gefühl, es vor Aufregung nicht mehr aushalten zu können, und lief in die kaiserliche Halle voraus, um mit ihm sprechen zu können. Sobald Kaotsung frei war, begab er sich in seine Gemächer, um mit seiner neuen Kaiserin zu reden.

»Hast du alles mit angehört?« fragte er sie in bester Laune.

»Jedes Wort, jedes einzelne, wunderbare Wort«, sprudelte sie hervor.

»Wir haben das Wunder vollbracht … wir haben es vollbracht, wir haben es wirklich vollbracht! Nun muß ich mich nach einem größeren Thron umsehen, damit du neben mir sitzen kannst.«

»Verrückt …!«

»Natürlich! Und du, wie fühlst du dich?«

Jao warf den höfischen Mantel ab und tanzte wirbelnd um ihn herum, die Arme wie Flügel ausgebreitet. »So und so und so!«

Kaotsung fing schließlich ihre Hände und setzte sie neben sich.

»Atme tief durch und beruhige dich wenigstens lange genug, um über die Inthronisierungszeremonie nachzudenken. Das Beste ist, du fängst gleich an, damit wir sie ohne Verzögerung anberaumen können.«

»Wünscht Ihr, daß ich sie selbst plane?« fragte sie aufgeregt.

»Warum nicht?« gab er leichthin zurück.

»Richtig, warum nicht!« wiederholte sie begeistert. »In den alten Tagen half ich häufig bei Galaanlässen. Ich liebe die Vorbereitungen, die Aufregung – ich liebe eine gelungene Vorstellung. Ich will mein Leben als Eure Kaiserin im richtigen Stil beginnen. Ihr sollt stolz auf mich sein!«

»Welch eine Rede! Dann nichts wie los«, lachte Kaotsung. »Du bist wie ein Kolibri, der ganz schnell mit den Flügeln schlägt, um an seinen Nektar zu kommen.«

»Ich erinnere mich an die Neujahrsfeierlichkeiten von Kaiser Taitsung, und welchen Eindruck die Zeremonien auf die Leute machten. Sie boten gute Unterhaltung und den Menschen die Möglichkeit, einmal in den Palast zu kommen«, erinnerte sich Jao. »Und das Resultat? Die begeisterte Annahme von Taitsung als großen Kaiser!«

Kaotsung lachte. »Dann also übertriff Taitsung!«

Bei Sonnenaufgang des ersten Tages des elften Monates war alles fertig. Das Wetter war klar, windstill und kalt. Die Zeremonie sollte mittags stattfinden, aber bereits seit der Morgendämmerung wurden die drei großen Höfe vor den Haupthallen von Schnee und Eis gereinigt. Türhüter öffneten die fünf Tore des südlichen Haupttrumes, einschließlich des Haupttores, das üblicherweise dem Kaiser vorbehalten war. Doch dieses Mal wurde es auch für die beiden kaiserlichen Fürsten und die höchstrangigen Prinzen geöffnet, in Anerkennung ihrer Verdienste um das Reich während Taitsungs Regentschaft.

Schon früh versammelten sich Hunderte von Ehrenwachen in ihren besten Uniformen und mit ihren Paradewaffen. Unter wehenden Fahnen formierten sie sich zum Schlag der Trommeln. Jedermann im Palast, einschließlich aller Diener, trug zu dieser Gelegenheit seine besten Kleider.

Jao bereitete sich in ihren Chaoyi-Gemächern auf den Festakt vor, eine neue Kammerzofe half ihr, die Roben anzulegen. Sie war gebadet, mit persischem Rosenöl parfümiert und mit seidenen Unterkleidern bekleidet worden. Darüber wurde eine Tunika aus steifem Brokat gestreift, ein traditionelles Zeremoniengewand, das die Kaiserinnen bei Festakten getragen hatten. Darüber kam ein Überwurf aus Seide, bemalt mit fliegenden Phönixen in Regenbogenfarben. Vom Ausschnitt bis zum Saum fiel ein breites rotes Satinband, das mit den kaiserlichen Symbolen inmitten stilisierter Wolken in Gold bestickt war. Auch ihre kleinen Seidenpantoffeln und der breite Gürtel waren goldbestickt. Als Krönung befestigte Mi einen schimmernden Kopfschmuck aus Goldfiligran in Jaos Haarknoten, eine Arbeit, die sie niemandem sonst erlaubt hätte. Der Schmuck war ein Geschenk der koreanischen Gemeinde in Changan und war gemeinsam mit den dazupassenden Ohrringen aus Silla gekommen.

Die Mädchen klatschten in die Hände, als Jao fertig angezogen vor ihnen stand. Sie schien sich unter den Händen der Dienerinnen von einer Dame des Hofes zur Kaiserin verwandelt zu haben. Plötzlich war sie ein anderer Mensch. Sogar Mi reagierte auf diese seltsame Verwandlung, indem sie sich mit allen anderen tief verbeugte, während Jao schweigend aus ihren Räumen zu der wartenden Kutsche schritt.

Sobald sie den Wagen bestiegen hatte, setzte er sich in Bewegung. Die Kutsche war neu und passend zu Jaos Tunika dunkelblau lackiert, und die Dekorationen zeigten die gleichen goldenen Symbole. Räder und Dach leuchteten in Purpurrot, und violette Vorhänge zierten jedes der acht Fenster. Fasanenfedern flatterten auf den Köpfen und am Geschirr der Pferde, welche ihrerseits mit goldenen Schnallen, Knöpfen und Gurten geschmückt waren. Stramme Gardekavalleristen ritten vor der Kutsche, vor ihnen ging eine farbenfrohe Prozession von Insignienträgern. Sie bewegten sich in feierlichem Zug und erreichten die Torhalle genau zum vorgesehenen Zeitpunkt.

Die Menge war viel zahlreicher als erwartet. Die Sensationslust, die neue Kaiserin zu sehen, war groß. Der größte Teil der zweihundert Tang-Prinzen war anwesend, und alle neun Ränge der Beamtenschaft hatten sich in ihren offiziellen Hofgewändern eingefunden: Purpur mit Gold- und Jadegürteln für die drei höchsten Ränge, zwei Schattierungen von Lavendelblau mit Goldgürteln für den Vierten und Fünften Rang, zwei verschiedene Grün für den Sechsten und Siebenten Rang und zwei verschiedene Blau für den Achten und Neunten Rang.

Seide rauschte und die Hälse reckten sich, als Jao mit dem Glockenschlag zur Eröffnung der Zeremonie eintrat. Die Gardisten, die entlang des Mittelschiffes Aufstellung genommen hatten, kreuzten die Lanzen und standen bewegungslos stramm, als sie allein durch das Spalier zum Podium schritt. Dort wurde sie von drei Männern erwartet. In der Mitte stand der Kaiser, allein, majestätisch, beeindruckend in der kaiserlichen Robe, die eigens für diesen Anlaß gefertigt worden war. Auf dem Ehrenplatz zu seiner Linken befand sich der eindrucksvolle Li Chi, der graue Haarknoten von einer Miltärmütze bedeckt, seine hohe Gestalt in voller Rüstung, geschmückt mit den Insignien seines Ranges. Auf der anderen Seite hatte Yu Chihning seinen Platz, wie immer makellos gekleidet, der ranghöchste Beamte nach Li Chi. Dank der Tatsache, daß sich Yu während seines ganzen beruflichen Lebens niemals durch irgendeine Parteinahme verdächtig gemacht hatte, fühlte sich Kaotsung wohl dabei, ihn bei der Zeremonie an seiner Seite zu haben, obwohl er zum inneren Kreis des geheimen Ministerrates gehört hatte.

Wu Jao hielt vor den zur Tribüne führenden Stufen an und wartete, während sich ihre Begleitung, zwei Fei und acht Chaoyi hinter ihr aufstellten. Minister Yu las das Mandat, und sie stieg mit wallender Schleppe die Stufen empor. Li Chi überreichte ihr eine mit schimmernden Juwelen geschmückte Jadeschatulle, in der sich ihr Siegel befand. Sie verbeugte sich voll Anmut, die Hände, als Zeichen der Demut, in den Ärmeln verborgen. Eine der Frauen hob die Schleppe, und der kaiserliche Fürst führte sie zum Thron, während der Kaiser von Minister Yu zu seinem Platz geleitet wurde.

Minister Hsu las Gratulationsgedichte mit einer Stimme, die bis in das Gebälk tönte. Die Vierzeiler waren ohne Ende, doch wußte Hsu sie so abzukürzen, daß die letzte Zeile gerade zu Ende war, als der erste Glockenschlag ertönte, der das Ende der Zeremonie anzeigte. Glocken, Oboen, Flöten und Trommeln spielten auf und machten so auch den Abgang der Gäste zu einem lebendigen Teil der Feierlichkeit.

Kaotsung und Jao stellten sich auf, um ihre Gäste zu empfangen, die fremden Gesandten, die zivilen und militärischen Würdenträger und die Honoratioren der Stadt. Die beiden Minister blieben an ihrer Seite. Diese Neuerung schien den meisten der Gäste zu gefallen, auch wenn einige sichtlich beunruhigt waren. Die Linie der Gratulanten schob sich langsam vorwärts, und jeder, der vom Podium stieg, wurde von einer Wache in Paradeuniform in den Saal mit den Erfrischungen geführt. Später traten zur Unterhaltung der Gäste Sänger und Tänzer auf, die besten, die Changan zu bieten hatte. Der kurze Wintertag war schon zu Ende, als der letzte Gast ging, dann schlossen die Kammerherren die Tore.

Nach warmen Dankesworten an den kaiserlichen Fürsten Li Chi und Minister Yu ließen sich Kaotsung und Jao rasch von ihren Sänften zu ihren Gemächern bringen, wo sie sich der zeremoniellen Kleider entledigten, sie auf dem Fußboden liegen ließen und erschöpft, aber glücklich ins Bett sanken.

Die Krönungsfeierlichkeiten stellten sich als großer Erfolg heraus, der dem jungen Paar mit einem Schlag die Anerkennung und den Beifall aller wichtigen Mitglieder der Tang-Gesellschaft eintrug. Auch das Volk zeigte seine Begeisterung; bei jeder Aktivität um den Palast versammelten sich große Menschenmengen, die dem Kaiser und der neuen Kaiserin zujubelten, wo immer ihr Wagen auftauchte. Dennoch gab es weiterhin Menschen, die ihnen feindlich gesinnt blieben, und es sollten Zeiten kommen, in denen sie sich als äußerst gefährlich herausstellten. Zu dieser Gruppe gehörten der Onkel des Kaisers und die Brüder der neuen Kaiserin.

Das Leben am Hof nahm wieder einen ruhigen Lauf, eine Erleichterung nach den vorangegangenen aufregenden Ereignissen. Jao verstand die Rolle der Kaiserin mit Kraft und Selbstsicherheit auszufüllen. Sie spürte, daß sie den Großteil der Palastbediensteten auf ihrer Seite hatte, und genoß die wachsende Anerkennung der Beamtenschaft, die mehr als bereit für eine Änderung gewesen war. Sie gewann die Überzeugung, daß sie ihre Rolle ausfüllen konnte und zu Recht die Stellung einer Herrin Aller unter dem Himmel einnahm. Auch Kaotsung erkannte, daß er sich seiner Stellung auf dem Thron sicherer sein konnte und populärer geworden war. Er hatte endlich bewiesen, daß er die Macht nicht nur geerbt hatte, sondern auch die Fähigkeit besaß, sie auszuüben.

Jao brachte ihre Mutter und ihre Schwester in einem benachbarten Pavillon unter, wo sie die Möglichkeit hatte, sie täglich zu sehen, was für alle eine große Freude bedeutete. Jao hatte daran gedacht, Kaotsung für

Holan um einen höheren Rang in seinem Harem zu bitten, doch Holan lehnte ab. Sie wollte nicht im Palast eingesperrt leben. Was ihren Sohn anbetraf, so sah sie ihn, seit Jao ihn zu sich genommen hatte, selten. »Ich überlasse ihn dir gerne«, versicherte sie Jao. »Ich bin glücklich, wenn er sich in guten Händen befindet, daß er in direkter Nachfolge für den Thron steht ... und daß ich mich nicht mehr um ihn kümmern muß!« Madame Yang war über diese Worte entsetzt gewesen, ohne etwas zu sagen, doch Jao hatte mit Holan gelacht.

»Ich möchte, daß du hier zufrieden bist und so lebst, wie es dir gefällt ...«

»Was mir gefällt, sind die gutaussehenden Elitegarden, wenn sie keinen Dienst haben!«

»Das meint sie nicht im Ernst«, beeilte sich Madame Yang zu versichern. »Sie liebt es, Leute zu schockieren – besonders eure Brüder.«

Bei diesen Worten blickte Jao auf und sagte scharf: »Kommen sie hierher?« Erstaunlicherweise hatten die beiden sie seit Jahren in Frieden gelassen.

»Oft. Und alles, was ihnen hier gefällt, nehmen sie mit.«

»Was!« schrie Jao. »Welches Recht haben sie überhaupt, hierherzukommen! Ich hoffe, sie benehmen sich zivilisiert ...« Holan schnaubte verächtlich. »Du hoffst! Sie behandeln Mutter schlechter denn je, nehmen die Dienerinnen mit, verleumden dich, sie benehmen sich genau wie die Schurken, die sie sind.«

»Ich werde mich darum kümmern!« rief Jao mit finsterem, zornrotem Gesicht.

Sie beorderte augenblicklich die Brüder zu sich. Die beiden erschienen schnell, denn sie waren in dem nahegelegenen Verwaltungstrakt beschäftigt. Bei ihrem Eintritt verbeugten sie sich nicht, und Jao forderte sie nicht zum Sitzen auf. Sie ließ sie so lange stehen, bis beide unsicher wurden.

»Hast du uns etwas Wichtiges zu sagen, daß du uns von unserer Arbeit abhältst?« brauste Yuanshuang auf.

»Ja. Ich bin im Begriff, euch versetzen zu lassen, einen von euch auf die Insel Hainan im Süden, den anderen in das Grenzland in der Nähe von Tibet.« Beide Brüder erblaßten vor Entsetzen.

»Das kannst du nicht tun. Wir wollen nicht weg von hier, selbst wenn das eine Beförderung bedeutet. Danke, nein, wir gehen nicht. Wir würden Geld vorziehen.«

»Ihr seid in Ungnade, versteht ihr?« erklärte Jao fest. »Ungnade. Die Wachen werden euch in Ketten von hier abführen!«

Yuanshuang machte einen drohenden Schritt auf sie zu. »Du wertlose Hure«, brüllte er. »Du ...« Er kam nicht dazu, seinen Satz zu beenden. Der Wachhabende führte ihn zusammen mit dem schwitzenden Yuanching ab. Jao war totenblaß, auf ihrer Stirn standen Schweißperlen.

Am folgenden Tag ersuchte sie Kaotsung offiziell, ihre Brüder in die Provinz zu versetzen, in sichere Entfernung von der Hauptstadt. Diesem Wunsch kam er nach. Nur in der Stille des Schlafzimmers ließ er die Bemerkung fallen, seine geliebte Ehefrau hätte sichtlich auch ihre harten Seiten.

»Stört es Euch?« fragte sie. »Meine Brüder haben sich nach dem Tod meines Vaters respektlos und grausam gegen meine Mutter benommen, und sie benehmen sich weiterhin so. Ich schäme mich für sie. Sie gehören in die Provinz«, fügte sie in Erinnerung an ihre Jugend bitter hinzu. »Ihre Familien können sie begleiten, doch ich, und das ist wunderbar, herrlich, ich bekomme für unsere beiden Söhne meine Kinderfrau Wang zurück!«

Die Versetzung der kaiserlichen Schwäger fand den Beifall der konfuzianischen Bürokratie und führte dazu, daß viele von ihnen die neue Kaiserin mit mehr Anerkennung betrachteten. Sie benahm sich, wie es sich gehörte. Und es fiel den Beamten nicht schwer, der Absetzung von Chung als Kronprinz und der Ernennung von Jaos Sohn, dem dreijährigen Hung, zum Thronerben zuzustimmen.

In seiner neu gefundenen Heiterkeit begann Kaotsung verschiedene junge Angehörige seines Hofes und einige seiner Vettern zu Geselligkeiten einzuladen, was er bisher niemals getan hatte. Er ließ die Tang-Prinzen, einzeln oder in Gruppen, junge Männer aus den ersten Familien des Reiches und Beamte der mittleren Ränge mit neuen Spielen und populären Darstellern, Sängern, Schattenspielern, dressierten Affen und Hunden, vor allem aber, weil sie bei allen am beliebtesten waren, mit tanzenden Pferden unterhalten.

Auch Jao erfreute sich bester Gesundheit und sprühte vor Geist. Zusätzlich zu allen ihren neuen Interessen und Pflichten fand sie Zeit, sich je nach der Jahreszeit um die Blumen zu kümmern, eine Leidenschaft, von der sie sich von nichts und niemanden abhalten ließ. In dunklen Ecken wurden in Dutzenden von Töpfen chinesische Lilien gezogen, die, wenn sie zu Neujahr blühten, in alle Hallen gestellt wurden. Sie studierte das Leben von Madame Pang aus Han und deren berühmtes Etikettenbuch für Damen und schrieb selbst eine Neufassung für den Gebrauch der Damen ihrer Umgebung. Sie bat den ohnehin sehr beschäftigten Hsu, ihr bei ihren Nachforschungen zu helfen, und nannte das fertige Buch: *Über das Benehmen der Frau im Haus.* ›Schwester Hsu würde es gefallen‹, dachte Jao glücklich, ›aber bei der Äbtissin bin ich mir nicht sicher. Ich denke, sie würde mich nur ansehen und fragen, ob das ein Witz sein soll.‹

Nach drei Monaten ungestörter Freude als Kaiserin war Jao wieder schwanger, und ihr Wohlbefinden fand ein jähes Ende. In aller Eile sandte sie nach Madame Sun und war dankbar, als diese unverzüglich und, bis auf einige graue Haare mehr, unverändert sofort erschien.

Jao begrüßte sie voll Zuneigung.

»Was jetzt, Majestät?«, fragte Madame Sun. »Ist wieder ein kaiserlicher Prinz unterwegs? Ich hoffe, Ihr werdet dieses Mal mehr Glück haben.«

Bei dem Gedanken an ihre kleine Tochter, die nicht leben durfte, legte sich ein Schatten über Jaos Gesicht.

Nachdem Madame Sun sie nach Beratung mit den Palasthebammen untersucht hatte, entwarf sie mit Mi eine kräftigende Diät und ermunterte Jao dazu, sich zu entspannen und weiter aktiv zu sein.

Am ersten wärmeren Tag nach Madame Suns Besuch bestellte Jao ihre Sänfte, um ihre Mutter zu besuchen und ihr von dem kommenden neuen Baby zu erzählen. Es war ein herrlicher Tag, die Knospen waren überall zu sehen, und Jao verspürte zum erstenmal keine morgendliche Übelkeit. In fröhlichster Stimmung brach sie auf.

Kaotsung, dessen Arbeit mit den Beamten schnell erledigt gewesen war, wollte auch den schönen Tag im Freien genießen. Er wanderte über seinen vertrauten Grund, betrachtete die Azaleen, beobachtete die Goldfische im Teich, lauschte den Schwalben, die in den bemalten Sparren der Hallen ihre Nester bauten, und schlenderte im warmen Sonnenschein umher. Sein Spaziergang führte ihn in einen entlegenen Teil des

Hofes, wo er einen Sklaven beobachtete, der ein Tablett mit Speisen durch ein Loch in der Mauer schob.

»Was machst du da?« fragte er. Bevor der Diener antworten konnte, erhob sich hinter der Mauer lautes Wehklagen von wohlbekannten Stimmen.

»Um Himmels willen«, sagte er, als er die Stimme erkannte. »Seid Ihr das, Madame Wang?«

»Gewiß, gewiß«, schluchzte sie, und auch Hsiao Fei erhob ihre Stimme.

Zutiefst schockiert fragte der Kaiser: »Kaiserin und Hsiao Fei, wie geht es euch?«

Sie weinten noch lauter. »Wir armen Konkubinen büßen hier für unsere Verbrechen, warum sprecht Ihr uns mit unseren ehemaligen Titeln an? Bitte, nennt unser Gefängnis ›Hof der Erinnerung‹.«

Voll Unbehagen versprach er ihnen, ihrer Bitte nachzukommen. Ihm war nicht klar, daß diese Anerkennung, sobald dieser Titel bekannt wurde, für den Hof einer Aufhebung des Urteils gegen die Frauen gleichkäme und für Jao einen Schlag ins Gesicht darstellte.

In seiner Eile stolperte er durch die verlassenen Höfe mit ihren verwachsenen Gärten, so sehr hatte ihn das eben Gesehene aufgeregt. Er verlor seinen Weg und wanderte lange zwischen Gebäuden umher, deren Gartenwege von abgebröckeltem Putz und herabgefallenen Ziegeln bedeckt waren.

Leise sprach er zu sich selbst: »›Hof der Erinnerung‹ … und wie ich mich erinnere. Ich verstehe, was sie mir sagen wollten … diese armen, armen Frauen! Und vor allem Hsiao, die liebe Hsiao … Hausarrest ist eine Sache, aber sie ohne alle Bequemlichkeit leben zu lassen, eine andere. Ich werde auf jeden Fall etwas veranlassen.«

Lange Zeit stand er an einem Brunnen und schmiedete, während er sich langsam beruhigte, Pläne, wie er den beiden das Leben erleichtern konnte. Während er so vor sich hin sann, fanden ihn die aufgeschreckten Diener. Eine diskrete Hand nahm seinen Ellbogen und geleitete ihn zurück zu seinen Gemächern.

Als Jao von dem Besuch im Haus ihrer Mutter zurückkehrte, fühlte sie sich entspannt. In ihrem Vorhof blieb sie stehen, um die gerade erblühte

Iris zu betrachten, und holte voll Zufriedenheit tief Luft. Mi brachte ihr einen Schal und legte ihn ihr über die Schultern, dann berichtete sie ihr mit leiser Stimme die Neuigkeiten des Tages und von Kaotsungs Besuch bei den Damen Wang und Hsiao.

»Was!« schrie Jao auf, weiß bis an die Lippen. Sie taumelte, als hätte sie einen Schlag bekommen. Angsterfüllt führte Mi sie in das Innere des Hauses, half ihr zu Bett und hüllte die erstarrte Kaiserin, die nicht aufhörte zu zittern, in Decken ein.

»Wa... was ist los?« versuchte Mi zu ergründen, als sie alles getan hatte, was in ihrer Macht stand, um ihre Herrin zu beruhigen. Jao schien nichts zu hören. Sie starrte zur Decke, das Gefühl der Sicherheit war geschwunden, als hätte es niemals existiert.

Die ganze Nacht lag sie so da, die Augen offen, ohne ein Wort zu hören. Mi verharrte bei ihrem Bett und bot ihr von Zeit zu Zeit einen Schluck Wasser. Und allmählich begann sie Jaos Ängste zu begreifen.

Am Morgen befahl Jao Obereunuchen Kang zu sich und forderte ihn auf, einen Paravent um ihr Bett stellen zu lassen und dafür zu sorgen, daß Li Iyang, der Leiter des Sicherheitsdienstes, ihr persönlich Bericht erstatte.

»Es handelt sich um einen Notfall«, erklärte sie, als Li Iyang, der Bruder von Li Ifu, eintraf, außer Atem, weil er sich so beeilt hatte. Jao begann, indem sie ihm für sein Entgegenkommen zu dankte. Doch dann verlor sie keine Zeit mehr, sondern leitete sofort zu ihrer eigentlichen Frage über: »Wußtet Ihr, daß der Kaiser die beiden verurteilten Damen besucht hat?«

»Ja, Majestät«, antwortete er vorsichtig.

»Ist Euch auch klar, daß sie ihn innerhalb weniger Sekunden zu einem Zugeständnis bewegt haben?«

»Wir wissen das«, er fühlte sich sichtlich unbehaglich.

»Ist Euch klar, daß sie nichts Gutes im Schilde führen werden? Es muß etwas dagegen unternommen werden. Der Kaiser ist sehr gütig, er sieht es ungern, wenn eine Strafe durchexerziert wird, selbst bei unseren Söhnen, auch wenn sie ihre Strafe verdient haben. Ich habe Euch rufen lassen, weil es sich hier nicht um eine Familienangelegenheit, sondern um eine Staatsaffäre handelt. Eine Sache des Geheimdienstes, also in Eurer Verantwortung.«

Li Iyangs langes Gesicht wurde noch länger. »Schwierig«, murmelte er, »und, wenn ich Euch richtig verstanden habe, gefährlich.«

Jao setzte sich auf, das Gesicht von Röte überzogen, die Stimme schrill. »Sie haben nur eine milde Strafe erhalten. Was schreibt der Tang-Code für die Bestrafung des Verbrechens der Zauberei gegen den Thron und für Verräter vor, die alles tun, um dem Sohn des Himmels zu schaden?«

Jetzt hatte Li Yyang wieder festen Boden unter den Füßen. »Die Todesstrafe«, erklärte er. »Wichtige Fälle wie diese werden gemeinsam vom Büro des Geheimdienstes und den Sekretären Ersten Ranges des Kanzleiamtes und des Sekretariats behandelt. Wird eine Exekution angeordnet, so ist die Ratifikation des Kaisers erforderlich. In den Fällen von Wang und Hsiao wurde das Urteil gemildert. Solange sie keine Schwierigkeiten machen, werden sie als harmlos betrachtet.«

Jao unterbrach ihn in schroffen Sätzen. »Der Kaiser wünscht keine weiteren Schwierigkeiten. Er will unter keinen Umständen weitere Schwierigkeiten haben. Heute sieht er in zwei hilflosen Frauen keine Gefahr. Er will ihr Los mildern. Aber er sieht nicht, daß es bei Hof immer noch Cliquen gibt, die gegen ihn sind. Vielen der Prinzen ist es unter dem Regime von Changsun Wuji sehr gutgegangen. Eine nicht unbeträchtliche Gruppe innerhalb der Beamtenschaft wartet nur darauf, sich um die abgesetzte Kaiserin zu scharen. In dem Moment und für den Fall, daß man sich um sie scharen kann.«

»Ich verstehe den Standpunkt Eurer Majestät«, der Oberste Geheimdienstmann war plötzlich hellhörig. »Ihr fürchtet, diese Unzufriedenen könnten in Aktion treten?«

»Das werden sie mit Sicherheit tun. Und ich werde es von neuem bitter zu spüren bekommen«, sagte sie. Auf ihrem Gesicht zeigte sich ein Ausdruck so verzweifelter Entschlossenheit, daß Mi ernstlich beunruhigt war.

»O nein«, bat Mi. »Ihr seid krank und dürft Euch nicht aufregen.«

Jao schenkte ihr keine Aufmerksamkeit. »Was schlagt Ihr vor?« fragte sie den Geheimdienstmann.

»Eine ordnungsgemäße und dem Gesetz entsprechende Exekution würde die Lage klären«, antwortete er kühl.

»Dem Gesetz entsprechend?« fragte Jao. »Sie muß gesetzmäßig sein …«

»Ich werde mich mit den zuständigen Stellen beraten«, meinte er, »und ich werde herausfinden, was man tun kann.«

Der milde Frühlingsbeginn wurde nur zu bald von den Sandstürmen aus der Wüste Gobi abgelöst. Sie bedeckten den gesamten Norden Chinas mit rotem Sand. Als der erste Sturm losbrach, kam sogar im Palast das Leben zum Stillstand. Die Fensterläden schlugen an die Wände, Blumentöpfe rollten in den Höfen umher, während Diener mit einem Tuch vor dem Mund versuchten, des Sandes, der so fein wie Mehl war, Herr zu werden. Die Lebensmittel waren besonders bedroht. Die Tage waren sogar um die Mittagszeit finster, und der Verkehr in den Straßen kam bis zum Ende des Sturms zum Erliegen.

Mitten in diesem Unwetter wurde Jao von Mi aufgeschreckt, die ihr Li Iyangs Besuch ankündigte. Sie erhob sich sofort und nahm, wie es die Sitte befahl, hinter einem Paravent im Wohnraum Platz.

»Es ist geschehen«, erklärte er.

Jao schluckte. »Wie? Und wann?« Ihre Stimme klang unsicher.

»Vor einer Stunde. Nur der Scharfrichter und ich – nach dem Gesetz muß ich anwesend sein – waren dabei. Die Exekution wurde schnell durchgeführt. Die beiden Frauen hatten, als sie aus ihrem Hausarrest geführt wurden, keine Ahnung, was vor sich ging, und daher auch keine Angst. Erst als sie das Beil des Scharfrichters sahen, wurde ihnen klar, was sie erwartete. Der Kaiserin, die als erste hingerichtet wurde, mußte man in die Knie helfen. ›Ich sehe, daß der Tod mein Los ist‹, war alles, was sie sagte.«

»Und die andere? Berichtet, bitte«, bat Jao mit trockenen Lippen.

Li Iyang zögerte. »Wie Eure Majestät wünschen. Hsiao bekam einen hysterischen Anfall. Sie sah das Beil auf die Kaiserin fallen, und dann brach Wut und Angst aus ihr hervor, sie schrie und wehrte sich. Sie rief – Eure Majestät verzeihen – ›O, Wu ist eine Füchsin, die diesen Plan geschmiedet hat. In meinem nächsten Leben komme ich als Katze wieder, und sie wird die Maus sein, der ich die Gurgel durchbeiße!‹. Dann wurde ihr der Kopf abgeschlagen, und alles war vorbei. Nur ein paar Minuten, Majestät …«

Jao schwieg. Sie versuchte, ihren aufgewühlten Magen unter Kontrolle zu halten.

Li Iyang fuhr fort. »Mein Bruder Li Ifu und mein Onkel Hsu haben die Exekution mit dem Aufsichtsrat ausgearbeitet. Sie waren sich einig, daß jede Nachsicht gegenüber der Kaiserin den Älteren einen goldenen Schlüssel in die Hand geben könnte, sie wieder einzusetzen. Und diese Älteren warten nur darauf, wieder einen direkten Draht zum Palast zu bekommen.«

»Ihr habt richtig gehandelt«, murmelte Jao, während sie versuchte, sich den roten Sand aus den Augen zu wischen. »Wie lautet die Entscheidung des Kronrates über diese ... diese Aktion?«

»Zur vorgeschriebenen Zeit legten wir dem Kronrat die Liste der Verbrecher vor, die hingerichtet werden sollten – ungefähr ein Dutzend aus dem ganzen Reich für die Winterperiode –, und der Kaiser unterschrieb die vorgelegten Namen und die vorgeschlagene Bestrafung, widerstrebend wie immer bei solchen Gelegenheiten.«

»Hat er die Namen von Wang und Hsiao auf der Liste erkannt?« fragte Jao.

»Ich trug die von ihnen begangenen Verbrechen vor – Mord, Verrat, Zauberei –, alles Verbrechen aus dem Katalog der Zehn Todsünden –, dann verlas ich, nach Anführung der Verbrechen, die Namensliste.«

»Habt Ihr das so gemacht, damit er die Anträge ohne Zögern annahm, ohne daß ihm klar wurde, was er tat?« fragte Jao. Li Iyang gab keine Antwort, und nach einer Pause schloß sie die Audienz.

»Ich danke Euch für Euren Bericht. Ich weiß Eure Handlung zu schätzen. Der Kaiser wird auch dankbar sein – mit der Zeit –, wenn ihm klar wird, welche Gefahren seiner Regierung von dieser Seite gedroht haben. Nehmt unseren Dank. Sobald sich der Sturm gelegt hat und ein Transport möglich ist, werden fünf Wagenladungen mit Geschenken an Eurer Tür abgeliefert werden.«

An diesem Abend wies Jao jede Nahrung zurück, wollte ihre Söhne nicht sehen und bat, aus Krankheitsgründen dem ehelichen Bett fernbleiben zu dürfen. Sie fand keinen Schlaf und nickte erst in den frühen Morgenstunden ein, erwachte aber plötzlich schreiend. Gestalten standen an ihrem Bett – zwei kopflose Frauen, aufgelöst und blutüberströmt. Sie hatte sie in Todesangst schreien gehört. Jao hielt sich die Ohren zu und kauerte sich in einem Winkel zusammen, um dem Anblick und den Schreien zu entkommen.

»Herrin!« rief Mi und faßte nach den ins Leere greifenden Händen. »Wacht auf! Ihr habt einen Alptraum!«

Mi nahm Jao in die Arme und wiegte sie, bis sie sich langsam beruhigte. Jao war verwirrt und beschämt. Sie legte die Hände über die Augen und atmete tief, während Mi sie in eine Decke wickelte und ärgerlich mit der Zunge schnalzte.

»So, nun haltet Euch warm, ich bringe Euch einen Gerstentrank und ein gutes Schlafmittel aus Silla, das Euch beruhigen wird.« Nachdem sie zurückgekehrt war und Jao die Medizin genommen hatte, machte es sich Mi auf einer Matte vor dem Bett bequem, so wie damals, als Jao noch eine Tsairen war und Angst hatte, ermordet zu werden.

»Nun schlaft, Mi ist bei Euch und wird Euch unter keinen Umständen verlassen«, murmelte sie beruhigend.

»Da... danke, Mi, mir ist wieder gut.« Jao atmete schwer, dann streckte sie sich auf der *kang* aus und wickelte die Decken fester um sich. Sie fror.

Doch kaum war sie eingeschlafen, kamen die Geister wieder, und diesmal hatten sie eine Riesenkatze bei sich. Die Katze sprang Jao an die Kehle. Jao schrie so laut, daß man sie über das ganze Grundstück hören konnte. Es dauerte lange, bis Mi sie wieder beruhigen konnte. Die Dienerinnen versammelten sich halb angezogen und angsterfüllt um sie, bis Jao, die jetzt ganz wach war, sie halb lachend, halb zitternd vor Angst entließ. In dieser Nacht versuchte sie nicht mehr zu schlafen, und am nächsten Morgen verlor sie keine Zeit, den Befehl herauszugeben, daß alle Katzen aus dem Palastbereich sofort zu entfernen seien.

In der folgenden Nacht konnte sie überhaupt nicht schlafen. Mi brachte ihr stärkere Drogen, doch schienen diese sie nur zu verwirren und am Schlafen zu hindern. Mi war nachdenklich. »In Silla«, vertraute sie Jao an, »glauben wir so fest an die magische Kraft der Namen, daß unsere Könige und Königinnen und alle ihre Familienangehörigen zum Schutz buddhistische Namen bekommen. Andere Namen, drohende, können auch ihre Wirkung haben – gegen persönliche Feinde.«

»Erzähle mir mehr darüber«, bat Jao.

»Könnte man die Kaiserin Wang umtaufen, so würde das die Art ihrer Wiedergeburt bestimmen. Nennt sie *mang* – Schlange –, dann könnte sie niemals in Eure Nähe kommen, denn Schlangen werden von allen verfolgt und kriechen niemals frei auf dem Palastgelände herum. Wang-mang, wie leicht wäre es, diesen Namen in einer Beschwörung zu wiederholen. Der magische Name von Hsiao könnte *shiao* – Geier – sein. Hsiao-shiao, Wang-mang, Hsiao-shiao … wiederholt es immer wieder und wieder, dann werden Wang und Hsiao als Schlange und Geier wiedergeboren werden, und auch ihre Nachkommenschaft. Sprecht diese Formel und Ihr werdet schlafen können. Wang-mang, Hsiao-shiao …«

Jao erkannte, daß sie ein Schattenreich betrat, in das sich nur die Schamanen wagen sollten, doch sie folgte, wohin sie geführt wurde. Mi war in ihrem eigenen Land ein weiblicher Schamane, kannte die Mysterien … Die Magie der Worte übte ihren Zauber aus, und sie fühlte sich beruhigt.

Mi, die Jaos Stirn streichelte, ihre Füße massierte und die monotonen Zaubersprüche sang, gelang es, Jao in einen Halbschlaf zu versetzen. Nach einer Stunde setzte sich Jao wieder auf, doch hatte sie keinen Alptraum mehr gehabt. Sie war nun überzeugt, daß der Zauber seine Wirkung getan hatte, und schlief ohne Schwierigkeiten wieder ein.

Aber die Erleichterung währte nur kurz. Die Geister erschienen ihr so häufig, daß sie zu der Überzeugung kam, etwas Drastisches unternehmen oder verrückt werden zu müssen. Sie sandte nach einem bekannten taoistischen Exorzisten, um die bösen Geister aus dem Palast zu vertreiben. Der Exorzist erschien mit einem ganzen Heer von Helfern. Die mächtigsten Zaubermeister vollführten ihre wirkungsvollsten Riten, ihre Beschwörungen wurden von Trommeln und Rasseln begleitet, sie brachten Tieropfer dar und verbrannten Wolken von Weihrauch. Der Lärm drang an die Ohren des Kaisers, und als er erfuhr, daß die Hexer auf Geheiß der Kaiserin gekommen waren, verlor er keine Zeit, sie zur Aufklärung zu sich zu beordern.

»Es ist gefährlich, wenn sich diese Leute hier breitmachen«, erklärte er. »Wir haben Feinde, das weiß niemand besser als du, und einige von ihnen werden nicht zögern, gegen dich Anklage zu erheben …«

»Anklage? Weshalb?« fragte Jao ohne Umschweife, aber angsterfüllt.

»Wegen schwarzer Magie, nicht weißer Magie!«

Jao wirkte äußerst mitgenommen. »Diese Zauberer, die ich rufen ließ, sollen Gespenster und böse Geister aus dem Palast vertreiben. Die

Schamanen des Palastes – die niemals schwarze Magie betreiben und sich die verdammenswerten Praktiken der schwarzen Hexerei nicht einmal aneignen würden – arbeiten mit den Schamanen der Stadt zusammen. Sie werden sicher alle bösen Geister, die uns hier umgeben, vertreiben. Bitte, habt Geduld.«

Kaotsung hörte zu. »Trotzdem wäre es mir lieber, die Zauberer aus der Stadt nicht hier zu haben. Dieser Gesang, bei dem immer die gleichen Worte stundenlang wiederholt werden, dieser Gestank nach verbrannten Federn, verbranntem Fleisch, verbranntem Weihrauch – schick sie fort.«

»Selbstverständlich«, stimmte Jao zu, ängstlich und am Ende ihrer Nerven. »Ich werde es sofort veranlassen.«

Die Alpträume kamen in Abständen immer wieder. Jao war nur mehr ein Nervenbündel und fühlte sich so krank, daß sie das Bett nicht verlassen konnte. Kaotsung, der glaubte, ihr Zustand sei auf ihre Schwangerschaft zurückzuführen, machte sich keine Sorgen. Sein Schlaf allerdings war ebenfalls schwer gestört, und das bereitete ihm bald größere Sorgen. Jede Nacht kamen die Ratten heraus, liefen über das Gebälk, kämpften miteinander und verursachten ein pausenloses Geraschel in der Zimmerdecke. Nachts schien es Horden von Ratten zu geben.

»Die Ratten laufen furchtlos herum«, beklagte er sich bei Eunuchen Kang. »Gib dem Haushaltsamt den Befehl, etwas dagegen zu tun.«

Eunuch Kang räusperte sich. »Es gibt keine Katzen mehr in der Palaststadt, und die Ratten haben sich ungehemmt vermehrt. Sie sind sich so sicher, daß sie sogar die kleinen Kinder in der Wiege attackieren.«

»Dann schaffe alle Katzen, derer du habhaft werden kannst, herbei und mache der Sache ein Ende! Bring eine Armee von Katzen und damit wird das Problem gelöst sein«, befahl Kaotsung, halb verärgert, halb amüsiert.

»Ja, Majestät«, stimmte Kang zu, »doch das geht nicht. Kaiserin Wu hat alle Katzen aus dem Palast verbannt.«

»Was!« rief Kaotsung aus. »Um Himmels willen, warum? Nun, laß es gut sein, ich werde sie fragen … und auch, wie sie mit den Ratten zurechtkommt.«

Bei seinem abendlichen Besuch bei Jao kam er gleich zur Sache. Sie erzählte ihm die Geschichte ihrer Alpträume mit Schaudern, langen Pausen und nervösen Atemstößen. Allerdings verriet sie ihm nicht die Ursache ihrer Träume. Kaotsung war erschüttert.

Jao sagte schließlich zitternd in ihrem Elend: »Ich werde veranlassen, daß Chi einige magere, verhungerte Katzen einsammelt, sie werden Eure Räume sofort von der Rattenplage befreien.« Sie beobachtete ihn scharf, während er schweigend vor ihr saß, dann fügte sie hinzu: »Es geht um mehr als um Katzen und Ratten. Dieser Platz, diese Palaststadt, ist alt und an einem tiefen Punkt im Tal errichtet, überall gibt es Wasserflecken von undichten Stellen, alles ist voll von Ratten, Skorpionen, Fliegen, Läusen, alles modert, es ist erst dreißig Jahre her, daß Taitsung diesen Palast aus den alten Sui-Palästen zusammengeflickt hat.«

Sie hatte nun Kaotsungs volle Aufmerksamkeit. »Was willst du damit sagen?« fragte er.

»Der Taminggung, der alte Sommerpalast des Feuervogels in den kaiserlichen Gärten im Norden der Stadt ...«

»Was ist damit?« Er klang argwöhnisch.

»Dieser Palast liegt viel höher, und dort gibt es keine bösen Geister so wie hier. Er wurde von Taitsung als Sommerresidenz, als Feriensitz, neu erbaut. Es wäre schön dorthinzuziehen. Eine Veränderung ist genau das, was Ihr braucht.«

»Ich fühle mich hier wohl, wo ich mein ganzes Leben verbracht habe – wohl und nahe der Regierung.«

»Zu nahe«, flüsterte sie so leise, daß er sie nicht hörte. »Ihr werdet Euch im Taminggung-Palast so wohl fühlen wie nie vorher«, setzte sie verzweifelt fort.

»Widersetzt du dich mir?« scherzte er, um dem Gespräch den Ernst zu nehmen, während er sie aufmerksam betrachtete.

Sie zupfte ihn am Ärmel zu sich und zeichnete mit dem Finger die Gebäude des Taminggung-Palastes in den Sand, der sich in einer flachen Schale gesammelt hatte. »Da! Laßt uns darüber nachdenken, wie wir diesen ungenutzten Palast für unsere Zwecke umbauen können. Wir werden heute abend gemeinsam Pläne zeichnen. Den Kindern geht es hier nicht so gut, wie es sein sollte, von mir ganz zu schweigen. Und Euch auch nicht, wenn Ihr es nur merken würdet. Vom Palast des Feuervogels in den Hügeln könnte Ihr über die Stadt sehen und die kühlen

Sommerwinde genießen ...« Sie sprach nicht weiter, sondern beobachtete ihn ängstlich.

Kaotsung schaute die Zeichnung im Sand an, schaute in den Hof, in die hereinbrechende Dämmerung, dann sagte er nachdenklich: »Wir könnten es versuchen. Wir werden sehen, wie es geht.«

In ihrer Erleichterung verbarg Jao das Gesicht in den Händen. »Ihr werdet sehen«, murmelte sie. »Wir können es zu einem wunderbaren Zuhause machen. In diesem Palast spukt es. Ich hasse ihn, ich hasse ihn!«

Bestürzt sagte Kaotsung: »Morgen gebe ich den Befehl, mit den Renovierungsarbeiten zu beginnen.«

Innerhalb eines Monats waren die neuen, weitläufigen Quartiere im Taminggung für die Übersiedlung bereit. Die Wände waren weiß gekalkt, bunte Vorhänge hingen an den Fenstern und die Räume waren bescheiden, aber mit eigens gebauten Bambusmöbeln eingerichtet. Kaotsung wanderte durch seine Räume und nickte befriedigt.

»Sehr gut, ausgezeichnet, ich gratuliere Euch«, sagte er zu Yen Lifu, dem Leiter der Bauarbeiten. »Wir werden sofort einziehen. Ihr habt an alles gedacht!« Yen verbeugte sich. Er war zufrieden. Es war eine Herausforderung gewesen, die Umbauten in so kurzer Zeit fertigzustellen, aber er hatte die Aufgabe gerne übernommen. Er war ein großer Baumeister, der beste im Land, und er hatte sich verpflichtet gefühlt, für den dritten Herrscher der Tang ebenso gute Arbeit zu leisten wie für den zweiten.

Die Übersiedlung der kaiserlichen Familie wurde ohne Schwierigkeiten zwischen zwei Regenstürmen durchgeführt. Wachen und Diener mußten in den umliegenden, noch nicht fertiggestellten Gebäuden wohnen, doch sie machten ihre Späße über die Veränderungen, die sie sichtlich genossen.

»Jetzt mußt du nicht mehr wegen der bösen Geister oder meiner Alpträume die ganze Nacht wach bleiben«, sagte Jao im Flüsterton zu Mi, die Moskitonetze über die Betten der Jungen hängte. »Wir können hier einen friedlichen Sommer genießen. Ich kann essen und ruhen und alles zum Besten des neuen Babys tun.«

»Ja, Majestät«, stimmte Mi zu und blickte sich befriedigt um. Die

Jungen waren über die Übersiedlung ebenso froh wie aufgeregt. Der dreijährige Hung und der zweijährige Hsien tollten mit viel Geschrei durch die neuen Räume. Die Kinderschwestern fingen sie wieder ein und brachten sie in ihre Zimmer und dann zu Bett. Für Hung gab es ein großes neues Bambusbett, für Hsien ein Kinderbett. Nachdem ihnen die Nachtkleider über den Kopf gezogen worden waren, rannte Hsien zu dem großen Bett und machte es sich dort triumphierend bequem. Hung beobachtete ihn schweigend. Er lehnte sich an Jao, die zum üblichen Gutenachtkuß ins Kinderzimmer gekommen war.

»Welches Bett willst du?« fragte sie ihn. Hung zeigte auf das kleinere Bett, das als Zierde ein Tigerkissen aufwies.

»Hung will den Tiger«, antwortete er und stürzte sich auf das Kissen, das wie ein bernsteinäugiger Tiger auf dem Bett saß. Daraufhin setzte Hsien zu einem Gebrüll an. »Mein Kissen! Meins!« schrie er und versuchte, eines der Fellohren zu packen. Hung ließ das Tigerkissen rasch los, so daß Hsien das Gleichgewicht verlor und stolperte. Als alle lachten, hörte er sofort auf zu schreien und stimmte in das Gelächter ein. Mi hob ihn auf, warf ihn in die Höhe und steckte ihn in sein eigenes Bett.

Währenddessen schaute Hung seine Mutter mit vergnügt blitzenden Augen an. »Ich mag keine Tigerkissen. Das ist der Grund, warum die Kinderfrau keines auf mein Bett gesetzt hat«, flüsterte er.

»Du kleiner Teufel!« rief sie und schloß ihn anerkennend in die Arme. Hung strahlte. Ihre Anerkennung zu erlangen war nicht leicht.

Der Sommerabend war in die Nacht übergegangen, als im Kinderzimmer endlich Ruhe herrschte und Jao zu Kaotsung gehen konnte. Sie frohlockte: »Wir werden hier glücklich sein«, verkündete sie. »Ihr werdet sehen!«

14

Mit finsterer Miene überschritt Kaotsung die Schwelle. Es war vier Uhr morgens, ein kalter Novembertag war angebrochen, und er war schon spät dran für das Plenum der Minister, das zweimal im Monat stattfand und ihn immer noch mit Unbehagen erfüllte.

Als sich die Tür hinter ihm geschlossen hatte, warf Jao Mi einen fragenden Blick zu, den diese, die der Kaiserin gerade einen bequemen Platz neben dem glühenden Kohlenbecken bereitete, jedoch völlig übersah. »Hier, Herrin, setzt Euch her und legt Eure Füße auf diesen Schemel.«

»Danke«, erwiderte Jao. »Der Kaiser ist in letzter Zeit meist schlecht gelaunt, und das bereitet mir Sorge. Auch beachtet er mich kaum.«

Mi unterbrach ihre Bemühungen, es der Kaiserin bequem zu machen, und blickte sie verständnisvoll an. »Er wird Euch bald wieder beachten – sobald sein neuer Sohn geboren ist. Dieses Kind wird das erste sein, das durch den hohen Rang seiner Mutter von Geburt an zum Kronprinzen bestimmt ist. Dem Kaiser ist das sehr wichtig. Und sorgt Euch nicht, er wird Euch mehr als genug Beachtung schenken, sobald Ihr wieder sein Bett teilt.«

»Mi«, verwies sie Jao, »wie kannst du über solche Dinge scherzen? Wie kannst du es wagen?« Beide lachten fröhlich. Jao war sogleich besserer Stimmung, obwohl sie sich schwer und unbehaglich fühlte und allmählich genug hatte vom Warten. Sie sah zu, wie Mi graziös im Zimmer umherging und alles Notwendige für die Hebammen aus den Körben nahm und auf der *kang* vorbereitete.

»Du siehst heute so gut aus, deine Haut ist frisch, deine Wangen sind rosig, dein Haar glänzt. Ich beneide dich«, sagte Jao langsam.

Mi unterbrach ihre Arbeit und starrte die Kaiserin an, ihre schlanke Gestalt unter ihrem handgewebten wollenen Umhang war vollkommen reglos. »Mich? Du lieber Himmel!« lachte sie. »Euer Neid wird nicht lange währen, das verspreche ich Euch. Eure Figur wird bald schlanker sein als meine, Eure Haut seidiger und Euer Lächeln strahlender – ich gebe zu, daß Euer Aussehen im Augenblick nicht auf dem Höhepunkt ist, Ihr seid zu blaß. Ihr macht Euch doch nicht wieder Sorgen?«

Jao zog ihr Tuch enger um sich. »Nur eine Haaresbreite«, seufzte sie, »nur so viel liegt zwischen mir und dem Verderben – das ist alles.«

»Was meint Ihr nur?« fragte Mi. »Was für ein Unsinn! Seit einem Jahr sitzt Ihr als Kaiserin auf dem Thron, Herrin der Welt, höher als alle Menschen unter dem Himmel, und das Beste ist – Ihr erwartet einen neuen Sohn. Wie könnt Ihr nur so reden?«

»Und trotzdem denke ich so. Ich mag auf der höchsten Höhe stehen, aber ich kann jeden Augenblick abstürzen. Nur ein Angriff zuviel gegen Kaotsung, und ich bin verschwunden. Nur er steht zwischen mir und dem Untergang. Mehr als je zuvor. Alle diese mächtigen Männer versuchen, auf Kaotsung Druck auszuüben – Changsun und Chu und die übrigen.«

»Ihr wißt doch, daß Chu vor einem Jahr in eine ferne Provinz verbannt wurde, als er sich so offen und heftig Eurer Heirat und der Thronbesteigung widersetzte.«

»Das weiß ich. Aber Chu wurde dort zum Militärgouverneur ernannt und befehligt die Truppen. Er könnte sie heimlich nach Changan führen und gemeinsam mit Onkel Changsun den Kaiser stürzen.«

»Herrin!« unterbrach Mi, »das ist unmöglich! Ihr seid nicht wohl … das Baby!«

Jao schlug die Augen nieder. »Das Baby, natürlich. Ich hoffe, es kommt bald – sofort. Ich hoffe, es wird ein Junge, um mir meine Stellung zu sichern. Zudem würde es Kaotsung glücklich machen und auch seine Position festigen. Und doch, ich weiß nicht …« Jao stand abrupt auf und begann, unruhig in dem Raum auf und ab zu wandern. »Die Älteren werden mit jedem Tag mächtiger, während wir es uns in unserem neuen Palast gutgehen lassen. Solange ich das Kind erwarte, bin ich isoliert, und der Kaiser ist – nun, ja – passiv, während die anderen aktiv sind. Mir ist zu Ohren gekommen, daß sie planen, Kaotsung abzusetzen und Prinz Chung auf den Thron zu erheben.«

»Prinz Chung! Der längst in Vergessenheit geratene Adoptivsohn der Kaiserin Wang! Ein Alptraum! Unmöglich! Chung ist nicht mehr Kronprinz und hat keinen Anspruch auf den Thron, den hat Hung!« rief Mi.

»Gerade darum bin ich so besorgt. Wenn sie Kaotsung verstoßen, bin ich, ist Hung, sind wir alle verstoßen.«

»So darf man nicht reden«, widersprach Mi, während Jao im Zimmer herumwanderte.

»Es schneit«, stellte Jao nach einigen Minuten fest.

»So ist es. Vielleicht ist Madame Sun aus diesem Grund in den Palast gezogen. Aus Angst, daß wir eingeschneit werden, wie damals, als Hung geboren wurde. Aber es ist nur gut so. Euer Bewegungsdrang läßt darauf schließen, daß die Entbindung bald bevorsteht.«

»Glaubst du?« Jaos Gesicht hellte sich auf. »Ich möchte dieses Kind so sehr, vor allem um Kaotsungs willen. Er hat so viel für mich getan. Immer wieder hat er sich meinetwegen den Älteren entgegengestellt. Alles, alles würde ich tun, um ihm meine Dankbarkeit zu beweisen.«

Mi lachte. »Ihr tut schon mehr als genug für ihn«, entgegnete sie leichthin.

Jao verzog das Gesicht. »Ganz recht! Gerade im Moment bin ich ausgesprochen attraktiv, anziehend, ja unvergleichlich«, sagte sie sarkastisch.

Auch zur Abenddämmerung hatte sich Jaos Stimmung noch nicht gebessert, als bei Kaotsungs Eintritt ein kalter Luftzug durchs Zimmer fegte. Kaotsung hatte Schneeflocken auf dem Mantel. Er war bester Laune.

»Ich habe einen schönen Tag auf der Vogel- und Kaninchenjagd verbracht«, erzählte er. »Ich habe zwei Fasane geschossen. Wie ist es dir ergangen?«

»Keine besonderen Vorkommnisse«, antwortete Jao, deren Stimmung sich etwas hob, weil er wieder da war.

Kaotsung ließ seinen feuchten Mantel zu Boden fallen. Eunuch Kang, der hinter ihm eingetreten war, hob ihn auf. Kaotsung ließ sich neben Jao auf die *kang* sinken. »Ich habe Hunger«, erklärte er.

»Die Küche hat Euer Mahl bereit«, verkündete Kang. »Sie wissen, daß Ihr zurückgekommen seid, und werden Euch jetzt das Essen bringen.« Man hörte das Geschirrklappern, als der Wagen mit den Speisen über die Terrasse gerollt wurde.

»Gut!« erwiderte Kaotsung zerstreut und beobachtete Jao, während das Abendessen auf einem Klapptisch angerichtet wurde. Er setzte sich zu Tisch.

Jao stellte fest, daß sie zum erstenmal an diesem Tag Appetit hatte. Ihre Wangen bekamen Farbe, und ihre Augen glänzten. Sie sah sorglos und glücklich aus. Kaotsung reagierte mit Bewunderung, was ihre Laune noch hob.

Nachdem die Schüsseln abgetragen und die Diener entlassen worden waren, lehnte sich Kaotsung auf der *kang* zurück und seufzte. »Ein schmackhaftes Essen nach einem Tag auf der Jagd, ich fühle mich wohl. Und du … du auch?«

»Wohl genug«, erwiderte Jao vorsichtig. »Ich habe versucht, alle … Sorgen zu verbannen.«

»Das ist gut!« sagte er entschieden. »Ich habe das gleiche getan. Offen gesagt halte ich die allgemeine Lage für sehr ermutigend … Li Chi steht hinter mir – in seiner ihm eigenen mysteriösen, aber erfolgreichen Art –, und die meisten meiner neuen Beamten sind verständige Leute. Es kann also sein, daß wir friedlichen Zeiten entgegensehen.«

Jao sah ihn scharf an. »Die alten Probleme sollen alle gelöst sein, ohne daß sich neue ergeben? Mir scheint das unwahrscheinlich.«

»Ein Problem gibt es – es klingt unbedeutend und ist doch eines. Die großen Familien haben Hunderte von Söhnen, die alle eine Stellung in der Regierung anstreben.«

Jao war überrascht. »Was meint Ihr? Warum bedeutet das ein Problem?«

Kaotsung nahm die Feuerzange und rückte ein Stück Kohle zurecht. »Diese Familienklans hatten Jahre Zeit, ihren Besitz zu vermehren. Ständig fließt ihnen aus dem Land neuer Reichtum zu. Jedes Jahr vergrößert sich ihr Wohlstand.«

»Was ist daran auszusetzen?« fragte Jao erstaunt.

»Nichts – abgesehen davon, daß jeder der zahllosen Söhne dieser Leute von Stand eine Stellung in der Regierung anstrebt, um sich ein Wohlleben bis ans Ende seiner Tage auf Staatskosten zu sichern. Von den Tang-Prinzen allein gibt es mehrere Dutzend, und von den großen Familien mehrere hundert. Neue Männer aus den Provinzen können keine Stellungen finden, weil die mächtigen Familien Tag und Nacht auf der Suche nach neuen Versorgungsposten sind.«

»Was hat das alles mit Euch zu tun? Warum beschäftigt Euch das überhaupt?« Jao begriff noch immer nicht.

»Weil die Älteren und ihre Freunde unter den Prinzen und den Klans mit jedem Tag mehr von ihren eigenen Leute in die Zentralregierung berufenen und die Beamten, die mich unterstützen, in die Provinz schicken.«

»Ach so«, sagte Jao. »Ja, jetzt verstehe ich. Unsere Paläste sind von Herrensitzen umgeben, die neuer und prächtiger sind als unsere zusammengeflickten Gebäude, und in jedem leben Familien mit mindestens zwanzig Kindern, Dutzenden von Konkubinen und natürlich Tausenden von Dienern. Changsun Wuji muß ungefähr dreißig Söhne haben, von den Töchtern gar nicht zu reden, und alle seine erwachsenen Söhne haben bereits Regierungsposten in Changan.«

Kaotsung nickte. »Du hast das Problem erkannt. Was wolltest du noch sagen?«

»Was die Kandidaten für hohe Stellungen betrifft, die aus der Provinz kommen … Ich höre durch meine Mutter von der Familie Dee. Jenjer ist hochbegabt, wird aber ständig in die Provinzen abgeschoben und niemals in die Zentralregierung geholt. Hier in der Hauptstadt gibt es für ihn keinen Platz. Seine Familie ist entmutigt.«

»Darum will ich das ja ändern. Da meine Anhänger Hsu und Li Ifu im Kanzleiamt beziehungsweise im Sekretariat sitzen, wird es uns gemeinsam gelingen, die Anstellungen künftig zu kontrollieren.«

»Wenn Han im Kanzleiamt und Li im Sekretariat an zweiter Stelle bleiben, können die Älteren weiterhin Schwierigkeiten machen«, wandte Jao ein.

»Hsu und Li werden diese Machenschaften zu verhindern wissen«, widersprach Kaotsung. »Sie sind sich dessen bewußt, daß diese Frage zu einem ungeheuren Problem werden kann, wenn nicht rechtzeitig eine Lösung gefunden wird.«

»Das ist gut zu hören …« Jao hielt plötzlich inne, weil sie einen stechenden Schmerz im Bauch verspürte. »Lieber Himmel«, stöhnte sie.

»Was gibt es?« fragte Kaotsung. »Soll ich Madame Sun rufen lassen?«

»O ja, bitte gleich«, sagte Jao.

Mit befriedigter Miene trat Madame Sun ein. »So«, begrüßte sie Jao, »Ihr habt Euch also endlich entschieden, mich zu brauchen.«

Jao lächelte aufgeregt. »Niemand könnte willkommener sein als Ihr.«

»Das stimmt, ich bin ganz Jaos Meinung«, sagte Kaotsung leidenschaftlich, während er versuchte, den Schein der Unbekümmertheit zu wahren. Es gelang ihm allerdings nur ein ängstliches Gesicht, das Jao aus der Fassung brachte.

Madame Sun verneigte sich förmlich und sah den Kaiser erwartungsvoll an: »Majestät verlassen uns nun?«

»Nun, ja, eigentlich war ich bereits auf dem Weg.« Kaotsung ergriff Jaos Hände, drückte sie fest und stolperte im nächsten Augenblick über die Schwelle. Er lief rot an und ihm brach der Schweiß aus. Eunuch Kang hielt ihm die Tür auf.

Verwirrt blickte ihm Jao nach. »Er ist es nicht gewöhnt, weggeschickt zu werden«, sagte sie unsicher.

Madame Sun tätschelte beruhigend ihre Schulter. »Es ist nun an der Zeit, ihn zu vergessen und nur an Euch selbst zu denken. Es ist soweit. Hier ist es warm, sehr warm. Gut.«

Madame Sun blieb die ganze Nacht in der Halle, in Jaos Nähe, sprach ruhig auf sie ein und gab ihr ermutigende Ratschläge. Alles verlief normal. Das Kind lag gut, und Jao widersetzte sich ihren Anweisungen nicht. Sie zog an den Seidenschnüren, wenn es ihr befohlen wurde, ruhte sich aus, strengte sich an, wann und wie man es ihr sagte. Bei Morgengrauen kam das Kind ohne Komplikationen zur Welt.

»Wa … was ist es? Sagt es mir rasch!« stammelte Jao.

»Ein Junge«, lautete die Antwort, und Jao hatte noch Kraft genug, einen Jubelschrei auszustoßen.

»Ein Sohn!« rief Kaotsung, als er eine Stunde später die Halle betrat.

»Freut Ihr Euch?« flüsterte Jao, Tränen der Schwäche auf den Wangen.

»Ich werde ihn Chung nennen, Chungtsung«, erklärte Kaotsung und rieb sich die Hände. »Die Kaiserin hat mir noch einen Sohn geschenkt, jetzt habe ich drei Söhne. *Hau, hau.* Gut, gut. Wir werden feiern, nicht nur im Palast, sondern auch im ganzen Land. Kang, die Feuerwerker des Palastes sollen Raketen abschießen und die Trommeln auf den Stadttürmen geschlagen werden.«

Jao brach in Tränen aus und fand keine Worte.

Die Tage vergingen schwer und dunkel, der Himmel bleifarben, die Winde eisig. Täglich wagte sich Jao in die nächstgelegenen Höfe, um frische Luft zu schöpfen, kehrte aber stets bald wieder zurück. Sie übersiedelte in einen Raum in der Nähe des Kinderzimmers und wählte noch am selben Tag eine Amme aus, eine rotwangige Frau aus einem benachbarten Dorf. Trotz aller Fürsorge nahm das Kind in den folgenden Tagen nur wenig an Gewicht zu und schien sich auch sonst langsam zu entwickeln. Jao wachte über ihm, nahm aber nach und nach auch ihr eigenes Leben auf, bis sie ihre Pflichten bei Hof wieder voll erfüllte.

Eines Abends, nach einem Tag voll von Mißgeschick, verlor sie die Geduld. Die Kinder waren mißgelaunt und wollten nicht ins Bett – der folgsame Hung ebenso wenig wie der unfolgsame Hsien. Baby Chung war unruhig, wehrte sich dagegen, zu seinem Vater auf den Arm zu kommen, und schrie vor Angst nach seiner Kinderfrau. Sogar Kaotsung war nach den vielen Streitereien mit den Ministern verdrießlich.

»Es ist einfach alles zu viel«, schimpfte Jao. Streng verwies sie die Kinder. Hung machte ein erstauntes Gesicht, Hsien steckte den Daumen in den Mund. »Ihr könnt gehen, die Kinderfrauen und ihr alle«, befahl sie in so schroffem Ton, daß Kaotsung sie erschrocken ansah. Hastig zogen sich die Kinderfrauen zurück.

»Was hast du?« fragte er.

»Es hat keinen Zweck. Nichts wird uns hier gelingen, in diesem zugigen Palast in Changan, dieser windigen Stadt auf dem abgeschiedenen Hochland. Dieser ärmliche Palast wird von zu vielen Prachtbauten in den Schatten gestellt.«

»Nun, wenn dich das stört, baue ich dir einen neuen Palast …«, begann Kaotsung.

»Ein neuer Palast würde das Problem nicht lösen! Wir wären immer noch von diesen hochnäsigen Männern umgeben. Sie halten uns im Würgegriff.«

Kaotsung nickte grimmig. »Stimmt, mein Vater hat sie sich vom Hals gehalten, mitsamt ihren Forderungen.«

»Wie können wir entkommen?« Jao hielt plötzlich vor Erregung inne, ihr Atem ging schwer. »Laß uns fliehen!«

»Fliehen?« wiederholte er entgeistert.

»Ja … fliehen aus dieser verdammten Stadt und nach Loyang ziehen. Das ist unsere zweite Hauptstadt, für uns also der logische Ort. Es liegt in der fruchtbaren Ebene, in der Nähe von drei großen Flüssen und dem

Großen Kanal. Es ist der wahre Mittelpunkt des Reiches, viel mehr als Changan, Ihr könntet Euren eigenen Hofstaat einsetzen und in Frieden leben. Ihr habt selbst gesagt, die Verwaltung hier liege in guten Händen.«

Kaotsung schwieg, sein Blick aber wurde nachdenklich.

»Wir wollen darüber reden«, sagte er. Sie saßen im Dunkeln, in Pelze gehüllt, und unterhielten sich bis spät in die Nacht. Ihre Stimmen waren leise und ihre Finger ineinander verschränkt, während sie dicht nebeneinandersaßen und Beschlüsse faßten. Jao war glücklich. Sie besaß wieder Kaotsungs volle Aufmerksamkeit und ganzes Interesse. Sie überzeugte ihn von ihrer Idee.

In der dritten Woche des neuen Jahres brachen sie nach Loyang auf. Baby Chungtsung war zwei Monate und der allgemeinen Ansicht nach alt genug, auf die Reise zu gehen. Von allen wurde dieser Umzug als Abenteuer betrachtet. Kaotsung nahm nur eine ausgewählte Gruppe von Beamten mit, die wichtigen Politiker blieben mit ihren Familien zurück. Taitsungs alter Palast in Loyang war neu ausgestattet und erweitert worden, so daß er allen ein bequemes Unterkommen bot, sogar seiner kaiserlichen Hoheit, dem Baby Chung.

Der junge Kaiser und seine Kaiserin stellten bald fest, daß ihnen Loyang sehr zusagte. Sie genossen eine Zeitlang zweite Flitterwochen, und Loyang gefiel ihnen besser als jede andere Stadt, in der sie gelebt hatten.

Wenige Wochen nach ihrer Ankunft ging der Winter zu Ende, und der Frühling begann. Die vernachlässigten Palastgärten erwachten zu neuem Leben, Blumen und Bäume blühten in allen Höfen. Hung und Hsien waren glücklich über die neue Freiheit, sie konnten umherlaufen, auf Bäume klettern und an den Teichen spielen. Die Diener hatten dadurch viel mehr Arbeit mit ihnen, aber gleichzeitig auch mehr Vergnügen. Es gab offene Höfe, freien Himmel, überall Bächlein und Kanäle und die Möglichkeit, alles zu erforschen. Der Unterschied zu den verwinkelten Palästen in Changan war gewaltig. Sogar das von Geburt an schwächliche Baby nahm zu und wurde kräftiger, seit es nackt an der warmen Luft liegen konnte.

Provinzbeamte und Generäle gingen sehr rasch dazu über, ihre

Berichte direkt nach Loyang zu schicken und die Beamtenschaft in der Hauptstadt zu umgehen.

Kaotsung war mehr als zufrieden mit der Kontrolle, die er nun direkt über die Beamten des Mittleren Ranges ausüben konnte. »Ich erhalte aus erster Hand Informationen aus dem ganzen Land, was mir vorher nie möglich war«, erzählte er Jao eines Abends im Frühling, als sie im Garten saßen und die lange Abenddämmerung genossen. »Es liegt nicht nur daran, daß hier die Bürokratie vermindert ist, durch die vielen Kanäle und Flüsse fließen hier in Loyang die Informationen einfach schneller. Doch das ist nicht der einzige Grund, warum es mir hier besser gefällt als in Changan – es ist wärmer, wir haben diese wunderschönen Gärten, und keine der reichen Familien würde auch nur im Traum daran denken, hier zu leben.«

Jao lachte. »Ist das der Grund, warum ich mich hier nicht so bedroht fühle wie in Changan? Was immer der Grund sein mag, ich liebe diese Stadt. Ich wünschte, wir könnten für immer hier bleiben!«

Kaotsung schüttelte den Kopf. »Eines Tages werden wir die Hauptstadt hierher verlegen können, aber die Zeit ist noch nicht reif«, meinte er traurig. »Ich leiste hier gute Arbeit, aber ich erfülle trotzdem nur die Hälfte meiner Aufgaben. Wir müssen bald nach Changan zurückkehren. Diese Stadt ist für die Verwaltung der inneren Angelegenheiten des Landes bestens geeignet, nicht aber für die auswärtigen Angelegenheiten und die hohe Politik.«

In Jaos Blick lag Rebellion, doch sie fürchtete, Kaotsung durch Widerspruch zu reizen. Er wußte sehr genau, was in ihr vorging. Sie machte sich daran, alles für die Rückkehr der Familie im Spätfrühling vorzubereiten.

»In dreißig Monaten sind wir nun fünfmal nach Loyang geflüchtet«, sagte Jao eines Abends im März, als sie ihre Stickerei aufnahm. Mehr als zwei Jahre waren vergangen, und ihre offizielle Residenz befand sich immer noch in Changans Palaststadt. Sie warf Kaotsung einen forschenden Blick zu. »Wir haben ebenso viele Monate in Loyang verbracht wie in Changan. Dort waren wir immer gesünder, vor allem Baby Chung.« Er war mittlerweile zweieinhalb Jahre alt und endlich ein kräftiger kleiner Bursche.

»Ja«, stimmte Kaotsung zu, »auch mir gefällt es in Loyang, aber ich muß hier im Zentrum bleiben. Die Vertreter des Auslands und ihre Enklaven leben hier, und im Moment überschreiten Koguryaner unsere Grenzen. Ich habe Su, unseren besten General, hinbeordert, damit er sich ihnen entgegenstellt.«

Jao betrachtete Kaotsung aufmerksam. Vorsichtig versuchte sie das Terrain zu sondieren. »Die Leute finden es sehr frivol von uns, so viel zu reisen, noch dazu mit drei kleinen Kindern. Natürlich machen sie mich dafür verantwortlich«, fügte sie hinzu. Sie zuckte leicht die Achseln und warf Kaotsung wieder einen forschenden Blick zu, er aber ging auf ihre Bemerkung nicht ein.

»Ich möchte dir diese Geschichte mit Li Ifu erzählen ... die eigentlich lächerlich ist«, sagte Kaotsung. »Ich kann ohne ihn nicht sein, doch er sorgt immer für Aufregung.«

»Was hat er denn jetzt wieder getan?« fragte Jao gelangweilt. »Hat er für Ärger gesorgt? Du wolltest doch, daß er das tut – gegen die richtigen Leute natürlich. Meiner Ansicht nach ist er nichts als ein begabter Opportunist. Gutaussehend, aber habgierig und verschlagen.«

»Das ist er alles und noch viel mehr«, stimmte Kaotsung zu. »Manchmal zeigt er nicht mehr Verstand als ein Vierjähriger. Seine letzte Eskapade war ein Sturm im Wasserglas, aber die Zensoren haben die Sache aufgenommen und sie zu Dimensionen aufgeblasen, die in keinem Verhältnis zu ihrer Wichtigkeit stehen. Anscheinend fand Li Gefallen an einer Gefangenen und schmuggelte sie aus dem Kerker. Ein Zensor, der auf Beförderung hoffte, hörte davon und stürzte sich auf den Fall.«

»Wie können ein weiblicher Sträfling und ein kleiner Beamter so wichtig sein, daß sich der Kronrat mit ihnen befaßt?« fragte Jao verblüfft.

»Die alte Schlange erhebt wieder ihr grausiges Haupt«, antwortete Kaotsung. »Die Älteren stehen dahinter. In diesem Fall gehen sie gegen Li vor, da er eine meiner Hauptstützen ist. Li wird beschuldigt, mit Hilfe seines hohen Amtes einen Beamten ermordet zu haben.«

»Mord!« Jaos Aufmerksamkeit war geweckt.

»Der Gefängnisaufseher verübte Selbstmord, um einem Verhör zu entgehen. Sie behaupten, Li habe ihn dazu getrieben.«

»Mutmaßungen. Unhaltbare Anklagen«, antwortete Jao verärgert.

»Ich bin der gleichen Ansicht. Han und Lai, die Mächtigsten unter den Älteren, haben es schon lange auf Li abgesehen. Jetzt gerät Hsu auch in die Schußlinie, weil er eine unserer Hauptstützen ist, aber vor ihm haben sie mehr Angst. Ich hatte gehofft, daß diese beiden Paare – Hsu und Lai, Li und Han – einander die Waage halten und der Regierung Stabilität verleihen würden. Statt dessen sieht es eher aus, als hätte man einen Mungo mit einer Kobra in einen Käfig gesperrt. Die Sache wurde fallengelassen, aber nun hat es ein anderer Zensor auf Li abgesehen. Nachdem die Älteren mit ihrer schändlichen Taktik, Chu wiedereinzusetzen, gescheitert sind, versuchen sie es nun mit dieser Zensortaktik. Bis jetzt habe ich alle Versuche dieser Art vereitelt. Ich habe vor, mir Respekt zu verschaffen.«

»Wie es Euch auch zusteht«, unterbrach Jao.

»Auch von meiner Kaiserin«, fügte Kaotsung hinzu.

»Eine berechtigte Forderung«, stimmte Jao zu.

»Also wird alles gut werden«, erwiderte Kaotsung leichthin. »Und was meinen Onkel Changsun anbetrifft – solange er sich mit der Geschichte der ersten beiden Kaiser dieser Dynastie befaßt und sich nicht in meine Geschäfte einmischt, werde ich mich auch weiter durchsetzen.«

Doch es stellten sich Schwierigkeiten ein. Einige Tage später suchte Kaotsung Jao auf, um ihr mitzuteilen, daß in absehbarer Zeit keine Aussicht bestand, nach Loyang zu gehen. »Laß mich damit also bitte in Ruhe! Eines Tages können wir vielleicht Loyang zur Hauptstadt machen, vorläufig aber ist das nicht möglich. Meine Anhänger konnten dem Druck der Älteren nicht widerstehen. Die haben jetzt eine neue Verschwörung angezettelt. Sie sammeln sich um Wangs Adoptivsohn und wollen ihn zum Kaiser ernennen, wenn ich für sie untragbar werde.«

»Was!« rief Jao. »Untragbar! Wie können sie es wagen ...«

»Nun, sie wagen es«, antwortete Kaotsung geduldig. »Schließlich war mein Onkel Changsun maßgeblich daran beteiligt, die Sui-Dynastie zu stürzen und die Tang-Dynastie einzusetzen. Er gab den Ausschlag dafür, den Ersten Tang-Kaiser Kaotzu abzusetzen und den Zweiten Kaiser Taitsung auf den Thron zu heben. Warum sollte er nicht den Dritten Kaiser Kaotsung absetzen und den ehemaligen Kronprinzen Chung einsetzen? Ein kluger Schachzug, der ihm wieder seine Machtstellung sichern würde.«

Erregt sprang Jao auf. »Damals waren die Verhältnisse anders. Ihr seid jetzt acht Jahre Kaiser, und im Land herrschen Frieden, Wohlstand und Ruhe. Ihr seid ein guter Kaiser und Ihr regiert über ein gutes Reich! Doch, das seid Ihr – widersprecht mir nicht. Ihr seid ein guter Herrscher. Alle diese Verschwörungen sind verabscheuungswürdig.«

»Mach dir keine Sorgen. Ich werde die Älteren in die Provinz verbannen – die Ärgsten von ihnen, Han und Lai –, als Gouverneure von Grenzprovinzen. Sie werden niemals wieder ein Amt in der Hauptstadt ausüben. Statt daraus zu lernen, daß Chu in Ungnade fiel und verbannt wurde, stellten sie den Antrag, ihn zurückzurufen, und lassen von ihren Verschwörungen gegen mich nicht ab. Und ich habe dafür gesorgt, daß Chu in einen noch unzugänglicheren Ort in den Bergen verbannt wird. Das sollte genügen. Die Älteren sind nun verstreut und werden kein Unheil mehr anrichten können.«

»Ich hoffe, Ihr habt recht«, entgegnete Jao zweifelnd.

Kaotsung lachte. »Sei nicht so pessimistisch. Es sieht dir nicht ähnlich, nur die Schattenseiten der Dinge zu sehen. Ich bin die Älteren losgeworden, zumindest die gefährlichsten. Ich habe keine Sorgen mehr. Auch erhielt ich gute Nachrichten von General Su über die Sicherung der koguryanischen Grenze. Es scheint also, als wären meine größten Probleme gelöst.«

»Ja«, stimmte Jao mit aller Begeisterung zu, die sie aufzubringen vermochte. »Niemand hätte bessere Entscheidungen treffen oder diese besser durchführen können als Ihr. Schon jetzt habt Ihr so viel erreicht, daß Ihr als guter Kaiser in die Geschichte eingehen werdet, dabei seid Ihr erst neunundzwanzig. Endlich ist Eure Stellung so gefestigt, daß die Älteren ihre Angriffe einstellen und statt dessen anfangen können, ihr Alter in Frieden zu genießen.«

Kaotsung nickte zustimmend, und sie lächelten einander zu. Gewiß würden die Älteren, nun in alle Winde zerstreut, ihre Verschwörungen einstellen.

Es war der erste Abend, an dem es warm genug war, draußen auf der Terrasse zu sitzen. In der Dämmerung waren die Zugvögel zu hören, die sich für die Nacht niederließen, sowie das Quaken der zahllosen Frösche in den Lotusteichen.

Kaotsung seufzte einige Male schwer und bewegte sich unruhig. Jaos Sorge erwachte.

»Was gibt es – sagt es mir, sofort«, drängte sie.

»Mein Onkel«, Kaotsungs Stimme klang grimmig.

»Schon wieder? Ich dachte er hätte klein beigegeben.«

Kaotsung blickte zu Boden. »Keineswegs. Es gab eine Konfrontation. Und die Fronten sind klar.«

»Was ist geschehen?« Jao zitterte.

»Hsu hat Klage geführt. Die Sache schien unbedeutend – sie betrifft einen Bibliothekar niederen Ranges im Beamtenstab meines Sohnes Chung.«

»O nein, doch nicht wieder Chung! Ich wage kaum zu fragen, was dieser Bibliothekar mit deinem Onkel zu tun hat.«

»Hsu beschuldigt den Mann, eine illegale Oppositionspartei gegründet zu haben. Der arme Teufel ist eng mit Changsuns Sohn Nummer Eins befreundet. Changsun benützt die beiden, wieder einmal eine Verschwörung gegen mich anzuzetteln und Chung an meine Stelle zu setzen.«

Jao erblaßte. »Ist das wahr?«

»Hsu behauptet, ein Staatsstreich stehe unmittelbar bevor. Aber es ist so unsinnig. Warum sollte mein Onkel mit einem solchen Niemand konspirieren? Ich kann Hsu nicht vertrauen. Ich habe starke Kopfschmerzen … Ich will nicht mehr sprechen.« Abrupt brach er ab und ging in den Palast zurück.

Jao sah ihm nach, dann winkte sie Mi zu sich, die in respektvollem Abstand gewartet hatte. »Mi, hör mir gut zu. Ein Staatsstreich steht bevor, und Kaotsung wird – wenn er Glück hat – verbannt werden. Und ich? Wenn ich Glück habe, werde ich mit ihm gehen dürfen. Wenn nicht …« Aufgewühlt blickte sie ihre Freundin an. »Wie können wir uns retten? Vielleicht können wir ins Kloster flüchten, Kaotsung in Verkleidung …«

Mi schwieg eine Weile. »Noch ist es nicht soweit«, sagte sie schließlich. »Ihr habt alle Vorteile auf Eurer Seite. Aber Ihr müßt zurückschlagen. Erbarmungslos.«

Jao nickte, in ihrem Gesicht hatten sich harte Linien der Entschlossenheit eingegraben.

Der Kaiser suchte seinen Onkel nicht auf und, was noch viel schlimmer war, sein Onkel suchte ihn nicht auf. Hsu aber war fassungslos darüber, daß er bei Kaotsung in Ungnade gefallen war. In seiner Verzweiflung ersuchte er Wu Jao um eine private Unterredung. Sie empfing ihn in einem kleinen Empfangsraum, wo sie bequem hinter einem Paravent sitzen konnte. Er erklärte ihr, die Bürokratie sei vollkommen demoralisiert und weder er noch Li Ifu könnten verhindern, daß loyale Beamte der Zentralregierung in die Provinzen versetzt würden. Changsun sei sich der Unterstützung der mächtigen Familien von Changan allzu sicher, man wisse nicht, wie sie zu untergraben wäre.

»Die älteren Beamten halten den Schein von Autorität und fester Entschlossenheit aufrecht, während der Kaiser nichts dagegen unternommen hat, daß die verbannten Minister in den Provinzen agitieren. Niemand weiß, welche Seite siegen wird.«

Jao schluckte. »Ist das wahr, was Ihr mir berichtet? Eine Krise? Wie hätte der Kaiser wissen sollen, daß die Älteren auch nach ihrer Verbannung weiter ihre Agitation betreiben würden?«

»Niemand konnte das wissen«, Hsu war ungeduldig. »Herrscher müssen aber alle Möglichkeiten in Erwägung ziehen, oder sie werden nicht lange herrschen. Es muß etwas geschehen, was diese alten Minister in Angst und Schrecken versetzt. Aus diesem Grund möchte ich den Sturz der Kaiserin Wang und die Geschichte ihrer Hinrichtung aufrollen und publik machen. Dann will ich weitere Strafen über die verbannten Älteren verhängen, die offene Feindseligkeit zeigen. Gebt Ihr mir die Erlaubnis, das Schicksal von Wang und Hsiao zu übertreiben und allen Verschwörern Schlimmeres in Aussicht zu stellen?«

»Das gefällt mir nicht ... ich habe keine Befugnis dazu«, begann Jao ängstlich in der Befürchtung, Kaotsung würde dann von ihrer Rolle bei der Hinrichtung der beiden erfahren.

»Es gibt keinen anderen Weg! Diese Clique, allen voran Changsun Wuji, muß vernichtet werden, oder Ihr seid erledigt!« sagte Hsu mit harter Stimme. »Wir können mit diesen Leuten nicht anders verfahren. Seit dem Tod Kaiser Taitsungs sind zehn Jahre vergangen, und immer herrscht noch kein Frieden.«

Jao zuckte zusammen. »In all diesen Jahren war der Kaiser ein guter Herrscher«, begann sie. Dann erinnerte sie sich an ihre Bemühungen,

Changsun zu gewinnen, mit ihm zusammenzuarbeiten, an die Bemühungen ihrer Mutter, an die von Kaotsung, von Hsu und von vielen anderen, nur um zu erreichen, daß er der Regierung Kaotsungs keine Hindernisse in den Weg lege. Alles war vergeblich gewesen. Hsu hatte recht, wenn er sagte, es wäre ihr Ende, wenn Changsuns Clique überlebte.

Schließlich erklärte sie, ihr Gesicht so blaß wie das seine: »Also gut.«

Hsu verneigte sich und verließ sie.

In den nächsten Tagen kam es im Kronrat neuerlich zu stürmischen Sitzungen. Am Hof und in der Stadt kamen Gerüchte auf. Die Geschichte der Hinrichtung der beiden Frauen, Wang und Hsiao, wurde mit den schrecklichsten Einzelheiten unter die Leute gebracht. Angeblich habe jede hundert Stockschläge bekommen, man habe ihnen Hände und Füße abgehackt, sie in einen Bottich geworfen und schließlich ihre Leichen in kleine Stücke zerschnitten. Jao berief Hsu zu einer Audienz, als sie durch Chi von dieser Propaganda hörte.

»Warum hundert Stockschläge?« fragte sie bestürzt. »In ihrem elenden Zustand hätten diese zarten Frauen nicht einmal zehn ausgehalten. Warum übertreiben, wenn die Enthauptung allein schon schlimm genug war? Nur ein Narr kann dies alles glauben, die hundert Stockschläge und das übrige dazu!«

»Die Welt ist voller Narren, Majestät«, erklärte Hsu düster.

Nach langem Zögern gestattete Kaotsung seinen Beamten, sein Siegel unter das Dekret zu setzen, das den großen Changsun aller seiner Würden und Titel beraubte und ihn sowie seine Söhne in die Verbannung schickte.

»Mein Onkel soll Wachen erhalten, und im Exil sind ihm alle Ehren zu erweisen«, verlangte er energisch, als die verhängnisvolle Sitzung endete. In derselben Versammlung wurden Edikte ausgearbeitet, die Han und Liu Shi aus der Verbannung zurückbeorderten, um sie vor neue Anklagen zu stellen. Das Hochverratsverfahren sollte unter der Leitung von General Chi stehen, dem einflußreichsten Mann, der zur Verfügung stand.

In der Zwischenzeit hatte Jao verfügt, daß ihre Freundin Wolke endgültig aus dem Kloster entlassen wurde, um bei ihr die Stellung einer Ersten Hofdame einzunehmen. Und in langen Krisenzeiten war ihr

Wolke eine ebenso große Hilfe wie Mi. Wolkes liebevolle Anteilnahme machte es ihr immer wieder möglich, ein Problem auf bewältigbare Dimensionen zu reduzieren.

»Ich brauche euch beide!« sagte Jao, als sie Wolke umarmte. »Mi ist eine Perle, eine Perle von unschätzbarem Wert, aber sie gibt niemals ihren Gefühlen nach. Bei mir ist das anders. Besonders jetzt, da mein Schicksal so eng mit dem Kaotsungs verbunden ist.« Jao hatte sich in panische Angst gesteigert. »Dies ist das Schlimmste, das Allerschlimmste, das Kaotsung zustoßen konnte – den Vorsitz bei einem Verfahren gegen alte Freunde der Familie zu führen, die Anhänger seines Onkels sind, und unfähig zu sein, das Urteil zu mildern, weil das geringste Zeichen von Anteilnahme ihn in den Augen der eigenen Anhänger schwach und unklug erscheinen lassen würde.«

Ärgerlich schritt Jao im Zimmer auf und ab. »Es gibt so viele von ihnen, ganze Horden! Und alle, die gesamte Anhängerschaft von Changsun muß gehen … und entmachtet werden.«

»Glaubt der Kaiser, daß eine solche Säuberungsaktion ihm die gewünschte Sicherheit bringen wird?« fragte Wolke in ruhigem Ton. »Glaubt Ihr das auch?«

»Er weiß es, aber was er dabei empfindet, steht auf einem anderen Blatt. Was mich betrifft – ich halte dieses Warten nicht mehr aus, dieses endlose Warten.«

Wolke nickte zustimmend. Warten war etwas, worin sie es zur Meisterschaft gebracht hatte.

Als am nächsten Morgen die drei Frauen zusammensaßen und sich mit dahinschleppenden Gesprächen in Geduld übten, kam die Nachricht, Changsun habe sich erhängt. Kaotsung stürzte in das Zimmer der Frauen, sprachlos in seiner Erschütterung. Sie drängten sich um ihn, versuchten, ihn zu trösten, zu beruhigen.

»Er starb als der große Mann, der er war«, sagte Kaotsung bitter. Unvergossene Tränen schimmerten in seinen Augen.

»Ich weiß, ich weiß«, rief Jao mitfühlend. Insgeheim jedoch dachte sie, Changsun hätte sich als der größere Mann gezeigt, wenn er auf unspektakuläre Weise zurückgetreten und in seinem Bett gestorben wäre und so seiner Familie und seinen Freunden unsagbares Leid erspart hätte.

Im November brach der Winter mit seiner ganzen Kraft über das Hochland herein. Ein trüber, windiger Tag folgte dem nächsten. Kaotsung war immer noch verstimmt und deprimiert, obwohl ihm sein Sieg allen Anlaß gegeben hätte, erleichtert und glücklich zu sein. Jao war verwirrt und wußte nicht, wie sie mit dieser neuen Lage fertigwerden sollte. Sie begann ihren Feldzug zur Aufheiterung Kaotsungs mit einer großen doppelten Geburtstagsfeier für ihn und den dreijährigen Chung. Da sie die alten Palastbauten von Changan immer mehr verabscheute, plante sie als nächstes die Übersiedlung nach Loyang. Nun, da kein Staatsstreich mehr drohte, wollte sie ihren Wohnsitz auf Dauer dorthin verlegen. Kaotsung widersetzte sich nicht, zeigte aber auch keine Begeisterung für den Vorschlag. Die Geburtstagsfeier erwies sich als Fehlschlag, weder der dreijährige Chung noch der dreißigjährige Kaotsung fanden Freude daran. Jao war enttäuscht und wandte sich den Vorbereitungen für die Übersiedlung nach Loyang zu.

Der sechsjährige Prinz Hung blieb als nomineller Regent in Changan, als Symbol der Herrschaft der Krone. Seinen persönlichen Schutz übernahm Madame Yang, seinen offiziellen ein bewährter Beamtenstab unter der Leitung des kaiserlichen Fürsten Li Chi. Hung liebte seine Großmutter, die ihm ihre ganze Zeit widmete und ungeteilte Aufmerksamkeit schenkte. So vermißte er seine Eltern nicht zu sehr.

Nach kurzer Zeit hatte sich der Hof wieder in den weitläufigen Palastgebäuden von Loyang eingerichtet. Zur Überraschung derer, die immer dagegen gewesen waren, funktionierte alles reibungslos, besser als jemand es nach dem allgemeinen Chaos für möglich gehalten hätte. Kaotsung wurde, wenn auch noch immer in schwankender Stimmung, heiterer. Ihm war klar, daß er von vielen als Schwächling betrachtet wurde, weil er gezögert hatte, mit Härte gegen seinen Onkel und die Älteren vorzugehen. Und es bedrückte ihn unendlich. Auch schlief er nicht mehr mit Jao, die zu ihrem Schrecken erkennen mußte, daß sie anderer und besserer Mittel bedurfte, um seine Depressionen zu bekämpfen.

Sie versuchte, ihm durch Gespräche Mut zu machen. »Ist es hier in Loyang nicht besser? Fühlt Ihr Euch nicht freier?«

Kaotsung wandte sich zu ihr und starrte sie an. »Ich habe nur die alten machthungrigen Männer gegen neue eingetauscht, die genauso schlecht sind.«

»Die neuen Beamten sind nicht genauso schlecht«, widersprach Jao. »Ihr habt sie selbst eingesetzt – die alten wurden von anderen ernannt.« Kaotsung schien sie nicht gehört zu haben. »Ihr hört mir nicht zu«, stellte Jao gekränkt fest.

»Alle suchen nur ihren Vorteil«, sagte er. »Unter den neuen Beamten gibt es viele der alten, nur weil sie mich zufällig unterstützt haben, wer immer sie auch ernannt hat.«

Jaos Augen verengten sich. »Mit den ›alten‹ meint Ihr Hsu – und mich?«

»Vielleicht.« Er wandte sich um und verließ das Zimmer. Niedergeschlagen starrte Jao hinter ihm her. Wenn sie Kaotsungs Unterstützung verlor, verlor sie alles. Seine Gleichgültigkeit war erschreckend.

Als Chi an diesem Abend die kaiserliche Residenz verließ, blieb er an Jaos Tür stehen. Nachdem er sich vor ihr verneigt hatte, warf er ihr einen so durchdringenden Blick zu, daß ihre Aufmerksamkeit sofort geweckt war.

»Was gibt es, Chi?« wollte sie wissen. »Habt Ihr ein Anliegen?«

»So ist es, Majestät, aber ich kann darüber nicht sprechen.«

»Warum nicht? Ihr habt nichts zu verbergen – wenigstens nicht vor mir.«

»Es betrifft nicht mich, es betrifft Euch.« Chi war sichtlich bedrückt.

Jao sah ihn erschrocken an, dann schlug sie die Augen nieder. »Nehmt Platz, Chi, im Augenblick ist niemand hier. Sagt mir, woran Ihr denkt. Ich habe nichts vor Euch zu verbergen, vielleicht vor jedem anderen, aber nicht vor Euch.«

Chi lächelte ein wenig. »Ihr selbst wißt nicht, warum Ihr Euch so fühlt wie jetzt. Ich weiß es, aber fürchte mich, es Euch zu sagen.«

»Ihr fürchtet Euch? Ich habe Euch noch nie ängstlich erlebt. Also, was ist mit mir nicht in Ordnung?«

»Das habe ich nicht gesagt … Ihr habt gefragt, ob etwas nicht in Ordnung sei, also scheint Ihr Euch Sorgen zu machen.«

»Alles ist in Ordnung«, begann Jao eigensinnig. »Ihr seht Gespenster.«

Chi verneigte sich und wandte sich zum Gehen.

»Wartet!« Das Wort klang fast wie ein Schrei. »Wie kann etwas nicht in Ordnung sein, wenn Kaotsung endlich von der schweren Last der

Älteren befreit ist und ich nach fünf Jahren als Kaiserin endlich in Sicherheit leben kann, ich ebenso wie meine Söhne? Und Kaotsung ist außerordentlich gut zu mir. Er geht nicht in seinen Harem, sondern kommt nur zu mir ... Wenigstens glaube ich das.«

In Chis Blick lag Mitgefühl.

Jao hob das Kinn und fuhr fort. »Welcher Frau geht es besser als mir? Welche Frau auf der ganzen Welt ist mehr vom Glück begünstigt? Alles unter dem Himmel liegt mir zu Füßen!«

»Das bedeutet nicht, daß alles in Ordnung ist, Majestät«, warf Chi ein.

Jao sah ihn an, dann wandte sie den Blick ab. Schließlich sagte sie leise: »Kaotsung hat sich von mir zurückgezogen, hat sich von allen Menschen zurückgezogen, gerade jetzt, da der Sieg und die Befreiung von der ewigen Bedrohung ihn überglücklich machen sollten.«

»Das ist es also, das Euch Sorgen bereitet. Ihr habt damit gerechnet, vollkommen zufrieden zu sein, sobald Ihr einmal Euer Ziel erreicht habt. Ihr und der Kaiser wart fünf Jahre Herrscher, doch Ihr habt Euer Glück damit erkauft, daß Ihr einige Regeln des Herrschens außer acht gelassen habt. Jetzt erst merkt Ihr, was unumschränkte Macht bedeutet, und lernt die Opfer kennen, die diese Macht mit sich bringt. Und das macht weder Euch noch den Kaiser glücklich.«

»Kaotsung ist jung und stark«, begann Jao mit trockenem Mund, »er hätte sich längst von den Problemen mit Changsun erholen müssen.«

Chi fuhr sich mit der Zunge über die Lippen. Auch sein Mund war trocken. »Ihr seid es, die ihn stark gemacht hat«, sagte er kurz.

»Was meint Ihr damit? Kaotsung ist kein schwacher Mensch«, fuhr Jao erregt auf.

»Alle Männer sind schwach, wißt Ihr das nicht? Alle Männer – ich schließe mich selbst nicht aus«, antwortete Chi.

»Das sind leere Worte«, Jao zuckte ärgerlich die Achseln.

»Und doch ist das eine Tatsache. Der Himmel hat die Männer so geschaffen, und wir müssen unsere Schwäche verbergen. Der Himmel hat auch bestimmt – wie wir entdeckt haben –, daß es wenigstens zweier bedarf, um einen Mann in dieser einsamen Welt stark zu machen. Vereint ihr eine Frau mit einem Mann, dann habt ihr die stärkste Kraft, die es gibt. Ein Paar, das einander braucht, ist ein starkes Paar. Es liegt Ironie darin, daß zwei Schwache ein Starkes bilden. Sogar ich fand meine Kraft in der Zusammenarbeit mit einer Frau – meiner Kaiserin.«

Jao antwortete nicht. Sie mußte zuviel auf einmal bewältigen.

Chi fuhr fort: »Kaotsung und Ihr seid ein solches Paar. Eine Seltenheit unter Herrschern. Im allgemeinen werden die Herrscher durch zu viele Frauen in zu großen Harems kraftlos. Eure Majestät und der Kaiser stellen eine Besonderheit auf dem Thron dar, wie Taitsung und seine Kaiserin. Es ist ein Unglück, wenn ein solches Paar sich trennt. Jeder für sich ist dann wieder schwach.«

Jao schluckte. »Ist es das, was jetzt nicht in Ordnung ist? Sind wir als Einheit zerbrochen? Kaotsung ist schwach, ich bin schwach. Das bedeutet den Untergang.«

»Aus diesem Grund habe ich gesprochen«, sagte Chi.

»Ich dachte, Kaotsung sei so stark. Ich hatte volles Vertrauen in sein Urteil. Jetzt erkenne ich, daß all der Ärger mit den Älteren sich deshalb fünf Jahre lang hinzog, weil Kaotsung zu schwach war, das Verbannungsdekret gegen Changsun schon längst zu erlassen. Meine ganze Welt könnte zusammenbrechen, wenn Kaotsung weiterhin so schwach bleibt.«

»So habt Ihr in der Nacht gesprochen, in der Chung geboren wurde. Ich hatte Dienst in der Vorhalle und habe Euch gehört. Ihr habt diese Sorgen später vergessen, in dem Wohlleben, das Ihr vier Jahre lang geführt habt, in Eurem Leben mit den Kindern und einem liebevollen Kaotsung. Ihr seid dicklich und bequem geworden – wie Hsiao Fei – und selbstzufrieden.«

Jaos Augen weiteten sich, und sie errötete. »Chi, Ihr geht zu weit«, flüsterte sie.

»Nicht weit genug«, lautete seine Antwort. »Diese Geschichte mit Hsus Propaganda, um mögliche Gegner abzuschrecken, diese Berichte über die Grausamkeiten, die an Wang und Hsiao begangen wurden – das war verantwortungslos von Euch. Kaotsung hat niemals von der Rolle erfahren, die Ihr bei dieser Hinrichtung gespielt habt. Jetzt aber muß er sich Gedanken machen. Dazu kommt noch sein Schuldbewußtsein wegen Changsuns Selbstmord. Er ist zur Zeit ein unglücklicher Mann. Ist er zu Euch gekommen, um Trost und Hilfe zu finden?«

Jao schlug die Augen nieder. Chi stand schweigend vor ihr, seine schwarzen Augen waren unergründlich. In seiner schwarzen Tunika, mit den schweren schwarzen Brauen, das Haar unter der schwarzen Amtskappe verborgen, schien er ihr wie das Symbol eines unausweichlichen Schicksals.

»So sagt doch etwas«, rief Jao schließlich aus.

»Ihr seid noch keine Kaiserin. Ihr seid nichts als die Frau des Kaisers.«

Jao begegnete seinem Blick. »Was soll ich Eurer Meinung nach tun, um ... eine zu werden?« fragte sie ruhig.

»Kaotsung ist einer der fähigsten Männer, die je den Thron bestiegen haben«, erklärte Chi. »Er vereinigt die Willensstärke seines Vaters und das Mitgefühl seiner Mutter. Aber einem Herrscher wird jedes Zeichen des Mitleids von seinen Feinden als Schwäche ausgelegt. Kaotsungs Nachsicht mit seinem Onkel und dessen Bundesgenossen ermutigte sie, ihre Angriff zu verstärken. Undankbar waren sie alle.«

»Ist es das, was Kaotsung jetzt bekümmert? Zieht er sich deshalb von mir zurück?«

»Zweifellos. Was sein Verhalten Euch gegenüber betrifft – vergeßt nicht, daß Ihr eine der Ursachen der Entfremdung Kaotsungs von Hsiao, Wang und seinem Onkel wart.«

»Aber nicht die einzige, und nicht die wichtigste«, erwiderte Jao entschieden. »Doch laßt uns nicht darüber streiten. Was soll ich jetzt tun?«

»Nichts! Nichts nach außen hin. Aber Eure innere Einstellung muß sich ändern – statt Euch auf ihn zu stützen, müßt Ihr selbst überall dort, wo es ihm fehlt, das pragmatische Denken übernehmen. Laßt ihn sentimental sein, Ihr dürft Euch das nicht leisten. Wenn Euch das gelingt, werdet Ihr mit ihm die stärkste Einheit in der Nation bilden, werdet auf dem Thron bleiben und diesem Reich für viele Jahre Reichtum und Fortschritt sichern.«

Bitter fragte Jao: »Sprecht Ihr von vagen Möglichkeiten oder Wahrscheinlichkeiten?«

»Von Wahrscheinlichkeiten, Majestät. Ihr habt schon einmal Eure Fähigkeit bewiesen, entschieden zu handeln – anläßlich der politischen Gefahr, die Wang darstellte. Ihr könnt es wieder tun.«

Jao sah einen Hoffnungsschimmer. »Ihr könnt jetzt gehen«, sagte sie und setzte nachdenklich hinzu, »in fünf Minuten habt Ihr meine Welt zerstört. Ich muß darüber nachdenken. Geht und laßt mich damit fertig werden. Aber geht nicht mit dem Gefühl der Reue über Eure verwegenen Worte. Ich weiß sie zu schätzen, und Ihr seid mir eine größere Stütze denn je.«

Er verließ sie und verbarg das Leuchten in seinen Augen, das ihre Worte entzündet hatten. Triumphierend dachte er: ›Ihr letzter Satz gibt mir mehr Hoffnung für sie als alles andere. Sie begreift, worum es geht, und spürt den richtigen Zeitpunkt. Das ist für den Anfang genug.‹

Sobald sich die Tür hinter ihm geschlossen hatte, begann Jao unruhig auf und ab zu gehen. Ein neues Experiment der Machtpolitik, dachte sie. Sie konnte nicht ... Kaotsung würde die Macht niemals teilen, sie konnten nicht gemeinsam regieren. Aber der Gedanke war gefährlich, lockend und besaß ungeheurenReiz. Kaotsung und sie gemeinsam an der Macht! Gemeinsam das Reich regieren! Kaotsungs Regierung könnte – könnte vielleicht – eine der größten in der chinesischen Geschichte werden und sogar die von Taitsung in den Schatten stellen.

Jaos unzusammenhängende Gedanken ließen sie nicht mehr los. Sie blieb allein in ihrem Zimmer und gab sich Zukunftsvisionen hin. So verbrachte sie den Rest des Tages und die Nacht, nahm keine Nahrung zu sich, entließ die Diener und versuchte zu begreifen, daß ihre Zukunft wieder einmal von ihr, ganz allein von ihr abhing. War es das, was Chi mit den Worten gemeint hatte, sie solle die Kaiserin und nicht nur Gemahlin des Kaisers sein, überlegte sie, die Gefahr einer solchen Entscheidung fürchtend und doch schon ganz in ihrem Bann.

Kaotsung blieb nach wie vor unansprechbar und, wie Jao entdecken mußte, vor allem ihr gegenüber. Obwohl sich seine Regierung unter der Leitung eines neuen, fähigen Mannes namens Liu Jen stabilisierte, verharrte er in seiner Teilnahmslosigkeit.

In ihrer Ratlosigkeit beschloß Jao, ihn direkt zu konfrontieren. »Was ist los? Könnt Ihr es mir nicht sagen?«

Er zuckte die Achseln, entschlossen, sich nicht preiszugeben. Sein dunkles Haar war bereits von vielen weißen Strähnen durchzogen.

»Euch quält etwas, und dieses Etwas betrifft mich. Ihr meidet mich bei Tag, am Abend und sogar in der Nacht. Sagt mir, warum, bitte!«

Wieder zuckte er die Achseln. »Da du darauf bestehst – ich gebe dir die Schuld am Untergang meines Onkels. Ich gebe dir zum Teil die Schuld am Sturz Wangs und Hsiaos.«

Jao erstarrte. »Glaubt Ihr das wirklich?« stammelte sie schließlich.

Kaotsung drehte sich um. »Ich denke schon.«

»Ihr denkt schon! Obwohl Ihr wißt, daß Euer Onkel dabei war, Eure Stellung zu untergraben, und ich es ihm durch meine Unterstützung für Euch schwerer machte? In Wahrheit bin ich Euer größter Rückhalt!« Kaotsungs Ausdruck verhärtete sich, Jao aber konnte den Schwall ihrer Worte nicht mehr zügeln. »Was Wang und Hsiao anbetrifft – Wang brachte mich an den Hof, um Euch von Hsiao abzulenken. War das etwa meine Schuld? Als ich Euch den ersten Sohn gebar, griffen die beiden Frauen zu hochverräterischer Zauberei – war damals ich die Verbrecherin?« In ihrer Selbstgerechtigkeit war Jaos Stimme schrill geworden.

Kaotsung betrachtete sie mit Widerwillen. »Du hast der Hinrichtung Vorschub geleistet.« Jao war erschüttert. Schweigen lastete über ihnen.

»Ihr wußtet es also?« Jetzt hatte ihre Stimme jeden Klang verloren. »Ich habe mit allen Kräften versucht, Euch zu schützen, weil Changsuns Clique Wang wieder eingesetzt hätte, wäre das Urteil von Euch gemildert worden. Und Ihr hegtet diese Absicht ...«

Kaotsung zuckte unmutig. »Ich will darüber nicht sprechen.« Er wandte sich ab und wollte das Zimmer verlassen.

»Laßt uns aus Loyang fliehen«, schlug Jao verzweifelt vor.

Er blieb erstaunt stehen.

»Wir könnten einen langen Urlaub von allen höfischen Pflichten nehmen und eine Reise zum Haus unserer Vorfahren in Taiyuan unternehmen. Wir könnten am ersten warmen Frühlingstag abreisen und nur eine kleine Wachmannschaft mitnehmen. Laßt uns in die Berge gehen, den Duft der langen Steppengräser atmen, die quälenden Ereignisse der Vergangenheit vergessen. Wir wollen unsere Kinder nehmen und einfach gehen ...«

Kaotsungs Augen nahmen einen milderen Ausdruck an. »Ich werde darüber nachdenken«, meinte er.

Wie durch ein Wunder waren sie fünf Tage später unterwegs. Die Reise, die sie in Sänften und Ochsenkarren zurücklegten, dauerte zwei Wochen. Nach ihrer Ankunft bezogen sie den bequemen Palast der Familie Wu, der nun von ehemaligen Gefolgsleuten instand gehalten wurde. Ihre kleine Dienerschaft wurde bei Nachbarn wie den Dee untergebracht, die sich freuten, Angehörige des Palastes beherbergen zu können. Madame Yang kam aus Changan mit der Kinderfrau Wang – die mittlerweile eine energische Frau von siebzig war. Der gemächliche Lebensrhythmus in der alten Hauptstadt und die ständige Gegenwart der Kinder irritierten Kaotsung anfangs, brachten ihm aber schließlich die so notwendige Ruhe. Die Besuche von Jaos Jugendfreunden lenkten ihn ab. Kurze Besuche, kleine Bankette und lange Tage in sonnigen Höfen begannen ihre Wirkung zu zeigen. Die Regierungsgeschäfte nahmen nur eine Stunde am Tag in Anspruch. Jao begann sich stärker daran zu beteiligen, indem sie die Konzepte für Kaotsungs Protokolle ausarbeitete. Sobald diese fertig waren, übergab sie sie einem Sekretär, der sich Kaotsung niemals persönlich näherte.

Eines Morgens saßen sie auf der niederen Terrasse vor der Haupthalle und beobachteten das Spiel der Kinder in den Regenpfützen. »In den wenigen Monaten, in denen wir Hung in Changan allein ließen, ist er gewachsen«, bemerkte Kaotsung. »Er war immer ein stilles Kind, nun aber wirkt er selbstsicher und dabei umsichtig. Schau nur, wie er seine Hosenbeine aufrollt, um sie vor Nässe zu schützen. Die Kinder sind schon tropfnaß.«

Jaos Aufmerksamkeit galt aber dem Anblick des sechsjährigen Hsien, der den dreijährigen Chung mit wildem Kriegsgeschrei in eine Pfütze tauchte. Auf einen durchdringenden Pfiff der Kinderfrau Wang ließen die Jungen voneinander ab, der kleine Chungtsung flüchtete in die Sicherheit von Wangs Armen, um sich dort Trost zu holen, während Hsien im Hof umherlief und jedermann anspritzte. Wang übergab Chungtsung seiner eigenen Dienerin mit dem Auftrag, seine nassen Kleider zu wechseln, was Hsien veranlaßte, sofort auf sie zuzulaufen, um seinen Anteil an Liebkosungen und sanften Ermahnungen einzufordern. Sie schenkte ihm ihre ungeteilte Aufmerksamkeit, bis er zufrieden davontrottete, um trockene Kleider anzuziehen.

»Habt Ihr das gesehen?« rief Jao aus.

Kaotsung lachte. »Ja, ich habe es gesehen. Kleine Lausejungen. Beide verdienen ihre Tracht Prügel statt der gurrenden Liebkosungen der zahnlosen alten Wang.«

»Nach Eurer Strafe hätten sie eine Stunde lang gebrüllt. Mit ihrer

Methode haben wir in weniger als fünf Minuten Frieden im Haus«, erklärte Jao.

»Reine Bestechung!« Kaotsung ließ sich nicht so leicht überzeugen, »und Korruption.«

»Nicht wirklich. Hsien bekam seine Schelte zugleich mit liebevollen Worten – die er nicht verdiente, aber deshalb um so lieber hörte. Wer benimmt sich nicht sofort besser, wenn er ein Geschenk bekommt, auch wenn es nur freundliche Worte sind? Für die Kinder ist Wang kein zahnloses altes Weib, für sie ist sie ein gütiger, helfender Engel.«

»Engel oder nicht, es kann nicht sein, daß wir so alte Dienerinnen brauchen.«

»Sie ist alles andere als zu alt. Wang ist die beste unter den Kinderfrauen hier. Verglichen mit ihr, sind die anderen nur Stümperinnen. Sie laufen den Jungen nach wie aufgescheuchte Hennen. Wang sitzt einfach da, ohne sich zu rühren, und alle laufen zu ihr. Sie versteht es, ihrem Tadel gleichzeitig einen Trost beizufügen, und niemals würde sie einen von ihnen als ›schlimmes Kind‹ aus der Schar der anderen verbannen. Sie züchtet keinen Groll und bestärkt die Kinder nicht in ihrer Selbstsucht.«

Kaotsung hörte schweigend zu, während Jao ihn beobachtete. ›Ich hoffe, er denkt an seine neuen Beamten‹, ging es ihr durch den Kopf, ›und er überlegt sich, wie er es anstellen soll, sie unter Kontrolle zu halten.‹

Kaotsung nahm einen Schluck von seinem starken Tee und schälte einen Pfirsich, eine kostbare, aus dem Ausland eingeführte Frucht. »Als erstes lernt ein Mann seine Familie zu beherrschen, dann eine Provinz und schließlich das Reich«, grübelte er, »aber ich nehme den umgekehrten Weg, bei mir kam das Reich zuerst. Vielleicht werde ich zu guter Letzt gelernt haben, mit einer einzigen Frau fertigzuwerden.« Sie blickten einander an, lachten und streckten sich die Hände entgegen. Jao war über alle Maßen glücklich. Kaotsung kehrte zu ihr zurück.

Die Regenwolken verzogen sich, die Sonne trocknete die Pfützen. Die Familie blieb auf der Terrasse und beobachtete die kleinen Boote auf dem Bach, der sich durch den tiefer gelegenen Hof schlängelte. Ein Besucher wurde angemeldet. Es war Dee Jenjer. Dee war ein schöner junger Mann geworden, mit selbstsicherem Auftreten und einem gebieterischen Blick. Unter seinen schweren Brauen waren seine Augen klar, ein Bart bedeckte sein starkes Kinn.

»Richter Dee!« rief Jao strahlend.

Kaotsung begrüßte ihn mit einem herzlichen Lächeln.

»Wie lange ist es her, daß wir Kos Kamel ansahen?« erinnerte sich Jao. »Ihr wart acht …«

»Und nun bin ich ein alter Mann von dreißig«, stellte er achselzuckend fest, »mit ausreichend Lasten auf meinen Schultern – eine Erste Ehefrau, drei Kinder und einen Käfig voll singender Drosseln aus Taishan.«

»Bringt sie her«, lachte Jao. »Nicht die Drosseln – Eure Frauen. Ich möchte sehen, wie Ihr ein Baby liebkost, so wie Kaotsung. Und ich will sehen, was für Frauen Ihr habt – keine herrschsüchtigen, da bin ich mir sicher. Bringt sie alle.«

»Ich habe sie für den Sommer ins Haus meiner Ersten Ehefrau geschickt, während ich hier meine Eltern besuche. Im Augenblick warte ich auf eine neue Aufgabe. Als nächstes soll ich nach Penglai am Gelben Meer gehen.«

Kaotsung wurde aufmerksam. »Penglai? Ich freue mich zu hören, daß ein energischer junger Beamter wie Ihr dort die Verwaltung übernehmen wird. Penglai hat eine Schlüsselstellung für unsere Kontrolle über diese Gegend, und wie üblich machen uns die Koreaner Schwierigkeiten. Seit Moliju sich der Herrschaft bemächtigte, hat er versucht, die Stämme der Mandschurei und Koreas gegen uns aufzuhetzen, und ständig fällt er in das Gebiet unserer Nachbarn ein, um Unruhe zu stiften. Ohne Zweifel ist Euch das alles bekannt. Genug. Was Euch betrifft … ich habe Eure Berichte gelesen. Ich muß gestehen, daß ich beim Lesen der meisten Berichte einschlafe, nicht aber bei Euren. Die Fälle, die Ihr beschreibt, sind so haarsträubend, daß ich sie bis zum Ende durchlese.«

Dee lächelte abwehrend, aber er freute sich, erst recht als Kaotsung hinzufügte: »Ich warte schon begierig auf mehr.«

»Glaubt nur die Hälfte.« Dee strahlte über das ganze sonnverbrannte Gesicht. »Ich stehe so tief auf der Leiter der Beförderungen, daß ich mich in Szene setzen muß, sonst bleibe ich auf ewig unbemerkt und werde bis an das Ende meines Lebens von einem vergessenen Winkel des Reiches in den anderen geschickt.«

»Aber gerade in diesen Winkeln geschehen die aufsehenerregenden Verbrechen, von denen Ihr berichtet«, sagte Kaotsung, »daher weiß die Staatsverwaltung, warum sie Euch dorthin schickt. Penglai mit seiner großen Kolonie koreanischer Schmuggler und Geschäftemacher ist kein Ruheposten. Ich werde mit Vergnügen lesen, wie Ihr mit alledem fertig werdet.«

Dee schüttelte bescheiden den Kopf, doch seine Augen strahlten. Jao betrachtete ihn nachdenklich. Durch die Freundschaft der beiden Mütter war sie auf dem laufenden geblieben, und was sie über seinen Aufgabenkreis wußte, hatte sie überzeugt, daß er wohlüberlegt von der Hauptstadt ferngehalten wurde. Sie winkte Mi, Erfrischungen zu bringen.

»Was wollt Ihr trinken?« fragte sie Dee. »Warm oder kalt?« Jeden Winter wurde Eis aus dem Fluß geschnitten und unter der Erde gelagert, damit es der Familie im Sommer zur Verfügung stand.

»Eines Eurer berühmten eisgekühlten Getränke, wenn Ihr erlaubt«, bat er. Jao wandte sich an Mi und gab ihr einen Auftrag, wobei sie einen in Silla gebräuchlichen Ausdruck verwendete. Als Mi mit den Getränken zurückkehrte, sah Dee sie, während er seinen Becher nahm, aufmerksam an und dankte ihr in ihrer eigenen Sprache. Mi war verblüfft, und Kaotsung und Jao sahen ihn fragend an.

»Ich habe einmal einen Posten in Tengchow bekleidet und dort häufig die Gasthöfe der Silla besucht. So erlernte ich ein paar Worte«, erklärte er.

»Ihr verwendet die richtige koreanische Atmung beim Sprechen.« Mis Stimme drückte Anerkennung aus.

Er lachte. »Ich würde mich hüten, koreanische Wörter ohne die richtige Betonung oder die korrekte Endung der Zeitwörter zu verwenden.«

»Erklärt uns das«, forderte ihn Kaotsung auf. Seine Interesse war geweckt.

»Die Aussprache und die Art, wie man Zeitwörter verwendet, zeigen die soziale Stellung. Und ich bin ein Snob«, antwortete Dee unter allgemeinem Lachen. Er erhob sich zum Gehen, da die übliche Audienzzeit von zwanzig Minuten beendet war.

»Kommt morgen zum Essen«, meinte Jao sofort, »und bringt auch Eure Frau mit.«

»Sie ist in Chinchow«, begann er etwas zögernd.

»Ich meine Eure Reisegemahlin«, insistierte Jao.

»Wieso wißt Ihr von ihr?« begann er, stimmte aber dann in das allgemeine Lachen auf seine Kosten ein. »Ich kenne Euch und Eure Gewohnheiten«, spottete Jao.

»Meine Gewohnheiten mit acht Jahren? Die haben wohl kaum eine Gemahlin betroffen, wie ich mich zu erinnern glaube ...«

»Und doch war Eure Einstellung zu den Frauen schon damals zu erkennen«, stichelte Jao mit einem Augenzwinkern. »Ich freue mich darauf, Euch wiederzusehen, und möchte ungestört mit Euch plaudern. Bringt Eure kleine Konkubine mit und haltet nicht mit Euren Geschichten hinter dem Berg. Ihr werdet mir und dem Kaiser damit einen Gefallen erweisen.«

Dee warf ihr einen dankbaren Blick zu, verneigte sich höflich und verabschiedete sich.

Jao sah ihm nach und lächelte. Es war ihr gelungen, sein altes Interesse für sie zu wecken, das er in der gleichen fragenden Art ausdrückte wie in der Kindheit. Sie hatte erkannt, daß er echte Bewunderung für sie empfand und offene Freude, wieder in ihrer Gesellschaft zu sein.

Wie vereinbart, kam Dee Jenjer am nächsten Abend mit seiner molligen Konkubine Hua zum Abendessen mit dem Kaiserpaar. Hua stammte aus einer der für ihre Schönheiten berühmten Gegenden des Südens, dem Seengebiet von Hangchow und den Bergen von Chekiang.

Alle trugen Kleider aus der eben modern gewordenen leichten Baumwolle. Hua führte voll Stolz einen neuen Modeartikel vor, einen faltbaren Fächer, den ein Chang-Priester aus einem der vielen Klöster um Hangchow bemalt hatte. Der Fächer wurde allgemein bewundert und ging von Hand zu Hand. Damit kam das Gespräch auf die berühmte Gebirgsgegend und den Umstand, daß infolge der geänderten Religionspolitik sich die neuen buddhistischen Klöster nun in wilden Gebirgsgegenden ansiedelten anstatt wie früher in den Städten.

Kaotsung zog Dee zur Seite, um mit ihm über Außenpolitik zu sprechen. »Nun zu Penglai«, begann er. »Die Koreaner dort setzen sich aus Handelsleuten der drei Königreiche Koguryo, Paekche und Silla zusammen. Die Kaufleute trauen einander nicht, weil ihre Heimatländer sich ständig bekriegen.«

»Glaubt Ihr, daß es noch in diesem Jahr zu Unruhen in Penglai kommen wird?« fragte Dee.

»Sicher. Aufstände da oder dort, möglicherweise kleine Kriege«, stellte Kaotsung nüchtern fest. »Ich erhielt Berichte darüber von General Hsueh, der sich seit fünf Jahren im Deltagebiet von Liao zwischen China und Koguryo aufhält. In einigen Scharmützeln siegt er, in anderen wird er besiegt. Niemals fallen mehr als zweitausend Krieger. Im vorigen Jahr schickte ich den gefürchteten Su Tingfang dorthin, doch ich habe ihn jetzt zurückberufen. Wir sind an einem toten Punkt angelangt. Möglicherweise steht uns eine neue Niederlage durch diese verräterischen Koguryaner bevor. Die ganze hohe Beamtenschaft und nahezu alle unsere Generäle sind dagegen, die Koguryaner durch einen stärken Einsatz ein für allemal zu unterwerfen. Was meint Ihr?«

Dee schüttelte den Kopf. »Ich denke, daß ein Tang sich keine solchen Niederlagen gefallen lassen sollte wie die Sui«, erwiderte er ohne Zögern. »Es sind gefährliche Völker, und jeder Krieg gegen sie ist riskant, wegen der langen Nachschubwege, des trügerischen Wetters und des Umstands, daß sie in ihrem eigenen Land kämpfen werden. Hoffnungslos.«

Kaotsung bemerkte, daß Mi zuhörte. Ihr Gesicht glühte und sie sah Dee empört an. »Woran denkst du, Mi?« fragte er.

»Hoffnungslos! Ein kraftloses Wort.« Mi zeigte plötzlich ein Feuer, das alle in Erstaunen setzte. »Natürlich ist es hoffnungslos, wenn man immer wieder die gleichen Fehler begeht.« Sich selbst vergessend, sprach sie mit leidenschaftlicher Überzeugung. Jao blickte sie erstaunt an.

»Wie meinst du das?« Kaotsung war neugierig geworden.

»Warum versucht man nicht einen neuen Weg? Einen Weg, der nicht hoffnungslos ist, sondern ohne Zweifel zum Erfolg führt.«

Nun gehörte ihr die ungeteilte Aufmerksamkeit der Anwesenden.

»Es ist mehr als zehn Jahre her, daß Kaiser Taitsung dem Hof den Befehl gab, keine Kriege mehr gegen Koguryo zu führen«, sagte Kaotsung nachdenklich. »Kleine Abwehraktionen an unseren Grenzen, aber keine Kriege.«

»Moliju weiß das und lacht sich ins Fäustchen«, erklärte Mi. »Er macht Paekche und den mandschurischen Stämmen Versprechungen. Alle bauen Befestigungen, jedes Jahr mehr, so daß Silla eingekreist ist. So stehlen sie langsam unser Land.« Sie verneigte sich entschuldigend.

»Hört, hört!« Jao war immer noch verblüfft.

»Was willst du damit zum Ausdruck bringen, Mi?« fragte Kaotsung. »Meinst du, daß Silla Hilfe braucht? Und daß China sie leisten sollte? Ist das nicht ein wenig weit hergeholt und kaum durchführbar?«

Bevor Mi antworten konnte, fiel Dee ein. »Militärische Abenteuer gegen die koreanischen Königreiche sind nichts für China. Kaiser Taitsung hat sie zu Recht verboten. Alle drei Königreiche sind hochentwickelte Staaten mit einer starken Zentralgewalt. Dazu kommt, daß sie Kulturvölker sind, und ihre Bräuche entsprechen den chinesischen. Wir müssen behutsam sein in unserem Umgang mit ihnen. Ich weiß aus Erfahrung, daß wir diesen Menschen mit Strenge und Gerechtigkeit begegnen müssen oder wir schaffen uns Schwierigkeiten. Sie sind friedlich, wenn man sie fair behandelt, andernfalls aber eine recht schwer zu bändigende Gesellschaft.«

Kaotsung runzelte die Stirn. »Die Koguryaner fallen ständig in chinesisches Gebiet ein. Unsere frühere Politik einer friedlichen Sicherung der Grenze durch die Verleihung von Titeln und anderer Auszeichnungen an die Stämme ist überholt, seit die drei Königreiche sich konsolidiert haben und angriffslustig geworden sind. Chinas Politik, die sieben Jahrhunderte erfolgreich war, ist nicht mehr zeitgemäß.«

Er ließ seinen Blick durch das Zimmer schweifen und betrachtete die gedankenvollen Gesichter vor ihm. »Sagt mir in drei oder vier Worten, welchen Weg eurer Meinung nach die chinesische Politik jetzt einschlagen soll! Nun, Dee?«

»Neue Verträge und lebhafteren Handel – verführen wir sie mit unserer Seide!« lautete der Vorschlag von Dee, dem konfuzianischen Pazifisten.

Alle lachten, mit Ausnahme von Mi, die flüsterte: »Auch wir haben Seide, die beste, die es gibt. Uns können die Chinesen nicht wie die Nomadenstämme mit Seide verführen.«

»Mi, du muß lauter sprechen, ich kann dich nicht hören.« Kaotsung wandte sich zu ihr. »Krieg oder Frieden?«

Mi schlug die Augen nieder. »Beides, Majestät, beides. Ein Bündnis mit Silla und einen siegreichen Feldzug gegen Paekche und dann gegen Koguryo. Das ist die einzige Methode, die auf der Halbinsel zum Frieden führen kann. Paekche hat den Zugang zu China versperrt, seit es den Korridor besetzte, den wir in der Mitte der Halbinsel hatten. Es verdient, von China bestraft zu werden. Nach dem Sieg über Paekche könnten chinesische und sillanische Truppen ganz Südkorea besetzen, chinesische Truppen hätten dann die Möglichkeit, den Fluß Liao zu überschreiten und Koguryo von Norden her anzugreifen. Dann könnten sie weiter nach Süden vorrücken, die sillanischen Truppen hingegen müßten gleichzeitig nach Norden ziehen. Auf diese Weise könnte man Pyongyang, die Hauptstadt des Feindes, umzingeln. Die Stadt wäre dann wie eine Maus in der Falle ... Ein großer Sieg für China.«

»Hmm«, brummte Kaotsung, »ein gewaltiger Plan. Dee, was sagt Ihr dazu?«

Dee war fähig, blitzschnell neue Schlußfolgerungen zu ziehen, wenn man ihm stichhaltige Informationen lieferte. Er sagte: »Ihre Argumentation ist schlüssig – falls die Tatsachen stimmen.«

»Niemand kennt sie besser als Mi. Sie ist eine Angehörige des Königshauses von Silla«, erklärte Jao, »und ich habe noch nie erlebt, daß sie die Wahrheit entstellt.«

»Ich glaube dir«, sagte Kaotsung. »Nun bist du an der Reihe, Jao.«

»Ihr wolltet, daß wir unsere Meinung in wenige Worte fassen, also: Angriff! Sendet Eure besten Generäle mit den besten Truppen auf dem kürzesten Weg gegen den schwächsten Feind.«

»Su Tingfang: der beste General, und seine erfahrene Truppe!« Lachend übertrug er ihre theoretischen Vorschläge in die Praxis.

»Die schwächsten Feinde: die Paekche«, ergänzte Mi.

»Der kürzeste Weg: über das Meer an die Küste von Paekche, in chinesischen Kriegsschiffen, mit koreanischen Lotsen«, sagte Dee leichthin.

Kaotsung lachte, wurde aber dann ernst. »Vergessen wir nicht, was Sun Tzu über die ersten Schritte eines Feldzuges zu sagen hat. Laßt mich sehen ... heißt es nicht, man muß erst Verbündete gewinnen und sich ihrer Freundschaft, Treue und Hilfe vergewissern? Silla scheint der richtige Verbündete zu sein. Es könnte Krieger, Spione und Berater zur Verfügung stellen, die das Land und die Sprache der beiden anderen Königreiche kennen. Deine Ideen könnten funktionieren, Mi. Sie sind nicht von der Hand zu weisen.«

Dee sah nachdenklich aus, und die Frauen beobachteten die Gesichter der Männer. Niemand sprach. Schließlich erhob sich Kaotsung und schritt zum Gong. »Nun«, lächelte er, »dies ist nicht der Moment, schwerwiegende Entscheidungen zu treffen. Wir sind heute abend hier, um uns zu unterhalten. Vier meiner Musikanten aus Kucha werden für uns spielen, und ich habe gehört, sie haben einige neue Lieder vorbereitet, um sie uns zu Ehren vorzutragen. Ich lasse sie jetzt hereinrufen.«

Zu Jaos unsagbarer Freude nahm Kaotsung am nächsten Tag wieder ein tätiges Leben auf. Als erstes berief er eine Plenarsitzung aller Beamten ein, die zur Zeit in Taiyan stationiert waren, um das koreanische Problem zu besprechen. Er kündigte seine bevorstehende Rückkehr nach Changan an, um sich dort eingehender mit der Frage zu befassen. Er wollte Dee mitnehmen.

In Changan leistete die gesamte Bürokratie heftigen Widerstand gegen einen Krieg, schließlich aber einigte man sich darauf, eine kleine Strafexpedition gegen Paekche auszurüsten, weil es Chinas Handel behinderte. Jao entwarf die Befehle, die der Kaiser den Behörden in Szechuan übersandte. Sie wurden beauftragt, sofort vierhundert Kriegsschiffe zu bauen und diese im Spätherbst flußabwärts nach Shantung zu bringen. Gleichzeitig wurden die Magistratsbeamten des Distriktes von Shantung angewiesen, sillanische Lotsen und Mannschaften anzuheuern, und General Su erhielt die Aufforderung, sich beim Kaiser zu melden, um Instruktionen entgegenzunehmen. Nach Aussendung der entsprechenden Befehle war der Kampf mit der Bürokratie bereits halb gewonnen.

Die Pläne, erst so vage begonnen, wurden wie durch ein Wunder Wirklichkeit. Aufträge für Kriegsgerät und Verpflegung wurden ausgegeben. Das Wetter blieb günstig. Schiffe und Mannschaften sammelten sich in den dazu ausgewählten Gebieten und wurden ausgerüstet. General Su segelte, nachdem die Schamanen lärmend ihre Rituale für die Sicherheit der Truppen vollzogen hatten, über das Gelbe Meer an die koreanische Küste und von dort zur Mündung des Flusses Kum. Zweimal täglich suchte die Flotte im Windschatten einer Insel Schutz, um zu fischen, zu essen, frisches Quellwasser an Bord zu nehmen und die neun Meter hohe Flut auszumanövrieren. Su, der sich im Flaggschiff befand, hatte Lotsen an Bord, denen die Seewege und die Deltamündung des Kum vertraut waren. Alle Schiffe waren mit erfahrenen sillanischen Seeleuten bemannt. Die Flotte legte daher sicher vor der Festung an der Mündung des Kum an, ohne ein einziges Schiff verloren zu haben.

Die Chinesen landeten an den weißen Stränden von Paekche und wurden in drei Gruppen aufgeteilt. Die meisten der Soldaten waren Männer aus den Bergen, die nie zuvor ein Meer gesehen hatten. Viele waren seekrank gewesen, doch nach einem Ruhetag am Strand waren alle wieder kampfbereit. Die kleine Festung dieser Gegend einzunehmen war ein Kinderspiel. Danach zog General Su sofort mit zwei der Gruppen an den Ufern stromaufwärts, während die dritte Gruppe den gleichen Weg mit dem Schiff zurücklegte. Kuriere hielten die Verbindung zwischen den drei Gruppen aufrecht.

Kongju wurde nur von seinen Bürgern verteidigt, die Sus bewährten Kriegern nicht gewachsen waren. »Zehntausend Feinde sind gefallen«, stand im Bericht an Kaotsung. Der Einnahme von Kongju folgten bald weitere Siege, bis sich der König von Paekche sowie der größte Teil seines Hofstaates ergaben. Paekche mit seinen vier Millionen Einwohnern und den ausgedehnten westlichen Küstengebieten war in Rekordzeit erobert worden – ein überwältigender Sieg.

Als die Nachricht in den beiden Hauptstädten eintraf, wurde der Sieg überschwenglich gefeiert. Die Glocken läuteten die ganze Nacht, und vom Palast und den Stadtmauern stiegen bunte Raketen in den Himmel. Der Hof jubelte. Seit einer Generation war dies der erste größere Sieg der chinesischen Streitkräfte auf der berüchtigten koreanischen Halbinsel, und der erste kriegerische Erfolg der Regierung Kaotsungs. Die Bevölkerung war außer sich vor Begeisterung.

Fast eine Woche lang lebten Kaiser und Kaiserin in einem euphorischen Zustand. Die plötzliche Befreiung von der Spannung eines solchen gegen erfahrenen Rat begonnenen Unternehmens wurde mit einer Fülle fröhlicher Feste, Bankette, öffentlicher Schaustellungen und Auszeichnungen gefeiert. Niemals zuvor war das Herrscherpaar mit den Ereignissen, seinen Landsleuten und mit sich selbst so zufrieden gewesen.

15

Kaotsung hatte den Kronrat zu einer informellen Sitzung einberufen, es ging vor allem um die Frage, welche Vorteile der Koreafeldzug gebracht hatte. Der Kaiser ließ seinen Blick durch den Saal schweifen.

General Liu Jen hüstelte. »Eine Kleinigkeit, aber interessant«, erklärte er. »General Su hat in Paekche eine große buddhistische Pagode entdeckt, die vor hundert Jahren errichtet worden ist. An diese ließ er eine Gedenktafel anbringen, auf der unser Sieg verherrlicht wird – zur Erinnerung für das Volk für die nächsten zehntausend Jahre.« Alle Beamten nickten mit beifälligem Lächeln bis auf einen einzigen, der Buddhist war. Der sah weniger erfreut aus.

»Danke Liu. Nun, wenn …«, begann Kaotsung, doch plötzlich wurden seine Augen glasig, und er konnte seine Umgebung nicht mehr wahrnehmen. In größter Aufregung wurden die Palastärzte gerufen, und die Wachen trugen den Kaiser in sein Schlafgemach. Die Ärzte zählten seinen Puls, untersuchten die Augen, befühlten den Unterleib und schüttelten die Köpfe. Sie ließen das Bett mit Paravents umstellen, befahlen ständige Pflege und verbaten jeden Zutritt zu dem Patienten. Sie hielten sich in allem genau an die Regeln, die in den Vorschriften für die Pflege eines Kaisers festgelegt waren. Da ihr eigenes Leben auf dem Spiel stand, führten sie alles peinlichst genau durch.

Verzweifelt stand Jao hinter den Paravents. Sie hörte, was vorging, durfte aber Kaotsung nicht beistehen, ja sich ihm nicht einmal nähern. Daß sie ihm in seinem hilflosen Zustand ferngehalten wurde, ließ ihre Empörung immer mehr wachsen, und die Anmaßung der ärztlichen Autoritäten begann ihr verdächtig zu erscheinen. Als sie schließlich eine Diagnose verlangte, teilte ihr der leitende Arzt ein wenig ungeduldig mit: »Wider die Natur ist der Wind im Körper im Ansteigen. Der Kopf wird heilen, wenn den Kaiser zur Ader gelassen wird.«

Entrüstet rief Jao: »Das sind Worte, die den Tod verdienen. Wie könnt Ihr den Vorschlag wagen, dem Kaiser Blut abzunehmen!«

Bei diesen Worten warfen sich die Ärzte vor ihr nieder, und Jao hörte, wie sie mit erstickter Stimme um Gnade flehten. Plötzlich vernahm sie Kaotsungs leise Worte: »Mein Kopf schmerzt unerträglich. Sie sollen tun, was sie vorhaben.«

»Also gut«, stimmte Jao mit zitternder Stimme zu. Regungslos lauschte sie den Vorbereitungen der Ärzte. Diese waren blaß vor Angst, gingen aber dennoch daran, den Kaiser zur Ader zu lassen. Nach einer Weile murmelte Kaotsung: »Meine Augen sind klarer ... ich fühle mich ein wenig besser.«

Obwohl sie allein hinter dem Paravent war, verbeugte sich Jao bis zum Boden und weinte vor Erleichterung. »Es war der Wille des Himmels, daß ihm geholfen werden konnte, und ich bin dankbar ... das Reich ist dankbar! Tut weiter euer Bestes.« Dann rief sie Mi mit lauter Stimme zu: »Wir aber werden hierbleiben und Wache halten.«

Da es Kaotsung nach dem Aderlaß besserging, nahm sich Jao die Zeit, die nächste Sitzung des Kronrates zu besuchen. Sie ging in den Sitzungssaal für die Routineaudienzen und setzte sich hinter den gestickten Vorhang. Aber niemand erschien. Nur die Diener des Ministeriums für Staatsangelegenheiten trugen Kisten mit Depeschen in den Saal. Nach nur drei Stunden Schlaf fiel es Jao schwer, die Augen offenzuhalten, aber sie wartete weiter. Schließlich schlurfte Hsu gähnend herein. Er befahl, die Kisten zu öffnen, und begann, ihren Inhalt durchzusehen. Keiner der Minister erschien. Dann gab Hsu den Dienern den Befehl, die Kisten von nun an direkt in die Staatskanzlei zu bringen, und verschwand.

Jao blieb hinter ihrem Vorhang allein. Sie war entsetzt über die Nachlässigkeit, mit der wichtige Staatsangelegenheiten behandelt wurden. In die Vorhalle zurückgekehrt, rief sie die Eunuchen Kang und Chi zu sich, um mit ihnen die Lage zu besprechen. Auch die beiden konnten wegen des ärztlichen Reglements nichts tun, aber sie waren zutiefst bestürzt.

Jao verbrachte weiterhin die Nächte auf einem Lager in der Vorhalle und behielt nur Mi in ihrer Nähe, bis die Ärzte nach zehn Tagen entschieden, daß sie sich ohne Gefahr für den Kaiser zurückziehen konnten. Während dieser ganzen Zeit hatte man Jao nicht ein einziges Mal zu Rate gezogen oder ihr erlaubt, den Patienten aufzusuchen, wie es ihr bei dem schwerkranken Kaiser Taitsung gestattet worden war. Sobald

Mi, die das Kommen und Gehen beobachtete, den letzten Gehilfen mit den medizinischen Geräten verschwinden sah, meldete sie es Jao, und die beiden eilten in das Schlafgemach. Kaotsung, der Jaos Stimme hörte, sie aber nicht sehen konnte, griff nach ihrer Hand und hielt sie fest. Erst nach langer Zeit ließ er sie gehen.

Mehrere Wochen vergingen, doch bei Kaotsung trat keine Besserung ein. Jao begann starke Zweifel zu hegen, ob die ärztlichen Autoritäten wirklich etwas von ihrer Profession verstanden. Sie verdankten ihre Stellung irgendeiner Form von Protektion und waren außerdem zu mächtig. Künftig, beschloß Jao, sollte Kaotsung nur die Fähigsten und Vertrauenswürdigsten im Amt belassen. Er sollte neue Männer bestellen, die besten, die es gab, selbst wenn er sie wie Taitsung aus Indien berufen müßte. Wie leicht war es für jedes Ministerium, den Kaiser zu isolieren – und ihn zu beherrschen –, wenn die Ausrede legal war und überzeugend klang. Wie leicht war es, allen den Zutritt zu ihm zu verwehren, außer den unwichtigen, namenlosen Dienern, überlegte Jao. Die Diener schienen der Schlüssel zu sein. Sie ließ Chi rufen.

»Nehmt Platz und macht es Euch bequem. Ich möchte etwas mit Euch besprechen.«

Chi hob fragend die Brauen und setzte sich bescheiden auf einen Schemel. »Ich fühle mich geehrt, Majestät.«

»Der Kaiser ist in Gefahr«, begann Jao ohne Umschweife. »Nicht allein durch seine Krankheit, auch wenn diese sehr ernst ist. Es ist seine Hilflosigkeit und die Art, wie er darunter leidet. Einige seiner ehrgeizigen Anhänger könnten meinen, daß ihnen jetzt, nachdem sie die Älteren erfolgreich vertrieben haben, der Weg zum Thron offensteht. Es ist eine Versuchung, der manche von ihnen vielleicht nicht widerstehen können.«

Sie hielt inne und sah in Chis Blick volles Verständnis. Keiner im Heer der Angestellten kennt die Palastpolitik besser als Chi, sagte sie sich, während sie überlegte, wie sie ihre Bitte am besten vorbringen sollte.

»Hier in Loyang«, fing sie schließlich an, »ist das militärische Hauptquartier des koreanischen Feldzuges. Ich habe gehört, daß die Truppen schon wieder einmarschieren, um neu eingeteilt oder entlassen zu werden. Ich möchte, daß Ihr unter ihnen nach außergewöhnlichen

Männern sucht, die kastriert oder in einer Weise verwundet wurden, die sie für den inneren Dienst im Palast geeignet macht. Männer wie Ihr, mit starkem Charakter, Kriegserfahrung und Weltkenntnis. Männer, die nicht wie die meisten Eunuchen unseres jetzigen Stabes durch das Wohlleben im Palast verdorben sind.«

Sie unterbrach sich und suchte in seinem Gesichtsausdruck zu erkennen, ob er sie auch nicht mißverstand. »Fühlt Ihr Euch durch meine letzte Bemerkung gekränkt?« fragte sie unvermittelt.

Er antwortete mit seinem alten Lächeln: »Genau meine sehr persönliche Meinung«, antwortete er, und beide lachten.

»Ich möchte, daß Ihr sechs tüchtige Männer findet, die normal herangewachsen, aber für den Dienst im Palast als Eunuchen geeignet sind, und die allein dem Kaiser verantwortlich sein sollen. Sechs Männer, die einander als persönliche Leibgarde des Kaisers alle zwei Stunden ablösen und ihm ihr Leben lang dienen werden. Sie müssen bereit sein, diskret als Diener zu fungieren. In Wirklichkeit werden sie höhere Angestellte sein, von hoher Intelligenz und Loyalität. Scheint Euch das unmöglich?«

Chi dachte nach. »Es ist vielleicht machbar, aber es wird Zeit brauchen. Wenn Ihr mir einen Monat Urlaub gebt, werde ich in das Lager gehen, um herauszufinden, ob es solche Männer gibt. Die Voraussetzungen sind gut, da für diese Truppe von Anfang an erfahrene Männer ausgewählt wurden. Ich werde sehen, was ich tun kann. Ein solcher Schutz des Kaisers durch Männer, die vorgeben, Diener zu sein, ist, wenn ich sagen darf, eine hervorragende Idee.«

»Ich danke Euch«, rief Jao befriedigt. »Ich war einst selbst eine Dienerin dieser Art und konnte mich bei Kaiser Taitsung recht nützlich machen, wie Ihr wißt. Mir ist klar, wie schwierig diese Aufgabe ist. Wenn Ihr mit dieser Mission Erfolg habt, werde ich dafür sorgen, daß Ihr den Posten im Palast bekommt, der Euch am meisten zusagt. Der Kaiser wird die Idee sicher gutheißen und Eure Beförderung befürworten.« Sie beobachtete, wie sich Chi darüber klar wurde, was ihr Angebot bedeutete und sich dankbar vor ihr niederwarf.

»Steht auf, mein Freund.« Jao war befriedigt. »Ich nehme also zur Kenntnis, daß Ihr meinen Plan für realisierbar haltet und bereit seid, ihn durchzuführen. Ob er gelingen wird, hängt allein von Euch ab.«

Er sah sie mit solcher Ergebenheit und Zustimmung an, daß Jao ein

Glücksgefühl überkam, das den ganzen Tag anhielt. Am Abend wurde Chi ein Beutel aus Rehleder übergeben. Er enthielt mehr als genug für seine Ausgaben.

Der Winter war gerade kalt und feucht genug, daß der Boden ständig mit einer dünnen Schneedecke bedeckt war. Fast immer waren die Äste von Rauhreif überzogen, und die Dächer glitzerten. In den Gärten waren die in Stroh verpackten Päoniensträucher nur mehr dürre schwarze und weiße Gestelle, die bei wechselndem Licht die verschiedensten Formen annahmen. Kaotsung konnte nun wieder gut genug sehen, um an der winterlichen Landschaft vor seinem Fenster Gefallen zu finden, was ihm über die Langeweile seiner Genesungszeit hinweghalf.

Ihn erreichten keinerlei Berichte. Besucher wurden von Beamten empfangen und abgefertigt. Die meisten von ihnen waren Beamte von anderen Dienststellen oder Männer, die im Begriff waren, einen neuen Posten in einer der Provinzen anzutreten. Man dankte ihnen im Namen des Kaisers für ihre guten Wünsche, blieb aber ohne Ausnahme dabei, daß er niemanden persönlich empfangen könne.

»Es ist angeblich nur zu Eurem Besten«, versicherte ihm Jao ohne rechte Überzeugung. »Ihr sollt nicht durch Nachrichten beunruhigt werden, mögen sie gut oder schlecht sein.«

»Gerade das will ich nicht – im Ungewissen gelassen werden«, rief er an einem trüben, windigen Tag, als er sich besonders von der Welt isoliert fühlte. »Abgeschoben, als wäre ich nicht der Kaiser! Wie kann ich dieses Reich regieren, wenn ich eingesperrt bin? Wie kann ich regieren, wenn ich schlecht sehe? Werde ich jemals wieder auf meinem Thron sitzen? Gerade als ich mich in meiner Rolle zurechtgefunden hatte und die Lage beherrschte, wie es sich für einen Herrscher gehört!«

»Nein!« Jao war entrüstet. »Nein und nochmals nein! Ihr seid noch immer der Kaiser und Ihr seid bereits auf dem Weg der Besserung. Bald werdet Ihr wie immer auf Eurem Thron sitzen. Eure Ohren sind in Ordnung, und die braucht Ihr mehr als Eure Augen. Ihr könnt den Berichten, den Bittgesuchen und den täglichen Auseinandersetzungen zuhören. Eure Ohren sind es, ohne die Ihr nicht regieren könnt.« Sie brach ab, um zu sehen, ob ihr Wortschwall Eindruck gemacht hatte. Er hörte aufmerksam zu und wirkte erfreut.

»Das könnte ich doch wirklich, stimmt's?« sagte er schlicht. »Dieses Schweigen, diese Vorspiegelung, daß im Reich alles zum Besten steht, daß es sich von selbst regiert, das ist schwer zu ertragen. Für mich bedeuten keine Nachrichten schlechte Nachrichten. Die Obersten Beamten, die ich jetzt habe, waren immer schon Opportunisten, die daran gewöhnt sind, sich je nach ihren Erfolgsaussichten zu Gruppen zusammenzuschließen. Ich habe das Gefühl, daß einige von ihnen mich wie die Geier beobachten, wie damals, als ich nach dem Tod meines Vaters Kaiser wurde. Die Älteren waren erfahrene Männer, an Autorität gewöhnt und fest in Positionen verwurzelt. Die Beamten heute üben ihre Ämter aus, weil ich sie dort eingesetzt habe, sie besitzen keine Tradition, keine Wurzeln. Ich habe sie eingesetzt und ich kann sie absetzen. Natürlich muß ich den Audienzen wieder beiwohnen. Ich kann auf jeden Fall dabeisein und zuhören. Ja, das könnte ich.«

»Ihr habt jedes Recht, Euch das zuzutrauen«, versuchte Jao ihn zu bestärken. »An den Sitzungen teilzunehmen, wird Eurer Gesundheit ebensowenig schaden wie hier in den Garten zu schauen, vorausgesetzt, sie dauern nicht zu lange.«

»Ehrlich gesagt, wünsche ich mir nichts sehnlicher. Es ist schon merkwürdig, während ich früher so ungern dort saß, will ich jetzt nichts lieber, als dabeisein, damit ich alles erfahre, was im Land vorgeht. Ich will zu meinen Pflichten zurück und darauf achten, daß auch meine Minister, diese Mistkerle, die ihre tun. Wenn ich nur besser sehen könnte!«

»Darüber solltet Ihr Euch keine Sorgen machen«, beruhigte ihn Jao. »Ich könnte hinter meinem Vorhang sitzen, alles für Euch niederschreiben und Eure private, ganz private Sekretärin sein.«

Während Kaotsung über ihre Vorschläge nachdachte, hoben sich die Winkel seines ausdrucksvollen Mundes ganz so, wie er früher seine Befriedigung gezeigt hatte. Jao sah es und fühlte sich ermutigt.

»Ich kann hinter dem Vorhang ihre Gesichter beobachten. Sie halten Euch für blind – und wir könnten sie weiter in dem Glauben lassen. So werden sie ihre wahren Gedanken nicht verbergen, wenn sie mit Euch sprechen, ich aber werde sie beobachten.« Jaos Stirn legte sich vor Anstrengung in Falten.

Kaotsungs Gesicht hellte sich weiter auf. »Das könntest du tun, und nachher haben wir die Möglichkeit, alles zu besprechen. Was aber soll geschehen, wenn sie meine Meinung sofort hören wollen, bevor ich die Möglichkeit habe, mit dir zu sprechen? Diese Denkschriften sind in so gewundenen politischen Formeln abgefaßt, daß sie das Gegenteil von dem bedeuten, was sie zu sagen scheinen. Ich kann nicht schnell genug denken, um gleich zu verstehen, was wirklich dahinter steht. Ich muß Zeit haben, alles zu entwirren.« Von neuem entmutigt, bewegte er sich unruhig.

»Ihr seid doch viel besser dran als früher«, warf Jao sofort ein. »Viel besser. Ihr besitzt nun eine Waffe, die Ihr vorher nicht hattet. Ihr könnt Euren Ministern erklären, daß Ihr aufgrund Eurer Krankheit einen Tag Bedenkzeit braucht, bevor Ihr Eure Meinung äußert. Keine übereilten Entscheidungen, keine vorschnellen Urteile. Was könnte besser sein?«

»Das könnte ich sagen«, stimmte Kaotsung vorsichtig zu. »Was aber geschieht, wenn mich plötzlich Schwindel oder Müdigkeit übermannt?«

»Dann sagt ihnen unvermittelt, so als hätten sie Euren Unwillen erregt: Ihr seid für heute entlassen. Ein leichtes für Euch ... ärgerlich für sie.«

Kaotsung lachte. »Angenommen, die Eiferer bedrängen mich. Oder schlagen mit dem Kopf auf den Boden wie Chu?«

»Laßt sie schlagen«, schlug Jao vor.

Kaotsung brach in Gelächter aus – das erste gute Lachen seit seinem Anfall.

Einen Monat später suchte Chi um eine Audienz an, um die von ihm angeworbenen Gefolgsleute vorzustellen. Kaotsung, der von Jaos Plan sehr angetan gewesen war, als sie ihm davon erzählt hatte, war begierig, die Männer kennenzulernen. Bei ihrem Eintritt machten sie einen tiefen Kotau, dann nahmen sie militärische Haltung an und erwarteten seine Prüfung. Es waren alles Soldaten um die dreißig, kräftig, sorgfältig gekleidet, beherrscht. Sie hatten einen schwierigen Einsatz in Paekche hinter sich und waren mit den meisten Aspekten des Krieges vertraut.

Kaotsung interessierte sich lebhaft für den koreanischen Krieg und empfing sie begeistert. Sie traten ihren Dienst unverzüglich an. Die Eunuchen, die dem Kaiser bisher gedient hatten, waren überglücklich, in den Palast von Changan zurückkehren zu können, und reisten sofort ab.

Die neuen Männer paßten sich rasch den Anforderungen ihres Dienstes und der Palastroutine an. Mit diesen sogenannten Dienern führte der Kaiser lange Gespräche, die sein Interesse an dem Problem Paekche weiter entfachten. Jao erfüllte ihr Versprechen, und Chi wurde zum Vorgesetzten der neuen Gefolgsleute des Kaisers ernannt, die damit unmittelbar seiner Aufsicht unterstanden. Jao und Kaotsung waren mit der neuen Ordnung der Dinge sehr zufrieden, vor allem mit Chi, der seinerseits vor Zufriedenheit strahlte.

Kaotsungs Rückkehr in das Palastleben wurde zum Anlaß genommen, den Namen seiner Regierung auf Lung Shuo – Drachenthron – abzuändern. Tagte der Kronrat, so saß Kaotsung mit gefalteten Händen da, sah schläfrig aus, ja, hatte sogar manchmal die Augen geschlossen. Seine Ohren jedoch waren aufmerksam, und wenn er seine Entscheidungen traf, waren sie zur Überraschung seiner Minister sachkundig und wohl durchdacht. Diese Vorgangsweise trug ihre Früchte. Auch war das Gespräch mit Chis Veteranen anregend und vermittelte ihm gute Kenntnisse über Paekche. Jao war zufrieden. Die Dinge nahmen den Lauf, den sie ihnen vorgezeichnet hatte.

Bald nachdem Kaotsung seine Pflichten wiederaufgenommen hatte, legte Hsu in einer formellen Audienz eine lange Liste für Neuernennungen vor. Kaotsung lehnte ab, sie zu bestätigen, ohne die einzelnen Namen genau studiert zu haben. In seinen Räumen ging er die Liste gemeinsam mit Jao durch, verlangte Lebensbeschreibungen, Nachweise ihrer Studien und der Ränge, die sie bisher eingenommen hatten. Als er schließlich seine eigene, kürzere Liste präsentierte, erhob Hsu heftigen Widerspruch gegen die Streichungen.

»Was habt Ihr dagegen?« fragte Kaotsung freundlich.

Hsu erging sich in ausführlichen Erklärungen, um seine Kandidaten zu verteidigen. Li trommelte ungeduldig mit seinem langen Fingernagel auf die Armlehne seines Stuhles. Die anderen Minister hörten gespannt zu.

»Keiner dieser Burschen ist geeignet«, Kaotsung begann, die Geduld zu verlieren. »Drei haben die Prüfungen nicht bestanden, einer zahlt niemals seine Rechnungen, und einer ist ein bekannter Schürzenjäger. Der einzige Nachweis ihrer Befähigung ist die Fähigkeit ihrer Familie, ihnen Privilegien zu kaufen.«

Jao, die das Geschehen durch den Vorhang beobachtete, sah den Ärger auf Hsus Gesicht und den unverhüllten Hohn, als Kaotsung das Wort »kaufen« betonte. Li wechselte einen sarkastischen Blick mit seinem Assistenten, ohne auch nur den Versuch zu machen, ehrerbietig zu erscheinen. Die anderen Minister zeigten Hsu und Li auf verschiedene Weise ihre Zustimmung.

»Streicht die Ernennung dieser fünf. Ich werde mein Siegel unter die Empfehlung der anderen setzen.«

Hsus Blick war finster. »Es ist zu spät. Sie ...«

Kaotsung unterbrach ihn. »Ihr habt mich gehört. Widerruft die Ernennung dieser fünf.« Li trommelte immer noch mit dem Fingernagel.

»Hört auf!« befahl Kaotsung.

Die Minister sahen einander überrascht an. Dann richteten sie einen fragenden Blick auf den Kaiser.

»Das Trommeln – hört damit auf«, befahl der Kaiser. Das Trommeln verstummte, und Kaotsung vernahm, wie er es erwartet hatte, ganz leises, unterdrücktes Kichern.

Er räusperte sich. »Der Name der neuen Regierungszeit ist gewählt, um einem neuen Projekt Glück zu bringen. ›Drachenthron‹ beschreibt unsere Lage sehr richtig.«

Nun hatte er ihre volle Aufmerksamkeit, alle Augen waren auf ihn gerichtet. In manchen stand Mißtrauen, in anderen Besorgnis. Jedes selbstgefällige Lächeln war verschwunden.

Kaotsung fuhr fort: »Wir haben einen erfolgreichen Feldzug mit der Unterwerfung Südkoreas beendet, diese aber ist nur der erste Schritt in Richtung eines größeren Zieles. Das nächste ist die Unterwerfung von Nordkorea.«

Das war für Hsu zuviel. »Jetzt ist die Zeit gekommen, auf unseren Lorbeeren auszuruhen, nicht, uns auf neue, irrsinnige Unternehmen einzulassen ...«

Kaotsung fiel ihm ins Wort. »Wir müssen voranschreiten.« Hinter ihrem Vorhang beobachtete Jao, wie sich nun die Gesichter sämtlicher Minister verfinsterten. Kaotsung fuhr in ruhigem Ton fort: »Ich beabsichtige, Su über das Meer nach Norden zu schicken. Er wird die gleiche Strategie anwenden, die uns den Sieg über Paekche gebracht hat. Er wird den Taedong sechzig Meilen flußaufwärts segeln bis zur Hauptstadt von Koguryo und diese dann erobern. Gleichzeitig werden General Hsueh und der furchtlose General Chibi Holi von Norden kommen und die Falle schließen. Es ist uns noch nie gelungen, ihre Hauptstadt einzunehmen, diesmal werden wir es schaffen!«

Jao beobachtete, wie die Minister unruhig wurden, doch Kaotsung bestand darauf, daß sie unverzüglich Pläne auszuarbeiten begannen und diese Entwürfe aussandten. Erst als zwei Stunden später alle Forderungen angenommen waren, schloß Kaotsung die Sitzung. »Er ist verrückt«, murmelte Hsu, als er hinter dem Kaiser hinausschlurfte.

Jaos Gesicht leuchtete vor Freude, als sie später in ihren Gemächern mit dem Kaiser zusammentraf. »Es war zu komisch! Alle zitterten vor Zorn, wagten aber nicht, Euren Vorschlag in einer formellen Sitzung zurückzuweisen. Ihr habt sie überrollt wie eine Lawine.« Sie brach in Lachen aus, und Kaotsung stimmte ein wenig reuig ein.

»Vielleicht gehe ich mit diesem verrückten Plan zu weit, aber ...«

»Ihr wollt es tun«, ergänzte Jao voll Freude. »Und das ist wichtig, auch wenn ich gewisse Zweifel habe.«

»Welche?« seine Stimme klang herausfordernd.

»Nun, ich kann den Namen ›Koguryo‹ kaum hören, nach all den Schwierigkeiten, die Taitsung mit diesem aufsässigen, barbarischen, verräterischen Volk hatte ...«

»Ich weiß«, unterbrach Kaotsung. »Ich weiß das alles. Mein Vater war krank und konnte sie deshalb nicht zur Ruhe bringen, und als Folge davon sind sie frech und aufsässig geworden. Ich werde unseren besten General hinschicken und ihnen eine Lektion erteilen.«

»Li Chi?« rief Jao voll Hoffnung.

»Nicht Li Chi – er ist zu alt, um in den Krieg zu ziehen. Und außerdem brauche ich ihn hier als Gegengewicht für die Unzufriedenen. Und wenn die Minister durch einen Krieg abgelenkt werden, haben sie keine Zeit für Verschwörungen.«

»Ihr klingt selbstzufrieden«, stellte Jao fest.

»Ich bin es auch«, gab er zu. »Jedenfalls solange alles nach meinem Wunsch geht.« Wie so oft in diesen Tagen bildete die gemeinsame Heiterkeit ein Band zwischen ihnen.

Der Abmarsch der Truppen begann. Kaotsung, wieder im Vollbesitz seiner Kräfte, stand auf dem Balkon des größten Tores von Loyang, während seine Marinesoldaten und Seeleute in ihren neuen Uniformen mit wehenden Fahnen zum Schlag der Trommeln in fast vollendetem Gleichschritt an ihm vorbeizogen. Seine Augen leuchteten vor Freude. Neue Lieder waren komponiert worden, um die Begeisterung anzustacheln, und diese anfeuernden Melodien wurden zum ersten Mal gespielt, als die Musikkapellen an dem Balkon vorbeimarschierten.

»Wir müssen siegen, wo mein Vater und mein Großvater gescheitert sind, von den Sui gar nicht zu reden«, sagte er leise zu Jao. »Tatsächlich überlege ich, ob ich nicht die Seereise nach Korea machen soll. Ich möchte selbst das Oberkommando übernehmen.«

»Wunderbar!« Jaos Augen leuchteten. Ihr schien, als würde ihr Traum vom Erfolg durch die Förderung von Kaotsungs Ansehen nun Wirklichkeit. »Wunderbar, wunderbar«, wiederholte sie. »Das wird erst der Anfang Eures Ruhmes jenseits des Meeres.«

Kaotsung lächelte über ihre Begeisterung und sprach weiter über seine Absicht, den Feldzug selbst zu leiten. Jao hörte zu, wurde aber plötzlich sehr still.

»Majestät«, begann sie, und Kaotsung horchte auf. Wenn sie ihn zeremoniell ansprach, hatte sie etwas Wichtiges im Sinn. »Majestät, es wäre sicher gut für Euch, die Leitung des Feldzuges selbst zu übernehmen. Falls aber Eure Generäle die gleichen alten Niederlagen erleiden, den gleichen Schwierigkeiten begegnen wie früher, wird man ihnen die Schuld zuschreiben, nicht Euch. Vielleicht solltet Ihr ein paar Siege abwarten, bevor Ihr Eure Person und das Ansehen des Thrones in Gefahr bringt.«

»Daran habe ich auch gedacht«, gab Kaotsung zu. »Ich muß abwarten, was geschieht, aber ich habe vor, bald zu gehen. Allerdings werde ich mir die Zeit nehmen, die Übernahme des Kommandos gründlich vorzubereiten. Es ist nicht etwas, das man von heute auf morgen entscheiden kann. Jetzt aber wollen wir alle weiteren Pläne vergessen und fröhlich sein.« Er legte seine Hand auf Jaos Hüfte, und sie errötete. Sie war gerne bereit, mit ihren Ratschlägen aufzuhören, als sie erkannte, daß sie kaltes Wasser auf ein Vorhaben gegossen hatte, das ihn in mehr als einer Hinsicht erregte. Sie sagte nichts mehr.

Über Nordchina brach ein heftiger Schneesturm herein, der allen Verkehr lahmlegte und Mensch wie Tier zwang, Schutz zu suchen. Er tobte über das Gelbe Meer bis Nordkorea. Kaotsung lauschte dem Sturm, der Äste von den Bäumen brach und Dachziegeln herunterriß.

»Schlechtes Wetter für unsere Truppen in Koguryo.« Seine Stimme klang düster.

Jaos Nerven waren angespannt. »Denkt Ihr daran, daß es genau dieses Wetter war, das an allen früheren Niederlagen Chinas schuld war?« Zum ersten Mal seit sechs Jahren war sie wieder schwanger, oft krank und entsprechend nervös.

»Es wäre furchtbar, wenn auch wir diese Schande erleben müßten … und aus dem gleichen Grund. Das Volk würde es mir niemals verzeihen«, Kaotsung war besorgt. »General Su ist ein großer Feldherr, aber wir haben noch immer nichts von ihm gehört. Es hätte entweder einen Sieg oder einen Rückzug geben müssen. So oder so müßte er längst hier sein, um Bericht zu erstatten.«

Jao wurde jedesmal übel, wenn sie an die schlechten Nachrichten aus Südkorea dachte – in Paekche war ein Aufstand ausgebrochen, sobald General Su die Hoheitsgewässer verlassen hatte. Ihre Entgegnung war kritisch.

»Euer General Su hat sich nicht so groß erwiesen, als er die Truppen auf die Bevölkerung von Paekche losließ, um dort nach Lust und Laune zu vergewaltigen und zu morden. Und seine brutale Behandlung der Gefangenen, die sich ergeben hatten, hat sie natürlich zum Widerstand gereizt.« Jaos Stimme hatte einen zornigen Klang, und ihre Augen blickten hart, als sie mit in die Seiten gestemmten Armen vor Kaotsung stand. »Jetzt ist ein Friede in Paekche unmöglich geworden.«

Kaotsung starrte sie ebenso wütend an. »Du warst diejenige, die General Liu Jen vorschlug. Er ist verantwortlich für das, was jetzt in Paekche geschieht, und offensichtlich nicht fähig, damit fertigzuwerden. Er war beauftragt, den Bewohnern von Paekche die Wohltaten einer guten Regierung unter der Herrschaft der Tang zu bringen, und mittlerweile sollte dort längst Frieden herrschen.«

»Die Wohltaten einer guten Regierung«, rief Jao aus. »Welche Wohltaten? Wenn die Tang-Truppen täglich an Boden gegen diesen einsneunzig großen Riesen von Paekche verlieren? Gegen diesen lächerlichen

Bauern mit seinem ebenso lächerlichen Namen? Und nun wollen die Minister den Krieg beenden und alle zurückrufen, einschließlich Liu. Was für eine verfahrene Angelegenheit!«

»Ach! Und was schlägst du vor?« fragte Kaotsung kühl.

»Laßt Liu dort. Wenn er sich halten kann, wird er am Ende gewinnen«, rief Jaos impulsiv.

Kaotsung betrachtete sie schweigend. »Ich würde dir gern zustimmen. Alles ist so festgefahren, daß nur höchste Anstrengung uns weiterhelfen kann. Vielleicht ist Liu dazu imstande. Wenn er den Versuch unternimmt, werde ich ihn nicht abberufen und es zu einem Kampf zwischen ihm und dem koreanischen Riesen kommen lassen. O, jetzt ist mir gerade sein Name eingefallen, er heißt Heijer Changjer – Langer mit den Schwarzen Zähnen.«

Jao mußte laut auflachen. »Was hat sein Name damit zu tun? Außer der Hoffnung, daß Liu ihn zum ›Kurzen ohne Zähne‹ machen wird. Es ist einfach unfaßbar ... die große Tang-Dynastie wird von einem Bauern geschlagen!«

»Beruhige dich«, mahnte Kaotsung. »Beruhige dich und warte die Ereignisse ab. Warte.«

Auch der Hof wartete gespannt auf Nachrichten von den verschiedenen Kriegsschauplätzen, doch trafen diese nur sehr spärlich ein. General Chibi Holi hatte das Ufer des Yalu erreicht und war bereit, den Fluß zu übersetzen und sich mit Su vor Pyongyang zu vereinigen. Er wartete nur auf kaltes Wetter, damit der Fluß zufror und er hinübermarschieren konnte. Der Schneesturm kam, der Yalu fror zu, Chibi überschritt ihn mit seinen Truppen und lieferte den Koguryanern eine große Schlacht. Es war ein bedeutender Sieg, und der koreanische Moliju geschlagen. Seine Verluste waren enorm.

Als Jao, kurz nachdem Chibis Nachrichten einen jubelnden Hof erreicht hatten, in ihre Gemächer zurückkehrte, lagen auf ihrem Gesicht Zorn und Verzagen.

Mi eilte zu ihr. »Herrin, was ist geschehen?«

Die Kaiserin war offensichtlich tief bestürzt. »Der Schneesturm, der Chibi solche Vorteile brachte, scheint General Su vollkommen überwältigt zu haben. Er hätte sich mit Chibi vereinen sollen, zog sich aber statt dessen zurück, weil er meinte, sonst seine Armee verlieren zu müssen. Er hat furchtbare Verluste erlitten – einer seiner Befehlshaber wurde getötet und mit ihm alle zwölf seiner Söhne.«

»Was für eine Katastrophe!«

»Aber es gibt noch schlimmere Nachrichten, Mi. Kaum hatten wir Sus Bericht erhalten, da erfuhren wir, daß sich auch General Liu zurückziehen mußte.«

Mi war ernst geworden. »Aus Paekche? Wo ist er jetzt?«

Jao schritt im Zimmer auf und ab und seufzte. »In Kongju, vollkommen isoliert. Wie konnte das nur geschehen? Der Hof ist in Aufruhr – alle sind entsetzt, und niemand scheint sich mehr an Chibis Sieg zu erinnern. Sie wollen, daß der Krieg sofort beendet wird – Chibi hat den Befehl bekommen, sich unverzüglich zurückzuziehen.«

»Aber er ist so nahe an der Hauptstadt, er könnte sofort losschlagen.«

»Das Ganze gibt keinen Sinn. Jetzt sollen keine Schiffe mehr gebaut werden, und Liu erhielt den Befehl, den Rückweg nach Silla anzutreten«, rief Jao in tiefster Enttäuschung. »Das ist ein schlimmerer Mißerfolg als alle vorhergehenden. Ich kann mich einfach nicht damit abfinden. Kaotsungs Beamte sind alle Feiglinge, sogar der berühmte Su!«

»Durchaus kein Mißerfolg«, Mi blickte gedankenvoll vor sich hin. »Nur eine Pause für eine Neuorientierung. In Silla führen wir diesen Krieg schon seit Generationen. Wir kennen uns aus mit zeitweiligen Rückzügen.«

»Wenn wir also den Krieg fortsetzen, brauchen wir einen besseren Nachrichtendienst«, überlegte Jao ein wenig beruhigt, »vielleicht Brieftauben. Weder hier noch auf dem Kriegsschauplatz wußte jemand von Chibis Sieg, erst bis es zu spät war. Er hätte den Rückzugsbefehl einfach unbeachtet lassen können, wäre er ein altgedienter chinesischer General. Doch als Fremder im Dienste der Tang wagte er keinen Ungehorsam. So wurde ein chinesischer Erfolg zunichte gemacht, und diese elenden Koguryaner wurden wieder durch ihr Wetter gerettet.«

Als Jao einige Tage später mit Kaotsung die Lage Chibi Holis besprach, traf ein Bericht von General Liu ein. Als sie ihn las, wurde sie immer erregter und rief schließlich aus: »Er hat getan, was Chibi nicht wagte. Er hat sich über den Rückzugsbefehl hinweggesetzt. Hört zu:

›Alle meine Offiziere sind dafür, sich wie befohlen zurückzuziehen.

Ich erklärte ihnen jedoch meine Ansicht über die Ziele und die allgemeine Strategie dieses Krieges … Nun, da wir diese wichtige Festung des Feindes halten, wäre ein Rückzug der Ruin und würde alles verderben, gerade in dem Augenblick, da wir das ganze Land aufrollen könnten. Die Armee mußte sich von Pyongyang zurückziehen … aber wir sollten standhalten und auf die Gelegenheit warten zurückzuschlagen. Diese Leute sind zu selbstsicher geworden und schon nicht mehr auf der Hut. Ich ersuche, wie oben geschildert fortfahren zu dürfen. Liu.‹«

Aufgeregt sprang Jao auf. »Seht Ihr! Er tut genau das, was er meiner Ansicht nach tun mußte. Ich habe recht behalten.«

»Gegen jede Vernunft, aber unzweifelhaft richtig«, stimmte Kaotsung ihr zu. »Glaubst du, daß wir seinen Vorschlag befolgen sollten?«

»Es ist Euer Krieg, und Ihr habt zu entscheiden. Ihr wißt, wie zaghaft Eure Beamten in ihrer Angst vor einem Mißerfolg sind. Irgend jemand muß Entschlußkraft zeigen. Da Ihr Befehlshaber wie Liu und Chibi habt, könnt Ihr den Krieg fortsetzen, bis Ihr ihn gewinnt. Und was mich betrifft, ich stimme Mi zu – es ist nur ein Rückschlag.«

»Ich werde morgen den Kronrat dazu bringen, meine Wünsche zu akzeptieren.« Kaotsung hatte sich entschlossen.

Und er setzte seinen Willen durch. Der Hof stimmte schließlich einer kleinen Friedensmission nach Paekche zu, um einen sogenannten Waffenstillstand zu schließen. Als die Beamten jedoch neue Rekruten für Liu anwerben wollten, fand der Aufruf kaum Widerhall. Liu bekam nur siebentausend Soldaten.

Während das Jahr langsam seinem Ende zuging, wurden auf keinem der koreanischen Kriegsschauplätze nennenswerte Fortschritte erzielt. Jao und Mi wurden von Chi und den Gefolgsleuten sowie durch Jaos Anwesenheit bei den Sitzungen und Audienzen auf dem laufenden gehalten, doch war Jao durch ihre Schwangerschaft abgelenkt und brachte nicht mehr ihre frühere Begeisterung auf.

In den späten Stunden einer mondhellen Nacht war Jao die einzige, die noch wach war. Sie spürte, daß ihre Zeit gekommen war. »Mi«, sagte sie. »Du muß nach Madame Sun schicken. Und nach Wolke.« Madame Sun war gealtert, doch noch immer eine Meisterin ihres Faches. Sie hatte sich vollkommen zurückgezogen und betreute nur mehr die Kaiserin. Als sie Jaos Zimmer betrat, wo bereits alles für die Entbindung vorbereitet war, übernahm sie unter ständigen Scherzen die Aufsicht. Sie war für ihr pausenloses Reden bekannt, mit dem sie die Kreißende unterhielt, während sie alles für die Entbindung Notwendige bereitlegte. Es war teils ihrer Fürsorge, teils Jaos Vertrauen zu ihr zuzuschreiben, daß sie nach nur vierundzwanzig Stunden Jaos viertem Sohn auf die Welt half, den der Kaiser glückstrahlend Tan nannte.

Tan war ein mageres Baby, lang und dünn. Er glitt mit solcher Leichtigkeit und solchem Mangel an Aufsehen in die Welt, daß er augenblicklich das Herz seiner Mutter gewann. Nach den ersten Monaten entwickelte er, sehr zur Freude seiner Eltern, täglich neue Fähigkeiten. Sie hatten mehr Zeit, ihn zu verwöhnen, als sie für ihre anderen Kinder je gehabt hatten. Er wurde der Liebling von Jaos Freundinnen. Madame Yang, Wolke und sogar Mi, die sich im allgemeinen vollkommen neutral verhielt, waren bezaubert von seinen Possen und seiner immerwährenden guten Laune.

Tan war über ein Jahr alt, bevor der Ausgang des Krieges in Paekche entschieden war. Im Oktober segelten General Liu Jen und ein Kamerad von ihm, der gleichfalls den Namen Liu trug, mit König Munmu von Silla den Kum hinunter und umzingelten die japanischen und die Paekche-Truppen in ihrer Hochburg im Delta. Vier große Schlachten fanden statt; sie gewannen alle vier. Als der Widerstand der Paekche nachließ, flüchtete ihr König nach Koguryo. Nach Japan wagte er sich nicht, da er den Zorn der Japaner fürchtete. Wu Jao las Kaotsung General Lius Bericht vor: »Unsere Streitkräfte verbrannten vierhundert japanische Schiffe. Der Rauch füllte den Himmel, und das Meer war rot von Blut. Das ganze Land ist erobert mit Ausnahme einer kleinen Festung. Liu.«

Überglücklich umarmte Jao den Kaiser.

»Endlich der Sieg!« rief er aus und erwiderte ihre Umarmung.

Drei Tage wurden zu Feiertagen erklärt, eine Amnestie für Gefangene erlassen und die Provinz Shantung, die den größten Teil der Truppen bereitgestellt und die schwersten Kriegslasten getragen hatte, für ein Jahr von jeder Steuerleistung befreit. Die hellerleuchteten Paläste und Stadttore sowie die vom Hof und der Stadt jubelnd begangenen Feiern erhielten durch das milde Herbstwetter und den klaren Vollmond ihren besonderen Glanz. Die Luft schien wie von Freude durchdrungen. Und Jao wurde bald wieder schwanger.

Die nächsten Monate erwiesen sich sowohl für den Hof als auch für die sillanische Gemeinde der Hauptstadt als sehr geschäftig. Chinas Beziehungen zu Silla hatten einen neuen Höhepunkt erreicht. König Munmus Sohn kam, reichlich mit Anweisungen und Geschenken versehen, zu einem Freundschaftsbesuch nach Loyang. Jao überwachte persönlich die zu seinen Ehren abgehaltenen Festlichkeiten.

»Laßt uns Mi formell anerkennen und sie ehren, wie sie es sich reichlich verdient hat«, schlug Jao vor. Kaotsung stimmte zu und verlieh Mi und ihrem Sohn in einer eindrucksvollen Zeremonie in Anwesenheit des Gesandten von Silla einen Titel. Der Prinz selbst wurde mit Geschenken und Ehrungen überhäuft, und er zeigte sich beeindruckt. Ihm bereitete es Vergnügen, sich mit Mi in der vornehmen Ausdrucksweise des regierenden Standes von Silla zu unterhalten, und er erwies ihr Respekt.

Mit dem Besuch des Prinzen war die rein politische Allianz zwischen Silla und China durch persönliche Beziehungen auf höchster Ebene gestärkt worden.

Nach der Abreise des sillanischen Prinzen schlug das Wetter um, es setzte eine große Hitze ein, die auch den gesamten August anhielt. Herren wie Diener litten unter der Schwüle und waren schlechter Laune. Kaotsung war besonders gereizt. Sein Interesse an den Kindern nahm ab, als auch sie mürrisch und unartig wurden. Um sich die Langeweile zu vertreiben, begann er, sein Interesse den Hofdamen zuzuwenden und versetzte sie in Aufregung. Er schickte Hsu auf einen langen Urlaub und überließ die täglichen Verwaltungsaufgaben den leitenden Eunuchen und kleineren Beamten.

Jao hatte Schwierigkeiten, Ruhe zu finden, da für sie das Liegen ebenso unbequem war wie das Sitzen. Sie schrieb nicht nur dem Wetter die Schuld für die allgemeine Unruhe zu, sondern auch den bösen Geistern, die, wie sie glaubte, immer noch den Palast von Changan beherrschten. Es beschäftigte sie so sehr, daß sie Mi beauftragte, die Schamanen zu rufen, um die schlechten Einflüsse zu vertreiben.

Kaotsung suchte Jao auf. »Ich muß mit dir sprechen«, sagte er streng, während ihm die weihrauchgeschwängerte Luft in die Nase stieg. Als er Jaos gedunsene Gestalt sah, verfinsterte sich seine Miene.

Jao sah seine harten Augen und erstarrte. »Gewiß, Majestät, bitte nehmt Platz.«

»Ich ziehe es vor zu stehen«, sagte er kurz. »Es handelt sich um die Geisterbeschwörer und um das Geschrei, das sie machen. Es hat ernsthafte Beschwerden über dieses Treiben gegeben, das auch mir nicht paßt. Die Beschwörungen müssen aufhören.«

»Es sind weiße Schamanen, die mächtig genug sind, die Geister des Palastes zu bannen, die dieser Tage so offensichtlich unseren Frieden stören. Die Schamanen handeln auf meinen Befehl zum Vorteil aller, die hier wohnen«, erwiderte Jao, ihren Zorn mühsam beherrschend.

»Es ist mir gleich, was sie tun, du wirst ihnen den Befehl geben aufzuhören. Das ist eine Anordnung!«

»Und wenn ich es nicht tue?« Jaos Gesicht hatte eine geisterhafte Blässe angenommen.

»Dann lasse ich deine Schamanen hinauswerfen«, gab Kaotsung zurück und wandte sich zum Gehen.

»Dann könnt Ihr mich gleich mit hinauswerfen.« Während des Sprechens hatte sich Jao erhoben.

An ihrem Tonfall erkannte Kaotsung, wie ernst es ihr war. »Genau das werde ich tun«, erwiderte er wütend und verließ den Raum.

Jao saß still da und fühlte die mitleidlosen Stöße des Kindes in ihrem Leib. Sie rang um Beherrschung. Dann suchte sie die Schamanen auf, dankte ihnen und ersuchte sie, den Palast innerhalb einer Stunde zu verlassen. Am nächsten Morgen nahm sie nicht am Kronrat teil und machte somit auch keine Notizen für Kaotsung.

Die Nachricht von den Geisterbeschwörern hatte sich in kürzester Zeit im gesamten Verwaltungsapparat verbreitet. Unter den Beamten befanden sich noch manche Anhänger der Partei der Älteren, die zwar die Säuberungsaktion überlebt hatten, aber weder befördert worden waren noch die angestrebten Stellungen in Loyang erhalten hatten. Shanggwan I, einer der Unzufriedenen, der unter dem früheren Kronprinzen Chung gedient hatte, hörte von den Zauberern im Inneren Palast und zögerte nicht, dem Kaiser eine Klage vorzubringen. Ermutigt durch dessen Bereitwilligkeit, eine Kritik an der Kaiserin anzuhören, stellte er den Antrag, sie abzusetzen. Derartige Umtriebe hätten sich schon früher ereignet und könnten sich wiederholen.

Die Zusammenkunft zwischen Shanggwan I und Kaotsung war kurz. Der Kaiser war übler Laune und der Beamte aalglatt in seiner Beschwerdeführung über die Geisterbeschwörer. Er deutete an, daß ihre von der Kaiserin angeordneten Beschwörungen an Hochverrat grenzten, und verglich Jaos Vorgehen mit dem von Madame Liu und der Kaiserin Wang. Es sei schädlich für das Ansehen des Staates und gefährlich für den Hof. Es sei ein Unheil, das nur durch die rasche Absetzung der Kaiserin gebannt werden könne. Kaotsung hörte zu, nahm den Antrag schweigend entgegen und entließ Shanggwan I mit dem Auftrag, das Gesuch am nächsten Tag schriftlich einzureichen.

Die beiden Gefolgsleute, die an diesem Tag Dienst versahen, gehörten Chis geheimer Garde an und berichteten diesem sofort, was sich zugetragen hatte. Betroffen begab sich Chi zu Jao, die gerade lustlos eine Babyausstattung überprüfte. Rasch erklärte er ihr die Situation.

»Bitte übernehmt es, sofort eine formelle Audienz beim Kaiser für mich zu erwirken«, war alles, was sie hervorbrachte, während sie die kleinen Kleidungsstücke zur Seite schob. Sie erhob sich, dankte Chi und verschwand in ihrem Ankleidezimmer. Eine Stunde später erschien sie in Hofkleidung, die mit Bedacht so gewählt war, daß sie ihre Schwangerschaft verbarg. Ihr Gesicht war sorgfältig geschminkt, die Krone neu, ein Geschenk aus Silla mit Goldplättchen und Filigranarbeit.

Kaotsung erwartete sie mit verärgerter Ungeduld. Er war über ihre zeremonielle Kleidung sowie ihre tiefe Verbeugung vor ihm erstaunt. Er hörte ihr unterdrücktes Stöhnen, als sie sich niederbeugte, erkannte aber nicht, daß es ihrer Schwangerschaft zuzuschreiben war.

»Was bedeutet das alles?« fragte er verdrossen. »Diese Scharade ...«

Immer noch hielt sie den Kopf gesenkt. »Darf ich sprechen, Majestät?« fragte sie. Er sah, wie eine Träne auf ihre Hand fiel, und wurde sich bewußt, daß es sich um eine wichtige Angelegenheit, nicht um einen Familienstreit handelte, von denen es in letzter Zeit viele gegeben hatte. Er milderte seinen hochfahrenden Ton.

»Du hast meine Erlaubnis. Bitte sprich!«

»Eure ergebene Ehefrau stellt den Bericht eines unbedeutenden

Beamten bezüglich der Zeremonien, die sie zur Reinigung des Palastes anordnete, in Frage. Die Vertreibung böser Geister wurde im Interesse aller Bewohner des Palastes unternommen und war durchaus nicht Sache dieses Beamten.

Des weiteren stellt Eure ergebene Ehefrau Eure Ansicht über ihr Verhalten in Frage. Hat sie jemals als Ehefrau versagt?«

Kaotsung schwieg.

»Es gab in letzter Zeit eine endlose Zahl von Angelegenheiten, die Eure ergebene Ehefrau in Anspruch nahmen – die Arbeiten zur Erhaltung des baufälligen Palastes, die Übertragung der bei den Audienzen und Sitzungen gemachten Aufzeichnungen, die Organisation der Staatsbankette, die Inspektion der fremden Tribute und die Aufsicht über Frauen und Kinder des Palastes sowie deren Tagesablauf. Eure Ehefrau verbringt schlaflose Nächte damit vorauszudenken, Pläne zu machen, Entscheidungen zu treffen, nur um Eurer Majestät ein sorgenfreies, angenehmes Leben zu ermöglichen. Falls irgendeine Frau den Platz Eurer ergeben Ehefrau einnehmen will, ist sie hochwillkommen. Eure Kaiserin ist bereit, ihre Bürde abzugeben.

Doch all das ist von geringer Bedeutung, verglichen mit dem, was wir beide, als Kaiser und Kaiserin, leisten, um Eure Regierung zu stützen, zu stärken und zu festigen. Eure Kaiserin hat nur ein Ziel im Leben: dem Kaiser zu helfen, seine Wünsche zu verwirklichen. In dieser Aufgabe hat sich Eure Kaiserin nicht geschont und glaubt, daß sie bis heute erfolgreich war.

Eure Majestät ist jetzt ein großer Monarch. Die Türken, die Tibeter, die Khotanesen und viele andere Völker genießen die Wohltaten des Friedens der Tang oder bitten um Verträge mit uns. Und zum ersten Mal in der Geschichte ist Südkorea den Tang untertan. Eure Majestät hat all das gemeinsam mit seiner Kaiserin erreicht … und so könnte es bleiben. Warum hört Eure Majestät auf einen Changan-Bürokraten?«

Kaotsung bedeutete ihr zu schweigen und entließ seine Vertrauten.

»Jetzt kannst du fortfahren«, forderte er sie auf, doch sie schüttelte den Kopf.

»Es gibt nichts mehr, ich habe alles gesagt.« Als sie aufzustehen versuchte, strauchelte sie, und Kaotsung sprang auf, um ihr zu helfen. Er zog sie an sich und drückte seine Wange an ihr blasses Gesicht.

»Ich werde diesen Antrag ablehnen. Ich werde diesen – diesen Shanggwan I entlassen!« stammelte er schließlich unbeholfen, »und ich werde Hsu von seinem Urlaub zurückberufen, damit er mit diesen Leuten fertigwird, die so überzeugend zu sprechen verstehen und deren Beweggründe ich nicht kenne.«

Jao, die mit gesenktem Haupt vor ihm stand, bat scheu: »Schickt nicht um Hsu. Er braucht seine Ruhe. Und habt bitte Geduld, was die Sache mit den Geisterbeschwörern betrifft. Vielleicht ist es am ratsamsten, in dieser Hitze nichts zu unternehmen. Wäre es nicht klug, für den Augenblick gar nichts zu tun? Mich würde es beruhigen«, sie verneigte sich still, »während ich Eurem Dienst fernbleibe, um Euren Sohn zur Welt zu bringen.«

Kaotsung ließ seine Hände zur Seite sinken. Er hatte, ihren Zustand vergessen. »Du kannst jetzt gehen«, meinte er unbeholfen und strich sich über das Kinn, während sie sich verneigte und den Raum verließ.

›Wem kann ich vertrauen, wenn nicht meinen eigenen Beamten?‹ fragte er sich voll Selbstmitleid. Gab es denn nicht einen Menschen, der nicht nach seinem Thron oder seiner Gunst strebte? Reglos stand er da, in zynische Verzweiflung versunken. Doch dann erinnerte er sich des treuen Liu von Paekche, des getreuen Li Chi, des getreuen Hsu. Auch wenn sie alte Männer von über sechzig waren, so stellten sie trotzdem die stärksten Stützen seines Thrones dar. ›Und dann habe ich noch Jao‹, dachte er, ›die Treueste der Treuen.‹ Er schämte sich.

Es war kein Sohn, der einige Tage später geboren wurde, an einem Nachmittag, der so schwül war, daß die Hebammen und Madame Yang in Schweiß gebadet waren. Es war ein kleines Mädchen, das ohne Mühe entbunden wurde. Madame Sun und die anderen Frauen begrüßten seine Ankunft mit Ausrufen der Erleichterung, denn das Kind war früher als erwartet gekommen. Jao selbst war glücklich, alles hinter sich zu haben, und ihr war es egal, daß sie nur ein Mädchen zur Welt gebracht hatte. Sie flüsterte: »Eine Tochter! Nur für mich! Nach all den Jungen! Der Himmel war gnädig.«

Kaotsung wurde benachrichtigt und suchte zur Verwunderung aller sofort seine Kaiserin auf. Man hatte ihn schließlich gewarnt, daß es »nur ein Mädchen« war. Er lächelte Jao zu, trocknete ihr heißes Gesicht mit dem Ende seiner leinenen Schärpe und versicherte ihr, er sei ihr für ein Mädchen dankbar. »Eine Tochter ist genau das, was ich mir gewünscht habe«, lächelte er. »Sie wird sicher mein Lieblingskind werden, wenn sie einmal lachen kann. Ich gratuliere dir.«

»Sie kann schon lächeln«, erklärte Mi.

»Kluges Mädchen«, nickte Kaotsung und warf noch einen Blick auf das kleine Bündel. Dann nahm er das Kind vorsichtig auf den Arm. Das hatte er noch nie gleich nach der Geburt der anderen Kinder getan. Er saß am Bettrand, studierte die winzigen Gesichtszüge und untersuchte Hände und Füße. Eine kleine Hand schloß sich um seinen Daumen. »Erstaunlich«, brummte er. »Sie kann sich schon festhalten. Wir müssen einen guten Namen für sie finden. Hast du einen Vorschlag?«

Jao strich mit einem Finger über die weiche Wange. »Sie kam gerade rechtzeitig, um Frieden zwischen ihren Eltern zu stiften. Wir wollen sie Taiping nennen – Großer Frieden.«

Kaotsung blickte Jao verlegen an. »Taiping soll es sein«, bekräftigte er und stand auf. »Jetzt werde ich feiern – und ich werde genauso feiern, als wäre sie ein Sohn.« Lächelnd ging er, begleitet von dem zustimmenden Lachen aller Frauen im Raum.

In dieser Nacht schlug das Wetter um, und als der Morgen dämmerte, lag der erste Hauch von Herbst in der Luft. »Ein gutes Vorzeichen«, sagte Jao mit schwacher Stimme, während sie in die großen, weit geöffneten Augen des Kindes blickte. »Sie ist kleiner als die anderen.«

Madame Yang stimmte heiter zu. »Sie ist winzig, aber vollkommen. Schon ißt und schläft sie, und ihr Atem ist regelmäßig. Es gibt keine Probleme.«

»Gut!« Jao liefen die Tränen herunter. Madame Yang sah sie überrascht und besorgt an.

»Nehmt mich nicht ernst«, brachte Jao hervor und trocknete sich die Augen. »Ich bin wirklich sehr glücklich ... daß es ein Mädchen ist und daß es gerade rechtzeitig kam ... und daß der Kaiser erfreut ist und erlaubt, daß ich sie Großer Frieden nenne. Denn das ist genau das, was ich jetzt brauche, Frieden. Ich bin müde, so müde. Und ich will keine Kinder mehr ... nie wieder!«

Als Hsu nach Changan zurückkehrte, ließ ihn Kaotsung sofort kommen und erwähnte unter anderen dringenden Geschäften den Antrag von Shanggwan I. Hsu warf den Kopf zurück und ähnelte, zu Kaotsungs Belustigung, einem Jagdhund, der zum Angriff bereit ist.

»Was! Ein offener Versuch, die Kaiserin abzusetzen, von einem Beamten als gerechte Sache bemäntelt! Und Chung, den Schützling Wangs, vorzuschieben, um an die Macht zu gelangen! Sie sind nicht hinter Wu Jao her, sondern hinter Hung. Ein Angriff gegen den Thron, empörend!« In seiner Entrüstung stotterte er, und Kaotsung mußte lächeln, obwohl die Sache so ernst war.

»Was empfehlt Ihr zu tun?« seine Stimme klang mild.

»Den Fall zu untersuchen«, Hsu war ganz erregt. »Darf ich Euch verlassen?«

Kaotsung gab die Erlaubnis, und Hsu eilte mit wehenden Gewändern fort, um der Sache augenblicklich nachzugehen.

Mit Entsetzen wurde Shanggwan I nur zu allzu bald klar, daß er vom Kaiser entlarvt worden war und nichts mehr ihn retten konnte. Im elften Monat des Jahres erhob Hsu formelle Anklage gegen ihn. Er kam ins Gefängnis, seine Güter wurden eingezogen, seine Familie in die Sklaverei geschickt. Sein Sturz riß auch den unglücklichen Prinzen Chung mit sich. Da diese neue Verschwörung in seinem Dunstkreis entstanden war, konnte Kaotsung ihn nicht wie beim letzten Mal retten.

Kurz nach seiner erfolgreichen Verteidigung der Kaiserin beantragte Hsu, das Ansehen der Kaiserin am Hof zu erhöhen. Von nun an sollte das kaiserliche Paar den Titel »Die vom Himmel Gesandten« tragen.

Hinter ihrem Vorhang antwortete Jao: »Meine bescheidene Person fühlt sich geehrt, daß ihre geringen Dienste anerkannt werden. Ein solcher Schritt könnte der Krone mehr Ehre und Ansehen bringen, doch könnte auch das Gegenteil der Fall sein. Die Geste erscheint mir unbedeutend, verglichen mit einer echt wirkungsvollen Geste zur Erhöhung der Krone. Der Wohlstand des Reiches verdient Anerkennung, nicht nur im Reich, sondern in aller Welt. Diese gebührt dem Kaiser. Das Ansehen der Kaiserin zu erhöhen, ist nicht das, was China braucht.

Vor sechzehn Jahren bestieg der Kaiser den Thron. In diesen sechzehn Jahren hat er bewiesen, daß er ein würdiger Nachfolger seines

Vaters und seines Großvaters ist. Ihm gebührt eine besondere Ehrung. Die Zeit ist gekommen, mit außergewöhnlichen Feiern allen Menschen unter dem Himmel zu zeigen, daß Kaotsung ein ebenso erfolgreicher Herrscher ist wie seine beiden Vorgänger. Er hat die Grenzgebiete befriedet, Korea erobert und allen Menschen unter dem Himmel den Frieden gebracht.«

Die Rede der Kaiserin überraschte alle im Saal, besonders den verblüfften Kaotsung. Als sie zu sprechen aufhörte, herrschte so tiefe Stille, daß nur das Zwitschern der Schwalben unter der Decke zu hören war.

Hsu war der erste, der seine Stimme wieder fand. »Es ist richtig, daß wir in diesem Jahr eine Rekordernte verbuchen konnten, es ist richtig, daß wir einen Waffenstillstand mit Korea erreichten, es ist richtig, daß wir neue Kanäle, neue Straßen, neue Märkte, neue Festungen haben, und es ist richtig, daß die Regierung den weiteren Wohlstand sichert. Was also hat die Kaiserin im Sinn?«

»Die Feng- und Shan-Opfer anläßlich der nächsten Neujahrsfeiern auf dem höchsten Berggipfel darzubringen«, erklärte sie.

Die Stille vertiefte sich. Schließlich meldete sich Hsu mit kaum unterdrückter Erregung zu Wort. »Ein großartiger Gedanke … gewaltig … überwältigend … Die Feng- und Shan-Opfer sind Symbol dafür, daß es einer Dynastie gelungen ist, der Bevölkerung des Reiches Ruhe und Zufriedenheit zu schenken … und den Grenzgebieten … In den vergangenen Jahrhunderten sind sie nur selten dargebracht worden. Der Große Tang-Frieden hat uns, denke ich, mehr als jemals zuvor in der chinesischen Geschichte wahren Frieden beschert.«

Nachdem die Beamtenschaft längere Zeit überlegt hatte, ob eine so anspruchsvolle Zeremonie angemessen wäre, und nach dem üblichen Ringen um die erforderlichen Ausgaben, begannen die Vorbereitungen unter der persönlichen Aufsicht der höchsten Beamten des Hofes, einschließlich Li Chis. In dem Bewußtsein, daß China zweifellos das größte Reich der bekannten Welt war, genehmigte die Beamtenschaft stolz die Ausgaben.

»Zu viele Umstände«, beklagte sich Kaotsung gegenüber Hsu. »Der ganze Hof über sechs Monate auf Reisen. Das wird sehr anstrengend.«

»Ja, Majestät«, stimmte Hsu aus ganzem Herzen zu. Er war in den Sechzigern und fragte sich, wie er das durchstehen sollte.

»Aber Reisen sind auch unterhaltend, wenn die Straßen trocken sind«, fügte Kaotsung hinzu. »Und man entflieht der tödlichen Langweile der Sitzungen.«

»Und Euer Ansehen gelangt zu neuen Höhen«, Hsu wußte sich der geänderten Stimmung des Kaisers anzupassen.

»Ich habe in diesen sechzehn Jahren viel erreicht, nicht wahr?« überlegte Kaotsung. »Und das rechtfertigt doch das ganze Unternehmen.«

»Und das Beste ist«, schloß sich Hsu an, »daß die Prinzen mit ihren Familien, der Adel und selbst die Mönche Feuer gefangen haben. So etwas habe ich noch nie erlebt.« Er beglückwünschte sich zu seiner guten Idee.

Jao warf sich eifrig auf die Vorbereitungen für die Opferzeremonie. Als sie die Riten studierte, sah sie zu ihrer Bestürzung, daß nirgendwo eine Rolle für eine Frau vorgesehen war. »Dabei sind nach den alten Riten Frauen erforderlich«, sagte sie erregt zu Wolke. Diese hob die Brauen und sah Jao lange Zeit schweigend an. »Stellt einen Antrag«, riet sie schließlich. »Es ist das einzige, was Ihr tun könnt.«

Jao nickte langsam. Am folgenden Tag stellte sie in einer formellen Sitzung den entsprechenden Antrag an den Kronrat.

»Die heiligen Riten von Feng und Shang wurzeln in einer sehr alten Tradition«, erinnerte sie die Beamten mit sanfter Stimme. »Die Verehrung des Himmels folgt dieser Tradition, nicht aber die Verehrung der Erde. Den Geistern der früheren Kaiserinnen werden Opfer gebracht – von Männern. In der bescheidenen Meinung Eurer Kaiserin ist das ein Fehler. Das ganze Konzept von Himmel und Erde beruht darauf, daß beide Geschlechter deutlich auf den Altären vertreten sind: das eine, runde Symbol steht für den Himmel und ist männlich, das andere, rechteckige für die Erde und ist weiblich. Die Opfer für die Erde sollten den weiblichen Mitgliedern des Hofes obliegen, meint Ihr nicht? Vielleicht werden sich die Geister der Kaiserinnen den Männern nicht zeigen. Eure ergebene Kaiserin sollte an den Opferungen teilnehmen, und sei es als Beispiel für künftige Kaiserinnen.«

Kein Beamter wußte einen Weg, den Antrag abzulehnen. Jao wurde zur Ersten Ministrantin ernannt.

16

Die kaiserliche Prozession bog von der engen Landstraße ab und begann ihren Aufstieg zum Lagerplatz in Taishan. Hier, am Fuße des Berges, kam sie vor einer Terrasse, die zum Altar hinaufführte, zum Stehen. Kaotsungs Sänfte wurde auf Stützen gestellt und die Träger richteten sich erleichtert unter leisem Scherzen auf. Lim und seine Leute ritten heran und stiegen zum Klirren des Sattelzeugs von den Pferden. Dicht hinter ihnen kamen die Zeltträger, die sich mit lautem Rufen den Weg bahnten, um abladen zu können. Rauhreif lag auf ihren Pelzkappen, und der scharfe sibirische Wind, der über die endlose Ebene strich, rötete ihre Gesichter. Alle hatten nur einen Wunsch – so rasch wie möglich die Zelte aufzurichten.

Als Jao auf ihrem hohen, aus dem Westen stammenden Pferd die heilige Stätte erreichte, hielt sie an. Das Pferd tänzelte unruhig, atmete schwer, und aus den Nüstern stiegen Dampfwolken in die eisige Luft. Gespannt sah Jao um sich. Vor ihr erstreckte sich ein unbesiedeltes Land, hinter ihr ragten hohe Felsen. Auf dem Straßenband, das sich über das niedrige Vorgebirge schlängelte, zogen bis an den Horizont eine Unzahl von Punkten dahin, Menschen und Gepäck in einer dreißig Meilen langen Schlange. Darüber spannte sich der winterliche Himmel, im Westen stand die Sonne. Es gab nichts, kein Dorf, keine menschliche Behausung.

Jaos Gefolge ritt heran und stieg lärmend ab. Sie halfen sich mit Scherzworten, um die erschreckende Leere um sich herum leichter ertragen zu können. ›Das ist ein Alptraum‹, dachte Jao, während sie auf ihre Reitknechte wartete. ›Wie sorglos sind wir doch an dieses ehrgeizige Unternehmen herangegangen, welche Gefahren haben wir auf uns genommen! Und nun sind wir hier. Ein starker Wind, ein Wirbelsturm, ein plötzlicher Kälteeinbruch könnte alles zunichte machen, uns den Tod und dem Thron Schande bringen.‹ Ihr schauderte.

Die Reitknechte eilten herbei und halfen ihr vom Pferd. Sie streckte sich und sah sich nach Kaotsungs Sänfte um, doch er war noch nicht ausgestiegen. Ein großes Feuer wurde entfacht und ein Suppenkessel darüber gehängt. Jaos Frauen scharten sich um die Flammen, und sie hörte, wie sie über ihre roten Nasen und zerzausten Haare lachten. Wolke begann die gefrorenen Finger einer der Prinzessinnen zu massieren, und Mi beaufsichtigte das Auspacken des kaiserlichen Gepäcks. Taitsungs Schwester, Prinzessin Wencheng, aß ungerührt ihre Suppe und betrachtete unerschrocken das sie umgebende Chaos.

»Ihr seht tatsächlich so aus, als ob Euch dieses ... Unternehmen Spaß machte«, sagte Jao, als sie sich zu der älteren Frau gesellte. Prinzessin Wencheng begrüßte sie heiter, zuckte mit ihren breiten Schultern und studierte weiter den dunkel werdenden Himmel. Die Sterne begannen sich zu zeigen. »Die Vorzeichen sind gut«, prophezeite die Prinzessin.

Jao lehnte sich an die Schulter der Älteren und verbarg ihr Gesicht. Sie wagte nicht, ihre Schwäche zu zeigen, und doch fühlte sie sich von der Anstrengung und dem Fasten ausgehöhlt und sehnte sich verzweifelt nach Rückhalt. »Die Vorzeichen sind gut«, wiederholte die Prinzessin und hielt die Kaiserin fest in ihren tröstenden Armen.

Chi und Lim halfen dem Kaiser aus der Sänfte. Um sein Blut wieder in Bewegung zu bringen, stapfte er rund um das Feuer, welches bereits kräftig brannte. Unter Geschrei und warnenden Rufen wurde das kaiserliche Zelt in Reichweite des wärmenden Feuers aufgestellt. Sobald die Taue sicher verankert waren, eilten Diener mit Teppichen und Heizpfannen hinein. Kaotsung folgte ihnen auf dem Fuß.

Von chinesischen Lagermeistern geführt, kamen die Karawanen mit den fremden Gästen. Weitere Zelte wurden aufgestellt, Dutzende neuer Feuer entfacht. Bevor die Sonne, die als riesige rote Scheibe durch den Nebel leuchtete, hinter dem Horizont versank, waren an die hundert Zelte errichtet worden. Sie waren alle verschieden, es gab die Leder- und Filzjurten der Nomadenkhans, die Stoffzelte der turbantragenden Besucher aus Indien, die Rundhütten aus Schaffellen der tibetischen Gäste, die Hütten aus geflochtenem Bambus und Schilf der Männer von den südlichen Meeren, die Lederzelte der Koreaner und Japaner.

Während ihr Zelt aufgestellt wurde, begab sich Prinzessin Wencheng gemeinsam mit Jao in das kaiserliche Zelt. Kaotsung begrüßte seine Lieblingstante mit Freude.

»Es ist schön von Euch, mit uns auf diese Pilgerfahrt zu gehen, die Euch so weit von Eurer Heimat führt«, er verbarg seine Besorgnis hinter einem Lächeln. »Wir würden Euch heute Abend zu einem Essen einladen, doch wir müssen fasten. Wir werden später feiern, und dann werdet Ihr sehen, wie gut sich alle unterhalten werden.« Er runzelte die Stirn. »Diese dunklen Wolken im Osten – laßt uns hoffen, daß sie nicht Hagel bringen ... oder einen Schneesturm.« Sein Lachen klang gezwungen.

Wencheng aber lachte in ihrer unbekümmerten Art. »Vielleicht ja, vielleicht nein. Aber da hier alle Welt das Lächeln des Himmels erwartet, sollten wir – müssen wir – das Beste bekommen, das der weite Himmel uns zu bieten hat. Ihr habt den Himmel herausgefordert. Nun werden wir ja sehen.«

Kaotsung und Jao schauten sie betroffen an, doch es lag nicht in Wenchengs Absicht, sie zu erschrecken. Sie betrachtete den Polarstern, der jetzt klar am Himmel stand. »Die Vorzeichen sind gut«, sagte sie abermals, und in ihrer Stimme lag so viel Überzeugung, daß Jao ihr endlich glaubte.

Es wurde kälter, doch die Reisenden hatten zum größten Teil bereits ihre Zelte aufgesucht. Jeder Hofstaat bildete eine eigene kleine Stadt mit Ställen, Wachen und einem Heer von Dienern. Das Militär der Tang wohnte in Fellbaracken, in denen sich die Soldaten drängten. Mit Freude waren sie aus allen Teilen des Reiches gekommen, um den eigenen Landsleuten und den Fremden zu zeigen, was sie konnten. Die Gelegenheit, mit anderen Soldaten zusammenzukommen, war für sie alle ein Ansporn, insbesondere weil sie sich mit ihren alten Feinden wie den Koguryanern unterhalten konnten.

Der Himmel wölbte sich als schwarze Kuppel über ihnen, die Sterne schienen nahegerückt zu sein und strahlten hell über dem dunklen Land. Der Wind legte sich, und man konnte Lagerfeuer anzünden, deren Schein weit über das Land zu sehen war. Der lange Zug der Reisenden war endlich in Zelten untergebracht und zur Ruhe gekommen.

Jao und Kaotsung hatten ihre Schlafstatt aufgesucht, die einem Kokon glich. Zehn oder mehr Filzteppiche waren unter ihnen ausgebreitet, weiche Pelze dienten zum Zudecken, und überall standen glühende Kohlenpfannen. Kaotsung hatte eine Wärmflasche aus Ton bei den Füßen, Kopf und Hände waren mit Hermelin bedeckt. Von Zeit zu Zeit hörte man die leise Bewegung der Wachen hinter dem Vorhang.

»Schläfst du?« flüsterte Kaotsung nach einer Weile.

»Nein, ich bin wach ... ich kann nicht schlafen«, auch Jaos Stimme war gedämpft.

»Mir ist kalt«, murmelte Kaotsung.

»Das ist doch unmöglich.« Jao hatte selbst für die Tonflasche, für Mütze und Fäustlinge gesorgt.

»Mir ist kalt«, wiederholte er eigensinnig.

»Dann komm zu mir«, sagte sie nach einer Weile. Sie ahnte, wovor er sich fürchtete. Dann hörte sie, wie er sich von den Pelzen befreite, wie sein Atem stockte, als er die eisige Luft spürte. Sie schob ihre eigenen Pelze zur Seite, um ihm neben sich Platz zu machen.

»Be... besser«, hauchte er und drückte sie an sich. »Nun werde ich schlafen können. Aber ich bin so ... was geschieht, wenn ...«, seine Stimme verlor sich, und Jao zog ihn näher an sich.

Was hatte Wencheng gesagt? »Die Vorzeichen sind günstig«, sagte sie flüsternd, »Ihr werdet sehen.«

Als Mi Jaos Schulter berührte, um sie zu wecken, sah sie, daß Jaos Augen weit geöffnet waren. Mi hielt eine Kerze, die Flamme flackerte wild. Chi und Lim suchten Kaotsung zum Aufstehen zu bewegen, doch der hatte gut geschlafen und war verdrießlich, daß man ihn weckte.

»Ihr habt nicht geschlafen?« fragte Mi.

»Nein, nicht viel«, gab Jao zu. Ihre Nerven waren immer noch angespannt. »Sag mir schnell, welches Wetter hat uns der Himmel beschieden?«

»Windstill, wolkenlos, es könnte nicht besser sein.«

»Dann laßt uns aufstehen!« rief Jao in grenzenloser Erleichterung.

Obwohl sie von Hunger geschwächt war, erhob sie sich mit neuer Kraft. Mi führte sie rasch hinter einen Vorhang, um die rituellen Waschungen vorzunehmen, während Kaotsungs Gefolgsleute den gleichen Dienst für den Kaiser verrichteten. Kurze Zeit später, nur wenige Minuten vor der Morgendämmerung, traten Kaiser und Kaiserin vor das Zelt, dick eingehüllt in ihre kaiserlichen Prachtgewänder.

Der Altar des Himmels war von Fackeln schwach beleuchtet. Laternen hingen in Abständen an Stangen, um die bösen Geister fernzuhalten, die kein Licht vertrugen. Banner aus gelber Seide flatterten von anderen Stangen. Neun konzentrische Terrassen stiegen in der Mitte des Platzes an, und auf der höchsten stand der runde blaue Altar, der den Himmel versinnbildlichte. Vor dem Altar befand sich ein steinerner Tisch mit drei Jadetafeln. Die mittlere war mit goldenen Schriftzeichen dem Himmel geweiht, die beiden anderen trugen jeweils den Namen von Kaotsungs Vater und Großvater.

Der Ritenmeister begab sich zum Altar hinauf und entzündete das heilige Feuer. Als der aromatische Rauch in die Höhe stieg, um die Geister des Himmels, des Berges und der kaiserlichen Ahnen um ihr Beisein zu bitten, trat Kaotsung vor. Die Zeremonie hatte begonnen. Ein unsichtbarer Chor sang die Anrufung, während der Kaiser langsam die Stufen zum Altar emporstieg.

»Was für eine eindrucksvolle Gestalt! Wahrhaft ein Kaiser!« murmelte Prinzessin Wencheng anerkennend. Sie hatte ihren Platz neben Jao, die, tief bewegt, stolz nickte. Die Gewänder des Kaisers waren neu, wenn auch im traditionellen Stil in Gold mit den zwölf Symbolen seiner Herrschaft bestickt, die bei jeder seiner Bewegungen leuchteten und die allgemeine Aufmerksamkeit auf sich zogen. Die drei Symbole, die nur der Kaiser tragen durfte, waren besonders auffallend – die Sonne, der Mond und die Sterne, die Zeichen der höchsten Macht.

Jao blickte zum Himmel auf und sah den verblassenden Mond. ›Bald wird die Sonne aufgehen‹, dachte sie mit klopfendem Herzen. ›Und dann werden alle drei, Sonne, Mond und Sterne, gleichzeitig zu sehen sein, um uns zu zeigen, daß der Himmel oben den Sohn des Himmels unten segnet.‹ Ihre Hände falteten sich in einer flehenden Gebärde der Verehrung.

Die Beschwörungen wurden lauter, als sich der Kaiser der obersten Terrasse näherte. Bei jedem Schritt veränderte sich der Gesang, und als er den Altar erreicht hatte und sich vor ihm niederwarf, wurde es totenstill. Dann erhob er sich und wandte sich der Sonne zu, deren erste Strahlen sich am Horizont zeigten. »Vollkommen!« hauchte Jao. Sie hörte, wie eine Bewegung durch die anderen Frauen ging, und senkte in Dankbarkeit das Haupt.

Kaotsung wartete, bis die Sonne über dem Horizont aufgegangen war. Dann brachte er das Trinkopfer dar und sprach Gebete, die auf Seide geschrieben waren. Die Seide verwahrte er sodann in einem Jadegefäß, versiegelte es, band es mit einer goldenen Schnur zu und legte es in die Höhlung des steinernen Tisches. Nun zog eine lange Reihe dunkler Gestalten an dem Tisch vorbei und bedeckten ihn mit Erde in verschiedenen Farben, die sie in Körben mit sich trugen. Dies geschah so rasch, daß es den Zuschauern erschien, als wüchse der Berg von selbst in die Höhe. Nachdem der letzte Mann mit seinem Korb verschwunden war, stieg Kaotsung, von lebhaften Rhythmen begleitet, hinab. Er hatte kaum seinen Platz am Fuß der Treppen erreicht, als ein rascher Trommelwirbel den Auftritt von zwei Gruppen junger Tänzer auf der freien Fläche vor den Zuschauern ankündigte. Sie führten zwei Tänze aus, die die zwei Aspekte der Herrschaft des Sohnes des Himmels darstellten, der eine Tanz seine Pflicht, allen unter dem Himmel Frieden und Harmonie zu bringen, der andere die Pflicht des Kampfes.

Damit war die Eröffnungszeremonie zu Ende, alles war reibungslos verlaufen.

Während der Morgenstunden rasteten der Kaiser und seine Helfer, als einzige Stärkung gab es Gerstenbrei. Die Sonne ließ den Reif von Felsen und Wegen schwinden. Es kam kein Wind auf. Die Zeichen waren günstig, und eine auserwählte Gruppe konnte mit dem Aufstieg auf den Berg beginnen. Der wichtigste Teil der Zeremonie stand noch bevor.

Es war knapp vor Sonnenuntergang, als die Opfernden, wieder nur Männer, den Gipfel erreichten. Dort erwarteten sie schweigend die Morgendämmerung, um dann mit der Beschwörung des Berggeistes zu beginnen.

Dunkle Gestalten sammelten sich um den Altar unter freiem Himmel. Die Fackeln warfen flackernde Schatten auf die ernsten Gesichter der Männer. Leichter Nebel schwebte über den Gipfeln, vermischte sich mit dem Opferrauch und stieg gegen den Himmel. Kaotsung leitete die Zeremonien, er brachte Tier- und Trankopfer dar und sprach Gebete. Er war eben ans Ende der Feierlichkeiten gelangt, als sich der Nebel plötzlich lichtete und die Sonne hervorkam. Dies war das beste Vorzeichen, das es gab, das günstigste aller Omen. Eine Welle der Erregung ging durch die Teilnehmer, und auf allen Gesichtern erschien der Ausdruck freudiger Begeisterung.

»Die Geister sind mit uns zufrieden«, verkündete Kaotsung in höchster Erregung und gab das Zeichen zum unverzüglichen Abstieg.

Nun blieb nur noch das Opfer des dritten Tages, das Opfer an die Erde. Bei diesem Teil der Zeremonie spielte Jao die Hauptrolle, und sie war entsprechend aufgeregt.

Der Altar der Erde lag eine Meile vom Altar des Himmels entfernt. Kurz vor Anbruch der Morgendämmerung rollte Jaos Ochsenwagen in den heiligen Bezirk. Sie und ihre Begleiterinnen stiegen aus. Kaotsung erwartete sie oben am Ende einer kurzen Treppe, um sie zu begrüßen und das erste Trankopfer darzubringen. Das zweite brachte Jao dar und das dritte die höchstrangige Prinzessin aus Taitsungs Generation. Jede Bewegung wurde von einem Trommelschlag betont, doch die Opfer an Kaotsungs Mutter und Großmutter übergab Jao in tiefer Stille, die nur von vereinzelten Glockenschlägen unterbrochen wurde. Die Zeremonie war kurz, und zum allgemeinen Erstaunen nahm eine riesige Zuschauermenge daran teil. Erst als die Feierlichkeit beendet war, bewölkte sich der Himmel, und Wind kam auf.

Mit dem Opfer an die Erde endete die Feng- und Shan-Zeremonie, und es folgten drei Tage der Unterhaltung und der gegenseitigen Begegnungen. Jeden Abend wurden in den Zelten Festmahle abgehalten. Alle nahmen daran teil, Besucher, Schausteller, Diener, alle, angefangen von den niedrigsten Trägern bis zu den auserlesensten Gästen. Sämtliche militärischen Verbände waren vertreten, und während des Tages fanden eindrucksvolle Manöver statt. Kaotsung hatte sich bemüht, die tüchtigsten seiner altgedienten Soldaten zu versammeln. Fremde Besucher, von denen viele gekommen waren, um die Militärmacht der Tang zu sehen, besuchten jede der Waffenübungen und zeigten lebhaftes Interesse.

Am Vorabend des Aufbruchs gab Kaotsung ein üppiges Festessen für zwanzig Gäste. Unter den zehn Chinesen waren Prinzen von Rang, Minister und Generäle. Die anderen Gäste waren Fremde – der Botschafter von Byzanz, der Sohn des Kaisers von Persien, zwei türkische Khans, zwei tibetische Stammesführer und vier vornehm gekleidete Prinzen aus Ländern jenseits des östlichen Meeres, die allgemeine Aufmerksamkeit erregten. Einer war aus dem japanischen Yamato und drei aus den koreanischen Königreichen. Die drei Koreaner waren noch jung, der Sohn des

Königs Munmu von Silla, Fuyu Feng aus Paekche, der frühere König und derzeitige Gouverneur des Landes, und Nansheng, der älteste Sohn des Moliju.

Eine Stunde nachdem die Gäste sich im kaiserlichen Zelt versammelt hatten, trat Jao ein. In ihrem duftigen Federumhang aus Lingnan schien sie durch den Raum zu schweben. Ihr immer noch schwarzes und glänzendes Haar war kunstvoll frisiert, und ihre Augen leuchteten vor Freude. Ihre strahlende Erscheinung zog augenblicklich die Aufmerksamkeit aller Männer auf sich. Zugleich mit ihr waren ihre ersten Hofdamen gekommen, Wolke und Phönix, in hauchdünne Seide gekleidet – Jao an Schönheit, wenn auch nicht an Auftreten ebenbürtig. Phönix hielt eine Karaffe mit Wein aus Turfan in den Händen, und Wolke trug zwanzig kleine Nachbildungen des Throns von Taishan aus tiefgrüner Jade. Jao sprach jeden Gast persönlich an und überreichte ihm das Jadegeschenk zur Erinnerung. Dann gingen die drei Frauen so bescheiden, wie sie gekommen waren.

Keiner der anwesenden Männer konnte Jao jemals wieder vergessen. Von nun an war ihnen bewußt, daß sie nicht nur eine bedeutende Kaiserin war, sondern auch eine schöne Frau von außerordentlicher Anmut. Es war eine große Leistung gewesen, den Fernen Osten und den Fernen Westen in friedlicher und seltener Harmonie zusammenzubringen. Ein solches Ereignis hatte das erste Mal in der Geschichte stattgefunden.

Am nächsten Tag erledigte Kaotsung in einer Stunde die letzten offiziellen Pflichten. Er erklärte, die Feier sei in jeder Hinsicht glückbringend verlaufen und alle, die daran teilgenommen hätten, seien der Gunst des Himmels teilhaftig geworden. Er verlieh Titel und Auszeichnungen und kündigte den Beamten, die so hart dafür gearbeitet hatten, Beförderungen an. Schließlich erließ er eine allgemeine Amnestie und einen Steuernachlaß für alle Einwohner der Distrikte, durch welche die Karawanen gezogen waren. Als die Besucher Abschied nahmen, konnte kein Zweifel daran bestehen, daß Kaotsung neues Ansehen gewonnen hatte, das weit über die Grenzen seines Reiches hinausreichte, und daß Jao es zu neuer Würde und Ansehen als eigenständige Frau von Bedeutung gebracht hatte.

»Es ist ein Wunder«, gestand Jao, als sie abends im Bett waren, »daß Eure Gesundheit alles unbeschadet überstanden hat. Kein Schwindelanfall, keine Kopfschmerzen, kein Sehverlust. Ihr habt die ganze Zeit gesund und vital gewirkt.«

»Vital?« ächzte Kaotsung, Erschöpfung vortäuschend. »Ich bin zerschlagen, völlig zerschlagen.«

Jao kicherte. »Jetzt können wir uns ja gehenlassen, jetzt, da das Reich zum größten der Erde erklärt worden ist und der Himmel seinem Sohn zugelächelt hat.«

»Es ist merkwürdig, aber ich will mich nicht gehenlassen. Zum ersten Mal seit sechs Monaten will ich wieder bei allem voll dabei sein.«

»Wie günstig … wie günstig alles verlaufen ist«, Jao seufzte erleichtert. »Die reiche Ernte im ganzen Land, der enorme Widerhall unter den Fremden, daß es uns geglückt ist, den heftigen Widerstand des Hofes zu überwinden und jetzt vor aller Welt unsere Größe zu beweisen.«

»Wobei wir die Schatzkammer geleert und die Menschen verarmt haben«, ergänzte Kaotsung.

»Loyang wurde neu aufgebaut und ist nicht mehr das vernachlässigte Andenken an die Sui-Dynastie. Dank des Umstandes, daß Yen Lipen nicht nur ein tüchtiger Beamter ist, der es versteht, Geld zu beschaffen, sondern auch ein Künstler und Baumeister, haben wir neue Tore, eine neue Pagode und Taishan – die größte Thronhalle, die es jemals gegeben hat. Die Dynastie der Tang hat Großes geleistet.«

»Nicht wir allein«, gab Kaotsung zurück. »Die Prinzen verwendeten ihr eigenes Geld zur Erneuerung ihrer Paläste in Loyang, und die Tempel leerten ihre Schatzkammern, um Sparren und Simse frisch zu bemalen, die Dächer neu zu decken und Hallen für Gäste zu errichten. Und die Ladenbesitzer brachten bunte Schilder an und reinigten die Straßen. Die kaiserlichen Geldmittel allein haben das nicht geleistet. Nein!«

Jao lachte. »Wir aber waren diejenigen, die alles in Bewegung gesetzt haben. Ohne uns hätte es eine Taishan nie gegeben. Die Beamten sind immer geizig, wenn es sich um Vorhaben der Regierung handelt, vor allem um öffentliche Gebäude. Für sie ist Geld, das nicht der Förderung ihres eigenen Wohllebens dient, schlecht angelegtes Geld. Die große Geste war überfällig! Es war höchste Zeit, das Selbstbewußtsein des Adels zu dämpfen. Wir mußten den Fremden ein Bild von der Größe der Tang vermitteln. Und ich bin so froh, daß wir die neue Thronhalle bauten, wir hätten sonst an Ansehen verloren. Meint Ihr nicht?«

Kaotsung schien keine Meinung dazu zu haben. Als Jao nach einigen Minuten seine ruhigen Atemzüge hörte, wußte sie auch den Grund. ›Er ist gücklich und hat endlich Frieden gefunden‹, dachte Jao zufrieden und fiel selbst in tiefen Schlaf.

Kaum hatte sich die kaiserliche Familie im einst so verachteten Palast von Changan wieder eingerichtet, als sich der Kaiser einer Krise gegenübergestellt sah. Es war die Nachricht gekommen, daß der Moliju gestorben war, und nun wurden heftige Diskussionen darüber geführt, ob Tang Koguryo angreifen sollte. Ermutigt durch das neue Ansehen, das ihm die Taishan-Riten verliehen hatten, schloß sich Kaotsung der Kriegspartei an. Er rief die Generäle zusammen und bat sie um ihre Meinung.

»Wir sollten Pläne zur Unterwerfung von Korea schmieden«, teilte er ihnen mit. »Um Euch zu ermutigen, habe ich für meine Herrschaft einen neuen Namen gewählt – Chienfang, Vom Himmel Anerkannt. Ich habe Chibi Holi als Oberbefehlshaber nach Liaotung befohlen und ihn beauftragt, die für einen Generalangriff erforderlichen Informationen zu beschaffen – Landkarten, Straßen, Festungen und dergleichen. Dann können wir losschlagen.«

Bevor sie auseinandergingen, hatte jeder der Generäle seine persönliche Aufgabe zur Vorbereitung eines massiven Angriffs auf Koguryo erhalten.

Zu gleicher Zeit, als auf höchster Ebene die Besprechungen mit den Generälen stattfanden, hatte Jao auf niedrigerer Ebene eine Unterredung über dasselbe Thema mit Mi und Chi.

»Chi«, begann sie, »die Männer aus Koguryo, die vor fünfzehn Jahren nach Taitsungs Feldzug zum Palastdienst eingeteilt wurden – Ihr habt Euch mit Ihnen angefreundet und ihre Sprache gelernt, nicht wahr? Wie viele von ihnen sind jetzt noch hier?«

»Ungefähr ein halbes Dutzend, Majestät«, gab Chi Auskunft. »Die Männer wurden im Krieg verwundet, sie stammen alle aus der Gegend von Ansiong. Es sind ordentliche Männer.«

»Mi, kennst du sie? Was hältst du von ihnen?«

»Wir stehen auf freundschaftlichem Fuß, auch wenn sie einst Feinde von Silla waren. Jetzt sind wir alle Diener der Tang. Jeder versteht ein wenig von der Sprache des anderen, aber wir ziehen es vor, chinesisch zu sprechen. Sie sind mittlerweile ohne Zweifel den Tang ergeben – vor allem, weil keiner ihrer Stammesgenossen ihnen mehr trauen würde, falls sie je nach Koguryo zurückkehrten.«

»Chi, was denkt Ihr? Könnten wir diesen Männern vertrauen und sie als Spione verwenden?«

»Ich weiß es nicht, aber ich werde es herausbekommen.« Chis Interesse war geweckt, und Mi war offensichtlich erregt. Beide waren mit ganzem Herzen für einen massiven Angriff auf Koguryo.

Am Abend überredete Jao den Kaiser zu einem Spaziergang im großen Garten des Palastes, um die Kirschblüte zu bewundern, die in rosafarbenen Wolken über den Wegen leuchtete. Er bewunderte die Blüten, aber er kannte auch Jao.

»Was hast du auf dem Herzen?« fragte er.

Erheitert sah sie ihn an. »Nicht viel. Eine Kleinigkeit … aber ich dachte, wir sollten uns jetzt nach dem Tod des Moliju über die Lage in Pyongyang informieren. Der Moliju hatte drei Söhne, die sich möglicherweise die Herrschaft teilen werden, aber möglicherweise vertragen sie sich nicht. Wäre es für uns nicht von Vorteil, das zu wissen?«

Unter seinen Brauen warf ihr Kaotsung einen Blick zu. »Woran denkst du?« Noch verhielt er sich abwartend.

»Wir könnten dafür sorgen, daß sich die Brüder nicht vertragen. Als ich Nansheng, dem ältesten Sohn, in Taishan das Jadegeschenk überreichte, schien er beeindruckt und bereit, die Freundschaft der Tang anzunehmen, in welcher Form auch immer. Vielleicht könnte er bewogen werden, mit uns gemeinsame Sache gegen seine Brüder zu machen. Die jüngeren Brüder sind uns alles andere als freundlich gesinnt. Wir könnten Agenten hinschicken … Es ist nur so ein Gedanke.«

»Eine Kleinigkeit!« rief Kaotsung später, als sie einen Gartenweg entlanggingen. »Eine Lappalie! Nur daß es ganz unmöglich ist. Erstens haben wir keinen Agenten, der zu so etwas taugen würde – sachkundig, gut ausgebildet, an Hofzeremoniell gewöhnt und vor allem bereit, einen so gefährlichen Auftrag zu übernehmen. Und wenn wir durch ein Wunder einen solchen Mann fänden, wäre er entlarvt, sobald er den Mund aufmachte, da er die Landessprache nicht beherrschen würde. Die Idee aber ist gut«, beeilte er sich hinzuzufügen.

»Ich weiß von sechs oder sieben geeigneten Männern«, lächelte Jao.

Kaotsung blieb stehen und starrte sie an. Blütenblätter fielen auf seine Schultern. Jao entfernte sie mit einer schnellen Handbewegung. »Chi zum Beispiel«, erklärte sie lässig.

»Ein Palastsklave? Nein – unmöglich.«

»Warum nicht? Er ist äußerst intelligent. Er ist treu – es gibt keinen Treueren. Und er leistete Eurem Vater einmal ähnliche Dienste, wußtet Ihr das? Gebt ihm die Reisegenehmigung und eine geheime Vollmacht und schickt ihn nach Koguryo. Warum nicht?«

Kaotsung blieb wie angewurzelt stehen, während er über Jaos Vorschlag nachdachte. »Und was ist mit der Sprache?«

»Chi hat in fünfzehn Jahren gelernt, mit den Palastdienern aus Koguryo in deren eigener Sprache zu sprechen.«

»Die Idee ist so befremdlich … daß die Generäle nie ihre Zustimmung geben würden.«

»Die Generäle sollten die letzten sein, die davon erfahren. Nur wenige Leute wissen von Euren sechs Gefolgsleuten – ganze neun, Ihr, ich, Chi und die sechs Männer selbst, aber sie leisten uns wichtige Dienste. Dieses Abenteuer könnte gelingen, wenn Chi die Verantwortung übernimmt, und auch er würde uns wertvolle Dienste leisten. Hört zu, wir könnten unseren Spaß an der Sache haben: Ihr setzt mit Chibi Holis Hilfe einen offiziellen Spionagedienst ein, genau nach dem Handbuch von Sun Tzu, und ich werde, so ganz nebenbei, dieses kleine Unternehmen in die Wege leiten. Wer von uns beiden die wertvolleren Berichte erhält, bekommt einen Preis. Einverstanden?«

Lachend setzte Kaotsung seinen Weg fort. »Meine ergebene Kaiserin mit ihren kleinen Ideen. Also gut, ich spiele mit. Um welchen Preis geht es?«

»Fünfzig Goldbarren und ein Festmahl, zubereitet vom Küchenchef des Rasthauses an der Tientsin-Brücke.«

Kaotsung lachte. »Einverstanden!«

Nachdem die Wintersonnenwende auf dem Hauptplatz des Palastes mit allen Zeremonien gefeiert worden war, zogen sich Kaotsung und Jao in ihre eigenen Gemächer im Changan-Palast zurück, um den Rest des Tages mit ihren Kindern zu verbringen. Hung war fast vierzehn, Hsien zwölf, Chungtsung neun, Tan vier und Baby Taiping zwei Jahre alt. Unauffällig betrat mitten in das lärmende Versteckspiel ein Besucher die Halle. Er sah dem Spiel eine Weile zu, bevor Jao ihn bemerkte. »Chi!« rief sie.

»Onkel Chi!« schrien die Jungen und stürzten auf ihn zu, um ihn zu begrüßen. Den ganzen Herbst war er fort gewesen. »Wo warst du? Wir haben dich vermißt«, rief Hung. Mit viel Geschrei trommelten ihm die anderen auf den Rücken.

Kaotsung fand endlich Gelegenheit, Chi zum Sitzen aufzufordern, und bat ihn, mit ihnen gemeinsam Erfrischungen zu sich zu nehmen. Erfreut über diese herzliche Begrüßung, begann Chi sogleich von seinen Abenteuern zu erzählen. Die Kinder wurden ganz still und hörten ihm mit großen Augen zu, nur Taiping, die am Daumen lutschend an Jaos Knie lehnte, döste ein.

Als die Kinder endlich zu Bett gebracht waren, fragte Jao aufgeregt: »Nun erzählt uns über Eure wahre Mission. Habt Ihr etwas erreicht?«

Chi lachte zufrieden. »Mein Erfolg übersteigt alle Erwartungen. Zuerst suchte ich den ältesten Sohn des Moliju, Nansheng, auf, den Ihr nach Taishan eingeladen hattet.«

Jao nickte. »Habt Ihr die Geschenke überreicht? Haben sie ihm gefallen? Erzählt!«

»Er war überwältigt, durch so reiche Gaben ausgezeichnet zu werden. Ja, sie gefielen ihm, das wichtigste aber ist ihm nach wie vor das Jadegeschenk, das er von Euch erhielt. Er trug es die ganze Zeit, die ich mit ihm verbrachte.«

»Was ist mit den sechs koguryanischen Palastsklaven, die du mitgenommen hast?« unterbrach Kaotsung. »Haben sie die Seiten gewechselt, sobald sie wieder in der Heimat waren?«

»Das wagten sie nicht. Sie sind schon lange aus den Stammeslisten gelöscht«, berichtete Chi. »Ich beauftragte sie, so weit es ihnen möglich war, sich in die etwa hundert koguryanischen Festungsanlagen einzuschleichen, um mit eigenen Augen festzustellen, womit wir zu rechnen haben. Sie gingen als Holzkohlenverkäufer oder als Holzhacker, und ihre stockende Sprache wunderte niemanden bei Männern, die ein so abgeschiedenes Leben in den Wäldern führen. Sie erregten keinen Verdacht.«

»Das kann aber kein ungefährliches Unternehmen gewesen sein«, bemerkte Jao.

»Das stimmt, aber sie sind alle ausgesprochen geistesgegenwärtig«, erwiderte Chi kurz. »Und keiner von ihnen wurde gefangengenommen. Manchmal kamen sie gerade noch davon, aber darüber werde ich Euch später berichten. Die Männer hatten vorher darüber gesprochen, was der Verrat an den eigenen Landsleuten für sie bedeutet. Alle sind der Ansicht, daß es den Stämmen viel besserginge, wenn Handelsbeziehungen mit China in gegenseitiger Freundschaft aufgebaut werden könnten, anstatt daß sie immer wieder zum Kriegsdienst berufen werden. Sie haben wirklich ihre ganze Kraft darangesetzt, ihre Suche nach Informationen mit Erfolg zu krönen. Sie fanden alle, und zwar jeder für sich, heraus, daß eine kleine, wenig bekannte Festung ein ganzes Stück stromaufwärts am Yalu mit dem Namen Hsin Cheng von großer Wichtigkeit ist. Die Festung liegt an einem schmalen Flußübergang, und die Pfade, die von dort aus über die Bergketten führen, stellen ideale Verbindungswege in alle Teile des Königreiches dar. Die Festung befindet sich sozusagen in der Mitte eines riesigen Spinnennetzes.«

»Warum ist sie wichtig, wenn sie so abgeschieden und isoliert liegt?« Jao verstand seine Erklärung nicht ganz.

»Durch diese Verbindungswege liegt sie nicht wirklich abseits«, erklärte Chi. »Sie ist solid gebaut und dient gleichzeitig als Hauptquartier und Versorgungszentrum. Sie ist in jeder Hinsicht das strategische Herz des Militärsystems von Ko. Alle meine Männer können eine Skizze der Befestigungsanlagen machen, mitsamt den wichtigsten Brücken, Wegen und ähnlichem.«

Jao holte tief Atem und warf Kaotsung einen triumphierenden Blick zu. Er wirkte begeistert.

»Diese Nachricht ist unbezahlbar, wenn sich herausstellt, daß sie richtig ist«, sagte er hochbeglückt. »Nun wüßte ich aber auch gerne, was du selbst getan hast.«

»Wie ich schon sagte, setzte ich mich gleich nach meiner Ankunft mit Nansheng in Verbindung. Ich kleidete mich zeremoniell, übergab ihm Euren Brief und überreichte die Geschenke. Er begrüßte mich freundschaftlich, und sobald die Gelegenheit günstig war, gab ich ihm zu verstehen, er möge sich vor seinen Brüdern in acht nehmen –«

Kaotsung brach in lautes Lachen aus. »Unglaublich!«

Chi lächelte verlegen und fuhr fort. »Dann ging ich nach Pyongyang und stiftete dort Unruhe.«

»Das ist also der Grund, weshalb sich Nansheng an uns gewendet hat«, rief Jao. »Ich glaubte, es hätte sich ganz von selbst ergeben, einfach durch brüderliche Rivalität.«

»Nun«, stimmte Chi zu, »das mag sein, aber Euer ergebener Diener hat einiges an Mühe und Zeit darauf verwendet, es soweit kommen zu lassen.«

Kaotsung schlug sich vor Vergnügen auf die Knie und fuhr fort, Fragen zu stellen, bis er sicher war, über jedes Detail informiert zu sein. Als Jao Chis Erschöpfung bemerkte, unterbrach sie das Gespräch. »Es ist spät. Wir sind begeistert von Euch, Euren Nachrichten, Euren Diensten. Wir werden Euch in Kürze gebührend danken. Jetzt aber dürft Ihr gehen. Gute Nacht, mein Freund.«

»Ja, wir sind dir in der Tat sehr, sehr dankbar«, setzte Kaotsung herzlich hinzu.

Chi verbeugte sich, und als er sich verabschiedete, lag auf allen Gesichtern ein frohes Lächeln.

»Ja«, bekräftigte Kaotsung, sobald er mit Jao allein war. »Ja, in der Tat!«

Jao strahlte. »Ich habe gewonnen! Ich habe unsere Wette gewonnen! Wann bekomme ich mein Festmahl?«

»Ja«, bestätigte Kaotsung nun zum dritten Mal. »Ich habe verloren und ich werde bezahlen. Morgen wird das Essen stattfinden. Jetzt aber will ich wissen, was von diesen Nachrichten zu halten ist. Was glaubst du? Keiner der Generäle hat uns bisher über dieses strategisch wichtige Hsin Cheng berichtet, daher müssen wir Li Chi darauf aufmerksam machen. Taktvoll natürlich. Laß uns über den Generalplan nachdenken. Die Befehlshaber, die ich an die koreanische Grenze gesandt habe, sind die besten. Sie können einen Vorstoß machen.«

»Einen Vorstoß machen?« Jao blickte nicht von ihren Händen auf. »Ist das alles?« Ihre Gedanken überstürzten sich. Vor ihr stand die Möglichkeit, ihren Traum zu verwirklichen, endlich zu erreichen, was keinem anderem chinesischen Strategen je gelungen war. Hier war die einmalige Gelegenheit für Kaotsung, Ruhm zu erlangen, für China, für sich selbst. ›Und auch für mich‹, setzte sie in Gedanken ironisch hinzu.

»Nun ja, natürlich müssen diese Koguryaner bestraft werden, nach sechzig Jahren der Überfälle und der Eroberung benachbarter Gebiete.«

»Wenn Ihr nur Bestrafung im Sinn habt, könnt Ihr auch darauf verzichten. Diese Koguryaner wissen, wie man sich von Strafexpeditionen erholt und sein Unwesen weiter treibt wie eh und je.«

»Fürchtest du die Gefahr eines Dreifrontenkrieges?« wollte er wissen. »Mit den alten Übeln der schlechten Nachrichtenübermittlung und des widrigen Wetters?«

»Genau das, und die Schande eines Rückzuges, wie sie die Sui und Tang Taitsung erlitten haben, und auch wir selbst schon.« Immer noch betrachtete sie ihre Hände.

»Was hast du im Sinn?« fragte er ohne Umschweife.

»Wenn Ihr die traditionellen billigen Kleinkriege aufgeben könntet, die in Suns Handbuch des Krieges empfohlen werden, und statt dessen einen langen, totalen Krieg führtet, mit der ganzen Macht der Tang an Soldaten, Geld und Material – samt Winterausrüstung und genauen Informationen über alle Orte –, so würdet Ihr mit Sicherheit gewinnen. Wenn Ihr keinen solchen Krieg zu führen gewillt seid, könnt Ihr ebensogut gleich aufgeben, Nansheng wieder einsetzen, Euch zurückziehen und einen Sieg erklären, obwohl der Feind nach wie vor der Feind ist.« Jetzt hob sie endlich die Augen, um seine Reaktion zu beobachten.

»Wie üblich willst du den Mond vom Himmel holen. Niemand in der Regierung wird dieses Problem so in Schwarz und Weiß sehen wie du. Steckt Mi dahinter?«

»Halbherzige Maßnahmen werden sie vorzuschlagen haben, und halbherzige Maßnahmen werden wieder zu nichts führen. Ja, natürlich steckt Mi dahinter. Aber gute Ideen bleiben gute Ideen. Ich teile sie, und ich glaube, Ihr tut es auch.«

Kaotsung schwieg und atmete schwer. Dann wechselte er das Thema.

Als Kaotsung am nächsten Morgen seine Audienz eröffnete, war die Stimmung der Anwesenden spannungsgeladen. Allen war klar, daß man über den Krieg beraten würde, und jeder hatte die Absicht, seine Meinung kräftig zu vertreten.

»Wir müssen uns auf einen harten Krieg in Korea gefaßt machen.« Mit diesen Worten eröffnete Kaotsung die Sitzung.

»Vielleicht nicht so hart«, erlaubte sich Hsu, der Älteste unter den Staatsmännern, zu bemerken. Er war mittlerweile siebenundsiebzig und neigte weniger zu gewagten Unternehmen als früher. »Wir haben Nansheng unter unserer Kontrolle und können ihn wieder an die Macht bringen.«

»Das würde nicht reichen.« Kaotsung runzelte streng die Stirn.

»Die Koguryaner sind ein wildes Stammesvolk, wir haben nichts von ihnen zu fürchten«, begann General Kao, der sich zur Zeit in der Hauptstadt befand.

»Ich glaube gehört zu haben, daß Ihr kürzlich zwei Gefechte gegen diese Stämme verloren habt und Euch nur mit Hilfe von anderen Generälen retten konntet«, entgegnete Kaotsung leise.

General Kao lief blutrot an und sagte nichts mehr. Ein längeres Schweigen entstand.

Kaotsung wandte sich wieder an die Minister. »Wir müssen unseren fähigsten General auswählen und ihm unbeschränkte Befehlsgewalt gewähren. Wir müssen die Bevölkerung auf unsere Seite bringen – sie sind jetzt mißtrauisch, Tausende von Chinesen haben ihr Leben verloren, enorme Summen von Geld sind in den Taschen der Beamten verschwunden. Die Beamten, die für Sold und Ausrüstung sorgen sollten, haben auf verbrecherische Weise korrupt gehandelt. Dem muß ein Ende gesetzt werden. Wir müssen dem Volk das Gefühl vermitteln, daß wir eine Mission erfüllen, patriotische Kriegslieder für die Teehäuser schreiben lassen und guten Männern einen handfesten Grund geben, sich freiwillig zu melden.«

»Es handelt sich schließlich nur um einen koreanischen Staat – noch dazu einen verarmten –, und Prestige brauchen wir jetzt nicht«, setzte Hsu nochmals an.

»Wollt ihr denn, daß wir von diesem angriffslustigen, kriegsgewohnten Königreich von neuem erniedrigt werden? Ich wünsche, daß dieses Thema eingehend diskutiert wird.« Kaotsung lehnte sich zurück, bereit, die verschiedenen Standpunkte anzuhören.

Zwei Stunden später schwieg Kaotsung noch immer, und die Beamten begannen, Zeichen von Ermüdung zu zeigen.

Kaotsung räusperte sich. »Wie lautet also eure Entscheidung? Die gleiche Strategie, die gleiche Taktik oder ein neuer, mit allen Kräften unternommener Versuch, das Ansehen der Tang wiederherzustellen – Krieg bis zum Ende?«

Niemand wußte auf diese Frage eine Antwort. Das Schweigen dauerte an, es sprach für sich selbst. Schließlich hüstelte Hsu. »Dann sollte der Mann, der das Kommando übernimmt, unser bester sein. Trotz seines vorgerückten Alters schlage ich General Hsueh vor.«

»Nicht gut genug«, widersprach Kaotsung. »Ich will Li Chi haben.«

Das Erstaunen war allgemein. »Er ist achtzig«, warf Hsu offensichtlich höchst überrascht ein. »Er wird sicher nicht annehmen.«

»Doch, das wird er! Ich habe ihn gefragt, welche Bedingungen er stellen würde. Wenn er die absolute Befehlsgewalt bekommt und die gesamten Staatseinkünfte von Hopei, der nächstgelegenen Provinz, wird er den Oberbefehl übernehmen.«

»Natürlich werden wir ihm den Oberbefehl in diesem Krieg geben, doch die Geldmittel verwalten wir«, stellte der Minister für Steuern und Staatsausgaben fest.

Kaotsung sah den Minister kalt an. »Habt Ihr nicht gehört, was ich eben sagte? Li Chi soll uneingeschränkte Verfügungsgewalt über die Einnahmen dieser Provinz haben – uneingeschränkt.«

Der Minister versuchte es noch mit einem weiteren Einwand. »Aber das würde ihn der Kontrolle der … Zivilverwaltung entziehen.«

»Genau«, sagte Kaotsung.

Am Ende wurde Kaotsungs Plan angenommen. Die Militärlieferanten und die Beamten, die bedeutende Einnahmen aus den Verträgen mit der Armee erwartet hatten, waren auf das äußerste aufgebracht. Li Chi begann sofort mit seinen Vorbereitungen, und Winter wie Sommer vergingen, bevor sie beendet waren. Erst im Frühherbst, neun Monate nach der entscheidenden Sitzung, war er bereit, mit dem Feldzug zu beginnen. Bevor er Changan verließ, um das Oberkommando zu übernehmen, kam er zu einer letzten Audienz zu Kaiser und Kaiserin. Er erläuterte ihnen seine Vorbereitungen, die er in Hopei getroffen hatte, seine Strategie und die Taktik, die er anzuwenden gedachte, sobald die chinesischen Truppen den heimatlichen Boden verlassen hatten.

»Wenn Ihr zum Angriff übergeht, wo werdet Ihr beginnen?« fragte Kaotsung.

»Glücklicherweise stehen wir jetzt in Ansi Cheng«, begann Li Chi.

»Und von dort aus?« fragte Kaotsung. »Eine Festung nach der anderen bis an den Grenzfluß Yalu, nehme ich an. Und nach Norden bis Puyu.«

Li Chi blickte ihn erstaunt an, und Jao meinte mit einem lässigen Achselzucken: »Das schließt die Festung Hsin Cheng ein, vermute ich?«

Li Chi wurde plötzlich hellhörig, und Kaotsung lachte: »Uns hat eine banale Nachricht über diesen Ort erreicht, und wir wollten sie nur von Euch bestätigt wissen ...«

Als Li Chi seine Truppen einen Monat später über den Liao-Fluß führte, gab er seinen Befehlshabern die folgenden Anweisungen: »Unser erstes Ziel ist eine Festung mit Namen Hsin Cheng, die weitab von der Marschroute liegt, die wir auf unseren letzten Feldzügen genommen haben. Sie befindet sich an einer alten Handelsstraße, hundert Meilen südöstlich von Liaotung. Diese Festung ist die Drehscheibe der koguryanischen Verteidigung. Nehmen wir sie nicht ein, werden sich die zirka hundert anderen Forts nicht leicht ergeben, da sie weiter von diesem zentralen Nachschublager versorgt würden.

Ich habe einen Agenten, einen sehr fähigen Mann, in Hsin Cheng eingeschleust, der herausfinden soll, welcher Offizier das schwächste Glied in der Kette ist, um diesen dann zu überreden, uns die Tore zu öffnen. Ich werde die koguryanische Kampfmoral weiterhin untergraben, indem ich die Truppen um das Fort kampieren lasse – außerhalb der Reichweite der Bogenschützen natürlich – und einen Monat nichts tun werde. Das wird sie verwirren, da sie alle Suns Regeln über das Führen kurzer, billiger Kriege kennen und eine gegenteilige Strategie nicht verstehen werden, vor allem, da der Winter bevorsteht.

Wenn Hsin Cheng gefallen ist, werdet ihr in verschiedene Richtungen ausschwärmen, um die Schlüsselfestungen einzunehmen. Zu gegebener Zeit werde ich dann genau unterhalb der Hauptstadt Pyongyang mit der Flotte zusammentreffen. Auf diese Weise können sie ihre Strategie nicht anwenden, unsere Nachschublinie in unserem Rücken abzuschneiden. Ich werde auch einen Verräter innerhalb der Mauern von Pyongyang veranlassen, uns die Tore zu öffnen. Andernfalls könnten sie monatelang aushalten, wie sie es schon früher getan haben.«

Li Chi stand in der Mitte des Kommandozeltes, das weiße Haar immer noch dicht, der Körper stählern, die Ausstrahlung seiner Persönlichkeit für alle spürbar. Die Befehlshaber waren mit seiner Strategie einverstanden, und als er sie entließ, zeigten sie ihm mit erhobener Faust ihre Zustimmung. Ungeachtet persönlicher Rivalitäten waren alle stolz, an Li Chis letztem Feldzug teilzunehmen. Nachdem Li Chi die Lagebesprechung beendet hatte, begaben sich einige Kommandanten gemeinsam zu ihren Zelten zurück.

»Warum ist dieses Hsin Cheng so wichtig?« lautete die allgemeine Frage, die aber niemand beantworten konnte.

Nach dem Aufbruch der Armee nach Koguryo setzte eine ruhige Periode in den Regierungsgeschäften ein. Der langsame Trott hielt den ganzen Winter über an: Es schien, als hätte der Pilgerzug nach Taishan, gefolgt von den umfassenden Kriegsvorbereitungen, die Bürokratie erschöpft, und das war auch der Fall. Der Kaiser behielt auch weiterhin die Kontrolle über das Staatsgeschehen, indem er seine Methode, die Pflichten mit Jao zu teilen, zur Perfektion ausgearbeitet hatte. Doch er hatte sich überanstrengt, und so kam es nicht überraschend, daß er einen neuerlichen Schlaganfall erlitt und wieder unfähig war, irgendeine Tätigkeit auszuüben.

»Ihr werdet nun die ganze Last auf Euch nehmen müssen«, sagte Wolke zu Jao. »Wir werden Euch helfen, soweit es in unseren Kräften steht. Wir könnten abwechselnd in Eurer Nähe schlafen, und wir könnten Augen und Ohren für Euch offen halten.«

Jao ergriff Wolkes Hand und drückte sie heftig. »Ihr seid bereit, das für mich zu tun?«

»Wie könnt Ihr fragen? Die Söhne von Phönix sind nun erwachsen, und sie ist eine ausgezeichnete Organisatorin. Sie könnte uns eine große Hilfe sein. Dann gibt es noch Eure Nichte Holan Kuochu und Shanggwan Is Tochter, die zwar nur Sklavin hier im Palast ist, aber die Erziehung eines Jungen genossen hat.«

Jao überlegte einen Augenblick. »Willst du damit sagen, daß ich eine Gruppe von privaten Sekretärinnen haben sollte? Gebildete Frauen, die mir Tag und Nacht dienen würden?«

»So etwas Ähnliches«, Wolke war vorsichtig.

»Ich werde darüber nachdenken«, entschied Jao.

Anfangs fand sie wenig Gefallen an der Idee, daß andere von den geheimen Regierungsangelegenheiten, die sie so informell handhabte, Kenntnis haben sollten, erkannte aber bald, daß Hsu und andere erwarteten, daß sie allein nun genauso ihre Tätigkeit ausüben würde, wie sie und Kaotsung es gemeinsam getan hatten. Sie begann daher, sich auf ihre treuen Gehilfinnen zu verlassen, die ihr bei den zahllosen Pflichten beistanden, die sie nun zu erfüllen hatte.

Sie mußte viel Zeit mit Kaotsung verbringen, um seine Lebensgeister so weit zu wecken, daß er den wichtigsten Regierungangelegenheiten seine Zustimmung geben konnte. Seine Genesung wurde durch das leidenschaftliche Interesse gefördert, das er am Fortschritt des Krieges nahm. Er ermüdete jedoch schnell, und das war etwas, das Jao mit ständiger Sorge erfüllte.

Der November des folgenden Jahres neigte sich seinem Ende zu, als die Nachrichten von den letzten Tagen des Feldzuges endlich die Hauptstadt erreichten. Eine kraftlose Sonne schien durch die kahlen Bäume des nördlichen Parks, wo Jao und die Kinder den Gärtnern zusahen, die Kastanien von den Bäumen schlugen. Die älteren Jungen halfen und versuchten dabei, den stacheligen Früchten auszuweichen, die ihnen auf die Köpfe fielen. Andere Gärtner saßen in den Kakibäumen und pflückten die Früchte, die wie orangefarbene Laternen an den kahlen Ästen hingen.

Kaotsung gesellte sich zu seiner Familie, in den zitternden Fingern einen Eilbericht. Da er immer noch schlecht sah, reichte er Jao die Schriftrolle.

»Sie ist von Li Chi. Wenn es Nachrichten von einer Katastrophe sind, breche ich zusammen. Bitte, sorge für einen Sitzplatz für mich.«

»Hier, auf diesen Baumstumpf, setzt Euch«, beeilte sich Hung zu helfen. Er war nun sechzehn Jahre alt, für sein Alter groß, und für alles, was seine Eltern bewegte, voll Verständnis. Jao knüpfte die Seidenschnüre auf und öffnete das Schreiben. Sie überging die ehrerbietige Anrede und begann dann vorzulesen:

»Die Armeen der Tang überwinterten erfolgreich auf koguryanischem Boden und nahmen die stärksten Festungen ein, einschließlich von Hsin Cheng und der nördlichen Hauptstadt in Puyo. Es fanden viele Gefechte und mehrere große Schlachten statt. In einer verlor der Feind dreißigtausend Mann. Drei Armeen, geführt von Hsueh, Kao Kan und Chibi Holi zogen auf verschiedenen Wegen an den Yalu, wo sie sich vereinigten. Dort stellte sich die feindliche Armee zur letzten Schlacht. Wir griffen sie mit unseren nun vereinigten Streitkräften an und besiegten sie vollständig. Dann verfolgten wir die Überlebenden hundert Meilen bis Pyongyang. Nach der einmonatigen Belagerung ergab sich König Kojong mit achtundneunzig seiner Beamten. Sein Sohn Nanchien führte den Kampf fort, wurde aber verraten. Die Stadt ergab sich. Wir brannten sie bis auf den Grund nieder.«

Jao holte tief Atem und sah Kaotsung an, der gebannt lauschte. Dann fuhr sie fort:

»Wir bringen König Kojong mit seinem Hofstaat, den Zweiten Sohn Nanchien und einige tausend Männer in kampffähigem Alter nach Changan. Wir haben ein Lager aufgeschlagen und ziehen gruppenweise den Fluß hinunter, um das Meer zu überqueren, bevor der Winter einsetzt. Die Vorzeichen sind günstig und die Winde mit uns. Diesmal haben wir durch die Wahl des richtigen Zeitpunktes das mandschurische Wetter besiegt und erflehen nun die Gnade der Götter für die letzte Überquerung des Meeres. Li Chi.«

Kaotsung riß Jao die Schriftrolle aus der Hand, und Hung nahm seine Militärkappe vom Kopf und warf sie begeistert in die Luft.

»Er hat es geschafft … er hat es geschafft, beim Himmel!« Kaotsung rang nach Atem, während Jao, der die Freudentränen über die Wangen liefen, ihn umarmte.

»Niemand war bis heute dazu fähig … alle sind gescheitert, nur Ihr habt es geschafft!« Ihre Augen strahlten vor Begeisterung.

Die anderen Kinder und die Gärtner, die zugehört hatten, stimmten ein so lautes Geschrei an, daß alle, die in Hörweite waren, herbeigelaufen kamen. Diener, Wächter, Kinder, Kinderfrauen sammelten sich um das Kaiserpaar, brachen in Jubel aus und klatschten in die Hände, als sie die Nachricht vernahmen. Die Kunde vom Sieg verbreitete sich wie ein Lauffeuer durch den Palast und die Stadt. Es war schon lange her, daß die Waffen der Tang einen so großen Sieg errungen hatten, und das Volk nahm rasch die Gelegenheit wahr zu feiern.

Der Sieg war für Kaotsung wie ein Lebenselixier und kräftigte ihn so weit, daß er die Vorbereitungen für die riesige Parade überwachen konnte, die nach der Rückkehr Li Chis stattfinden sollte. In Taishan hatte Jao den Wert einer politischen Machtdemonstration erkannt, und ließ jetzt alles andere beiseite, um dem Kaiser bei seinen Plänen zu helfen.

»Die Freude an festlichen Umzügen fördert die Beliebtheit«, meinte sie nach einer Besprechung mit den verantwortlichen Beamten. »Wir müssen eine neue kaiserliche Ausstattung in Auftrag geben, Banner, Fahnenstangen, Fahnen, Abzeichen, Uniformen, Laternen, Musikinstrumente … alles muß neu sein, um neue Ehrfurcht für den Herrscher zu wecken.«

Kaotsung verzog das Gesicht. »Ehrfurcht ist das letzte, worauf die Leute von Changan jemals kommen werden. Mit Lächeln und Beifallsrufen bin ich schon zufrieden.«

»Also gut, Lächeln und Beifallsrufe«, stimmte Jao lachend zu. »Wir wollen alles in Bewegung setzen, alle Teilnehmer der Parade neu ausstatten, neue Banner zu Euren Ehren entwerfen lassen, ich selbst werde mich darum kümmern.«

Kaotsung wirkte viel fröhlicher. »Dessen bin ich mir sicher. Die Palasttore werden von deinen ständig kommenden und gehenden Handwerkern verstopft sein, niemand wird vor ihnen Ruhe haben.«

»Gut! So habe ich es gern!«

Der glückverheißende Tag brach kalt und klar an. Die ganze Nacht waren Arbeiter beschäftigt gewesen, entlang des Weges, den die Parade nehmen sollte, Laternen und Pinienzweige an Stangen zu befestigen. Trägern, Soldaten und Wächtern waren bestimmte Plätze zugewiesen worden, wo sie auch ihre Hände über offenem Feuer wärmen konnten. Zur Mittagszeit war alles bereit. Der Kaiser und Li Chi bestiegen die glänzend gestriegelten und geschmückten Pferde, dann begaben sie sich an die Spitze des Zuges.

Jao hatte offene Sänften vorgeschlagen, aber Chi lehnte ab. »Ich bin noch nie in einer Sänfte getragen worden, jetzt ist es zu spät, damit zu beginnen. Was würde ich doch für eine lächerliche Figur für meine Männer abgeben«, lehnte er den Vorschlag des Beamten, der die Vorbereitungen mit ihm besprechen sollte, lakonisch ab. Jao stimmte hastig zu, auch wenn sie besorgt war, ob Kaotsung den langen Ritt aushalten würde.

»Gut«, hatte dieser trocken festgestellt, »ich werde auf meinem schönsten Hengst reiten – es wird dem Volk ein Vergnügen sein, mein Pferd zu sehen.«

Die beiden Männer trugen Uniformhosen und Rüstungen, da die übliche formelle Kleidung zu Pferd unverwendbar war. Als Kaotsung und Li Chi zum Treffpunkt ritten, wurden sie von immer neuen Wogen von Beifallsrufen begrüßt. Hinter ihnen ritten Kaotsungs vier Söhne. Auch sie erhielten ihren Anteil an Hochrufen. Die aufrechte Haltung des sechsjährigen Tan erregte besondere Aufmerksamkeit. Noch größeren Applaus rief Jao in ihrer Sänfte hervor. Die Prozession bewegte sich langsam durch die Hauptstraßen, begleitet von Trommelschlag und Musik.

Kaotsung und Li Chi übertrafen sich selbst an Haltung und Ausstrahlung und in der Art, wie sie dem Volk ihr persönliches Wohlwollen zeigten. Das übertrug sich auf die Bürger, und sie reagierten mit lautem Jubel, manchmal mit leisem Händeklatschen, immer aber mit einem Gefühl des Stolzes.

Die Menge reckte die Hälse, als die Gefangenen in Ketten vorüberzogen. Der König und die Adeligen waren schlecht gekleidet und blau vor Kälte. Später, als ihnen Amnestie gewährt wurde und ihre Ketten fielen, galt ihr einziger Gedanke Obdach und Nahrung. Die Gefangenen von Rang wurden der Wache zugeteilt, und der König erhielt einen Titel und ein Wohnquartier im östlichen Park.

Der Tag neigte sich dem Ende zu, als die Prozession vorüber war. Li Chi mit seinem weißem Haar und der reichgeschmückten Uniform fiel allgemein auf. Immer noch aufrecht im Sattel, sah er am Ende des Festzuges ebenso frisch aus wie zu dessen Beginn. Auch Kaotsung sah gut aus und war während der Parade und bei den nachfolgenden Riten im Vollbesitz seiner Kräfte und tadellos in seinem Auftreten.

Es war kälter geworden, die Teilnehmer an der Parade zerstreuten sich, die Zuschauer stampften mit den Füßen, um sich zu erwärmen, und versuchten, ihr Gesicht vor dem scharfen Wind zu schützen. Dann suchten sie Gasthäuser, Geschäfte oder ihre eigenen Häuser auf, erfüllt von Stolz auf ihr Land und seine Herrscher und überzeugt, daß dieser Tag sich gelohnt hatte.

Kaotsung ritt mit seinen Söhnen zum Palast und stieg am Tor der kaiserlichen Residenz ab; Jaos Sänfte war knapp hinter ihnen. Reiter wie Träger zitterten vor Kälte. Kaotsungs Kammerherren warteten auf der Treppe, um ihn hineinzubegleiten, und Jao folgte rasch, auch sie sehnte sich nach einem warmen Raum.

»Wir haben es geschafft«, stellte Kaotsung fest, während er seine Hände über dem Kohlenbecken wärmte.

»Und in großem Stil!« rief Jao glücklich. »Eure ergebene Ehefrau hat die meisten Feiern Taitsungs miterlebt. Die heutige war allen ebenbürtig. Die Menschen werden diesen Tag nie vergessen.«

Kaotsung strahlte. In seine Wangen kehrte allmählich Farbe zurück. Er streckte die Hand nach Jao aus, und sie saßen gemütlich nebeneinander und tranken die heiße Suppe, die ihnen gebracht worden war.

»Schmeckt gut!« Mit dem Löffel fischte Kaotsung das letzte Stückchen Fleisch aus seiner dritten Schale Suppe.

»Hm«, murmelte Jao schläfrig und bewegte die Zehen, die endlich warm geworden waren. »Der Himmel hat uns belohnt, mit einem glücklichen Ereignis nach dem anderen. Vielleicht wird uns der Himmel nun seinen Frieden schenken, ohne den Yin-Yang-Rhythmus unseres bisherigen Lebens – Erfolg, Mißerfolg, Erfolg.«

»Was hast du gesagt?« Kaotsung war schon halb eingeschlafen.

»Nichts«, beschwichtigte Jao, »wirklich nichts. Ich habe nur gerade gedacht, daß wir es geschafft haben. Wir haben Großes geleistet, und wir haben es gemeinsam geleistet. Niemand kann uns diesen Erfolg nehmen. Eure Herrschaft wird in die Geschichte eingehen als die dritte Regierung starker Kaiser, die China geeint und dem Volk Wohlstand beschert haben. Und … und wir haben bewiesen, daß ein Paar, ein Mann und eine Frau, das zusammenarbeitet, allem, was es unternimmt, Glück bringen kann.«

Kaotsung aber hörte sie nicht mehr, und auch Jao schlief bald ein. Mit fünfundvierzig Jahren war sie glücklicher und zuversichtlicher als je zuvor.

Der Himmel aber änderte nicht den Wechsel von Erfolg und Mißerfolg. Nachdem Yang seinen Höhepunkt erreicht hatte, setzte Yin ein. Während der eisigen Kälte, die sich nach der Siegesparade über das Land legte, erreichte den Palast die Nachricht, daß Li Chi krank war und sich weigerte, einen Arzt zu sehen. Jao schickte Prinz Hung zu ihm, um sich nach seinem Befinden zu erkundigen, erfuhr jedoch, daß der alte Krieger in der Nacht gestorben war.

»Sein Bruder war bei ihm«, berichtete Hung. »Er sagte mir, daß Li Chi genauso mutig gestorben ist, wie er gelebt hat. Mit seinen letzten Worten beauftragte er seine Söhne und Enkel, den Tang die gleichen Dienste zu leisten, wie er sie der Dynastie fast sechzig Jahre hindurch geleistet hat. Auch befahl er seinem Bruder, jeden seiner Nachkommen, der seinen Pflichten nicht nachkäme oder auch nur unwürdig wäre, zu schlagen, wenn nötig sogar bis zum Tod.«

Jao hörte das mit Genugtuung. »Ganz Li Chi ... immer groß, in allem, was er tat. Es gibt niemanden, der seinen Platz einnehmen könnte. Danke dir, Hung, daß du deinem Vater diesen Dienst erwiesen hast. Es hat uns leid getan, daß er nicht rechtzeitig an Li Chis Krankenbett kommen konnte.«

Hung errötete vor Freude über das Lob. »Ich tue solche Dinge gern. Ich helfe gern.« Er zögerte.

»Hast du noch etwas auf dem Herzen?« Kaotsung war dem Bericht seines Sohnes aufmerksam gefolgt.

»Glaubt Ihr, daß es Li Chi mit seinen Worten ernst war, daß seine Familie gestraft werden sollte, wenn sie im Dienst versagt? Oder hat er das nur so dahergeredet?« fragte Hung vorsichtig.

»Auf dem Totenbett sprechen die Menschen nicht ohne Grund, es ist ihnen immer ernst«, versicherte Kaotsung. »Was beunruhigt dich daran?«

»Nun, ich glaube, er machte sich Sorgen wegen seiner Enkel, die in meinem Alter sind – Chingyeh und Chingyu.«

»Wie kommst du darauf?« Kaotsung war erstaunt. Auch Jao blickte Hung fragend an.

Hung zuckte die Achseln. »Es ist nur ... sie sind so ... abweisend, wenn wir uns treffen.«

»Flegel«, warf Chungtsung ein, der genau zugehört hatte.

»Sind sie unhöflich?« Jao überging Chungtsungs Bemerkung.

»Nein, das nicht. Sie haben gute Manieren. Es ist einfach ihre Art … das Gefühl der eigenen Wichtigkeit.«

Kaotsung runzelte die Stirn. »Wenn die Reihe an dir sein wird, den Thron zu besteigen, wirst du feststellen, daß die meisten deiner Minister diese Art haben. Mein Vater trug mir auf dem Totenbett auf, jeden Beamten, der höher als im Dritten Rang steht, sehr genau zu beobachten. Beachte also, daß dieser Chingyeh, wenn du einmal Kaiser bist, nie höher als in den Dritten Rang aufsteigt.«

»Wäre das gerecht?« fragte Hung.

»Vielleicht nicht, aber man muß Anzeichen von Überheblichkeit rechtzeitig im Auge behalten, denn diese Eigenschaft macht unfähig, irgend jemandem oder irgendeiner Sache echte Treue zu halten. Solche Leute sind für die höchsten Stellen ungeeignet, aus dem einfachen Grund, weil sie keine Befehle entgegennehmen können oder wollen.«

Hung lächelte verstehend. »Ich bin gern Kronprinz«, vertraute er seinem Vater an. »Ihr und meine Mutter unterweist mich, wann immer es sich ergibt. Gebt mir nur in Zukunft recht viele Aufgaben.«

»Hoffentlich vorerst keine Höflichkeitsbesuche mehr an Totenbetten«, sagte Jao leichthin.

Mi stand hinter Jao auf dem Torturm, als sie den prunkvollen Trauerzug beobachteten, der Li Chis Leiche zu Grabe brachte. Sie blieben, bis der letzte Bannerträger durch das Stadttor verschwunden war, dann wandten sie sich zum Gehen. Während sie still die vielen Stufen hinunterstiegen, dachte Jao an ihren persönlichen Verlust, nun da sie sich in Zeiten der Gefahr nicht mehr auf Li Chi würde stützen können. Im Palast angekommen, bat Mi, mit Jao unter vier Augen sprechen zu dürfen.

»Majestät«, begann sie. »Die Zeit ist gekommen.«

Jao erkannte an Mis Stimme, wie ernst es ihr war. »Du mußt mir sagen, was du meinst, ich will nicht herumraten.«

»Für Eure ergebene Dienerin ist die Zeit gekommen, in ihre Heimat zurückzukehren.« Mi gab Jaos Blick tieftraurig zurück.

Jao war erschüttert. »Ich dachte, du würdest immer bei mir bleiben.«

»Ich weiß«, flüsterte Mi, »und das wollte ich auch, seitdem ich Euch das erste Mal gesehen hatte. Euch dienen bis zum Tod.«

»Und was ist geschehen?« forschte Jao fassungslos.

»Etwas, das mehr Bedeutung hat als ich. Mein Land. Die Aufrechterhaltung des Bündnisses zwischen Tang und Silla. Das wird nicht von selbst gehen. In meinem Land herrscht zuviel Unwissenheit – und Eigensinn, um die Wahrheit zu sagen. Ich werde gebraucht, um die Glaubwürdigkeit dieses Bündnisses zu erhalten. Und um meinem Sohn zu helfen.«

»Deinem Sohn?« rief Jao aus. »Was ist mit ihm? Ich hörte vor sechs, sieben Jahren, er sei verschwunden. Ich stellte keine Fragen, du schienst dir keine Sorgen zu machen. Ich dachte mir damals, daß du mit mir sprechen würdest, wenn die Zeit gekommen ist.«

»So ist es«, antwortete Mi. »Ich war Euch für Euer Schweigen dankbar, denn nach dem endgültigen Sieg Tangs über Paekche verließ Chingpyong illegal das Land. Mein Sohn verschwand, verkleidet als dritter Träger einer Gruppe von Händlern, und wurde nicht entdeckt. Nach einigen gefährlichen Umwegen erreichte er schließlich Silla.«

»Ich hätte ihm die Ausreiseerlaubnis und die anderen Bewilligungen verschafft«, versicherte Jao.

»Das war der Grund, weshalb er illegal ausreiste. Es hätte Euch und alle anderen Beteiligten in eine unangenehme Lage gebracht. Tan war damals gerade unterwegs, und wir wollten Euch in einer schwierigen Zeit nicht um eine solche Gunst bitten. Wir hätten es nicht übers Herz gebracht.«

Jao hörte mit gesenkten Kopf zu. »Sieben Jahre ist das her. Warum ging er damals fort?«

»Tang hatte gerade Paekche erobert, und das änderte das politische Gleichgewicht in Korea von Grund auf. Silla stand allein dem ehrgeizigen und kriegerischen Koguryo gegenüber. Die Konfrontation zwischen zwei Saaten gefährdet die Stabilität mehr als eine Konfrontation zwischen drei Staaten, da es keine Möglichkeit gibt, den einen gegen den anderen auszuspielen. Wegen seiner Kenntnisse und Fähigkeiten wurde mein Sohn dringend in Silla gebraucht.«

»Warum bist du nicht mitgegangen? Deine Fähigkeiten sind größer als seine«, fragte Jao, um Verständnis bemüht.

»Weil ich Euch nicht verlassen konnte. Weil Ihr schwanger wart. Weil der Kaiser, sich selbst überlassen, einen großen Krieg gegen Koguryo nicht hätte führen können. Weil Ihr selbst nicht wußtet, wie Ihr die Minister behandeln solltet. Wegen all der Dinge, die Ihr allein nicht hättet meistern können.«

»Und jetzt kann ich es?«

»Jetzt könnt Ihr es.« Mi schwieg und streckte Jao blind ihre Hand entgegen. Diese ergriff sie und zog die Freundin in einer innigen Umarmung an sich. Beide versuchten, ihren tiefen Schmerz zu überwinden.

»Du magst recht haben«, flüsterte Jao schließlich. »Du hast immer recht.« Aber es fiel ihr nicht leicht, ihr zweites Ich, ihre Mi, zu verlieren.

Obwohl Jao gehofft hatte, daß Hung, nachdem er bei Li Chi gewesen war, weitere Kondolenzbesuche erspart bleiben würden, hatte er in den folgenden Monaten noch viele solcher Besuche zu absolvieren.

Kurz nach dem Tod des Oberbefehlshabers ereignete sich ein zweiter Trauerfall, der Tod des unermüdlichen Ministers Hsu. Auch ihm wurde ein Staatsbegräbnis zuteil. Dann, an einem stürmischen Tag im März, als die Luft mit dem Sand der Wüste Gobi durchtränkt war, erhielt Jao die Nachricht, daß ihre treue Kinderfrau Wang gestorben war. »Auch um sie trauere ich sehr«, sagte sie und malte eine Denkschrift auf gespannte Seide für ihre Dienerin. Sie betraute Hung mit der Aufgabe, diese der Familie Wang zu übergeben, was eine große Ehre bedeutete.

Als Madame Yang erkrankte, wurde Hung nur einmal an ihr Krankenbett geschickt, weil Jao sie selbst täglich besuchte. »Mutter«, bat Jao eines Tages, »ich kann nicht zusehen, wie Ihr dahinsiecht, sagt mir, was ich tun kann, damit Ihr gesund werdet. Bis jetzt hat nichts geholfen.«

Madame Yang lächelte nur. »Meine Zeit ist gekommen. Sei nicht traurig. Ich gehe gern.«

Jao verbarg ihr Gesicht in der gesteppten Decke. »Ist es wegen all der Schwierigkeiten, die Ihr, zwischen den beiden Seiten der Familie stehend, erdulden mußtet? Ihr habt viel gelitten, und ich habe verabsäumt, Euer Leben leichter zu machen.«

Bei diesen Worten richtete sich Madame Yang auf. »Das stimmt nicht. Du bist die Freude meines Lebens, warst es immer. Nein, es ist einfach der Wille des Himmels, daß ich dich bald verlassen muß.« Jao drückte das Gesicht noch tiefer in die Decke und brach in Tränen aus. »Schon gut, weine nicht, weine nicht«, wiederholte Madame Yang mit schwacher Stimme die gleichen Worte, die sie so oft in Jaos Kindheit gesagt hatte.

Als Madame Yang starb, war Jao bei ihr. Sie hatte darauf bestanden, im Krankenzimmer zu schlafen und ihre Mutter selbst zu pflegen. Als das Ende gekommen war, fühlte sich Jao von all den Nachtwachen zu Tode erschöpft und von der Menge der auf sie einstürmenden Sorgen gequält. Die Dürre und die Hungersnot im Land bedrückten sie besonders. Trotzdem ordnete sie große Begräbnisfeierlichkeiten für ihre Mutter an. »Sie verdient es! Ihr ganzes Leben hat sie mir mit allem, was in ihren Möglichkeiten stand, geholfen«, erklärte sie Kaotsung. In ihrem Inneren aber fürchtete sie den Eindruck, den die Zurschaustellung eines solchen Prunks in Zeiten der Not haben könnte.

Das Begräbnis fand an einem glühendheißen Tag statt. Der Trauerzug war lang und durch die Banner, die Zahl der Trauergäste, den großen Katafalk und die Wachsoldaten auffallend genug. Der Kondukt nahm seinen Weg durch die ausgedörrten Felder bis zur prunkvollen Grabstätte. Jao selbst war die erste unter den Trauernden, begleitet von den Frauen der Beamten über dem Dritten Rang, deren Anwesenheit sie verlangt hatte. Trotz des drückenden Wetters wurden die vorgeschriebenen Zeremonien abgehalten. Der Tradition war Genüge geleistet worden, und Jao war befriedigt.

Dennoch war nicht alles so, wie es sein sollte. Eine Welle der Kritik erhob sich. Empörung machte sich breit, daß die Kaiserin es gewagt hatte, vor dem Angesicht eines hungernden Landes eine prunkvolle Familienfeier abzuhalten. Zum ersten Mal war Jao ratlos. Sie besaß nicht mehr die Unterstützung der Freunde, die ihr früher geholfen hatten, und mußte mit der Kritik an ihrer Person, so gut sie konnte, allein fertig werden. Sie entschuldigte sich vor dem Hof für das extravagante Begräbnis und bot an, als Kaiserin zurückzutreten. Aber die hohen Beamten unter Führung des klugen Yen Lipen, des Leiters des Sekretariats, weigerten sich, diese Form der Sühne zu akzeptieren. Kaotsung unterstützte Jao nach Kräften und lehnte es ab, ihre Petition zur Kenntnis zu nehmen, geschweige denn, sie zu bestätigen.

Jao hatte das Gefühl, nun müsse bald die Zeit des Yang wieder beginnen.

17

Nach ihrer Demütigung am Hof beschloß Jao, den guten Namen der Familie Wu wiederherzustellen. Einem Impuls folgend, ließ sie die Söhne ihrer Stiefbrüder in den Palast kommen und gab ihnen einen Platz im kaiserlichen Haushalt. Chengssu und Sanssu waren beide im gleichen Alter wie Chungtsung. In kürzester Zeit ergänzten sich die Temperamente der drei so vortrefflich, daß ihre Ausgelassenheit und Fröhlichkeit den ganzen Palast belebte.

Weit entfernt davon, sich belästigt zu fühlen, interessierte Kaotsung sich für die Jungen und freute sich an ihren Streichen.

Oft saß er in der Sonne und beobachtete, wie sie Hals über Kopf auf ihren ungesattelten Ponys um die Wette ritten, manchmal mit dem Kopf nach hinten, manchmal im Stehen. Er lachte aus vollem Herzen, wenn einer von ihnen vom Pferd fiel.

Die Jungen wuchsen rasch heran. Sie lebten nach einem streng überwachten Tagesablauf, bei dem Studium und athletische Übungen einander die Waage hielten und mit Schlägen und Fußtritten für Disziplin gesorgt wurde. Diese Erziehung schien ihnen gut zu bekommen, denn sie gediehen prächtig. Von Zeit zu Zeit wurde auch für Vergnügungen gesorgt. Besondere Festessen wurden arrangiert, bei denen es Wein gab und die Anwesenheit sorgfältig ausgesuchter Blumenmädchen für Unterhaltung sorgte. Sexuelle Erfahrungen gehörten zur Erziehung.

Eines Tages ließ Kaotsung ihren Erzieher kommen. »Setz dich zu mir und erzähle mir über diese Jungen. Machen sie Fortschritte?«

»Faule Schüler«, knurrte der alte Chang.

Kaotsung lachte. »Ohne Zweifel. Aber ist es dir gelungen, ihnen ein wenig Manieren beizubringen, so daß sie sich in höfischer Gesellschaft zu benehmen wissen? Was hältst du von ihnen, da ihre Erziehung nun bald abgeschlossen ist?«

»Euer Sohn Chungtsung hat bereits seine endgültige Größe erreicht, er wird nicht weiterwachsen«, antwortete der alte Mann beiläufig. »Er ist zwar klein, hat aber zugenommen und ist jetzt ein Mann – wie Ihr selbst sehen könnt.«

»Nein, ich kann nicht gut sehen. Beschreibe ihn mir«, stellte Kaotsung einfach fest.

Der alte Lehrer errötete vor Verlegenheit über seinen Fehler. »Er sieht gut aus, Euer Sohn, mit seinen schweren schwarzen Brauen und dem Blick voll fröhlicher Erwartung«, beschrieb er vorsichtig. Er war ein begabter Gelehrter, und es war ihn hart angekommen, auf die Erziehung Jugendlicher beschränkt zu sein.

»Ja, ich höre ihn gerne lachen. Es ist gut, fröhlich zu sein. Aber wie steht es mit anderen Eigenschaften? Er neigt nicht zum Studium, das weiß ich, und es macht mir nichts aus. Doch wie steht es mit seinen Führungsqualitäten?« Kaotsung neigte sich erwartungsvoll dem Gelehrten zu.

Der alte Chang dachte einen Augenblick nach. »Er führt die anderen Jungen an, besonders den jungen Sanssu, der langsam ist und das nachahmt, was die anderen tun.«

»Tut er das?« Kaotsung war erheitert. »Damit ist er ein ungewöhnlicher Wu. Im allgemeinen übertreiben sie es in die entgegengesetzte Richtung.«

»Sanssu grinst, lacht, kichert, gluckst, klatscht in die Hände und gerät in Verzückung über alles, was Chungtsung sagt und tut«, ergänzte Chang sarkastisch.

Lachend zuckte Kaotsung die Achseln. »Was ist mit Chengssu?«

»Eine ganz andere Geschichte«, Chang zeigte eine gewisse Zurückhaltung. »Chungtsung und Sanssu sind offen, Chengssu aber ist verschlossen. Ich weiß niemals, was er denkt. Ich würde ihn als Idealisten bezeichnen. Da er schmächtiger ist als die beiden anderen, muß er rascher denken als sie, um sich zu schützen – was ihm auch sehr gut gelingt. Seinen Willen setzt er meistens durch, sogar gegen Chungtsung.«

»Hm«, murmelte Kaotsung. »Nun sag mir, wie ich diese Burschen in ein, zwei Jahren am Hof verwenden kann.«

Chang runzelte die Stirn und dachte nach. »Chungtsung steht dem Thron nahe und sollte daher lernen, Probleme zu lösen, die mit der Herrschaft über Männer zu tun haben … und über Frauen.« Er stockte und blickte vorsichtig auf den Kaiser.

»Meinst du, daß er sich von Frauen ausnützen läßt?« Kaotsungs Stimme hatte eine gewisse Schärfe angenommen.

»Nicht unbedingt. Er glaubt nur, daß alle Frauen ihm so vollkommen ergeben sind, wie sie es ihn glauben lassen.«

»Wie kann man Kinder lehren, Verstellung zu erkennen?« unterbrach Kaotsung.

»Wenn sie es nicht durch Erfahrung lernen, besonders an diesem Hof«, sagte der Erzieher zurückhaltend, »dann weiß ich keinen Weg. Aber um auf Eure Frage nach dem Nutzen bei Hof zurückzukommen: Chengssu ist der geborene Drahtzieher und versteht es, seinen Einfluß spielen zu lassen. Er sollte mit Beförderungen befaßt werden. Wie eine Bulldogge verbeißt er sich in ein Ziel, das er sich einmal gesetzt hat. Sanssu dagegen versteht es, jeder Verpflichtung oder Meinungsverschiedenheit aus dem Weg zu gehen. Er ist ein Mitläufer, ein Gefolgsmann, und könnte gut zu gebrauchen sein, wenn es sich darum handelt, beleidigte Gefühle seiner Kollegen wieder zu besänftigen.«

»Sie sind jetzt achtzehn«, stellte Kaotsung fest. »Wann wirst du deine Erziehung als beendet ansehen?«

»Noch in diesem Jahr.« Chang konnte einen kleinen Seufzer der Erleichterung nicht unterdrücken.

Am späten Nachmittag suchte Kaotsung Jao auf. Sein Gesicht war von der Nachmittagssonne leicht gebräunt, und er sah entspannt aus. Jao hingegen war unruhig. Sie hatte ihren Nachmittag damit verbracht, die Berichte der verschiedenen chinesischen Hauptquartiere in Korea zu studieren. Sie wußte nicht, was sie von Sillas neuestem Vorgehen gegenüber China zu halten hatte. Sie brachte diese Angelegenheit mit schriller Stimme zur Sprache, obwohl Kaotsung nichts davon hören wollte.

»Kein Grund zur Beunruhigung«, versuchte er das Thema abzuschließen. »Silla ist ein verläßlicher Bundesgenosse. Koguryo ist seit fünf Jahren friedlich und ...«

Jao fiel ihm ins Wort. »Koguryo ... friedlich? Kaum! Wir haben ihren König in Liaotung als Statthalter eingesetzt, um Ordnung zu halten. Wir haben den Kronprinzen von Paekche als unseren Agenten wieder Macht in die Hand gegeben. Jetzt verschwören sie sich gegen uns. Schon wieder!«

»Schicke die Könige nach China in die Verbannung, und gib General Kao den Auftrag, die Rebellion zu unterdrücken. Er wird damit rasch genug fertig werden.« Kaotsung war ungeduldig.

»Nein, das wäre nicht das Richtige. Sie haben sich gegen uns zusammengeschlossen – auch Silla! Wenn die Rebellen im Norden von unseren Feldherren gestraft werden, flüchten sie nach Silla, wo ihnen gute Aufnahme sicher ist. Nach allem, was wir für Silla getan haben!«

»Vielleicht beruht der Bericht nur auf Gerüchten.«

»Nein, es sind Tatsachen. König Munmu von Silla schickte Truppen, um Koguryo und Paekche gegen die Tang zu unterstützen, und er hat den Chinesen sogar Festungen geraubt, um sie für sich selbst zu verwenden«, fuhr Jao fort.

Jetzt war auch Kaotsung beunruhigt. »Also gut … Wir werden im Kronrat Befehle erlassen, den König abzusetzen und statt dessen seinen Bruder einzusetzen. Wir können auch Truppen unter General Liu hinschicken, um Silla zu bestrafen.«

Jao war wütend. »Nicht genug! Ich werde einen persönlichen Boten zu Mi schicken. Ich werde herausfinden, was vor sich geht … und ich würde ihr raten, eine zufriedenstellende Erklärung bereit zu haben.«

Die Wetterbedingungen zur See waren günstig, und so erhielt Jao bereits zwei Monate später eine äußerst versöhnliche Antwort von Mi. Gleichzeitig sandte der König ein Tributgeschenk in Gold, und General Liu, der rasch ein Übereinkommen zur Einhaltung des Friedens abgeschlossen hatte, kehrte zurück.

»Habt Ihr die Ordnung wiederhergestellt?« fragte Kaotsung streng, als Liu vor dem kaiserlichen Paar erschien.

»Ich bin ebenso vorgegangen wie seinerzeit gegen Paekche«, Liu verbeugte sich ehrerbietig. »Es gibt keine andere Wahl, wenn Eure Majestäten diesen koreanischen Königreichen den Frieden der Tang bringen wollen. Eine harte Behandlung führt letztlich zur Rebellion. Jetzt sucht Silla um einen Frieden zu günstigen Bedingungen an. Sie haben immer wieder betont, wie dankbar Silla Euren Himmlischen Majestäten ist.«

»Was schlagt Ihr vor?« Jaos Frage war kurz angebunden.

»Den Bruder des Königs zurückzurufen und König Munmu auf dem Thron zu belassen.«

»Es scheint offensichtlich, daß Silla Frieden wünscht«, stellte Jao fest, »aber einen Frieden unter eigenen Bedingungen, ohne chinesische Truppen, ja sogar ohne unsere Verwaltungsbeamten in ihrem Land. Was ist das für ein Frieden?«

»Ein billiger«, erwiderte Liu sofort. »Silla war immer bereit, die Oberhoheit Chinas anzuerkennen, und hat es niemals an der entsprechenden Ehrerbietung oder dem angemessenen Tribut fehlen lassen. Das ist es schließlich, was der Kaiser als unser Ziel in Korea bezeichnet hat. Unsere Truppen können nicht auf unbestimmte Zeit ganz Korea besetzen.«

Kaotsung zögerte. »Warum glaubt Ihr das?«

»Fremde Truppen, die bei der Bevölkerung einquartiert sind, sind schon in Kriegszeiten schlimm genug, in Friedenszeiten aber unmöglich. Es ist unvermeidlich, daß Silla versuchen wird, die Herrschaft über ganz Korea an sich zu reißen, aber erst nach der Regierungszeit Eurer Majestäten. Sie sind Euch persönlich zu sehr verbunden, um derartige Aktionen zu Euren Lebzeiten in Gang zu setzen.«

»Wir werden darüber nachdenken«, sagte Kaotsung, als er Jaos unheilverkündenden Blick bemerkte.

»Wenn wir eine so grundlegend andere Politik in Korea verfolgen, werden wir auch hier Reformen einführen müssen«, stellte Jao unumwunden fest.

»Zum Beispiel?« wollte Kaotsung wissen.

»Reformen hinsichtlich der Bezahlung unserer Truppen jenseits des Meeres und an den Grenzen.«

»Das ist unmöglich.« Kaotsung schüttelte den Kopf. »Ich habe schon vergessen, wie man Soldaten in Friedenszeiten bezahlt ... aber das jetzige System ist fest verwurzelt und wohl kaum umzustoßen.«

»Es ist Sitte, die Soldaten aus Steuern, die der lokalen Bevölkerung auferlegt werden, zu bezahlen, ein völlig veraltetes System zur Grenzsicherung«, kritisierte Jao. »Als ob das Reich so arm wäre, daß in jeder Krise außerordentliche Steuern eingehoben werden müssen. Vielleicht mußte das früher so sein, heute sicher nicht.«

»Was würdest du als Frau also vorschlagen?«

»Als unwissende, unvernünftige Frau habe ich in der Tat einen Vorschlag«, sprach sie mit seidenweicher Stimme.

»Bitte, ich warte.« Kaotsung wollte die Diskussion beenden.

»Schafft das alte System ab und führt ein neues ein – regelmäßiger Sold statt unregelmäßigen Geschenken.«

Kaotsung sah interessiert auf. »Eine gute Idee. Ich bin erstaunt, daß sie noch niemandem bisher gekommen ist.«

Jao war über diesen Sinneswandel überglücklich und umarmte ihn. »Danke, daß Ihr auf mich hört. Vielen Dank, vielen Dank ... wißt Ihr, daß ich Euch anbete?«

Kaotsung errötete. Immer wieder berührte Jaos Überschwang sein Herz.

»Mir scheint«, flüsterte er ihr ins Ohr, das sich dicht vor seinem Mund befand, »wir sollten auch auf manche andere deiner Ideen hören, wenn wir überhaupt etwas erreichen wollen.«

Jao hatte das Gesicht an seiner Brust vergraben. »Wie zum Beispiel, wenn es darum geht, die übermächtigen Beamten in die Schranken zu weisen und den niedrigeren Rängen die Möglichkeit eines Aufstieges zu geben?«

»Gewiß. Wir können es ebensogut mit den größten Tigern aufnehmen, wenn wir schon einmal dabeisind. Jede Reform kann den Reformer zur Strecke bringen ... Wir können genausogut für etwas Großes wie für etwas Kleines sterben.«

»Ich stimme zu ... ich bin ganz Eurer Meinung!« In ihrer Erregung löste sich Jao von ihm. »Aber wenn wir Glück haben und unsere Reformen durchsetzen – und nicht von einer gehässigen Beamtenschaft zur Strecke gebracht werden –, könnten wir uns dann nach Loyang zurückziehen? Wir haben dort immer so angenehm gelebt.«

Kaotsung zog sie hart in seine Arme zurück. »Du und dein ewiger Kehrreim – aber ja. Hung ist jetzt zwanzig Jahre alt und könnte als Regent in Changan eingesetzt werden. Dann stünde unserer Abreise nichts im Weg. Es wird ihn Erfahrung lehren und uns ein wenig Frieden bringen.«

Jao lächelte triumphierend. Ihre Vision, die Übermächtigen zu zügeln und den Verwundbaren zu helfen, würde weitreichende Folgen haben, und mit ihrem Wunsch, die Hauptstadt nach Loyang zu verlegen, war es ihr ernst.

Die Reformen konnten beginnen.

»An diesem Hof gelten wir nichts«, klagte Chengssu nach einem Vormittag mit dem reizbaren Erzieher Chang. »Niemand respektiert uns.«

»Was meinst du? Jeder respektiert uns!« Chungtsung staunte über Chengssus Worte.

»Nein, nein, er meint nicht dich – er meint uns«, warf Sanssu hastig ein.

»Nein, ich meine auch Chungtsung«, widersprach Chengssu. »Wenn man uns alle in die Linie der Thronfolge aufnähme, würde man uns mehr achten.«

Chungtsung dachte einen Augenblick nach. »Hung und Hsien sind vor mir, also habe ich in diesem Leben keine Aussichten. Ist es das, was du meinst?«

»Natürlich, du Narr. Und Sanssu und mich ziehen sie überhaupt nicht in Betracht«, stellte Chengssu ärgerlich fest. »Man muß, so lange man jung ist, für den Thron in Frage kommen, um an diesem Hof geachtet zu werden, sonst zählt man nicht. Wir hätten in unserem Dorf bleiben sollen, wo wir jemand waren.«

Chengssu schien Jao zu kritisieren, und Chungtsung gefiel das nicht. »Jetzt bist du der Narr«, sagte er tapfer. »Hier im Palast bekommst du von allem das Beste. Was macht es schon aus, wenn du manchmal grün und blau geprügelt wirst? Das passiert jedem von uns. Und an Unterhaltung wird uns alles geboten, was wir uns nur wünschen können. Wärst du lieber ein Dummkopf in irgendeiner Torfhütte, nur um geachtet zu werden? Narr!«

Chengssu schoß das Blut ins Gesicht. »Ich bleibe bei meiner Meinung. Ich bin nicht wie ihr, ihr seid kindisch, so mit eurem Leben zufrieden zu sein. Ihr seid Schlappschwänze.«

»Was treibt ihr Jungen da?« schrie ihr Erzieher, der Chengssus letzte Bemerkung gehört hatte. Er holte mit der Peitsche gegen Chengssu aus, traf ihn aber nicht. »Geh zurück zu deinen Büchern, junger Herr Wu. Ich werde dich lehren, für das, was du hast, dankbar zu sein, du undankbarer … undankbarer Dummkopf!«

Innerhalb eines Jahres wurden die Reformen, die der Kaiser und die Kaiserin ausgearbeitet hatten, in einem Zwölfpunkteerlaß festgelegt, und das Kaiserpaar übersiedelte nach Loyang. Hung wurde als Regent in

Changan eingesetzt, Hsien zum Militärgouverneur ernannt und Chungtsung, zugleich mit seinen zwei Wu-Vettern, in den Beamtenstab von Loyang aufgenommen.

Aber Kaotsung vermißte Hung, den er in Changan täglich gesehen hatte, und als er dachte, die Trennung habe lange genug gedauert, sprach er mit Jao darüber. »Wie wäre es, Hung im Mai hierherzuholen? Die Kirschblüten und die Glyzinien werden heuer besonders schön sein, hat man mir versichert, und Hung wird daran seine Freude haben.«

»Ich werde ihm noch heute eine Einladung schicken«, willigte Jao schnell ein.

»Danke. Sage ihm, daß wir nur eine Zusage als Antwort erwarten.« Ein Leuchten ging über Kaotsungs Gesicht. ›Sein Ältester ist sein Liebling, ebenso wie er der meine ist‹, dachte Jao und wandte sich sofort ihrem Schreibpult zu.

Noch nie war das Zusammensein von Eltern und Sohn so entspannt und harmonisch gewesen wie diesmal. Früher war Jao gezwungen gewesen, ihm politische Disziplin beizubringen, eine Pflicht, die ihr zur Bürde geworden war, da Hung ein Idealist war und für manche Aspekte des politischen Machtdenkens kein Verständnis gezeigt hatte. Doch mittlerweile hatten ihn die Unabhängigkeit und die Realität des politischen Lebens gelehrt, mehr Verständnis für die Ansichten der Mutter aufzubringen.

Die ersten zwei Wochen mit Hung und seiner kleinen Frau Min waren idyllisch. Kaotsung und Jao schoben alle anderen Verpflichtungen beiseite, um mit ihm zusammenzusein. Jao achtete darauf, daß ihm seine Lieblingsspeisen vorgesetzt wurden, und Kaotsung sorgte für die Unterhaltung. Ein Tag nach dem anderen brach klar und warm an, und die Obstbäume blühten in immer reicherer Fülle. Die Steine der Gartenwege waren bald bedeckt mit den lavendel- und rosafarbenen Blütenblättern des vorangegangenen Tages, während sich am Blumendach über ihnen täglich neue Knospen zu zarten Blütentrauben öffneten.

Hung fühlte sich sichtlich wohl, nahm zu und verbrachte viele Stunden mit seinen Eltern und Freunden. »Es kommt nicht oft vor, daß man die volle Aufmerksamkeit eines Kaisers und einer Kaiserin genießt«, scherzte er glücklich.

Eines Tages bemerkte Jao, daß Hung blaß aussah und zusammenzuckte, wenn etwas seine Seite berührte. Sie fragte ihn nach dem Grund, und er sah sie an wie früher, wenn er etwas nicht verstand, was ihn ängstigte. »Mutter, ich habe Schmerzen, und ich werde sie nicht los. Es wird immer schlimmer. Ich habe versucht, sie hinzunehmen, ohne zu klagen, aber ...«

»Natürlich hast du das versucht!« rief Jao entsetzt. »Wir werden sofort die Ärzte deines Vater zu Rate ziehen. Sie stehen hier zur Verfügung. Sie werden auf der Stelle kommen.«

Aber die Ärzte konnten nichts tun, und die Schmerzen wurden unerträglich. Die Eltern wechselten sich am Krankenbett ab und mochten nicht mehr essen oder ruhen, als sie erkannten, daß er nicht wieder gesund werden würde. Kaotsung war in den frühen Morgenstunden bei Hung, als dieser in ein Koma verfiel, aus dem er nicht mehr erwachte. Seine kleine Frau hatte nicht einen Augenblick das Zimmer verlassen. Sie warf sich über ihn, als man ihr sagte, er sei gestorben, und ihre schrille Totenklage brachte selbst die Ärzte aus der Fassung. Jao stürzte herbei, um zu helfen, konnte aber den eigenen Schmerz kaum bewältigen. Ihr blieb nur, Kaotsung, der wie gelähmt war, aus dem Zimmer zu führen, Hungs Frau in ihre Gemächer zu begleiten und den Eunuchen die Sorge um den Toten zu überlassen.

Kaotsung konnte den plötzlichen Tod seines Sohnes nicht ertragen. Die Erschütterung war zu viel für ihn, und er wurde krank. Wieder war es Jao, die mit den Problemen fertig werden mußte – und mit den Ministern, die die sofortige Ernennung eines neuen Kronprinzen verlangten.

»Der neue Kronprinz muß unser nächster Sohn sein – Li Hsien«, erklärte sie, vom Schmerz benommen, dem Ministerpräsidenten, ohne sich mit Kaotsung darüber zu beraten. Er hätte nicht einmal gehört, was sie sagte. Liu nickte zustimmend, sein Gesicht war ernst.

»Hsien ist ein großzügiger, liebenswürdiger junger Mann, wenn auch impulsiv und ehrgeizig«, erklärte Jao, »vielleicht wird er zu einem tüchtigen und verantwortungsbewußten Herrscher heranwachsen, wenn Ihr ihn unter Eure Fittiche nehmt.«

Liu schwieg, hörte ihr aber mit großer Aufmerksamkeit und voll Verständnis zu.

»Er versteht nichts von Menschen«, klagte Jao. »Er beurteilt sie nicht richtig. Als er noch jünger war, mußten wir die Zahl der Leute, die ihn umgaben, einschränken und für intelligente Kammerherren sorgen, die ihm mit gutem Rat beizustehen hatten.«

»Ich werde ihn persönlich in den Palast des Kronprinzen einführen und darauf achten, daß er die richtigen Diener bekommt«, bot Liu an. »Ich werde auch die Anordnungen für Hungs Begräbnis treffen, wenn es Euch zur Erleichterung dient.«

»Ich bitte Euch darum. Wenn Ihr dem Kaiser auf diese Weise helfen könnt und mir die Freiheit gebt, gerade jetzt für ihn zu sorgen, wären wir Euch unendlich dankbar.«

General Liu verneigte sich tief. »Ich betrachte es als Ehre.« Seine Worte waren voll Mitgefühl, und er meinte sie auch so. Er war ein einfacher Mann ohne Verstellung. Er hatte viele Krisen erlebt, auf dem Schlachtfeld und im Kronrat, und war immer in der Lage gewesen, mit ihnen fertig zu werden.

Hungs Begräbnis wurde entsprechend seiner Jugend und dem Prestige seiner Stellung begangen. Die vorgeschriebenen kaiserlichen Zeremonien wurden um eine Neuerung erweitert: die Teilnahme von Buddhisten an den Begräbnisriten. Der Kaiser zog den Taoismus vor, aber bei Hungs Begräbnis bestand er nicht auf rein taoistischen Zeremonien. Er brauchte jeden Trost, auch den der Buddhisten.

»Ich bin fast fünfzig, und ich bin am Ende!« stellte Kaotsung trocken fest und rührte sich nicht, als ihn Jao am Morgen nach dem Begräbnis zum Aufstehen bewegen wollte. »Ich gehe zu keinen Audienzen mehr – und zwar ab sofort.«

Jao holte tief Luft. Sie selbst hatte sich von dem Schlag, Hung verloren zu haben, noch nicht erholt. »Heute ist eine Vollversammlung. Alle Minister werden anwesend sein, um ihr Beileid auszusprechen. Ich habe niemals etwas Ähnliches gesehen. Die Menschen scheinen ehrlich zu trauern …«

»Ich kann nicht«, erklärte Kaotsung.

»Nicht einmal Hung zuliebe? Könnt Ihr es nicht nur dieses eine Mal versuchen – für Hung? Es wird keine Staatsgeschäfte geben, nichts als die Trauerfeierlichkeiten.«

Kaotsung antwortete nicht, aber nach einer Weile verließ er mühsam das Bett.

»Also gut, dieses eine Mal noch«, willigte er ein.

Die Versammlung dieses Tages war eindrucksvoll. Und Kaotsung beherrschte sie wie nie zuvor. Die Tiefe seines Gefühls für den verlorenen Sohn kam in jeder seiner Bewegungen zum Ausdruck. Noch nie hatte Jao so viele Menschen in ehrlicher, tiefer Trauer vereint gesehen, und diese Woge des Mitgefühls brachte ihr Trost. Das gab nicht nur ihr Kraft, auch Kaotsung lebte auf, und wenn er sich auch gleich nach der Versammlung zurückzog, so lag er doch wenigstens nicht mehr reglos im Bett.

»Glaubt Ihr, daß Ihr morgen an einer wichtigen Sitzung des Kronrates teilnehmen könnt?« versuchte es Jao eines Abends, als er sich zur Ruhe begab. Er schwieg so lange, daß Jao annahm, er habe sie nicht gehört. Dann richtete er sich plötzlich auf.

»Ich hatte vor, zugunsten von Hung zurückzutreten und meine letzten Tage in Frieden zu verbringen. Das war das, was ich vorhatte, bevor er starb. Ich bin für so vieles zur Verantwortung gezogen worden ... und nun bin ich für den Tod meines Sohnes verantwortlich ... Ich bin schuldig, du bist schuldig. Wir wurden vom Himmel geschlagen, weil wir zu überheblich waren. Wir nennen uns Herrscher des Himmels! Wie absurd!«

Jao war wie betäubt und hörte schweigend in größter Bestürzung zu.

»Hung wurde vergiftet«, rief Kaotsung. »Wir haben ihn sterben lassen. Ich ... und du. Du warst verantwortlich, du hast versagt!«

Das war mehr, als sie ertragen konnte. Leidenschaftlich widersprach sie. »Die Ärzte sagten, es sei eine riesige Geschwulst gewesen. Die Ärzte konnten sie fühlen. Eine Geschwulst, die in seiner rechten Seite wuchs, kein Gift ... sie hat ihn tagelang gequält, eine längere Krankheit. Gift wirkt schnell.«

Kaotsung hörte sie nicht, er war in seinen Selbstanklagen versunken.

›Das ist schrecklich‹, dachte Jao verzweifelt. ›Ich muß etwas tun, sonst verliert er den Verstand.‹ Er hatte ihr den Rücken zugewandt.

Am nächsten Morgen schickte sie nach dem Abt eines kleinen Klosters in Lungmen, wo die Familie oft ein Picknick abgehalten hatte. Dort befand sich ein altes Fenghsien-Kloster, für das Kaotsung früher

Interesse gezeigt hatte. Der Mönch kam sofort und wurde in ihr privates Arbeitszimmer geführt.

»Seine Majestät ist tief von Schmerz gebeugt. Habt Ihr einen Rat, um seinen Geist wiederzubeleben?«

Bestürzt neigte der alte Mönch den Kopf, doch er kannte die kaiserliche Familie von vielen früheren Besuchen. »Vielleicht würde ihm ein längerer Aufenthalt bei uns helfen«, schlug er vor. »Unsere Religion kennt viele Wege, die trösten und heilen.«

»Es könnte sein, daß er für etwas empfänglich wäre, das in Hungs Namen geschieht«, sagte Jao leise.

»Ein Denkmal? Könnte man sein Interesse damit wecken, daß ein Bauwerk zu Ehren seines Sohnes errichtet wird?«

Jaos Gesicht hellte sich auf. »Könnten wir nicht an den Ufern des Li kampieren, uns dort die alten Höhlen der Wei und Sui ansehen ... und abwarten, was geschieht?«

»Wir würden Eure Majestäten mit allem, was wir haben, willkommen heißen und unser Bestes tun, Euch zu dienen«, lautete die schlichte Antwort des Mönches.

»Ich danke Euch. Wir werden uns Eurer Führung überlassen. Ich werde unseren Eunuchen mit allem Notwendigen vorausschicken, wir selbst werden in wenigen Tagen folgen, falls es mir gelingt, seine Majestät zu der Reise zu überreden.«

Jao suchte den Kaiser unverzüglich auf. »Könnten wir nicht nach Lungmen gehen, in den Tempelhöfen ein Lager aufschlagen und die alten buddhistischen Tempelhöhlen besuchen? Vielleicht sollten wir etwas für Hung tun ... um seiner Seele zu helfen, etwas Außerordentliches, das jedes Denkmal übertrifft, das bisher gebaut wurde?«

»Ein Denkmal?« wiederholte Kaotsung. »Nichts könnte gut genug für ihn sein.«

»Auch nicht ein großer Wairotschana, Buddha des Ewigen Lichtes, der großartigste, der jemals errichtet wurde? Aus dem Felsen gehauen für unseren geliebten Sohn?«

Ihre Worte überstürzten sich, als sie versuchte, sein Interesse zu wecken. Nur langsam drang der Gedanke, für Hungs Seele etwas zu tun, zu ihm durch. Dann lebte er plötzlich auf. Nach seiner Zustimmung verging keine Stunde, bis sie auf dem Weg waren. Tan war dreizehn, in die Höhe geschossen und begierig nach neuen Erfahrungen. Taiping war elf, gerade im richtigen Alter, um Abenteuer zu schätzen. Für beide Kinder und für die Diener war es eine Erleichterung, der trüben Stimmung des Palastes zu entfliehen, und die Reise von zwölf Meilen war interessant, auch wenn sie den ganzen Tag in Anspruch nahm. Als sie ankamen, waren die Zelte bereits aufgestellt und Holzkohlenfeuer zum Kochen entzündet. Sogar Kaotsung und Jao waren heiter und froh, daß sie gekommen waren.

Die Sommerwochen verstrichen. Die Kinder bekamen durch das Leben im Freien gebräunte Gesichter und nahmen zu. Auch die Eltern wurden wieder kräftiger. Jao watete im Fluß, wenn die Kinder schwimmen gingen, meistens aber leitete sie über Kuriere die Regierungsgeschäfte, oder sie schlief. Kaotsung durchstreifte die Ruinen der Höhlentempel und unternahm, vom Abt begleitet, etliche Wanderungen durch das Gelände des alten Fenghsien-Tempels, der in den Granitfelsen gehauen war. Sie erwogen die Möglichkeit, ein neues Kloster zu bauen und neue Buddha-Standbilder in die Felswand zu meißeln. Von dort war es nur ein Schritt, die besten Bildhauer des Reiches zu beauftragen, an den Statuen zu arbeiten.

Die Gestaltung einer Szenerie aus dem Buddha des Endlosen Lichtes und seiner Gefolgschaft nahm unter Kaotsungs Aufsicht allmählich Form an. Während der Herbstmonate besuchte der Kaiser die Bildhauer häufig, und seine Anwesenheit spornte sie zu besonderen Leistungen an. Ihm bereitete es Freude, die menschlichen Gestalten mit ihrer körperlichen Kraft und ihrer geistigen Macht aus dem Felsen hervortreten zu sehen. Nach jedem Besuch fühlte er sich von der optimistischen Botschaft gestärkt, die ihm die Künstler vermittelten.

Nachdem Kaotsung eines Abends von den Arbeiten zurückgekehrt war, fragte ihn Jao beim Abendessen der Familie nach seinem Projekt.

»Seid ihr sicher, daß ihr darüber etwas hören wollt?« Kaotsung warf einen Blick auf seine ewig kritischen Söhne. Ein Chor gutwilliger Zustimmung war die Antwort. Kaotsung zuckte die Achseln und berichtete. »Die Künstler wissen, was sie tun. Sie verstehen den religiösen Inhalt ebenso gut wie ihr Handwerk. Sie haben ihren Idealismus aus dem harten Stein gemeißelt.«

»Idealismus? Was ist das?« fragte Tan.

»Poesie, hehre Ziele ... nach den Sternen greifen ... der große Traum«, erwiderte Kaotsung nachdenklich. »Der indische Idealismus, wie er in der buddhistischen Wairotschana-Verehrung zum Ausdruck kommt, wurde von chinesischen buddhistischen Denkern weiterentwickelt.«

»Warum ist das so wichtig?« fragte Tan.

»Weil unser Wairotschana in Lungmen mit zwei Jüngern dargestellt wird. Hier ist die alte Idee des Konfuzius vom idealen Weg, Werte gerecht zu verteilen, das Vorbild. Denkt an unsere chinesischen Symbole von Yang und Yin, auch dort ist das Ideal das Gleichgewicht.« Kaotsung hielt inne und betrachtete seine Familie amüsiert. »Verstehst du das, mein Sohn?« wandte er sich an Tan.

Tan sah ihm gerade in die Augen. »Gleichgewicht? Sogar ein Dummkopf kann das verstehen.«

Kaotsung lachte, und Jao warf ihm einen raschen Blick zu – er lachte so selten. Kaotsung klopfte Tan auf die Schulter. »Gleichgewicht ist etwas, das wir Chinesen verstehen. Der konfuzianische Lehrer – oder der buddhistische Wairotschana –, der alle Weisheit verkörpert, wird durch die Gegenwart des Lernenden, des Schülers, im Gleichgewicht gehalten, des Jüngers als Symbol der Möglichkeiten, die jedem Menschen offenstehen. Sehr chinesisch, ebenso wie der Begriff des Gleichgewichtes in unseren Symbolen von Yang und Yin und die faszinierende Idee, daß sie ständig ab- oder zunehmen, während sie stets im Gleichgewicht bleiben.«

Jao starrte ihren Ehemann noch immer an. Sie hatte ihn noch nie so zu seiner Familie über seine Ansichten sprechen hören. Ihre eigenen Ideen unterschieden sich zwar von den geäußerten, aber sie hörte zu, ohne ihn zu unterbrechen.

»Unsere Buddhisten wenden diesen Begriff nun auf die Religion an und erklären, daß für alle der gleiche Erlösungsweg offensteht. Das unterscheidet sie von den Indern mit ihrem Kastensystem. Was wir dort in den Felsen schaffen, drückt dieses Ideal aus – und das erfüllt mich mit Stolz.«

»Hier geht es nicht um einen abstrakten Idealismus, sei er nun chinesisch oder indisch«, fiel Jao lebhaft ein, »sondern um den nüchternen Ausdruck unseres Lebens hier und jetzt. Die Künstler fühlen sich zufrieden und sicher unter der Herrschaft der Tang.«

Kaotsung blickte ironisch drein, und die übrige Familie brach in Lachen aus. »Mutter nimmt den Großen Tang so ernst«, rief Tan.

»Das muß sie auch, da es der Kaiser nicht tut«, scherzte Kaotsung. »Aber mit dem Werk dort draußen ist es mir ernst ... Es wird alles übertreffen, was jemals in diesem großen Reich geschaffen wurde.«

»Darf ich fragen, in welcher Weise?« Chengssu war an allem Neuen interessiert.

»In der Art, mit der die Künstler verstehen, mit den Proportionen umzugehen, wie sie Kraft mit Leichtigkeit verbinden und durch das Hochrelief die Macht des Geistigen ausdrücken.«

»O«, bemerkte Chengssu mit wenig Begeisterung, und alle lachten wieder.

»Es stört mich nicht, wenn ihr lacht, auch ich kann darüber lachen, aber dieser Felsentempel ist Hungs würdig. Und er war dieses Tempels würdig.«

Gezwungen, einen Augenblick ernst zu bleiben, starrten alle Kaotsung mit großen Augen an, auch Jao. ›Lieber, alter Kaotsung‹, dachte sie, ›wie du mich überraschst, du überraschst mich ständig.‹

Während der nächsten Jahre fuhr Kaotsung fort, den Buddhismus zu fördern, und schloß sich, wie um seinen Mut nicht ins Wanken zu bringen, eng an die Familie an. Er wußte, daß sich seine Gesundheit verschlechterte. Auf den Schock von Hungs Tod folgte die Schande, die Kronprinz Hsien über sie brachte. Er war in üble Gesellschaft geraten und mußte wegen einer Verschwörung abgesetzt und in die Verbannung geschickt werden. Für Kaotsungs schwache Kräfte war das zuviel. Seine Depression vertiefte sich, als Hsien Selbstmord beging. Auch Jao erholte sich nur langsam von dem Verlust ihrer zwei Söhne.

Überschwemmungen folgten Jahren der Dürre, der Gelbe Fluß trat an vielen Stellen über die Ufer und verwüstete die Ebenen am unteren Flußlauf. Loyang wurde mitsamt dem Palast überflutet, was das Leben aller aus der Bahn warf. Jao beschloß, sich mit der Familie in ihren Sommerpalast zurückzuziehen, den Palast der Neun Vollkommenheiten im Hochland über Changan.

»Dieser Palast wird die Neun Vollkommenheiten genannt, damit niemand die Unvollkommenheiten bemerkt«, stellte Taiping fest. Sie war nun eine hübsche, wenn auch etwas übermütige junge Frau von sechzehn Jahren. »Vielleicht gibt es irgendwo neun Vollkommenheiten, aber ich kann sie nicht finden!«

»Vermutlich muß man dem Sohn des Himmels die Schuld an den Überschwemmungen einerseits und den Zeiten der Dürre andererseits geben, ja, selbst die undichten Stellen und den Verfall des Palastes wird man ihm in die Schuhe schieben«, stellte Kaotsung fest. »Die Menschen brauchen einen Schuldigen, und wie mir scheint, bin das ich.«

»Es ist nicht Eure Schuld«, tröstete die immer fröhliche Taiping. »Ihr seid der schuldloseste Mensch, der je gelebt hat. Tan und ich haben Unvollkommenheiten gern, und wir lieben es, hier zu sein, weil wir weder auf unsere Kleider noch auf Sauberkeit noch auf unsere Manieren achten müssen.«

»Nun, Taiping«, Kaotsungs Worte klangen säuerlich, »wenn du dieses rauhe Leben gern hast, so kannst du es gerne haben, mit meinem Segen.«

Taiping warf ihm einen raschen Blick zu, um zu sehen, ob es ihm ernst war. Als sie ein Zwinkern in seinen Augen zu entdecken meinte, kicherte sie.

»Das alles ist nicht wichtig«, mischte sich Jao ein. »Wir tun, was wir tun müssen. Unser bescheidenes Leben hier zeigt dem Volk, daß wir Buße tun. Außerdem ist das Hochland für die Gesundheit von uns allen gut.«

»Hmm«, brummte Kaotsung zustimmend, und Taiping kicherte wieder. »So kann man es auch sehen.« Tatsächlich fühlte er sich unter den duftenden Pinien des Hochlandes etwas besser.

Als sich endlich alle mehr oder weniger bequem in dem Palast der Neun Vollkommenheiten eingerichtet hatten, wurde von unerwarteter Seite für Abwechslung gesorgt. Tan beschloß plötzlich zu heiraten.

»Das Mädchen ist nicht gerade das, was ich mir gewünscht hätte«, beklagte sich Jao unzufrieden dem geduldigen Kaotsung gegenüber, als sie allein waren. »Gewiß, sie ist schön und ihre Familie gut genug, wenn auch nicht reich, aber …«

»Aber sie besitzt eigene Urteilsfähigkeit«, setzte Kaotsung lässig hinzu, während er Jao aus den Augenwinkeln beobachtete.

»Genau wie Tan.« Jaos Stimmung war auf dem Nullpunkt. »Aber sie ist nicht die Richtige für Tan. Jetzt wird es zwei geben, die ihren Träumen nachhängen und Probleme schaffen.«

Kaotsungs Augen wurden ausdruckslos, er schwieg.

»Nun … was denkt Ihr?« Ihre Stimme klang scharf, und als er nicht antwortete, sprach sie weiter. »Seid Ihr der Ansicht, ich bin zu streng zu den Kindern und mische mich zuviel ein? Nur Hung und Tan scheinen Sinn für Politik geerbt zu haben, die anderen Kinder nicht, und das ist in einer Familie wie der unseren fatal. Ich muß mich einmischen, um sie zu schützen. Hung ist zu den Gelben Quellen gegangen, und Hsien ebenfalls, und nun ist Tan der zweite in der Thronfolge. Ich wünschte, er wäre praktischer veranlagt …« Jao runzelte die Stirn.

»Ich weiß, ich weiß«, Kaotsung konnte sehen, daß Jao ernstlich beunruhigt war. »Willst du also, daß diese Verbindung nicht zustande kommt?«

»Genau das!« Jao war wütend. »Sie hat einen schlechten Einfluß auf ihn. Er ist der Klügste unserer Söhne, sogar klüger als Hung es war. Seine Interessen sind vielseitiger, und er nimmt alles mit mehr Verständnis und tieferer Empfindung auf. Er kann immer beide Seiten einer Sache sehen. Deshalb bleibt er neutral und ist nicht willens, Menschen und Unternehmungen zu leiten, wie er sollte. Er ist passiv, ja, noch schlimmer, ein Denker! Und sie ist gerade so wie er.«

Kaotsung blickte sie an. Sie hielt seinem Blick schwer atmend stand.

Kaotsung seufzte. »Tan ähnelt mir in vieler Hinsicht. Du willst das Wort, das dir ein Greuel ist, nicht aussprechen, doch es ist so. Diese Menschlichkeit, die Politiker verabscheuen, weil sie Unklarheit in klare Tatsachen bringt, ist ein Teil unserer Persönlichkeit. Das Wort, mit dem Politiker Menschen wie Tan und mich bezeichnen, meine Liebe, heißt: schwach!«

»Nein«, widersprach Jao abermals und noch mehr aus der Fassung gebracht.

Kaotsung nahm ihre Hand. »Der einzige Ausweg aus diesem Dilemma für Männer unserer Art ist eine starke Yin-Gefährtin, eine Frau wie du, meine Liebe.«

Jao fühlte, wie sich ihre Hand in der seinen entspannte, wie ihr Atem nach und nach ruhiger wurde. Er wartete. »Wir, Tan und ich, wissen, wie uns der Himmel mit unseren Frauen gesegnet hat.«

Bei diesen Worten füllten sich Jaos Augen mit Tränen, die sie ärgerlich wegwischte. »Auch ich habe meine schwachen Momente ... Es ist ein Glück, daß wir nicht zur selben Zeit schwach sind!«

»Da hast du es, meine Liebe. Was wirst du also tun?« Er zog sie an sich.

Jao antwortete nicht gleich, da sie sich erst an den neuen Gedanken gewöhnen mußte. »Wir könnten die Hochzeit hier abhalten. In der großen Halle des Tientai-Tempels ist Platz genug für alle Geladenen, und die Gästewohnungen können die Verwandten des Mädchens ohne weiteres beherbergen«, flüsterte Jao, an seine Brust gelehnt.

»Gut«, Kaotsung hielt sie immer noch fest umfangen, seine Augen aber verdüsterten sich wieder. ›Jao darf niemals wissen‹, dachte er, ›wie sehr mich ihre Härte manchmal abstößt ... wenn ich ihr gleichzeitig auch dankbar dafür bin.‹

Die Sommernächte nach Tans Hochzeit wurden im Garten verbracht. In dieser Höhe gab es keine Moskitos, und es blieb lange hell. Der Kaiser, die Kaiserin und Taiping hörten jeden Abend Musik. Bei einer dieser Gelegenheiten verkleidete sich Taiping in der Galauniform eines Offiziers mittleren Ranges. Sie trug eine turbanähnliche Kappe, eine violette Tunika und einen schweren Gürtel. Graziös folgte sie den Kadenzen der Tanzmusik und schlug den Takt auf einer kleinen Handtrommel. Über ihre Karikatur eines Offiziers mußten ihre Eltern herzlich lachen.

»Machst du dich über meine Generäle lustig, unverschämtes Ding«, sagte ihr Vater heiter. »Komm, setz dich auf meine Knie und erzähl mir, wie du gelernt hast, eine so gute Schauspielerin zu sein.«

»Das bin eben ich«, kicherte sie.

»Also, was stellst du jetzt dar? Willst du einen dieser Männer, über die du dich lustig machst – willst du einen davon für dich? Ist es das?« fragte er sie und zupfte sie am Ohr.

Taiping deutete auf ihr Kostüm und meinte: »Wenn Ihr jemals einen Schwiegersohn sucht, so wollte ich Euch zeigen, wo Ihr ihn finden könnt.« Scherzend gab sie ihm einen leichten Klaps auf die Wange, glitt von seinem Schoß und lief davon.

Kaotsung sah Jao fragend an. »Was hat das alles zu bedeuten?«

Jao zuckte die Achseln. »Sie wünscht sich einen Geliebten, daran besteht kein Zweifel. Und sie möchte, daß er ein Offizier ist. Auch glaube ich, daß sie, seit Tan geheiratet hat, einsam ist.«

Kaotsung sah unglücklich drein. Taiping war schließlich seine einzige Tochter, sein jüngstes Kind. Er wollte sie nicht verlieren.

Jao beobachtete sein Gesicht. »Wir werden es ihr nicht abschlagen, so oder so. Wenn sie einen dieser fremden Gardeoffiziere heiratet, kann sie im Palast wohnen, und Ihr werdet sie nicht verlieren.«

Kaotsungs Miene heiterte sich auf. »Weißt du jemanden, der geeignet wäre?«

»Nicht im Augenblick, aber ich werde mich umsehen und Erkundigungen einziehen. Taiping hat vermutlich jemanden Bestimmten im Sinn. Hier in der Nähe ist eine kleine Stadt, besonders schön an einem Gebirgsbach gelegen, und dort ist auch ein neuer, weiträumiger Tempel. Es wäre ein geeigneter Platz, um die Hochzeit abzuhalten.«

Kaotsung fiel ihr ins Wort. »Du nimmst mir den Atem ...«

»Wenn etwas unvermeidlich ist, muß man versuchen, es möglichst mit Anstand hinter sich zu bringen«, warf sie wie nebenbei hin, aber ihr Blick war traurig.

Kaotsung antwortete nicht. Doch auch sein Gesicht hatte einen tieftraurigen Ausdruck.

Zwei Monate später, im Sommer, fand die Hochzeit statt. Jao, die sich gut darauf verstand, effektvolle Feste zu organisieren, hatte auch diesmal ihr Bestes getan. Die Zeremonie wurde im Freien abgehalten, auf der weiten Terrasse des neuen Huayen-Tempels. Zum Glück herrschte herrliches Wetter, wolkenlos und kühl, mit den ersten Vorboten des Herbstes in der Luft. Der Bräutigam war ein gutaussehender Gardeoffizier namens Hsueh Shao aus der Oasenstadt Turfan. Die anderen Gardeoffiziere nahmen in Paradeuniform an der Feier teil, sie stellten die Vertretung der Familie, die nicht rechtzeitig aus Turfan hatte kommen können, dar.

In ihrem Kleid aus hauchdünnem purpurrotem Gewebe, mit weiten Ärmeln und wehenden Schleiern, sah Taiping bezaubernd aus. Ihr glänzendes schwarzes Haar war sorgfältig in Rollen um den Kopf gelegt und von einem prächtigen Diadem aus Goldfiligran gekrönt. Rufe der

Bewunderung wurden laut, als sie auf der Terrasse erschien, gefolgt von ihren Begleiterinnen, die Gewänder in Rotschattierungen trugen. Jao stieg die Röte ins Gesicht, und Kaotsung schien tief beeindruckt. Sie sah aus wie Jao selbst mit siebzehn Jahren – eine unvergleichliche Schönheit. Das Entzücken des Bräutigams war für jedermann deutlich zu sehen.

Die Zeremonie war schlicht. Sie fand um die Mittagszeit statt und dauerte nicht lange. Die Sonne stand immer noch hoch am Himmel, als das junge Paar den offiziellen Empfang verließ, hoch zu Roß statt in der traditionellen Sänfte.

Die Gäste blieben bis zum Einbruch der Dämmerung und amüsierten sich. Kaotsung war heiter, aber am Ende der Feier so erschöpft, daß man ihn ins Bett tragen mußte. Jao legte sich zu ihm, und die beiden besprachen die Ereignisse des Tages, während draußen die Dämmerung in die Dunkelheit einer sternklaren Nacht überging.

Schließlich sagte Jao schläfrig: »Wie fühlt Ihr Euch jetzt?«

Kaotsung seufzte. »Leer ... ein wenig verlassen«, murmelte er. »Und du?«

»Auch«, gab sie zu. »Es nützt aber nichts, wir müssen uns zusammennehmen und noch Chungs Hochzeit ausrichten.«

»Ohne mich«, erklärte Kaotsung. »Ich ziehe mich von allen weiteren Turbulenzen zurück. Sie sind deine Sache.«

Jao lachte. »Ich dachte, der heutige Tag hätte Euch Freude gemacht. Nun, wir werden sehen ...«

»Chung, mein Freund, wer hätte das gedacht? Noch vor kurzer Zeit wäre mir nicht der Gedanke gekommen«, begann Chengssu neidisch. Er und Sanssu waren vor Chungtsungs Hochzeit in den Gästezimmern des Palastes untergebracht.

»Was meinst du? Meine formelle Bindung oder meine Beförderung?« Chung war bester Dinge und schlug Chengssu auf den Rücken. »Ich freue mich, dich zu sehen ... was hast du die ganze Zeit getrieben?«

»Nicht viel. Meine Arbeit ist langweilig. Deine plötzliche Erhebung zum Kronprinzen – wie fühlst du dich in diesem Glück?«

»Nicht anders als vorher. Ein wenig lächerlich, weil ich so viele steife Gewänder tragen und so vielen Zeremonien vorstehen muß. Du glaubst, deine Arbeit ist langweilig, meine ist viel schlimmer.«

Sanssu lachte, aber Chengssu blieb ernst. »Dein Vater hatte acht Söhne, und du bist der siebente ... du hattest keinerlei Aussichten«, beharrte er. »Jetzt aber bist du der erste in der Nachfolge.«

»Ach das«, erwiderte Chungtsung. »So sind die Würfel eben gefallen. Weißt du, ich bin nicht wirklich glücklich darüber, nach dem, was mit Hung und Hsien geschehen ist.«

»Du bist vierundzwanzig Jahre alt, und es gibt auch noch Stiefbrüder, falls dir und Tan etwas zustoßen sollte. Wir stehen überhaupt nicht auf der Liste«, fuhr Chengssu stirnrunzelnd fort.

Chung zuckte die Achseln. »Dein Glück!« meinte er. »Die anderen sind gar nicht erbberechtigt, und mir wird nichts zustoßen.«

Nachdem die Aufregungen der Hochzeitsfeiern vorüber waren, nahm das Leben im Palast der Neun Vollkommenheiten wieder seinen gewohnten ruhigen Gang. Kaiser und Kaiserin schirmten sich gegen die Leiden des Volkes ab. Doch die schlechten Nachrichten, die von der Grenze kamen, drangen bis zu ihnen. Infolge der Dürre kamen viele Nomaden auf Nahrungssuche über die chinesische Grenze. Da Kaotsung für die Regierungsgeschäfte viel zu krank war, mußte Jao den Sitzungen beiwohnen und die Probleme in Angriff nehmen. Ihre Entscheidungen führten immer zum Erfolg, besonders ihr Entschluß, den koreanischen General, jenen Langen mit den Schwarzen Zähnen, der mittlerweile ein treuer Vasall des Kaisers war, gegen die kriegerischen Tibeter in den Kampf zu schicken. Mit Hilfe von Leuchtsignalen, einer koreanischen Erfindung, verbesserte der General den Nachrichtendienst an der Grenze, wodurch es ihm gelang, die Ruhe aufrechtzuerhalten.

Der Herbst ging vorüber, und das neue Jahr brachte endlich das Ende der Dürre, gute Ernten und drei neue Enkelsöhne. Chungtsungs Sohn erhielt den Namen Chungjung und wurde sofort in die Liste der Thronerben aufgenommen. Das Kaiserhaus hatte sich stabilisiert, und da Chungtsung Regent in Changan war und General Liu ihm als Ratgeber zur Seite stand, glaubten Jao und Kaotsung, nach Loyang zurückkehren zu können. Gleich nach ihrer Ankunft ließ Jao umfangreiche Reparaturen am Palast außerhalb der Stadt vornehmen, um Kaotsungs letzte Tage so ruhig und angenehm wie möglich zu gestalten. Er verfiel zusehends, und Jao war mit der Pflege voll in Anspruch genommen. Die Bürokratie funktionierte mehr oder weniger von selbst, und der neuernannte Ministerpräsident Pei Yen wurde allmählich immer mächtiger.

Am Morgen der Wintersonnenwende befahl Kaotsung den Dienern, ihm die kaiserlichen Insignien anzulegen. Jao wurde hastig gerufen.

»Ich habe beschlossen ... die Zeremonien der Wintersonnenwende selbst abzuhalten«, erklärte er.

»Das ist unklug!« protestierte Jao. »Und gefährlich! Heute ist es kalt und windig.«

»Natürlich ... ist es ... gefährlich, aber nicht ... unklug.« Kaotsung bekam kaum mehr Luft, weil das Ankleiden ihn so angestrengt hatte. »Mein Abschied ... vom Tzutien-Turm über der Brücke ... der Platz dort ist weit.«

In ihrer Sorge fühlte sich Jao einer Ohnmacht nahe. Sie mußte zusehen, wie ihm die Festkleider angelegt wurden, und als sie erkannte, daß er fest entschlossen war, ließ sie ihre Umhänge kommen und begleitete ihn schweigend bis zum Thronsaal. Dort erkannte Kaotsung, daß ihm die Kraft fehlte, den Turm zu besteigen und von dort aus zu der Menge zu sprechen. Er ordnete daher an, die Tore zu den Palastgründen und die Eingangstüren zum Audienzsaal zu öffnen und das Volk hereinzulassen. Während die Menge in ehrerbietigem Schweigen zuhörte, sprach er seine Abschiedsworte. Jao hatte es aufgegeben, ihn zu schützen, und blieb hinter ihrem Paravent, damit er in dieser letzten Geste ganz er selbst sein konnte. Er hielt sich aufrecht, bis die Zeremonie vorüber war und sich die Thronhalle geleert hatte, dann brach er zusammen, ohne die Kraft oder den Willen, sich zu bewegen. Er ließ Pei Yen rufen, um ihn mit seinem Letzten Willen zu betrauen.

»Warum nicht unseren vertrauten Freund General Liu?« fragte Jao leise.

»Weil ... Liu achtzig ist und nicht mehr lange leben wird ... Pei ist fünfundfünfzig, er hat noch viele Jahre vor sich.« Kaotsung benötigte alle Kraft, um zu atmen und die letzten Funken Lebens zu erhalten.

Halb bekleidet stürzte Pei in die Halle. Auch Kronprinz Chungtsung war zur Stelle.

Kaotsung sprach mit leiser Stimme, die Worte von schweren Atemstößen unterbrochen. »Chungtsung, du bist ... der neue Kaiser. Du mußt – hörst du? – wichtige Dinge mit deiner Mutter besprechen. Es muß so sein … dreißig Jahre lang war es so … und so soll es auch weiter sein.«

Pei war tief bewegt. Er schrieb die kurze Erklärung nieder, dann zog er sich zurück, um das Kaiserpaar in seinem Abschied allein zu lassen.

Kaotsung ruhte auf den Kissen, die man vom Thron genommen hatte, um es ihm bequemer zu machen. Das Licht der riesigen Wachskerzen, die hastig herbeigeschafft worden waren, flackerte über sein Gesicht, über die geschlossenen Augen.

Jao kniete neben ihm und trocknete seine Stirn. Seine Hände zerrten an der gesteppten Decke, die sie über ihn geworfen hatte. Sie befahl den Dienern, sich außer Hörweite zu halten, und bat Chungtsung, sich für eine Weile zurückzuziehen. Dieser hatte jede Fassung verloren und konnte sich kaum beherrschen.

»Geh und ruhe dich eine Stunde aus«, bat ihn Jao. »Ich werde Wache halten, dann kannst du wieder zu uns kommen. Er wird unruhig, wenn ich nicht neben ihm bin. Er scheint es zu spüren, selbst wenn er schläft.«

Kaum hatte Chungtsung den Raum verlassen, öffnete Kaotsung die Augen und lächelte. »Ich gehe jetzt, Liebe …«, flüsterte er. »Komm mit mir … hilf mir in der Welt der Geister … ich brauche dich … immer.« Jao beugte sich über ihn, die Augen blind von Tränen, die Hand auf seiner Brust, um ihm Trost zu geben. Er keuchte, dann war er gegangen.

Jao blieb über ihn gebeugt, ihre Tränen fielen auf sein stilles Gesicht. Sie zog ihren Verlobungsring aus Bernstein vom Finger und steckte ihn dem Toten an. Sie zog ein Tuch über sein Gesicht und winkte das Heer der Beamten herbei, das in der Zwischenzeit zusammengeströmt war. An seiner Seite kniend wartete Jao auf die Rückkehr ihres Sohnes. Chungtsung fiel neben der Leiche auf die Knie und verbarg das Gesicht in den Händen, um seine Tränen nicht zu zeigen. Tröstend legte ihm Jao die Hand auf die Schulter und spürte dabei seine Erschöpfung. Der Ansturm der Gefühle hatte ihn, ebenso wie sie, die letzte Kraft gekostet, nur hatte sie gelernt, Krisen zu meistern, und er noch nicht.

»Zieh dich jetzt zurück, mein Sohn«, forderte sie ihn auf. »Ich werde bleiben. Sein Geist ist noch nahe, er würde es merken, wenn ich ihn verließe. Komm zurück, wenn der Morgen dämmert, und halte während des Tages Wache, wenn ich mich ausruhe.« Unbeholfen stand Chungtsung auf, verneigte sich müde vor der Leiche seines Vaters und verschwand in der gähnenden Dunkelheit der Thronhalle.

Jao beugte sich über Kaotsungs stille Gestalt. »Ich werde den Rest der Nacht an Eurer Seite verbringen, meine letzte Nacht mit Euch«, kaum hörbar stieß sie die einzelnen Worte heraus. »Ich werde Euch nicht verlassen, bis Ihr Euren Weg in die Welt der Geister gefunden habt. Fünfundvierzig gemeinsame Jahre. Und jetzt müssen wir uns trennen … untragbar, untragbar …«

Die Tore der Halle waren geschlossen, und doch ließ die Zugluft die Kerzen flackern. Diener, die sie nicht sah, machten sich zu schaffen, kamen und gingen, doch Jao setzte ihre Wache fort, verzweifelt, schmerzerfüllt, allein. Ihre Gefühle übermannten sie. Unfähig, sich von der Vergangenheit zu lösen, unfähig, der Zukunft ins Auge zu blicken, legte sie die Hand zum letztenmal auf die Brust ihres Mannes. Um ihm Sicherheit zu geben, dachte sie verzweifelt.

18

In der Eiseskälte des Morgens blies Pei Yen auf seine blauen Finger, während er in der Vorhalle des kleinen Audienzsaales wartete. Er hatte einen großen Kopf und einen schwachen Körper, doch er strahlte eisernen Willen und eine Strenge aus, die ihn größer und stärker erscheinen ließen.

»Es wird eine wichtige Beratung«, bemerkte er zum Ersten Minister Liu. In den kalten Morgenstunden, eine Woche nach dem Tod des Kaisers, sah Liu schwach und krank aus.

»Alle sind hier – niemand fehlt«, prüfend blickte Pei durch den Raum. Dieser hatte sich allmählich mit dunklen Gestalten gefüllt, die sich vor den Doppeltüren des Thronsaales sammelten. Liu nickte, in Schweigen versunken. Pei trat von einem Fuß auf den anderen. »Da Ihr Euch nun in den Ruhestand begebt und Euch nach Changan zurückzieht, werde ich meine Kanzlerzimmer in die Ecksuite verlegen, die Ihr bisher innehattet, falls Ihr nichts dagegen habt.« Liu warf Pei einen raschen Blick zu und wandte sich gleich wieder ab. »Wie Ihr wollt!«

Die Stimme Kaiser Chungtsungs drang durch die Türen. Alle verstummten. Die versammelten Beamten horchten gespannt, aber alles, was sie vernahmen, war ein ungeduldiger Befehl, endlich zu beginnen. Die Türen wurden geöffnet, und die Wartenden drängten erleichtert in die warme Halle.

Chungtsung saß befangen auf dem Thron seines Vaters, die Knie in der klassischen Pose des Militärs weit gespreizt. Er war in weiße Trauergewänder gekleidet und trug keine Krone, sondern nur einen weißen Militärturban. Hinter dem Thron hing der dünne Purpurvorhang vom Dachbalken bis zum Boden, hinter dem Wu Jao Platz genommen hatte. Auch sie trug weiße Kleider. Trotz ihrer beinahe sechzig Jahre war sie immer noch schön, und ihr Alter war ihr nicht anzusehen. Ein Gong ertönte, und alle Minister erwiesen die Ehrenbezeugungen, manche mit unterdrücktem Stöhnen wegen ihres Alters und ihrer steifen Knie.

»Erhebt Euch, erhebt Euch!« befahl Chungtsung, den man erst

wenige Minuten vorher in das Protokoll eingeführt hatte. Unsicher betrachtete er die ernsten Gesichter vor ihm und deutete mit seinem Elfenbeinstab auf Liu.

»Ihr, Liu, Ihr seid Erster Minister und im Begriff zurückzutreten. Habt Ihr etwas zu sagen?«

»Majestät«, Liu rang nach Atem, so sehr hatte es ihn angestrengt, sich wieder aufzurichten. »Dies ist ein gesegnetes Ereignis. Wir alle wünschen Euch eine lange und erfolgreiche Regierungszeit und viel Glück.«

»Ja, gut ... danke. Noch etwas?« Schweigen lag über dem Saal, niemand ergriff das Wort.

»Die Rangerhöhungen und die Titel«, erinnerte Jao flüsternd.

Chungtsung räusperte sich. »Der erste Punkt der heutigen Tagesordnung ist die Einsetzung oder, besser gesagt, die Wiedereinsetzung in die einzelnen Ämter unter meiner Herrschaft.« Er versuchte ein leutseliges Lachen, als jedoch niemand einstimmte, wandte er sich hastig wieder der Geschäftsordnung zu. »Habt ihr Vorschläge?«

Pei Yen hüstelte. »Majestät, ich bitte Euch, mich für den Posten eines Chef des Sekretariats in Betracht zu ziehen.«

Chungtsung blickte im Raum umher, um herauszufinden, was er als nächstes tun sollte. »Warum? Ihr seid bereits Leiter der Staatskanzlei.«

»Das stimmt«, Peis Antwort klang aalglatt. »Ich wurde mit der Durchführung des Letzten Willens des verstorbenen Kaisers betraut, und aus diesem Grund bin ich der Ansicht, daß ich die beiden Ämter in meiner Person vereinen sollte, um diesem außerordentlichen Dokument zu seiner vollen Wirkung zu verhelfen. Ich habe es bei mir, um es dem Kronrat vorzulesen, damit alle wissen, wie ich vorzugehen beabsichtige.«

Hinter ihrem Vorhang flüsterte Jao: »Wende dich an General Liu.«

»Was?« rief Chungtsung aus. »O, was ist Eure Meinung hinsichtlich dieses Ansuchens?« Mit seinem Stab deutete er auf den verlegenen Liu.

»Mein Kollege Pei Yen hat recht, sowohl in bezug auf die Lesung des Testamentes als auch mit seinem Vorschlag, die Ämter der Staatskanzlei und des Sekretariats zusammenzulegen, um das Dokument besser in Kraft setzen zu können. Ich nehme an, daß Ihr mit der Zeit auch das Amt für Staatsangelegenheiten hinzufügen werdet. Jedenfalls lange genug, um die Bestimmungen des Testamens zu erfüllen.«

Jao lächelte bitter. General Liu hatte vorgeschlagen, die drei Ämter in einer Person zusammenzufassen, für eine kurze Zeit, nur um das Testament durchzusetzen. Wie klug von Pei, sich eine so einflußreiche Stellung zu schaffen. ›Wir werden ihn im Auge behalten müssen.‹

Chungtsung fuhr sich mit der Zunge über die Lippen. »Lest jetzt vor!«

Pei erhob sich mit wichtiger Miene. Er entnahm seinem Ärmel eine Schriftrolle, die mit einer violetten Schnur zugebunden war, und rollte sie aus. Er hatte das Dokument nach den Notizen, die er sich am Bett des sterbenden Kaisers gemacht hatte, ausgearbeitet und sich dabei der elegantesten Ausdrucksweise bedient. Nach der formellen Begrüßung las er: »Der Kronprinz möge ohne jede Verzögerung den Thron besteigen. Dieses darf unter keinen Umständen verzögert werden, weder aus Gründen der Trauerfeierlichkeiten noch des Staatsbegräbnisses. Er möge zum Kaiser erklärt werden und Madame Wei zur Kaiserin. Die Kaiserinwitwe Wu soll weiterhin in allen wichtigen Fragen zu Rate gezogen werden, dies gilt gleichermaßen für Verwaltungs- wie Militärangelegenheiten. Greift nicht zu extremen Maßnahmen in Verwaltungsfragen, und sorgt dafür, daß keine Zeit des Chaos entstehen kann. Es möge Frieden und Harmonie im ganzen Reich herrschen. Das ist mein Letzter Wille für mein Volk.«

Ein Chor zustimmender *hau-hau* der versammelten Minister erhob sich, als Peis gewichtige Stimme verstummte und er das Dokument zusammenrollte. Die hier versammelten Männer fürchteten Veränderungen jeder Art. Die Bestimmungen des Testaments waren beruhigend vage, und vielen entrang sich ein Seufzer der Erleichterung. Einige richteten jedoch fragende Blicke auf den Vorhang, aber auch von dort kam kein Einwand.

»Titel«, sagte Chungtsung nach einer kurzen Pause. »Es müssen Ehrentitel verliehen werden als eine … wohlwollende Geste aus Anlaß meiner Thronbesteigung. Es sind die noch lebenden kaiserlichen Prinzen Yuan Chia und Yuan Kuei zu bedenken. Des weiteren gibt es zwei höchste Ehrenposten im Reich, den Oberkommandierenden der Armee und den Obersten Verwalter des Reiches. Li Chi trug bisher beide Titel, nun aber soll Yuan Chia mit dem ersten Titel ausgezeichnet werden und das Lehen von Han erhalten, Yuan Kuei mit dem zweiten und dem Lehen von Huo.« Jao nickte hinter ihrem Vorhang. Sie hatte ihren Sohn darin bestärkt, wichtige Prinzen aus der Hauptstadt zu entfernen und ihnen einen Wirkungskreis anzuvertrauen. Das erspare dem Staatsschatz ungeheure Summen, hatte sie ihm erklärt.

Soweit zufrieden mit seiner erfolgreichen Leitung der Audienz blickte sich Chungtsung mit Genugtuung im Saal um und sah, daß der Minister für Riten ein Gesuch in der Hand hielt. Er deutete auf ihn: »Ihr!«

Der Minister verneigte sich und begann, eine lange Liste neuer Namen und neuer Posten zu verlesen. Alle hörten aufmerksam zu. Chungtsung wurde unruhig und war bereits im Begriff, die Audienz zu beenden, als Pei anzeigte, daß er noch ein Gesuch einbringen wollte. Widerwillig gab Chungtsung seine Zustimmung.

»Es handelt sich um die zwei Enkelsöhne Li Chis, Li Chingyeh und Li Chingyu. Sie bitten um die Gewährung der herkömmlichen Amnestie, die bei glückbringenden Anlässen wie diesem erlassen wird.»

»Erklärt, bitte. Warum brauchen sie die Amnestie? Was haben sie verbrochen?« Chungtsung war, als er den Namen Li Chi hörte, aufmerksam geworden und erinnerte sich plötzlich, Ungünstiges über die Enkelsöhne gehört zu haben.

»Sie wurden mit einigen ihrer Freunde nach Yangchow verbannt. Wegen Korruption. Sie haben bereut und bitten, ihre Stellung wieder antreten zu dürfen.«

»Wie denkt Ihr darüber?« fragte Chungtsung.

»Wiedereinsetzung. Unter der Bedingung, daß sie sich wohl verhalten.«

»Nun gut, wenn Ihr es wünscht! Ich halte wenig von den beiden«, bestimmte Chungtsung mit großer Geste.

»Einen Augenblick«, ließ sich die Stimme hinter dem Vorhang vernehmen. »Könntest du nicht die Entscheidung aufschieben, bis die Antrittszeremonie vorüber ist? Du mußt zu viel auf einmal erledigen.«

Chungtsung sah irritiert aus, dann aber hellte sich sein Gesicht auf, wie immer, wenn er mit seiner Mutter zu tun hatte. Er nickte zustimmend, während Pei sich mit steinernem Gesicht in einer tiefen Verbeugung zurückzog. Pei liebte Jao ebensowenig wie sie ihn. Und nun mischte sie sich schon wieder ein.

»Ich habe mich eben an etwas erinnert.« Chungtsung wechselte das Thema. »Ich wünsche der Liste der Beförderungen zwei Namen hinzuzufügen. Ich habe dem Sohn meiner Amme eine Stellung im Fünften Rang versprochen, zum Dank für ihre Dienste. Auch muß Madame Weis Vater die Stellung des Leiters der Hofkanzlei erhalten ...« seine Stimme verlor sich.

»Kommt nicht in Frage«, entgegnete Pei steif. »Für beide, den Sohn Eurer Amme und den Vater von Madame Wei – er ist Gouverneur einer Provinz und besitzt keine Erfahrung in der Zentralregierung. Die Stellung, die Ihr vorschlagt, ist eine der vier höchsten im Reich. Er ist dafür nicht geeignet.«

»Er ist ebenso geeignet wie Ihr!« Chungtsung war das Blut ins Gesicht gestiegen. »Ihr selbst wart vor vier oder fünf Jahren ein Niemand. Ihr wurdet in den Dritten Rang erhoben, weil Ihr alle diese türkischen Khans hinrichten ließt, die sich ohnehin schon unterworfen hatten.«

Jao bewegte sich unruhig hinter ihrem Vorhang und raschelte mit den Kleidern, während die Minister hüstelten oder in ihrer Verlegenheit mit den Füßen scharrten. Peis Gesicht war dunkelrot angelaufen.

»Euer verehrter Vater betraute mich mit seinem Letzten Willen.« Er wirkte wie erstarrt.

Ohne die mißbilligende Stimmung im Saal zu bemerken, fuhr Chungtsung fort. »Mein Vater wandte sich an Euch, bevor er starb, doch das bedeutet nicht, daß er Euch als seinen höchsten Beamten einsetzte. Ihr seid dieser Ehre nicht würdig, weil Ihr kein kultivierter Mann seid. Eure Unterkunft ist armselig und ihre Einrichtung mangelhaft, und an Euren Manieren gäbe es viel auszusetzen. Ihr wart so tief in Eure Bücher vergraben und so sehr damit beschäftigt, durch Intrigen ein höheres Amt zu erlangen, daß Ihr keine Zeit hattet, Hofetikette zu lernen.«

Chungtsung wiederholte nur, was ihm der Hofklatsch zugetragen hatte, aber Pei nahm an, daß Wu Jao dahinterstand, und setzte diese öffentliche Beleidigung auf ihre Rechnung. Er fühlte sich zutiefst getroffen. Pei war unbestechlich, spartanisch und genügsam in seinen Lebensgewohnheiten, ein Mann, der durch eigene Kraft hochgekommen war, kein Höfling.

»Zehntausend Entschuldigungen«, beeilte sich Jao zu retten, was noch zu retten war, aber Pei war zu sehr aus der Fassung gebracht, um sie überhaupt zu hören.

»Euer bescheidener Diener«, Pei verbeugte sich, »hat sich im Dienst des Staates makellos verhalten. Wenn Eure Majestät befehlen, daß eine Untersuchung gegen mich eingeleitet wird, kann diese mein Verhalten nur bestätigen.«

»Wenn Ihr so tadellos seid«, unterbrach Chungtsung, »warum habt Ihr dann um Gnade für Li Chingyeh und Li Chingyu gebeten, die der Bestechung und des Amtsmißbrauches überführt wurden?«

Peis verletzte Gefühle lagen offen zutage. »Sie sind die Enkelsöhne eines der größten Diener der Tang, der jemals gelebt hat. Warum sollen wir nicht nachsichtig gegen sie sein, wenn eine Amnestie gewährt wird?«

Wu Jao räusperte sich. »Diese Diskussion bringt die Tagesordnung nicht weiter. Wir sind in einer wichtigen Versammlung des Kronrates, nicht in einem Schulzimmer. Laßt uns zur Geschäftsordnung zurückkehren.«

Wieder wurden ihre Worte überhört oder absichtlich mißachtet.

»Ich werde Euch sagen, warum.« Chungtsungs Stimme zitterte. »Ich war anwesend, als mein Bruder Hung meinem Vater Li Chis letzte Anweisungen an seinen Bruder wiederholte: Jeder seiner Nachkommen, der in seiner Pflicht dem Thron gegenüber versagte, sollte ausgepeitscht werden, selbst wenn es sein Leben kosten sollte. Chingyeh und Chingyu verdienen im Augenblick eher den Tod als die Gnade.«

Im Saal breitete sich betroffenes Schweigen aus. Chungtsung wiederholte diesmal keinen Klatsch, er stellte Tatsachen fest, die ihm bekannt waren. Viele der Minister hatten von Li Chis letzten Worten nichts gewußt. Sie schwiegen und versuchten, sich über ihre Bedeutung klarzuwerden. Auch Pei schwieg.

Mit dem Gefühl, in seiner Rolle als Kaiser die Oberhand gewonnen zu haben, fuhr Chungtsung fort. »Der Name des Sohnes meiner Amme ist Yan Yanhu. Er soll auf die Liste der Ernennungen aus Anlaß meiner Thronbesteigung gesetzt werden. Nehmt das zur Kenntnis.«

Alle Gesichter wandten sich Pei zu. Es war eine Sache der Unmöglichkeit, einen so begehrten Rang und eine solche Stellung einem Analphabeten zu übertragen. Pei jedoch schwieg bis zum Ende der Sitzung und verließ, ohne noch ein weiteres Wort zu verlieren, mit den anderen den Saal, als sie entlassen wurden. Niemand merkte, daß er im Herzen ein unversöhnlicher Feind des jungen Kaisers und der Kaiserinmutter geworden war.

Chungtsung kehrte in seine Wohnräume zurück. Er war mit sich zufrieden und eilte bald in die Halle seiner Mutter, um sich ihre Glückwünsche zu seiner ersten formellen Audienz zu holen. Auch wollte er sich darüber beklagen, wie seine Vorschläge bezüglich seines Schwiegervaters aufgenommen worden waren.

»Warum hast du den Obersten Staatskanzler beleidigt?« waren die ersten Worte, die er zu hören bekam, sobald er seinen Fuß über die Schwelle gesetzt hatte.

Er fiel aus allen Wolken. »Weil er mir unsympathisch ist. Schon in Changan, als ich für Vater während seiner letzten Krankheit als Regent fungierte, konnte ich ihn nicht leiden, und jetzt kann ich ihn auch nicht leiden!«

»Was hat das damit zu tun, wie du ihn als Beamten, der für öffentliche Angelegenheiten verantwortlich ist, behandelst? Er ist ein hoher Beamter, den man im Kronrat respektvoll anzuhören hat. Höflich. Was dir selbst sympathisch oder unsympathisch ist, hat nichts damit zu tun, wie du als Kaiser die öffentlichen Angelegenheiten behandelst.«

»Das, was ich gesagt habe, stimmt.« Er war nicht bereit nachzugeben. »Und als Kaiser kann ich tun, was ich will.«

Chungtsung war so enttäuscht, daß er seine Mutter nicht beeindruckt hatte, daß er ohne nachzudenken sprach. Jao schwieg und überlegte, wie sie ihm am besten sein Verhalten in der neuen Rolle beibringen konnte. Ihr war klar, daß er im Palast übermäßig beschützt worden war. Dort hatte er nicht darauf achten müssen, ob er sich mit seinen Worten Feinde machte. Er hatte – mehr oder minder straflos – immer sagen dürfen, was er dachte. Zudem unterschied er nicht zwischen Jao der Mutter und Jao dem Staatsoberhaupt.

Sie begann vorsichtig: »Setz dich zu mir und mach es dir bequem. Ich werde alles besprechen, was sich heute im Kronrat zugetragen hat, und dir zeigen, was falsch war. Halte dir vor Augen, daß ein Herrscher seine Regierung im Gleichgewicht halten muß, niemals dürfen Yang oder Yin die Oberhand haben. In der Politik ist es für jede etablierte Regierung tabu, zum Äußersten zu greifen. Strenge Gerechtigkeit ist nicht das Ziel des Kaisers. Gilt es, über Beschwerden zu richten, muß man versuchen, sie zu einem Ausgleich zu bringen, indem man jeder Seite die gleichen Möglichkeiten einräumt. Erst später kann man richten – unauffällig.«

»Ich weiß nicht, wovon Ihr sprecht, mit Yang und Yin und alledem«, entgegnete Chungtsung verärgert. »Wenn ich etwas befehle, will ich, daß man mir gehorcht.«

»Und was geschieht, wenn dir deine besten Beamten aus guten Gründen widersprechen? Was dann?«

»Ich würde sie entlassen und neue einstellen.«

»Wie den Sohn deiner Amme?«

Chungtsung sah mürrisch drein. »Meine Beamten haben mir zu gehorchen, oder sie müssen gehen«, stellte er fest.

»Du sprichst wie ein Heerführer. Schlagt ihnen die Köpfe ab! Du kannst ein Reich nicht vom Rücken eines Pferdes regieren.«

Das Zitat kannte Chungtsung. »Also gut, bringt es mir bei«, lenkte er ein.

Jao versuchte, nach bestem Wissen ihren Sohn zu unterweisen, doch zu ihrer Enttäuschung mußte sie feststellen, daß dieser Sohn einfach nicht imstande war, die Kunst der Politik zu erlernen. Hung und Tan hatten sie gelernt, und Taiping schien Diplomatie wie durch die Poren ihrer Haut aufzunehmen. Chungtsung verstand es einfach nicht, sich in den Standpunkt des anderen zu versetzen, was für einen Kaiser unabdingbar war, wenn er seine politischen Netze auswarf, um seine Fische zu fangen. Sie lehrte ihn, aber er lernte nicht. In jedem Kronrat machte er den gleichen Vorschlag, seinen Schwiegervater zu ernennen, und suchte sich über den Einspruch der Beamten hinwegzusetzen, bis er sich schließlich offenem Widerstand gegenüber sah.

»Es ist unmöglich.« Pei war unerbittlich. »Eure Majestät sollten diese Angelegenheit nicht mehr vorbringen.«

»Und wenn es mein Wunsch wäre, meinem Schwiegervater das ganze Reich zu übergeben, wer könnte mich daran hindern?« Chungtsung war wütend, weil er seinen Willen nicht durchsetzen konnte. Unvermittelt beendete er die Sitzung und verließ die Halle. »Kommt erst zurück, wenn ihr bereit seid zu gehorchen«, schrie er im Weggehen.

Jao überwand ihre Lethargie und lud Chungtsung mit der Kaiserin, Madame Wei, zu einem Abendessen ein. Sie hörte zu, wie sich die Kaiserin lebhaft für ihren Vater einsetzte und wie ihr Sohn alles, was Madame Wei sagte, unterstützte. Auf Jaos Einwände hörten sie nicht. ›Sie verhalten sich wie die Kaiserin Wang und ihr Onkel Liu‹, dachte Jao. ›Sie lassen sich von nichts aufhalten und wollen mit allen verfügbaren Mitteln die Macht an sich reißen.‹

Die Einladung war kein Erfolg, und das junge Paar zog sich bald zurück.

Am nächsten Tag legte Pei das Gesuch vor, Tan, der mit dem Herrschernamen Juitsung hieß, zum Kaiser zu ernennen und Chungtsung abzusetzen, ihm den Titel Prinz Luling und ein Lehen zu verleihen und ihn vom Hof zu entfernen. Chungtsung war nicht anwesend, aber Jao hörte jedes Wort hinter ihrem Vorhang und war tief bestürzt, als die meisten der Minister zustimmten. Sie mußte entscheiden, ob sie sich gegen diesen Vorschlag stemmen oder den Dingen ihren Lauf lassen sollte. Sie ließ ihnen ihren Lauf.

»Ihr und der Unterstaatssekretär, der Gelehrte des Nördlichen Tores Liu Weijer, müßt die Sache gemeinsam mit den Palastwachen durchführen«, wies sie Pei an. »Ich will nicht direkt damit zu tun haben.«

Einige Tage später, als Chungtsung sich herabließ, in der Chienyuan-Audienzhalle den Vorsitz bei einer Vollversammlung des Hofes zu führen, erschien der Kommandant der Palastwache mit seinen Männern und überreichte den von der Kaiserin unterzeichneten Befehl, ihn, Chungtsung, abzusetzen.

»Führt mich zur Kaiserinmutter«, schrie Chungtsung, »und wir werden dieser Beleidigung nur zu bald auf den Grund kommen.«

Als er Jao gegenüberstand, konnte er in ihren Augen keine Vergebung lesen. Seine Erschütterung war grenzenlos. »Was ist mein Verbrechen?«

»Du verstehst noch immer nichts.« Traurig schüttelte sie den Kopf. »Und das ist der Grund, weshalb du nicht länger als der Mann mit der höchsten Entscheidungsgewalt, der in allen schwierigen Fragen des Reiches das letzte Wort hat, fungieren kannst. Du sagst, du hättest kein Verbrechen begangen und bittest mich, dir eine Erklärung zu geben. Du siehst nicht ein, was du getan hast, um dieses Schicksal zu verdienen. Als Kaiser, der einer wichtigen Sitzung vorsteht, wo jedes Wort, das er sagt, aufgezeichnet wird und das Leben von Tausenden beeinflußt, darfst du nicht drohen, nicht einmal zum Schein, du könntest, wenn es dir beliebt, das ›Reich hergeben‹, und schon gar nicht an die Familie deiner

Frau. Ein solches Vorgehen hat sich schon einmal ereignet und wird von jedem Beamten gefürchtet, der jemals chinesische Geschichte studiert hat. Eine solche Aussage erregt Aufsehen und wird ernstgenommen. Nichts, was du den Ministern sagen könntest, könnte sie mehr erschrecken … und du erkennst es nicht einmal.«

Chungtsung sank unter ihrer Anklage sichtlich zusammen. Tan, der anwesend war, streckte mitfühlend die Hand nach seinem Bruder aus.

Jao wurde milder. »Du bist ein guter Mann, Chung, offen und ehrlich. Du hast die Fähigkeit, das Leben in der richtigen Umgebung zu genießen, weit entfernt vom Wirbelsturm der Machtpolitik. Ich werde dich aufs Land verbannen und in die Berggegend schicken, die du am liebsten hast, in ein Hochtal, das bewacht werden kann. Du wirst deine Frau und deine Kinder bei dir haben, dich an Unterhaltungen und Musik erfreuen und ein Leben ohne fremde Einmischung führen, wie es dir zusagt. Kaiser zu sein ist eine schwere Aufgabe. Dein Vater liebte sie niemals, aber er besaß absolutes Pflichtgefühl, also führte er sie durch. Du mußt nicht Kaiser sein. Nutze die Gelegenheit, dich zu befreien.«

Taiping, die in der Ecke mit den Hunden spielte, klatschte in die Hände. »Ja, Chung, das wird wunderbar sein. Du wirst wie im Paradies leben, und ich werde dich oft besuchen.«

Wieder streckte Tan den Arm aus und legte ihn um die Schultern des Bruders, doch Chungtsung schüttelte ihn ab. Ohne Rücksicht auf das Protokoll stürmte er aus dem Zimmer seiner Mutter.

»Kommt ihr beiden«, sagte Jao, »und setzt euch nahe zu mir. Ich möchte mit euch reden. Was denkt ihr über das alles?«

Tan zuckte die Achseln. »Taiping und ich haben endlos über Chungtsung gesprochen. Unser Gefühl für ihn hat sich nicht geändert, auch wenn er jetzt in Ungnade gefallen ist. Aber Ihr habt die einzig richtige Entscheidung getroffen.«

Taiping fiel ihm ins Wort. »Chung hat niemals gewußt, was in anderen Menschen vorgeht, wenn man es ihm nicht erklärt hat, und selbst dann hat er sich nicht entsprechend verhalten. Er ist immer beleidigt, wenn man seinen Willen nicht akzeptiert, weil er immer glaubt, im Recht zu sein. Und seine Frau Wei steht ihm darin in nichts nach. Sie benehmen sich, als besäßen sie die gleiche Autorität wie Ihr oder unser Vater, ohne Eure Erfahrung und Euer Ansehen in Betracht zu ziehen.«

»Habt Ihr nicht vielleicht zuviel vom armen Chungstung erwartet?« warf Tan leicht hin.

Jao sah ihn fragend an.

»Ihr habt – nach Vaters Letztem Willen – erwartet, er würde Vaters Platz einnehmen und ihr beide würdet das Reich als Paar regieren, so wie es all die Jahre zuvor geschah, nicht wahr? Wahrscheinlich dachte Vater ebenso, nach der Art zu schließen, in der er sein Testament abfaßte. Doch mit Chungtsung konnte das nicht gelingen. Er kann die Macht mit niemandem teilen. Er muß entweder Führer oder Anhänger sein. Bei unseren Kinderspielen folgten wir entweder seinen Befehlen oder er den unseren – was er oft genug tat, um uns Freude zu machen.«

Die Gefühle gingen mit Tan durch, und das Stottern, das ihn manchmal befiel, machte sich bemerkbar. »M-M-Meinungen auszutauschen, g-g-gemeinsam Rätsel zu lösen wie Ihr und Vater, das ist nicht seine Sache.«

»Wahrscheinlich hast du recht«, stimmte Jao zu. »Aber was soll jetzt geschehen? Ich will meine Kinder vor ihren und ihres Vaters Feinden schützen. Ich will es, und ich werde es tun. Aber nur soweit es möglich ist. Willst du den Posten übernehmen?« wandte sie sich an Tan.

»W-W-Welchen Posten?« Er wollte sichtlich Zeit gewinnen und gab vor, den Sinn ihrer Frage nicht zu verstehen.

»Tu es nicht!« Taiping geriet aus der Fassung. »Laßt Tan nicht den Thron besteigen! Er ist das Gegenteil von Chungtsung, er weiß genau, wie man mit Menschen umgeht, wie man seinen Willen durchsetzt, und wird seiner selbst – und der Welt – überdrüssig, wenn es ihm gelingt. Er durchschaut Menschen mit einem Blick, aber er hält nicht viel davon, sein Leben als Kaiser zu verbringen. Tan wäre einfach nicht der Richtige für den Thron!«

Jao sah zwei Augenpaare auf sich gerichtet, beide einander so gleich, sie holte tief Luft.

»Eure Kinder sind eine große Enttäuschung für Euch, nicht wahr?« Taiping ergriff die Hand ihrer Mutter.

»Keiner von Euch scheint sowohl einen Sinn für Politik als auch den entsprechenden Willen zu haben. Dabei wurde euch jede Möglichkeit geboten, aus Anschauung zu lernen.«

»Nicht jede Möglichkeit, vor allem nicht die, auf die es ankommt«, korrigierte Tan. »Ihr wart z-zwei«, fügte er, diesmal in ernstem Ton, hinzu. »Ihr scheint nicht zu wissen, daß Ihr und Vater eine unbesiegbare Gemeinschaft wart. Jeder für sich allein war politisch ein Krüppel – Vater wegen seiner Krankheit, Ihr, weil Ihr eine Frau seid –, gemeinsam aber wart ihr unschlagbar. Wie lange habt ihr zusammengearbeitet? Dreiunddreißig Jahre? Und letzten Endes immer erfolgreich, in allem, was ihr unternommen habt, trotz Krankheit, Geburten, Aufständen, Verrat. Wir wußten niemals, wo der eine aufhörte und der andere begann.«

»Er meint, was er sagt«, stimmte Taiping zu. »Während andere Herrscher die Lage in den Griff bekommen, indem sie auf der einen Seite absolute Macht, auf der anderen absoluten Gehorsam herstellen, habt ihr beide irgendwie gemeinsam regiert, und niemand wußte je, wer verantwortlich war.«

Tan nützte diese einmalige Gelegenheit, um aufrichtig mit seiner Mutter zu sprechen. »K-Keiner von euch wäre ohne den anderen erfolgreich gewesen. Tatsächlich ist im ganzen Reich niemand zu finden, der den Platz von euch beiden einnehmen könnte. Es wird Schwierigkeiten geben, weil Dutzende es versuchen werden.«

»Er meint«, unterbrach Taiping hastig, »Chungtsung kann nicht auf Eure Weise regieren, und Tan will es nicht versuchen.«

In traurige Gedanken versunken, blickte Jao ihren Sohn an. Er erwiderte den Blick so fragend, daß sie aufmerksam wurde. »Was möchtest du mir sagen?«

»W-Wer will schon scheitern?« lautete seine Antwort.

»Scheitern? Kaum ... da ich immer da sein werde, um dir zu helfen«, setzte sie hinzu.

»Das ist es ja gerade.« Tan sprach so leise, daß Jao seine Worte nicht gleich verstand. Diesmal versuchte Taiping nicht, den Sinn dieser Worte zu erklären, denn sie wußte, daß sie damit die gefährliche Grenze zwischen der Staatskunst und dem persönlichen Leben ihrer Mutter überschreiten würde.

»Du könntest es versuchen.« Jao war es ernst mit ihrem Vorschlag. »Du bist der Klügste von euch allen.«

»Das macht es noch schwerer«, gestand er.

»Was willst du also?«

»Schutz vor Menschen, die mich benutzen wollen, um den Thron für sich selbst zu erobern. Nehmt Chungtsung. Erst zwei Monate auf dem Thron, und schon will ihm der Erste Minister an die Gurgel und die meisten der anderen Minister ebenso. Alle reden über den Sturz Chungtsungs und hoffen, daß der Sturz anderer folgen wird – Eurer, meiner, vielleicht der ganzen kaiserlichen Familie.« Spöttisch zuckte er die Achseln.

»Welch ein Unsinn. Was bist du doch für ein Schwarzseher.«

»Es liegt somit nur an Euch, uns alle zu retten.« Diesmal war nichts von Spott zu hören.

»Nach dem Fiasko von Chungtsungs Regentschaft werde ich ganz sicher etwas zu unserer Rettung unternehmen.« Der Ton in Jaos Stimme erschreckte ihre Kinder. »Aber ich muß genau wissen, wozu ihr jungen Leute gut seid, was ihr von mir erwartet ...«

»Ich hatte bis jetzt ein gutes Leben«, grübelte Tan. »Ich bin gerne in Loyang. Ich liebe diese Paläste und Parks. Sie sind meine Heimat. Macht mich zum Kaiser, wenn Ihr wollt, aber nur dem Namen nach. Ihr wißt, wie man regiert, und Ihr versteht es ausgezeichnet. Regiert weiter und laßt mich leben wie bisher. Dort, wo es in meiner Macht liegt, werde ich Euch gerne helfen.«

Jao wandte sich an Taiping. »Und du?«

»Auch ich werde Euch immer helfen.«

Nachdem Sohn und Tochter gegangen waren, blieb Jao allein im Dunkeln sitzen. Sie schickte die Diener fort, die Lampen hereintrugen, ließ aber eine Pfanne mit glühender Holzkohle in das kalte Zimmer stellen. Sie mußte mit sich selbst ins reine kommen, sich damit auseinandersetzen, daß keines ihrer Kinder zum Herrscher geeignet war. Hung war geeignet gewesen, doch er hatte sie verlassen. Kaotsungs Milde hatte allen anderen Kindern erlaubt, ihre eigenen Wege zu gehen und den Ruf der Pflicht nicht zur Kenntnis zu nehmen. Zum ersten Mal sah sie den Tatsachen ins Auge und wurde von ihrer Enttäuschung überwältigt. Tan besaß die Fähigkeit, aber nicht den Willen. Hinzu kam dieses lächerliche Stottern, wenn er sich aufregte. Es würde in jedem Teehaus des Reiches nachgeäfft werden und das Ansehen des Thrones untergraben.

Vor der Tür lösten die Wachen einander ab. Die Diener warteten im Vorraum, doch Jao beachtete niemanden. Schließlich erregte ein leiser

Wortwechsel vor der Tür ihre Aufmerksamkeit. Dann betrat jemand das Zimmer und erwies ihr eilig die Ehrenbezeugungen. Es war Chengssu.

»Was soll das? Was erlaubst du dir? Ich habe angeordnet, daß mich niemand stören darf.«

»Verzeiht mir, Majestät!« Unterwürfig hatte Chengssu die Nase im Teppich vergraben.

»Nun?« fragte Jao nach einer langen Pause.

»Es scheint mir der richtige Zeitpunkt, Eurer Majestät meine Dienste anzubieten«, stammelte er demütig, während er Jao einen berechnenden Blick zuwarf. Ihr Gesicht über ihm war im matten Schein des Feuers kaum zu erkennen.

»Du bist bereits in meinen Diensten. Auch wenn du im Palast eine bevorzugte Stellung einnimmst, kannst du nicht in dieser Weise zur Kaiserin vordringen. Du mußt verrückt sein –«

»Zu meiner Kaiserin vordringen?« wiederholte er. »Nein, nein, nicht zu meiner Kaiserin, sondern zu meinem Kaiser«, murmelte er.

Jao blickte ihn finster an. »Du bist wahrlich verrückt. Der Himmel bewahre mich vor den Diensten eines Verwandten, der so gefährliche Worte spricht.«

»Kaiser«, betonte Chengssu hartnäckig, »nicht Kaiserin.« Er hatte den Wechsel der Kronprinzen begierig verfolgt. Sanssu hatte ihm geholfen, das Leben und Treiben der kaiserlichen Nachkommenschaft auszuspionieren. Er kannte die Probleme, die Jao mit ihren Kindern hatte, genau und wollte sich nicht die Gelegenheit entgehen lassen, seine eigenen Interessen zu verfolgen.

»Es ist der richtige Zeitpunkt, Euch zu erklären, daß ich vollkommen zu Eurer Verfügung stehe, der richtige Zeitpunkt, Euch meiner lebenslänglichen Treue zu versichern, meine gehorsamen Dienste anzubieten und darzulegen, daß ich die Ernennung Eurer Majestät zum Kaiser unterstützen werde. Niemand im Land könnte fähiger sein.«

Jao erwachte aus ihrer Lethargie. »Chengssu, du darfst so gefährliche Gedanken nicht aussprechen … du darfst sie nicht einmal denken. Ich bin eine Frau und aus dem Geschlecht der Wu und würde sofort mit allen Mitteln bekämpft, vermutlich sogar ermordet werden, wenn auch nur die Andeutung einer solchen offenen Machtergreifung bekannt würde. Es ist undenkbar. Ich werde deinen Irrtum dieses eine Mal übersehen, aber hüte dich, jemals wieder davon zu sprechen. Ich schätze das Angebot deiner Dienste und werde mir überlegen, auf welche Weise du mir dienen kannst. Und jetzt geh!«

Tan wurde ordnungsgemäß als Kaiser Juitsung auf den Thron erhoben, während die Regierung in Wahrheit in Jaos Händen lag. Um der neuen Regierung ihr persönliches Gepräge zu geben, änderte sie die Namen aller zentralen Regierungsämter. Das Ministerium für Staatsangelegenheiten, die wichtigste Regierungsstelle, nannte sie Himmel und die nächstwichtigste, das Ministerium für Landwirtschaft, Erde. Das Sekretariat wurde zur Terrasse des Männlichen Phönix, die Staatskanzlei zur Terrasse des Weiblichen Phönix. Das Ritualministerium hieß nun Frühling, das Kriegsministerium Sommer, das Justizministerium Herbst und das für Öffentliche Arbeiten erhielt den Namen Winter.

Die würdevollen, konservativen Minister fanden es beschämend, so seltsame Namen für ihre Ämter gebrauchen zu müssen. Am schlimmsten aber war, daß Jao ihre Ahnen zu Himmlischen machte, die Hauptstadt nach Loyang verlegte und der neuen Hauptstadt einen anderen Namen gab. Loyang hieß von nun an Shendu, Heilige Hauptstadt, und Changan rückte an zweite Stelle. Als sie sich dem empörten Widerspruch der Reichen der Stadt gegenüber sah, erkannte sie, daß Changan zu wichtig war, um übergangen zu werden. Sie beschloß, Liu Jen, ihren fähigsten Minister, zum Vizekaiser zu ernennen. ›Ich bin sicher, daß er eine solche Ernennung begrüßen wird‹, dachte sie, ›da der Palast, den er von Kaotsung als Geschenk für seine Dienste in Korea erhalten hat, in Changan liegt.‹

Liu lehnte die Ernennung ab. Er schrieb, er sei zu alt und nicht mehr bei Kräften. Er erinnerte sie auch an die Katastrophen, die Kaiserin Lu durch ihre Einmischung in Hofangelegenheiten verursacht hatte. Jao ärgerte sich über den Tadel, doch da sie Liu für ihre Pläne brauchte, schrieb sie ihm einen vertraulichen Brief, in dem sie ihm ihr Vorhaben erläuterte.

Juitsung habe einen Sprachfehler, erklärte sie, deshalb sei sie gezwungen, einige seiner Funktionen zu übernehmen, um den Thron vor dem Spott des gemeinen Volkes zu bewahren. Sie bat ihn, seine Ablehnung zu widerrufen, stimmte mit ihm überein, was die Kaiserin Lu betraf, und versicherte ihm, sie hege keinesfalls die Absicht, diese Kaiserin jemals nachzuahmen. Dann ließ sie Chengssu kommen.

»Du hast dich angetragen, mir in allem, was ich von dir verlange, zu gehorchen. Ich will, daß du mir als Kurier dienst. Als erste Aufgabe sollst du einen äußerst vertraulichen Brief an General Liu Jen überbringen. Dem Brief liegt ein Amtssiegel und eine formelle Ernennung bei. Willst du diesen Auftrag übernehmen?«

Chengssu verneigte sich tief. »Ich stehe Euch zu Diensten, Majestät! Mit Leib und Seele. Und ich werde Euren Auftrag rascher ausführen als irgendein anderer. Ihr werdet sehen!«

Jao lächelte ermutigend. Ihr Neffe verbeugte sich und verließ rückwärts schreitend den Raum. ›Er kennt seine Hofmanieren‹, dachte sie.

Die Wochen bis zu seiner Rückkehr schienen Jao rasch vergangen zu sein, so bald stand Chengssu wieder vor ihr. Jao las Lius Antwort – der General hatte ihre Erklärungen und Versicherungen zur Kenntnis genommen und war bereit, die Ernennung anzunehmen. Sie rollte das Schriftstück wieder zusammen und lächelte befriedigt.

»Gut gemacht, Neffe. Ich danke dir und werde dich belohnen – mit einer Anstellung im Ministerium für Staatsangelegenheiten. Man wird dir weitere wichtige Aufgaben zuteilen.«

»Ich werde fleißig arbeiten«, versicherte Chengssu aufgeregt. »Ich werde Eure Majestät bis zu meinem letzten Atemzug unterstützen! Und die Familie Wu in jeder Weise fördern ... Eure Majestät wird für mich immer an erster Stelle stehen ... Eure Majestät, die Huang – der Kaiser – und nicht Huanghou – die Kaiserin – sein sollte.«

»Schluß jetzt, sofort! Nicht so schnell – es erregt zu großen Anstoß. Eine Wu-Dynastie darf es während einer Tang-Dynastie nicht geben. Sprich mit niemandem darüber, auch nicht im Flüsterton, und befasse dich nicht einmal in Gedanken damit. Doch wenn es dein Wunsch ist, darfst du die Interessen der Familie Wu im Auge behalten.«

»Ja, Eure Majestät.« Beeindruckt aber war Chengssu von ihren Worten nicht. Er verneigte sich tief und ging.

Da es ihr Freude machte, ihre Familie zu fördern, hielt Jao das Versprechen, das sie Chengssu gegeben hatte. Im Unterschied zu ihren Kindern war er wenigstens ein tüchtiger und engagierter Mann der Politik. Um ihm die Möglichkeit zu geben, das Ansehen der Familie Wu zu erhöhen, betraute sie ihn mit der Aufsicht über den Bau eines neuen eindrucksvollen Ahnenschreins. Auch hinderte sie ihn nicht daran, eine Interessengruppe zu bilden, die einen Wechsel der Dynastie anstrebte. Allerdings war sie außerstande, ihn ganz ernst zu nehmen.

»Jetzt ist die Gelegenheit! Die Vorzeichen sind günstig!« versicherte er ihr immer wieder.

»Ja, ja«, beruhigte ihn Jao jedesmal, »aber wir müssen abwarten, bis die Opposition etwas schwächer wird. Wir dürfen nicht so naiv sein zu glauben, daß sich ein solcher Wechsel problemlos vollziehen läßt.«

Anläßlich der Wiederkehr von Kaotsungs Todestag wurde eine Gedenkfeier abgehalten, an der alle Kinder und Enkelkinder sowie elf Wu-Verwandte teilnahmen. Der Winter war kurz. Der Frühling setzte zeitig ein und ging in die Regenzeit über, der ein heißer August folgte. Ein großer Komet erschien, dessen riesiger Schweif den halben Himmel bedeckte. Er blieb viele Nächte lang sichtbar. Jao war von dieser Erscheinung bezaubert. Jede Nacht beobachtete sie viele Stunden lang seinen leuchtenden Weg über den dunkeln Himmel, und allmählich begann sie, in diesem Schauspiel am Firmament ein Zeichen zu sehen, daß der Himmel mit ihr zufrieden war. Bis ins Innerste aufgewühlt, fing sie an, sich als einzigen wahren Herrscher zu sehen. Und es war bezeichnend, daß sie von nun an die Herrschernamen ihrer Söhne nicht mehr gebrauchte.

In der zehnten Nacht des Erscheinens des Kometen war eine Gruppe von ungefähr zwanzig jungen Männern in einer Schiffsgaststätte in Yangchow versammelt, um zu feiern. Es waren gutaussehende Männer um die Dreißig, alle aus reichen Familien, ruhelos und vergnügungssüchtig. Doch sie waren auch Rebellen. Ihr Gastgeber, Li Chingyeh, ein Enkel Li Chis, blickte selbstzufrieden in die Runde. Sein Bruder Li Chingyu hatte seine Füße auf das Geländer gelegt. Seine Kumpane, Wei, Tang, Lo und Hsueh, umringten ihn. Die meisten von ihnen waren Verbannte und eben erst in der märchenhaften Seidenstadt im Yangtse-Delta angekommen.

Die Gesellschaft hatte das obere Deck der Gaststätte für sich allein. Es gewährte einen freien Blick auf das Wasser, die blinkenden Lichter jenseits des Flusses und den Himmel, der von dem Kometen erleuchtet war. Laternen, die abgeschirmtes Licht gaben, hingen am Geländer und warfen Schatten auf die glatte Oberfläche des Wassers. Über ihnen stand der Erntemond.

»Vollkommen«, murmelte Tang, einen Becher in der Hand. »Ein Paradies ... wie kommt es, daß Mistkerle wie wir ein solches Exil verdienen? Geheimnisvolles, wunderbares Schicksal ...« Er hob den Becher und trank dem Mond zu, seine Gefährten lachten. »Man hätte uns in den abscheulichen Süden, nach Hainan oder Vietnam verbannen können ...«

Chingyeh runzelte die Stirn. »Tang, du bist ein verweichlichter Nichtsnutz, überall zufrieden, wo es dir gutgeht. Die Schande der Verbannung, die Entlassung aus dem Amt, die Langeweile ohne Beschäftigung sind an dir abgeglitten, als hätten sie keine Bedeutung.«

»Haben sie auch nicht, jedenfalls nicht viel. Das Leben hier gefällt mir«, entgegnete Tang leicht angeheitert. »Als ich noch in dem stickigen Büro in Changan saß, wußte ich nicht, daß es das Paradies wirklich gibt. Jetzt weiß ich es. Die Behörden haben mir einen Gefallen getan.«

Chingyu lachte und leerte seinen Becher, doch sein Bruder machte ein finsteres Gesicht. »Du hast gut lachen, du Idiot, aber es läßt sich nicht bestreiten, daß die Lage hier für Männer wie uns unerträglich ist. Du bist einfach zu dumm, um das zu begreifen.«

»Nicht zu dumm, nur anpassungsfähig.«

Chingyeh war sichtlich gekränkt.

»Bist du so sauer, weil du von den Höhen der Berühmtheit als Erbe des großen Li Chi herabgestürzt bist?«

»Na, von wegen Größe ... », erwiderte Chingyu. »Nein – wir sind ebenso fähig wie er, vielleicht fähiger, weil wir mehr gelernt haben und weniger willens sind, blind zu dienen. Wir strengen uns einfach weniger an als er. Ich spreche im Ernst. Was für eine Zukunft haben wir hier? Wir können nicht in die Hauptstadt zurückkehren oder unsere Ämter zurückerhalten, solange dieses Teufelsweib an der Macht ist. Ich habe gehört, daß einige ihrer höchsten Beamten nur auf die Gelegenheit warten, sie loszuwerden.«

»Du hast recht«, mischte sich Ex-Zensor Wei ein.

»Natürlich habe ich recht. Diese Frau hat sogar ihre eigenen Söhne des Thrones beraubt, und die Minister haben sie dabei unterstützt, auch der verschlagene Pei. Für uns gibt es keine Hoffnung, seit sie die Macht an sich gerissen hat.«

»Ich bin mir da nicht so sicher.« Hsueh besaß immer noch seine Stellung als Zensor, hatte sich aber den Rebellen angeschlossen, weil man ihn nicht befördert hatte. »Sie kann ein großes Hindernis nicht überwinden – es gibt kein Gesetz und kein Beispiel für ihr Vorgehen, solange ein erwachsener Sohn im Amt ist. Sie hat überhaupt keinen Anspruch. Mein listiger Onkel Pei unterstützt sie nach außen hin, doch in Wahrheit isoliert er sie.«

Die Gesellschaft verfiel in Schweigen. Das Wasser schlug an die Bootsplanken. Von fern erreichten sie gedämpfte Geräusche, das Klappern von Geschirr, das Lachen von Zechern.

»Dein Onkel?« Tang war plötzlich nüchtern geworden. »Pei Yen ist dein Onkel? Er ist der mächtigste Minister, den es jemals gegeben hat. Er vereinigt die drei Hauptadern der Regierung in seiner Hand. Wie kommt es, daß ihr alle hier sitzt, in Ungnade? Was tut ihr noch hier?«

Wei leerte seinen Becher und warf ihn über Bord. »Wir warten!«

Daraufhin sprachen alle gleichzeitig, doch Chingyehs Stimme war die lauteste. »Wir sitzen alle hier wie junge Hunde, die darauf warten, ertränkt zu werden«, schrie er wütend. »Wir warten, daß sich Yin in Yang verwandelt, ohne daß wir etwas dazu tun. Die Vorzeichen sind günstig, und der Distrikt von Yangchow ist für einen Anfang bestens geeignet. Einen lokalen Aufstand zuwege zu bringen, sollte für alte Kämpfer wie uns nicht schwierig sein.«

Mit lautem Aufprall landeten die Füße vom Geländer auf dem Boden.

»Wir wollen in zwei Tagen hier zusammenkommen und unsere Strategie planen«, fuhr Chingyeh mit hochrotem Gesicht fort. »Wir besitzen genug Erfahrung und Fachkenntnis. Tang hier war ein großer Staatssekretär, Lo Unterschatzmeister. Ich war Gouverneur eines Lehens. Hsueh ist immer noch hochrangiger Zensor. Wir können es schaffen!«

Ein Chor der Zustimmung begrüßte seinen Vorschlag, und die Gesellschaft ging auseinander. Die anfänglich weiche Stimmung, ausgelöst von der Schönheit der Nacht, war verflogen.

Richter Dee blickte auf seine Wasseruhr. Da es für die Eröffnung des Gerichts noch zu früh war, trat er in den Garten, um seine Blumen zu betrachten. Das Rot und Gelb der Zinnien und Chrysanthemen wiederholten sich in den abgefallenen Blättern, die auf den Fliesen des Weges lagen. Die Stille im Garten wurde nur durch die gedämpften Stimmen der Kinder gestört, die im Hof der Familie spielten, und durch die Rufe der vorbeiziehenden Straßenhändler. Dee war ruhelos. Sein Posten als Bezirksrichter stellte keine hohen Anforderungen, er konnte einen Mann wie Dee überhaupt nicht ausfüllen. ›Es ist nicht das, was ich jetzt brauche. Es ist überhaupt nicht das, was ich brauche‹, überlegte er.

Das Hundegebell auf der Straße wurde lauter, und vor dem Tor des Gerichtsgebäudes entstand Unruhe. Er runzelte die Stirn und war im Begriff, nochmals die Zeit zu prüfen, als ein Sekretär eilig in den Hof kam. »Ein kaiserlicher Kurier ist hier«, verkündete der Beamte aufgeregt.

»Mit welchem Auftrag?« Dee erwog mehrere Möglichkeiten, die ihm alle unerfreulich erschienen.

»Er überbringt einen kaiserlichen Erlaß, der, wie er sagt, von höchster Wichtigkeit ist. Der Kurier sieht eindrucksvoll aus – er trägt die Kleider und Insignien des Ministeriums für Staatsangelegenheiten. Er wirkt sehr offiziell.« In seiner Aufregung war der Beamte ganz außer Atem.

»Schicke die Gerichtsbeamten fort und bringe eine Anzeige an der Tür des Gerichtssaals an, daß sich das Gericht auf morgen vertagt. Laß den Kurier im Gerichtssaal warten und biete ihm meinen Platz an. Beauftrage den Schreiber, den hohen Tisch an die Nordseite des Saales zu rücken – nach Süden gerichtet – und stelle ein Gefäß mit entzündetem Weihrauch darauf. Ich werde gleich kommen.«

Richter Dee legte formelle Kleidung an, setzte seine Kappe mit den Flügeln, den Zeichen seines hohen Amtes, auf und begab sich zum Gerichtsgebäude. Er betrat den Gerichtssaal, indem er wie gewöhnlich hinter dem mit einem Einhorn verzierten Wandschirm hervortrat. Der Kurier erhob sich sofort. Er hielt ein in gelbe Seide gehülltes Kästchen in den Händen. Obwohl er von kleiner Gestalt war, hielt er sich sehr gerade, und Dee erkannte, daß er eine wichtige Persönlichkeit vor sich hatte.

»Willkommen im Gericht des Bezirkes von Hangchow«, begrüßte Dee den Kurier.

»Ich danke Euch, Euer Ehren.« Ernst verbeugte sich der junge Mann. »Ich bin gekommen, um eine wichtige Botschaft der Kaiserin zu überbringen. Mein Name ist Wu Chengssu.«

»Seid willkommen, Wu Chengssu.« Richter Dee führte seinen Gast zu dem hohen Tisch.

Wu hob das Kästchen zeremoniell in Augenhöhe und stellte es neben das Weihrauchgefäß auf den Tisch. Dee warf frische Weihrauchkörner in das Gefäß und verneigte sich neunmal davor. Dabei überlegte er, was an dem Erlaß so wichtig sein konnte, daß solche Formalitäten notwendig waren.

Nachdem er sich wieder aufgerichtet hatte, enthüllte Wu Chengssu das Kästchen, öffnete es und entnahm ihm eine auf gelben Brokat gespannte Schriftrolle. Auch er warf noch einige Weihrauchkörner in das Gefäß, dann sagte er: »Der Erlaß wird nun verlesen.«

Mit klopfendem Herzen rollte Dee sorgfältig die Schriftrolle mit beiden Händen aus. Er hielt sie hoch, damit das kaiserliche Siegel sich höher als sein Kopf befand, und begann laut zu lesen: »Wir folgen ehrerbietig dem hohen Beispiel Unserer Vorfahren in ihrer Vorgehensweise, verdiente Beamte in Stellungen zu berufen, in denen sie ihre Gaben frei entfalten können, in Erfüllung ihrer Pflicht zu Uns oben und zu den Menschen unten. Dee Jenjer aus Taiyuan, jetzt Richter im Hangchow-Distrikt in Shantung, der treu seine Pflicht erfüllt, Unrecht gegen Unterdrückte zu sühnen und Übeltäter zu bestrafen, der Uns auf diese Weise von Sorge befreit und dem Volk Frieden bringt, wurde Uns vom Ministerium für Staatsangelegenheiten empfohlen ...«

Dee hielt inne, um Atem zu schöpfen. Schweiß stand ihm auf der Stirn, und sein Herz klopfte erwartungsvoll. Er las weiter. »Wir sind infolge dringender Staatsangelegenheiten, die Uns weder bei Tag noch bei Nacht ruhen lassen, zu der Entscheidung gelangt, daß Wir Männer von außergewöhnlichen Gaben brauchen, um Uns zu unterstützen. Daher erlassen Wir dieses Edikt, das den genannten Dee mit sofortiger Gültigkeit an Unser Zensoramt in der Hauptstadt beruft. Zittert und gehorcht!«

Dee verbarg seine Freude hinter einer ernsten Miene, rollte das Schriftstück sorgfältig auf, hüllte es wieder ein und legte es in das Kästchen. Dann wandte er sich der Richtung zu, in der die Hauptstadt lag, und verneigte sich wieder in tiefer Dankbarkeit.

Bei Sonnenuntergang, als der Komet schwach leuchtend seinen Schweif über den westlichen Himmel zog und die Sonne tiefrot unter ihm versank, kamen Li Chingyeh und seine Gefährten wieder in der Gaststätte zusammen. Nur das schlichteste Essen wurden geboten. Chingyeh legte keinen Wert auf Förmlichkeiten.

Während die anderen noch mit dem Essen beschäftigt waren, stand er auf und las ihnen seine Pläne vor. »Weis Kollege, unser Freund Hsueh hier, ist als hoher Beamter des Zensoramtes immer noch sehr angesehen. Er ist nicht wie wir in Ungnade gefallen.«

»Hört, hört ...« ließ sich eine Stimme unter dem Lachen und Spotten der anderen vernehmen. Chingyeh fuhr fort, als hätte er nichts gehört. »Hsueh sollte in fünf Tagen mit einem Kontingent Wachen in Yangchow eintreffen. Er wird als Zensor der Zentralregierung seinem Dienst nachkommen. Inzwischen wird Wei, ebenfalls als diensthabender Beamter, Hsueh mitteilen, daß der Gouverneur von Yangchow ein Verräter ist, der einen Aufstand plant. Einer von uns wird als Militärgouverneur mit einem gefälschten Erlaß auftreten, der ihn ermächtigt, den Gouverneur hinrichten zu lassen und das kaiserliche Gericht, das Zeughaus und die Schatzkammer zu übernehmen. Du, Hsueh, und du Wei, seid ihr bereit, euch zur Durchführung dieser Aufgabe zu verpflichten? Für den Aufstand? Zum Vorteil aller?«

Bewegt stimmten beide Männer zu. Dann gab Chingyeh seinem Bruder Chingyu einen leichten Rippenstoß.

»Ah ..., ja ... da ist noch die wichtige Entscheidung zu treffen, wer das Kommando führen soll«, sagte dieser. »Mein Bruder ist der einzige, der dazu in der Lage ist. Chingyeh muß die gefährliche Rolle des Militärgouverneurs übernehmen. Er soll es sein, der den Erlaß ausführt und – mit starkem Herzen – uns in diesen historischen Aufstand führt.«

»Kein Aufstand – Restauration!« rief Chingyeh unter Beifallsrufen. Aufgeregte Stimmen wurden laut, und Chingyeh blickte hastig über das verlassene Deck, um zu sehen, ob jemand zuhörte. Das Deck war leer, nur ein Schankbursche lud geschäftig schmutziges Geschirr auf sein Tablett. Chingyeh stand feierlich vor seinen Freunden. Er war ein gutaussehender, muskulöser Mann – der ideale Anführer für das, was ihnen vorschwebte.

Er nahm ihren Beifall entgegen und fuhr fort. »Ich habe ein zweites

Dokument entworfen, einen Erlaß, der mich ermächtigt, Truppen auszuheben, um die Rebellion zu unterdrücken – in einer anderen Provinz, um die Behörden hier nicht zu alarmieren. Ich habe beide Dokumente bei mir, damit ihr entscheiden könnt, ob sie gut genug sind, die Behörden zu täuschen. Und noch eines: Ich werde diesen Kampf mit einer feurigen Ankündigung an das Volk hier in Yangchow einleiten, die alle überzeugen wird, daß unsere Aktion die Restauration zum Ziel hat und die Wiedereinsetzung des rechtmäßigen Herrschers. Das wird die Augen – und die Herzen – der Menschen gefangennehmen.«

Die Dokumente wurden herumgereicht und rasch gutgeheißen.

Dann schob Chingyeh Lo vor. Lo Pinwang war klein, unansehnlich und blaß. Er war so schüchtern, daß sich niemand vorstellen konnte, er wäre imstande, einem Menschen Widerstand zu leisten, nicht einmal seiner Frau.

»Lo hier ist ein wahrer Dichter«, Chingyeh schlug mit den Eßstäbchen an seine Schale, um die Aufmerksamkeit auf sich zu ziehen, »ein wahrer Dichter, und ein feuriger dazu. In seiner Propagandaschrift für uns hat er sich selbst übertroffen und bewiesen, wie unangenehm er sein kann, wenn er sich keine Zügel anlegt. Er soll vorlesen.«

Alle wurden neugierig, als Lo langsam aufstand.

»Ich habe einen Angriff verfaßt, in unsterblichen Worten.« Los Stimme klang schüchtern. Dann rollte er sein Schriftstück so schwungvoll aus, daß alle lachten. »Dies ist ein Gedicht über eine Frau. Wartet, lacht nicht, hört mir zu: ›Die Thronräuberin Wu, die unter falschen Vorspiegelungen den Thron für sich in Anspruch nimmt, ist von niedriger Geburt. Als gemeine Dienerin Taitsungs kam sie an den Hof, als bloße Handtuchhalterin des Kaisers. Hinter Taitsungs Rücken warb sie um die Gunst seines Sohnes, den sie mit ihren geilen Künsten und den Ränken der Füchsin umgarnte. Ihre Eifersucht trieb sie dazu, die Kaiserin Wang mit Füßen zu treten und unseren Herrscher zu seiner inzestiösen Beziehung zu verführen. Mit dem Herzen der Schlange und der Grausamkeit einer Bestie aus dem Dschungel verfolgte oder vertrieb sie treue Minister und umgab sich nur mit schlecht beleumundeten Menschen.‹«

»Hört, hört«, unterbrach Hsuch. Lo sah ihn entschuldigend an. »Es tut mir leid, deinen Onkel Pei zu beleidigen, aber meine Lügen müssen

Eindruck machen. Doch jetzt kommt erst das Beste: ›Sie tötete ihre Schwester und erschlug ihre Stiefbrüder, sie ermordete den Kaiser, sie vergiftete ihre Mutter. Nun hat sie mit der teuflischen Absicht, den Thron endgültig an sich zu reißen, ihre Söhne ins Gefängnis geworfen und ihre diebischen Verwandten in hohe Stellungen eingesetzt. Zutiefst empört über diese Vorfälle hat sich Li Chingyeh, dessen Familie vom Kaiser mit den höchsten Ehren bedacht wurde, zum Ziel gesetzt, der Tang-Dynastie wieder zu ihren Rechten zu verhelfen, in der Überzeugung, daß dies dem Willen des Volkes entspricht. Er ist es, der nun das Banner erhebt, um die satanische Tyrannin zu vertreiben. Die Kriegstrommel dröhnt, die Fahne weht. Von der Ebene Yuehs im Süden bis zu den Bergen und Flüssen des fernen Nordens wird man das Hufgetrappel der Pferde hören. Der Kriegsschrei der Soldaten läßt die Berge erbeben, Schlachtrufe durchbrechen das Schweigen des Himmels. Unsere Sache ist gerecht, ihre Kraft ist unwiderstehlich. Sammelt euch unter ihren Fahnen. Der Sieg ist sicher!‹«

Umständlich rollte Lo das Schriftstück wieder zusammen. Seine Zuhörer reagierten mit Hochrufen und Beifallsklatschen. Als sich der Lärm gelegt hatte, forderte Chingyeh: »Hebt eure Fäuste, wenn ihr der Veröffentlichung dieser Schrift zustimmt.«

Alle Fäuste hoben sich. Chiengyeh begann, seine Unterlagen einzusammeln. »Das ist alles. Du, Tang, wirst es übernehmen, den Aufruf drucken und ihn in so vielen Städten wie möglich veröffentlichen zu lassen.«

»Meinst du nicht, mit dem Pinsel kopieren?« berichtigte Wei, der Perfektionist.

»Schneide den Text in Holz ein, rolle das Holz in Tinte und drucke die Kopien«, erklärte Chingyeh ungeduldig. »Wie es die Buddhisten machen, wenn sie die Aussprüche Buddhas unter die Pilger verteilen.«

Wei sah auf. »Eine neue Methode? Nun, ich glaube, es ist eine gute Idee – sie spart Zeit. Los Worte sind mindestens ebensogut wie die Aussprüche Buddhas.«

Einige lachten belustigt, dann gingen die Männer rasch auseinander.

Zehn Tage später ritt Chingyeh als falscher Militärgouverneur an der Spitze von einem Dutzend Reitern in Yangchow ein. Alles verlief wie geplant. Er errichtete sein Hauptquartier im Gerichtsgebäude, ließ den Gouverneur gefangennehmen und hinrichten, öffnete die Gefängnisse, um sein Heer zu vergrößern und warb an die hunderttausend Soldaten an. Der Gouverneur einer benachbarten Provinz trat mit seinen drei Distrikten nördlich des Flusses zu den Rebellen über. Mehrere Schlachten wurden gewonnen, und nur Hsui-i, eine kleine Bergstadt, leistete erfolgreich Widerstand. Im Siegesrausch änderte Chingyeh seine Ziele. Er sprach nun davon, Nord- und Südchina wieder teilen zu wollen und in Nanking den Thron des Südens selbst zu besteigen.

Die schlechte Nachricht über den Aufstand erreichte Jao, nachdem die Rebellen die ersten eindrucksvollen Siege errungen hatten. Bei einer von den Ersten Ministern einberufenen Dringlichkeitssitzung hörte sie sich die Berichte an.

»Ist das alles?« wollte sie schließlich wissen.

»Nein, Majestät«, einer der hochrangigen Sekretäre zögerte. »Da ist noch dieser Aufruf, den unser Agent von einem Stadttor gerissen hat. Es ist nur Propaganda, unwichtig, der Aufmerksamkeit nicht wert, doch es zeigt, mit welchen Mitteln diese Abtrünnigen arbeiten. Ich hielt es für notwendig, darüber zu berichten ...«

»Lest vor!«

»Laut? Hier?« Seine Stimme zitterte. »Gewiß, wenn Eure Majestät befehlen, ich würde es aber lieber nicht tun –«

»Lest!«

Als er Los gehässigen Angriff zu Ende gelesen hatte, herrschte im Saal entsetztes Schweigen. Der Beamte rollte das Plakat mit bebenden Händen wieder ein, während seine Kollegen den Kopf beugten und in Todesangst auf den losbrechenden Sturm warteten. Jaos Schultern zuckten in unterdrücktem Lachen. Was für ein Theaterdonner – wie bei einem Kind von vier Jahren, das einen Wutanfall bekommt. Die Albernheit solcher unreifer Beschimpfungen, so voller Lügen, kam ihr unendlich lächerlich vor. Ihr Leben im Palast, das seinen dreitausend Einwohnern genau bekannt war, strafte jede Anschuldigung Lügen.

Sie bezähmte ihre Heiterkeit und fragte: »Wer hat das geschrieben?«

»Lo Pinwang, ein ehemaliger Beamter des Schatzamtes«, murmelte der Sekretär.

»Man muß den Minister für Beförderungen tadeln, ein solches Talent wie dieses übersehen und zugelassen zu haben, daß dieser Mann Lo unbekannt geblieben ist«, bemerkte sie im Plauderton. »So elegante Worte, so donnernde Phrasen, solche Poesie ...«

Die Minister trauten ihren Ohren nicht, doch dann brach einer von ihnen in ein trockenes Lachen aus. Jao lachte ebenfalls laut auf, und bald herrschte im ganzen Saal bewunderndes Gelächter, da und dort von Beifallsklatschen begleitet. Die Minister waren beruhigt und gingen rasch dazu über, Verteidigungsmaßnahmen und Strategien zu besprechen.

Sobald die Sitzung beendet war, rief Jao die Kuriere zu sich, unter ihnen Chengssu, der von seinem Auftrag für Dee zurückgekehrt war, denn sie wollte sogleich ihre Befehle ausgeben. Ihr war klar, daß keine Zeit zu verlieren war. Als erste Maßnahme ordnete sie an, die Führer der kleinen Stadt Hsui-i zu offiziellen Organen zu ernennen und sie mit der Leitung des Widerstands zu betrauen. Dann erließ sie eine allgemeine Amnestie für die Bewohner Yangchows und aller anderen Städte, die zum Aufstand gezwungen worden waren. Schließlich setzte sie einen Preis auf den Kopf Chingyehs und der anderen Rebellen aus. Gleichzeitig beauftragte sie Hsiao I, einen Prinzen der Tang, mit einem Heer von dreihunderttausend Mann die Rebellion niederzuschlagen. Sie hielt es für besser, sich bei dieser Aktion, da es sich um Zivilisten handelte, eines Beamten, nicht eines Militärs zu bedienen.

Nachdem sie alle unmittelbar notwendigen Anordnungen getroffen hatte, zog sich Jao erschöpft in ihre Gemächer zurück, wo sie bereits von einem besorgten Chi erwartet wurde.

»Der Hof ergreift Maßnahmen gegen diese Verbrecher in Yangchow«, teilte sie ihm mit, »aber vorläufig sind es nur Worte, keine Taten ... nur Worte, während Chingyeh und die anderen schwachsinnigen Anführer eine Stadt nach der anderen einnehmen. Ich ließ Euch rufen, um Euch zu bitten, geheime Kontakte mit der Bettlergilde aufzunehmen, um herauszufinden, wie weit sich diese Revolte ausgebreitet hat und was in den Teehäusern und Geschäften von Yangchow geredet wird. Aber auch in den Residenzen der Beamten wie in den Baracken. Der offizielle Nachrichtendienst hat bei diesem Aufstand viel zu langsam gearbeitet, gefährlich, ja vielleicht verhängnisvoll langsam.«

Sie reichte ihm ein Säckchen mit Silberstücken, das er mit nachdenklichem Schweigen in Empfang nahm. Er hatte von dem Plakat gehört und nahm es ernster als sie, trotzdem aber lächelte er ermutigend. Chi wurde älter, in seinem schwarzen Haar schimmerten weiße Strähnen, aber das für ihn typische einseitige Lächeln wirkte ebenso jung wie früher, und Jao schöpfte daraus neuen Mut.

»Sicherlich habt Ihr es nicht so gemeint. Und ich werde sofort mit dem Führer der Bettlergilde Kontakt aufnehmen.«

»Was habe ich nicht so gemeint?« verteidigte sich Jao. »Ich meine jedes Wort, das ich sage, und mehr ...«

»Das Wort ›verhängnisvoll‹. Das könnt und dürft Ihr nicht meinen, nicht einmal eine Sekunde lang.«

Jao mußte daran denken, daß er immer noch den gleichen Ton in der Stimme hatte wie damals, als er zu den Tsairen gesprochen hatte. Sie lächelte grimmig. »Chi, ich bin beunruhigt ... Etwas ist nicht in Ordnung, und es ist mehr als ein Aufstand in einer fernliegenden Provinz, aber ich kann es nicht benennen.«

Chi verbarg die Hände in den Ärmeln und schwieg. Schließlich sagte er: »Eure Angst ist vermutlich berechtigt, doch Ihr müßt Geduld haben. Im Augenblick sind Eure Majestät Euren Feinden wahrscheinlich einen Schritt voraus. Ihr hättet keine bessere Methode finden können, um zu erfahren, wie weit die Unzufriedenheit verbreitet ist und was die Menschen im Yangchow-Delta im allgemeinen über den Aufstand denken. Ich werde den Anführer der Gilde beauftragen, noch heute mit den Erkundigungen zu beginnen. In vierundzwanzig Stunden sollten wir die Antwort haben.«

Jao runzelte die Stirn. »Chi, mein guter Freund, ich weiß, Ihr wollt mich beruhigen, aber übertreibt nicht und erzählt mir nicht solche Geschichten. Vierundzwanzig Stunden? Unmöglich! Das geht nicht.«

Chi blieb gelassen. »Yangchow ist eine reiche Stadt. Die Bürokratie vernachlässigt sie, weil sie im Süden liegt, einem Landesteil, dem man nicht traut. Die Bettlergilde vernachlässigt sie nicht. Sie hat ihr Netz dort ausgelegt – über das ganze Delta –, und ihre Organisation ist straff und diszipliniert. Am wichtigsten für Eure Majestät ist ihr Spionagedienst. Die Bettler pflegen sehr eigenen Vergnügungen, und was sie am meisten lieben, ist der Wettbewerb im Brieftaubenflug. Ihre Taubenzüchter sind die besten im ganzen Reich, und die Führer sind regelmäßig durch

Brieftauben, die sie in den Städten ganz im stillen und unbemerkt züchten, miteinander in Verbindung. Sie werden diesmal mit mir zusammenarbeiten, wie sie es schon oft getan haben, weil sie davon abhängig sind, bis zu einem gewissen Grad darüber Bescheid zu wissen, was im Palast vorgeht – ich sage ihnen nichts, was geheim bleiben soll, das kann ich Euch versichern«, setzte er hastig hinzu, als er Jaos irritierten Blick sah. »Aber ich gebe ihnen allgemein gehaltene Nachrichten über das, was sich hier abspielt. Ich tausche Informationen mit ihnen aus. Sie vertrauen mir, weil ich … äh … keinen Klatsch berichte.«

»Warum habt Ihr mir nie etwas davon erzählt?«

»Weil es nicht notwendig war«, lautete Chis aufrichtige Antwort, »und weil die strengste Geheimhaltung erforderlich war. Die Bettler töten jeden aus ihren Reihen, der gegen ihre Regeln verstößt. Wie kann ich meiner Kaiserin Geheimnisse erzählen und die Bedingung stellen, daß sie niemals wiederholen darf, was sie gehört hat?«

»Nun, jetzt habt Ihr es getan«, erwiderte Jao, »und ich werde Eure Bedingung erfüllen. Gut, geht sofort und bringt mir die Nachrichten, die ich brauche.«

Ihre Grübchen waren zu sehen, als sie Chi matt zulächelte.

Am nächsten Morgen suchte sie ihr zutiefst nervöser Neffe Chengssu auf. Müde hörte sie ihm zu, als er sich über die Haltung mancher Beamten und mancher Prinzen beklagte. »Sie sympathisieren zu sehr mit dem Gedanken der Restauration«, rief er, »sie sind auf gefährliche Weise daran interessiert … sie sind Verräter. Ihr werdet sehen …«

Wu Jao hörte zu und nickte nur, als er geendet hatte. Dann entließ sie ihn. Er war äußerst unzufrieden.

In der Kronratssitzung erwähnte sie jedoch die Möglichkeit, daß es in hohen Kreisen Rebellen geben könnte. Keiner der Minister wollte es auf sich nehmen, eine Meinung zu äußern, mit Ausnahme von Pei, der die Prinzen in Schutz nahm.

»Sie sind nicht beteiligt«, stellte er kategorisch fest.

Wu Jao wechselte das Thema, war aber, wie vorher Chengssu, unzufrieden und begann, ihre Beamten und die Tang-Prinzen zu verdächtigen.

Weniger als vierundzwanzig Stunden später brachte Chi die Nachricht, daß die Bettlergilde alle ihre Männer von der Straße verbannt hatte, da die Rekrutierungstrupps jeden Mann, der sich blicken ließ, einzogen.

»Ich bedauere es sehr.« Chi war zutiefst niedergeschlagen. »Die Bettler können sich nicht umhören, weil sich alle versteckt halten. Diejenigen, die bereits eingefangen und in die Baracken gebracht wurden, werden vom Schlachtfeld flüchten, sobald sie können, und Nachrichten bringen. Aber ihre Führer haben die Überzeugung gewonnen, daß sich zu diesem Zeitpunkt niemand freiwillig der Revolte anschließt, jedenfalls niemand aus dem gemeinen Volk, und niemand einen Grund sieht, die Regierung zu bekämpfen. Das ist gewissermaßen die gute Nachricht, auf die Ihr gehofft habt. Ich habe auch eine Liste mit den Namen der Rädelsführer. Ein Schankbursche in der Gaststätte, in der die Verschwörer zusammenkamen, hat sie geschickt.«

Jao dankte Chi und riß ihm die Namensliste beinahe aus der Hand.

Nachdem er gegangen war, überließ sie sich lange Zeit ihren Gedanken. Selten noch hatte sie sich so hilflos, so bedroht gefühlt. Sie wußte selbst nicht genau, warum. ›Ich weiß nicht, was ich tun soll, welchen Weg ich nehmen soll‹, dachte sie. ›Es geht mir wie Kaotsung, als Hung starb. Besiegt ... das verpönte Wort, Niederlage. Ich fühle mich von unheilvollen Kräften umgeben, die im verborgenen wirken – wie kann ich mich schützen? Ich habe solche Angst, und ich habe das Gefühl, diesmal nicht gewinnen zu können. Ist es das, was Chi spürte, als er so heftig wurde?‹

Ihre Diener zogen sich unauffällig zurück, als sie merkten, daß sie allein sein wollte. Stundenlang versuchte sie, sich über ihre Lage klarzuwerden. Sie wollte nicht essen und wies alle Besucher ab, sogar ihre geliebte Taiping. »So geht es nicht weiter, nicht mit diesem *wuwei* ... dieser lähmenden Angst«, sagte sie sich. »Ich muß etwas für mich tun, mich für einige Zeit in die Einsamkeit zurückziehen, irgend etwas ...« Sie ging zu ihrem Gong und schlug ihn stärker als notwendig. Die Diener eilten herbei.

»Ich wünsche einige Tage nach Lungmen zu gehen«, erklärte sie dem diensthabenden Eunuchen. »Kümmert Euch um Transport und Begleitung. Nur wenige Personen, bitte. Wie rasch kann alles bereit sein?«

Der Eunuch überlegte. »Ein Tag sollte genügen, Majestät. Das kaiserliche Rasthaus, das sich dort befindet, ist immer in bester Ordnung, und die Entfernung ist nicht groß, nur zwölf Meilen.«

»Gut! Wir werden übermorgen in der Dämmerung aufbrechen.« Jao war irgendwie zuversichtlicher geworden. »Veranlaßt, daß Wolke so bald wie möglich zu mir kommt.« Wolke war die einzige im Palast, an die sich Jao wandte, wenn sie sich verwundbar fühlte und nicht ein noch aus wußte. Wolke hatte jetzt weißes Haar, war aber immer noch genauso verständnisvoll und geistreich wie in ihren Tagen als Tsairen. Was immer auch geschah, ihre Gegenwart wirkte beruhigend.

Der Eunuch verschwand eilig, um die Aufträge auszuführen, unter anderem einen ganz speziellen, nämlich den Ersten Minister über alle Aktivitäten der Kaiserin zu informieren. Für seine Mitteilungen erhielt er reichliche Bezahlung. Wohl fühlte er sich dabei nicht, tröstete sich aber damit, daß so unwichtige Informationen über so unwichtige Angelegenheiten keinen Schaden anrichten konnten.

Pei schwieg, als er die Mitteilung von der Reise nach Lungmen erhielt, und ließ den Eunuchen gehen. Die Zeit ist reif, entschied er – der Augenblick ist gekommen, zu handeln und diese Frau loszuwerden. Es konnte nicht schwierig sein, einen Überfall zu inszenieren und einen unauffälligen Pilgerzug, für den man die Kaiserin und ihr Gefolge halten würde, umzubringen. So würde er ihrer Einmischung in die Regierungsangelegenheiten ein für allemal ein Ende setzen. Er beschloß, Männer der Bettlergilde anzuheuern.

Als der Morgen graute, goß es in Strömen. Jao hörte, wie das Wasser auf die Dachziegel über ihrem Kopf niederprasselte. Als ihre Dienerin kam, um sie zu wecken, sagte Jao noch ganz verschlafen die Reise ab. Wolke, die ihre Schlafstätte im selben Zimmer hatte, erwachte, als sie vernahm, daß Jao den Ausflug vertagte. ›Gut‹, dachte sie schläfrig, ›dann können wir zu Hause bleiben und ausspannen. Das ist alles, was Jao braucht – einfach ein bißchen Entspannung.‹

Als Jao zur täglichen Beratung im Audienzsaal erschien, war Pei wütend, daß seine Pläne durchkreuzt worden waren. Er übernahm den Vorsitz und ging sogleich zum Angriff über.

»Der Aufstand in Yangchow ist ernst zu nehmen. Er breitet sich wie ein Lauffeuer aus und wird zweifellos von der Meinung des Volkes getragen. Der Sohn des Himmels ist jetzt großjährig, und doch hat er bis heute den Thron nicht bestiegen. Nur deshalb kann ein so unbedeutender Abenteurer wie Li Chingyeh einen solchen Sturm entfesseln. Ich schlage hiermit vor, daß die Kaiserinmutter die Regierung an den Kaiser zurückgibt. Dann wird die Rebellion in sich selbst zusammenbrechen.«

Niemand wagte es, den Mund aufzumachen, und die Stille hielt an.

»Welchem Kaiser, Chungtsung oder Juitsung?« Jaos Frage hatte einen sarkastischen Ton. »Ihr selbst habt die beiden in die Situation gebracht, in der sie sich heute befinden. Welcher der beiden wird Eurem Ziel, selbst in den Besitz der höchsten Macht zu gelangen, besser dienen?«

Pei schwieg hochmütig. Er hatte die Kriegserklärung ausgesprochen und fühlte sich vollkommen im Recht. Jao war nichts als eine Frau, die ihre Grenzen überschritt.

Ein höherer Beamter des mächtigen Zensoramtes ergriff schließlich das Wort. »Pei Yen wurde mit Kaotsungs letztem Willen betraut und ist dafür verantwortlich, daß dessen Bestimmungen auch durchgeführt werden. Pei ist mit der größten Machtkompetenz im Reich ausgestattet, und doch will er, wenn er von einem Aufstand hört, diesen nicht unterdrücken. Er schlägt statt dessen die Abdankung der Kaiserin Wu vor. Er scheint nichts Gutes im Schilde zu führen.«

Ein Chor empörter Zustimmung folgte dieser Rede. Jao schwieg, hörte aber grimmig zu, wie die Minister, die schon wegen des Aufstandes unter größter Spannung standen, über Pei herfielen. Nach stundenlanger heftiger Debatte beschloß man, Pei in Untersuchungshaft zu nehmen. Man gestattete ihm nicht, sein Heim oder sein Amt noch einmal zu betreten. Er wurde auf der Stelle verhaftet und dem Zensorgericht zur Befragung übergeben.

In den nächsten Tagen hatte die Frage von Peis Schuld sogar Vorrang gegenüber dem Aufstand. Jaos Angst steigerte sich mehr und mehr. Die Bedeutung der Verzögerung entging ihr nicht. Waren andere ebenso schuldig wie Pei? Ihre Sorge verdoppelte sich, als sie durch die Bettlergilde von dem mißglückten Anschlag auf ihr Leben informiert wurde.

Da sie nicht wußte, wem sie vertrauen konnte, rief sie Hungs Freund Liu Weijer zu sich.

»Was denkst du über Pei? Ist er schuldig oder nicht?«

Weijer erwiderte ernsthaft: »Majestät, Pei Yen ist ein großer Staatsmann, es gibt keinen besseren. Er hat dem Thron mit Leib und Seele gedient. Pei ist kein Verräter. Euer ehrerbietiger Diener fühlt es mit Sicherheit in seinem Herzen.«

»Dann laß dein Herz nochmals darüber nachdenken. Deine Kaiserin hat Beweise für Peis Verrat. Nur ihr Untersuchungsrichter wißt nichts davon.«

Unbeirrt von ihren Worten, antwortete Weijer leidenschaftlich: »Wenn Pei wegen seiner abweichenden Ansichten ein Verräter ist, dann sind wir es alle.«

Desillusioniert blickte Jao ihn an. »Deine Kaiserin weiß, daß Pei Yen ein Verräter ist, und sie weiß, daß du keiner bist. Du kannst gehen.«

Sie sah zu, wie er sich unter Verbeugungen zurückzog, zum Schweigen gebracht, aber nicht überzeugt. Dann ließ sie erschöpft den einzigen Kurier kommen, der zur Zeit verfügbar war. Sie gab ihm den Auftrag, sofort nach Changan zu reiten, keine Ausgaben zu scheuen, keine Zeit zu verlieren. Sie übergab ihm einen Brief, den sie am Abend zuvor an General Liu geschrieben hatte, und befahl ihm, sein schnellstes Pferd zu satteln und sich augenblicklich auf den Weg zu machen. »Du hast den Befehl, an jeder Zwischenstation das beste Pferd zu fordern. Und nun mach dich auf den Weg.«

Schweigend nahm er ihre Aufträge entgegen und verließ sofort den Palast.

In den folgenden Tagen fühlte sich Jao beinahe krank, wenn sie an Lius frühere Einwände gegen ihre Machtergreifung dachte. In großer Aufregung erwartete sie die Rückkehr des Kuriers mit Lius Antwort. Die Warnungen General Lius klangen sehr ähnlich wie die Anklagen, die Pei gegen sie vorgebracht hatte. ›Der einzige Unterschied ist‹, dachte sie, ›daß Liu nicht versucht hat, mich zu ermorden ... wenigstens noch nicht.‹

In kürzester Zeit war der Kurier zurück. Mit blassem Gesicht nahm Jao das Schreiben entgegen, entließ den Mann und suchte in ihrem Schlafzimmer Zuflucht, um den schicksalhaften Brief zu lesen. Die Botschaft war kurz: »Als ich den Kurier über Peis Fall befragte, erklärte er, ihm seien Peis Ansichten seit langem bekannt gewesen. Dieser Kurier wußte von Peis Verrat und hat nichts darüber verlauten lassen.«

Jaos Erleichterung machte sich in einem tiefen Seufzer Luft. »Dem Himmel sei Dank!« rief sie so laut, daß Wolke herbeieilte. Von ihrer schweren Last befreit, sagte Jao beinahe weinend: »Jetzt weiß ich, auf welcher Seite Liu steht – und zwar zuverlässig auf der meinen. Ich kann mich auf ihn verlassen! Ich fange an, Menschen zu finden, denen ich vertrauen kann – und er ist der größte von ihnen, mein eigener Li Chi!«

»Damit ist die erste Schlacht in Eurem persönlichen Krieg gewonnen«, versicherte ihr Wolke nachdenklich.

Jao bestätigte diese Worte mit einem Blick. Dann wandte sie sich an ihren Sekretär, einen gebildeten Palastsklaven namens Shanggwan Waner, und gab den Befehl, den Kurier hinzurichten. Sie zeigte General Lius Brief in der Versammlung des Staatsrates vor, und ihr Befehl wurde bestätigt. Die Hinrichtung mußte zur Warnung aller, die an eine Verschwörung dachten, vollzogen werden. Sie hielt nun die Zeit für gekommen, das Militär einzusetzen, und sandte einen Befehlshaber in das rebellische Gebiet, den sie für vertrauenswürdig hielt, weil er ein Schützling von Liu war. Langer mit den Schwarzen Zähnen wurde mit einem großen Kontingent erfahrener Truppen in die aufständischen Provinzen geschickt, um von Süden her anzugreifen, während der Tang-Prinz Li sich im Norden gegen die Rebellen stellte.

Auf beiden Seiten des Konfliktes gab es Uneinigkeit über Strategie und Taktik. Der siegreiche und selbstsichere Chingyeh beschloß, nur von dem Gedanken besessen, im Süden eine neue Dynastie zu gründen, nicht gegen die Hauptstadt Loyang zu marschieren, sondern sich im Süden zu verschanzen. Sein Plan war, sein Gebiet durch starke Kräfte an beiden Enden der großen Nord-Süd-Straße zu verteidigen, die am See Hungtse entlangführte. Er beorderte seinen Bruder Chingyu an das Nordende des Sees und den Rebellen Wei an das Südende. Er selbst führte seine besten Freiwilligen nach Kao Yu, ein Dorf am Hsia-ah-Fluß, der das Seengebiet, den Großen Kanal und Yangchow miteinander verband.

Auf der kaiserlichen Seite wollte Prinz Li die Aufständischen zurückdrängen, ohne jedoch einen offenen Kampf zu riskieren. Der zweite kaiserliche Oberbefehlshaber, Zensor Wei, riet energisch zu einem raschen Angriff. Er überredete Prinz Li zu Überfällen auf Chingyehs Befestigungen, auf Chingyu im Norden und auf den Rebellen Wei im Süden. Beide kapitulierten, ließen ihre Truppen im Stich und flüchteten nach Norden zu den Türken.

Chingyeh ließ sich nicht entmutigen und bereitete alles für eine Entscheidungsschlacht vor. Er stellte seine schwächsten Truppen, die Alten und Erschöpften, am Ufer des Hsiah-ah-Flusses auf und dahinter die Elitetruppen.

Zensor Wei schickte seine Späher aus, die einerseits die Aufstellung von Chingyehs Truppen erkunden, anderseits alles über das zu erwartende Wetter in Erfahrung bringen sollten. Als man ihn davon in Kenntnis setzte, daß der vorherrschende Wind aus dem Norden blies, befahl der Zensor eilends, das trockene Schilf am Südufer des Hsia-ah, wo Chingyehs schwächste Einheiten standen, in Brand zu stecken. Man entfachte ein loderndes Feuer, in dessen Schutz die kaiserlichen Truppen den Fluß überquerten. Der Wind ballte Flammen und Rauch zu so dichten Schwaden zusammen, daß die am Ufer stationierten Soldaten in Panik davonliefen. Die dahinter stehenden Kerntruppen konnten die überstürzte Flucht nicht aufhalten, wurden geschlagen und erlitten hohe Verluste.

Chingyeh, Tan und Lo flüchteten nach Yangchow, wo sie ihre Familien um sich sammelten und sich mit diesen gemeinsam eilends zur Küste begaben, um sich nach Korea einzuschiffen. Doch der Wind vereitelte ihr Vorhaben, die Schiffe konnten die Segel nicht setzen. Die ganze Gruppe flüchtete in die Ufersümpfe, um dort zu lagern und auf günstigeren Wind zu warten. Doch noch bevor der Wind umschlug, wurde Chingyeh von einem aufständischen Offizier, den das ausgesetzte Kopfgeld lockte, erschlagen. Tang, Lo und fünfundzwanzig andere Anführer wurden gefunden, gefangengenommen und enthauptet. Ihre Köpfe wurden nach Loyang gebracht, wo sie auf der Stadtmauer, auf Pfähle gespießt, ausgestellt wurden. Die ganze Familie Li Chingyehs wurde getötet, sogar das Grab des ehrwürdigen Li Chi geschändet und seine sterblichen Überreste wurden in alle Winde verstreut.

Zur gleichen Zeit, als Chingyeh geschlagen wurde, verschwand der Komet.

Wu Jao war erleichtert, ungeheuer erleichtert, aber immer noch nicht beruhigt. Sie begab sich sogleich zum neuen Altar des Himmels auf dem Berg Sung in der Nähe von Loyang, um ihren tiefempfundenen Dank auszusprechen – Dank für das Eingreifen des Himmels durch den glückbringenden Kometen, Dank für den Regen, als Pei ihre Ermordung geplant hatte, Dank für den richtigen Wind bei der Schlacht von Kao Yu und für den falschen, als die Rebellen zu flüchten versuchten. Nachdem sie dem Himmel ihre Dankopfer dargebracht hatte, besuchte sie den Schrein der Westlichen Kaiserlichen Mutter, der auf ihre Anordnung auf den Palastgründen errichtet worden war, und verbrannte dort Weihrauch. Weibliche Gottheiten helfen sterblichen Frauen, dachte sie dankbar.

Später, in den dunkelsten Stunden der mondlosen Nacht, ging sie zur Pagode mit dem Ehrenmal für Li Chi, das im Jahr seines Todes errichtet worden war. Nur von Chi begleitet, kniete sie nieder und opferte seinem Geist, während ihre Tränen, die sie selten genug vergoß, auf den kalten Stein fielen. »Es tut mir leid«, flüsterte sie, »so unendlich leid.«

Die Rebellion war niedergeschlagen, aber die Nachwirkungen dauerten fort. Der Aufstand hatte zwar nur ein kleines Gebiet betroffen und war nach zwei Monaten niedergeschlagen, aber, wie nach einem Bürgerkrieg üblich, dauerte die Untersuchung seiner Ursachen viel länger. Pei Yen wurde hingerichtet, ungeachtet der Ansicht zahlreicher Beamter, daß hier Gnade am Platz gewesen wäre, was immer er auch getan haben mochte.

An einem dieser schwierigen Untersuchungstage sprach Jao mit Juitsung. »Diese gelehrten Männer finden, Pei sei ein treuer Mitarbeiter gewesen, dessen Absicht, wieder einen Kaiser auf den Thron zu setzen, gerecht war. Treue zum Thron kann aber nicht darin bestehen, einen Kaiser abzusetzen und dann eine Verschwörung anzuzetteln, um einen anderen einzusetzen, glaubst du nicht? Treue gegenüber wem? Treue mir gegenüber, wenn man meinen Tod plant? Diese Gelehrten flüchten sich so leicht in die so säuberlich getrennten Schubladen ihres Gehirns und geben dem Himmel die Schuld oder dem Sohn des Himmels – je nachdem, was gerade näherliegt.«

Juitsung hörte schweigend zu. Seine Augen hatten einen ernsten Ausdruck, während er tröstend zu ihr sprach: »Ihr seid bekümmert. Ihr solltet Euch freuen. Euch ist es gelungen, ohne Zögern mit einem mächtigen und verräterischen Ministerpräsidenten, der von seinen Ministerkollegen unterstützt wurde, fertig zu werden und seine Anhänger abzusetzen oder in die Verbannung zu schicken. Die Hinrichtung eines berühmten und erfolgreichen Generals für seine Unterstützung Peis erfolgte ohne Zwischenfall weit von Loyang und inmitten seiner eigenen Truppen. Ihr habt einen gefährlichen Aufstand niedergeworfen, und das in einem Teil der südlichen Provinz, die erst weniger als fünfzig Jahre zu unserem Reich gehört. Ihr habt in jeder Hinsicht gesiegt. Eure Stimmung sollte himmelhoch jauchzend sein. Solche Erfolge unter solchen Umständen lassen sich mit den größten Leistungen der Herrscher aller Zeiten messen. Beim Himmel – verehrte Mutter – was könnte man mehr verlangen!«

Jaos Augen leuchteten. Dankbar legte sie Juitsung die Hand auf die Schulter. »Es ist mir eine wirkliche Freude, dich so sprechen zu hören – sie könnte nicht größer sein! Aber ich bin es dir schuldig, mein Sohn, dir zu sagen, daß ich nicht zufrieden bin. Ich kann keine Glückwünsche entgegennehmen, weil ich so enttäuscht bin. Wer kann ohne verläßliche Beamte regieren? Ich muß eine Vollversammlung des Hofes einberufen und ihnen vom Thron aus entgegentreten.«

Jao fand keine Ruhe, bevor sie nicht ihre Konfrontation durchgesetzt hatte. In formeller Audienz wandte sie sich an ihren versammelten Hofstaat und stand dabei für alle sichtbar unten vor dem Thron. Sie sprach frei.

»Wir sind soeben einer der größten Gefahren entronnen, die einem Staat drohen können – einem Aufstand unzufriedener Bürger. Wir sind weiterhin einer noch größeren Gefahr entronnen – Verrat durch die höchsten Beamten der Regierung. Wer ist die Regierung? Ihr seid es, die ihr heute hier versammelt seid. Und ich, Eure Kaiserin, bin ich an dieser Rebellion schuld? Wenn ja, was habe ich getan, solche Untreue zu verdienen? Wer den Mut hatte, sich gegen mich aufzulehnen, der hat sicher auch den Mut, jetzt zu sprechen und mich der schlechten Regierungsführung oder eines anderen Verbrechens gegen den Staat anzuklagen. Wer eine gerechte Sache vertritt, möge frei sprechen. Ich werde jedem Amnestie gewähren, der berechtigt die Waffen gegen mich erhebt!

Mehr als dreißig Jahre lang bin ich dem verstorbenen Kaiser zur Seite gestanden und habe mein ganze Kraft in den Dienst des Reiches gestellt. Uns ist es zu danken, daß ihr Rang, Titel und Wohlstand genießt. Der Frieden und die Ruhe im ganzen Reich sind das Ergebnis Unserer

Arbeit. Als der Kaiser starb, hinterließ er mir und meinen Söhnen die Verpflichtung, den Wohlstand zu erhalten. Niemals wagte ich es, nur an mich zu denken, sondern war immer bemüht, euch zu schützen und für euch zu sorgen.

Nun mußte ich erkennen, daß alle Führer der Rebellion Regierungsbeamte waren, zivile oder militärische. Warum?

Unter den Staatsmännern, die das Testament des Kaisers entgegennahmen, waren einige, die Verräter und Aufrührer waren wie Pei Yen. Unter ihnen war auch Li Chingyeh, der Nachkomme eines Geschlechts großer Feldherren. Ein alter General und Meister der Kriegführung, Cheng Wutung, schloß sich ihnen an. Alle diese Männer waren hochgeachtet, mir aber waren sie feindlich gesinnt, und ich mußte mich ohne eure Hilfe zur Wehr setzen. Wenn jemand von euch glaubt, fähiger als diese Männer zu sein, und vorhat, mir auch weiterhin Widerstand entgegenzusetzen, so möge er danach handeln und jetzt sprechen. Er wird, wenn er hier in der Öffentlichkeit Rede und Antwort steht, jeden Schutz genießen.«

Sie hielt inne, ließ die Augen über die Zuhörer wandern und forschte in ihren Gesichtern. Als niemand das Wort ergriff, kehrte Jao still und ernst ohne Abschied in ihre Gemächer zurück. Ihre Leibwächter begleiteten sie in ehrfürchtigem Schweigen. In ihrem langen Umgang mit hochgestellten Persönlichkeiten hatten sie noch nie zuvor etwas so Bewegendes erlebt, sie waren stolz, im Dienst einer solchen Kaiserin zu stehen. Die meisten jüngeren Beamten, die sie gehört hatten, teilten die Gefühle der Gardisten.

Als sie ihre Wohnräume erreicht hatte, standen die Doppeltüren der Halle offen, und die warme Brise des milden Tages wehte herein. Ihre Eunuchen, Hofdamen und Dienerinnen aller Ränge hatten sich versammelt und erwarteten sie. Beifälliges Händeklatschen begrüßte sie, als sie von ihrem Tragsessel stieg. Erstaunt blieb sie stehen, als sich ihre Untergebenen unter anhaltendem Klatschen verneigten oder auf die Knie fielen. Jao mußte die aufsteigenden Tränen bekämpfen, um nicht die Beherrschung zu verlieren. Auch sie klatschte in die Hände, um die Versammelten zu begrüßen und ihnen zu danken.

In ihrem Zimmer fand sie Juitsung und Taiping vor. Ebenso wie ihre Mutter trugen sie weiße Trauerkleider. »Nun«, sagte sie und ließ sich mit rauschenden Gewändern in einen Polsterstuhl fallen, »ich habe ihnen heute den Handschuh geworfen, und jetzt ... werden wir sehen.«

»Es war mutig von Euch.« Juitsung stand vor seiner Mutter und wartete darauf, zum Sitzen aufgefordert zu werden. Taiping war nicht so förmlich, als Jao Platz genommen hatte, sank sie in einen Polsterstuhl.

»Setz dich ... setz dich. Bringt eure Stühle von der Wand hierher an den Tisch, wo das Essen bereit steht und wir in Ruhe sprechen können. Himmel, meine Stimme versagt«, krächzte sie heiser.

»Anspannung«, stellte Taiping fest, und Juitsung nickte.

»Ich habe gehört, daß Ihr sie nicht geschont habt. Ich bewundere Euch so sehr, daß Ihr ihnen entgegengetreten seid.«

»Ihr wart großartig«, stimmte Taiping ihrem Bruder energisch zu, während sie an einer Dattel kaute.

Jao beobachtete, wie sich ihre Kinder die Leckerbissen aussuchten, war aber zu bedrückt, um selbst zu essen.

»Warum seid Ihr nach einer so großartigen Leistung noch immer so ernst?« fragte Juitsung.

Jao dachte einige Augenblicke nach. »Der ganze Hof war heute anwesend. Sie alle hörten zu, und niemand, nicht einer, verlor ein Wort der Zustimmung oder der Ablehnung – eine beunruhigende Erfahrung. Für meine lange und erfolgreiche Regierung bin ich mit Verrat und Aufruhr belohnt worden, niemand hat es der Mühe wert gefunden, mir für meine Dienste zu danken. Ich fürchte, ich habe es mit einem höchst undankbaren Hofstaat zu tun.«

Taiping starrte ihre Mutter mit großen Augen an, und Juitsung legte seine Hand auf die ihre. In seinem Blick lag ein Verständnis, das weit über seine Jahre hinausging.

Sie fuhr fort. »Ich spreche offen mit ihnen, damit wir gemeinsam die richtige Entscheidung treffen können. Ich versuche, ihnen die Schwierigkeiten einzeln zu erklären, damit sie sich mit ihnen auseinandersetzen können, doch sie flüchten einfach davor.«

»Ich weiß.« In Juitsungs Stimme lag so viel Mitgefühl, daß Jao hastig zu ihm aufsah.

»Wieso?« wollte sie wissen.

»Ich kenne die Art, wie alle sich in das Schweigen flüchten und sich dann ebenso schweigend zusammenfinden, um Euch anzugreifen. Ich selbst kann mit dem Leben nur dann fertig werden, wenn ich von Angesicht zu Angesicht sprechen kann. Mit Schweigen kann ich nicht umgehen. Ich brauche ein Geben und Nehmen von beiden Seiten. Da ich auf ihre Art nicht kämpfen kann ... kämpfe ich gar nicht. Sie handeln alle in der gleichen Weise, diese Politiker. Die meisten von ihnen sind ehrenwerte Männer, oder sie würden nicht lange in der Zentralregierung bleiben, doch sie haben sich an das System gewöhnt, Konflikte durch ihre Vertreter zu lösen. Nur selten gehen sie Dinge direkt an oder begegnen ihnen offen, wie Ihr es heute getan habt. Euer Weg«, er verzog den Mund zu einem wehmütigen Lächeln, »ist der beste. Aber die Menschen sind undankbar und häufig feige, und sie werden zu Feinden derer, die es nicht sind. Ein Leben, in dem man immer gegen Feinde ankämpfen muß, ist nichts für mich. Ich brauche ein Leben in Harmonie, nicht in unaufhörlichem Kampf. Und doch ist Euer Weg der bessere.«

Jao fühlte, wie ihre Spannung nachließ. »Du bist mir ein großer Trost.«

»Ein Trost? Kein Stachel in Eurer Seite? Ich bin wie Eure Hofleute. Ich fliehe die harte Wirklichkeit und überlasse es anderen, mit ihren schlechtesten Seiten fertig zu werden.«

»Meinst du mit den ›anderen‹ mich?« fragte Jao leichthin.

Juitsung hielt inne und fühlte die leichte Übelkeit, die ihn immer befiel, wenn er mit seiner Mutter gefährliche Themen anschnitt. »Es war leichter, Euch die Lösungen zu überlassen. Wir haben Euch niemals erfolgreich täuschen können. Natürlich habt Ihr unsere Schwächen meistens übersehen und uns geschützt, doch Ihr habt immer Bescheid gewußt ... und das hat uns besiegt. Ihr habt immer Bescheid gewußt.«

»Zwei Leben zu leben fordert oft eine schwierige Wahl. Ich wünschte vom ganzen Herzen, es wäre nicht so, und ich bitte euch um Vergebung für jeden Schaden, den ihr durch mich genommen habt.«

Da tat Juitsung etwas, das er seit seiner Kindheit nicht mehr getan hatte. Er kniete vor seiner Mutter nieder und legte den Kopf in ihren Schoß. »Ihr nehmt alle großen Hürden für uns alle.«

Jao streichelte sein seidiges Haar und erinnerte sich an seine Kindheit. Taiping kam heran und schmiegte sich in ihre Arme, und Jao spürte plötzlich, wie ihr Herz überfloß und daß das Leben trotz allem seine schönen Augenblicke hatte.

19

Der Winter war hart und streng. Mit düsterem Himmel und endlosen Stürmen aus der Wüste Gobi verging ein Tag nach dem anderen. Jaos gedrückte Stimmung hielt an. Sie spürte, daß viele an ihrem Hof Peis Hinrichtung schweigend verurteilten. Infolge der andauernden Kälte starben viele alte und kränkliche Menschen, darunter auch der Vizekaiser von Changan, der immer fleißige, immer arbeitsame General Liu.

»Nein, das kann nicht sein!« Jao war erschüttert, als ihr die Nachricht überbracht wurde. »Ohne ihn kann ich dieses Reich nicht verwalten«, sagte sie sich. »Er ist unersetzlich. Vielleicht käme ihm General Heijer Changjer noch am nächsten, aber der ist kein Chinese. Alle großen Männer sterben weg, und nur die Parasiten überleben.«

Betäubt von dem großen Verlust, ordnete sie ein Staatsbegräbnis an. Nachdem dieses stattgefunden hatte, saß sie jeden Tag stundenlang müßig in ihrem Zimmer und sah zu, wie der Wind an den kahlen Ästen der Bäume rüttelte. Alles, was sie unternahm, um das Gefühl der Verwundbarkeit abzuschütteln, war vergeblich, und sie fühlte sich nach und nach völlig ausgehöhlt. ›Mir ist, als wäre ich jeder Hoffnung beraubt – ich habe keine Hoffnung‹, dachte sie. ›Es gibt nur noch Verschwörer – auf allen Seiten.‹

Jao war wie gelähmt. Keine ihrer früheren Visionen schien der Lage gerecht zu werden, und neue Visionen hatte sie nicht. Sie konnte nichts tun als abwarten.

Für die Mitglieder der Familie Wu hingegen gab es keine solchen Probleme. Wu Chengssu hatte viele seiner Verwandten ermutigt, an den Hof zu kommen, und sie alle hatten ihr Ziel klar vor Augen. In ihrer unbekümmerten, ja selbstherrlichen Beteiligung an Palastintrigen spürten sie weder die Kälte noch die Dunkelheit. Sie schienen überall gleichzeitig zu sein, ihre geckenhafte Kleidung sollte ihre mangelnde Größe wett- und alle Welt auf sie und ihre neue Wichtigkeit aufmerksam machen.

Vor allem Chengssu benahm sich auffallend. In seinem unermüdlichen Streben nach Macht erschien er täglich in Jaos Gemächern. Unbeeindruckt von ihrer Kälte und ihrer häufigen Weigerung, ihn zu empfangen, verfolgte er unermüdlich sein Ziel, eine neue Dynastie einzusetzen und den sensationellen Aufstieg Jaos zum offiziellen Kaiser an der Spitze des Reiches durchzusetzen.

In ihrem Bemühen herauszufinden, was sie für ihr Überleben tun sollte, rief sich Jao ihr Verhalten in ähnlichen Situationen in der Vergangenheit in Erinnerung – die Anwerbung von Dienerinnen als unauffällige Spione, als sie im Dienst der Kaiserin Wang stand, und an die Anwerbung erfahrener Veteranen als Kaotsungs Leibgarde. Etwas Ähnliches war jetzt erforderlich, sagte sie sich, sie mußte ein weitverzweigtes Netz von Spionen installieren, um Rebellen zu entlarven, wo immer sie sein mochten. Außerdem mußte sie ihre Familie schützen, vor allem Chungtsung und Juitsung, die das Hauptangriffsziel einer Restaurationsbewegung bilden würden. Chung wird in der Verbannung bleiben müssen, dachte sie, aber Juitsung … ihn kann ich hier im Palast behüten.

Mit gerunzelter Stirn überdachte sie ihre Lage. Anfänglich hatten die Minister Chungtsung volle Unterstützung gewährt. Dann hatten sie entschieden, daß sie die Regierung am besten so wie bisher erhalten konnten, wenn sie die Methode der Zusammenarbeit beibehielten, die sich in der Vergangenheit bewährt hatte – als sie die ganze Arbeit übernommen und der nominelle Kaiser die Anerkennung dafür bekommen hatte. Unter einem Ehemann diese Rolle zu spielen war erträglich, nicht aber unter einem Sohn, dessen Frau die Kaiserin war, sie selbst aber nur Kaiserinmutter. Wieder war sie in eine Falle geraten, aus der sie sich nicht befreien konnte – es sei denn, sie änderte die Regierung mitsamt allen Männern in den entscheidenden Positionen. Es war naiv gewesen zu glauben, sie könnte etwas ändern, indem sie den Ämtern neue Namen gab. Ihr blieb nur, die Mehrheit der hohen Beamten zu entfernen, die meisten der Tang-Prinzen zu verbannen und neue Beamte, neue Prinzen einzusetzen … wie ihre Wu-Verwandten. Das heißt, wenn sie am Leben bleiben wollte.

Die Arbeit in der Palaststadt begann früh. Dee hatte mehrere Wochen gebraucht, um sich auf seinen Umzug in die Hauptstadt vorzubereiten, und weitere Wochen, um mit seiner Familie die Reise zurückzulegen. Am ersten Morgen nach seiner Ankunft kleidete er sich sorgfältig und erschien am Tor der Gerichtshalle, sobald diese geöffnet wurde. Sein Gerichtsbeamter Liang begleitete ihn.

Sie betraten eine große Halle, die sich im Dunkel verlor, und ein gähnender Schreiber führte sie sofort in die Nische, die ihnen zugeteilt worden war. »Für Neuankömmlinge immer der unbequemste Platz«, murmelte Dee.

Liang lachte. »Ihr werdet diesen Platz nicht lange einnehmen.«

»Du hast recht – die nächste Veränderung wird zum Besseren sein … oder zum Schlechteren«, stellte Dee trocken fest. Er wußte von der politischen Unruhe, die gegenwärtig am Hof herrschte.

Auf seinem Schreibtisch fand Dee den ersten Auftrag vor, anstelle seines Vorgesetzten der Audienz beizuwohnen. Dee zog die Brauen hoch, als er den Auftrag las, zuckte aber mit den Achseln und begab sich zum Empfangstisch, um auf dem Plan der Palastgebäude die Audienzhalle zu suchen. Während er auf einem Wandschirm in der Nähe des Eingangs den Plan der Stadt Loyang studierte, wurde er von einem Fremden angesprochen.

»Ihr seid Dee Jenjer und eben angekommen, nehme ich an? Ich bin Lai Chunchen und auch neu hier.«

Dee wandte sich um. Sein Gesicht war ausdruckslos, wie es seine Gewohnheit war, wenn er mit Unbekannten zusammentraf. »Richter Dee – zu Euren Diensten«, verbeugte er sich und betrachtete Lai mit Interesse. Lais Name war ihm nicht unbekannt.

Lais Lächeln war warm, seine Art herzlich, doch seine Augen waren wachsam. Er war ein gutaussehender Mann mit graumeliertem Haar und lebhafter Gesichtsfarbe, die Kleidung tadellos. »Mir wurde gesagt, Ihr werdet heute der Audienz beiwohnen, und ich wollte wissen, ob Ihr einen Begleiter wünscht. Vorausgesetzt, Ihr habt nicht die Absicht, Euch vor der Versammlung zu drücken.«

»Mit Vergnügen. Und ich habe nicht die Absicht, mich zu drücken. Ist das hier erlaubt?«

»Es ist nicht ratsam, aber man weiß schließlich nie«, erwiderte Lai leichthin. »Gehen wir.«

Die beiden Männer erreichten die Audienzhalle, als die Tore gerade geschlossen wurden. Sie drängten sich in den überfüllten Saal, wo Kaiser Juitsung den Vorsitz führte. Der Kaiser erledigte rasch die weniger wichtigen Angelegenheiten des Tages, dann trat Kaiserin Jao vor das Podium. Sie wartete, bis alle ruhig waren.

»Der wichtigste Punkt der heutigen Tagesordnung«, begann sie, »ist die Anstellung neuer Beamter. Ich möchte kühne und unternehmensfreudige Männer aus den verschiedensten Gegenden des Reiches in meiner Regierung haben – nicht nur aus den Zentralprovinzen. Es ist mein Wunsch, daß die Verwaltungsbeamten sich nach neuen talentierten Männer umschauen, wo immer sie zu finden sind – neue Männer, denen ich vertrauen kann, mich nicht zu verraten.«

Eine Welle der Bestürzung ging durch den Saal. Dee bemerkte, wie Lai an seiner Seite zusammenzuckte. Jao fuhr fort: »Ich suche Männer, die vor allem dem Thron die Treue halten – mir persönlich, nicht den Agenten der Bürokratie, durch die sie angestellt wurden. Diejenigen, die jetzt ein Amt bekleiden und sich als ungeeignet für ihre Aufgabe erweisen, sollen verbannt, entlassen oder hingerichtet werden. Sollte ein Verwaltungsbeamter diese von mir geforderte Neueinstellung zu langsam betreiben, werde ich über seinen Kopf hinweg persönlich, ohne Rücksicht auf die übliche Hierarchie von Rängen, Graduierungen oder Vorrechten, Männer ohne einschlägige Ausbildung anstellen, die aber Dinge effizient zu erledigen verstehen. Und zwar so, wie ich es wünsche. Zittert und gehorcht. Ihr seid entlassen.«

Die Beamten schienen wie gelähmt, langsam und schweigend verließen sie den Saal. Dee war noch erschrockener als die anderen. »Ein wenig verwirrend, nicht?«, bemerkte er unverbindlich zu seinem Begleiter, als sie außer Hörweite der kaiserlichen Spitzel waren.

Lais Ausdruck war undurchsichtig. »So scheint es. Ich glaube allerdings, sie meint genau das, was sie gesagt hat.«

»Ich traute meinen Ohren nicht.« In seiner Bestürzung vergaß Dee jede Vorsicht. »Hat sie die Absicht, das System der machthabenden Beamten zu zerstören? Das kommt mir wild und verwegen vor.«

»Wild und verwegen!« wiederholte Lai, dem die Redewendung gefiel. »Das paßt genau auf Jaos Herrschaft! So begegnet sie jedem, der sich ihr entgegenstellt, und ich meine jedem – vor allem denjenigen, die sich hinter ihrer Macht verschanzt haben.«

Dee warf einen Blick auf seinen Begleiter, der ins Schwitzen geraten war, und murmelte: »Eines ist sicher, wenn ihre Majestät wirklich durchführt, was sie androht, wird sie sich überall gefährliche Feinde schaffen.«

»Das wird sie! Das wird sie in der Tat, und es wird meine Aufgabe sein, mit diesen Feinden fertig zu werden – sie hat mich gerade vorhin zum Leiter des neuen Untersuchungsamtes gemacht.« In seiner Erregung blieb Lai stehen, und auch Dee ging nicht weiter. »Übrigens, seid Ihr bei diesen Neuerungen für oder gegen sie?«

»Für sie, natürlich«, versicherte Dee augenblicklich und erkannte den Abgrund, der sich vor ihm öffnete.

»Das ist auch sicherer«, sagte Lai nachdenklich, indem er seinen Weg fortsetzte.

Dee hatte die Andeutung verstanden.

In den folgenden Tagen erließ Jao detaillierte Befehle an alle Provinzbeamten, auf jedes Anzeichen einer Verschwörung in ihren Distrikten zu achten. Gleichzeitig gab sie den Auftrag, die Reise jedes Informanten in die Hauptstadt zu bezahlen, und versprach, ihm noch am Tag seiner Ankunft eine Audienz zu gewähren.

Diese neue Art einer Einladung führte nicht zu einem dünnen Strom von Informanten, sondern zu einer wahren Flut. Jao wurde mit Berichten über Untreue überhäuft, zumeist von ehrlichen Dummköpfen, die nicht einmal wußten, was Untreue in hohen Kreisen bedeutete. Sie sah sich gezwungen, Lais Untersuchungsamt mehr Geld und neue Mitarbeiter zur Verfügung zu stellen. Die Anzahl der Verräter, die vor Jao erschienen, wuchs ständig und dementsprechend stieg die Anzahl der Hinrichtungen, die anzuordnen sie sich gezwungen sah.

Da diese Entwicklung sie bedrückte, beschäftigte sich Jao vordringlich mit den anderen umfassenden Änderungen, die sie geplant hatte. Sie überprüfte das Personal und die Verwaltung aller Ämter, entließ Beamte, die sich einträgliche Ruheposten verschafft hatten, und ersetzte sie durch neue. Das Urkundenamt zeichnete alle neuen Maßnahmen auf und kam letztlich zu dem Schluß, daß sie recht heilsam waren. »Die Kaiserin spart nicht mit Verleihungen von Rangerhöhungen und Titeln«, lautete eine Eintragung. »Sogar ein wilder, verwegener Bursche kann Beamter werden, ohne Rücksicht auf die normale Rangordnung«, war ein anderes Mal zu lesen. »Und Beamte, die ihrer Aufgabe nicht gewachsen sind, werden in großer Zahl abgesetzt. Ihr allumfassendes Ziel scheint es zu sein, Männer mit echtem Talent auszuwählen.«

Die Verwaltung war während der letzten Jahre von Kaotsungs Herrschaft nachlässig gehandhabt worden. Die Beamten hatten keine Überwachung von seiten des Kaisers zu befürchten und konnten nach Belieben zu ihrem Dienst kommen oder zu Hause bleiben. Jaos Nachforschungen entging jetzt kein noch so unbedeutendes Amt mehr. Die Tätigkeit lenkte Jao während des Tages von ihren Depressionen ab.

In der Nacht jedoch konnte sie ihnen nicht entfliehen. Chengssu war immer um sie, eifrig bestrebt, ihr zu dienen, und jedesmal wenn er kam, betonte er seine Hingabe für ihre Sache. Er fiel ihr jedoch lästig. Taiping und Prinzessin Chienchen andererseits munterten sie auf, wenn sie bei ihr erschienen. »Ich würde meine Mutter öfter besuchen«, gestand Taiping der Prinzessin, »wenn sie dieser Tage nicht so schrecklich grimmig wäre und so wenig zum Scherzen aufgelegt. Wozu, möchte ich wissen, ist das Leben gut, wenn man es nicht genießt?«

»Ich habe die dunklen Ringe unter ihren Augen bemerkt und die finsteren Blicke, mit denen sie den Übermut mancher unserer Freunde bedenkt. Aber ich glaube ein Mittel zu kennen, sie freundlicher zu stimmen.«

»Ich kann mir nicht vorstellen, daß es ein solches Mittel gibt.« Taiping blieb skeptisch.

Die Prinzessin war eine posthum geborene Tochter Kaotzus, des ehrwürdigen Gründers der Tang-Dynastie. Sie war geistreich und angenehm, ungefähr fünfzig Jahre alt und eine der wenigen unter den Tang-Prinzen und -Prinzessinnen, die Jao und Taiping wirklich gern hatte. »Ich werde jemanden zu ihr bringen, der sie bestimmt aufheitern wird!«

Als Taiping und Chienchen der Kaiserin einen Besuch abstatteten, schmuggelte die Prinzessin einen gutaussehenden Mann um die Fünfzig ein, um ihn vorzustellen.

»Dies ist Feng Huai-i«, erklärte die Prinzessin.

Jao betrachtete den Mann mit hochgezogenen Brauen. Er verneigte sich.

»Feng ist der ungewöhnlichste Mann im ganzen Reich«, verkündete

Chienchen. Jaos Ausdruck blieb abweisend und unnahbar. Doch die Prinzessin fuhr fort: »Er handelt mit Heilmitteln. Er ist Ringkämpfer. Er ist Architekt und Baumeister. Er ist ein Buddhist mit außergewöhnlichen Kräften. Er ist ein unglaublich vielseitiger Mann. Er kann alles, was man will.«

»Erstaunlich!« war Jaos trockener Kommentar.

»Ja, nicht wahr?« stimmte Huai-i zu und sah so komisch aus, daß die beiden jüngeren Frauen zu lachen begannen und sich selbst in Jaos Miene ein kleines Lächeln stahl.

›Man muß zugeben, daß der Mann ein gewisses Auftreten hat‹, dachte sie. ›Er benimmt sich in unserer hohen Gegenwart völlig ungezwungen. Die meisten Menschen verfallen in solche Erstarrung, daß sie kaum atmen können.‹

Die Prinzessin strahlte. »Ihr solltet die Pagode sehen, die Huai-i für mich gebaut hat. Sie hat einen Lotusteich und einen Laubengang, ein Paradies voller Wunder. Ich werde die heißen Monate dort verbringen, weil Huai-i festgestellt hat, wo die kühlen Brisen wehen, und das Sommerhaus so gebaut hat, daß sie sich dort fangen. Ein kluger Mann.«

Jao wunderte sich über die kokette Art der sonst so würdevollen Prinzessin ihrem Gast gegenüber, der über ihre Aussprüche lächelte. Seine Augen aber waren auf Jao gerichtet.

›Unverschämt‹, dachte Jao, war aber milde gestimmt.

Taiping nahm sich ein Stück Konfekt aus türkischem Honig vom Tablett und trank ihren Wein, ohne ihr Geplauder zu unterbrechen. Auch auf sie übte dieser Mann, dessen Gegenwart im Zimmer alle in mysteriöser Weise belebte, seine Wirkung aus. Jao hörte dem Stimmengewirr nachsichtig und geistesabwesend zu, war sich aber der ständigen Beobachtung des Fremden immer stärker bewußt. Sie bewegte sich unruhig. ›Ich bin sechzig Jahre alt und sehe älter aus‹, dachte sie. ›Es ist nicht möglich, daß dieser Mensch in mir nicht die Kaiserin, sondern die Frau sieht, mich sogar für begehrenswert hält. Er muß verrückt sein.‹

Sie wandte sich an Chienchen. »Wie hast du es fertiggebracht, fremde Arbeiter in den Palast zu holen, um deine Pagode zu bauen, Chi Chi?« Es war gerade eine Unterbrechung des allgemeinen Gesprächs eingetreten.

»O«, rief die Prinzessin in gespielter Bestürzung. »Das war ungehörig von mir, nicht wahr? Aber alles ging ordnungsgemäß vor sich. Die Wachen wurden beauftragt, die Arbeiter an gewissen Tagen einzulassen, während die Frauen im Palast die Anweisung bekamen, sich nicht zu zeigen. Natürlich konnten wir einen Blick auf die Männer werfen, sie aber konnten uns nicht sehen. Und was das Einschmuggeln von Gästen während der Nacht betrifft, so ist dies nur eine Frage des richtigen Geschenkes.«

Sie kicherte und beobachtete Jao aus den Augenwinkeln. »Habe ich Euch beleidigt, Erhabene? Bitte vergebt mir. Ich bin leichtsinnig, und jetzt ist es zu spät, mich zu ändern. Jeder sollte hie und da leichtsinnig sein!«

Auch Jao hatte Wein getrunken. »Warum nicht? Leichtsinn mit Vorsicht gepaart, meine ich.«

Bei diesem Stichwort erhob Feng die Stimme. »Bei Tag bin ich im Palast, um der Prinzessin Pagoden und Gärten anzulegen, und bei Nacht bereite ich ihr kostbare Tränke und Salben zu. Ich würde sagen, daß auch ich in aller Vorsicht leichtsinnig bin.«

Taiping und Chienchen riefen einstimmig: »Vorsichtig? Ihr!«

»Ihr wißt nicht alles!« seine Stimme bekam einen ernsten Klang. Sie lachten wieder und begannen, ihn zu necken, aber Jaos Interesse war geweckt.

»Tränke? Was für Tränke?«

»Liebestränke«, entgegnete er ohne die geringste Verlegenheit.

»Unverfroren«, rief die Prinzessin begeistert. Auch Taiping errötete, aber Jao, die ihren eigenen Gedanken nachhing, schenkte dem Anflug von Lüsternheit keine Beachtung.

»Ist das also Euer wahres Gewerbe? Den Frauen im geheimen Medizinen zu verkaufen? Und niemand weiß, was Ihr wem verkauft?«

Feng erwiderte ihren Blick ohne Lächeln. »Mein Gewerbe ist nicht einfach. Jeder Trank und jede Salbe muß für den einzelnen Kunden speziell hergestellt werden. Ich mag ein Händler sein, aber ich bin ein Händler hohen Ranges, und meine Kunden müssen zahlen können. Diese Heilmittel sind nicht für jeden. Viele kommen aus fremden Ländern, sie können nur mit Schwierigkeiten und unter Gefahren beschafft werden.«

Jao sah ihn mit wachsendem Interesse an, schließlich hatte sie selbst einmal mit Heilmitteln zu tun gehabt. »Wie wäre es, wenn ich selbst Euch um einen beruhigenden Trank bitten würde? Damit ich schlafen kann.« Überrascht schwiegen Taiping und Chienchen und hörten aufmerksam zu.

»Ich habe ein Fläschchen in meinem Gürtel, das Euch helfen könnte«, seine Worte kamen langsam, seine Augen waren auf sie gerichtet. »Aber Eure Majestät braucht keinen Schlaftrunk.«

»Ist das Eure ehrliche Meinung?« Leise Schritte waren hinter ihr zu hören, als Taiping und die Prinzessin das Zimmer verließen.

»Es ist meine verwegene Meinung: Eure Majestät braucht tatsächlich keinen Schlaftrunk.«

»Vielleicht.« Sie verstand nicht, wieso ihr Mund so trocken geworden war. »Und der andere … der andere Trank … Was habt ihr da?«

»Eure Majestät brauchen auch keinen Liebestrank«, bei diesen Worten legte er seine Finger, leicht wie eine Feder, an den Puls an ihrem Schlüsselbein. Sie ließ es ganz still geschehen, daß er Dutzende von anderen Stellen berührte, am Hals, an den Schultern, und jedesmal mit solcher Zartheit, daß sie es kaum bemerkt hätte, wäre ihr nicht in längst vergessener Freude der Atem gestockt. Nach einer Weile löste er seinen Gürtel und ließ ihn zu Boden fallen. Sein Mantel öffnete sich, und sie legte ihre Hand liebkosend auf seine straffe Männlichkeit.

Die Stunden der Nacht vergingen. Der Nachtwächter kündigte sie an, doch Jao hörte nichts. Als der Morgen dämmerte, kehrte langsam ihr Bewußtsein wieder, ein Bewußtsein, das ihr von neuem die tiefe Euphorie bescherte, eine Ekstase, die sie nie zuvor erlebt, ja, von der sie nicht gewußt hatte, das es sie gab. Sie, eine Frau von sechzig Jahren, unmöglich … ein Wunder! Oder ein Zauber, dachte sie schlaftrunken, sich ihrer Umgebung erst halb bewußt. Das erste Tageslicht schien schwach durch die Wandschirme, und das leise Knarren der Tür sagte ihr, daß der große Mann sie verließ. Dann fiel sie wieder in tiefen Schlaf.

Jaos Abendunterhaltung hatte gerade erst begonnen, als Chengssu in die Wohnräume der Kaiserin eindrang, um etwas, das er für sehr wichtig hielt, mit ihr zu besprechen. Der Regen prasselte so laut, daß der äußere Wachposten ihn nicht gehört hatte. Er wurde erst aufgehalten, als er sich schon an der Tür ihres kleinen erleuchteten Wohnzimmers befand. Er hörte das Lachen und Plaudern von Frauen, in das sich eine männliche Stimme mischte. Seine Neugier war geweckt.

»Strikter Befehl, Ihre Majestät heute abend nicht zu stören«, erklärte Lim, der Dienst hatte. »Geh mir aus dem Weg«, befahl Chengssu. Entschlossen, sich der Gesellschaft anzuschließen und herauszufinden, was dort drinnen vor sich ging, ließ er sich nicht beirren. Es war nicht das erste Mal, daß er einen Befehl mißachtet hatte und ungestraft geblieben war. Ein zweiter Wachposten erschien.

»Was geht hier vor?«

»Die Kaiserin hat nach mir geschickt – ich gehe hinein«, Chengssu machte einen raschen Schritt nach vorne.

»Ihr irrt Euch, sie hat heute nach niemandem geschickt – ich bedaure!« Lim nahm ihn an einem Arm, Suh am anderen. Und bevor er wußte, wie ihm geschah, hatten sie ihn schnellstens zum äußeren Tor geführt, wo sie ihn dem Torwächter übergaben.

»Hier ist ein Eindringling, der an dir vorbeigekommen ist«, fuhr Lim den erschrockenen Torwächter an.

»Ihr Narren«, schrie Chengssu ihnen nach, als sie sich zurückbegaben. »Morgen werdet ihr dafür büßen. Und du auch!« Er versuchte, an dem Torwächter vorbeizukommen, wurde aber nicht eben höflich daran gehindert. Nach einigem vergeblichen Ringen mußte Chengssu seinen Plan, die Kaiserin zu besuchen, aufgeben.

Am nächsten Morgen war Chengssu der erste, der in der Vorhalle des Saales erschien, in dem Jao die täglichen Sitzungen abhielt. Der Raum füllte sich mit schläfrigen Ministern, die langsam in die Halle schlurften, als die Türen geöffnet wurden. Sie warteten auf Jao, und als sie nicht erschien, übernahm der Erste Minister den Vorsitz der Sitzung, bei der Routineangelegenheiten behandelt wurden. Enttäuscht begab sich Chengssu auf Suche nach Jao, doch vergeblich. In einem der leeren Höfe knöpfte er sich schließlich eine Dienerin vor, die dort saubermachte.

»He du, komm her! Ich will dich etwas fragen.«

Die Frau starrte ihn erschrocken an. »Was wünscht Eure Hoheit?«

»Ich bin der Neffe der Kaiserin, und man verweigert mir den Zugang zu ihr.« Sein Ton wurde freundlicher. »Ich mache mir Sorgen. Kannst du mir sagen, ob sie krank ist? All das ist so ungewöhnlich.« Er drückte ihr eine Münze in die Hand.

Sie blickte zuerst auf die Münze, dann auf den gutgekleideten Mann. Sie öffnete den Mund, um etwas zu sagen, schloß ihn aber wieder. Dann kicherte sie. »Ihre Majestät ist nicht krank, weit entfernt davon. Sie hat sich sicher niemals besser gefühlt.« Unsicher schob sie ihr Putzzeug von einer Hüfte zur anderen.

Chengssu brummte erstaunt, dann zog er blitzartig seine Schlüsse. »Also das ist es.« Die Bosheit in seiner Stimme war unüberhörbar. »Nun, meine gute Frau, halte mich auf dem laufenden ... ob meine Tante gesund ist, meine ich ... ich werde mich dafür erkenntlich zeigen. Komm jeden Morgen zum Kücheneingang meiner Wohnung – Nummer eins, das Wu-Haus im Ostpalast. Du wirst gut bezahlt werden.«

»Wieviel, Eure Hoheit?« Die Schüchternheit der Frau war verflogen.

»Einen Jahreslohn für den Dienst eines Monats. Du mußt gut aufpassen und mir genau über das Kommen und Gehen einer wichtigen Person berichten, welche die Kaiserin am Abend besucht. Verstehst du, was ich meine? Verstehst du mich?«

Habgier leuchtete in ihren Augen auf, als sie heftig nickte.

Chengssu versuchte, sie einzuschätzen. »Verschwiegenheit und strenges Befolgen meiner Befehle sind unbedingt erforderlich – oder schwere Bestrafung erwartet dich. Hast du mich verstanden?« Leicht fuhr er mit dem Finger über ihre Kehle.

Sie verneigte sich demütig, senkte den Kopf und machte sich davon.

Der Regen hatte aufgehört, und die Sonne schien ins Zimmer, als Jao erwachte. »Ich habe die Morgenaudienz versäumt«, rief sie erschrocken. Die Sonnenstrahlen fielen schräg auf ihr Bett. »Hua!« Die Erste Dienerin kam hastig herein. »Warum hast du mich nicht geweckt?«

»Ich wollte Euch nicht stören«, die Dienerin schlug die Augen nieder.

»Na, na schön ... bring den Tee.« Jao wurde über alle Maßen verlegen, als die Erinnerungen an die Nacht sie überfluteten. Das war doch unmöglich! Die letzte Nacht war ... unmöglich und durfte sich niemals wiederholen, niemals ...

Sie errötete, als sie sich der Einzelheiten erinnerte. ›Unwürdig in meinem Alter‹, dachte sie. ›Was ist mir nur eingefallen?‹ Sie schüttelte den Kopf, als könnte sie sich damit der Erinnerung entledigen, und kleidete sich rasch an. Dann aß sie ein kräftiges Frühstück und stürzte sich in die

Geschäfte des Tages. Zu ihrer Überraschung stellte sie fest, daß sie mehr Kraft und Ausdauer verspürte als sonst.

Am Abend, als Jao einen der vielen Berichte über ihre Reformen las, kam Taiping zu einem kurzen Besuch, um ihr gute Nacht zu wünschen. Nachdem sie kurz über die Ereignisse des Tages gesprochen hatten, wandte sich Taiping zum Gehen.

»Ich freue mich, daß Ihr Euch gestern abend gut unterhalten habt.«

»Eine nette Falle habt ihr mir gestellt«, antwortete Jao kalt.

»Ja, natürlich, es war aber doch schön, oder?« stimmte Taiping leichthin zu. »Wir meinten es alle gut, und es war ein Erfolg, nicht wahr? O, ich muß Euch noch erzählen, daß Chengssu heute von meiner Schwelle nicht wegzubringen war und sich bitter beklagte, daß er gestern von Euren Wachen auf das gröbste abgewiesen worden war. Ich sagte ihm ohne Umschweife, daß es gegen das Protokoll sei, unangemeldet über die Kaiserin herzufallen – unentschuldbar. Er sah durch mich hindurch, als wäre ich nicht vorhanden. Ich hasse diese kleine Ratte. Ihr seid ihm gegenüber ein wenig zu nachsichtig, glaubt Ihr nicht, Mutter?«

Jao runzelte die Stirn. »Er ist nützlich. Ich brauche ihn. Schade, daß er eine so kleinliche Kreatur geworden ist. Er hat alle üblen Seiten des Palastlebens angenommen. Schade.«

»Nützlich?« wiederholte Taiping. »Vielleicht ist er nützlich, aber er ist auch gefährlich.«

»Ach, Unsinn! Du bist nur eifersüchtig. Ich begünstige alle anderen Wu-Neffen ebenso wie ihn. Er ist ein kleiner Mann, sonst nichts. Klein!«

»Er mag klein sein, aber nicht zu klein, um einen großen Ehrgeiz zu haben.« Taiping war verärgert. Sie verneigte sich förmlich und verließ das Zimmer, während Jao ihr beunruhigt nachsah.

Sobald Taiping gegangen war, nahm Jao ihren Bericht wieder zur Hand, legte ihn aber wieder beiseite und begann ruhelos die Kissen zurechtzurücken. Ihre Gedanken wanderten, und sie lauschte auf jedes Geräusch. ›Ich hoffe tatsächlich, daß er kommt‹, dachte sie entsetzt. Eine Stunde verging. Sie rief ihre Dienerin, um sich von ihr bei den Vorbereitungen zum Schlafengehen helfen zu lassen. »Und, Hua, sage Lim, er kann Taiping, die Prinzessin Chienchen und ihren Begleiter Feng abends einlassen, aber keinen der Wu-Verwandten ohne vorherige Anmeldung.« Sie fand, diese Anweisung war allgemein genug gehalten.

»Gewiß, Majestät«, sagte Hua salbungsvoll. Sie verbeugte sich und wünschte eine angenehme Nachtruhe.

Im Halbschlaf saß Jao in ihre Kissen gelehnt, bis die Mitternachtstrommel zu hören war. Dann blies sie die Kerze aus und legte sich nieder. Fast im gleichen Augenblick hörte sie ein leises Rascheln, als ihre Bettvorhänge zur Seite geschoben wurden. Sie fühlte eine sanfte Berührung an ihrer Schulter, genau an der Stelle, wo gestern die Finger des großen Mannes gelegen waren. Er setzte sich neben sie, strich ihr liebkosend über das Ohr und umschloß ihr Kinn mit der Hand, wie um ihr Zeit zu geben, sich an seine Gegenwart zu gewöhnen. Seine Finger umschmeichelten ihre Schultern, massierten sanft ihren Nacken.

›Wunderbar … wunderbar‹, war das einzige, was Jao denken konnte. Die Hände glitten, ohne die Brüste zu berühren, zu ihrer Taille, die er umschloß. Dann wanderten die feinfühligen Finger in langsamen Kreisen um ihren Nabel. Er tastete Wirbel für Wirbel ihr Rückgrat entlang, und sie spürte, wie sich Nerven, Muskeln, Herz, sogar die Lungen entspannten. ›Sieh an, er kennt das Tabu, den Kopf des Kaisers nicht zu berühren‹, dachte sie. ›Ich lernte das, als man mich für den Kaiser Taitsung vorbereitete.‹

Er drückte die sensiblen Stellen ihrer Handflächen, ihrer Fußsohlen, und er drückte so zart und doch so kräftig, daß alle körperliche und geistige Anspannung wich.

›Es ist der Himmel auf Erden, der Himmel‹, dachte sie verträumt. Die Hände wanderten zu ihren Schenkeln und bereiteten den kleinen, zarten Frauenkörper vor, sein drängendes Glied in sich zu empfangen. Und dann nahm er sich Zeit, stieß in gleichmäßigem Rhythmus zu, bis sie in ihrer Ekstase fast das Bewußtsein verlor. Dann zog er sie an den Hüften in seinen Schoß und wiegte sie mit einem leisen Lied, bis sie eingeschlafen war. Eine Stunde später weckte er sie mit neuerlicher Begierde, und ihre Vereinigung steigerte sich zu einem Crescendo wogenden, langgezogenen, bebenden Entzückens, das in ihr nachebbte, auch als sie sich bereits voneinander gelöst hatten. Erschöpft sank sie zurück. »Lieber Mann, lieber Mann …«, hauchte sie, als er sie wieder an sich zog.

»Frauen wie Ihr sind die besten Liebhaberinnen der Welt«, flüsterte er. »Frauen mit vielen Begabungen, die zuerst nur selten die volle Erfüllung der Liebe finden. Sie müssen die Liebe immer wieder erleben, damit alle Elemente stimmen. Sie müssen sich langsam, immer wieder, ohne Unterbrechung hingeben können.«

Jao drückte das Gesicht an seine Brust. »Woher weißt du das alles?« fragte sie verträumt.

»Ich besitze viel Erfahrung – nicht nur Erfahrung, ich habe viel experimentiert. Am wichtigsten ist, den richtigen Zugang zu finden«, antwortete Feng zurückhaltend.

Der Morgen graute bereits, und Jao war nun völlig wach. »Wie bist du hereingekommen? Wird es Schwierigkeiten geben, wenn man dich entdeckt?«

»Ja«, gab er zu. »Ich befinde mich in einer gewissen Gefahr, da ich unbefugt in den Palast eingedrungen bin. Diesmal hat Prinzessin Taiping die Wachen bestochen. Wollt Ihr, daß ich wiederkomme?«

Jao lag still da und wußte nicht, was sie antworten sollte, schließlich aber sagte sie: »Ja, das will ich – aber nicht auf diese Weise, unter Bedrohung deines Lebens, wenn du entdeckt wirst. Laß mich darüber nachdenken. Wenn du noch einige Male mit Taipings Hilfe kommen kannst, werden wir uns ein besseres Arrangement überlegen.«

Feng stand auf und schlüpfte geräuschlos in die Kleider. »Ich gehe jetzt, aber morgen abend komme ich wieder.« Auf dem Wandschirm war seine Gestalt als Schatten zu sehen, dann war er verschwunden.

Das Gelände rund um das Li Ching-Tor – das Tor der Schönen Aussicht – war unterdessen im allgemeinen Gebrauch zum Tor der Endgültigkeit geworden. Hier entwickelten Lai und seine Helfer, So und Jo, furchtbare Verhör- und Foltermethoden, mit denen sie ihre Opfer in Angst und Schrecken versetzten. Hier war das Zentrum von Lais Sternkammer, dem Sondergericht, das außerhalb der gesetzlichen Gerichtsbarkeit der Tang amtierte und im ganzen Land gefürchtet war.

Lai hatte sich in etwas über einem Jahr eine starke Machtposition aufgebaut. Hunderte waren in seine Fänge geraten. Wurde ein Mann begnadigt, so nahm man ihn insgeheim wieder gefangen. Erließ Jao eine Amnestie, wurden die vermeintlich Begnadigten getötet, bevor die Amnestie in Kraft trat, so daß niemand, der möglicherweise gegen die Täter hätte aussagen können, am Leben blieb.

In diesem Hauptquartier suchte Wu Chengssu Lai auf. Lai saß mit eisiger Miene an seinem Schreibtisch in einem schalldichten Raum des Gefängnisses.

»Eine neue Entwicklung!« rief Chengssu und breitete seine Kleider sorgfältig über die Knie. Der Raum war kalt und feucht.

»Ja?« fragte Lai aufmerksam. Die Welt, in der er lebte, war eine irreale, aus Gerüchten und unbewiesenen Anschuldigungen bestehende Welt. Lai war ein Mann, der sich niemals für die Wahrheit interessierte. Er zog Verdrehungen und Zuträgereien bei weitem vor, sie waren das Material, das ihm zu seiner Karriere verholfen hatte. Und in diese Karriere, die ihm den Rausch der Macht verlieh, war er verliebt.

»Die Kaiserin hat einen Liebhaber, und nach einer Nacht mit ihm erscheint sie nicht zur Audienz«, sprudelte Chengssu heraus.

»Tatsächlich? Jedenfalls interessant, interessant ...«

Chengssu unterbrach ihn. »Das ist eine einmalige Gelegenheit. Ihr könnt die Namen der Angeklagten in der Morgensitzung verlesen, wenn die Kaiserin abwesend ist und das kaiserliche Siegel ohne ihr Wissen auf die Hinrichtungsbefehle setzen lassen.«

»Das könnte ich.« Nachdenklich und ein wenig geistesabwesend massierte Lai sein Bein. »Das könnte ich. Laßt mich wissen, wenn sie an einem Morgen wieder nicht erscheint, dann ...«

Chengssu rieb sich aufgeregt die Hände. »Als Gegenleistung werdet Ihr einige meiner Feinde eliminieren.«

»Sicherlich.« Lais Lächeln war verbindlich, doch seine Augen waren hart wie Marmor.

»Beginnt mit Jaos beiden Wachtposten, mit Lim und Suh.«

»Nein. Sie sind zu unbedeutend, und ihr Verschwinden würde die Kaiserin so alarmieren, daß sie das Dach über unseren Köpfen zum Einsturz brächte. Unsere Aktionen müssen vor ihrer Majestät geheimgehalten werden, während wir rasch vorgehen. Seid vernünftig, Mann, laßt die Wachen ungeschoren.«

»Ich habe Euch verstanden.« Chengssu war ärgerlich. »Aber früher oder später werde ich jeden vernichten, der sich mir entgegenstellt. Ich werde also jetzt die Tang-Prinzen ins Visier nehmen – ungefähr zweihundert Familien. Sie sind gegen Jaos Herrschaft und müssen verschwinden ...«

Lai blickte Chengssu neugierig an. Sein Gesicht blieb ausdruckslos und er enthielt sich jedes Kommentars. Das Schweigen lastete über dem Zimmer. Chengssu erhob sich, verbeugte sich steif und ging.

Jao schob die Unterredung, die sie ihrem Liebhaber versprochen hatte, hinaus, bis sie einige Nächte später eine Lösung gefunden hatte. Sie zündete die Lampe an, sobald er zur Tür hereingekommen und in Sicherheit war, dann forderte sie ihn auf, sich auf ihr Bett zu setzen. Er blinzelte in dem plötzlich aufflackernden Licht, kam ihrer Aufforderung jedoch ungezwungen nach.

»Die Zeit ist gekommen, unsere Lage zu besprechen«, begann Jao. »Bis jetzt hast du Glück gehabt, Taiping muß viel gezahlt haben. Aber es ist zu gefährlich. Wir müssen das ändern. Ich habe mich über dich informieren lassen ... sei unbesorgt, ich habe nichts allzu Schlimmes in deiner Vergangenheit entdeckt, und vieles, das interessant ist. Zum Beispiel, daß du Buddhist bist und, wie man sagt, deine Überzeugung ernst nimmst. Ich vermute, daß du ein Anhänger von Hüan-tsang bist. Dessen Lehre ist dieser Tage sehr verbreitet.«

Feng wurde unruhig. »Ich war Waise und wuchs im Kloster auf. Ich erlernte ein Gewerbe und brachte es darin zu solcher Geschicklichkeit, daß ich den Rang eines Baumeisters erklomm. Dann wurde ich damit betraut, buddhistische Gebäude zu errichten, die, wie Eure Majestät wissen, in letzter Zeit wie Pilze aus dem Boden geschossen sind. Mit zwanzig Jahren wurde ich zum Mönch geweiht. Aber ich gehöre nicht zur Anhängerschaft von Hüan-tsang. Ich gehe solchen modernen Tendenzen aus dem Weg. Auch ist die Kompliziertheit von Hüan-tsangs Schriften nichts für mich, die Avatare und die Zehn Himmel, die vielen Köpfe und die vielen Arme von Kuanyin, diese unzähligen verzwickten Symbole. Ich liebe die Einfachheit und die Realität, die in die Tiefe geht, glaube ich. Würdet Ihr es Lebenskraft nennen? Was immer, für Hüantsang ist sie sicher nicht kultiviert genug. Ich bin ein Anhänger von Maitreya, von Ihm, dessen Ohr dem einfachen Mann gehört.«

Jaos Augen leuchteten auf. »Ich auch, von Kindheit an ... ich war zwei Jahre Nonne.«

Feng war verblüfft. »Das erklärt, warum unsere Geschlechtlichkeit so gleichgestimmt ist.«

»Warum sagst du das?« fragte Jao neugierig.

»Die Tatsache, daß Ihr Nonne wart und ich Mönch, erklärt unsere erotische Übereinstimmung. Ich meine nicht im Körperlichen, sondern in der Ähnlichkeit unserer spirituellen Erfahrungen und in der Art, wie wir beide mit jeder Faser unseres Körpers das Leben spüren, unseres und das anderer Lebewesen«, erklärte er nachdenklich.

Jao war nicht überzeugt. »Aber das Geschlechtliche? Der Buddhismus verbietet es dem Klerus.«

»Das stimmt, aber was wir als Buddhisten gelernt haben, macht uns zu besseren Liebenden ... wenn wir die Möglichkeit dazu haben.«

»Du hast die Gelübde der Armut und Keuschheit abgelegt«, tadelte sie.

»Und ich hielt sie auch ein. Das Gelübde der Armut halte ich immer noch!« sagte er und schwieg dann. Jao wollte laut herauslachen, als sich das Schweigen in die Länge zog, doch da er so ernst war, besann sie sich eines Besseren. »Armut ja, Keuschheit nein. Ich wurde durch das neue religiöse Denken in Indien beeinflußt. Es lehrt, daß der beste und sicherste Weg zur wahren Geistigkeit – und zur Erlangung von Mitgefühl mit allen Lebewesen – die Erfahrung der Geschlechtlichkeit ist. Sich mitzuteilen, sich zu verbinden, sich mit einer Frau zu vereinen, lehrt uns zu lieben. Die Frau ist schließlich die wunderbarste Schöpfung in einer Welt der Wunder.«

»Das ist mit Sicherheit keine buddhistische Lehre.« Jaos Zynismus war unüberhörbar.

»Nein, der letzte Gedanke stammt von mir«, gab er zu und betrachtete sie versonnen.

»Willst du damit sagen, daß Unkeuschheit den Menschen am Ende zum Mitgefühl führt? Und daß Einfühlungsvermögen das Ziel erfolgreicher menschlicher Erfahrung ist?«

»Beide Sätze stimmen, glaube ich. Die Menschen sind dumm und im allgemeinen unbelehrbar, was Teilen und was Mitgefühl anbetrifft, deshalb muß ihnen ein verlockender Weg eröffnet werden. Deshalb – ja.«

»Du glaubst diese Dinge wirklich, nicht wahr?« Sie sprach leise, während sie ihre nächsten Worte überlegte.

»Ja, so ungefähr.« Seine Worte klangen scheu.

»Also gut. Möchtest du noch einmal deine Fähigkeiten als Mönch unter Beweis stellen? Als Abt eines alten und angesehenen Klosters, in dem Maitreya noch immer verehrt wird?«

»Das kann doch nicht Euer Ernst sein, Majestät. Ihr seid grausam.«

»Ich sehe, daß dir die Idee gefällt. Ich glaube, daß du an dem geordneten Leben, der Andacht, der Brüderlichkeit, dem Ansehen Gefallen finden würdest, auch wenn du dir den Anschein gibst, ein ungebundener Geist zu sein, frei von allen Zwängen – das ist eine Pose, nicht mehr.«

»Vielleicht!« Er sah sie durchdringend an. »Scheine ich Euch ungebunden? Frei? Freiheit ist ein Traum. Es gibt keine Freiheit im wilden Leben des Waldes oder im wilden Leben der Straße. Ständige Wachsamkeit schränkt alles Leben ein – vor allem dann, wenn jeder Augenblick der letzte sein kann. Aber dennoch wollen manche von uns so leben. Es ist der einzige Weg für diejenigen, die ständig versuchen, die Zwänge zu durchbrechen.«

»Bist du den Zwängen lange genug entgangen?« beharrte Jao. »Willst du ein lohnenderes Leben führen?«

Feng verlor seinen introspektiven Blick und sah Jao aufmerksam an. »Wenn Ihr fragt, ob ich bereit bin, das, was ich gelernt habe, besser anzuwenden als im Verkauf von Schönheitsmitteln, dann ist die Antwort natürlich ja. Aber so ein Traum kann nur ein Traum bleiben, nichts weiter.«

»Was wäre, wenn man dich zum Abt des Klosters des Weißen Pferdes hier in Loyang ernennen würde?«

»Abt des Weißen Pferdes? Das dürfte wohl für jemanden wie mich nicht möglich sein. Vor allem würde es die Hierarchie nie zulassen.«

»Ich denke doch; man müßte nur den richtigen Weg wählen. Es würde Zeit brauchen. Du müßtest dich mit den Klosterregeln vertraut machen. Du müßtest die Mönche durch deine Persönlichkeit überzeugen, daß du einer der Ihren bist. Du müßtest einmal im Leben deine außerordentliche Intelligenz für ein wichtiges Ziel einsetzen.«

»Meine intellektuellen Fähigkeiten? Die habe ich nicht, meine verehrte Dame, da ich keine Mühe gescheut habe, solchen Formen des Wissens aus dem Weg zu gehen.«

»Ich spreche nicht von trockenem akademischen Wissen, das sich auch die Dummen durch Studium aneignen können. Ich spreche von der Intelligenz, mit der man geboren wird, einem Geschenk der Götter. Ich spreche von einer Gabe, die befähigt, anderen zu geben. Du hast diese Gabe, auch wenn du manchmal den Narren spielst, aus Angst, jemand könnte diese deine Gabe entdecken. Fürchtest du, deine Tarnung könnte zerstört werden, wenn du dich über die Herde erhebst? Könntest du es ertragen, eine Organisation zu leiten, zum Beispiel ein geschäftiges Kloster zu verwalten?«

Feng erstarrte. »Ihr meint es ernst, nicht wahr?«

»Absolut. Ich kann die Verwaltungsleute des Weißen Pferdes zu mir rufen lassen, also diejenigen, die sich um die Erfordernisse der geistlichen Arbeit, die Geschäfte und die Gäste zu kümmern haben. Ich kann die anderen Würdenträger einladen, um von ihren Hoffnungen und Träume zu erfahren. Ich könnte sehr genau zuhören, und ich könnte ihre Patronin werden. Danach wäre es kaum ein Wunder, wenn du die Einladung erhieltest, die höchsten Ehren entgegenzunehmen, die sie zu vergeben haben.«

Der große Mann starrte Jao an, als sähe er sie zum ersten Mal. Dann fiel er auf die Knie und verbarg sein Gesicht in ihrem Schoß. »Es würde meine kühnsten Träume übersteigen. Wißt Ihr, was das Klosterleben ursprünglich sein wollte? Es wollte eine vorbildliche Gesellschaftsform schaffen, um den Menschen zu zeigen, daß eine solche Gesellschaft auch in einer kriegerischen und uneinigen Welt Bestand hat. Für mich, einen Mann von fünfzig, ist die Aussicht, an einem solchen Ideal zu arbeiten, das größte Geschenk, das ich mir träumen könnte.«

Jao hörte ihm voll Verwunderung, Staunen und Genugtuung zu. »Ich glaube, ich verstehe dich. Du bist ein bedeutenderer Mensch, als es den Anschein hat, und das bereitet mir unendliche Freude. Würdest du deine Gedanken und Gefühle mit mir teilen?«

Er zögerte. »Wenn Ihr es wünscht …«

»Und mich lehren zu fühlen?«

»Auch das.« Seine Antwort kam schlicht, aber aus der Sicherheit eines tiefen Wunsches. »Wenn Eure Majestät zu lernen wünscht.«

Dann zog er sie sanft an sich, ertastete und erforschte ihren Körper, bis sie bereit war, sich hinzugeben, diesmal mit einer Zärtlichkeit wie nie zuvor.

Am nächsten Morgen verrichtete Jao an dem Schrein in ihrem Zimmer die tägliche Andacht etwas später als üblich. Sie entzündete Weihrauch vor ihrer kleinen Maitreya-Statue und stand davor, die Unruhe der letzten Zeit gewichen. Sie suchte nach einer Eingebung, wie sie ihrem talentierten, unstandesgemäßen Liebhaber helfen konnte. »Er muß von seiner Vergangenheit befreit werden«, betete sie. »Sein Name ist gleichbedeutend mit Prahlen. Er braucht eine neue Identität.«

Nachdem sie ihre Andacht beendet hatte, kam ihr ein Gedanke. Das Kaiserhaus kann einem Bürgerlichen, wenn es ihn ehren will, einen neuen Familiennamen verleihen, wie im Fall Li Chis. Also vielleicht ... vielleicht gäbe es eine solche Möglichkeit für Feng. Sie überlegte eine Weile, dann befahl sie einem Diener, Taiping zu ihr zu bitten.

Als Taiping erschien, plauderte Jao zuerst über gleichgültige Dinge. Dann aber sprach sie ihr Anliegen unumwunden aus. »Taiping, bitte sage deinem Mann Hsueh Shao, ich wäre ihm äußerst verbunden, wenn er unserem Freund Feng seinen Familiennamen verleihen und ihn adoptieren würde, denn es kann unter Umständen sein, daß er der nächste Abt des Klosters des Weißen Pferdes wird.«

Taiping kniff die Augen zusammen. »Shao ist zu jung, um einen fünfzigjährigen Sohn zu haben.«

»Ich meine, ihn als seinen Vater zu adoptieren, das heißt, an Vaters Statt. Shao stammt aus Kaochung, einer entfernten Oase im Westen, da wird keiner wissen, ob es stimmt oder nicht.«

»Verehrte Mutter«, stöhnte Taiping entsetzt, »jeder würde erraten ...«

Sachlich fuhr Jao fort: »Der Mann Feng, dein guter Freund, den du selbst in den Palast und bei mir eingeführt hast, braucht nur einen anderen Namen als den erniedrigenden, den er jetzt führt. Es wäre eine freundliche und recht einfache Geste.«

Taipings Ausdruck verfinsterte sich, aber sie sagte nur, sie würde sofort mit ihrem Mann sprechen. Nachdem sie gegangen war, wartete Jao ungeduldig auf ihre Rückkehr.

Taiping kam mit einer schlechten Nachricht. »Shao ist eigensinnig. Er will damit nichts zu tun haben. Ich habe versucht, ihn zu überzeugen, daß diese Anerkennung eine Ehre, keine Schande bedeuten würde, doch er will nichts davon hören.«

»Ich werde ihm eine entsprechende Beförderung zukommen lassen«, unterbrach Jao ihre Tochter. Nach allem, was sie für ihren Schwiegersohn getan hatte, wollte er ihr diese Bitte nicht erfüllen, dachte sie zornig. Er war undankbar … wie sie alle. Mit diesen zynischen Gedanken klopfte sie rhythmisch mit dem Fuß auf den Schieferboden und wartete.

Unter gesenkten Brauen blickte Taiping ihre Mutter an. »Wie Ihr wünscht«, antwortete sie und nahm in der ihr gewohnten höflichen Manier ihren Abschied.

Innerhalb kurzer Zeit wurde dem beglückten Feng der Name Hsueh gesetzlich zuerkannt. Er bewarb sich um die Aufnahme in das Kloster des Weißen Pferdes, die ihm auch gewährt wurde, und dort machte er sich durch seine Talente in kürzester Zeit unentbehrlich.

Gleichzeitig bemühte sich Jao herauszufinden, was das Kloster am dringendsten benötigte. Sie wußte bald, daß Instandhaltungsarbeiten überfällig waren. In einer formellen Beratung mit Handwerkern aller Art berief sie den Architekten Feng, nun Hsueh, in der gleichen Weise, wie sie Dutzende andere berufen hatte, und besprach mit ihm, was für das Kloster getan werden mußte. Wie es der Sitte entsprach, blieb sie bei diesen Besprechungen hinter ihrem Vorhang.

»Könnt Ihr den Wiederaufbau des Klosters des Weißen Pferdes übernehmen? Und könnt Ihr die ungefähren Kosten abschätzen?«

»Ich weiß sie genau, Majestät.«

»Dann werde ich den Abt und seine wichtigsten Mitarbeiter zu einer Besprechung einladen. Können sie Eure Fähigkeiten als Baumeister so weit einschätzen, daß sie Euch mit dieser Aufgabe betrauen würden?«

»Das ist anzunehmen. Ich habe ihnen bereits geholfen, mehrere undichte Stellen in der Hauptgebetshalle zu reparieren, und sie haben sich an mich gewöhnt.«

»Dann arbeitet sofort die Pläne aus und bestellt die notwendigen Handwerker. Sucht mich umgehend auf, sobald Eure Entwürfe fertig sind. Ich bin an dem Bau öffentlicher Gebäude sehr interessiert und möchte an jedem einzelnen Schritt der Arbeiten teilhaben. Ich würde dies als Gefälligkeit ansehen.«

»Ich höre und gehorche.« Überglücklich verabschiedete sich Hsueh mit einer tiefen Verbeugung.

Der Umbau des Klosters des Weißen Pferdes nähm sechs Monate in Anspruch. Mit den Ausgaben wurde nicht gespart, und rasch entstand ein neuer, eindrucksvoller Gebäudekomplex. Die Arbeiter zeigten Interesse, die Mönche waren begeistert, und die Zeremonien nach Abschluß der Arbeiten wurden glanzvoll abgehalten. Der Abt erklärte sich zu einer Versetzung in ein angesehenes Kloster in Changan bereit, und Hsueh wurde zur Belohnung für seine Dienste als neuer Abt eingesetzt. Die Leute nickten verständnisvoll. »Er verdient die Ehre«, sagten sie zueinander. »Niemals zuvor hatten wir in unserem Bezirk einen so großartigen Tempel. Und nun besitzen wir solch eine Sehenswürdigkeit. Der Mann hat sich große Verdienste erworben.«

Hsuehs neues Ansehen zeigte sich auch in der Art, wie er im Palast empfangen wurde. Nun, da er Abt war, konnte er offen kommen und gehen. Die Wu-Vettern begrüßten ihn häufig am Eingangstor zu den Gemächern der Kaiserin und begleiteten ihn, wenn er wegging. Sie hielten sein Pferd, während er aufstieg. War er früher beinahe unbeachtet geblieben, schien er jetzt nur zu auffällig.

Hsueh und Wu Jao hatten es sich zur Gewohnheit gemacht, wenn er abends kam, zuerst die Baupläne für das Kloster zu überprüfenen. Seit neuestem aber befaßten sich die beiden mit Monumentalarchitektur, wobei sie ganz bestimmte öffentliche Gebäude im Auge hatten. Sie breiteten die Pläne vor sich aus, besprachen Einzelheiten, entschieden, welches Holz verwendet werden sollte, welche die besten Dachziegel waren, wie Gärten und Gebäude angelegt werden konnten. Sie verbrachten lange Stunden damit, buddhistische Bauten aller Art zu studieren, etwa die großen indischen Tempel, und zwar anhand von Zeichnungen, die der Mönch Hsuan-tsang nach China gebracht hatte. Sie vertieften sich in die Entwürfe der großen chinesischen Bauwerke: die riesigen Huayen-Tempel in der Stadt, die Klöster in den südlichen Bergen, die nördlichen Höhlentempel von Tatung und die westlichen Höhlentempel von Tunhuang im trockenen Hochland.

Eines Abends, als Jaos Begeisterung auf dem Höhepunkt war, schlug sie ein neues, ehrgeiziges Projekt vor. »Kaiser Taitsung wollte einen imperialen Turm im Palast von Changan bauen, der Tien Tang – Tempel des Himmels – genannt werden sollte, und daneben einen großartigen Ming Tang – den Turm der Erleuchtung –, doch wurden diese Pläne niemals ausgeführt. Ein großes Reich braucht eine große, zentral gelegene Audienzhalle wie den Ming Tang. Wir wollen sie bauen! Ich könnte die Gelehrten des Nördlichen Tores beauftragen, die Überlieferungen zu studieren, und Ihr würdet die Entwürfe machen. Wir könnten die heutige Audienzhalle niederreißen – die mir ohnehin nicht gefällt – und an ihrer Stelle das neue Gebäude errichten.«

Von der Idee überwältigt, verharrte Hsueh in Schweigen.

»Könntet Ihr das durchführen? Den Abriß, die Beschaffung großer Stämme aus den Bergwäldern, den Bau?«

»Sobald Eure Majestät die Vorschriften der Gelehrten erhalten habt, werde ich die Pläne entwerfen und mit der Anwerbung von Arbeitern beginnen – wir werden Tausende brauchen –, und dann werden wir sehen«, lautete seine lakonische Antwort.

Jaos Enthusiasmus hielt an. Sie wußte, ihr Ming Tang würde eines Tages stehen.

20

Jao nahm ihr geregeltes Leben wieder auf. Sie arbeitete mit Hsueh und nahm an den Sitzungen des Kronrates teil. Sehr rasch bemerkte sie die Flut der Hinrichtungsbefehle und befragte die Zensoren. Als sie feststellte, daß die meisten Anklagen aus Lais Amt stammten, ließ sie ihn zu sich kommen und empfing ihn ohne Vorhang. Mit größter Ehrerbietung verbeugte er sich vor ihr, sein übliches zuvorkommendes Lächeln auf den Lippen, die Augen diskret gesenkt.

»Erklärt!« befahl sie eisig.

»Majestät«, seine Antwort klang ebenso traurig wie geduldig, »es gibt viele Verschwörer im Land. Sie alle haben die Absicht, Eure Majestät zu ermorden.«

»Was habt Ihr dazu zu sagen, daß das Oberste Gericht viele der Männer, die Ihr hinrichten ließt, für unschuldig erklärte?« fragte sie scharf. »Selbst der Präfekt von Loyang, der den Feldzug gegen den Rebellen Chingyeh leitete, wurde von Euch verurteilt. Warum?«

»Er hat sich an einer Verschwörung beteiligt«, erklärte Lai mit Bestimmtheit. »Er hat ein Geständnis unterzeichnet. Er befindet sich nun auf dem Weg zur Hinrichtungsstätte.«

»Begnadigt ihn.«

»Ich fürchte, es ist zu spät.« Sein Ton drückte Bedauern aus.

»Ja, ja, ich habe Euch gehört. Ihr könnt gehen!«

Sobald sich Lai unter Verbeugungen zurückgezogen hatte, rief Jao den Befehlshaber der Palastwache zu sich. »Sieh zu, daß diese Begnadigung von Wei Yuanjung unverzüglich die Richtstätte erreicht. Dann melde dich bei mir.«

Der Wächter verneigte sich und machte sich in größter Eile auf den Weg. In weniger als einer halben Stunde war er zurück. »Der Mann, den Ihr retten wolltet, wurde knapp vor der Hinrichtung gefunden.«

»Ist es dir gelungen, das Verfahren aufzuhalten und ihn aus den Händen der Kerkermeister zu befreien? Was geschah?«

»Majestät, wir haben Euren Auftrag erfolgreich durchgeführt. Er ist wieder bei sich zu Hause.«

Jao sah die Befriedigung in seinen Augen. Sie deutete ein Lächeln an und gab ihm eine Börse zur Belohnung.

In den nächsten Tagen ergriff Jao zwei Maßnahmen, um weitere Übergriffe ihrer Untersuchungsbeamten zu verhindern. Sie ließ auf dem Westlichen Markt eine Urne aufstellen, in die man Mitteilungen, die einzig für ihre Augen bestimmt waren, einwerfen konnte. Jeder, der Kenntnis einer Verschwörung oder eine Beschwerde gegen die Regierung oder auch die Kaiserin selbst hatte, konnte sie dort anonym deponieren. Die zweite Maßnahme war, die Erklärung einer Amnestie zum offiziellen Bestandteil formeller Feierlichkeiten zu machen.

Chengssu wurde in Lais Arbeitszimmer geführt. Er hatte kaum Platz genommen, als er ausrief: »Es muß etwas geschehen. Die Kaiserin verdirbt uns alles.«

»Kein Grund zur Sorge, mein Freund. Ich ließ die Urne mit Beschwerden in ungeübter Handschrift vollstopfen, die scheinbar von verschiedenen Menschen gegen Individuen vorgebracht wurden, die ich zu verurteilen wünsche. Wu Jao glaubt an die Aussagen, die sie in der Urne findet. Glücklicherweise hält sie ihre eigenen Ideen für gut.«

Chengssu lachte schallend, und Lai lächelte selbstgefällig.

»Auch wird man mich benachrichtigen, wenn sie beabsichtigt, eine ihrer Amnestien zu erlassen, worauf ich umgehend den Befehl erteilen werde, die Männer, die bereits verurteilt sind, hinzurichten.«

»Was werdet Ihr gegen die Unzahl der von ihr Begnadigten unternehmen?«

»Ich nehme sie wieder gefangen«, stellte Lai ungerührt fest, und Chengssu gab wieder ein bellendes Lachen von sich.

Jeden Abend studierte Jao auf dem Zeichenbrett die Pläne für den Ming Tang, um sich für ihren täglichen Besuch auf dem Bauplatz vorzubereiten. Die Halle war rasch abgerissen und der Bauplatz für den Neubau freigemacht worden. In weit entfernt liegenden Wäldern wurden riesige Bäume gefällt und mit Ochsenwagen oder auf dem Wasserweg in die Hauptstadt gebracht. Dort mußten vorübergehend Breschen in die

Mauern der Stadt und des Palastes geschlagen werden, da die Stämme nicht durch die Tore transportiert werden konnten. Das geschäftige Treiben, das die Errichtung einer so großen Thronhalle mit sich brachte, nahm die Phantasie der Bevölkerung gefangen, und jede Phase des Baus wurde von einer Zuschauermenge beobachtet.

Während der zwölf Monate, welche die Errichtung der Halle in Anspruch nahm, war Jao, nur von ihren beiden Wachen Lim und Suh begleitet, eine tägliche Besucherin. Sie beobachtete jedes Stadium des Baus. Es interessierte sie auch zu sehen, wie Hsueh seiner Aufgabe nachkam, und sie stellte überrascht fest, daß er manchmal von seiner Arbeit und der Überwachung der Armee von Zimmerleuten so in Anspruch genommen war, daß er sie gar nicht bemerkte. Alle anderen aber waren sich ihrer Gegenwart bewußt. Sie war ein wenig verstimmt, daß Hsueh sie nicht brauchte, sobald seine ganze Energie von seinem Werk in Anspruch genommen wurde und er unabhängig von ihr arbeitete. Zu ihrem Erstaunen begehrte sie ihn deshalb nicht weniger, sondern eher mehr.

Als der Ming Tang im letzten Monat des Jahres vollendet war, maß er eine Höhe von neunzig Metern. Er ragte hoch über die Stadt auf und konnte aus einer Entfernung von vielen Meilen immer noch am Horizont gesehen werden. Sowohl bei den Einwohnern der Stadt als auch bei fremden Besuchern rief er Staunen und Bewunderung hervor. Als Dank für seine Dienste wurde dem Abt Hsueh der Titel eines Fürsten und der Rang eines Generals verliehen.

Die Eröffnung der großen Halle gab Anlaß zu Feiern und Festlichkeiten. Das Volk wurde eingeladen, die Halle zu besichtigen, wobei gleichzeitig die verschiedensten Unterhaltungen geboten wurden. »Es sind genau fünf Jahre, seit Kaotsung an dieser Stelle beinahe starb«, bemerkte Jao zu Chi, als sie die Menge von einem Balkon aus beobachtete. »Ich hoffe, sein Geist sieht zu. Das hier würde ihm gefallen. Vielleicht gefiele ihm aber weniger, was aus mir geworden ist. Ich habe mich sehr verändert.«

»Nein«, erwiderte Chi, »Ihr habt Euch nicht verändert, jedenfalls nicht sehr. Ihr seid mit dreiundsechzig die gleiche, die Ihr mit sechzehn wart, jetzt, da Ihr diesen Hsueh Huai-i getroffen habt. Trotz der Schwierigkeiten, mit denen Ihr Euch infolge der Unfähigkeit Eurer Söhne und all der Verschwörungen herumschlagen mußtet, erhält dieser Hsueh Euch jung und weich – doch, widersprecht nicht! Ihr seid nicht hart und bitter geworden. In Eurer Umgebung hat sich wenig verändert. Es gibt noch immer die gleiche Bürokratie, die gleiche Prinzenschar, überhaupt das gleiche Reich, und das Leben geht weiter den gleichen erfolgreichen und sicheren Gang. Das ist Euch zu verdanken – unterbrecht mich nicht! –, Ihr haltet alles zusammen. Es gibt weiterhin etliche unbelehrbare und undankbare Männer. Das einzige, was sich geändert hat, ist, wie Ihr Euch selbst seht.«

»Ich weiß nicht, worauf Ihr hinauswollt.«

»Früher bestand Euer Lebenszweck darin, mit aller Euch zur Verfügung stehenden Energie die fünf Männer Eurer Familie zu stützen, Kaotsung und die Söhne, die Kronprinzen oder wenigstens diejenigen, die dem Thron am nächsten waren. Nun habt Ihr die Richtung geändert ... und der Unterschied ist so groß wie der zwischen Osten und Westen.«

»Was meinst du?« Jao glaubte immer noch, sich verteidigen zu müssen.

»Es gibt niemanden mehr, den ihr stützen müßt – niemanden wichtigen, will ich sagen. Ihr seid allein auf dem Thron.«

»Ungesetzlich!« platze sie heraus. »Ich hasse das. In den alten Tagen von Taitsung und Kaotsung hatte ich eine feste und angesehene Stellung, mein Leben war echt. Nun trage ich die ganze schwere Verantwortung der Regierung, hinter einer Fassade, hinter der Fassade meiner Söhne. Ich muß sogar solchen Affen wie Chengssu helfen, und mein Leben ist unecht. Alles ist nur Schein, und das ist mir verhaßt!«

Chi sah sie ernst an. »Es ist nur Schein, das stimmt. Ändert es also!«

Bevor sie ihre Gedanken sammeln konnte, verneigte er sich, als hätte er die Erlaubnis erhalten, sich zurückzuziehen, und trat einen Schritt nach hinten. Dann blieb er stehen und sprach ganz ruhig: »Eine mächtige Stellung im Palast, ob als Eunuch oder als Kaiserin, ist harte Arbeit und führt entweder hinauf – oder hinaus.«

Jao schauderte. Sie wußte, daß er den Thron meinte und ihren Griff nach ihm.

Chi verbeugte sich zum Abschied und begegnete Chengssu, der eben eintrat.

»Erhabene Tante«, begann er seine Anrede.

»Ja?« fragte Jao, »was gibt es?«

Chengssu war zu der Überzeugung gelangt, daß der Augenblick gekommen war, um zuzuschlagen. »Ihr seid zu verwundbar, zu anspruchslos in Eurer gegenwärtigen Stellung als Kaiserin. Ihr solltet Huang, nicht Huanghou sein.«

»Und du solltest Kronprinz sein, nehme ich an?« Ihre Ironie war an ihn verschwendet.

»Ja«, bestätigte er. »Wir Wu haben vieles gemeinsam.«

»Du meinst, wir sollten den Thron gemeinsam haben?«

»Natürlich!« stimmte er zu. Das überraschte sie so, daß sie das Gespräch unvermittelt abbrach, worüber er sehr erstaunt war.

Die Welle der Verschwörungen stieg an. Jao war entsetzt. Mehr und mehr Beamte immer höheren Ranges wurden des Verrats angeklagt. »Es ist außer Kontrolle geraten«, vertraute sie eines Abends Hsueh an. »Sagt mir, was Ihr darüber wißt. Ihr habt niemals Eure Meinung geäußert.«

»Ich vermeide den Kontakt mit dieser Gesellschaft. Ich verlasse das Weiße Pferd niemals ohne eine Leibwache bewaffneter Mönche. Manchmal geraten wir auf der Straße in ein Handgemenge mit Taoisten, Zensoren oder anderen, aber das hat keine Bedeutung, Straßengerangel!«

»Wen meinst du mit ›dieser Gesellschaft‹?«

»Lai und Jo und, ah ... Lai und Jo«, vorsichtig vermied er jeden Hinweis auf Chengssu. Jao sah ihn nachdenklich an, beschloß aber, nicht weiter in ihn zu dringen.

›Er will meinen Neffen nicht kritisieren‹, dachte sie, nachdem er gegangen war. Sie begann, Chengssu zu verdächtigen, aber noch brauchte sie ihn und ließ die Sache daher im Ungewissen.

Niemand wollte ihr etwas sagen, doch die Andeutungen waren schlimm genug, da sie immer darauf abzielten, ihre Regierung in Frage zu stellen. Sie beschloß, Juitsung auf den Thron zu setzen und ihm die volle Macht zu übertragen, während sie selbst nur eine beratende Rolle einnehmen wollte. Sie war gerade im Begriff, Pläne für die öffentliche Zeremonie seiner Wiedereinsetzung auszuarbeiten, als ihr Juitsung einen unerwarteten Besuch abstattete. Er sah übermüdet und blaß aus, aber Jao war viel zu sehr mit ihren eigenen Gedanken beschäftigt, um etwas zu bemerken. »Die Restauration wird das Vertrauen wiederherstellen und den Verschwörungen ein Ende setzen«, erklärte sie ihrem Sohn.

»Es wird nutzlos sein. Es würde den Verschwörungen in den drei Machtzentren – und in einem Dutzend kleinerer Gruppen – nur noch Aufwind geben. Alle wollen den Thron für sich. Chengssu wäre mir noch viel feindlicher gesinnt, wäre ich sein Rivale. Ich kann Euren Vorschlag nicht annehmen. Er würde nur zu einem offenen Krieg zwischen den zwei Machtblöcken führen – den Tang-Anhängern in der Bürokratie und der Wu-Partei –, die nach der Macht gieren. Schon jetzt stehe ich im Zentrum des Sturmes. Wäre ich Kaiser, man würde mich schnell ermorden. Und ich kann auch aus einem anderen Grund diese Stellung nicht annehmen – wegen meiner unpolitischen Natur.«

Jao betrachtete ihn nachdenklich. »Du hast drei Gruppen von Machthungrigen erwähnt. Hast du als dritte die Tang-Prinzen gemeint? Die Prinzen Han und Yueh? Sechs oder sieben Brüder Taitsungs sind noch am Leben und aktiv, dazu kommen drei Dutzend anderer von prinzlichem Rang.«

»Soviel ich weiß, sind diese älteren Prinzen friedliche Graubärte. Wenn es Unzufriedenheit gibt, dann liegt sie bei den Söhnen. Nein, es ist Lai und seine Clique.«

Jao warf die Papiere ärgerlich auf den Tisch. »Unsinn! Lai ist nichts als ein Untergebener, der mir auf den Wink gehorcht. Wenn ich sage, steh, so steht er. Wenn ich sage, knie, so kniet er.« Juitsung sah sie zweifelnd an. Obwohl er abgeschieden lebte, hatte er den Finger am Puls des politischen Geschehens; er wußte Bescheid.

»Warum siehst du mich so an?« fragte Jao.

»Ist Euch bewußt, wie sehr sich die meisten von uns Tang-Prinzen bedroht fühlen?« Er stellte seine Frage sehr leise.

»Welche Prinzen?« Ihr Interesse war erwacht.

»Da ist einmal der Sohn von Prinz Han, Huang, anscheinend der Mittelpunkt der Unzufriedenheit«, sagte Juitsung in einem Ton, der Jaos ganze Aufmerksamkeit weckte.

»Und da ist Prinz Juitsung. Wo steht er?« Ihre Stimme war schneidend.

»Nirgends. Aber Prinz Huang hat ein Dekret erlassen und gibt vor, es stamme von mir. In diesem Dekret ruft er alle Prinzen auf, in ihren Distrikten Truppen anzuwerben und nach Loyang zu ziehen, um mich zu retten. Dieses falsche Dekret hat einen anderen Tang-Prinzen, Langyeh, zu einem zweiten Dekret veranlaßt. Die Kaiserin versuche, die kaiserliche Familie der Tang zu vernichten und an ihrer Stelle die Wu-Sippe einzusetzen.«

Er beobachtete seine Mutter, während er sprach, und als sie zusammenzuckte, streckte er ihr die Hand entgegen. »Wie kommt es, daß du das weißt und ich nicht?« fragte sie.

»Die Nachricht wartet wahrscheinlich in diesem Augenblick im Kronrat auf Euch. Alle haben Angst, es Euch zu sagen.«

»Aber du nicht?« stellte Jao fest und versuchte, Zeit zum Nachdenken zu gewinnen.

»Natürlich habe auch ich Angst. Ich stehe im Mittelpunkt der ganzen Affäre. Ein enger Freund machte mich indirekt darauf aufmerksam, daß mein Name mißbraucht wird.«

Jao stand auf. Ihr Gesicht zeigte Härte. »Dann sei vorsichtig und lehne es ab, irgendwelche Besucher zu empfangen, besonders Besucher von – irgend jemanden überhaupt. Ich werde dein Haus durch besondere Wachen schützen lassen. Und, mein Sohn, ich danke dir!«

Eine Woche nach ihrem Ausbruch brach die Revolte der Prinzen zusammen. »Was für ein klägliches Unterfangen«, sagte Jao zu Hsueh. »Noch kläglicher als die Rebellion Chingyehs vor vier Jahren. Ein ranghoher Prinz des kaiserlichen Hauses der Tang versucht, einen legitimen Kaiser wiedereinzusetzen, weil er glaubt, daß ich den Thron widerrechtlich in Besitz nehmen will, und was geschieht? Ich habe die volle Unterstützung meiner Armee und kann sogar sicher sein, daß die aufständischen Prinzen selbst bei der ersten sich bietenden Gelegenheit davonlaufen werden. Jetzt weiß ich, daß ich das Wohlwollen der Menschen besitze, auf die es ankommt.«

Sie freute sich an ihrem Sieg, spürte aber, daß sie hart geworden war. »Ich weiß, wie ich mit Menschen, die sich gegen mich persönlich verschwören, zu verfahren habe. Wenn sie Krieg wollen, sollen sie ihn haben.«

Sie schickte sofort nach Chengssu. »Du mußt die Partei der Wu stärken. Es besteht die Möglichkeit, daß es zu einem Krieg mit den Tang-Anhängern kommt, obwohl die Haupträdelsführer der Prinzen vernichtet wurden. Nun müssen wir noch mit all den Bürokraten fertig werden, die nur den Tang die Treue halten.«

Chengssus Augen funkelten. »Also Krieg! Ich werde hier in Loyang neue Ahnenschreine für die Wu bauen. Die Tang-Schreine in Changan werden hinter ihnen zurückstehen. Und ich werde nachträglich den Ahnen der Wu einen höheren Rang zuerkennen. Auch werde ich bis morgen einen Plan ausarbeiten, der Eure Majestät in beispielloser Weise verherrlicht, um das Prestige der Wu zu stärken.«

Jao nickte, die Augen hart. »Komm morgen wieder und lege mir deinen Plan vor.«

Chengssu hielt sein Versprechen. Sein Plan schloß die Schaffung eines glückbringenden Talismans ein, der dem Beginn einer neuen Dynastie Glanz verleihen sollte. Jao war von seiner Erfindungsgabe beeindruckt und begrüßte seinen Fund eines wunderwirkenden Steins im Lo-Fluß, der die Inschrift trug: Die Heilige Mutter kommt, um in ewigem Wohlstand zu regieren. Um die angebliche Entdeckung allgemein publik zu machen, stellte sie das Thema des ewigen Wohlstandes in den Mittelpunkt einer Festlichkeit, die in ihrem Glanz alles, was die Tang-Zeit geboten hatte, in den Schatten stellte. Sie ließ eigens einen Altar errichten, vor welchem sie in einem Halbkreis den Staatsschatz aufstellen ließ, der noch niemals öffentlich gezeigt worden war: wertvolle Insignien, fremdartige Geschenke ausländischer Stämme, Vögel und Tiere, die in China unbekannt waren. In der Mitte war der Stein aus dem Lo plaziert.

Die Neujahrszeremonien boten Jao Gelegenheit zu spektakulären Zeremonien im neuen Ming Tang. Bei den Feierlichkeiten wurde in drei weihevollen Akten ihr Aufstieg zur höchsten Macht symbolisiert. Am Neujahrstag selbst trug Jao die kostbarsten ihrer kaiserlichen Gewänder, in der Hand den jadenen *kuei*, das Zeichen der Kaiserwürde. Juitsung, makellos in Aussehen und Benehmen, fungierte als erster Helfer, sein Sohn, der Kronprinz, als zweiter. Zuerst wurden dem Himmel Opfer dargebracht, dann dem Gründer der Tang-Dynastie, Kaotzu. Dem folgte, zur allgemeinen Verwunderung, ein Opfer für den Geist von Jaos

Vater. Als der versammelten Menge die Bedeutung dieses Opfers klar und gleichzeitig Chengssu zum Leiter der Kaiserlichen Kanzlei ernannt wurde, geriet sie in beträchtliche Aufregung. Zur Krönung der Feier wurde Jao der Titel »Heilige Mutter, Göttliche, Kaiserliche« als höchste Auszeichnung verliehen.

»Ein schwerer Brocken, dieser Titel«, stellte Taiping fest, als sie von den Feierlichkeiten heimkehrte. »Ich werde mich mit ›Heilige Mutter‹ begnügen – das läßt sich leichter sagen und ist ebenso höflich. Eure Zeremonie heute war die eindrucksvollste, die ich je gesehen habe!«

»Chengssu hat alles organisiert. Er erinnerte mich an mich selbst, als ich zur Kaiserin ernannt wurde. Ich setzte damals das größte Schauspiel aller Zeiten in Szene«, entgegnete Jao nostalgisch.

»Für wen war also das Schauspiel, für Euch oder für ihn?« warf Taiping schnippisch und unbesonnen hin.

»Für mich natürlich«, Jaos Ton war schroff. »Du solltest Chengssus Macht nicht überschätzen. Er ist ein Wichtigtuer – sonst nichts.«

»Ich bin nicht so sicher. Er ist ebenso dumm wie ehrgeizig, und das ist eine tödliche Mischung. Und jetzt ist er Leiter der Kaiserlichen Kanzlei«, murmelte Taiping und hatte damit, wie so oft, das letzte Wort. Sie war die einzige im Palast, die sich das erlauben konnte. Dann verneigte sie sich höflich und zog sich sofort zurück.

Noch am selben Abend wiederholte Jao befriedigt Hsueh gegenüber ihren neuen Titel. »Er klingt … allumfassend, nicht wahr? Er bezieht alles in sich ein …« Sie lachte, er aber lachte nicht. Sie legte ihre kleine Hand auf seine große. »Gefällt er Euch nicht?«

»Er macht Euch zum Mysterium, macht Euch größer als einen Kaiser, macht Euch zur Göttin oder noch mächtiger.« Seine Stimme klang nicht glücklich.

»Nun?« fragte sie.

»Es ist nicht meine Sache, sondern Eure – Ihr müßt tun, was Ihr glaubt, tun zu müssen.«

Während Jao diese Demonstrationen zur Erhöhung des kaiserlichen Ansehens inszenierte, verbrachte sie gleichzeitig viele Stunden mit dem Studium der Flut von Geständnissen. Lai und seinen Gehilfen war es gelungen, eine Reihe ihrer Männer in den Beamtenapparat einzuschleusen, sie hatten aber noch nicht vollkommene Kontrolle über das

Gerichtswesen gewonnen und hielten daher ihre illegalen Verhaftungen und Folterungen weiterhin geheim.

Zwei mutige Männer standen ihnen bei ihren Aktionen am meisten im Weg: ein Richter namens Hsu Yungung und Dee Jenjer. Kaiserin Jao kannte beide und bewunderte ihren Charakter. Manipulierte Anschuldigungen gegen sie oder ihre Klienten kamen bei Jao nicht an. Dee und sein Kollege Hsu begannen, sich offen gegen das System von Spionen auszusprechen. Noch ärgerlicher aber war für Lai und Chengssu ihre Verteidigung von Angeklagten in öffentlichen Gerichtsverhandlungen. In den Tagen seiner Richtertätigkeit in einer Provinzstadt hatte sich Hsu einen so guten Ruf erworben, daß er im ganzen Land für seine Gerechtigkeit bekannt war. Überdies genoß er die besondere Hochachtung des Volkes, weil er nie durch Schläge ein Geständnis erzwungen hatte. In den Teehäusern wurde behauptet, daß jedem, der Lai vorgeführt wurde, der Tod gewiß war, es sei denn, er wurde von Hsu verteidigt. Hsu erschien nun täglich in der Audienzhalle, wo er in völliger Ruhe die zu Unrecht Beschuldigten – hohe wie niedrige – so gut verteidigte, daß er Hunderten das Leben rettete. Jao, die Integrität erkannte, wenn sie ihr unterkam, begann, sich auf sein Urteil zu verlassen. Viele Fälle, die Gnade verdienten, wurden ihr auch von Richter Dee zur Kenntnis gebracht.

Doch alle Anforderungen an ihre Zeit, ihre Gedanken und Gefühle wurden von einer ungewöhnlichen Entwicklung innerhalb der buddhistischen Gesellschaft in den Schatten gestellt. Eine Gruppe von Priestern hatte sich mit dem Studium eines Sutra, der Großen Klassischen Wolke, befaßt, das eine Inkarnation Maitreyas behandelte. Die von ihnen vertretene Meinung rief eine Sensation hervor. Ihre Auslegung war furchterregend, denn ihrer Ansicht nach wiesen alle Zeichen darauf hin, daß Maitreya sich in Gestalt der Kaiserin inkarniert habe. Die Priester behaupteten, Maitreya sei in Gestalt der Kaiserin auf die Erde gekommen, um der Menschheit den Segen des Wohlstands und weiser Herrschaft zu bringen.

Abt Hsueh war wesentlich an dieser Bewegung beteiligt. »Meiner Ansicht nach war ein derart veraltetes animistisches Symbol wie der Lo-Stein nicht sehr hilfreich«, gestand er Jao eines Abends.

»Gefällt Euch mein Titel ›Heilige Mutter, Göttliche, Kaiserliche‹ nicht?« fragte sie scherzhaft.

»Es ist nichts als taoistischer Aberglaube, Euch Attribute beizulegen, die nur eben über das Menschliche hinausgehen.«

Jao starrte ihn an. »So bedeutungslos ist das?«

»Auf keinen Fall! Aber unser buddhistischer Begriff des Avatara von Maitreya ist weitaus umfassender und großartiger. Und ich glaube, er entspricht der Wahrheit. Ihr habt so erstaunliche Fähigkeiten und seid so sehr darauf bedacht, Euch der Armen anzunehmen, daß ich in Euch wirklich die Inkarnation von Maitreya sehen kann.«

Jao war sprachlos. Fassungslos streckte sie ihre Hand aus. »Meint Ihr ... meint Ihr das ehrlich?« stammelte sie.

Er nickte, zu bewegt, um zu sprechen. Und auch sie war zutiefst aufgewühlt.

Diesen Abend verrichteten sie ihre Andacht in dem neuen Betraum zur Großen Wolke gemeinsam und verbrachten die ganze Nacht in ruhiger Meditation, bevor dem Volk die Tore geöffnet wurden.

Die Vorstellung, tatsächlich die Inkarnation von Maitreya zu sein, wurde für Jao nach und nach zur Realität, und damit ging eine Veränderung mit ihr vor. Sie gewann die Überzeugung, daß die wunderbaren Ereignisse ihres Lebens und ihre eigenen großen Erfolge auf die Inkarnation zurückzuführen waren. Auf ihren Befehl wurde das Sutra gedruckt und unter der zahlreichen buddhistischen Bevölkerung des Landes verteilt. Außerdem stellte sie Mittel bereit, um in jedem Distrikt einen Tempel der Großen Wolke zu errichten.

Das Entscheidende aber war, daß Jao nun zu der Überzeugung gelangte, es stehe in den Sternen geschrieben, daß sie in Wahrheit und nicht nur im geheimen Kaiser sein sollte. Ihre Titel – Kaiserin und Kaiserinmutter – statteten sie nicht mit der höchsten Macht aus. Überdies war ihr kürzlich eine alte Prophezeiung zu Ohren gekommen. In der Zeit Taitsungs war der Planet Venus einige Tage hintereinander am Himmel zu sehen gewesen, und die Astrologen hatten dies als Vorzeichen für den künftigen Aufstieg einer Frau zur Höchsten Macht erklärt. Nach drei Generationen, so lautete die Prophezeiung, würde ein weiblicher Regent namens Wu Wang als kriegerischer Kaiser über die Tang herrschen. Kaiser Taitsung hatte darin eine persönliche Beleidigung gesehen und alle Beamten, die den Namen Wu trugen, in entlegene

Gegenden des Reiches verbannt. Er befragte seinen Ersten Astrologen und erfuhr, daß die Wu, um die es sich handelte, bereits im Harem seines Palastes lebte und in vierzig Jahren das Reich regieren würde. Nach den Vorzeichen scheine dieses Ereignis unausweichlich. Taitsung hatte vorgeschlagen, alle Verdächtigen zu töten. Aber er erhielt zur Antwort, man könne das Gebot des Himmels nicht umgehen, doch in vierzig Jahren würde die Frau, die zum Herrschen bestimmt war, älter und mitleidiger sein. Falls Taitsung sie töte, würde der Himmel dafür sorgen, daß eine andere an ihrer Stelle zur Welt käme, und die würde mehr Schaden anrichten. Taitsung nahm dies hin, und Wu Jao lebte weiter als Tsairen, unerkannt und in Frieden.

Nun ließ Jao diese Prophezeiung wiederaufleben, und zu ihrer Freude wurde sie vom Volk sowie von einigen der konservativsten Gelehrten aufgegriffen. Jao nahm sich jedoch Zeit und ging ihren Weg zum Thron ohne Eile.

Erst Anfang September des Jahres 690 gestattete Jao Chengssu, in einem Antrag die Einsetzung einer neuen Dynastie zu verlangen, die nicht mehr Tang sondern Chou hieß – so der Name einer tausend Jahre alten Dynastie, die von einem legendären Wu gegründet worden war. Ein Zensor legte den Antrag vor, und Jao wies ihn chinesischer Sitte gemäß zurück. Daraufhin wurde eine weitere Bittschrift mit sechzigtausend Unterschriften präsentiert. Alle Beamten, die überlebenden kaiserlichen Tang-Verwandten, die wichtigsten Mitglieder der buddhistischen und taoistischen Zentren, die großen Familien der Provinzen und die Stammesführer hatten unterschrieben.

Jao lehnte auch die zweite Bittschrift ab. Ein drittes Gesuch, eingebracht von Juitsung, in dem er gleichzeitig die Änderung seines Namens auf Wu erbat, wurde von Jao gnädig bewilligt. Sie ließ eine allgemeine Amnestie folgen und hielt eine großartige Zeremonie zu Ehren des Dynastiewechsels ab. Aber selbst jetzt bestieg sie den Thron noch nicht. Sie wartete weitere drei Tage.

Während dieser letzten Tage war Jao so aufgeregt, daß sie nicht schlafen konnte. Sie schien in einer Euphorie zu schweben, während das Heer ihrer Anhänger die vorgeschriebenen Riten fehlerlos durchführte. Wu Jao war nun der Sohn des Himmels und nahm ihre Familie auf ihrem Höhenflug mit. Juitsung wurde kaiserlicher Erbe, sein Sohn kaiserlicher

Enkel. Chengssu wurde Prinz Wei und Sanssu Prinz Liang. Gleichzeitig wurde die gesamte Wu-Sippe mit dreiundzwanzig Familien in den Prinzenstand erhoben. Jao hielt sich tapfer, doch als alles vorüber war, konnte sie sich kaum mehr aufrecht halten und ihre Gemächer nur mit Hilfe ihrer Bediensteten erreichen.

Auch Chengssu war von seinen Bemühungen, diesen Wechsel herbeizuführen, vollkommen erschöpft. Als er erfuhr, daß schließlich doch ein Tang-Prinz den Thron erben sollte, konnte er den Schock nicht ertragen. Er wurde ernstlich krank und zog sich in sein Haus zurück.

»Nun, Mutter, Heiliger und Göttlicher Huang, ich gratuliere Euch«, sprudelte Taiping nach der Antrittszeremonie hervor, als sich die Familie in Jaos Gemach zusammenfand.

»Auch ich gratuliere Euch«, Juitsungs Worte klangen ebenso ungezwungen wie die seiner Schwester.

»Ihr beide, ihr könnt auch nie etwas ernst nehmen«, schalt Jao und strahlte gleichzeitig im Übermaß vollkommener und restloser Genugtuung.

Juitsung reichte ihr einen Becher Wein, der aus den berühmten Weingärten von Turfan stammte. »Auf das Wohl meiner Mutter, den Huang!«

»Auf das Wohl meiner Mutter, den Huang – *nicht* Huanghou!« rief Taiping, und da sie sich allein, nur im familiären Kreis befanden, brachen sie in der zynischen Kenntnis höfischer Gepflogenheiten alle in fröhliches Lachen aus.

Nahezu unmittelbar nachdem sich Aufregung und Tumult um die Einsetzung der neuen Dynastie gelegt hatte, geriet Wu Jao in Konflikt mit der Sternkammer, der Geheimpolizei. Lai und sein Helfer Jo hatten wiederholt versucht, den furchtlosen Hsu eines Komplotts zu überführen, ohne daß es ihnen gelungen war. Schließlich erhob Jo gegen ihn Anklage wegen der Verschwörung gegen den Thron, ließ ihn gefangennehmen und befahl seine Hinrichtung. Jao wurde benachrichtigt. Zornig verbot sie die Hinrichtung, befahl Hsus Befreiung und bot ihm einen neuen Posten an. Hsu lehnte die Ernennung ab, worauf Jao ihn zu sich rief, um in einer persönlichen Aussprache den Grund seiner Ablehnung zu erfahren.

Als er vor ihr erschien, war er ein anderer als der ruhige und mutige Verteidiger von Angeklagten, dem sie so oft im Kronrat begegnet war. Sie sah vor sich einen gebrochenen Mann, der demütig niederkniete.

»Warum?« In ihrer Stimme klang Güte.

»Euer ergebener Diener gleicht dem Reh des Waldes, das ständig gejagt wird. Euer Diener kann seine Pflichten als Richter, der an die Einhaltung der Gesetze gebunden ist, nicht erfüllen. Er wäre gezwungen, bei der monströsen Entstellung der Gerechtigkeit Eurer Majestät mitzuwirken. Wenn Euer Diener sich weigerte, würde man ihn töten. Euer Diener sieht sich gezwungen, die Ernennung abzulehnen.«

»Und doch bestehe ich darauf.« Ihr Stimme war nun hart wie Stahl. »Ich werde Euch ständig bewachen lassen und Euch mit der ganzen Autorität des Herrschers beschützen.« Widerstrebend nahm Hsu die Ernennung an, und Wu Jao vertraute darauf, daß Lai diese Niederlage zur Warnung genügen würde.

Doch sie genügte nicht. Unter dem Druck des Neffen der Kaiserin verstärkte Jo seine Angriffe gegen Chengssus persönliche Feinde. Unter den neuen Opfern fand sich der mächtige General Chiu, der der Kaiserin während des Prinzenaufstandes und in anderen Krisensituationen gedient hatte. Er wurde in einer Blitzaktion hingerichtet. Unverzüglich rief Wu Jao Lai zu sich und befahl ihm, eine Untersuchung gegen seinen Kollegen Jo einzuleiten. Lai führte den Befehl aus und wandte die schrecklichsten Foltern an, um ein volles Geständnis zu erhalten. Jao begnadigte Jo und schickte ihn in die Verbannung. Auf dem Weg dorthin holten ihn die Verwandten einiger seiner Opfer ein, und das Leben des berüchtigten Jo nahm ein sehr plötzliches Ende.

Falls Jao geglaubt hatte, Jos Tod und ihre deutlich gezeigte Mißbilligung könnten Chengssu irgendwelche Zügel anlegen, so hatte sie sich abermals getäuscht. Der treue Zensor Wei Yuan und ihr guter Freund Dee wurden gefangengenommen und angeklagt. Lai versprach, beider Leben zu schonen, wenn sie bei der ersten Befragung ein Geständnis ablegten. Wei lehnte ab. »Wenn Ihr meinen Kopf wollt, dann schlagt ihn mir ab. Wozu braucht Ihr Geständnisse?« Daraufhin wurde ihm jede Erleichterung gestrichen, und er bekam die volle Härte des Gefängnislebens zu spüren.

Dee ging dagegen auf die ihm gestellte Forderung ein und gab eine

Erklärung ab, die nach einem Geständnis klang: »Jetzt nach dem Sieg der Chou-Revolution werden die alten Tang-Beamten ohne Zweifel für ihre Treue zur Tang-Dynastie hingerichtet werden.« Daraufhin wurde er besser behandelt, ja, es gab sogar Wachen, die freundlich zu ihm waren. Als sich eine Gelegenheit ergab, löste Dee das Futter aus seinem Wintermantel und schrieb auf einem Stück Seide seinem Sohn von seiner Verhaftung, dann befestigte er das Futter wieder in dem Mantel.

»Da das Wetter schöner geworden ist«, wandte er sich eines Tages an eine der Wachen, »könntest du diesen Mantel in mein Haus bringen, um das Futter entfernen zu lassen?«

Da sie hofften, von der Familie eine großzügige Belohnung zu erhalten, erklärten sich zwei Aufseher bereit, den Mantel abzuliefern. Der Sohn erkannte richtig, daß die Bitte mehr bedeutete, als es den Anschein hatte, und fand den Brief, mit dem er sich sofort bei der Kaiserin melden ließ. Diese empfing ihn, las Dees Nachricht und sandte nach Lai, um eine Erklärung zu verlangen. Lai bestritt jeden Vorwurf und ersuchte die Kaiserin, sich durch einen Boten vom Wohlergehen Dees überzeugen zu lassen. Der Beamte, der sich auf Jaos Befehl in das berüchtigte Gebäude begeben mußte, zitterte vor Angst, warf einen raschen Blick in das Innere und kehrte dem Gefängnis, so rasch er konnte, den Rücken. Er berichtete, alles sei in bester Ordnung. Lai ließ dieser Aussage ein gefälschtes Geständnis von Dees Schuld folgen, das mit einem Ansuchen um seine Hinrichtung endete.

Jao stand vor einem Rätsel. Ihr treuer Freund wurde von ihrem treuen Beamten angeklagt, und Dee gestand, sie verraten zu haben. Alles das ergab keinen Sinn. Jao ordnete an, Dee vorzuführen.

»Wenn Ihr gegenüber der Kaiserin auch nur ein einziges Wort gegen mich sagt«, drohte Lai, als er Dee persönlich zum Palast brachte, »werde ich Eure ganze Familie töten – nach der Folter!«

Als ihr der Gefangene Dee in schweren Ketten wie der ärgste Verbrecher vorgeführt wurde, blickte Jao ihn ernst und angesichts der Ketten mit gehobenen Brauen an.

»Habt Ihr tatsächlich gestanden, Euch gegen mich verschworen zu haben?«

»Ja!« stieß Dee aus, als Lai ihm seinen Dolch in den Rücken bohrte. Jao bemerkte, wie er zusammenzuckte.

»Geht!« gebot sie Lai. Doch dieser rührte sich nicht.

»Habt Ihr mich nicht gehört?« fragte sie drohend. Durch den Ton in ihrer Stimme aufmerksam geworden, traten die Wachen näher. Lai protestierte und zögerte immer noch, während er den Wachen drohende Blicke zuwarf. Diese ließen sich jedoch nicht einschüchtern, sondern erfüllten ihre Pflicht und zwangen Lai, die Halle zu verlassen.

»Nun«, forderte Jao, »sagt mir die Wahrheit. Stimmt die Sache mit der Verschwörung?«

»Ich würde Euch niemals verraten. Aber ich wäre unter der Folter gestorben, wäre ich Lais Forderung nicht nachgekommen.«

»Auch Ihr! Wie können diese elenden Beamten es wagen, meine Freunde zu mißhandeln!« Verwirrt starrte sie Dee an, der ihren Blick in der gleichen Verwirrung erwiderte.

»Ihr wißt also nichts von dem Ausmaß der Tätigkeiten Lais? Von den Foltern, die Eure treuesten und unschuldigsten Beamten wie Zensor Wei durch die Geheimpolizei erdulden müssen?«

Jao hörte jedem Wort mit größter Aufmerksamkeit zu. »Ich erwarte, daß Ihr mir alles schriftlich berichtet – bis in die letzte Kleinigkeit. Ich nehme an, das hier ist eine Fälschung?« Sie reichte ihm sein Geständnis mit seiner Bitte um Hinrichtung.

Als er es gelesen hatte, bat er: »Laßt mich beweisen, daß es sich um eine Fälschung handelt.«

Jao sandte nach ihrem Schreiber und befahl ihm, Papier und Pinsel mitzubringen. Dee schrieb etwas, das sie zum Lachen brachte. Es war eine sehr treffende Bemerkung über Lais mangelnde Schreibkünste. Verglichen mit Dees vornehmer Handschrift war die Fälschung wahrhaftig armselig abgefaßt.

Die Kaiserin ließ, wie es ihrer Art entsprach, mit aufrichtigen Entschuldigungen für alle erlittenen Qualen Dee und Wei frei und sandte sie streng beschützt auf neue Posten in der Provinz, nur um sie alsbald mit einer Beförderung wieder an den Hof zurückzurufen.

Der Hof erkannte bald, daß die Sternkammer einiges an Boden verloren hatte. Es wurde ebenfalls deutlich, daß Chengssu keine Fortschritte auf der Karriereleiter machte. Zur Zeit des Thronwechsels, als Juitsung zum Erben ernannt worden war, hatte sich Chengssus Hoffnung auf die

Stellung des Thronfolgers zerschlagen. Er war sich seiner unsicheren Stellung bewußt und hielt es daher für ratsam, sich von dem in Ungnade gefallenen Lai zu distanzieren und Anstrengungen anderer Art zu verstärken, um selbst mehr Einfluß zu gewinnen. Der Ministerpräsident beobachtete seine Absichten und warnte heimlich die Kaiserin, Chengssu nicht zuviel Macht zuzugestehen.

Jao blieb verständnislos. »Er ist mein Neffe. Deshalb ist er für mich vertrauenswürdig.«

»Eine Neffe ist seiner Tante nicht so nahe wie ein Sohn seinem Vater, und doch gab es Vatermörder. Wieviel wahrscheinlicher ist es, daß solche Taten von Neffen begangen werden. Wu Chengssu ist nicht nur ein Neffe, sondern auch Prinz und Erster Minister der Hofkanzlei. Seine Macht reicht fast an die Eure heran. Ich fürchte, Eure Majestät werden nicht allzu lange im friedlichen Besitz des Thrones bleiben.«

Da sie nun offen mit dieser Gefahr konfrontiert wurde, sah sich Jao gezwungen, sich damit auseinanderzusetzen. Vielleicht war Chengssu nicht der harmlose Wichtigtuer, für den sie ihn immer gehalten hatte. Schwache Menschen waren häufig die gefährlichsten … sie hätte das wissen müssen, dachte sie.

Zwei Tage später entließ sie Chengssu aus seiner Stellung, seinen prinzlichen Rang aber durfte er behalten. Seine Gefühle besänftigte sie sogleich, indem sie ihn bei einer neuerlichen großen Zeremonie im Ming Tang während der Neujahrsfeiern zu ihrem Ersten, seinen Bruder Sanssu zum Zweiten Helfer erwählte. Bei dieser Gelegenheit überging sie Juitsung und seine Kinder, die zufrieden waren, die Feierlichkeiten von einem abgeschirmten Alkoven aus beobachten zu können.

Indessen wurde Juitsungs Haushalt plötzlich ohne jegliche Warnung der Hexerei angeklagt. Eine Sklavin schwor, Juitsungs Frau, Madame Liu, und seine Lieblingskonkubine Te Fei gehört zu haben, wie sie einen Zauberbann über die Kaiserin gesprochen hätten. Als dies Jao hinterbracht wurde, lud sie beide Frauen zu sich, überzeugt, die Anklage wegen Zauberei sei purer Unsinn. Nach diesem Besuch verschwanden die zwei Frauen spurlos. Juitsung machte sich große Sorgen, während Jao, voll des Mißtrauens, nicht wußte, was sie davon halten sollte. Jeder, der eine hohe Stellung bekleidete, schien ihr auf einmal verdächtig.

Aber als dieselbe Sklavin, die ihre Klage gegen die Frauen erhoben hatte, sich nun auch gegen Juitsung wandte, schenkte Jao ihren Anschuldigung keinen Glauben und übergab das Mädchen dem Amt für Verbrechen, um die Sache untersuchen zu lassen. Die Dienerin wurde bei der Befragung für schuldig befunden und hingerichtet.

Unmittelbar nach dieser Exekution beschuldigte Chengssu zwei der engsten Freunde Juitsungs, gemeinsam mit letzterem eine Verschwörung gegen die Kaiserin geplant zu haben. Lai ließ die beiden Beamten vor dem Südtor öffentlich hinrichten. Ohne Jaos Wissen wurde dabei eine Methode angewendet, die wegen ihrer extremen Grausamkeit in der chinesischen Rechtsprechung nicht mehr zugelassen war – die Delinquenten wurden von Ochsen buchstäblich auseinandergerissen. Nach diesem Ereignis legte sich über die Beamtenschaft Eiseskälte. Niemand wagte es, ein kritisches Wort zu sprechen oder etwas mit Juitsung zu tun zu haben.

Jao ruhte in ihrem Palast, als entfernte Schreie sie weckten. Erstaunt rief sie ihren Eunuchen. Im Palast gehe eine Folterung vor sich, berichtete er. Mehr wisse er nicht. Die Schreie waren immer wieder zu hören und erfüllten sie mit Entsetzen. Sie schickte nach Chi.

Als er erschien, fragte sie, ob der Bericht des Eunuchen auf Wahrheit beruhe.

»Ja, Majestät.« Zum ersten Mal in der langen Zeit ihrer Beziehung klang seine Stimme kalt und abweisend.

»Wo? Und in wessen Auftrag?« Sie war zutiefst beunruhigt.

»Im Küchenhof Eures Sohnes Juitsung. Sie schlagen und foltern die Dienerinnen. Wer das allerdings tut, darauf habe ich keine Antwort.« Er vermied es, ihr in die Augen zu sehen.

Jao war wütend. »Ihr könnt gehen!« Eine Folterung der Bedienten Juitsungs? Unmöglich! Und wie konnte es geschehen, daß bei der Hinrichtung von Juitsungs Freunden auf einem öffentlichen Platz eine Methode angewendet worden war, die Taitsung verboten hatte! Solche Ungeheuerlichkeiten ereigneten sich also unter ihrer Regierung ohne ihre Genehmigung, ohne ihr Wissen ... Zornentbrannt erhob sich Jao und begab sich persönlich zum Schauplatz des Tumults.

Als sie sich Juitsungs Haus näherte, hörte sie die Mägde schreien. »Ja, ja ... es ist wahr ... der kaiserliche Erbe ist der Verschwörung schuldig ...« Sie betrat den Hof und sah dort ihren alten Gärtner An, der sie alles gelehrt hatte, was sie über die Zucht von Päonien wußte. Sie sah ihn vorspringen und sich Lai gegenüberstellen. Er schrie: »Der kaiserliche Erbe ist unschuldig! Er hat kein Verbrechen begangen! Ihr seid der Schuldige! Niemand könnte ein pflichtgetreuerer Sohn sein als er. Schneidet mir das Herz heraus, als Beweis der Wahrheit!«

An hielt sein kleines scharfes Gartenmesser in der Hand. Er stieß es sich in den Leib und fiel vor Lais Füße. Sein Blut und seine Gedärme spritzen über den Boden. Die Folterknechte unterbrachen ihre Tätigkeit und sahen mit offenem Mund zu, während Lai sprachlos vor dem am Boden liegenden Mann stand. Plötzlich bemerkten sie Jaos Gegenwart. In tödlichem Schweigen gaben ihr die Anwesenden den Weg frei.

»Rasch – holt meinen Arzt«, befahl sie. Sie war außer sich vor Erschütterung wie vor Empörung, daß sich eine solche Begebenheit innerhalb der Mauern ihres Palastes abspielen konnte. Sie hatte nur selten Blutvergießen gesehen, und als sie in Ans Blut ausglitt, erbleichte sie und suchte den Hof nach dem Schuldigen ab. Unauffällig stahl sich Lai durch das Tor und gab vor, nichts gehört zu haben. Er verschwand wie durch ein Wunder und überließ die Folterknechte ihrem Zorn.

»Nehmt diese Männer gefangen.« Jao deutete auf die blutbefleckten Henkersknechte. Ihre Wachen, die sich in immer größerer Zahl in den Hof drängten, folgten ihrem Befehl augenblicklich.

»Führt diese verwundeten Diener zu ihren Schlafstätten und sorgt für Hilfe«, befahl sie den Eunuchen, die gleich hinter den Wachen den Hof betreten hatten.

»Das Leben dieses Mannes muß gerettet werden«, erklärte sie ihrem Arzt, der in Schweiß gebadet erschienen war. »Rettet ihn«, wiederholte sie.

»Wenn der Himmel es will.« Der berühmte Mann legte seinen Mantel ab und ließ sich auf die Knie sinken, um festzustellen, ob der regungslose An noch am Leben war.

»Wenn der Himmel es will, ja, aber jetzt kommt es mehr darauf an, daß Euer Kaiser es will!« Jao beobachtete, wie der Arzt vorsichtig die Eingeweide wieder in die Bauchhöhle legte und die klaffende Wunde mit Rindenfasern des Maulbeerbaumes vernähte. Die Naht bedeckte er mit Ruß, um eine Eiterung zu verhüten, und legte einen engen Verband an. Dann erst gestattete er, daß man den Verwundeten bewegte.

»Bringt ihn in mein Haus«, befahl Jao. »Wird er am Leben bleiben?«

»Vielleicht«, erwiderte der Arzt. »Er scheint zäh zu sein. Drei Tage darf er nichts zu sich nehmen, nicht einmal Wasser.«

»Er ist mein treuer alter Gärtner, und ich wünsche, daß er wieder vollkommen hergestellt wird.« Jao kochte immer noch vor Wut. »Ihr seid mir dafür verantwortlich.«

Nachdem alles soweit zur Ruhe gebracht war, verlangte Jao, zu ihrem Sohn geführt zu werden. Sie fand ihn in einem entlegenen Teil des Gartens, wo er kniend Unkraut entfernte. Er war blaß, aber gefaßt.

»Was machst du da? Weißt du, was in deinem Haushalt vor sich geht?«

Er stand augenblicklich auf und klopfte seine Knie ab. »Ich beende die Arbeit, die An verrichtete, als sie ihn mitnahmen. Das ist das mindeste, was ich tun konnte ... Ich habe ihn gehört, und ich habe gesehen, was er getan hat.«

»Du hast ihn gesehen?« Jao war verblüfft. »Wo warst du?«

»Ich war mit meinen sechs Söhnen im Küchenhof. Wir wurden ... gezwungen, alles mitanzusehen.«

Drohend verengten sich Jaos Augen zu schmalen Schlitzen. »War dieser Angriff gegen dich persönlich gerichtet oder sollte er als Warnung dienen ... vor Verschwörungen?«

»Es besteht kein Zweifel über das, was heute hier geschah. Ich wußte, was ich zu erwarten hatte, seit die beiden Mütter meiner Söhne verschwunden sind und zwei meiner Freunde auf dem Großen Platz von Ochsen zerrissen wurden. Ich bin das Ziel ... ein Hindernis auf dem Weg zum Thron.«

»Du wußtest von alledem und hast mir nichts gesagt?«

»Ich kann nicht zu meiner Mutter laufen, wenn man mich verletzt, ich kann mich nicht in Eure Angelegenheiten einmischen.«

»Einmischen! Was soll das heißen? Was in aller Welt meinst du? Wenn deine Freunde sich nicht, wie man mir gesagt hat, gegen mich verschworen haben, um mich zu töten, was haben sie dann hier mit dir gemacht?«

»Wir planten keine Verschwörung ... Wir unterhielten uns über die Kunst unserer begabten Tang-Dichter Sun und Li.« Traurig wandte er seine Augen von ihr ab und sah auf seine Söhne, die gleichfalls im

Garten arbeiteten. »Warum sollte ich heimlich den Thron anstreben, den ich gar nicht will? Eure Majestät weiß das genau«, fuhr er leise fort.

Jao schluckte. Tränen stiegen ihr in die Augen. »Du wirst, so lange ich am Leben bin, niemals wieder bedroht werden. Weder du noch deine Söhne, niemals!« Damit verließ sie ihn.

Unverzüglich gab Jao Lai den Befehl, alle Anklagen gegen den kaiserlichen Erben – oder irgend jemanden aus seinem Haushalt – fallenzulassen, Lai selbst schickte sie in die Verbannung. Der Palast und die Stadt waren endlich von der Schreckensherrschaft seines Geheimdienstes befreit.

Fünf Jahre waren seit Einsetzung der neuen Dynastie vergangen, und Abt Hsueh Huai-i verlor in Jaos Leben mehr und mehr an Bedeutung. Er reagierte darauf in der ihm eigenen exzentrischen Art, wodurch er sich ihr nur noch mehr entfremdete. In der Absicht, Jaos Gunst wiederzugewinnen, plante Hsueh zur Zeit des Laternenfestes eine große Zeremonie im Ming Tang, um sie zu ehren. Er ließ einen sechzig Meter hohen Buddha auf ein Banner malen, das an den Tien-Tang-Turm gehängt wurde. Wu Jao sollte im Mittelpunkt der Zeremonie stehen, sie aber erschien überhaupt nicht, nahm an keiner Feierlichkeit teil und beteiligte sich nicht an den Gebeten.

Hsueh war ein leidenschaftlicher Mann. Seine Beziehung zu Jao war von starken Gefühlen beherrscht gewesen und hatte lange Zeit gedauert. Er war kein unterwürfiger Mann. Unfähig, sich mit weniger als dem Ganzen zufrieden zu geben, wählte er eine stürmische Nacht, um den Ming Tang in Brand zu setzen. ›Ich habe sie zum Himmel erhoben, ich kann sie auch stürzen‹, dachte er in seiner Verzweiflung. Die Flammen fraßen sich schnell bis zur Spitze des kostbaren Turmes und loderten hunderte Meter darüber hinaus, eine Feuersbrunst, die die gesamte Stadt erleuchtete und ihre Funken weit in die Umgebung sprühte. Der Tien Tang, der neben dem Tempel lag, fing ebenfalls Feuer. Der Wind riß den riesigen Buddha in seinem Inneren herab, und das Feuer legte alles in Asche, die noch tagelang nachglühte.

Jaos Verdacht richtete sich sofort auf Hsueh, und sie ließ ihn zu sich kommen. Er erschien erst nach einiger Verzögerung. Sie betrachtete seine vernachlässigte Erscheinung, seine blutunterlaufenen Augen, seine

Haltung, aus der alles Leben gewichen schien. Er hielt ihrem Blick ruhig stand, bis sie verwirrt die Augen niederschlug.

»Ich höre von wilden Orgien im Tempelbezirk und Ausschweifungen buddhistischer Extremisten unter Euren Anhängern. Man sagte mir, daß sie sich ungebührlich benehmen und Privatbesitz nicht achten. Was habt Ihr dazu zu sagen?«

Hsueh behielt seinen ruhigen Blick. »Ich habe mir kein verbrecherisches Betragen vorzuwerfen, durchaus nicht. Manchmal gerät die Inbrunst der großen Menge von Andächtigen außer Kontrolle.«

»Also sind die meisten der Berichte, die ich erhalte, falsch?«

»Wahrscheinlich. Es ist lange her, daß ich Euch gesehen habe, und zu den neueren politischen Entwicklungen fehlt mir der Zugang. Eines aber weiß ich, Ihr und ich, wir haben uns seit den Tagen unseres schöpferischen Bauens in verschiedene Richtungen entwickelt. Damals wart Ihr eine edle Persönlichkeit, der höchsten Ehren würdig. Heute seid Ihr hart geworden und Ihr verdächtigt alles und jeden ... und Eure Herrschaft trägt den Makel der Geheimpolizei. Was mich betrifft – ich habe versucht, mich von weltlichen Verwicklungen jeder Art zu befreien, und bin in Wahrheit ein recht weltfremder Bursche geworden.«

»Was meint Ihr mit den ›verschiedenen Richtungen‹, die unsere Wege genommen haben?« fragte Jao niedergeschlagen. Doch er brauchte es ihr nicht zu sagen, sie wußte es selbst.

»Euer Bestreben war, den Thron zu gewinnen und ihn zu halten. Meines ist, dem Palast und den Äußerlichkeiten alles Weltlichen so weit wie möglich zu entfliehen.«

»Warum habt Ihr das getan?« Jao war schmerzerfüllt. Sie redeten aneinander vorbei, verstanden einander aber sehr genau. »Mir war, als hätte ich selbst mit dem Ming Tang gebrannt.«

»Nicht Ihr ... nur der Traum unseres gemeinsamen Lebens und Eure Vision der Großen Wolke und von Welten jenseits unseres Wissens. Sie alle sind verschwunden. In Schutt und Asche.«

»O, wie grausam von Euch«, rief Jao. »Grausam über alle Maßen. Ihr mögt frei sein, Euch dem geistigen Leben hinzugeben, ich aber bin es nicht. Wißt Ihr, wozu ich wegen Eures gigantischen Zerstörungswerkes gezwungen bin? Wißt Ihr das? Es schmerzt mich so, daß ich es kaum zu ertragen vermag. Es geht fast über meine Kräfte.«

Sie verfiel in Schweigen, endloses Schweigen.

»Ihr werdet den Ming Tang wieder aufbauen«, sagte sie schließlich, während ihr die Tränen ungehindert über die Wangen strömten.

»Bleibt noch Zeit dazu?«

Ihre Antwort war kaum zu hören. »Nein, die bleibt nicht.«

»Ihr habt mir alles Gute geschenkt. Was Ihr jetzt tun werdet, ist richtig. Ich muß bestraft werden. Ich bin bereit, mehr als bereit für meine nächste Wiedergeburt und für das, was dann kommt. Meine untertänige und ewige Dankbarkeit gehört Euch, denn Ihr habt mir das Beste gegeben, das einem Mann in seinem Leben widerfahren kann ...«

Damit verneigte er sich bedächtig und verließ sie in dem Bewußtsein, daß er sie, nach dem, was er getan hatte, niemals wiedersehen würde.

Lange Zeit blieb Jao reglos sitzen, starrte in die Dachbalken und beobachtete, ohne sie wirklich wahrzunehmen, die Spinnweben und eine Starenfamilie, die sich über der Tür ihr Nest baute.

»Das ist der bitterste, der allerbitterste Moment meines Lebens«, flüsterte sie in tiefer Verzweiflung. »An allen anderen schlechten Zeiten hatten andere Schuld, hier trage ich sie allein.«

Das Gelände der Pagode und des Ming Tang wurde eingeebnet und mit einem Bambuszaun umgeben, um das neu angelieferte Baumaterial vor fremdem Zugriff zu schützen. Hsueh erschien täglich, von seiner bewaffneten Leibgarde begleitet, um den Wiederaufbau der Fundamente des neuen Ming Tang zu überwachen.

Eines Tages kam eine Dienerin und forderte ihn auf, mit der Kaiserin eine Erfrischung zu nehmen. Er legte seine Meßgeräte beiseite und folgte ihr in wohlüberlegter Langsamkeit. Sie durchschritten eine Galerie nach der anderen, aber nicht in Richtung des persönlichen Palastes der Kaiserin, sondern in der entgegengesetzten. Hsueh ahnte, daß etwas nicht stimmte, und als eine Abteilung weiblicher Wachen von ungewöhnlicher Größe erschien, versuchte er umzukehren. Doch es war zu spät. Die Wachen schnitten ihm wortlos den Weg ab. Sie drängten ihn in einen abgelegenen Hof, wo sie ihn überwältigten. Er leistete keinen Widerstand – Jao hatte ihn auf diese Weise vor der Erniedrigung, der Schande und der Folter eines öffentlichen Gerichtsverfahrens geschützt. Seine Leiche wurde sofort in einem unauffälligen Wagen zum Kloster des Weißen Pferdes gebracht. Dort wurden seine sterblichen Überreste mit großen Ehren und tiefer Trauer von den Mönchen verbrannt, die ihn immer nur als einen der Ihren gekannt hatten.

Der Gärtner An lehnte seinen Bambusrechen gegen die Wand und sah sich kritisch um. Die Natur war gnädig gewesen: wolkenlose Maitage, die Brise vom Fluß her warm und voller Düfte, die Pfingstrosen auf den sich dem Wasser zuneigenden Terrassen in ihrer schönsten Pracht. Befriedigt kniff An die Augen zusammen. Er war kein Mann, der leicht lächelte oder ein Lob über einen Menschen oder eine Sache einfach so dahinsprach, aber es gab Zeiten, da nahmen seine Gefühle überhand, und dann erschienen kleine Fältchen um seine Augen. An diesem Morgen betrachtete er die Fülle der mit Tau benetzten Blumen in ihrer überschäumenden Farbenpracht, und um seine Augen und seinen Mund legten sich die Fältchen. »Habe sie niemals schöner gesehen«, brummte er.

»Ich auch nicht«, ließ sich eine Stimme hinter ihm vernehmen.

Erschrocken beugte An den Kopf. »Majestät!«

Jao stand in der Mitte der fliesenbelegten Terrasse und genoß den Anblick, der sich ihr bot. »Gut gemacht, An! Ich sehe, du hast deine Talente nicht verloren. Diese Pfingstrosen finden im ganzen Reich nicht ihresgleichen, vor allem diese tief samtroten hier.« Jao war in dunkelroten Brokat gekleidet, der einzige Schmuck die Rubine in ihrer birmanischen Tiara. Sie sah selbst aus wie eine Pfingstrose.

An verneigte sich tiefer, um seine Dankbarkeit zu bezeugen.

»Wie geht es deinem Bauch, An?« Die Frage war keine Höflichkeitsfloskel, sondern entsprach ihrem ehrlichen Interesse.

»So gut wie neu!« stotterte An.

»Dann ist also alles in Ordnung.« Jao war befriedigt. Immerhin waren seit jenem Vorfall in Juitsungs Hof drei Jahre vergangen. »Ich bin froh, daß du gesund bist. Es ist gut, dich bei der Arbeit zu sehen – du bist wirklich ein hervorragender Gärtner!«

»Majestät!« Dankbar verbeugte sich An bis zum Boden. Dann, als Chi erschien, zog er sich hastig zurück.

Chi blickte erfreut um sich. Jao lächelte über die Anerkennung, die in seinen Augen lag, dann sprach sie mit sanfter Stimme. »Chi, Ihr müßt es mir sagen. Warum seid Ihr mir gegenüber so kühl?«

»Ich kann darüber nicht sprechen, Majestät.«

Sie erstarrte. »Muß ich es Euch befehlen?«

»Wie Ihr wünscht! Eure Milde Lai gegenüber, der Euch zum Narren hält«, Chis Stimme klang bitter, »und Eure Unterstützung des unverbesserlichen Chengssu.«

Lange schwieg Jao. »Ihr seid nicht gerecht«, begann sie schließlich. »Ihr habt mich dazu ermutigt, Kaiser zu werden, und ohne die Hilfe dieser beiden wäre es mir nie gelungen.«

»Das bleibt dahingestellt. Ihr unterschätzt Euch. Ihr seid eine ausgezeichnete Regentin, und in Krisensituationen seid Ihr unübertroffen. Ich muß aber sagen, daß Ihr nicht immer wie ein Kaiser handelt. Ihr verhaltet Euch immer noch wie die Frau hinter dem Paravent, die erwartet, daß jemand da draußen die Verantwortung übernimmt, wenn etwas nicht gutgeht. Es gibt aber niemanden da draußen. Ihr seid der Kaiser – wenn Ihr Euch doch endlich dieser Tatsache bewußt werden wolltet.« Bedrückt verneigte er sich.

Tief in ihrem Innern war sich Jao der Wahrheit seiner Worte bereits bewußt gewesen, doch sie hatte dieser Wahrheit bisher noch nie in die Augen sehen müssen. Sie dachte an den Tod ihres Geliebten, an Hsueh, und wählte ihre Worte mit Bedacht. »Als Hsueh starb, habe ich mich selbst verdammt, aber nun muß ich die unbarmherzige Verdammung anderer auf mich nehmen. Es ist richtig, daß Lai jedes Mittel gegen diejenigen recht war, die mir Widerstand leisteten. Es ist richtig, daß diese Mittel unverzeihlich waren, aber er hat seine Strafe erhalten. Es ist richtig, daß ich mehr als sechzig Mitglieder der Wu-Familie zu Prinzen gemacht habe – Chengssu ist nach mir der Mächtigste am Hof –, und es ist richtig, daß eben jener Chengssu seine, nicht meine Feinde vernichtete.«

Chi hörte aufmerksam zu, sagte aber nichts. Jao fuhr fort. »Die vordringlichste Aufgabe ist jetzt, eine neue Ära einzuleiten, eine Ära frei von Geheimpolizei und von allem, was in der Verfolgung von Verschwörern geschehen ist. Ich muß wieder die traditionelle Regierung und die Stabilität herstellen.«

»Ja«, stimmte Chi zu, »ja …«

»Vor allem muß im Justizministerium ein Amt mit starker Kontrollbefugnis eingerichtet werden. Das wird es Chengssu unmöglich machen, gegen seine politischen Gegner direkt vorzugehen. Ich habe viele fähige Männer zur Verfügung – Männer wie Dee, den unbeugsamen Hsu oder den treuen Wei, der dreimal von Lai verhaftet und jedes Mal von mir befreit wurde.«

Jao konnte sehen, wie Chis Augen zustimmend aufleuchteten. Sie nahm seine Hände zwischen die ihren und drückte sie. »Ihr könnt jetzt gehen. Ich werde wieder fähig sein, meine Pflicht zu tun, diesmal als Huang. Mir fehlen die Worte, Euch zu danken.«

Freudig erregt nahm Chi rasch seinen Abschied, und Jao ließ ihren Sekretär kommen. »Beauftragt einen Kurier, Richter Dee zu mir zu rufen.«

Der Ausdruck warmer Freundschaft stand in Jaos Augen, als sie Dee begrüßte. »*Hau hau!*« Mit der konventionellen Geste des Wohlwollens schüttelte sie ihre eigene Hand. Richter Dee verneigte sich ehrfürchtig.

»Bitte, nehmt Platz. Hier, auf Taitsungs bevorzugtem Stuhl.«

Dee ließ sich auf dem übergroßen Sitz nieder, während er sich neugierig umsah. Das Zimmer war geräumig und mit Hilfe großer Heizpfannen mit glühender Kohle erwärmt. Diener hielten sich im Hintergrund, wo auf einem Tisch ein erlesenes Frühstück bereit stand. »Ein gutes Mahl in guter Gesellschaft«, bemerkte er in seiner lebhaften Art. Jao lächelte, schenkte ihm persönlich den Tee ein und winkte den Eunuchen, sich außer Hörweite zu halten.

»Kaotsung wollte hier nicht wohnen, und der Palast verfiel. Aber er war Taitsungs Hauptpalast in Loyang, und als ich Huang wurde, ließ ich ihn wegen seiner großartigen Lage wiederaufbauen. Jetzt läßt es sich hier gut wohnen.«

Dee betrachtete die schimmernden Säulen, die entrollten Bilder von Yen Lipen und Wu Taotzu an den Wänden, die glänzend polierten Deckenbalken. »Hsueh Huai-i?« Er sah sie fragen an.

»Hsueh überwachte die Zimmerleute, aber alles andere ist von mir.« Sie füllte seine Tasse mit heißem Tee und wechselte das Thema. »Ist Euch Yen Lipen je begegnet, als er das Zensoramt geleitet hat?« fragte sie.

»Nein, für jemanden wie mich war er eine zu hohe Persönlichkeit. Das liegt zwanzig Jahre zurück, als ich noch ein kleiner Beamter in Changping war.« Er nickte anerkennend, als er den ausgezeichneten Tee trank.

»Ihr kanntet ihn nicht, aber er kannte Euch. Eben las ich die Unterlagen über Eure Person und entdeckte, daß Yen Eure Berichte stets selbst studierte, weil Ihr so sensationelle Fälle zu lösen imstande wart.«

»Ach die! Vermutlich solche Fälle wie den der vergifteten Braut, nehme ich an.«

»Ja, aber was Yen am meisten beeindruckte, war der Mord an einem armen Krämer, begangen von seiner Frau. Ich lese Euch einen Absatz aus dem Bericht vor: ›Dieser unbedeutende Fall wurde von Richter Dee aufgenommen und zu Ende geführt. Er setzte dabei seinen Rang, seine Stellung und das Wohlwollen der Bewohner seines Distriktes aufs Spiel. Was ihn dazu veranlaßte, war einzig seine Überzeugung, daß Gerechtigkeit siegen und der Tod des armseligen kleinen Mannes gesühnt werden müsse. Ich halte das für ein vorbildliches Verhalten, das besondere Erwähnung verdient.‹«

»Ach so, dieser Fall«, antwortete Dee kurz, war aber sichtlich geschmeichelt.

»Es gibt noch mehr. Dieses Bild an der Wand wurde von Yen gemalt, nachdem er Euren Bericht gelesen hatte. Er hielt sich damals im Haus des Gouverneurs von Shantung auf und war entzückt von der Aussicht auf die berühmte siebenstöckige Pagode, die sich von dem Hintergrund der Berge abhob. Hört zu, was er in seinem Schreiben an den Gouverneur darüber sagt:

›Ich habe sie schon zweimal gemalt – einmal mit dem Effekt des leichten Morgennebels, und einmal versuchte ich, das Zwielicht der Abenddämmerung einzufangen. Der Anblick eines einsamen Segels auf dem mondbeschienen See, der Ton einer Tempelglocke am Abend … Ich frage mich manchmal, ob diese Dinge nicht wichtiger sind als die vielen Komplexitäten des öffentlichen Lebens.«

Jao legte das Papier nieder und sah Dee an. »Er schenkte das Bild dem Gouverneur, der schenkte es Kaotsung, und nun hängt es hier. Im Augenblick ist es mein Lieblingsbild.«

Dee betrachtete das Bild, dann sah er Jao fragend an.

»Ihr wollt wissen, warum ich Euch zu mir gebeten habe?« Er nickte. »Ich will Euch eine neue Stellung anbieten.«

Dee zog die schweren schwarzen Brauen hoch und wartete.

Jao fuhr fort: »Ich möchte mit Euch über Eure Zukunft sprechen –

und meine. Zuerst aber muß ich Euch die Frage stellen, ob Ihr mir treu seid, ob Ihr ein Loyalist der Tang seid.«

Dee gab nicht vor, sie mißzuverstehen. »Ja auf beide Fragen, Majestät«, stellte er unzweideutig fest.

»Ich habe Euch gerufen, damit Ihr mir helft, dieses Reich zu regieren, wie es regiert werden sollte. Nein, wartet«, unterbrach sie, als er eine heftige Bewegung machte. »Laßt mich zu Ende sprechen. Ihr seid ein zu guter Beamter in der idealen konfuzianischen Tradition, um Eure Ideologie zu ändern, wie ich es getan habe – Buddhismus, Taoismus, Verehrung der Flußgöttin und so fort. Ihr schöpft Eure Sicherheit aus Schwarz und Weiß. Für mich ist alles grau, doppelsinnig, und ich versuche, die Ambivalenzen im Gleichgewicht zu halten. Manchmal erreiche ich ein brauchbares Gleichgewicht, indem ich gar nichts tue, wie hinsichtlich der Rivalität zwischen den Wu und den Li. Zum Beispiel, indem ich den Namen meines Nachfolger nicht offiziell bekanntgebe. Ich verweigere beiden Seiten die Macht, die ihnen ein eindeutiges Recht auf den Thron bieten würde. Ich verweigere auch beiden Seiten das Recht, den Mißbrauch bis zum Äußersten zu treiben – ich gebe zu, daß es trotzdem geschieht, aber am Ende hole ich sie immer ein.«

»Aber Eure Dezimierung der kaiserlichen Tang-Familie, wie könnt Ihr die rechtfertigen? Lai und ... andere? All das sind sicherlich ... Fehler Eurer Regierung.«

»Ihr wißt genausogut wie ich – besser, da Ihr ein Opfer wart –, wie legal die Hinrichtungen waren, sobald ein Geständnis abgelegt wurde. Und Ihr wißt, daß ich getäuscht wurde ... doch darüber will ich heute nicht sprechen. Ich möchte erreichen, daß Ihr Eurem neuen Amt in Treue und völliger Hingabe dienen könnt, und zwar auf lange Zeit, daher laßt uns gemeinsam nachdenken, wie das zu machen ist. Ihr erwähntet gerade Lai und andere. Hat sich das ›andere‹ auf Chengssu bezogen?«

»Ja, Majestät.« Dees Antwort war kaum zu hören.

»Wißt Ihr, daß er derzeit fast täglich bei mir erscheint, um nachdrücklich Eure Hinrichtung zu fordern?«

»Das wundert mich nicht, Majestät.«

»Er drängt darauf, sooft ich es auch ablehne«, fuhr sie fort. »Ich habe Euch gerufen, um Euch zu sagen, daß er sein Ziel nicht erreicht hat.«

»Ich danke Euch für Eure Gnade. Er sieht in mir vermutlich den Feind, der ihn auf dem Weg zum Thron behindert. Es könnte sein, daß er seine Bemühungen, sich zum Kronprinzen ernennen zu lassen, unter anderem auch deshalb verdoppelt, um Euch letztlich dazu zwingen zu können.«

»Auch dieser Wunsch wird ihm nicht erfüllt werden.« Jaos Stimme klang endgültig.

Dee atmete erleichtert auf und warf sich als Zeichen seiner Dankbarkeit auf die Knie. »Steht auf«, befahl Jao. »Ich habe noch einiges zu sagen. Mehr als zehn Jahre sind seit Kaotsungs Tod vergangen, und immer noch gibt es keinen Frieden. Glaubt Ihr, daß dies allein meine Schuld ist?«

»Nein«, meinte er nachdenklich, »das glaube ich nicht.«

»Glaubt Ihr, daß ich eine bösartige Intrigantin bin, die nur den einen Gedanken hat, Macht für sich selbst zu erringen? Von wahnwitzigem Ehrgeiz besessen, selbst den Thron zu besteigen? Tag und Nacht Pläne schmiedend, um Kaiser zu werden und eine neue Dynastie einzusetzen?«

Dee hielt ihrem Blick ruhig stand. »Um die Wahrheit zu sagen, ich weiß nicht, was ich denken soll. Häufig scheinen Eure Handlungen darauf hinzuweisen, daß Ihr eher opportunistisch seid, daß Eure Politik den Gegebenheiten angepaßt ist und nicht auf lange Sicht geplant. Der Intrigant ist Chengssu – und das, wie es scheint, einzig für seine eigenen Zwecke.«

Jao fiel ihm ins Wort. »Er hat freiwillig harte Arbeit geleistet, um mir den Weg zu meiner Anerkennung als Huang zu bahnen. Er hat seinen Lohn bekommen. Ich schulde ihm nichts. Hört nun gut zu, was ich über mich selbst zu sagen habe. In den Jahren, in denen er und Lai so unehrenhaft handelten und Ihr fern vom Hof in der Provinz wart, war meine politische Tätigkeit auf ihrem Tiefpunkt. Ich widmete mich mit Herz und Seele dem Bau des Ming Tang und der anderen Gebäude, bemühte mich, meiner Inkarnation als Maitreya gerecht zu werden, und widmete mich dem Genie Hsueh Huai-i ... mit Herz und Seele. In der wenigen Zeit, die ich in diesen Jahren übrig hatte, dachte ich nicht über Intrigen nach, sondern starrte, ohne etwas zu sehen, blind ins Leere und hing Tagträumen nach. In jenen Tagen gab es für mich nur Erregung und Gefühl.

Damals überließ ich die großen Entscheidungen anderen – dem Himmel. Der Himmel sandte mir den Kometen, den Regen, als Pei mich töten wollte, den richtigen Wind bei der Schlacht von Kao Yu, so daß die Rebellion niedergeschlagen werden konnte, den falschen Wind, der die Rebellen an der Flucht hinderte, und viele andere gute Omen, keine künstlich gemachten, sondern echte. Dann bot ich Juitsung an, Kaiser zu werden. Hätte ich den Vorschlag gemacht abzutreten, wenn es meine Absicht gewesen wäre, den Thron zu besteigen? Im Nachhinein mag es für Euch so aussehen, aber in diesen Jahren wäre ich zufrieden gewesen, in Juitsungs Namen zu regieren, hätten sich nicht damals der Aufstand der Prinzen und viele andere Verschwörungen ereignet. Ich hätte ohne Belohnung die Geschicke des Reiches gelenkt. Ihr billigt meine Herrschaft nicht, weil Ihr glaubt, ich brächte Unruhe, aber denkt nach, mein Freund – tatsächlich bringe ich dem Reich Ordnung. Auf meine Weise.«

Dee schwieg so lange, daß Jao unruhig wurde.

»Ja, das sehe ich schon«, sagte er endlich. »Und ich freue mich zutiefst, daß mir diese Geheimnisse in einer Weise anvertraut wurden, die mich überzeugt. Nun verstehe ich, daß Ihr Unversöhnliches versöhnt habt. Darf ich nun untertänigst fragen, wie ich Eurer Majestät dienen kann?«

»Die Zeit ist reif, dem Reich wieder eine traditionellere Regierung zu geben, und ich möchte Euch bitten, mir dabei zu helfen, zunächst als Leiter des Zensoramtes und später vielleicht als Ministerpräsident«, antwortete Jao schlicht.

Dee war wie betäubt. Ihm war sofort die Bedeutung ihres Anerbietens klar. Er war überwältigt, doch als Antwort scherzte er. »Habt Ihr mir deshalb Yens Worte über die Leere des öffentlichen Lebens vorgelesen?«

Jao brach in verblüfftes Lachen aus. »Nehmt Ihr mein Angebot an?«

»Ja«, antwortete Dee bedächtig. »Ich habe nur eine Frage, glaubt Ihr ernstlich, daß Wu Chengssu eines Tages Eure Nachfolge antreten wird?«

»Ich dachte, diese Frage hätte ich bereits beantwortet, indem ich sagte, daß er das Ziel seines Ehrgeizes nicht erreichen wird, solange ich auf dem Thron bin.«

»Er hat immer noch eine offizielle Stellung, die ihm ermöglicht, einen

Staatsstreich zu inszenieren. Ich muß diese Frage klarstellen, bevor ich im Zensoramt gute Arbeit leisten kann. Ich habe schwere Bedenken. Ein Intrigant wie Chengssu kann die Probleme nicht lösen, wie sie kommen, weil seine Gedanken nur eine Richtung verfolgen. Er ist Problemen, auf die sein Blick nicht gerichtet ist, nicht gewachsen. Ihr aber seid in der Lage, in alle Richtungen zu sehen und Schwierigkeiten rasch zu lösen. Unter Druck habt Ihr die Fähigkeit zu improvisieren ... das ist es, was den wahren Staatsmann ausmacht. Chengssu besitzt diese Fähigkeit nicht.«

Er hielt inne, und Jaos Augen leuchteten auf. »Wenn Ihr glaubt, daß ich regieren kann, und zwar durch Gerechtigkeit, nicht mit Terror, wenn Ihr das wirklich glaubt, so ist es genau das, was ich hören wollte. Ich brauche Eure ganze Treue, Eure ganze Achtung. Ich weiß, Ihr werdet in gewisser Weise immer dem Haus der Tang die Treue halten, aber Ihr werdet auch mir treu sein, einer Wu, meiner Söhne und unserer langen Freundschaft wegen. Stimmt das?«

»Eure Majestät scheinen immer zu wissen, was in den Herzen der Menschen vorgeht«, gab er zur Antwort, »und deshalb bin ich Euer ergebener Diener. Aus diesem Grund fand ich den Mut, so viele Gesuche zu schreiben, mit der Bitte, einen Eurer Söhne zum Kronprinzen zu ernennen – so viele tausend Worte.«

Jao beugte sich vor und berührte freundschaftlich sein Knie zum Zeichen, daß ihr Gespräch beendet war. »Ich lese sie nicht alle«, sagte sie, und beide lachten.

21

In den drei Jahren nach der Zerstörung des Ming Tang kam das Leben bei Hof allmählich wieder ins Gleichgewicht. Jao traf nachsichtigere Entscheidungen, und Dee ging energisch daran, eine Reihe vernachlässigter Fälle zu bearbeiten und fähige neue Männer in der Bürokratie zu etablieren. Im Frühjahr des Jahres 698 brach jedoch eine neue Krise aus. Jao sah sich mit einer echten Verschwörung konfrontiert und zog den grausamen Wu Itsung, einen ihrer Verwandten, heran, um diese niederzuwerfen. Die Wu-Familie nutzte die Gelegenheit, die angesehensten Männer des Hofes des Verrats anzuklagen, und es gelang ihnen, sechsunddreißig Familien von Tang-Loyalisten, in denen sie ihre größten politischen Gegner sahen, zu verbannen.

Die Lage verschlimmerte sich, als Jao, um ihn aus der unruhigen Hauptstadt zu entfernen, Itsung einen Posten in einer Grenzstadt gab, mit dem Auftrag, die Stadt vor den Einfällen aus Kitan zu schützen. Kitan griff unverzüglich an, und Wu Itsung flüchtete und überließ die Stadt den Feinden, die ein Blutbad unter den Einwohnern anrichteten.

Jao war über alle Maßen entsetzt. In ihrer Verzweiflung berief sie Lai wieder an den Hof, um Untersuchungen durchzuführen und Anklagen zu erheben. Die langen Jahre der Verbannung hatten Lai in keiner Weise einsichtiger oder bescheidener gemacht, er nahm seine alten Gepflogenheiten wieder auf und war gefährlicher denn je. In seiner Machtgier setzte er, ohne Zeit zu verlieren, eine neue Welle des Terrors in Gang. Er scherte sich nicht mehr darum, wie angesehen oder mächtig seine Gegner waren. Er erzwang Geständnisse, raubte Frauen, die ihm gefielen, und beschlagnahmte Vermögen im großen Stil. Die Lage, mit der sich Jao konfrontiert sah, wurde unerträglich, doch da machte Lai einen verhängnisvollen Fehler. Er klagte nicht nur die Mächtigsten der Wu-Familie des Verrats an, sondern auch drei der kaiserlichen Kinder, einschließlich Taiping.

Dee und die anderen hohen Beamten sahen sich gezwungen zu

handeln. Dee trat vor seine Kaiserin und verlangte eine Vollmacht zur Hinrichtung Lais.

»Offensichtlich wird er wieder in die Verbannung gehen müssen. Und zwar sofort«, stimmte Jao zögernd zu.

Dees Ausdruck wurde hart wie Granit. »Das reicht nicht. Diesmal bleibt Euch nur die Hinrichtung.«

»Lai war ein treuer Diener des Staates – vielleicht zu eifrig ...« Jao stockte, sie fühlte sich durch Lais Verurteilung auch persönlich gedemütigt.

»Lai hat die drei kaiserlichen Kinder angeklagt. Der Kronrat verlangt einstimmig die Todesstrafe.«

Jao zuckte zusammen. »Ja. Ja, Ihr habt wohl recht.«

Sie wartete dennoch drei weitere Tage, bis sie das Todesurteil unterschrieb. Am Tag der Hinrichtung sammelte sich das Volk in nie gekannter Zahl und war nicht davon zurückzuhalten, Lais Leiche an sich zu reißen. Seine sterblichen Überreste wurden bis zur Unkenntlichkeit verstümmelt. Als Jao davon hörte, war sie zutiefst erschüttert – sie hatte keine Ahnung von dem Ausmaß des Hasses gehabt, den das Volk gegen Lai und seine Sternkammer gehegt hatte. Bestürzt las sie dem Hof in einer Plenarsitzung die Liste von Lais Verbrechen vor, die erst kürzlich zu ihrer Kenntnis gelangt waren. Alle Geheimnisse der Inquisition wurden offengelegt.

Sie stellte sich persönlich dem Hof. »Euer Souverän hat Lai Chunchen acht Jahre lang unterstützt, ohne die Jahre der Verbannung einzurechnen. Er brauchte ein Jahr, sein System auszuarbeiten, zwei weitere hat er darauf verwandt, sich mit den echten Problemen auseinanderzusetzen, und in den darauffolgenden fünf Jahren mißbrauchte er sein Amt auf die schändlichste Weise. Eurem Herrscher wurde mitgeteilt, daß Lai und Jo die Gesetze der Tang in jeder Weise erfüllten, und das war scheinbar auch der Fall, wenn sie ihre Anklagen zur Bestätigung vor den Kronrat brachten. Lais Spitzelsystem war dazu bestimmt, die Regierung bei der Aufdeckung der Wahrheit zu unterstützen. Auch als Euer Herrscher Untersuchungsbeamte in das Gefängnis sandte, um Greultaten, die ihr zu Ohren gekommen waren, aufzudecken, versicherten alle Gefangenen, sie hätten ihre Verschwörung gegen den Thron freiwillig eingestanden.«

Jaos offene Darlegung beschwichtigte die Beamten, sowohl die der Tang als auch die der Chou. Sie glaubten ihrem Versprechen, daß der Terror nun beendet sei. Daß sie jedoch letztlich für den Terror verantwortlich war, wurde ihr nicht vergessen, und das wußte sie.

Sie forderte Dee auf, im Ratssaal zu bleiben, nachdem alle anderen Beamten gegangen waren. Als er sich zu ihr gesetzt hatte, nahm sie seine Glückwünsche für ihre offenen Worte entgegen, dann wurde sie ernst. »Dee, Ihr müßt mir zuhören. Es geht um die Lai-Affäre. Am Ende wußte ich, daß er den Tod verdiente, nicht aber in dieser Form und nicht diesen unbeschreiblichen Haß der Menschen. Es ist, als haßten sie mich, und das kann ich nicht ertragen, ohne dabei den Verstand zu verlieren. Ist es Eure Überzeugung, daß die Menschen mich hassen – so wie ihn?«

Dee sah in die bedrückten Augen seines Souveräns und legte die ganze Kraft seiner Persönlichkeit in seine Worte. »Nein, Majestät.« Und er war aufrichtig. »Nein, nicht in dieser Weise.«

»Ich danke Euch. Ihr könnt jetzt gehen«, sagte sie, unfähig weiterzusprechen.

Jao stand auf ihrer Terrasse und beobachtete, wie die Wolken über den Mond dahinfegten, als sie bemerkte, daß jemand neben ihr stand. »O, du bist es.« Ihr Lächeln war schwach.

Taiping blieb schweigend an der Seite der Mutter stehen.

»Es wird bald ein Gewitter geben ... mit Donner und Regen«, stellte Jao fest. »Und wie gewöhnlich wird überall das Wasser durchsickern.«

Die Tochter verzog das Gesicht. »Natürlich, sicher wird es so sein. Und das ist gut so – es wird den faulen Dienern etwas zu tun geben. Kommt hinein«, drängte Taiping.

Sie nahm Jao am Ellbogen und führte sie in die Halle, wo eben die Kerzen angezündet wurden.

»Verehrte Mutter ... was gibt es?« Taiping hatte sich ihre ungezwungene Art erhalten. »Habt Ihr Schwierigkeiten?«

»Nicht zum ersten Mal«, erwiderte Jao trocken und verfiel in trübsinniges Schweigen.

Taiping erkannte, daß ihre Mutter nicht zu Scherzen aufgelegt war. »Darf ich sagen, was ich denke?«

»Wann hättest du das je nicht getan?«

»Zunächst einmal hasse ich meine Vettern, alle, am meisten Chengssu.« Sie beobachtete Jao aus den Augenwinkeln.

»Was soll dieser Ausbruch, Taiping?«

»Der Älteste Sohn des Ältesten Sohnes Eures Vaters, selbst Anwärter auf den Thron – Wu Chengssu ist die Ursache aller Eurer Schwierigkeiten. Er erwartet, formell anerkannt zu werden. Ich finde, Ihr behandelt ihn auch als Euren Nachfolger.«

Jao sah ihre Tochter nachdenklich an. »Nun, dann denke noch einmal darüber nach. Chengssu ist in Ungnade gefallen. Er wird niemals zum Kronprinzen ernannt werden und niemals den Thron besteigen, wenn es das ist, was du glaubst.«

»Das ist nicht alles, was ich denke.« Taiping setzte sich auf ihren Fersen zurecht. »Erhabene Mutter, Ihr habt Himmel und Erde in Bewegung gesetzt, Chengssu zu ermutigen, Euch bei der Einsetzung der Chou-Dynastie zu unterstützen. Es war ein Wunder, das nur dieses Wunder von einer Frau, die meine Mutter ist, durchsetzen konnte. Um das zu erreichen, habt Ihr Lais übermächtiges Amt geschaffen, das in seiner Organisation und seinen durchgreifenden Ergebnissen alles bis dahin Gekannte übertraf. Jetzt wißt Ihr, daß Lai Euch getäuscht hat. Aber schlimmer noch als Lai ist Chengssu. Mir ist zu Ohren gekommen, daß Ihr in der heutigen Audienz bittere Erkenntnisse über die Sternkammer vorgetragen habt.«

Jao sah ihre Tochter scharf an. »Ich habe gestanden, daß ich durch Beamte verraten wurde, die in meinem Namen Greultaten begangen haben. Ich sagte ihnen, daß ich jene, die mich darüber aufklärten, wie Dee, Hsu und Wei, belohnte und daß die Herrschaft des Schreckens der Vergangenheit angehört. Dann legten mir Hunderte von Beamten Gesuche vor, die ihre Stellungen Lai und Wu Chengssu verdankten und nun in größter Angst waren, was mit ihnen geschehen würde. Geständnisse solcher Männer können nichts Gutes bringen, deshalb habe ich sie alle begnadigt. Sie sagen, es wäre Lai unmöglich gewesen, mich zu täuschen, wenn ich nicht auf ihn gehört hätte. Niemals wurde jemand so gehaßt wie Lai. Und das betrifft auch mich …« Jao starrte in den Regen, der von den Dachziegeln herablief. »Ich würde gerne wissen, was du denkst.« Jao versuchte so sachlich wie möglich zu sprechen.

»Ich glaube«, Taipings Stimme war voll Leidenschaft, »daß es eine Menge verleumderischer Narren auf der Welt gibt, und ich glaube, daß Ihr jetzt, da Ihr Lais Hochburg zerstört habt, von jeder Schuld befreit seid. Und Ihr habt gerade selbst gesagt, daß Ihr Euch von den unruhestiftenden Wu distanzieren werdet.«

Jao seufzte und holte tief Luft. Sie seufzte wieder und fühlte sich erleichtert. Regen und Wind schlugen gegen die Türen, rüttelten an den Fensterläden. Ein lauter Knall zeigte an, daß irgendwo eine Tür aus den Angeln gerissen worden war.

»Ihr habt eine große Dynastie geschaffen und nun wißt Ihr nicht, an wen Ihr sie weitergeben sollt«, wagte sich Taiping vor. »Eure Kinder besitzen nicht die staatsmännischen Fähigkeiten, um Eure Nachfolge anzutreten – oder sind nicht einmal willens, sie sich anzueignen –, doch die teuflischen Wu besitzen diese auch nicht.«

»Du besitzt die Fähigkeiten, doch für dich gibt es nur Weiß und Schwarz. Du bist nicht bereit, in der Politik die Kräfte so auszugleichen, daß du von allen Seiten Anerkennung gewinnst. Wer mir auf dem Thron nachfolgt, wird über eine große, blühende Nation zu herrschen haben. Dieses Reich ist das größte an allen vier Meeren. Die Tatsache, daß ich von den zweihundert Tang-Familien ungefähr fünfzig und von meinen eigenen unwürdigen Verwandten zwei Zehntel von den fünfzig Familien eliminiert habe, bedeutet noch lange nicht, daß das Reich auch nur im geringsten in Mitleidenschaft gezogen wurde. Wir haben noch immer unsere starke, treue Armee und unsere treue Beamtenschaft. Die Männer, die ich im Verlauf von dreißig Jahren in ihr Amt eingesetzt habe, kommen aus allen zehn Provinzen, und meine Regierung hat stets dafür gesorgt, daß ihr Lohn prompt ausgezahlt wurde. Es gereicht unserem großen Reich nicht zum Nachteil, daß es sich der alten kriegerischen Familien aus dem Nordwesten entledigt hat – aus der Gegend und der Kaste, aus der ich selbst stamme, die Wu, die Li, wir alle. Das ist durchaus kein Nachteil! Vor allem, wenn man bedenkt, daß es die kaiserlichen Tang-Familien, jede mit ungefähr dreißig Kindern, daran hindern wird, sich in vier Generationen so zu vermehren, daß Tausende von ihnen auf Kosten des Staates leben werden.«

Taiping sprang auf. Sie legte die Hände an die Wangen der Mutter, wie sie es als Kind gerne getan hatte.

Jao seufzte. »Was hast du jetzt vor?«

»Ich werde dafür sorgen, daß Eure düstere Stimmung verfliegt. Noch heute abend werde ich einige meiner Freunde einladen, um Euch zu zerstreuen.«

Jao schauderte bei diesem Vorschlag, doch Taiping lachte nur. »Wir wollen helles Licht machen und einen Musikanten holen, dessen temperamentvolles Spiel alle Geister vertreibt. Ich kenne einen, der stundenlang spielen kann, ohne auch nur einmal eine Melodie zu wiederholen. Er spielt jedes Musikstück, das Ihr Euch wünscht, alt oder neu, ein großartiger junger Mann.«

»Einer deiner jungen Freunde?« Jao wollte die Begeisterung ihrer Tochter etwas dämpfen. »Ein gewöhnlicher Unterhaltungskünstler? Ein Sklave? Du bist so rastlos seit dem Tod deines Mannes – ich werde einen neuen Ehemann für dich suchen, vielleicht Sanssus Sohn.«

Taiping überging die Bemerkung über einen neuen Ehemann. »Tatsu stammt aus einer guten Familie, er ist ein Chang, alte Anhänger der Tang. Er sieht sehr gut aus. Und ja, er ist einer meiner jungen Männer.«

»Er wird es dir nicht danken, daß du ihn an so einem Abend hierherholst. Aber sende nach ihm, wenn du ohne ihn nicht sein kannst.«

Taiping eilte zur Tür und sprach einen der Eunuchen an, der in der Galerie stand. Eine Dienerin trat ein und brachte ein großes, mit Honigkuchen beladenes Lacktablett sowie einen Krug besten indischen Tees. Eine andere kam mit einer Laterne und stellte sie hinter Jao auf, so daß die niedrige gepolsterte Bank beleuchtet wurde. Schließlich ordnete sie die seidenen Polster und stellte eine Vase mit stark duftenden Sommerrosen in die Ecke.

»Wozu das alles«, wollte Jao gereizt wissen. »Heute ist nur ein trüber regnerischer Abend, ich warte einfach, daß die Zeit vergeht. Das hier ist nicht notwendig.«

Die Dienerin verbeugte sich tief, goß heißen Tee in eine Straußeneischale und bot sie Jao an. Jasminduft erfüllte die Luft. »Prinzessin Taiping ordnete die Blumen und diesen Tee an. Es ist der Tee, den Ijing aus Indien gebracht hat.«

»Vielleicht wird er mir guttun, wenn er von einem berühmten Priester gesegnet wurde«, bemerkte Jao ohne Begeisterung.

Taipings Seidengewänder raschelten, als sie sich niederließ und Tee einschenkte. Wenige Minuten später betrat ein junger Mann ohne weitere Förmlichkeiten das Zimmer. Er verneigte sich bescheiden und Taiping stellte ihn vor. »Chang Changtsung – Tatsu.«

»Majestät«, sein Lächeln war scheu.

»Nimm den Tee mit uns«, forderte ihn Jao auf, um ihm seine Befangenheit zu nehmen. »Er soll dich erfrischen, wenn du schon so mitten im Regen hierher gerufen wurdest.«

»Es ist eine Ehre für mich, mit Euch trinken zu dürfen – was immer Ihr trinken mögt.«

»Ein magischer Trank«, warf Taiping ein. »Er wurde aus den kleinsten Blättern einer kleinen Pflanze gewonnen, die nur auf den kleinen Inseln im südlichen Meer zu finden ist.«

»Du lieber Himmel!« Er nahm einen Schluck.

»Was du jetzt trinkst, ist zehn Unzen Goldstaub wert«, fuhr Tai unbekümmert fort.

Er war eben im Begriff, einen weiteren Schluck zu nehmen, aber nun setzte er die Schale nieder und sah sie so bestürzt an, daß beide Frauen lächeln mußten.

»Trink schon, du dummer Mann«, lachte Taiping.

Er trank noch ein wenig, und sein Lächeln war so anziehend, daß Jao heiterer wurde. ›Wie gut er aussieht‹, dachte sie, ›und wie gut er hierher paßt. Ohne Anmaßung – so selbstverständlich, wie einer der Unsterblichen, die vom Hof der Westlichen Königinmutter herabschweben.‹

»Und jetzt Musik, Tatsu«, forderte Taiping. Jao war nicht entgangen, daß Taiping den Mann mit seinem Vornamen angesprochen hatte.

Tatsu griff nach seiner Laute. »Was möchtet Ihr hören?« Sein Blick galt einzig der Kaiserin. Taiping zog ihre eleganten Brauen hoch und überlegte. Er hielt inne, beugte sich vor und ergriff ihre Hand. »Spart Euch das Nachdenken. Wir lassen das Fingerspiel entscheiden. Gewinnt Ihr, wählt Ihr das erste Stück, das Euch in den Sinn kommt. Gewinne ich, habe ich die Wahl.«

Wie zwei Kinder schwangen sie die Hände und öffneten gleichzeitig die Fäuste. Die Prinzessin zeigte zwei Finger, scherenartig gekreuzt, Tatsu die offene Handfläche.

»Meine Schere schneidet dein Papier!« triumphierte Taiping. »Also sing mir das ›Schwalbennest auf Sungshan‹.«

Er verneigte sich kunstvoll und sang eine lebhafte Melodie. Danach wandte er sich an die Kaiserin. »Nun ist die Reihe an Euch.«

Belustigt schwang auch Jao den Arm und zeigte eine Faust, während Tatsu die offene Handfläche darbot. »Mein Papier umhüllt Euren Stein. Ich habe gewonnen, und so werde ich ›Die vielen Monde von Hangchow‹ singen.« Versuchsweise zupfte er ein paar Saiten, dann begann er mit dem populären Lied.

Draußen strömte der Regen, die Frauen legten sich bequem in die Kissen zurück, und Tatsu lächelte beide an, während er sang.

»Benützt die Tischplatte als Trommel«, bat er, nachdem er sein Lied beendet hatte. »Schlagt den Takt mit Euren Eßstäbchen. Ich möchte die graziöse Bewegung Eurer Finger sehen.« Er warf Jao einen lächelnden Blick zu. »Bitte!« beharrte er, ergriff ihre Hand und legte die Stäbchen zwischen ihre Finger. Dann sang er ein bäuerliches Erntelied, wurde schneller und schneller, so daß sie ihren Trommelschlag beschleunigen mußte, um sich seinem Rhythmus anzupassen. Abrupt hörte er auf. »Nun improvisiert, während Ihr den Takt haltet – versucht es auf diese Weise.«

Die Melodie, die er als nächstes spielte, war so mitreißend, daß die Kaiserin nicht nur mit den Stäbchen, sondern auch mit den Fingern auf die Tischplatte trommelte. Als er mit dem Lied geendet hatte, lachte sie, ganz außer Atem, Tatsu und Taiping lachten ebenfalls.

»Das ist lächerlich!« Dennoch machte Jao keine Anstalten, das Vergnügen zu beenden.

Eine Stunde verging wie im Flug. Der Wind ließ nach, aber der Regen wurde immer heftiger. Tatsus musikalische Klagen paßten sich der Stimmung der Nacht an, bis er schließlich in einem langgezogenen Mollton endete. Er ruhte sich ein wenig aus, dann sang er leise ein altmodisches Lied, ›Regenbogentänzer von Kucha‹, und Jao lächelte. Sie kannte dieses Lied. Vor vielen Jahren hatte sie es oft für Taitsung gesungen. Sie wußte nicht, wie reizend sie in ihrer nostalgischen Stimmung aussah. Ihre Tochter und Tatsu starrten sie gebannt an.

Nachdem das Lied zu Ende war, nickte Jao und schlug den Gong. Ein Eunuch erschien, und wenige Minuten später wies er Diener herein, die Schalen mit Hühnersuppe mit Klößchen und in Teig gebackene Zuspeisen brachten.

Eine weitere Stunde verging, während sie aßen. Tatsu begann wieder, ruhige Lieder zu singen, eines nach dem anderen, und sah dabei unverwandt die Kaiserin an. Jao lehnte mit geschlossenen Augen in den Kissen und dachte schläfrig: ›Er genießt seine Musik ebenso wie wir. Er hat keine Angst vor mir … Er hat keine Ahnung, wie ungeheuerlich es ist, den Kaiser von China zu berühren. Wie friedlich das doch alles ist!‹

Taiping gähnte und bat leise um Erlaubnis, sich zurückziehen zu dürfen. Jao nickte, und kurze Zeit darauf legte sie sich, ermüdet von der Mahlzeit und dem monotonen Rauschen des Regens, auf ihr seidenes Bett. Sie ließ die Schiebetür offen, damit sie die sanfte, beruhigende Musik hören konnte. Der diensthabende Eunuch löschte die Lichter mit Ausnahme einer Kerze neben dem Sänger. »Blast sie aus, wenn Ihr geht«, wies er Tatsu an. »Die Wache wird Euch zu Eurem Wagen führen. Mein Dienst ist jetzt zu Ende.«

»Schickt den Wagen fort, ich werde mir draußen eine Sänfte kommen lassen«, antwortete Tatsu.

Er spielte noch eine weitere Stunde und beobachtete, wie sein Schatten im Gebälk tanzte. Als er die Mitternachtstrommel hörte, brach er sein Spiel mitten im Lied ab und hüllte die Laute sorgfältig in ein Tuch aus schwerer Seide. Er blies die Kerze aus und ging zur Tür, die nicht in die Galerie, sondern in das Schlafzimmer führte. Leise betrat er den Raum. Er konnte den ruhigen Atem der schlafenden Kaiserin hören. Er hielt inne, doch dann glitt er unter die seidene Steppdecke und schmiegte sich an die schlafende Frau. Sie seufzte, und bald schliefen beide tief und fest.

Der nächste Morgen dämmerte klar und frisch, der Himmel war wolkenlos. Jao öffnete die Augen. Sie stellte fest, daß sie verschlafen hatte und ihr Morgentee kalt geworden war. ›Ich muß letzte Nacht sehr unruhig geschlafen haben‹, dachte sie, als sie ihr zerwühltes Bett sah.

»Ist meine Tochter noch hier?« fragte sie ihre Dienerin.

Aber Taiping schlief noch. Jao zuckte die Achseln und machte rasch Toilette, um sich für die vereinbarte Zusammenkunft mit Minister Dee vorzubereiten.

Er war erfreut, als er in ihrem Gesicht statt Zeichen von Besorgnis und verborgener Unzufriedenheit nur heitere Gelassenheit fand.

»Was bringt Ihr mir heute an schlechten Nachrichten?« Ihre Stimme klang sanft.

Dee lächelte, was er nur selten tat, wenn er offiziell mit ihr zu tun hatte. Vielleicht ist die Zeit gekommen, dachte er, sie zu veranlassen, einen ihrer Söhne zum Kaiser einzusetzen und sich von der Herrschaft zurückzuziehen.

»Der Schachzug, die Bauern im nördlichen Hopei zu bewaffnen und Milizen gegen die Einfälle von Kitan aufzustellen, hat sich bewährt, Majestät.«

»Dafür gehört Euch der Dank, nicht meinen feigen Verwandten.«

Ihre Offenheit ließ ihn blinzeln. »Aber der Schachzug bewährt sich nicht so gut, wie er könnte«, wagte er sich vor. »Wenn wir frische Truppen in Chungtsungs Namen als Kaiser anwerben würden, könnten wir eine große Zahl von Freiwilligen bekommen. Wu Sanssu ist es in einem Monat nur gelungen, tausend Mann anzuwerben.«

Wu Jao sah ihren Minister unverwandt an. »Das geht zu weit, zu rasch.«

Dee schluckte und beschloß, ein entscheidendes und vielleicht letztes Argument für die Wiedereinsetzung der Tang-Dynastie zu wagen. »Majestät, Ihr habt mir Euren Traum von dem Schachspiel erzählt, das Ihr nicht gewinnen konntet. Nun möchte ich erwähnen, daß das Wort für Schachfigur, *tzu*, auch Sohn bedeutet. Wenn Ihr nicht den richtigen *tzu* zur richtigen Zeit an der richtigen Stelle einsetzt, werdet Ihr verlieren. War das nur ein Traum, oder sollte es eine Warnung sein? Wie könnt Ihr wissen, wie wichtig Euer Traum gewesen sein mag? Ein Neffe kann nicht am Ahnenschrein seiner Tante huldigen – ihr Name ist im Schrein ihres Ehemanns eingezeichnet –, aber ein Sohn kann dem Geist seiner Mutter die notwendigen Opfer darbringen. Die eigenen natürlichen Vorfahren sind von größter Bedeutung. Welche Mutter will, daß ihr Geist einsam in der Öde des Todes wandelt, ohne eine hilfreiche Seele an der Seite? Ohne einen Sohn, der ihr am Ahnenschrein huldigt?«

Unter seinen Worten zuckte Jao zusammen, beherrschte sich aber sofort wieder und blieb ihm, die Hände im Schoß gefaltet, ruhig gegenüber sitzen. In ihr tauchten merkwürdigerweise das Behagen und die Ungezwungenheit der letzten Nacht auf und die Vision eines von Musik, Witz und Lachen erfüllten Lebens statt der Spannung, unter der sie seit Jahrzehnten lebte. »Und was geschähe, wenn ich Chungtsung in die Hauptstadt zurückriefe?«

»Als was, Majestät?«

»Als Kronprinz?« fragte sie so leise, daß er sie kaum hören konnte.

»Ausgezeichnet! Hm … ausgezeichnet! Ihr werdet sehen, daß sich dann alles zum Besseren wenden wird, für Euch, für uns alle, für das Reich! Es ist besser, wenn dem Volk Beständigkeit zugesichert wird … ah, Ihr werdet sehen … ausgezeichnet … genial.«

Mit schwachem Lächeln entließ ihn Jao, und Dee, über alle Maßen glücklich, sein großes Ziel erreicht zu haben, verneigte sich tief und eilte hinaus. Es gab niemanden außer ihm im ganzen Reich, der imstande gewesen wäre, die Frage der Nachfolge zu lösen, das wußte er genau.

Jao sah ihm mit schmerzlichem Lächeln nach. ›Dee ist mir unersetzlich geworden‹, dachte sie, ›er ist der einzige, der große Krisen lösen kann – der einzige, dem ich wagte, die Lasten, die ich auf meinen Schultern trug, anzuvertrauen. Niemand kann auf solche Erfolge zurückblicken wie er. Seit er Erster Minister geworden und an den Hof gekommen ist, hat er siebzehntausend Fälle aufgeklärt. Vielleicht wird er sogar imstande sein, mit meinem unmöglichen Hof fertig zu werden. Und ich kann endlich mein Leben in Frieden genießen.‹

»Zieh mit dem richtigen *tzu* zur richtigen Zeit«, sagte sie laut, während sie ihre Füße auf einen Schemel stellte und Tee verlangte. »Es ist Zeit, die Fehde zwischen den Tang und den Wu zu beenden. Ich habe den Terrorismus beendet – ich kann auch diesen Streit beilegen.‹

Der Sommer war heißer als gewöhnlich, und das warme Wetter dauerte bis in den Herbst hinein an. Jao genoß die milden Tage, obwohl immer wieder schlechte Nachrichten von der Grenze eintrafen. Es hatte den Anschein, als ob die Kiten und Türken über die Große Mauer in bebautes chinesisches Gebiet einfielen, wann immer es ihnen beliebte. Wie eh und je leistete ihr Wolke Gesellschaft, und Jao hatte auch Phönix dazu überreden können, die Abgeschiedenheit ihres Palastes in Changan zu verlassen und sie zu besuchen. Chi – er war nun achtzig Jahre alt, noch rüstig und mit leichten Aufgaben im Palast betraut – setzte alles daran, den drei Damen jeden Luxus zu bescheren, den er aufzubieten vermochte. Es freute ihn, wenn sich die drei weißhaarigen

Köpfe zueinander beugten und er das dreistimmige Lachen hörte, das häufig ihr Gespräch unterbrach.

›Sie klingen wie damals, als sie noch Tsairen waren‹, dachte er kopfschüttelnd. ›Sie waren geistreiche junge Mädchen und sind nun geistreiche alte Damen.‹ Die Entfremdung zwischen ihm und Jao war verschwunden, seit sie gegen Lai und die schlimmeren unter den Wu vorgegangen war.

Sie saßen um den Teetisch auf der Terrasse, als Wu Chengssu angemeldet wurde. Während des ganzen Sommers war er ein häufiger Besucher gewesen, obwohl ihm seine Magengeschwüre sehr zu schaffen machten.

»Ich muß gehen«, Wolke erhob sich sofort. Auch Phönix bat, sich entfernen zu dürfen. Jao ließ beide ungern gehen, dann gab sie den Auftrag, Chengssu hereinzubitten.

»Schreckliche Nachrichten«, waren seine ersten Worte, als er durch die Tür trat. »Die Türken haben Tingchow eingenommen! Und Tingchow liegt nicht weit von Layang! Ihr müßt einen Wu-General dorthin schicken – dieser Verräter Dee sollte für sein Versagen hingerichtet werden!«

»Beruhige dich. Du siehst krank aus. Es ist dein Haß, der dich verzehrt.«

»Ihr müßt die Nachfolge ohne weiteren Aufschub regeln. Der Thron ist bedroht, weil er von einer Frau besetzt ist. Ihr müßt augenblicklich Gegenmaßnahmen ergreifen und mich zum Kronprinzen ernennen, damit Sanssu genügend Freiwillige anwerben kann, um unsere Feinde zu vertreiben.« In seiner Aufregung lief ihm der Speichel über das Kinn.

»Möchtest du eine Tasse Tee?« Jao betrachtete ihn abwägend.

»Nein, ich will keinen Tee.« Er war irritiert. »Was ich will, ist der Titel. Ihr habt mich lange genug hingehalten.«

»Ist dir bekannt, daß ich nach meinem Sohn Chungtsung geschickt habe und er sich in diesem Augenblick bereits im Palast befindet?«

»Natürlich ist mir das bekannt! Warum? Er hat schon einmal versagt, und jetzt hatte er so lange keinen Kontakt zu den Regierungsgeschäften, daß er noch weniger geeignet sein und noch mehr versagen wird. Sperrt ihn möglichst irgendwo gemeinsam mit Juitsung ein und gebt mir, was mir gebührt! Ihr müßt in dieser Krise endlich handeln.«

»Ich habe bereits gehandelt«, Jao sprach jedes Wort überdeutlich aus. »Heute habe ich meinen Nachfolger ernannt. Chungtsung ist von nun an Kronprinz.«

Chengssu war wie vom Blitz getroffen. Er wankte und sank vor ihren Augen in sich zusammen. Er wirkte mit einem Mal so krank, daß Jao hastig ihre Eunuchen rief.

»Sorgt dafür, daß mein Neffe sein Bewußtsein wiedererlangt, und führt ihn dann zu seinem Tragsessel«, befahl sie. Chengssu hing schlaff auf seinem Stuhl und war unfähig zu sprechen. Er erholte sich jedoch verhältnismäßig rasch und ließ sich von den Eunuchen zu seiner Sänfte führen. Jao beobachtete ihn besorgt, in der Angst, es könnte zu einem neuen Ausbruch kommen. Doch als Chengssu das Zimmer verließ, warf er ihr nur einen flehenden Blick zu.

Dieser Blick brachte sie aus der Fassung. ›Ein erbärmlicher Mann‹, dachte sie, als sie sein verzweifeltes Gesicht sah. ›Er kennt keinen Zweifel daran, daß er das, was er haben will, auch bekommt. Der Aufenthalt im Palast hat ihm nicht gutgetan – er ist nur fähig, kleinlich und rücksichtslos vorzugehen. Er hätte begreifen müssen, wie es um ihn stand, als ich ihm ein Fürstentum verlieh, aber Juitsung zum Erben ernannte. Die vielen Vergünstigungen, die er erhielt, waren für seine Dienste Bezahlung genug. Ich schulde ihm nichts.‹

In der Sänfte erholte sich Chengssu ein wenig und entschied wie immer, daß die schlechte Nachricht nicht endgültig sein konnte. Doch da er sich noch sehr trostbedürftig fühlte, beschloß er, eines der neu etablierten, modischen Bordelle aufzusuchen und die Dienste eines ganz jungen Mädchens in Anspruch zu nehmen. Allerdings war diese Art der Anstrengung zu viel für ihn, und er starb auf dem Heimweg in seiner Sänfte.

Jao wurde unverzüglich von seinem Tod und den Umständen, die dazu geführt hatten, in Kenntnis gesetzt. Reuig erinnerte sie sich seines flehenden Blickes, den er ihr beim Abschied zugeworfen hatte. Als sie jedoch weiter in der Schriftrolle las, verflog ihre milde Stimmung. Die Familie hatte seine Todesursache durch die Andeutung verschleiert, daß die Erschütterung, von Jao so erniedrigt worden zu sein, zum Tod geführt habe. »Es ist gut, daß er nicht mehr lebt«, murmelte Jao grimmig und warf die Rolle auf den Tisch.

Nach der Wiedereinsetzung Chungtsungs auf den ersten Platz der Thronfolge und der Absetzung Juitsungs – dem sie mehr als willkommen war – verbesserte sich die Lage an der Grenze. Die Rückkehr Chungtsungs ermöglichte es Dee, in wenigen Tagen fünfzigtausend Freiwillige anzuwerben.

Jao lud Chang Tatsu wieder in den Palast, und er führte seinerseits seine Verwandten bei Jao und ihrer Tochter ein. Es gab fünf Chang-Brüder, deren Lebensfreude so ansteckend wirkte, daß sie zu unzähligen Unterhaltungen und Unternehmen geladen wurden, die sogar Jaos ständiges Interesse weckten. Eines dieser Unternehmen war die Anlage eines Gartens nach der Idee des Paradieses der Westlichen Königinmutter, das sich der Sage nach in den geheimnisvollen Kunlun-Bergen befand. Dieser Garten sollte Jao sowohl symbolisch als auch in Wirklichkeit sorglose Muße und Befreiung von irdischen Pflichten bieten.

Das Gartenparadies nach dem taoistischen Mythos entstand innerhalb der kaiserlichen Jagdgründe. Es war von einem drei Meter hohen Bambusgitter umschlossen und erstreckte sich über zwei Quadratmeilen. Inmitten von Hügeln und ewig rauschenden Bächen befand sich ein großer See. Zwei entfernt liegende Inselchen waren nur mit Booten zu erreichen. Bäume, die aus allen Teilen des Reiches stammten, wurden um den See gepflanzt und sorgfältig gepflegt. Gewundene Wege, Bogenbrücken und sorgfältig geplante Pagoden verschönerten die Anlage. An geschützten Stellen wurden mit Netzen umgebene Volieren mit Papageien und anderen Vögeln aus aller Herren Länder aufgestellt, und an der Südmauer wurde ein Tiergarten gebaut, in dem Elefanten und Giraffen gehalten wurden.

Das Eingangstor zum Park hatte ein doppeltes Dach mit aufgebogenen Traufenden, eine architektonische Neuheit aus dem südlichen Lingnam, die einen auffallenden Gegensatz zu den nordischen geraden Dächern bildete.

Hatte man das Tor durchschritten, führte rechts ein gepflasterter Weg um den See. Auf der linken Seite, vom Eingang nicht zu sehen, lag ein weiteres turmgeschmücktes Tor. Ein schmalerer Weg führte über flache Stufen zu einer Einfriedung mit Zedern, blühenden Bäumen und eingetopften Pflanzen. Hier stand auf einer Doppelterrasse aus Granitblöcken die Halle der Kaiserin mit Balkonen und beweglichen Fensterläden, die nach verschiedenen Seiten die Aussicht freigaben. Um das Haus entfalteten Azaleen, Schwertlilien, Pfingstrosen und Chrysanthemen je nach Jahreszeit ihre Blüten. Die Pflanzen spendeten Farbe, Duft und Leben, doch ließ man sie niemals so hoch wachsen, daß sie die Aussicht beeinträchtigten. Enge Galerien liefen knapp unter den vorkragenden Traufen um das Haus und dienten als offene Vorräume.

»Meine sparsamen Beamten bewilligen, ohne mit der Wimper zu zucken, zehnmal soviel für öffentliche Gebäude, wie dieser Garten kostet, doch sie beklagen sich über mein Märchenland, weil sie keinen Zutritt dazu haben!« sagte Jao eines Tages lachend zu Dee, als sie sich in ihrem von Jasminduft erfüllten Hof bei einer Tasse Tee ausruhten. »Die wichtigen Beamten, die Prinzen und die Verwandten können es einfach nicht ertragen, daß sie nicht, wann immer sie wollen, zu mir kommen und mich von Angesicht zu Angesicht sehen können. Sie verstehen einfach nicht, warum sie hier nicht willkommen sind. Sie können sich nicht vorstellen, daß ich müde bin oder daß ich einfach nicht ihren ständigen Versuchen, mich zu etwas zu zwingen, nachgeben will.«

Dee hörte ihr verständnisvoll zu. Auch er war nicht mehr jung, fast siebzig. Und es bereitetet ihm einige Schwierigkeiten, wieder aufzustehen, wenn er sich vor ihr niedergeworfen hatte, trotzdem leistete er an einem einzigen Tag soviel wie drei andere Männer. Er wurde oft in Jaos Paradies geladen, und immer nahm er die Einladungen an. Er blieb oft lange Stunden und saß, die Ruhe genießend, schweigend neben ihr. Ihm tat es wohl, einmal keine Stimmen hören zu müssen, nur das Rauschen des Wasser und das Gezwitscher der Vögel. In dem Chor der Vogelstimmen waren die heiseren Rufe der vorüberflitzenden schwarzweißen Elstern, der Blaukehlchen und der Drosseln zu hören. Gabelweihen, die ihre Kreise am Himmel zogen, machten sich durch ihr Pfeifen bemerkbar.

»Hier herrscht eine Vollkommenheit, eine Ruhe, wie ich sie nie zuvor gekannt habe«, stimmte er zu.

»*Lauban*, alter Freund! Ich glaube, in Euch ist ein Funken Poesie verborgen.«

»Mehr als Ihr denkt!« Der alte Mann besaß noch das ironische Lächeln seiner Jugend, das Jao immer schon fröhlich gestimmt hatte.

»Ihr müßt es mir sagen, wenn ich Euch zu sehr in Anspruch nehme.

Diese letzte Verschwörung von General Liu hat mir arg zugesetzt. Sie breitete sich aus, bevor irgend jemand etwas davon wußte.«

»Vermißt Ihr Lai?« Dees Frage kam pfeilschnell.

Jao zuckte zusammen. Die Erinnerung an Lais Tod war für sie immer noch ein wunder Punkt. »Nicht wirklich, aber Huang zu sein, hinterläßt Narben.«

Richter Dee sah sie mit so aufrichtigem Verständnis und so viel Anerkennung an, daß Jao vor Glück die Augen senkte. Seine ernste und geschäftsmäßige Antwort ließ aber kein Gefühl erkennen. »Es ist besser, sich auf seriöse Informationsquellen zu verlassen, selbst wenn das eine schwache Politik zu sein scheint. Lais Vorgangsweise konnte niemals echte Verschwörungen aufdecken. Lai wußte nichts von ihnen, weil seine Methoden nicht dazu taugten, die Wahrheit zu erkennen.«

»Dieser Gouverneur glaubte, er sei zum Kaiser bestimmt, weil ihm das ein Wahrsager prophezeite. Könnt Ihr Euch etwas Verrückteres vorstellen?« Jao wollte vom Thema der Sternkammer ablenken.

Dee nickte zuvorkommend, erinnerte sich aber gleichzeitig an Jaos Überzeugung, daß der Komet ein Zeichen himmlischer Zustimmung für sie gewesen war. Da er jedoch ein weiser Mann war, wechselte er das Gespräch.

»Die Chang-Brüder haben Wunder gewirkt, nicht nur im Garten, sondern für den ganzen Hof. Sie haben mit ihren Konzerten und ihren anderen Unterhaltungen viel zur Auflockerung beigetragen. Aber über eines, Majestät, müßt Ihr Euch im klaren sein: Viele der Minister schätzen ihre Ideen nicht und empfinden sie als verrückt. Die Opposition gegen die Changs wächst. Man beklagt sich über sie, über die Kosten ihrer Unterhaltungen und über die Kosten dieses Gartens. Wißt Ihr das?«

Jao nahm seine Worte nicht allzu ernst. »Meinen erfahrenen Beamten können die Possen meiner leichtsinnigen – und leichtfertigen – Künstler doch kein Anlaß zur Sorge sein!«

»Sie sind eifersüchtig, weil die Changs Zutritt bei Euch haben. Eifersucht bei hohen Beamten ist gefährlich. Ihr müßt dafür sorgen, daß verläßliche Minister wie Chang Chienjer und seinesgleichen die hohen Machtposten innehaben, damit die verantwortungslosen Beamten in Schach gehalten werden können.«

»Gut. Ich werde mich Eurer Warnung zu erinnern wissen.« Mit diesen Worten und einem Lächeln entließ ihn Jao.

Dee warf der Kaiserin einen Blick zu und erhob sich. »Euch bleibt noch ein Berg zu bezwingen«, sagte er im Gehen, »die Aufgabe, zwischen Euren Kindern und Euren Wu-Verwandten Frieden zu stiften.«

Neben ihrem Garten in der Stadt hatte Wu Jao für die besonders heißen Sommermonate noch einen Zufluchtsort in den Bergen, das ungefähr sechzig Meilen von Loyang entfernte Zeltlager Sayang. Seit Chungtsung mit seiner Familie nach Loyang gezogen war, hatte Jao ihre ganze Familie um sich. Sie hatte die gegenseitige Rivalität damit zu bekämpfen versucht, daß sie ihren Kindern den Beinamen Wu verlieh und Taiping mit Wu Yuji, einem entfernten, aber angesehenen Verwandten, verheiratete. Jao hielt nun die Zeit für gekommen, die Enkelkinder einander näher zu bringen, und beschloß, mit allen gemeinsam einige Ferienwochen zu verbringen. Chungtsung hatte zwölf Kinder, Juitsung siebzehn – und die meisten dieser neunzehn Enkel kannte sie kaum.

In dem Augenblick, als sie bei der Wiese, auf der sich die einfachen Sommerhäuschen befanden, angekommen waren, hallte die Gegend von kindlichen Stimmen und aufgeregten Rufen wider. Die rauschenden Bergbäche, die schroffen Hänge, die tiefen Bergseen, in denen sich Forellen und Welse tummelten, mußten erforscht werden und versprachen unendliche Freuden, wie fischen, im Wasser waten, schwimmen, jagen.

Jao war von einem kleinen Stab begleitet, darunter Minister Dee und zwei Chang-Brüder. Begleiter und Gäste richteten sich bequem ein und verbrachten von Sonnenaufgang bis Sonnenuntergang ihre Zeit so, wie es ihnen beliebte. Während des Tages gab es Picknicks und Ausflüge zu den nahen Klöstern, am Abend Unterhaltungen bei Kerzenschein, Schattenspiele der höfischen Schauspieler, Musik von den Changs oder kleine Theaterstücke, die von den Mitgliedern der kaiserlichen Familie aufgeführt wurden.

Jao sorgte dafür, daß sich alle gut unterhielten. Sie lächelte über die Possen der Kleinen, beobachtete die Älteren mit größtem Interesse und fragte sich, welcher von ihnen wohl einmal Kaiser werden würde. Chungtsungs Kinder, auf dem Land aufgewachsen, waren wild und leicht überdreht, wenn sie aufgeregt waren. Sie stritten miteinander, wurden aber niemals von ihrer Mutter, der reservierten Madame Wei, zurechtgewiesen. Chungtsungs ältester Junge, Sohn einer Konkubine, hielt sich meistens abseits, da er es als unter seiner Würde empfand, sich an den Spielen der Jüngeren zu beteiligen. Yungai, die älteste Tochter, ging Jao offensichtlich aus dem Weg, ebenso wie die beiden Kinder von Madame Wei, Chunjun und seine Schwester Anlo. Beide waren bald zwanzig, im gleichen Alter wie Juitsungs zwei älteren Söhne.

Juitsungs Kinder waren im Palast aufgewachsen, sie waren still und aufmerksam und teilten großzügig miteinander. Der Dritte Sohn, Prinz Lungchi, ein kräftiger Vierzehnjähriger, fiel Jao durch seine ständige gute Laune, seine endlose Energie und sein liebenswürdiges Entgegenkommen jedem gegenüber auf. Er scheint geeignet, ein Huang zu sein, sagte sich Jao befriedigt. Auch wenn er nur Juitsungs Dritter Sohn ist, würde ihm der Thron zufallen, wenn er dem Fähigsten zugesprochen werden sollte.

An einem strahlend schönen Augusttag, als die Zikaden am lautesten zirpten und sich in der glasklaren Luft kein Blättchen regte, kam es Jao zu Bewußtsein, daß sie bisher ihre ganze Zeit mit den Kindern verbracht hatte. Sie arrangierte daher ein Picknick mit ihren erwachsenen Gästen, den ersten ihrer Mitarbeiter und ihren Söhnen. In der Gruppe von elf Personen befanden sich auch Dee und die beiden Chang-Brüder.

Sie ließen sich auf einer grasbewachsenen Lichtung über einem Wasserfall nieder, der sich dreißig Meter unter ihnen in einen jadegrünen Bergsee ergoß. Die Diener stellten Weinkrüge in das kühle Wasser und entfachten in einiger Entfernung von der Gesellschaft zwischen den Felsen ein Holzkohlenfeuer. Jao schlug ihren Gästen vor, zur Feier des Tages ein Gedicht zu schreiben, eine Idee, die mit Scherzen und Lachen begrüßt wurde. Das Gedicht sollte sieben Zeilen, jede Zeile sieben Wörter haben, das Thema lautete: Wanderung an einem Sommertag am Berg des Felsbaches.

»Den Damen der Vortritt«, stellte Dee als Bedingung.

»Einverstanden!« Jaos Augen blitzten vor Vergnügen.

Die Nachmittagssonne stand niedrig am Himmel, als die Zeit gekommen war, die Gedichte vorzulesen. Nach einem Tag in der Sonne, nach reichlichem Essen und Trinken fühlten sich alle entspannt, jeder hatte Zeit gehabt, mit Worten und Reimen zu spielen. Jao forderte erst ihre beiden Söhne, dann die übrigen auf, ihr Gedicht vorzutragen. Einer nach dem anderen stand auf, las vor und nahm das unvermeidliche Lob der anderen Gäste entgegen.

Dee war der letzte. Er räusperte sich umständlich, was zu allgemeinem Gelächter Anlaß gab, und trug sein Gedicht mit tragender Stimme und schwungvoll vor. Alle klatschten kräftig in die Hände, einige ließen anerkennende Pfiffe hören.

»Euer Gedicht, Jenjer, enthält so viele literarische Anspielungen, daß es einem Fleischkloß gleichkommt, von dem man nicht weiß, was man kaut«, meinte Juitsung. »Blumenreiche Komplimente für unseren Huang – erlesene Phrasen, sinnige Metaphern, ein klassisches Werk! Soll ich den Antrag stellen, dieses Gedicht und auch alle anderen, hier in den Felsen einmeißeln zu lassen? Als Erinnerung?«

»Das solltest du tun«, fiel Jao ein. »Ich möchte, daß dieser Tag in Erinnerung bleibt.« Sie wandte sich zu Dee. »Was für einen bombastischen, bezaubernden Unsinn Ihr da verfaßt habt! Ihr als strenger Konfuzianer, der Hunderte Eurer Meinung nach unmoralische, abergläubische taoistische Schreine geschlossen hat, Ihr ergeht Euch in der Poesie eines taoistischen Unsterblichen, der Macht über den Regen und sogar über den Tod hat! Ohne Zweifel sollte das eine Anspielung darauf sein, was Ihr mit Euren geradezu übernatürlichen Kräften für den Thron bedeutet.«

Lautes Lachen auf Dees Kosten quittierte diese Worte, ein Lachen, in das er aus ganzem Herzen einstimmte. Sein weißes Haar leuchtete hell in der Sonne, als er am Rand des Felsvorsprungs stand, seine jung gebliebenen Augen blitzten voll Humor, der Mantel flatterte leicht in der Sommerbrise, ein guter Freund, ein schonungsloser Feind, immer ein guter Kamerad. Alle spürten seine Anwesenheit hier und jetzt als Segen, der Erinnerung wert.

»Ich werde diese Gedichte in den Felsen meißeln lassen, in Erinnerung an diesen Tag. Wir wollen nächstes Jahr zur gleichen Zeit wieder hierherkommen und unsere Kunst im Dichten erproben.« Jao sprach diese Einladung mit vollem Herzen aus, wie sie der Stimmung des Tages entsprach. Alle stimmten dem Plan begeistert zu.

Es sollte anders kommen. Dee starb im November während eines Kälteeinbruchs, als ein eisiger Wind durch die zugigen Räume des

Palastes wehte. Wu Jao weinte, als man ihr die Nachricht überbrachte. Traurig sprach sie zu ihrem Gefolge: »Mein Hof ist leer geworden.«

Der Verlust von Dee und das Gefühl der Schuld, daß es ihr noch immer nicht gelungen war, ›den letzten Berg zu besteigen‹ und die Spaltung in der Familie zu überwinden, veranlaßten Jao, eine feierliche Zeremonie des Verzichtes auf Fehden jeder Art abzuhalten, die niemand je vergessen würde. Als Symbol des Gleichgewichtes wählte sie den Tag der Tagundnachtgleiche im Frühling für ein formelles Bankett für die Prinzen beider Häuser. Das Fest wurde im neuen Ming Tang abgehalten, um ihrer Familie den Ernst des Anlasses ins Bewußtsein zu rufen. Diensthabende Minister von hohem Rang forderten von allen den feierlichen Eid, daß sie von diesem Tag an, sei es als einzelner, sei es als Gruppe, miteinander in Harmonie leben wollten.

Jao beobachtete die Gesichter, als jeder von ihnen den Eid ablegte. Juitsungs Kinder machten große Augen und waren ebenso ernst wie schweigsam. Chungtsungs Kinder tuschelten miteinander und mußten zur Ruhe gemahnt werden. Als sie an die Reihe kamen, mußten sie erst dazu gedrängt werden vorzutreten. Der älteste Sohn Chungtsungs legte den Eid mürrisch ab, die beiden Kinder der Kaiserin Wei scharrten mit den Füßen und grinsten. Jao bemerkte, wie Wu Yenji, Chungtsungs ältester Sohn, ein spöttisches Lächeln mit seiner Ehefrau Yungtai tauschte. Beide warfen einen raschen Blick auf die Kaiserin, und ihre Gesichter wurden, als sie sich beobachtet sahen, völlig ausdruckslos. ›Wie der Vater, so der Sohn – beide wollen mich aus dem Weg schaffen‹, dachte Jao und spürte unversöhnlichen Zorn in sich aufwallen. Doch beruhigte sie sich selbst damit, daß derartig zerstörerische Gedanken durch das Gesetz, das für den Bruch eines Eides die Todesstrafe vorsah, im Keim erstickt werden würden.

Als die Zeit gekommen war, die Zeremonie zum Abschluß zu bringen, sprach Jao langsam und eindringlich über die Bedeutung des Eides und was dieser verlangte. »In Gegenwart aller Beamten der Regierung und der Geister, die den heiligen Ming Tang bewohnen, hat eben jetzt jeder von euch dem Himmel und der Erde geschworen, seinem Eid treu zu bleiben. Als feierliche Bekräftigung eurer Absichten wird die Eidesformel in eine eiserne Platte eingraviert und in den Archiven verwahrt werden. Die Strafe für den Bruch einer so bindenden Verpflichtung ist die gleiche wie die für Verrat. Dies ist von jetzt ab Gesetz. Ich stehe vor euch als nahe Verwandte, aber ich bin auch euer Souverän und an das Gesetz gebunden. Vergeßt niemals, daß ihr nicht nur mir zu gehorchen habt, sondern auch dem Herrscher, der mir folgen wird. Seid gewarnt und geht in ewigem, brüderlichem Frieden von dannen.« Sie hatte geendet. Das Schweigen lastete schwer.

Die zwei folgenden Jahre verliefen für Jao verhältnismäßig ruhig. Obwohl das Herz ihr zu schaffen machte und sie manchmal von einem unerklärlichen Fieber befallen wurde, freute sie sich an ihrem Garten, gab Gesellschaften und ließ sich von den Chang-Brüdern unterhalten. Sie sah darauf, daß diese reich belohnt wurden und durch viele Ehrungen, die sie ihnen zukommen ließ, ein gewisses Ansehen erlangten. Dee war ihnen, bevor er starb, freundschaftlich gesinnt gewesen. Nach seinem Tod folgte Jao nur zögernd seinem Rat, Chang Chienjer und die anderen Minister, die er empfohlen hatte, zu befördern. Sie ließ sich damit Zeit, weil diese Männer, wenn auch dem Haus Tang treu, keine Anhänger ihrer Person waren. »Chang gegen Chang«, sagte sie zu sich selbst. »Die fünf Chang-Brüder gegen die fünf Minister – sie alle sind von mir abhängig! Ich werde versuchen, das Gleichgewicht zwischen ihnen zu halten, und damit meinem Hof Stabilität gewährleisten.« Andererseits konnte sie sich des Gefühls nicht erwehren, daß sie verpflichtet war, sich mit ihrem ganzen Prestige hinter die Brüder Chang zu stellen, wenn sie wieder einmal in Schwierigkeiten gerieten. Sich selbst überlassen, waren sie allzu hilflos.

»Schwierigkeiten? Meine Schwierigkeit ist«, gestand ihr eines Tages einer von Tatsus Brüdern, als er wehmütig einen Fehler eingestand, »daß ich zu viele Leute für ein Amt empfehle.«

Jao wurde aufmerksam. »Berichte mir!«

»Nun, es geht immer folgendermaßen. Wenn ich Geld brauche, gehe ich zu einem Amtsanwärter und erkläre ihm, ich würde ihm für fünfzig Unzen Gold das ersehnte Amt verschaffen. Vor kurzem lauerte mir auf dem Weg zum Hof ein Absolvent namens Hsueh auf, der noch keine Stellung gefunden hat. Er gab mir seine Zeugnisse, und ich brachte die Papiere zum Vizechef des Verwaltungsdienstes. Der Narr verlor die Papiere und kam zu mir, um mich nach dem vollen Namen zu fragen –

so ein verantwortungsloser Beamter! Ich sagte ihm meine Meinung. Ich konnte mich an den ersten Namen nicht erinnern, und so wies ich ihn einfach an, er solle alle Hsueh anstellen! Wie ich später erfuhr, fand der Vizedirektor mehr als sechzig Hsueh im Register, die auf eine Anstellung warteten, und so stellte er sie alle an. Dieser Esel!«

Jao lachte laut auf und nahm diese kleine Sünde ihrer liebenswürdigen Künstler wie immer auf die leichte Schulter.

Was sie aber nicht auf sich beruhen ließ, war eine Ungeheuerlichkeit, die sich Chungtsungs ältester Sohn geleistet hatte, indem er seinen Halbbruder Chungjung und dessen Schwester Yungtai in einer Anzeige der Gegnerschaft und der Umtriebe gegen Wu Jao bezichtigt hatte. Sowohl Chungjun, ein Li, wie auch Yungtais Ehemann Yenji, ein Wu, hatten innerhalb ihrer Generation das erste Anrecht auf den Thron. Jeder der ältesten Söhne sah sich als denjenigen an, der die vorrangigen Rechte hatte, und ihre Eifersucht verführte sie zu allen möglichen Umtrieben. Alle Jüngeren hatten heftige Kritik an den Changs geübt und Jaos Beziehungen zu ihnen verurteilt. Das brachte bei Jao das Faß zum Überlaufen. Es war ihr höchstes Ziel, zwischen dem Lager der Li und dem der Wu Frieden zu stiften, und schon jetzt wurde ihr Gesetz von selbstsüchtigen jungen Leuten bewußt mißachtet. Sie setzten sich rücksichtslos über das Gesetz hinweg, dem sie sich mit dem von ihnen geleisteten Eid der Harmonie verpflichtet hatten.

Schmerzerfüllt teilte Jao sowohl Chungtsung wie ihrem Kronrat mit, daß alle drei jungen Leute zu der schwersten Strafe verurteilt werden mußten, damit dies für die anderen als Warnung diente, daß ein Friedensbruch zwischen den beiden Lagern nicht toleriert würde. Nachdem die Todesstrafe an ihren Enkeln und ihrem Großneffen vollzogen worden war, zog sich Jao in ihren Palast in Loyang zurück, um sich von dem Schock und auch von einer Krankheit, die sie befallen hatte, zu erholen. Dort wurde sie von den Chang-Brüdern umhegt, die sich um ihr Wohlergehen bemühten, Aufträge ausführten und sie mit ständigen Scherzen und witzigen Bemerkungen unterhielten.

Mitten im tiefsten Winter erkrankte Jao schwer, so daß sie ihre Minister nicht mehr empfangen konnte. Nur den Changs war der Zutritt zu ihrem Krankenlager gestattet, denn diese hatten bereits seit Jahren die

Verantwortung für ihr Wohlergehen übernommen. Die plötzliche Verschlechterung ihres Zustandes beunruhigte die Minister so sehr, daß Chang Chienjer den Notstand ausrief und seine Kollegen versammelte, um die Lage zu besprechen.

»Wir sind in Gefahr!« rief Chienjer aufgeregt. »Wu Jao liegt im Sterben, und die Changs haben alle Macht in Händen – es wäre ihnen ein leichtes, Wu Sanssu auf den Thron zu setzen und uns alle hinrichten zu lassen!«

Die anderen Minister nickten zustimmend. Ihre Gesichter trugen einen grimmigen Ausdruck.

»Was schlagt Ihr vor?« fragte Minister Tsui.

»Da ich eine solche Gefahr voraussah, schleuste ich einige meiner Männer in die Palastgarde ein. Heute habe ich ihren Anführer, Li Totsu, für uns gewonnen, und ich werde an Li Chan herantreten, der die Nachtwachen in Wu Jaos Pavillon befehligt ...«

Tsui nickte langsam. Nun, da er das Ziel des Staatsstreiches verstand, zögerte er zuzustimmen. »Keine Gewalt, unserem Souverän darf kein Leid zugefügt werden – darauf bestehe ich.«

»Es ist kein Blutvergießen beabsichtigt – natürlich nicht. Mit Ausnahme der Changs, die Wu Jao manipulieren«, gab Chienjer hart zurück. »Diese Aktion ist dringend geboten. Der Erste Zensor Huan ist in noch größerer Sorge als ich ...« Huan nickte nachdrücklich.

Tsui runzelte die Stirn. »Seid Ihr Chungtsungs sicher? Ist er wirklich entschlossen, den Platz seiner Mutter auf dem Thron einzunehmen? Ich werde dieser Aktion nur zustimmen, wenn die Dynastie der Tang wiedereingesetzt wird, und das ist mein letztes Wort!« Sein Gesicht war blaß vor Erregung.

»Es gibt keinen Zweifel, daß Chungtsung unser Mann ist«, bekräftigte Chienjer hastig.

»Was sagt Seine Hoheit zu diesem Plan?« Tsui war immer noch nicht von der Notwendigkeit überzeugt, Wachen einzusetzen.

»Niemand hat bis jetzt Zeit gehabt, ihn zu Rate zu ziehen – aber macht Euch keine Sorgen. Für ihn bedeutet das einen großen Augenblick, und er wird tun, was wir ihm vorschlagen.« Chienjer wurde ungeduldig.

»Bevor wir irgend etwas unternehmen, muß er hinzugezogen werden.

Ohne sorgfältige Vorbereitung können wir uns nicht auf eine so gefährliche Aktion einlassen. Ich stimme mit Tsui überein«, ließ sich ein anderer Minister vernehmen.

»Ja, ja – ich werde sofort um eine Audienz ansuchen. Es wird alles in Ordnung gehen. Ich kann Euch versichern, daß wir auf Chungtsung rechnen können.« Chienjer war in Schweiß gebadet.

Tsui stand auf. »Ich nehme Euch also beim Wort und schließe mich Eurem Plan unter den genannten Bedingungen an.« Dann zog er sich mit einer förmlichen Verbeugung zurück. Auch die anderen verließen den Raum, nachdem sie ihre Unterstützung mit dem Vorbehalt zugesagt hatten, daß Chungtsung ihren Plan billigte.

Chienjer rief nach seiner Sänfte, um sich sofort zum Kronprinzen zu begeben.

Chungtsung empfing ihn höflich, hörte ihm schweigend zu und sagte schließlich: »Das alles habe ich schon früher gehört.«

»Aber niemals zuvor war Eure Lage so kritisch, denn nun haben diese gefährlichen Chang die Macht in Händen.«

»Sicherlich sollten sie hingerichtet werden, darüber besteht kein Zweifel. Da aber ihre Majestät so krank ist, sollten wir ihr jetzt jede Aufregung ersparen. Es wäre besser, Euren Staatsstreich aufzuschieben.« Chungtsungs Stimme war ruhig.

»Ihr werdet auf unserer Seite sein, wenn die Zeit gekommen ist? Nicht wahr?« drängte der Minister, und nach einigem Nachdenken gab der Kronprinz seine halbherzige Zustimmung.

Einige Tage später, am Nachmittag eines kalten Februartages, führte Chang Chienjer fünfhundert Wachsoldaten zum Nordtor, um mit ihrer Hilfe in den Palast einzudringen. Sie warteten auf General Totsu und Li Chan, die Chungtsung holen sollten. Es war bereits dunkel, als die beiden Offiziere im Ostpalast erschienen, um dem Kronprinzen das Geleit zu geben. »Was bedeutet dieser Überfall?« fragte Chungtsung verärgert.

»Wir erinnern Euch an Euer Versprechen, uns bei Eurer Wiedereinsetzung zu unterstützen. Die Zeit ist mehr als reif. Es ist absolut unumgänglich, daß Ihr jetzt kommt.« Totsu zeigte sich besorgt.

»Unumgänglich? Nein, ich gehe mit Euch nirgendwohin«, stellte Chungtsung eigensinnig fest.

»Euer Vater hinterließ Euch den Thron, was aber ist geschehen? Ihr habt zwanzig Jahre in der Verbannung gelebt. Der Himmel hat sich endlich Eurer erbarmt. Die Palastwachen sind hier, um die Verräter zu bestrafen und die Li-Familie wiedereinzusetzen. Es ist der Wille des Volkes, daß Ihr nun die Hoffnungen erfüllt und Euch den am Nordtor wartenden Wachen anschließt.«

»Nicht mitten in der Nacht. Meiner Mutter wäre das alles gar nicht recht.«

Li Chan sprang in die Bresche. »Ihr seid der einzige, der befugt ist, die Wachen zu entlassen. Die Minister sind bereit, ihr eigenes und das Leben ihrer Familien aufs Spiel zu setzen, um sich hinter Euch zu stellen. Ich bitte Euch, zum Nordtor zu reiten und sie aufzufordern, den Plan zu verschieben.«

Chungtsung zögerte. »Ja, dann werde ich also gehen«, stimmte er zu, getäuscht von der unschuldigen Miene Li Chans, des Günstlings seiner Mutter. Er bestieg sein Pferd, ein Offizier ergriff die Zügel und führte ihn durch die dunklen Straßen zum Nordtor, wo Fackeln brannten und bewaffnete Männer lärmten.

Sobald er erschien, sprengten die Wachen das Tor und drängten in das Palastareal. Chungtsung wurde mitgerissen, bevor er noch eine Erklärung verlangen konnte. Sie stürmten durch den Haupteingang und nahmen Tatsu mit einem seiner Brüder gefangen, als sie verzweifelt zu entfliehen suchten. Der Befehl, sie zu enthaupten, wurde rasch auf der Terrasse der Haupthalle ausgeführt und Jaos diensthabende Eunuchen zusammengetrieben und gefesselt.

Als sie den Tumult hörte, stand Jao auf, um nachzusehen, was draußen los war. Sie schritt in die kalte Nacht hinaus und blieb erschüttert stehen, als sie die enthaupteten Leichen sah. Wenn auch wie betäubt durch den schmerzlichen Verlust, gelang es ihr doch, ihre Gefühle zu beherrschen und sich der Situation zu stellen. Sie sah die Menge im Hof, die plötzlich still geworden war, in kaltem Zorn an. »Du!« rief sie aus, als sie ihren Sohn hinter den Männern erblickte. »Nun, Chungtsung, du hast die beiden jungen Männer getötet – du darfst jetzt in den östlichen Palast zurückkehren und weiterschlafen.«

Bei diesen Worten trat Chang Chienjer eilig vor. »Wie kann Kaiser Chungtsung in den Palast eines Kronprinzen zurückkehren? Er ist jetzt Kaiser. Er hat die Befehlsgewalt und ordnete rechtmäßig die Hinrichtung dieser beiden verruchten Männer an. Wir Minister fordern Eure Majestät auf abzutreten, nach dem Willen des Himmels und der ganzen Menschheit.«

»Weder der Wille des Himmels noch der Wille der gesamten Menschheit sind verantwortlich für die Greueltaten, die heute hier verübt wurden. Ihr seid es! Zieht Euch zurück!«

Sie wandte sich zum Gehen, um in ihr Haus zurückzukehren, als sie Li Chans ansichtig wurde, der sich hinter den anderen zu verstecken suchte. »Ach, hier ist der tapfere General, der mit den anderen tapferen Männern mitten in der Nacht gekommen ist, diese große Tat zu vollbringen. Ihr, dem ich geholfen habe, Euch und vor Euch Eurem Vater Li Ifu. Während meiner ganzen Regierungszeit habe ich Euch gefördert, und Ihr dankt es mir, indem Ihr so tapfer zwei arme Burschen tötet. Undankbar, das seid Ihr!«

Li Chan wechselte die Farbe und wußte keine Entgegnung. Sonderbarerweise erging es den anderen Männern im Hof ebenso. Schweigend standen sie vor der gebrechlichen alten Dame. Diese kehrte ihnen den Rücken, ging in ihr Zimmer zurück, wo sie sich zu Bett legte und in vollkommener Ruhe die Herrschaft über das Reich abtrat.

Man brachte sie in den Shangyang-Palast der Abgeschiedenheit, den die Chang für sie umgebaut hatten und wo sie außerhalb der Stadt in angenehmer Umgebung leben konnte. Man behandelte sie mit Respekt und Rücksicht, was sie als ihr selbstverständliches Recht betrachtete. Die angesehensten Damen des neuen Regimes, Madame Wei, die Frau Kaiser Chungtsungs, und seine Tochter Anlo besuchten sie nur einmal, ebenso wie Waner, ihr ehemaliger Sekretär, der befördert worden war, um Kaiser und Kaiserin in ihrer Unerfahrenheit beratend zur Seite zu stehen. Taiping und Juitsung kamen, wenn auch nicht allzu häufig, so doch oft genug. Sanssu, das Oberhaupt des Wu-Klans, zeigte sich nicht ein einziges Mal. Ihr Sohn Changtsung stattete ihr zweimal im Monat mit seinen hohen Beamten einen förmlichen Besuch ab, der für beide eine Qual bedeutete.

Es war Dezember, und dieses Jahr hatte sich der Garten selbst übertroffen. Jaos Blumen, vor allem ihre Chrysanthemen, hatten bis spät in den Herbst hinein geblüht und ihr große Freude bereitet. Jedermann wußte, daß die Kaiserin den Abend nicht überleben würde. So waren es nur Chi und Wolke, die an ihrer Seite ausharrten. Wolke umschloß die Hand der Kaiserin, bis diese zu unruhig wurde, um stillzuhalten. Sie schlug die Augen auf und lächelte. »Chi«, flüsterte sie, »Ihr seid noch hier? Ihr gehört längst ins Bett ... in Eurem Alter.« Sie rang nach Atem, doch sie hatte noch einige Worte zu sagen. »Wolke, meine Freundin, du bedeutest mir solchen Trost. Allein wenn ich dein liebliches Gesicht ansehe, geht es mir schon besser ... Chi, Ihr habt einmal gesagt, es gibt kein Entrinnen, aber das gibt es doch, jetzt ist es für mich soweit ...«

»Für mich auch ... bald!« stimmte er ihr mit seinem alten schiefen Lächeln zu. Alle lachten leise.

»Worüber lachen wir ... über uns selbst?« Ihre Lippen waren trocken, ihre Worte kaum verständlich. Ihre Finger umklammerten die alte Gebetskette aus ihrer Klosterzeit.

»Nein«, Chi beugte sie über sie, damit sie ihn hören konnte, »nein, über das Leben ...«

Am Morgen nach ihrem Tod pflückte der Gärtner An in einer Geste der Trauer alle noch verbliebenen Blumen. In dem von ihm bevorzugten Teehaus vertraute er seinen Schmerz seinen Freunden an. »Seht meine Narbe!« sagte er und zeigte einen langen blauen Wulst, der quer über seinen Bauch verlief. »Die alte *Taitai* hat sich selbst um mich gekümmert, sie hat mich von ihrem eigenen Arzt zunähen lassen, ja, das hat sie getan! So war unser weiblicher Kaiser, immer war sie für uns gemeines Volk da. Eine wie sie wird es niemals wieder geben!«

Nachbemerkung

Im 7. Jahrhundert stieg China zum mächtigsten Reich der bekannten Welt auf. Indien, Persien und das Römische Reich zerfielen unter dem Ansturm der Barbaren; nur Byzanz konnte sich noch eine Zeitlang halten. Die Epoche der T'ang-Kaiser Tai Tsung und Kao Tsung erwies sich als die bedeutendste der Geschichte Chinas, wenn nicht ganz Asiens.

Kao Tsung war erst 32 Jahre alt, als er im Jahr 660 erkrankte. Seine Gemahlin Wu Jao übernahm die Regierungsgeschäfte. Sie war so erfolgreich, daß die herrschende Klasse und das Volk ihr gestatteten, diese bis zum Tod ihres Ehemannes im Jahr 683 mit ihm gemeinsam auszuüben. Danach herrschte sie alleine bis zu ihrem Tod im Jahre 705. Ihr Leben im Palast erstreckte sich über fast siebzig Jahre. Ihre Zeit war das goldene Jahrhundert Chinas, und dazu hat sie maßgeblich beigetragen.Ihre Leistungen machen sie zu einer der großen Frauen der Weltgeschichte.

Trotz dieser Tatsachen ist Wu Jao von chinesischen Historikern meist in ein schlechtes Licht gerückt worden, weil sie eine Frau war. Das chinesische System schloß eine Beteiligung von Frauen am politischen oder wissenschaftlichen Leben aus. Selbst der relativ großzügige Buddhismus verwehrte Frauen das Zelebrieren wichtiger Rituale. Westliche Historiker griffen auf diese chinesischen Überlieferungen zurück. So gibt es nur wenige, die Wu Jao nicht ständig mit dem Begriff »berüchtigt« in Verbindung bringen. Eine Ausnahme ist John Fairbanks, Historiker in Harvard, der in seinem Buch *East Asia, Tradition and Transformation* ausdrücklich anmerkt, Wu Tse Tien (Jao) sei eine starke und gute Herrscherin gewesen. Der australische Sinologe C. P. Fitzgerald geht noch weiter. In seinem Buch *The Empress Wu* (1968, S. 157) meint er: »Ohne Wu Jao hätte sich die T'ang-Dynastie nicht so lange halten können. Sie hat das Erbe Tai Tsungs bewahrt ... zur dauerhaften Einheit Chinas beigetragen ... keine Frau hat jemals eine solche Stellung eingenommen, obwohl viele danach strebten.«

Eine Bemerkung zum historischen Roman. Ich habe mich an Josephine Teys geflügeltes Wort gehalten, daß die romanhafte Schilderung historischer Tatsachen eigentlich unzulässig ist, wenn nicht zwei Bedingungen erfüllt werden. Die vereinfachte Darstellung der Fakten darf den historischen Kontext nicht verfälschen, und der Autor muß darauf hinweisen, wo Fakten nachgeprüft werden können. Die zweite Bedingung erfülle ich mit der Nennung der angeführten Bücher, die erste damit, daß Wu Jaos Leben »so hätte sein können«.

Eine weitere Schwierigkeit ergab sich aus der Schreibung der chinesischen Begriffe und Namen. Ich habe sie im Interesse des Lesers vereinfacht, wie es auch Robert van Gulik in seinen Romanen um den Richter Di (Dee) getan hat.

Die zahllosen politisch bedingten Hinrichtungen während Wu Jaos Herrschaft, Grundlage der Kritik an ihrer Person, müssen den Grausamkeiten aller anderen T'ang-Herrscher (und ganz allgemein anderer Herrscher) gegenübergestellt werden. Im Vergleich zu jenen verhielt sich Wu Jao relativ zurückhaltend. Der Vorwurf, sie habe den Thron usurpiert, könnte ebenso dem verehrten Tai Tsung gemacht werden, wie übrigens auch den meisten Mächtigen jener Zeit. Es war eine gewalttätige Epoche. Die Geschichte ist mit Wu Jao hart ins Gericht gegangen, ich habe ihr mildernde Umstände zugestanden. Sie war zweifellos eine außergewöhnliche Persönlichkeit, ihr einziger politischer Fehler war ihr Geschlecht. Ich hoffe, in diesem Roman Wu Jao neuen Lesern nahezubringen und heutige Historiker dazu zu bewegen, diese bemerkenswerte Frau nicht mehr als notorisch machtbesessene und grausame Herrscherin abzuurteilen.

Evelyn McCune